2025년 국가직/지방직 9급 대비

공무원 9급 공개경쟁임용 필기시험

백일기도 국어 모의고사(轉)
제50회~제56회

응시번호		문제책형
성명		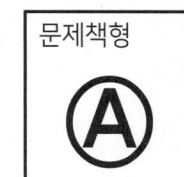

제1과목	국어	제2과목	영어	제3과목	한국사
제4과목	행정법총론	제5과목	행정학개론		

응시자 주의사항

1. **시험시작 전 시험문제를 열람하는 행위나 시험종료 후 답안을 작성하는 행위를 한 사람은** 「공무원임용 시행령」 제51조 등 관련 법령에 의거 **부정행위자로 처리됩니다.**

2. 시험이 시작되면 문제를 주의 깊게 읽은 후, **문항의 취지에 가장 적합한 하나의 정답만을 고르며,** 문제내용에 관한 질문은 할 수 없습니다.

3. **답안은 문제책 표지의 과목 순서에 따라 답안지에 인쇄된 순서에 맞추어 표기해야 하며,** 과목 순서를 바꾸어 표기한 경우에도 **문제책 표지의 과목 순서대로 채점되므로** 유의하시기 바랍니다.

4. 시험시간 관리의 책임은 응시자 본인에게 있습니다.
   ※ 문제책은 시험종료 후 가지고 갈 수 있습니다.

정답공개 및
이의제기 안내

1. **유튜브 라이브**: 멘탈클리닉 + 문제풀이 타이머

2. **유튜브 라이브 참여 방식**: 매일 아침 7시 20분부터 이유진 국어 유튜브 채널에서 송출

3. **질의응답**: 이유진 국어 네이버 카페(https://cafe.naver.com/yujinjinjin)
   → 백일기도 질답 메뉴

4. **성적분석 및 유사유형 검색시스템 제공**: 메가공무원 이유진 국어 홈페이지

본 문제의 무단전재 또는 복제행위는 저작권법 제136조에 의거, 5년 이하의 징역 또는 5,000만원 이하의 벌금에 처하거나 이를 병과할 수 있습니다.

국 어

1. <공공언어 바로 쓰기 원칙>에 따라 <공문서>의 ㉠~㉣을 수정한 것으로 적절하지 않은 것은?

―――――〈공공언어 바로 쓰기 원칙〉―――――
○ 주어와 서술어를 호응시킬 것.
○ 능동과 피동 등 흔히 헷갈리기 쉬운 것에 유의할 것.
○ 중복되는 표현을 삼갈 것.
○ 필요한 문장 성분이 생략되지 않도록 할 것.

―――――〈공문서〉―――――
○○아파트 관리사무소

수신 ○○아파트 입주민 전체
(경유)
제목 주정차 위반 과태료 모바일 전자 고지 시행 안내

1. 단지 내 원활한 주차 환경 조성을 위해 ㉠<u>많은 시간과 노력이 걸림에도</u> 협조해 주시는 입주민 여러분께 감사드립니다.
2. 주차 및 차량 통행 질서를 ㉡<u>강화하기 위해</u> 과태료 부과 방식이 기존 우편 고지 방식에서 모바일 전자 고지 방식(카카오톡 알림톡, SMS 등)으로 바뀔 예정입니다.
3. 주차 규정을 ㉢<u>지키고 준수하여</u> ㉣<u>동참해</u> 주시길 부탁드립니다.

① ㉠: 많은 시간이 걸리고 노력이 필요함에도
② ㉡: 강화되기 위해
③ ㉢: 준수하여
④ ㉣: 안전한 단지 환경 조성에 동참해

2. 다음 글의 밑줄 친 부분에 따라 책을 읽는 것으로 가장 적절한 것은?

나는 일찍이 맹자(孟子)의 "<u>내 뜻으로써 남의 뜻을 거슬러 구한다.</u>"라는 이의역지(以意逆志) 네 글자를 독서의 비결로 삼았다. 고인이 지은 글에는 의리와 사공(事功)뿐만 아니라 시문을 짓는 방법이나 기승전결 등 문장의 말기(末技)라도 모두 각각 그 뜻이 담겨 있지 않은 것이 없다. 이제 나의 뜻으로써 고인의 뜻을 받아들여 빈틈없이 합하고 흔연히 풀리면, 이는 고인의 정신과 식견이 내 마음속에 침투해 들어온 셈이 된다. 비유컨대, 굿을 하는 무당이 신이 내려 혼령이 몸에 붙으면 훤히 깨달아져 그것이 어디로부터 온 것인지 알지 못하는 것과 같다. 능히 이와 같이 되면, 장구(章句)에 의지하거나 묵은 자취를 답습하지 않아도 모든 변화에 적응하되, 이리 가나 저리 가나 근원을 찾게 될 것이니, 나도 또한 고인이 되는 것이다. 이처럼 독서한 연후라야 가히 자연의 기교를 체득할 수가 있다.

① 작자의 창작 의도를 먼저 알고 책을 읽는다.
② 주체적으로 사색하고 재해석하여 읽는다.
③ 주요한 내용은 반복적으로 읽어 암기한다.
④ 미심쩍은 부분이 있으면 따져가며 읽는다.

3. ㉠과 ㉡에 모두 포함되지 않는 용언들만 골라 바르게 묶은 것은?

단어의 줄기가 되는 부분에 변하는 말이 붙어 문장의 성격을 바꾸는 일을 '활용'이라고 한다. 활용하는 말에는 동사, 형용사, 서술격 조사가 있다. 용언은 어간과 어미로 이루어져 있는데, 활용어의 중심을 어간이라 하고 어간에 붙는 부분을 어미라고 한다. '먹다, 예쁘다'와 같이 어간에 어미 '-다'가 붙은 형태는 용언의 기본형이라고 부르고 사전에 표제 형태로 쓴다.
용언의 어간이 어미와 결합할 때, 어간과 어미가 변화하지 않는 것을 규칙 활용, 어간이나 어미 또는 어간과 어미가 모두 변하는 것을 불규칙 활용이라고 한다. 불규칙 활용을 하는 상황에서는 보통 어미가 변한다. 하지만 ㉠<u>어간이 변하는 경우도 있다</u>. 예를 들어, '짓다, 듣다, 덥다' 등은 '지어, 들으니, 더워서' 등으로 어간의 형태가 바뀐다. ㉡<u>어간과 어미가 모두 바뀌는 경우로는</u>, '하얗다'에서 '하얘서(하얗-+-아서), 하얘(하얗-+-이)'처럼 바뀌는 것이 대표적이다. 어미의 형태가 바뀌는 경우는 '하다'에서 '하여(하-+-어)', '이르다(至)'에서 '이르러(이르-+-어)' 등이 있다.

① (색깔이) 곱다, (길을) 걷다
② (하늘이) 파랗다, (병이) 낫다
③ (음악을) 듣다, (돈을) 걷다
④ (등이) 굽다, (밥을) 먹다

4. 다음 글의 빈칸에 들어갈 내용으로 가장 적절한 것은?

역사 서술에서 드러나는 민족주의와 관련하여, 유럽에서의 민족주의는 영국의 제국주의와 독일의 나치즘을 정점으로 하여 쇠락의 길을 걷다가 20세기 말 이후에는 과거의 잔재가 되었다. 중동에서는 이슬람으로 대표될 수 있는 종교적 성향이 사회 전반적으로 강력한 영향력을 발휘하기 때문에 민족주의가 이전부터 잘 나타나지 않았다. 미국 역시 국가의 역사가 짧을뿐더러 다인종 다민족으로 구성된 국가이므로 민족주의가 나타나지 않았다. 하지만 동아시아에서는 오랜 역사만큼 각 나라의 특성이 뚜렷하고 각국의 이해관계에 의한 침입과 정벌 등 다양한 과거사적 영향으로 인해 '민족'이라는 개념에 대한 사고가 분명하게 드러난다. 따라서

① 역사 서술에 있어서 역시 민족주의적 성향이 뚜렷하게 나타났고 현재까지도 그 서술이 지속되고 있다.
② 역사 서술에 있어서는 민족주의적 성향이 그다지 뚜렷하지 않았다는 것이 특징적이다.
③ 역사학계 내부에서는 반민족주의적인 연구가 보다 주류적인 위치를 차지하며 발전하게 되었다.
④ 역사학의 발전은 국가에 의한 전폭적인 지원 속에서 꽃피울 수 있었다.

5. 다음 글의 밑줄 친 결론을 이끌어 내기 위해 추가해야 할 것은?

매일 지각을 하는 사람은 불성실한 사람이다. 불성실한 어떤 사람은 계획적이지 못하다. 따라서 <u>계획적이지 못한 어떤 사람은 매일 지각을 하는 사람이다.</u>

① 불성실한 어떤 사람은 매일 지각을 한다.
② 계획적인 어떤 사람은 불성실하다.
③ 불성실한 사람은 모두 매일 지각을 한다.
④ 계획적이지 못한 사람은 모두 불성실한 사람이다.

6. 다음 글을 읽고 이해한 내용으로 적절하지 않은 것은?

> 연작 소설은 독립되어 있는 작품들을 하나의 서사체로 엮어 낸 소설이다. 이 소설은 '시간의 교차와 시점의 교체'와 '공간의 통일성'이라는 두 가지 원리를 통해 독특한 서사 전략을 구사하였다. 이 전략은 문학 감상의 단순성을 극복하고, 작품이 지니고 있는 다양한 문학적 가치를 드러나게 한다.
> 우선 시간의 교차와 시점의 교체를 활용하면 현실에 대한 인식을 확대할 수 있다. 이는 서술자가 과거와 현재의 이야기를 오가면서 과거를 환기하는 방식으로 드러난다. 이로 인해 독자는 현재를 과거와 대비하여 더 선명하게 인식할 수 있다. 또한 소설의 사건 진행 중간에 새 인물을 출연시켜 시점을 바꾸기도 한다. 이는 다양한 인물에 관한 관점을 확보해 현실 인식의 폭을 넓힐 수 있다.
> 한편 분절되어 있는 각 작품들을 연결할 수 있는 공간을 설정하면 공간의 통일성을 이룰 수 있다. 이곳은 작품마다 반복적으로 나와 독립된 이야기들을 하나로 연결시켜 준다. 이러한 공간의 통일성은 인물의 기억 속 과거의 공간을 현재에 재현하고, 그 공간에 대한 애착을 전보다 강화하게 한다.

① 연작 소설은 분절성과 통합성을 동시에 지니고 있는 갈래이다.
② 시간의 교차와 시점의 교체를 통해 독자는 과거의 상황을 선명하게 인식하게 된다.
③ 소설의 사건이 진행되는 중간에 시점을 교체한다면 현실 인식의 폭을 넓힐 수 있다.
④ 독립된 작품들을 연결할 공간을 설정하지 않았을 때보다 설정했을 때, 인물은 기억 속 과거의 공간에 대한 애착이 강해진다.

7. 다음 글의 내용을 이해한 것으로 가장 적절한 것은?

> 토박이말이라고도 하는 고유어는 한국어 고유의 말이다. 고유어는 한자어나 외래어에 견주어 보았을 때 일반적으로 정서적 호소력이 크다. 그러나 고유어의 범위를 확정하는 것은 어렵다. 한국어의 역사적 연구가 발전되지 않아 낱말의 기원이 모호한 경우가 많기 때문이다. 그래서 고유어는 일반적으로 한자어와 외래어를 뺀 나머지 어휘 전체를 지칭한다.
> 한자어는 한자로 표기될 수 있는 말을 의미한다. 한자어들도 본질적으로는 외래어이지만, 차용의 역사가 오래되어 우리말에 동화된 정도가 유럽어계 외래어들보다 크다. 이 한자어에는 중국어에서 차용한 말들 이외에, 일본어에서 수입된 수많은 '문화 어휘'들도 있다. 이러한 한자어들은 한국에서 만든 한자를 포함하기도 한다. 가령, 논을 뜻하는 畓(답)이나 집터를 뜻하는 垈(대)는 한국에서 만들어진 한자이다. 또 일본에서는 한자어가 아닌데 한국에서 한자어가 된 것도 있다. 이는 일본어에서는 훈독을 하지만, 한국에서 음독을 하게 된 경우이다.

① 고유어의 범위를 확정하는 것이 어려워 한국어의 연구가 진전되지 않았다.
② 한자어보다 유럽어계 외래어가 우리말에 더 동화되었다.
③ 일본어에서는 한자어가 아니지만 한국에서는 한자어인 것이 있다.
④ 중국, 한국, 일본 중 한자어의 비중이 가장 높은 나라는 일본이다.

8. 〈설문 조사 결과〉를 보고 나눈 의견으로 적절하지 않은 것은?

> • 경제적 행복 지수: 경제적 요건과 관련하여 개인이 만족과 기쁨을 느끼는 상태에 대한 평가이다. 아래의 요소들을 각각 지수화한 후, 연산하여 경제적 행복 지수를 산출함.
>
> | 경제적 안정 | 나의 일자리와 소득은 비교적 안정적이다. |
> |---|---|
> | 경제적 우위 | 나는 주변 사람보다 경제적으로 나은 편이다. |
> | 경제적 발전 | 나의 경제적 생활 수준은 나아지고 있다. |
> | 경제적 평등 | 앞으로 우리 사회는 지금보다 경제적으로 평등해질 것이다. |
> | 경제적 불안 | 내가 느끼는 체감 물가, 체감 실업률은 나를 불안하게 한다. |
>
> • 경제적 행복 예측: 경제적 행복 지수와 별도로, 미래의 경제적 행복 변화에 대해 별도 설문 문항을 측정하여 지수화함.
>
> 〈설문 조사 결과〉
>
> | | 경제적 안정 | 경제적 우위 | 경제적 발전 | 경제적 평등 | 경제적 불안 | 경제적 행복 지수 | 경제적 행복 예측 |
> |---|---|---|---|---|---|---|---|
> | 대도시 | 54.5 | 47.2 | 47.7 | 24.7 | 26.9 | 38.8 | 70.0 |
> | 중소도시 | 56.0 | 47.3 | 50.2 | 29.1 | 26.2 | 40.4 | 80.3 |
> | 읍면지역 | 39.5 | 47.0 | 46.8 | 28.3 | 20.6 | 33.8 | 74.3 |

① 대도시 주민들은 중소 도시나 읍면 지역에 비해 경제적 평등에 대해 비관적이군.
② 국민들은 현재보다 미래의 경제적 행복에 대해 매우 낙관적이고 긍정적인 태도를 보이고 있군.
③ 경제적 행복 지수를 높이기 위해 정부는 경제적 불평등을 해소할 수 있는 정책을 마련해야겠군.
④ 중소 도시의 주민들은 소득이 안정적이고 물가에 관한 불안도 덜 느끼기 때문에 경제적 행복 지수가 높군.

9. 다음 글에서 (가) ~ (라)의 순서를 가장 자연스럽게 배열한 것은?

> 이슬람이란 인간이 신에게 온전히 복종하고 현세와 내세에서 신이 알려준 생활양식을 따르는 종교이다.
>
> (가) 따라서 이슬람은 종교와 생활 모두를 포함해 신앙과 실천의 체계를 상징한다.
> (나) 즉 이슬람은 단순히 신앙체계만을 이르는 것이 아니라 정치, 경제, 사회, 문화와 같은 인간의 생활양식 전체를 포함하는 삶 그 자체이다.
> (다) 이처럼 기독교와 구분되는 이슬람의 정치와 종교 합일 현상을 우리는 정교일치라고 부른다.
> (라) 기독교나 불교를 비롯한 많은 종교가 현세보다 내세를 중요시하고 인간의 육체보다 정신에 무게를 두고 있는 데 반해, 이슬람은 내세와 현세를 동일시하며 이를 정치에 반영한다.

① (나)-(가)-(다)-(라)
② (나)-(가)-(라)-(다)
③ (다)-(라)-(나)-(가)
④ (나)-(다)-(가)-(라)

[10 ~ 11] 다음 글을 읽고 물음에 답하시오.

1600년대 후반 뉴턴은 물통 실험으로 '절대 공간'을 상정하고, 물체는 그 안에서 변하거나 운동하지만, 공간은 고정되어 변하지 않고 영구적으로 존재한다고 주장했다. 이는 뉴턴 이후에도 오랫동안 물리학자들 사이에서 인정되다가 1800년대 중반 마흐의 등장으로 전환점을 맞이했다. 그는 몇 개의 별이 흩어져 있는 우주를 가정하고, 그의 한 지점에서 몸을 회전시키는 사고 실험으로 뉴턴의 주장에 대해 반론하였다.

마흐는 완전히 빈 곳에서 몸이 회전할 경우에는 아무것도 느끼지 못한다고 하였다. 반면 별이 흩어져 있는 우주에서 몸을 회전시키면, 팔다리가 몸 바깥으로 멀어진다고 하였다. 이때의 힘 크기는 주변에 있는 물체의 양에 비례한다고 하였다. 이 논리에 따르면, 가속 운동 중 느껴지는 힘은 우주의 모든 천체가 작용해 나타나는 것이다.

마흐의 이론은 이후 150여 년간 물리학자들의 마음을 앗아갔다. 사실 생각해 보면 눈에 보이지 않고 만질 수 없는 대상에 의지해 운동을 표현하는 것은 상당히 위험하고 비과학적인 발상이다. 그래서 마흐의 주장을 인정한 과학자들도 "뉴턴의 물통 실험을 설명할 수 있는 다른 논리가 있지 않을까?"라는 의문을 온전히 ⓐ떨칠 수는 없었다.

10. 윗글을 읽고 추론한 내용으로 가장 옳은 것은?
① 1600년대 후반부터 1800년대 중반까지 뉴턴의 '절대 공간' 이론은 계속해서 도전받았다.
② 마흐는 별이 흩어져 있는 우주와 텅 빈 우주 사이의 차이점을 토대로 뉴턴의 주장에 대해 반론했다.
③ 마흐에 따르면, 가속 운동 중 인간이 느끼는 힘은 지구로부터 가까운 별들의 양에 비례한다.
④ 마흐의 이론은 뉴턴이라는 최고의 과학자에게 반론했다는 이유로 과학계에서 받아들여지지 않았다.

11. 문맥상 의미가 ⓐ과 다른 것은?
① 걱정을 떨쳐 버리다.
② 그 불길한 생각을 떨칠 수 없었다.
③ 그는 권세도 명예도 떨쳐 버리고 고향으로 향했다.
④ 그녀는 붙잡는 손을 떨치고 집을 나갔다.

12. 다음 전제들로부터 도출할 수 있는 결론은?

○ 과학자인 동시에 수학자인 사람은 천재이다.
○ 어떤 수학자도 천재가 아니다.
○ 수학자가 한 명 이상 있다.

① 수학자인 동시에 과학자인 사람은 아무도 없다.
② 과학자가 아니면 천재가 아니다.
③ 천재가 아닌 과학자가 한 명 이상 있다.
④ 어떤 과학자도 천재가 아니다.

13. 다음 글의 ㉠ ~ ㉣ 중 어색한 곳을 찾아 수정한 것으로 적절하지 않은 것은?

유엔해양법협약은 해양의 이용을 둘러싸고 국가 간 갈등이 발생했을 때, 이를 해결하는 규범의 역할을 하고 있다. 이에 따르면 해당 협약의 해석 및 적용에 관해 분쟁이 발생한 경우, 당사국들은 신속히 의견을 교환하고 ㉠국제사법재판 등의 강제적 수단을 통해 분쟁을 해결하고자 노력해야 한다. 당사국에 대해 이러한 의무가 부과되는 이유는 분쟁 해결 시 기본적으로 각국의 동의를 바탕으로 하는 것이 국제법의 특성이기 때문이다. 하지만 이러한 방법으로도 해결이 어려운 경우, 각국은 '강제절차'에 들어가게 된다.

강제절차란 국제적인 기구를 통해 갈등을 해결하는 절차로, 유엔해양법협약에 의거해 설립된 중재재판소, 국제해양법재판소 등의 분쟁 해결 기구들은 당사국에 대해 ㉡권고적 성격의 결정을 내릴 수 있다. 이때 당사국들은 분쟁의 내용 및 국익을 고려하여 적절한 기구를 선택할 수 있는 권한이 있다. 보다 자세히 살펴보면, 국제해양법재판소는 ㉢필요시 당사국들의 공동 건의로 구성되는 임시 기구이며, 반대로 중재재판소는 필요시마다 당사국 간의 합의를 거쳐 구성된다. 한편, ㉣양국의 선택이 엇갈리거나 별도의 합의가 이루어지지 않은 경우, 사건은 중재재판소에 회부된다.

① ㉠: 교섭, 조정 절차 등 평화적 수단
② ㉡: 구속력 있는 결정
③ ㉢: 재판관과 재판소 조직 등이 사전에 결정된 상설 기구
④ ㉣: 당사국들이 만장일치로 결정을 내리거나

14. 밑줄 친 주장을 반박하는 사례로 가장 적절한 것은?

어떤 명제 P를 안다고 하는 것은 무엇인가? 이에 대해, 다음의 세 조건이 충족되면 'P를 안다'고 할 수 있을 것이다.
첫째, P가 참이어야 한다. P가 거짓이라면 내가 그것을 사실로서 알 수 없음은 자명하다. 둘째, 내가 P를 믿어야 한다. 내가 그것을 믿지 않는다면 그것을 안다고 할 수 없을 것이다. 셋째, P에 대한 내 믿음을 정당화할 수 있어야 한다. 즉 나에게는 그것을 믿을 타당한 이유가 있어야 하며, 계산상의 실수나 육감, 꿈이나 정신착란 등에 의해 믿어서는 안 된다. <u>내가 어떤 것을 안다면 이 세 조건을 충족시킬 것이고, 역으로 이 세 조건이 충족된다면 나는 그것을 안다고 할 수 있는 것이다.</u>

① 수학 선생님이 선이에게 '0은 자연수이다'라고 해서 선이가 그것을 믿는데, 실은 수학 선생님이 선이에게 농담을 한 경우
② 석이는 꿈에서 돌아가신 할아버지가 '1번 문제의 정답이 1번이다'라고 알려주셔서 그렇게 믿는데, 실제로 1번이 정답인 경우
③ 경이는 경찰 복장의 남자를 보고 '골목에 경찰이 있다'고 믿는데, 경찰 복장의 남자는 영화배우이고, 그 골목 보이지 않는 곳에 실제 경찰이 와 있는 경우
④ 민이는 주사위가 3이 나오도록 조작된 것을 알기 때문에 '이번에도 3이 나올 것이다'라고 믿는데, 실제로 주사위를 던지자 3이 나온 경우

[15 ~ 16] 다음 글을 읽고 물음에 답하시오.

이익에는 단기적 이익과 장기적 이익이 있다. 현대 자본주의 사회에서 기업이 존속하기 위해서는 장기 이익을 추구하는 것이 더 ⊙중요하다. 실제로 기업은 단기 이익의 극대화가 장기 이익의 극대화와 상충할 때에는 단기 이익을 과감히 포기하기도 한다. 자본주의 초기에는 기업이 단기 이익과 장기 이익을 구별하여 추구할 필요가 없었다. 이 단계에서는 기업의 소유자가 곧 경영자였기 때문에 기업의 목적은 자본가의 이익을 추구하는 것으로 집중되었다. 그러나 기업의 규모가 커지면서 소유와 경영은 분리되기 시작하였다. 이에 따라 기업이 단기 이익과 장기 이익 사이에서 갈등을 겪게 되는 일이 ⓒ나타났다. 전문 경영인은 기업의 단기 이익에 치중하여 경영 능력을 ⓒ뽐내려는 경향이 있기 때문이다. 주주는 경영자의 이러한 비효율적 경영 활동을 감시함으로써 기업의 장기 이익을 극대화하고자 하였다.
　오늘날의 기업은 경제적 이익뿐 아니라 다원적인 목적을 ⓔ좇는 것이 일반적이다. 기업이 다원 사회의 구성원이 되어 장기적으로 생존하기 위해서는, 주주의 이익을 극대화하는 것은 물론 다양한 이해 집단들의 요구도 모두 만족시켜야 한다. 그래야만 기업의 장기 이익이 보장되기 때문이다.

15. 윗글을 이해한 내용으로 적절하지 않은 것은?
① 자본주의 단계에 따라 기업의 이익 추구 방식은 변화하였다.
② 자본주의의 등장은 기업의 소유와 경영을 분리하게 만들었다.
③ 주주와 전문 경영인의 이익 추구 방식은 상이하다.
④ 기업은 장기적 생존에 있어 여러 이해 관계인을 고려해야 한다.

16. ⊙ ~ ⓔ와 바꿔쓸 수 있는 유사한 표현으로 적절하지 않은 것은?
① ⊙: 우세하다
② ⓒ: 발생하였다
③ ⓒ: 과시하려는
④ ⓔ: 추구하는

17. 다음 중 발화의 2차적 기능의 예시로 적절하지 않은 것은?

발화의 1차적 기능은 '정보 전달의 기능'이다. 이는 화자가 현실 세계에 대한 사실적인 판단이나 청자 또는 지시 대상에 대한 자신의 태도 혹은 자신의 판단에 대한 확신성 여부를 전달하는 것을 말한다. 더 나아가서, 발화는 청자가 어떠한 행위를 하도록 명령하거나 지시하여 청자를 감화시키는 기능도 가지고 있는데, 이를 발화의 2차적 기능인 '지령적 기능'이라고 한다. 이 지령적 기능은 "엄마 말을 잘 들어라."와 같은 명령이나, "우리 오늘 영화 보러 가자."와 같은 청유로 나뉘며, 가장 직설적인 형태를 보인다. 화자는 앞선 예시보다 완곡한 표현을 사용하여 표현할 수도 있다. 가령, "조용히 해 주겠니?"와 같은 의문 형식이 완곡 표현의 예시이다. "서울 시민은 깨끗하다."라는 표어의 형태로 지령적 기능을 나타낼 수도 있으며, '차선 엄수'처럼 완결된 진술 형식이 아니더라도 지령적 기능을 나타내는 것도 있다.

① 내 손을 꼭 잡아라.
② 우리 같이 밥 먹자.
③ 어서 가서 공부해야 하지 않아?
④ 이 쌀의 무게는 20kg이다.

[18 ~ 19] 다음 글을 읽고 물음에 답하시오.

수력발전은 물의 힘을 이용하여 전력을 생산하는 기술로, 인간이 자연 에너지를 효율적으로 활용하려는 시도에서 시작되었다. 이 ⊙발전은 오래전부터 물레방아나 수차와 같은 형태로 사용되어 왔으며, 이는 곡물 제분, 물 공급, 산업용 기계 가동 등에 활용되었다.
　이 ⓒ발전의 현대적 형태는 19세기 후반, 전반적인 ⓒ발전 기술의 발달과 함께 본격적으로 시작되었다. 1882년, 미국 위스콘신주의 애플턴에서는 세계 최초로 상업용 수력발전소가 가동되었고, 이를 통해 물의 에너지를 전기로 변환하는 기술이 현실화되었다. 이후 대규모 댐 건설이 활발히 이루어졌으며, 20세기에는 후버 댐과 같은 거대 발전소들이 등장하여 국가적 전력망의 큰 역할을 맡았다.
　이러한 ⓔ발전의 주요 요소는 물의 낙차와 유량이다. 높은 위치에서 떨어지는 물은 강력한 운동에너지를 가지며, 이는 발전기의 터빈을 회전시켜 전기를 생산한다. 발전량은 물의 양과 낙차의 높이에 비례하며, 이러한 특성은 발전소의 위치와 설계에 큰 영향을 미친다.
　이 (가)발전 기술의 발달은 전력 생산을 넘어 환경과 경제에 중요한 역할을 한다. 수력발전은 화석 연료를 사용하지 않아 탄소 배출이 거의 없으며, 이는 친환경 에너지로서 지구 온난화를 완화하는 데 기여한다. 또한, 댐은 전력 생산 외에도 홍수 방지, 농업 관개, 관광 자원으로 활용되어 지역 경제에 기여한다.

18. 윗글에서 추론한 내용으로 가장 적절한 것은?
① 1882년 최초로 수력 에너지를 활용한 시설이 가동되었다.
② 후버 댐 건설 이후 수력발전이 다른 발전 수단을 모두 대체하였다.
③ 물의 양이 많은 폭포에 발전소를 설치하는 경우, 유량이 비슷한 하천에 발전소를 설치하는 경우보다 전기 생산에 유리하다.
④ 수력발전은 친환경 에너지의 일종으로 탄소 배출을 전혀 하지 않는다.

19. ⊙ ~ ⓔ 중 문맥상 (가)에 해당하는 의미로 사용되지 않은 것은?
① ⊙
② ⓒ
③ ⓒ
④ ⓔ

20. 밑줄 친 ⊙에 대한 평가로 가장 적절한 것은?

윤리적 상대주의란, 지역과 시대에 따라 윤리적 기준이 달라질 수 있다는 것을 의미한다. 실제로 윤리와 관련하여 옳은 것과 그른 것에 대한 광범위한 불일치는 지금까지 존재해 왔고, 아마 앞으로도 존재할 것이다. 가령, 육식이 올바른 것인지에 대한 윤리적 판단은 문화권에 따라 굉장히 다르다. 심지어 한 문화권에 속한 사람들의 윤리적 판단이 시대마다 아주 다르기도 하다. 이는 윤리적 기준이 그것을 적용하는 사람에 따라 상대적이기 때문이다. 따라서 우리는 ⊙윤리적 상대주의가 참이라는 결론을 내려야 한다.

① 윤리적 판단이 다르다고 해서 그에 대한 윤리적 기준도 반드시 다른 것이 아니라면, ⊙은 약화된다.
② 사람들의 윤리적 판단이 그들이 사는 지역에 따라 크게 달라지지 않는다면, ⊙은 강화된다.
③ 윤리적 상대주의가 옳다고 해서 사람들의 윤리적 판단이 항상 다른 것은 아니라면, ⊙은 약화된다.
④ 문화에 따른 판단의 차이에도 불구하고 보편적으로 받아들여지는 윤리적 기준이 있다면, ⊙은 강화된다.

국 어

1. 〈지침〉에 따라 〈개요〉를 작성할 때 ㉠~㉣에 들어갈 내용으로 적절하지 않은 것은?

   ─────〈지 침〉─────
   ○ 서론은 중심 소재의 개념 정의와 문제 제기를 1개의 장으로 작성할 것.
   ○ 본론은 제목에서 밝힌 내용을 2개의 장으로 구성하되 각 장의 하위 항목끼리 대응되도록 작성할 것.
   ○ 결론은 기대 효과와 향후 과제를 1개의 장으로 작성할 것.

   ─────〈개 요〉─────
   ○ 제목: 사이버불링의 원인과 해소 방안
   Ⅰ. 서론
     1. 사이버불링의 의미
     2. ㉠
   Ⅱ. 사이버불링의 원인
     1. 인터넷의 익명성으로 인해 가해자에게 책임감을 덜어줌
     2. ㉡
   Ⅲ. 사이버불링 원인에 대한 해소 방안
     1. ㉢
     2. 사이버불링의 위험성을 인식시키는 사회적 캠페인 도입
   Ⅳ. 결론
     1. 건강하고 긍정적인 온라인 사회 구축
     2. ㉣

   ① ㉠: 사이버불링 피해자의 정신적 피해
   ② ㉡: 온라인에서의 공격적 행동을 장난이나 재미로 간주하는 문화
   ③ ㉢: 사이버불링을 실시간으로 대응할 수 있는 시스템 강화
   ④ ㉣: 사이버불링을 예방하고 해결할 수 있는 전담 기관 설립

2. 다음 중 피동법에 관한 내용으로 적절하지 않은 것은?

   주어가 다른 주체에 의해 동작을 당하게 되는 것을 피동(被動)이라고 한다. 피동법은 파생적 피동(단형 피동)과 통사적 피동(장형 피동)으로 나뉜다.
   1. 파생적 피동(단형 피동): 용언의 어간에 피동 접사 '-이-, -히-, -리-, -기-, -되다'를 붙임.
      예시) 그는 나에게 잡혔다.
   2. 통사적 피동(장형 피동): 용언의 어간에 '-어지다' 또는 '-게 되다'를 붙임.
      예시) 철수는 태풍으로 집을 잃게 되었다.

   ① '영수는 그녀를 도서관에서 만났다.'라는 문장을 피동문으로 만들 때는 통사적 피동(장형 피동)의 방식만이 가능하다.
   ② '엄마가 아이에게 숟가락을 잡히다.'라는 문장은 파생적 피동(단형 피동)의 방식으로 만든 피동문이다.
   ③ '태풍으로 보금자리를 잃게 되었다.'라는 문장은 통사적 피동(장형 피동)의 방식으로 만들어진 피동문이다.
   ④ '영수와는 작년부터 연락이 끊겼다.'라는 문장은 통사적 피동(장형 피동)의 방식으로도 표현할 수 있다.

3. ㉠과 ㉡에 들어갈 말을 적절하게 나열한 것은?

   성장 소설은 주인공의 변화 정도에 따라 '잠정적 성장 소설', '미완적 성장 소설', '결정적 성장 소설'로 구분할 수 있다. '잠정적 성장 소설'의 주인공은 성숙과 이해의 직전까지 도달하지만 이를 넘어서지는 못하며, 새로운 가치나 자아도 찾지 못한다. 이와 달리 '미완적 성장 소설'의 주인공은 성숙과 이해의 단계를 넘어서 새로운 가치나 자아를 찾지만, 이에 대한 확신은 없다. 반면 '결정적 성장 소설'의 주인공은 시련과 방황을 거쳐서 자아를 찾은 후, 성숙과 이해에 도달한다.
   「별」의 '아이'는 외모가 예쁘지 않았던 마음씨 고운 누이의 죽음을 통해 사랑과 정성의 아름다움을 어렴풋이 느낀다. '아이'는 자기 눈에 들어온 별을 누이라고 생각했다가, 곧 그 생각을 버린다. 따라서 「별」은 ㉠ 에 해당한다.
   「엄마의 말뚝 1」의 '나'는 신여성이 되기를 바라는 어머니의 염원과 달리 서울 중심에 소속되지 못한 채 정체성의 혼란을 겪는다. 40년이 지난 어느 날 어린 시절에 살았던 동네를 찾아간 '나'는 과거를 회상한다. 이때 '나'는 어머니가 심어 준 '신여성'에 대한 가치를 자기 나름대로 새로 인식하고, 이를 다시 복구하지 않겠다고 다짐한다. 따라서 「엄마의 말뚝 1」은 ㉡ 에 해당한다.

	㉠	㉡
①	미완적 성장 소설	결정적 성장 소설
②	잠정적 성장 소설	미완적 성장 소설
③	미완적 성장 소설	잠정적 성장 소설
④	결정적 성장 소설	미완적 성장 소설

4. 다음 글의 ㉠에 들어갈 내용으로 가장 적절한 것은?

   연구자들은 언어 장애가 있는 KE 가계 중 언어 장애가 없는 사람과 있는 사람의 유전체를 비교해, KE 가계 중 언어 장애가 있는 사람은 쌍으로 있는 FOXP2 유전자 중 하나가 돌연변이임을 밝혀냈다.
   FOXP2가 언어 능력과 큰 관련성이 있다는 것이 밝혀진 이후에, 연구자들은 다른 동물의 유전체에서 FOXP2 유전자에 해당하는 유전자를 발견했다. FOXP2는 다른 포유류인 침팬지, 쥐 등에도 존재한 것이다. (㉠) 이는 여러 종의 FOXP2 유전자 서열을 비교한 것으로 설명된다. 침팬지와 쥐의 FOXP2 유전자 서열을 나열하자 딱 한 곳만이 달랐다. 쥐와 영장류가 진화 과정에서 갈라진 것이 약 7,500만 년 전임을 고려하면 서열이 거의 변하지 않은 것이다. 그런데 비교적 최근인 약 600만 년 전 갈라진 침팬지와 사람은 FOXP2 유전자 서열에서 두 군데가 달랐다. 좀처럼 변하지 않는 유전자 서열이 인류 진화 중에 급속히 두 곳이 변한 것이다. 타 영장류에서 찾을 수 없는 변화로 FOXP2가 언어 능력에 관여하는 것이다.

   ① 그런데 FOXP2는 왜 인간에게만 나타나는 유전자 서열일까?
   ② 그런데 왜 언어 장애는 사람에게만 일어나는 장애일까?
   ③ 그런데 FOXP2는 왜 사람에게만 언어 능력과 관련되는 현상을 나타낼까?
   ④ 그런데 왜 타 영장류와 인간은 서로 판이한 뇌 구조를 가지게 된 것일까?

5. 다음 중 ㉠의 사례로 가장 적절한 것은?

'그녀는 책을 읽어 보았다.'와 '그녀는 책을 읽어 버렸다.'라는 문장은 보조 동사 '보다'와 '버리다'가 다를 뿐 본동사는 '읽다'로 동일하다. 하지만 문장이 뜻하는 바는 다르다. 바로 보조 동사인 '보았다'와 '버렸다'의 의미 차이 때문이다. 앞선 문장에서 '보다'는 '시행(施行)'의 의미를 나타내며, '버리다'는 '완결'의 의미를 나타낸다. 이러한 보조 동사는 문장의 서술에 독립적으로 관여할 수 없다. ㉠이는 본동사를 제거하고 보조 동사만 남기면, 의미가 크게 달라지거나 어색한 문장이 되어 원래 나타내려던 내용을 드러내지 못한다는 것을 의미한다.

① 그는 가축들을 거두어 길렀다. → 그는 가축들을 길렀다.
② 그가 우리를 먹여 살린다. → 그가 우리를 살린다.
③ 그는 파를 길러 먹는다. → 그는 파를 먹는다.
④ 그가 내 숙제를 제출해 주었다. → 그가 내 숙제를 주었다.

6. 다음 글의 ㉠ ~ ㉣ 중 어색한 곳을 찾아 가장 적절하게 수정한 것은?

산업의 외부 효과 중 외부 경제란 한 기업의 생산 활동이 동일한 산업 내의 다른 기업, 나아가 그 기업이 속한 산업 전체에 긍정적인 영향을 미치는 현상을 의미한다. 이는 해당 산업 전체의 규모가 확대됨에 따라 ㉠생산 비용이 감소하고 효율성이 향상되는 것을 나타낸다. 예를 들어 특정 지역에 동일한 산업의 기업들이 밀집하면 숙련된 노동력의 공급이 용이해지고, 전문화된 공급 업체와의 협력이 강화되어 생산 과정이 효율화된다. 또한, 지식과 기술의 공유가 활발해짐에 따라 산업 내 혁신의 가능성이 증대된다.
산업 단지를 구축하는 것은 산업의 외부 효과의 발생에 ㉡긍정적인 영향을 미친다. 이러한 환경에서는 기업 간의 경쟁과 협력이 동시에 이루어져 전체 산업의 경쟁력이 향상된다. 이에 정부는 산업 단지 구축을 촉진하기 위해 그를 위한 인프라를 구축하고, 해당 지역에 진입하는 기업들에 ㉢상대적으로 높은 세율을 부과하는 등 다양한 지원 방안을 고려하곤 한다.
다만 산업의 외부 효과가 긍정적인 효과만 가져오는 것은 아니다. ㉣산업 단지 내 기업들의 과도한 밀집은 교통 혼잡, 부동산 가격 상승, 환경 오염 등 부정적인 외부 효과를 초래할 수 있다. 따라서 이러한 외부 불경제 문제를 완화하기 위한 적절한 규제와 관리가 필요하다.

① ㉠: 생산 비용이 증가하고 효율성이 하락
② ㉡: 부정적인 영향을 미친다
③ ㉢: 상대적으로 낮은 세율을 부과
④ ㉣: 산업 단지 내 기업들의 적절한 분포

7. 다음 논증의 결론을 도출하기 위해 추가로 필요한 전제는?

모든 과학자는 신을 믿는다. 신을 믿는 모든 사람은 유물론자가 아니다. 따라서, 어떤 진화론자는 과학자가 아니다.

① 어떤 유물론자는 진화론자이다.
② 모든 진화론자는 신을 믿는다.
③ 어떤 진화론자는 신을 믿는다.
④ 모든 유물론자는 진화론자이다.

8. 대화 내용과 〈보기〉를 참고할 때, 딸의 마지막 말에 대한 엄마의 대답으로 가장 적절한 것은?

딸: 친구가 저 때문에 화가 났어요. 민경이가 다이어트를 한다고 말한 것이 생각나서 뷔페에서 "그만 좀 먹지 그래."라고 말했거든요. 민경이의 다이어트를 도와주고 싶어서 한 말인데…
엄마: 민경이가 너의 진심을 몰라줘서 속이 많이 상했겠네.
딸: 민경이가 그러는데, 친구들 앞에서 제가 그런 말을 해서 창피했대요. 자기에게 창피를 주려고 일부러 그런 것은 아닌지 의심스럽대요.
엄마: 오해 때문에 생긴 문제이니, 민경이에게 네 맘을 솔직하게 표현해 보면 어떻겠니?
딸: 음… 어떻게 이야기를 하면 문제를 해결할 수 있을까요?

〈보 기〉

대화를 통해 갈등을 해결하고자 할 때, 어떤 표현 방식을 선택하느냐에 따라 대화의 성패가 좌우되기도 한다. 상대방에 대한 비방을 최소화하고 자신에 대한 비방을 극대화하면, 대화의 목적을 달성하는 데 큰 도움이 될 수 있다.

① "민경아, 난 너에게 창피를 주려고 한 것은 아니야. 내가 너를 도와주려고 한 말을 네 멋대로 해석해서 나에게 화를 내는 것은 옳지 않아."라고 말해 봐.
② "민경아, 네가 내 말을 듣고 화를 내는 것은 당연한 일이야. 내가 표현을 제대로 하지 못해서 네가 오해를 하게 만들었으니 정말 미안해."라고 말해 봐.
③ "민경아, 내가 상황을 고려하지 않고 그렇게 말한 것은 미안해. 하지만 너도 지나치게 자기 방어적인 태도로 내 말을 받아들인 것은 문제야."라고 말해 봐.
④ "민경아, 나는 단지 너의 다이어트를 돕기 위해서 그 말을 한 거야. 내 말의 의도를 오해해서 문제가 생긴 것이니까 네가 오해를 풀었으면 좋겠어."라고 말해 봐.

9. 다음 글을 논리적인 순서에 맞게 배열한 것은?

ㄱ. 외국의 법이더라도 좋은 법제는 오랜 기간 효율적으로 잘 사용되어 살아남은 것이기 때문이다.
ㄴ. 법률 분야가 타 분야와 다른 점은 외국 것에 대한 배타적 정서가 강하지 않다는 점이다.
ㄷ. 심지어 종종 적극적으로 외국의 오래된 법을 벤치마킹해 자기 나라의 국내법으로 변형해 사용하려 하기도 한다.
ㄹ. 따라서 후발 주자는 선진 법제를 벤치마킹해 자신의 법률에 반영해 제정하는 것이 어느 측면에서 보나 효율적이고 빠른 안정화를 위한 길이다.
ㅁ. 사실 법은 자주 만들어지고 폐기된다. 그런데 수정 등을 통해 현실 속에서 잘 작동한다면 그 법은 유용성 측면에서 검증된 것이나 다름없다.

① ㄱ-ㅁ-ㄷ-ㄹ-ㄴ
② ㄴ-ㄷ-ㄱ-ㅁ-ㄹ
③ ㄴ-ㄷ-ㄹ-ㄱ-ㅁ
④ ㄴ-ㄱ-ㅁ-ㄹ-ㄷ

[10 ~ 11] 다음 글을 읽고 물음에 답하시오.

우리나라는 단일한 언어와 문자를 사용하는 나라이다. 불행한 역사로 비록 ㉠갈라져 있기는 하지만, 남과 북은 여전히 같은 언어를 사용하고 있다. 언어 규범도 뿌리가 동일하며, 고유어를 중심으로 한국어를 가꾸어야 한다는 생각도 같다. 그러나 이처럼 공통점이 많음에도 불구하고, 남북한의 언어생활의 현실은 점점 더 이질화의 길을 가고 있다. 이러한 ㉡이질화는 주로 체제와 이념에 따른 언어관과 언어 정책 등의 차이로 인한 것인데, 이는 같은 언어 유산을 물려받은 한 민족이라는 시각에서 볼 때에 매우 심각한 문제이다. 언어는 문화와 민족의 핵심이기 때문이다.

광복 후부터 지금까지 북한에서는 철자법 개혁과 문맹 퇴치 사업, 한자 폐지, 말다듬기 운동, 문화어 운동으로 언어의 급격한 변화가 있었다. 그러는 동안 남쪽에서도 언어의 변화가 독자적으로 이루어짐으로써 남북한의 말에는 커다란 차이가 나타나게 되었다. 특히, 북한은 언어를 혁명과 건설의 힘 있는 무기라고 생각하는 유물론적 언어관에 ㉢근거하여 언어 정책을 수립하였으며, 이렇게 수립된 정책을 당의 통제하에 ㉣획일적으로 강력하게 시행하여 왔다. 이에 따라, 북한의 언어는 특히 1966년에 시작된 이른바 문화어 운동 이후부터, 일반적인 언어 변화의 속도를 훨씬 앞질러 급격하게 변하게 되었다. 같은 기간 동안에 남한에서도 사회의 변화와 더불어 언어가 상당히 변화하였기 때문에, 결국 남북한의 언어는 이질화의 길을 걸어가지 않을 수 없었다.

10. 윗글을 통해 알 수 있는 언어의 속성은?
① 언어는 사회와 체계의 영향을 받는다.
② 언어는 민족 형성의 절대적 기준이다.
③ 언어에 대한 인위적인 간섭은 바람직하지 않다.
④ 언어 변화는 정치적 목적과는 무관하게 진행된다.

11. ㉠ ~ ㉣과 바꿔쓸 수 있는 유사한 표현으로 적절하지 않은 것은?
① ㉠: 분리되어
② ㉡: 분화는
③ ㉢: 의하여
④ ㉣: 다각적으로

12. 〈보기〉를 반영하여 ⓐ를 수정하기 위한 구상으로 가장 적절한 것은?

〈보 기〉

'채식하는 날'의 도입 목적을 잘못 제시하여 독자의 오해를 유발할 수 있다. 학교 급식은 곡류, 육류, 채소류 등을 다양하게 제공하여 건강에 필요한 영양소를 골고루 충족시키는 것을 목적으로 한다.

'채식하는 날'이 도입되면 건강에 도움이 될 뿐만 아니라 기후 위기를 막는 데도 기여하게 될 것이다. ⓐ그러므로 우리 학교에서도 '채식하는 날'을 도입하여 학생들이 육류 위주의 식습관을 버리고 채소류 위주의 식습관을 형성하도록 이끌어야 한다.

① 육류보다 채소류가 건강에 더 도움이 되므로 채소류를 더 많이 먹어야 한다는 내용으로 고치자.
② 채소류만으로 필요한 영양소를 모두 충족할 수 있으니 채소류 위주의 식습관을 기르자는 내용으로 고치자.
③ 육류를 먹지 말자는 게 아니라 채소류를 접할 기회를 늘려 균형 있는 영양 섭취를 하자는 내용으로 고치자.
④ 채소류 위주의 식습관 형성이 건강 증진과 기후 위기 방지에 기여한다는 내용으로 고치자.

13. 〈공공언어 바로 쓰기 원칙〉에 따라 〈공문서〉의 ㉠ ~ ㉣을 수정한 것으로 적절하지 않은 것은?

〈공공언어 바로 쓰기 원칙〉

○ 능동과 피동 등 흔히 헷갈리기 쉬운 것에 유의할 것.
○ 중복되는 표현을 삼갈 것.
○ 서술어가 필요로 하는 문장 성분에 적절한 조사를 사용할 것.
○ 대등한 것끼리 접속할 때는 구조가 같은 표현을 사용할 것.

〈공문서〉

○○시청 청년정책과

수신 ○○시 거주 청년 전체
(경유)
제목 청년기본소득 신청 안내
──────────────────────

1. ○○시에서는 청년의 경제적 안정을 위해 청년들이 자율적으로 ㉠사용될 수 있는 지원금인 청년기본소득 사업을 진행하고 있습니다.

2. 신청 시점 기준 ○○시에 3개월 이상 주민등록을 ㉡계속 유지한 만 19세 ~ 25세 ㉢청년에게 분기별 ○○만원(연 최대 ○○만원)을 지급할 예정입니다.

3. 청년기본소득 사업을 통해 ㉣지역 내 경제 활성화와 청년 자립에 이바지하고자 하므로 많은 관심 부탁드립니다.

① ㉠: 사용할
② ㉡: 유지한
③ ㉢: 청년은
④ ㉣: 지역 내 경제를 활성화하고 청년 자립에 이바지하고자

14. ㉠과 ㉡에 대한 설명으로 적절한 것은?

기술은 인간과 세계의 관계를 규정함으로써, 세계 구성에 직접 참여한다. 기술은 세계를 열어 밝혀 주는 탈은폐의 한 방식이다. 기술의 어원인 '테크네'는 수공적 행위와 함께 예술도 의미했다. 그 공통적 성격은 '감춰져 있는 어떤 것을 앞에 드러내는 일'로, 어떤 것을 해명해서 밝히는 것을 의미한다.

이러한 탈은폐적 접근은 현대 기술의 본질을 규정할 때도 여전히 타당하지만 그 방식이 다르다. 현대 기술을 완전히 제압한 탈은폐는 이제 더 이상 자연스러운 방식으로는 전개되지 않는다. 현대 기술의 탈은폐는 은폐되어 있는 것들을 억지로 끌어내려는 도발적 요청이다. 과거에 농부는 씨앗을 뿌려 싹이 돋아나는 것을 그 생장력에 맡기고 그것이 잘 자라도록 보호했다. 그러나 오늘날은 자연을 도발적으로 닦아세운다. ㉠과거 기술의 탈은폐는 현실을 현실로 있도록 하면서 그것을 자연스럽게 드러냈다면 ㉡현대 기술의 탈은폐는 자연에 숨겨진 에너지를 채굴하고 변형하여 저장하고, 전환해 사용한다.

이 도발적 요청은 존재에 폭력을 가해서 강제적으로 자신의 모습을 잃어버리게 만든다. 온전하게 파악되는 것이 아니라 하나의 부품이 되기 때문에, 한 부분만 드러나게 되거나 본질이 왜곡되기도 한다

① ㉠은 자연 에너지를 있는 그대로 저장하기 위해서 자연의 이용을 최대한 자제한다.
② ㉡은 고유한 본래의 존재를 드러내기 위해 자연을 변형한다.
③ ㉡은 ㉠보다 감춰져 있는 것을 더 온전하게 밖으로 끌어낸다.
④ ㉠과 ㉡은 자연이자 현실인 세계의 구성에 참여하고 있다.

[15 ~ 16] 다음 글을 읽고 물음에 답하시오.

참과 거짓을 ㉠따지는 것이 가능한 명제적 믿음들은 우리가 참이라고 믿게 됨으로써 정당성을 갖는다. 그런데 우리의 믿음 체계가 어떤 식으로 구조화되어 있는지에 대해서는 믿음들 간의 연관을 탐구하는 철학자들 사이에서도 상반된 입장이 대립된다.

토대론은 믿음 간의 의존 관계를 거슬러 올라가면 궁극적으로 다른 믿음에 의존하지 않고 정당성을 지니는 '기초적 믿음'이 나타날 것이라고 보며, 우리의 믿음 체계가 이러한 기초적 믿음들로부터 정당화되면서 점차 확장된다고 주장하는 입장이다. 많은 토대론자들은 우리가 감각 경험에 의해 즉각적으로 갖는 '지각적 믿음'을 대표적인 기초적 믿음으로 본다. 가령 나무를 보고 '저것은 나무이다'라는 지각적 믿음을 가지게 될 때, 이들은 이 지각적 믿음이 다른 믿음이 아니라 오직 나무에 대한 감각 경험에 의해서 정당화된다고 본다.

15. '기초적 믿음'에 대한 설명으로 옳지 않은 것은?
① 많은 토대론자들은 기초적 믿음으로 감각 경험을 통해 정당화된 믿음을 제시한다.
② 믿음 간의 의존 관계를 거슬러 올라갈 경우, 기초적 믿음에 도달할 수 있다.
③ 기초적 믿음은 다른 믿음에 의존하여 정당화되는 믿음을 말한다.
④ 기초적 믿음은 우리의 다른 명제적 믿음들이 정당화되기 위한 시작점이다.

16. 문맥상 ㉠의 의미와 가장 가까운 것은?
① 무엇의 옳고 그름을 따졌다.
② 관계 당국에 사고의 원인을 따졌다.
③ 위아래를 나이로 따진다면 그는 내 조카뻘밖에 안 된다.
④ 투표하면서 의원 후보가 어느 지역 출신인지를 따지지 않았다.

17. 다음 글의 ㉠과 ㉡에 대한 평가로 올바른 것은?

아리스토텔레스는 생명체가 형상과 질료, 생기로 이루어진 것이라고 보았다. 형상이란 생물의 외적 형태를 결정하는 틀이며 질료는 생물체를 이루는 물질적인 기초이다. 그리고 생기는 생명력과 활력을 의미한다. 아리스토텔레스에 따르면, ㉠생명체가 탄생하기 위해서는 이와 같은 세 요소를 갖추는 것이 필수적이다. 하지만 ㉡이 세 요소를 모두 갖추었다고 해서 반드시 생명을 지닌 개체가 되는 것은 아니다.

① 심해 생명체에서 생기가 발견되지 않았다면, ㉠은 강화된다.
② 인간은 형상, 질료, 생기로 구성되어 있다는 연구가 발표되었다면, ㉠은 약화된다.
③ 형상, 질료, 생기 이외에 생명체가 되기 위한 새로운 요소가 발견되었다면, ㉡은 약화된다.
④ 생명체가 되기 위함과 형상, 질료, 생기의 세 요소가 서로 필요충분관계임이 밝혀졌다면, ㉡은 약화된다.

[18 ~ 19] 다음 글을 읽고 물음에 답하시오.

우리 주변의 생물들 중 일부는 외부의 위협으로부터 자신을 보호하고 종족을 보존할 목적으로 (가)독을 이용한다. 이러한 독은 그 종류에 따라 다양한 특징을 보인다.

식물의 독은 대개 알칼로이드, 즉 질소가 함유된 염기성 유기화합물로 이루어져 있으며, 대표적으로 투구꽃의 '아코니틴'이나 흰독말풀의 '아트로핀'과 같은 성분이 이에 속한다. 이 둘은 근육에 가해진 자극이나 뇌의 명령 등의 정보가 동물의 신경계를 통해 전달되는 것을 방해한다는 특징이 있다. 아코니틴의 경우, 신경 세포의 ㉠나트륨 이온 통로를 열어두어 아세틸콜린의 분비를 막으며, 그 결과 호흡 곤란을 유발할 수 있다. 하지만 적정량이 투여되면 진정 효과가 있어 진통제의 성분으로 이용되기도 한다. 한편 ㉡아트로핀의 경우, 부교감 신경의 시냅스에서 아세틸콜린을 대신하여 아세틸콜린 수용체와 결합함으로써 ㉢해당 물질의 정상적인 작용을 방해한다. 이는 시냅스를 통한 정보 전달이 제대로 이루어지지 못하는 결과를 낳는다.

동물의 독 또한 다양한 성질을 가지고 있다. 코브라의 독에는 '오피오톡신'이 들어있는데 이는 ㉣아세틸콜린 수용체와 결합하여 시냅스에서 근육으로의 정보 전달을 방해한다. 또한 살무사의 ㉤'크로탈로톡신'은 혈액 속 혈구 및 혈소판을 파괴해 엄청난 출혈과 근육의 괴사를 유발한다. 한편 복어의 '테트로도톡신'은 알칼로이드 계열의 독소로서, 복어가 섭취한 플랑크톤에 의해 축적되는데, 이는 신경 세포의 나트륨 이온 통로를 차단하는 성질이 있다.

18. 윗글을 이해한 것으로 적절하지 않은 것은?
① 투구꽃을 섭취한 동물은 신경계 이상으로 호흡 곤란을 겪을 수 있다.
② 흰독말풀과 복어의 독은 시냅스에서의 정보 전달을 방해한다는 점에서 유사하다.
③ 아코니틴과 테트로도톡신은 세포의 나트륨 이온 통로에 영향을 준다는 점에서 유사하다.
④ 복어의 독에는 질소가 함유되어 있다.

19. ㉠ ~ ㉤ 중 문맥상 (가)에 해당하는 것을 모두 고른 것은?
① ㉠, ㉢
② ㉡, ㉤
③ ㉡, ㉢, ㉤
④ ㉢, ㉣, ㉤

20. 다음 명제들이 모두 참일 때, 반드시 참인 명제는?

○ 날 수 있는 동물은 벌레를 먹고 산다.
○ 벌레를 먹고 사는 동물의 장에는 박테리아 B가 서식하지 않는다.
○ 벌레를 먹지 않는 동물의 장에는 박테리아 A 또는 박테리아 B가 서식한다.

① 장에 박테리아 B가 서식하는 동물은 날 수 없다.
② 장에 박테리아 B가 서식하지 않는 동물은 벌레를 먹고 산다.
③ 날 수 있는 동물의 장에는 박테리아 A가 서식하지 않는다.
④ 날지 못하고 벌레를 먹지도 않는 동물의 장에는 박테리아 B가 서식한다.

국 어

1. 〈공공언어 바로 쓰기 원칙〉에 따라 〈공문서〉의 ㉠ ~ ㉢을 수정한 것으로 적절하지 않은 것은?

―〈공공언어 바로 쓰기 원칙〉―
○ 대등한 것끼리 접속할 때는 구조가 같은 표현을 사용할 것.
○ 능동과 피동 등 흔히 헷갈리기 쉬운 것에 유의할 것.
○ 중복되는 표현을 삼갈 것.
○ 접속어를 사용할 때에는 앞뒤 문장의 의미 관계를 고려하여 정확한 표현을 사용할 것.

―〈공문서〉―
○○시청 재난안전과

수신 관내 시설 관리자
(경유)
제목 소방시설 방화문 관리 협조 요청

1. ㉠<u>지역사회를 발전하고 시민의 복리를 증대시키기 위해</u> 협조해 주시는 시설 관리자분들께 깊이 감사드립니다.
2. 최근 방화문 관리 미흡으로 인한 화재 피해가 ㉡<u>우려되고</u> 있어, 방화문 관리 강화가 ㉢<u>반드시 필요함을</u> 안내드립니다.
3. ㉣<u>예컨대</u> 방화문 및 비상구의 상태를 주기적으로 점검해 주시고, 방화문 손상 및 고장 시 즉시 수리 조치 바랍니다.

① ㉠: 지역사회를 발전시키고 시민의 복리를 증대시키기 위해
② ㉡: 우려하고
③ ㉢: 필요함을
④ ㉣: 그러므로

2. 갑 ~ 병의 주장을 분석한 내용으로 적절한 것만을 〈보기〉에서 모두 고르면?

갑: 유전자 편집 기술은 인류의 질병 치료와 삶의 질 향상에 큰 도움이 된다. 이 기술을 통해 유전 질환을 예방하거나 치료할 수 있고, 식량 생산에서도 더 나은 품종을 개발할 수 있다. 따라서 유전자 편집 기술을 적극적으로 활용해야 한다.
을: 유전자 편집 기술의 활용은 신중히 생각해야 한다. 특히 인간의 유전자를 조작하는 것은 윤리적으로 문제가 있다. 유전자 편집을 통해 사회 문제를 해결할 수 있지만, 예기치 않은 부작용이나 사회적 불평등을 초래할 수 있다. 따라서 인간 배아에 대한 유전자 편집은 금지해야 한다.
병: 유전자 편집 기술은 잠재력이 크지만, 윤리적 문제를 무시할 수는 없다. 따라서 안정적인 기술 활용과 사회 질서 유지를 위해서는 기술의 발전과 함께 윤리적 기준과 규제를 마련해야 한다. 치료 목적의 유전자 편집은 허용하되, 인간 배아에 대한 편집은 엄격히 제한해야 할 것이다.

―〈보 기〉―
ㄱ. 갑과 을은 유전자 편집 기술이 인간 생활에 도움을 줄 수 있다는 사실에 대해 의견이 같다.
ㄴ. 을과 병은 유전자 편집 기술의 윤리적 문제가 있다는 사실에 대해 의견이 같다.
ㄷ. 갑과 병은 인간 배아의 유전자 편집에 대해 의견이 같다.

① ㄱ ② ㄷ ③ ㄱ, ㄴ ④ ㄴ, ㄷ

3. ㉠에 해당하는 사례로 적절한 것은?

본말과 준말은 공존할 때가 많다. 가령, '쌈'은 거의 모든 경우에서 '싸움'을 대신할 수 있다. 심지어 '눈쌈, 쌈질' 등 '싸움'이 들어간 합성어에서도 대신 쓰일 수 있다. 하지만 '머무르다/머물다, 서투르다/서툴다'와 같은 경우에는 다르다. 어문 규정에 따르면, '머물다, 서툴다'는 자음 어미 앞에서만 올 수 있다.
본말과 준말이 공존하면서도 준말이 독자적인 영역을 개척하는 경우도 있다. 예를 들어, '생원님'의 준말인 '샌님'의 경우, 얌전한 사람을 일컬을 때는 준말을 사용하지 본말인 '생원님'이라고 하지 않는다. ㉠<u>준말인 '좀'도 본말인 '조금'이 대신하지 못하는 경우가 있다.</u>

① 새 휴대폰이 좀 비싸다.
② 할머니가 좀 편찮으시다.
③ 차가 막혀서 좀 늦었습니다.
④ 나에게 가위 좀 빌려줘.

4. 다음 중 ㉠에 들어갈 말로 적절한 것은?

세계 경제는 제2차 세계 대전을 기점으로 큰 전환이 이루어졌다. 기업이 그 존속과 성장을 위해 소비 시장을 놓고 치열한 경쟁을 벌이게 된 것이다. 그 결과 (㉠). 따라서 모든 기업은 생산된 제품을 판매한다는 태도를 바꾸어, 소비자의 잠재적 욕구를 파악하고 이러한 욕구를 충족시키는 전략을 채택해야만 했다. 그들은 어디까지나 소비자의 관점에서 유용한 제품을 생산하고, 서비스를 제공하고, 가격을 책정하게 되었다. 즉, 제품을 시장으로 밀어내는 것이 아니라, 소비자들이 자신의 필요에 따라 제품을 구입하도록 하는 전략을 강조하게 된 것이다. 이는 일단 상품을 생산해 놓고 나서 그것을 소비자에게 판매하는 전략이 아니다. 오히려 판매될 수 있는 상품이 무엇인지 파악하여 그것을 생산하고, 제품과 서비스가 시장(소비자)으로 스며들도록 하는 전략이라고 할 수 있다. 가치의 극대화라는 기업의 이념은 변함없지만, 시대의 요구에 따라 기업 활동의 성격은 변화한다.

① 기업은 경제적인 관점에서만 제품을 판매하는 전략을 세웠다.
② 기업은 생산된 제품을 소비자에게 판매하기 위한 전략을 모색했다.
③ 시장은 생산자 중심에서 구매자 중심으로 성격이 바뀌었다.
④ 기업 활동의 성격은 가치의 극대화에 충실하게 되었다.

5. (가)와 (나)를 전제로 할 때 빈칸에 들어갈 결론으로 가장 적절한 것은?

(가) 케이팝을 좋아하는 사람은 모두 콘서트에 간다.
(나) 어떤 직장인은 케이팝을 좋아한다.
따라서 ( )

① 어떤 직장인은 콘서트에 가지 않는다.
② 콘서트에 간 어떤 사람은 직장인이다.
③ 케이팝을 좋아하는 사람은 모두 직장인이다.
④ 콘서트에 가지 않는 사람은 모두 직장인이 아니다.

6. 다음 글을 읽고 이해한 내용으로 적절하지 않은 것은?

> 현대 서정시는 '그리움'이 주된 정서이다. 이 '그리움'은 사랑하는 사람에 대한 그리움, 과거에 대한 그리움, 평온했던 공간에 대한 그리움처럼 다양하다. '고향'을 제재로 하는 서정시가 많은 것도 이와 같은 맥락 때문이다. 냉혹한 사회에서 살아가는 현대인에게 향수를 노래하는 서정시는 '어머니'를 그리워하는 내용의 대중가요처럼 쉽게 공감을 이끌어 낸다.
> 현대 서정시에서 '고향'은 차가움과 대비되는 따뜻한 세계이며, 변동성과 대비되는 지속성의 세계이며, 거침과 대비되는 부드러운 세계이다. 이러한 세계의 중심을 이루는 것은 '모성(母性)'이다. '고향'이 어린 시절의 추억을 떠올리게 하면서 정서적인 안정을 주는 곳으로 표현되는 이유도 이 때문이다.
> 그런데 현대 서정시의 '고향'은 왜 대부분 가난한 모습으로 표현할까? 이는 현대 서정시가 궁극적으로 노래하고자 하는 가치가, 물질적 가치가 아닌 정신적 가치라는 점과 연관된다. '가난'은 물질적 차원에서는 작고 하찮게 보이는 것들의 가치나 산업화 과정에서 사라져가는 것들의 가치, 그 정신적 가치를 일깨우는 역할을 한다.

① 현대 서정시는 주로 '그리움'의 정서를 나타내고 있는데, 이는 다양한 대상을 향한 그리움으로 나타난다.
② 현대 서정시에서 따뜻함, 지속성, 부드러움을 상징하는 '고향'은 '모성'의 개념과 깊이 연결되어 있다.
③ 현대 서정시에서 '고향'의 가난한 모습은 물질적 가치보다 정신적 가치를 강조하는 경향과 관련 있다.
④ 현대 서정시는 '가난'을 현대 사회의 성공과 대비되는 부정적 가치로 노래한다.

7. 다음 글의 전개 순서로 가장 적절한 것은?

> (가) 그러나 직관은 한순간 내가 주인공과 합치할 때 경험하는 감정, 즉 단순하고 불가분한 느낌과 관련이 있다. 이때 주인공의 말과 행동은 불가분한 느낌으로부터 자연스럽게 흘러나오는 것처럼 보인다.
> (나) 베르그송은 사물을 인식하는 방법으로 분석과 직관을 구분한다. 분석은 우리가 사물 주위를 돈다는 사실을, 직관은 우리가 사물의 내부로 들어간다는 사실을 함축한다.
> (다) 작가가 묘사한 인물의 성격은 내가 이미 알고 있는 인물이나 사물과 비교해 봄으로써만 파악할 수 있다. 상징이나 관점은 나를 인물의 외부에 위치시키고 그 인물이 다른 인물과 공통으로 지니는 것을 알게 할 뿐이므로, 알게 된 것은 인물이 지니고 있는 고유한 것이 아니다.
> (라) 가령, 내가 소설 속 주인공이 겪는 모험담을 읽고 있다고 하자. 작가가 인물에 대해 이야기하는 모든 것은 인물을 상징적으로 표시하는 기호에 불과하며 주인공에 대한 그만큼의 관점을 내게 제공해 주는데, 분석은 이러한 상징이나 관점과 관련이 있다.
> (마) 인물의 고유한 본질을 구성하는 것은 내적인 것이므로 외부에서 지각될 수 없고, 다른 것들과 같이 측정할 수 없는 것이므로 상징을 통해서 표현되지 않는다. 베르그송이 말한 분석과 직관의 구분은 인물의 성격에 대한 상징적 표현과 인물에 대한 불가분한 느낌 사이의 구분에 해당한다.

① (나)(라)(마)(가)(다)
② (나)(라)(다)(가)(마)
③ (마)(가)(나)(다)(라)
④ (마)(가)(라)(다)(나)

8. 〈지침〉에 따라 〈개요〉를 작성할 때 ㉠~㉢에 들어갈 내용으로 적절하지 않은 것은?

<지 침>
○ 서론은 중심 소재의 주요 실태와 문제 제기를 1개의 장으로 작성할 것.
○ 본론은 제목에서 밝힌 내용을 2개의 장으로 구성하되 각 장의 하위 항목끼리 대응되도록 작성할 것.
○ 결론은 기대 효과와 향후 과제를 1개의 장으로 작성할 것.

<개 요>
○ 제목: 음식물 쓰레기 과다 발생의 원인과 해결 방안
Ⅰ. 서론
  1. 하루 약 1만 톤 이상의 음식물 쓰레기 발생
  2. ㉠
Ⅱ. 음식물 쓰레기 과다 발생의 원인
  1. 과도한 음식 준비와 식사 후 남은 음식 버리기 습관
  2. ㉡
Ⅲ. 음식물 쓰레기 과다 발생 원인의 해결 방안
  1. ㉢
  2. 음식물 쓰레기 처리 기술 개발 및 보급
Ⅳ. 결론
  1. ㉣
  2. 음식물 쓰레기를 줄이기 위한 강력한 법적 규제와 지원 정책

① ㉠: 음식물 쓰레기 매립지에서 발생하는 가스로 인한 기후 변화
② ㉡: 음식물 쓰레기 처리 인프라 부족
③ ㉢: 필요한 양만 구매하도록 소비자 캠페인 진행
④ ㉣: 환경 보호 및 경제적 비용 절감

9. 다음 글의 논리적 흐름을 바르게 정리한 것은?

> 20세기 후반기에 들어서서, 이전에는 상상도 할 수 없을 정도로 사회는 눈부시게 변천, 발달하고 있다. 이에 따라, 이를 표현하는 신어, 학술어도 수없이 만들어져서 쓰이고 있다. 신어는 새로운 기구, 제도가 생겨나서 이를 표현하고자 할 때나, 새로운 사회 현상을 풍자적으로 표현할 때, 시대에 따라 생겨났다가 소멸되기도 하고, 긴 생명을 가지고 완전한 국어의 어휘가 되기도 한다. 학술어도 마찬가지여서 새로운 학문의 발달에 따라 그 전에 없던 새 개념을 나타내기 위하여 새 술어가 쓰이게 된다. 이런 경우에도, 과연 우리는 얼마나 국어를 찾아 쓰려고 노력해 보았는지 한번 생각해 볼 일이다. 언제나 손쉽게 일본식 한자어를 빌려 쓰거나 새롭게 만들어진 한자어를 쓰려는 경향이 더 강했다. 언제까지나 이런 경향으로 나아간다면, 순수 국어의 어휘는 더욱더 그 소멸의 길을 재촉할 것이다. 이제는 국어의 어휘를 가지고 학술어로 쓰는 수준까지 올려야 한다. 그리고 각 분야에서 쓰이는 학술어가 통일되도록 중앙의 협의회에서 결정해 나가야 한다.

① 현상-반성-예측-제안
② 배경-제안-반성-현상
③ 제안-현상-예측-반성
④ 반성-제안-현상-배경

[10 ~ 11] 다음 글을 읽고 물음에 답하시오.

루소의 사상은 인간이 자연 상태에서는 선하고 자유롭고 행복했으나, 사회와 문명이 들어서면서 악해지고 자유를 상실하고 불행해졌다는 전제에서 출발한다. 즉, 인지가 깨어나면서부터 인간의 욕망은 필요로 하는 것 이상으로 확대되었다는 것이다. 이 이기적인 욕망 때문에 사유 재산 제도가 형성되고, 그 결과 불평등한 사회가 등장하게 되었다.

이러한 인간과 사회의 병폐에 대한 처방을 내리기 위해 루소는 인간에게 잃어버린 자연을 되찾아 줄 것을 요구하였다. 즉 인간을 본래의 무구한 존재로 돌아가게 하여, 선하고 자유롭고 행복하게 살 수 있는 사회를 만들고자 하는 것이다. 루소는 이것이 교육을 통해서 가능하다고 보았다. 이 교육은 자연 상태의 인간이 본래의 천진무구함을 유지하면서 정신적, 육체적으로 스스로를 도야해 가는 과정을 따르는 것을 원리로 ㉠삼는다. 그래서 지식은 실제 생활에 필요한 정도만 배우게 하고, 심신의 발달 과정은 직접 관찰하거나 자유롭게 능동적인 경험을 하도록 하는 것이다. 그럼으로써 자유로우면서도 정직과 미덕을 가진 도덕적 인간으로 성장해 나갈 수 있게 된다.

10. 윗글을 이해한 내용으로 적절하지 않은 것은?
① 루소에 따르면, 도덕적 인간으로 성장하려면 교육을 통해 지식을 최대한 쌓아야 한다.
② 루소에 따르면, 인간 욕망의 확장은 인지의 각성으로부터 시작되었다.
③ 루소에 따르면, 인간은 자연 상태일 때와 달리 사회와 문명을 통해 자유를 박탈당하고 구속되게 되었다.
④ 루소에 따르면, 인간의 본성은 깨끗하고 순수하다.

11. 문맥상 의미가 ㉠과 가장 유사한 것은?
① 그는 친구의 딸을 며느리로 삼았다.
② 그는 위기를 전화위복의 계기로 삼았다.
③ 그녀는 딸을 친구 삼아 이야기하곤 한다.
④ 할아버지는 아침이면 윗목에 앉아 짚신을 삼는다.

12. 아래 조건에 따라 체육 동호회 진흥을 위해 보조금을 지원할 단체를 선정하려고 할 때, 반드시 보조금을 지원받는 단체로 짝지어진 것은?

㉠ 배드민턴 동호회나 축구 동호회를 지원한다면 테니스 동호회도 지원한다.
㉡ 스쿼시 동호회도 지원한다면, 테니스 동호회는 지원하지 않는다.
㉢ 농구 동호회를 지원하면 축구 동호회는 지원하지 않고, 축구 동호회를 지원하지 않으면 스쿼시 동호회를 지원한다.
㉣ 야구 동호회를 지원하면 농구 동호회를 지원한다.
㉤ 야구 동호회를 지원하지 않으면 배드민턴 동호회를 지원한다.
㉥ 배드민턴 동호회는 지원 대상이 아니다.

① 테니스 동호회, 스쿼시 동호회, 축구 동호회
② 배드민턴 동호회, 축구 동호회, 농구 동호회
③ 스쿼시 동호회, 축구 동호회, 야구 동호회
④ 스쿼시 동호회, 농구 동호회, 야구 동호회

13. 다음 글의 ㉠~㉣ 중 어색한 곳을 찾아 가장 적절하게 수정한 것은?

교통사고를 예방하기 위해서는 안전운전을 위한 핵심 원칙을 실천해야 한다. 그중에서도 ㉠속도 제한을 준수하고 안전거리를 확보하는 것은 특히 중요하다.

첫째로, 속도 제한을 준수하는 것은 안전운전의 기본이다. 과속은 운전자의 반응 시간을 줄이고 차량의 제동 거리를 늘려 돌발 상황에 대처하기 어렵게 만든다. 예를 들어, 시속 100km로 달리는 차량이 정지하기 위해서는 약 100m 이상의 거리가 필요하지만, 시속 60km로 주행하면 ㉡제동 거리가 절반 이하로 줄어든다. 속도 제한은 도로의 구조와 주변 환경을 고려하여 설정된 것이므로 이를 지키는 것은 자신과 타인의 안전을 보장하는 첫걸음이다.

둘째로, 안전거리를 확보하는 것은 돌발 상황에서 사고를 예방하는 데 필수적이다. 앞차와의 거리가 너무 가까우면 운전자가 갑작스러운 제동이나 장애물에 대응할 시간이 부족하다. 일반적으로 ㉢시속 100km에서는 최소 60m, 시속 60km에서는 최소 100m의 안전거리를 유지하는 것이 권장된다. 날씨가 좋지 않거나 도로가 미끄러울 경우 이 거리를 더욱 늘려야 한다.

이러한 원칙을 철저히 지키는 것은 운전자 본인뿐만 아니라 모든 도로 이용자의 안전을 위한 필수 조건이다. 작은 습관의 변화가 큰 안전을 가져오며, 이를 통해 ㉣모두가 안심하고 도로를 이용할 수 있는 환경을 조성할 수 있다.

① ㉠: 음주 운전을 금하고 차량을 정기적으로 점검
② ㉡: 제동 거리가 두 배로 늘어난다.
③ ㉢: 시속 100km에서는 최소 100m, 시속 60km에서는 최소 60m
④ ㉣: 모두가 안심하고 대중교통을 이용할 수 있는 환경

14. 다음 글의 ㉠과 ㉡에 대한 평가로 올바른 것은?

디지털 교과서의 도입 및 기존 서책 교과서의 폐지에 관해 찬반 입장이 대립하고 있다. ㉠찬성 측은 디지털 교과서의 경우, 휴대가 보다 간편하고 인터넷 멀티미디어 자료를 활용하여 더 심화된 학습을 할 수 있다는 점을 들어 도입을 주장하고 있다. 또한 종이 생산을 위해 이루어지는 무분별한 벌목을 막아 환경을 보호하고, 인쇄 등 관련 비용을 절약할 수 있다는 것도 이유이다. 반면, ㉡반대 측은 인터넷, 전기 등의 제반 여건이 갖추어지지 않은 상태에서는 디지털 교과서가 오히려 불편을 야기할 수 있으며, 위와 같은 여건을 조성하고 학습 콘텐츠를 제작하는 데 드는 예산이 막대하다는 점을 내세우고 있다. 더해서 디지털 기기는 서책보다 많은 이산화탄소를 배출하고, 폐기 시 독성 물질이 나오므로 환경에 더 유해하다고 주장하고 있다.

① 다양한 멀티미디어 자료를 활용했을 때 학생들의 학업 성취도가 향상되었다는 연구 결과는 ㉠을 강화하지 않는다.
② 디지털 여건 구축에 드는 비용이 서책 인쇄 등의 비용보다 훨씬 크다는 것이 밝혀지면 ㉠은 약화되지 않는다.
③ 벌목에 의한 대기 자정 효과의 감소를 고려하면, 디지털 기기와 서책의 탄소 유발 정도가 비슷하다는 연구 결과는 ㉡을 강화하지 않는다.
④ 학부모 대상 설문조사에서 디지털 교과서가 서책에 비해 선호도가 높았다는 사실은 ㉡을 강화한다.

[15 ~ 16] 다음 글을 읽고 물음에 답하시오.

우리가 발전소에서 생산된 전기를 사용하기 위해서는 소비처까지 전달되는 ㉠과정이 필요하다. 이를 송배전이라고 하는데 송전은 발전소에서 생산된 전기를 변전소로 보내는 과정을, 배전은 변전소에서 최종 소비처로 공급하는 과정을 의미한다.

㉡이 과정에서 전압을 올리거나 내리는 '변전'은 전기의 효율적이고 안정적인 수송을 위해 필수적인 과정이다. 변전은 (가)이 과정에서 여러 차례 이루어지는데, 낮은 전압으로 송전을 하는 경우 저항의 영향으로 전기량에 손실이 발생하여 ㉢이 과정에서는 전압을 높이는 것이 일반적이다. 전압이 올라갈수록 송전 과정에서 발생하는 손실이 줄어들고 송전용량 또한 증가한다는 장점이 있어 송전 과정에서는 154,000V부터 765,000V까지의 고압 전기로 수송된다. 반면 배전 과정에서는 110V, 220V 등 일반 사용자가 사용하기 적절한 수준의 낮은 전압으로 수송된다.

㉣이러한 과정에 필요한 설비의 설치는 지역 간 갈등을 유발할 수 있다. 한국에서는 수도권의 발전 용량이 수요의 약 50%에 불과해, 다른 지역에서 전력을 공급받는 상황이 불가피하다. 이를 위한 고효율 송배전망을 구축하는 과정에서 지방과 수도권 간의 경제적 형평성에 대한 논란이 제기되고 있다. 지방에서는 송전망 설치로 인해 환경적, 경제적 피해를 감수해야 하지만, 전력 수혜의 대부분은 수도권에 집중된다는 점에서 불공정하다는 것이다.

15. 윗글에서 추론한 내용으로 가장 적절한 것은?
① 송전 단계에서 전압을 높게 유지해도 전기 손실은 발생하지만, 송전용량은 증가한다.
② 220V로 배전하는 경우 110V로 배전할 때보다 전기 손실이 절반으로 줄어든다.
③ 수도권의 발전 용량이 지방보다 적다.
④ 송전 과정에서 전압이 낮으면 지방과 수도권 간 갈등이 완화된다.

16. ㉠~㉣ 중 문맥상 (가)에 해당하는 의미로 사용되지 않은 것은?
① ㉠
② ㉡
③ ㉢
④ ㉣

17. ㉠과 ㉡에 관한 설명으로 가장 적절한 것은?

손윗사람에게 자신이나 자기 쪽에 속하는 사람을 낮춤으로써 상대를 간접적으로 높이는 ㉠겸양법은 현대에 들어 많이 약화되었다. 어른 앞에서 자신을 가리키면서 '저' 대신 '나'를 쓰는 일이 대표적이다. 겸양법과 관련하여 압존법이라는 게 있다. 겸양법은 높임의 대상을 상대적으로 더욱 높이는 효과를 지니기 위해 낮춤의 대상을 더 낮추는 말씨법이며, ㉡압존법은 원래 높임의 대상이지만 그보다 더 높은 대상을 위하여 높임을 억제하는 말씨법이다.

① ㉠은 청자를 높이지만 ㉡은 청자를 낮춘다는 점에서 다르다.
② ㉠은 ㉡과 달리 항상 문장의 행위 주체를 청자보다 높인다.
③ ㉠과 ㉡은 모두 청자와 관계없이 화자가 자신을 낮추려 한다.
④ ㉠과 ㉡은 모두 청자를 고려하여 문장의 높낮이를 조절한다.

[18 ~ 19] 다음 글을 읽고 물음에 답하시오.

조선 시대의 연좌제는 죄형법정주의의 원칙에 따라 시행되었다. 모법(母法)으로 삼았던 '대명률'을 형법의 일반법으로 적용했는데, 이에 따라 연좌제가 적용되는 죄목은 새로운 왕조를 ㉠세우려는 모반(謀反), 현재의 군주를 바꾸려는 모대역(謀大逆), 외국과 내통하여 본국을 멸망시키려는 모반(謀叛)의 세 가지 정치적 범죄로 한정되었다. 이 세 가지 범죄에 ㉡들어맞지 않는다면 원칙적으로는 연좌제가 적용되지 않았다.

연좌제의 적용을 받는 범죄의 처벌 대상은 우리가 흔히 알고 있는 것보다 훨씬 제한적이었다. 흔히 '3족을 멸한다'는 말을 쓸 때, 3족을 친가, 외가, 처가로 이해한다. 그러나 이는 잘못된 것이다. 대명률에 따르면 친족의 범위는 친가, 외가, 처가의 3족이 아니라, 아버지와 아버지의 형제를 포함하는 조족(祖族), 본인의 형제와 그 소생(所生)을 포함하는 부족(父族), 본인의 아들 및 그 소생을 가리키는 기족(己族)의 3족에 ㉢국한된다.

조선 시대에 가장 가혹하게 연좌제가 적용된 죄는 모반(謀反)과 대역죄였다. 본인 및 공모자는 능지처사, 아버지와 16세 이상의 아들은 교수형에 처했으며, 16세 미만의 아들과 어머니·처첩·조손·형제자매·아들의 처첩은 노비로 삼고, 백부와 숙부, 조카들은 동거 여부를 불문하고 유배형에 처했다. 하지만 이 때도 장인의 일로 사위를 벌주지는 않았다. 또한 범죄 당사자의 출가한 누이와 그 배우자도 연좌의 대상으로 삼지 않았다.

물론 조선 시대에 사위들이 연좌제에 걸려 처벌을 받은 일이 전혀 없었던 것은 아니었다. 갑자사화 때 연산군은 폐비 윤 씨에게 사약을 전달한 이세좌를 죽이면서 그의 사위도 유배시켰고, 곧 사사(賜死)했다. 또한 중종반정 이후 연산군의 매부로 좌의정이었던 신수근을 죽이면서 그의 사위 역시 멀리 귀양을 보냈다. 이처럼 현실에서는 법 규정을 넘어 연좌의 대상이 ㉣커지는 일이 벌어지기도 했다.

18. 윗글의 내용과 부합하지 않는 것은?
① 조선 시대에 대역 죄인의 기족에게 적용된 형벌의 종류는 모두 동일하였다.
② 조선 시대에 모반죄를 범했을 경우, 처벌이 본인과 그 3족에만 국한된 것은 아니었다.
③ 친형수가 아들을 출산해 나에게 조카가 생겼을 때, 조카는 나에게 부족에 해당한다.
④ 조선 시대에 대역 죄인의 사위는 연좌의 적용 대상이 아니었으나, 현실에서는 연좌가 이루어지기도 했다.

19. ㉠~㉣과 바꿔쓸 수 있는 유사한 표현으로 적절하지 않은 것은?
① ㉠: 도모하려는
② ㉡: 해당하지
③ ㉢: 한정된다
④ ㉣: 확대되는

20. 다음의 내용이 참일 때, 반드시 참이라고 할 수 있는 것은?

㉠ 형우, 건욱, 윤환 중 적어도 한 명은 지영이를 사랑한다.
㉡ 형우와 건욱이는 지은이를 사랑한다.
㉢ 형우, 건욱, 윤환은 반드시 한 사람만 사랑한다.

① 지은이는 건욱이를 사랑한다.
② 윤환이는 지영이를 사랑한다.
③ 형우와 윤환이는 지은이를 사랑한다.
④ 건욱이와 윤환이는 지영이를 사랑한다.

국 어

1. <공공언어 바로 쓰기 원칙>에 따라 <공문서>의 ㉠~㉣을 수정한 것으로 적절하지 않은 것은?

―――〈공공언어 바로 쓰기 원칙〉―――
○ 중복되는 표현을 삼갈 것.
○ 능동과 피동 등 흔히 헷갈리기 쉬운 것에 유의할 것.
○ 목적어와 서술어를 호응시킬 것.
○ 이중피동 표현은 삼갈 것.

―――〈공문서〉―――
○○시청 산림과

수신 수신자 참조
(경유)
제목 집중호우 산림피해 복구계획 안내

1. ○○시에서는 최근 집중호우로 ㉠산발적으로 발생한 ㉡산림피해에 대한 복구 작업을 진행될 예정입니다.
2. ㉢유실된 산림 및 토사 제거 후에 산사태 재발 방지를 위한 예방 조치도 할 예정입니다.
3. 복구 작업 중 일부 도로 통행 및 지역 출입이 ㉣제한될 수 있으니 양해 부탁드립니다.

① ㉠: 발생한
② ㉡: 산림피해에 대한 복구 작업을 진행할
③ ㉢: 유실된 산림 복구 및 토사 제거
④ ㉣: 제한되어질

2. ㉠에 대한 설명으로 적절하지 않은 것은?

우리가 태어나서 처음 습득한 언어를 L1, L1을 습득한 후 배우는 언어를 L2라 한다. L2를 배우는 과정에서는 L1도 L2도 아니면서 L1과 L2의 요소를 부분적으로 갖는 언어가 나타나는데, 이를 중간 언어라고 한다. 중간 언어는 L2를 목표로 발달해 나가기 때문에 학습자마다 개별적인 것이 특징이다.
L2 학습자는 필연적으로 오류를 생성하며 학습한다. 예전에는 성공적인 L2 습득을 위해서 오류는 나타나지 않아야 하는 것으로 취급했다. 하지만 유아가 언어를 습득할 때 오류를 일으키는 것을 자연스러운 언어발달 과정이라고 여기는 것처럼, 요즘은 ㉠L2 학습자의 오류도 같은 관점으로 해석한다. 대부분의 오류는 학습자의 모국어인 L1의 부정적 간섭으로 인해 발생한다. 하지만 오류 중에는 L1이나 L2의 어느 규칙으로도 설명할 수 없는 것들이 있다. 이 오류들은 L2 학습자의 중간 언어에 의해 생성된 것이다. 따라서 우리는 학습자의 오류를 통해 특정 시점에서의 학습자의 중간 언어 체계와 L2 습득 정도를 파악할 수 있다. 또한 오류의 원인을 분석해 L2의 교수법이나 학습법에 활용하여 학습자가 일으키는 오류를 효과적인 방법으로 줄일 수 있다.

① L2 학습자가 생성한 중간 언어의 발달 정도를 확인하게 해 준다.
② 교사가 L2 학습자에게 가르칠 내용을 결정하는 데 도움을 준다.
③ L1과 비교해 부정적 간섭의 원인을 파악하는 데 활용할 수 있다.
④ 학습자가 이미 여러 외국어를 습득한 경우라면, L2 학습 과정에서 발생하지 않는 경우도 있다.

3. 다음 글을 참고하여 바르게 표기된 단어들만 묶인 것은?

요즘 마트에는 포도 수확 시기인 8월 말이 되기도 전에 '햇포도'가 나온다. 그리고 이 '햇포도'로 만든 술을 '햇포도주'라고 한다. 사실 이 두 단어는 '해포도, 해포도주'라고 써야 옳다. '당해에 난 어떤 것'을 가리킬 때 쓰는 접두사 '해-/햇-'은 뒤의 단어의 첫 자음이 'ㄲ', 'ㄸ' 등의 된소리나 'ㅋ', 'ㅌ' 등의 거센소리이면 '해-'를 쓰고, 그렇지 않으면 '햇-'을 써야 하기 때문이다.

① 해곡식, 햇병아리, 햇새
② 해보리, 햇실과, 햇벼
③ 햇과일, 해콩, 햇누룩
④ 햇쑥, 햇감자, 햇비둘기

4. 다음 글을 읽고 이해한 내용으로 가장 적절한 것은?

인간과 사회에 대한 시각이나 매체가 변화하면서 소설의 내용도 다양하게 분화되었다. 즉 시민 중심의 국가 체제로의 변화, 자본주의와 인쇄 매체의 발달로 인해 근대 소설이 발전하게 된 것이다. 19세기 서양 소설의 특징은 시간의 흐름을 통해 현실에서 인간의 삶과 운명이 어떻게 만들어지고 운영되는가를 바라보는 것이다. 이때 소설의 리얼리티는 개성적 자아가 현실에서 어떤 삶을 살고, 그 삶을 개선하기 위해 어떤 행위를 하는가에 초점을 둔다.
20세기 초반에 본격화된 심리학과 정신 분석학의 발전은 인간 이해와 예술 전반에 많은 영향을 끼쳤다. 이는 인간에게 내재한 심리적 현실, 또는 인간의 무의식에 숨어 있는 내적 욕망과 억압도 중요한 리얼리티를 지닌다는 인식을 가져다주었다. 이러한 인식의 변화로 인해 현대 심리주의 소설이 등장하게 되었다.

① 시민 중심의 국가 체제로 변화하면서 인간과 사회에 대한 시각도 변하였다.
② 19세기 서양 소설의 개성적 자아는 자신의 무의식에 숨어 있는 내적 욕망을 통해 리얼리티를 드러냈다.
③ 20세기 이후 소설은 리얼리티가 외적 현실에 의해서만 구성되는 것은 아니라고 보았다.
④ 인간의 무의식에 숨어 있는 내적 욕망의 중요성으로 인해 정신 분석학이 발전하게 되었다.

5. 다음의 내용이 참일 때, 반드시 참이라고 할 수 있는 것은?

㉠ 진수와 민경이가 모두 퇴직을 하는 것은 아니다.
㉡ 민경이가 퇴직을 할 때에만 진수가 퇴직을 하지 않는다.
㉢ '종범이가 퇴직하지 않으면, 진수도 퇴직하지 않는다.'라는 소문은 사실이 아니다.

① 민경이와 종범이는 둘 다 퇴직하지 않는다.
② 퇴직하는 사람은 총 2명이다.
③ 퇴직하지 않는 사람은 진수뿐이다.
④ 진수가 퇴직하지 않거나 민경이가 퇴직한다.

6. 다음 글을 읽고 이해한 내용으로 적절하지 않은 것은?

　　김영랑의 「눈물에 실려 가면」과 김광균의 「대낮」은 모두 '눈물'이라는 소재를 활용한다. 이 눈물은 모두 화자가 누군가를 잃은 슬픔으로 인한 것이다. 「눈물에 실려 가면」의 눈물은 시인이 결혼한 지 1년도 안 되어서 부인과 사별한 사실과 관련지어 해석할 수 있다. 화자는 눈물에 실려 가다 산길로 칠십 리를 가서 거기에 있는 무덤을 본다. 슬픔에 잠겨 있는 화자는 그곳을 떠나는 것이 쉽지 않아 보인다. 그러다 화자는 '서울이 천 리로다 멀기도 하련만'이라고 하면서 자신의 슬픔을 끌어안고 앞으로 나아가려고 한다.
　　한편 「대낮」에 드러난 눈물은 김광균의 누이동생이 죽은 사실과 관련지어 해석할 수 있다. 이 시의 칸나[花]는 동생을 떠올리게 하는 매개체로, 칸나의 생명력이 절정인 상황에서 화자는 곱게 단장했지만 눈물이 고여 있는 동생의 서러운 얼굴을 떠올린다. 이는 칸나를 보며 동생의 모습이 화자의 내면에서 끌어올려진 것이다. 화자는 '아무도 없는 고요한 대낮 / 비인 마당 한 구석에서' 꽃잎에서 살아 있는 듯한 동생과 마주 보며 쓸쓸히 웃는다. 이는 화자의 과거 회상을 마치며 동생이 살아 있던 때로 돌아가고 싶어 하는 시적 화자의 소망이 담겨 있다.

① 「눈물에 실려 가면」과 「대낮」의 '눈물'은 모두 화자가 가족을 잃은 슬픔으로 인한 것이다.
② 「눈물에 실려 가면」은 '산길'이, 「대낮」은 '칸나'가 화자가 그리워하는 대상을 떠올리게 하는 매개체이다.
③ 「대낮」의 '아무도 없는 고요한 대낮'과 '비인 마당'은 화자의 소망과 반대되는 분위기를 드러내는 소재이다.
④ 「눈물에 실려 가면」과 달리 「대낮」의 화자는 자신의 슬픔을 극복하고 앞으로 나아가려는 모습을 보이지 않았다.

7. 다음 글의 전개 순서로 가장 자연스러운 것은?

　　경상수지는 크게 상품수지, 서비스수지, 소득수지, 경상이전수지로 구분된다. 상품수지는 상품의 수입과 수출 차액을, 서비스수지는 서비스의 수입·수출 차액을 의미한다. 소득수지에는 대외금융 관련 투자소득과 비거주자 노동자에게 지급되는 급료가 포함되며, 경상이전수지에는 국제기구 출연금, 개인 송금 등이 포함된다.

ㄱ. 반면 경상수지 적자는 소득 감소와 실업률의 상승으로 이어지며, 외채 증가에 따른 상환 부담의 증가를 야기하기도 한다.
ㄴ. 상품·서비스의 수출 증가는 국내 생산 확대와 그에 따른 일자리 및 소득 증대로 이어진다. 따라서 앞서 언급한 항목 중 상품수지와 서비스수지가 경제에 미치는 영향이 비교적 크다.
ㄷ. 그렇다고 해서 경상수지의 흑자가 꼭 바람직한 것만은 아니다. 흑자로 인한 통화량의 증가는 통화관리를 어렵게 만들며, 수출 상대국의 수입규제를 유발할 가능성도 있기 때문이다.
ㄹ. 경상수지의 흑자는 소득과 일자리를 증대시키는 효과가 있으며, 외화벌이를 통한 외채 감소와 물가상승 압력에 대한 유연한 대응을 가능하게 한다.

① ㄴ-ㄹ-ㄱ-ㄷ　　② ㄴ-ㄷ-ㄱ-ㄹ
③ ㄴ-ㄱ-ㄷ-ㄹ　　④ ㄹ-ㄷ-ㄴ-ㄱ

8. 〈지침〉에 따라 〈개요〉를 작성할 때 ㉠~㉣에 들어갈 내용으로 적절하지 않은 것은?

〈지　침〉
○ 서론은 중심 소재의 개념 정의와 문제 제기를 1개의 장으로 작성할 것.
○ 본론은 제목에서 밝힌 내용을 2개의 장으로 구성하되 각 장의 하위 항목끼리 대응되도록 작성할 것.
○ 결론은 기대 효과와 향후 과제를 1개의 장으로 작성할 것.

〈개　요〉
○ 제목: 공정무역 비활성화 원인과 활성화 방안
Ⅰ. 서론
　1. 공정무역의 의미와 필요성
　2. ㉠
Ⅱ. 공정무역의 비활성화 원인
　1. ㉡
　2. 공정무역 제품의 낮은 접근성과 대형 유통망과의 협력 부족
Ⅲ. 공정무역의 활성화 방안
　1. 공정무역의 가치를 알리기 위한 캠페인 및 교육 프로그램 운영
　2. ㉢
Ⅳ. 결론
　1. 기업의 사회적 책임 이행과 소비자의 윤리적 소비 촉진
　2. ㉣

① ㉠: 공정무역 제품의 낮은 시장 점유율
② ㉡: 공정무역 제품에 대한 소비자의 이해 부족
③ ㉢: 체험형 마케팅을 중심으로 한 공정무역 제품 홍보
④ ㉣: 지속적인 소비자 교육과 정책 지원

9. 다음 글의 ㉠을 강화하는 것만을 〈보기〉에서 모두 고르면?

　　비트겐슈타인은 ㉠'의미사용이론'을 통해, 언어를 이해하고 배우는 행위는 다양한 삶의 맥락 속에서 해당 언어가 어떻게 사용될 수 있는지와 다른 사람의 언어에 어떻게 반응해야 하는지를 알아가는 것이라고 주장했다. 예를 들어 '빨강'이라는 단어의 의미를 학습하는 것은 사전에 기재된 추상적 개념을 배우는 게 아니며, 미술 수업 중 단풍잎을 그려 보라는 교사의 말에 색연필 중 빨간색을 선택해 사용할 수 있게 되는 과정이라는 것이다. 그에 따르면 언어는 일종의 게임으로서, 그 규칙은 절대 불변의 것이 아니라 참가자들이 원활하게 게임을 수행할 수 있도록 돕는 형식에 불과하다. 따라서 언어는 그 자체로 의미를 지닌다기보다는 언어 사용자들의 삶 또는 구체적인 활동과 관련하여서만 의미가 있다.

〈보 기〉
ㄱ. '신사(gentleman)'라는 단어는 본래 귀족 집안의 사람을 뜻했으나, 현대에 와서는 주로 정중한 태도를 지닌 사람을 의미하게 되었다.
ㄴ. 언어 지능의 발달 단계에서 추상적 개념의 이해가 실생활에서의 언어 사용에 선행한다는 사실이 밝혀졌다.
ㄷ. '어이쿠'와 같은 감탄사를 들었을 때, 사람들은 그 개념을 생각하기보다는 주변에 무슨 문제가 있는지부터 살피곤 한다.

① ㄱ, ㄴ　　② ㄱ, ㄷ　　③ ㄴ, ㄷ　　④ ㄱ, ㄴ, ㄷ

[10 ~ 11] 다음 글을 읽고 물음에 답하시오.

아무렇게나 뭉뚱그린 것 같은 맛을 풍기는 것이 한국의 탈이다. 이 점은 색채나 분장에서도 마찬가지다. 대체로 이웃 나라들의 탈 중에는 색을 조화시킨 현란한 탈들이 많다. 아시아에 퍼져 있는 용(龍)이라든가 사자탈 같은 것을 보아도 금방 알 수 있다. 그러나 우리나라 탈은 수염이나 헝겊 외에는 별 수식을 하지 않는 것이 특징이다.

그리고 한국 탈은 서민의 눈으로 세계와 사회를 바라보면서 만들어진 것이다. 따라서 순전히 유희적이고 즉흥적으로 만들어져서 탈의 상징성이 비교적 약하고, 신비감이 적다. 서구적 개념으로는 비예술적이라는 말이 나옴 직도 하다.

그러나 한국미의 본질이 자연미이듯이, 탈도 주변 환경, 즉 자연과 조화가 잘되도록 만들어졌으며, 서민의 생활 감정 그대로 거칠고 털털하며 거침없으면서도 솔직 담백하다.

야산 오솔길을 따라 베잠방이 입은 초동(樵童)이 지게를 ㉠지고 걸어가는 모습과 ㉡같달까? 이 말은 우리나라 탈이 자연 공간을 제대로 ㉢인식한 이에게서 만들어졌다는 이야기다. 가령, 요철이 심한 것은 밤에 화톳불을 피워 놓고 공연할 때 불빛이 안각(眼角)으로 거슬러 비치게 되므로 탈을 살아 움직이게 하는데 안성맞춤이다. 그리고 색깔이 원색이기 때문에 자연 속에서 ㉣드러나지 않으며 자연의 일부처럼 보이게 된다.

10. 윗글을 통해 알 수 있는 내용이 아닌 것은?
① 한국의 탈에는 서민의 세계관과 가치관이 투영되어 있다.
② 한국의 탈은 화려하게 치장하지 않는 것을 특징으로 하고 있다.
③ 한국의 탈은 자연의 일부로서 자연과의 조화를 근본으로 삼고 있다.
④ 한국의 탈은 각 부분의 자유로운 움직임으로 살아 있는 듯이 보인다.

11. ㉠ ~ ㉣과 바꿔쓸 수 있는 유사한 표현으로 적절하지 않은 것은?
① ㉠: 연결하고
② ㉡: 동일하달까
③ ㉢: 파악한
④ ㉣: 노출되지

12. 대화 내용이 모두 참일 때, 반드시 참인 것만을 〈보기〉에서 모두 고르면?

이번 학기에 개설되는 과목은 A, B, C가 언급한 과목이 전부이며, 이번 학기 수강생은 A, B, C 세 명뿐이다.

A: 나는 이번 학기에 과목을 총 3개 과목을 들을 거야. 특히 〈심리학개론〉이랑 〈인간과 우주〉는 반드시 들을 예정이야.
B: 나도 〈인간과 우주〉를 듣고, 〈우리 몸의 이해〉는 듣지 않을 거야. 이번 학기에 A와는 두 과목을 같이 듣게 되었어. 그리고 〈공연 예술의 이해〉는 수강생이 총 두 명이래.
C: 나는 이번 학기에 3개 과목만 듣는데, 〈인간과 우주〉는 꼭 들을 거야. 그리고 〈미학과 예술론〉 조별 과제를 A와 B와 함께 셋이 하게 되었어.

─〈보 기〉─
㉠ C는 〈공연예술의 이해〉를 듣는다.
㉡ 〈인간과 우주〉의 수강생은 총 3명이다.
㉢ B는 총 세 과목을 수강한다.

① ㉠   ② ㉡   ③ ㉠, ㉡   ④ ㉠, ㉡, ㉢

13. 갑 ~ 병의 주장을 분석한 내용으로 적절한 것만을 〈보기〉에서 모두 고르면?

갑: 청소년들의 학업 성취도를 높이는 데 스마트폰은 도움이 된다고 생각해. 스마트폰 사용을 통해 다양한 교육 앱과 온라인 자료에 접근할 수 있고, 이전보다 많은 자료를 학습에 활용할 수 있어. 또한 언제 어디서나 학습할 수 있어 시공간의 제약에서도 자유롭다는 장점이 있어.
을: 나는 스마트폰 사용이 청소년들의 학업 성취도에 부정적인 영향을 미친다고 봐. 물론 많은 자료에 접근할 수 있다는 장점이 있지만, 오락과 SNS에 더 많이 사용해 집중력을 떨어뜨리고 공부 시간을 줄어들게 해. 또한 과도한 스마트폰 사용은 수면 부족과 건강 문제도 야기할 수 있어.
병: 스마트폰 사용이 학업 성취도에 미치는 영향은 사용 방법에 따라 달라진다고 생각해. 교육적인 목적으로 적절히 사용하면 도움이 되지만, 오락과 SNS에 지나치게 몰두하면 해가 될 수 있어. 따라서 올바른 사용 습관을 기르는 것이 중요하다고 봐.

─〈보 기〉─
ㄱ. 갑과 을은 스마트폰 사용이 학업 성취도에 긍정적인 영향을 미치는지에 대해 의견이 같다.
ㄴ. 을과 병은 스마트폰 사용이 청소년들에게 부정적인 영향을 줄 수 있다는 사실에 대해 의견이 같다.
ㄷ. 갑과 병은 스마트폰 사용이 학업에 도움이 될 수 있다는 사실에 대해 의견이 같다.

① ㄱ   ② ㄴ   ③ ㄱ, ㄷ   ④ ㄴ, ㄷ

14. ㉠ ~ ㉣ 중 어색한 곳을 찾아 가장 적절하게 수정한 것은?

근력 운동을 통해 우리는 몸의 근육을 강화하고 체력을 증진할 수 있다. 하지만 과도한 근력 운동은 ㉠오히려 건강을 해치는데, 그 예시로 블랙아웃 현상을 제시할 수 있다.

블랙아웃 현상은 고강도 근력 운동 도중 혈압이 일시적으로 급감함과 동시에 뇌의 혈류가 부족해져 나타나는 현상이다. 증상이 경미한 경우 시야가 흐려지거나, 약간의 현기증을 유발하는 식으로 나타나지만 심한 경우 순간적으로 의식을 잃고 기절하게 된다. 또한, 순간적인 어지럼증 및 실신으로 인해 운동 기구에 충돌하게 되는 등 2차 사고로도 이어질 수 있기에 그 예방이 중요하다. 이에 ㉡근력 운동을 하고 난 이후의 블랙아웃 현상 예방 방안을 소개한다.

근력 운동 시 무리하게 무게를 설정하거나 운동 간 충분한 휴식 시간을 갖지 않는다면 ㉢혈압이 급격히 변동하여 블랙아웃 현상이 발생할 수 있다. 또한, 운동 도중 수분 섭취가 부족하면 체내 전해질 균형이 깨져 뇌 기능에 영향을 미칠 수 있다. 따라서 그 예방을 위해 운동 과정에서 적절한 무게를 설정하고 운동 중간중간 수분을 충분히 섭취하는 것이 중요하다. 나아가 예방을 위한 조치를 충분히 취했더라도 운동 중 어지럼증 등의 이상 증상이 나타나면 ㉣즉시 운동을 중단하고 전문 의료인의 상담을 받는 것이 바람직하다.

① ㉠: 근육의 성장 속도를 감소시키는데
② ㉡: 근력 운동을 하는 도중
③ ㉢: 혈압이 안정 상태를 유지
④ ㉣: 즉시 운동을 속행

[15 ~ 16] 다음 글을 읽고 물음에 답하시오.

인간은 탐색과 호기심이라는 동기를 지니며, 특히 어린 아이는 새로운 대상에 대한 탐색 활동을 더 많이 한다. 가령 4~5세 아이들은 기계를 분해해서 망가뜨리는 경우가 있는데, 이는 새로운 사물이 어떤 모습인가를 파악하려는 동기에서 비롯된 것이다.

사람들은 탐색을 통해 특정 대상과 친숙해지면서 그 대상을 더 좋아하게 되는데, 이를 단순 접촉 효과라고 한다. 반면 사람들은 친숙한 대상과 오래 관계를 유지하면서 권태를 느끼기도 한다. 오랜 연인들이 서로에게 싫증을 내는 것이 그 사례이다.

한편 친숙성이 호감의 증가에 ㉠미치는 효과는 문화적으로 차이가 있다. 예를 들면, 벨기에 사람들은 자신들이 한두 번 본 적이 있는 대상보다 새로운 대상을 더 선호하는 것으로 나타났다.

15. 윗글을 읽고 추론할 수 있는 내용이 아닌 것은?
① 단순 접촉 효과에 따르면, 처음 만난 사람보다 10번 만난 사람에게 더 호감을 느낄 가능성이 높다.
② 아이들이 기계를 망가뜨리는 것은 인간이 지닌 근본적인 동기에서 기인하는 것이다.
③ 특정 대상의 호감도는 사람들이 속한 문화, 상호작용 기간 등에 따라 달라진다.
④ 낯선 대상과 친숙해질수록 그 대상을 좋아하게 된다.

16. 문맥상 ㉠의 의미와 가장 가까운 것은?
① 이번 광고는 판매량을 높이는 데에 큰 영향을 미쳤다.
② 그녀가 춤에 미친 것은 재작년부터였다.
③ 군대에 간 애인이 미치도록 보고 싶다.
④ 선생님이 지목한 아이들의 실력에 내 성적은 못 미쳤다.

17. '종숙(從叔)'과 '증대고모(曾大姑母)'가 각각 누구인지 순서대로 나열한 것은?

친족을 지칭하는 말은 대부분 관형사적 형태소와 명사적 형태소의 결합으로 이루어진다. 먼저 관형사적 형태소는 세 부류로 나뉜다. 첫째는 자신과 친족원의 세대 차이를 표현하는 것으로, '대(大)'는 자신으로부터 2세대 높거나 낮은 친족원을, '증(曾)'이나 '증대(曾大)'는 3세대 높거나 낮은 친족원을, '고조(高祖)'는 4세대 높거나 낮은 친족원을 지칭한다. 둘째는 방계의 정도를 지시하는 것으로, '종(從)'은 한 세대 위에서 방계로 나뉜 친족원임을, '재종(再從)'은 두 세대 위에서 방계로 나뉜 친족원임을 지시한다. 셋째는 출계 집단을 구별하는 것으로, '외(外)'는 어머니 쪽, '진외(陳外)'는 아버지의 어머니 쪽을 지시한다.

그리고 수식을 받는 명사적 형태소 '숙(叔)'은 아버지의 남자형제를, '고모(姑母)'는 아버지의 여자형제를 의미한다.

① 아버지의 사촌 형제 - 고조부의 여자형제
② 어머니의 사촌 형제 - 고조부의 여자형제
③ 아버지의 사촌 형제 - 증조부의 여자형제
④ 어머니의 사촌 형제 - 증조부의 여자형제

[18 ~ 19] 다음 글을 읽고 물음에 답하시오.

유럽의 계몽주의는 합리적 이성을 바탕으로 인류의 진보를 꾀함으로써, 중세의 구시대적 권위에서 벗어나 인류에게 자유와 풍요를 선사하고자 했던 이념이다. 그러나 아도르노는 계몽에 대해 다른 입장을 보였다.

아도르노에 따르면, 계몽은 '자연에 대한 지배'에서 '인간에 대한 지배'로, 더 나아가서는 '인간의 내적 자연에 대한 지배'로까지 이어지는 과정이다. 근대 과학 혁명으로 구축된 자연에 대한 경험적인 지식을 무기로 하여, 인간은 자연의 위협에서 벗어나 지배자의 위치에 설 수 있게 되었다. 그런데 이러한 지배 양식이 강화된 결과, 이성은 '사물 본질에 대한 인식'이라는 본연의 기능에서 벗어나 도구적 이성으로 변질된다. 이는 특정 목적을 달성하기 위해 ㉠인간과 자연을 지배하며, 그 결과 인간은 비판적 사유 능력을 잃어버린 채 목적 달성을 위한 ㉡수단으로 전락한다.

자연과 인간 사회에 대한 지배를 손에 넣은 ㉢인간은, 감정이나 욕망과 같은 인간의 내적 자연마저 위협하기 시작한다. 이는 목적 달성을 방해하는 비합리적인 요소로, ㉣통제 가능한 합리적 존재가 되기 위해서는 인간 스스로 자신의 내적 자연을 억압해야 했기 때문이다. 그 과정에서 나타난 (가)인간 존재의 허무감과 전체주의적 폭력을 바라보면서, 아도르노는 "이성의 차가운 빛 아래서 야만의 싹이 자라난다."라며 애도를 표했다.

18. 윗글을 이해한 것으로 가장 적절한 것은?
① 아도르노에 따르면, 유럽의 계몽주의는 결국 중세의 권위로부터 벗어나지 못했다.
② 아도르노에 따르면, 인간 존재에 대한 허무감은 도구적 이성으로 인한 인류의 목적 상실에 기인한다.
③ 아도르노에 따르면, 인간의 내적 자연은 제도 등 외부적 힘에 의해서만 억압된다.
④ 아도르노에 따르면, 인류의 희망으로 여겨졌던 이성은 오히려 인간을 위협하는 무기로 변모할 수 있다.

19. ㉠ ~ ㉣ 중 문맥상 (가)에 해당하지 않는 것은?
① ㉠   ② ㉡
③ ㉢   ④ ㉣

20. 다음 논증이 성립하기 위해 추가로 필요한 전제는?

전제1. 현대 서구 국가들은 인구적으로나 지역적으로 매우 큰 규모를 가지고 있다.
전제2. 직접 민주주의가 시행되기 어려운 국가에서는 대의제의 형태로 민주주의가 발전한다.
결론. 오늘날 서구 민주주의 국가들에서는 대의제의 형태로 민주주의가 발전할 수밖에 없다.

① 인구와 지역 규모는 정치 제도와 관련이 있다.
② 인구와 지역 규모가 매우 큰 경우 직접 민주주의가 실현되기 어렵다.
③ 인구와 지역 규모가 작은 경우 직접 민주주의가 실현될 수 있다.
④ 인구와 지역 규모가 매우 큰 경우에만 대의제를 통해 민주주의를 실현할 수 있다.

국 어

1. <공공언어 바로 쓰기 원칙>에 따라 수정한 것으로 적절하지 않은 것은?

   ─────〈공공언어 바로 쓰기 원칙〉─────
   ○ 주어와 서술어의 호응
     - ㉠ 주어와 서술어의 관계를 명확하게 표현함.
   ○ 목적어와 서술어의 호응
     - ㉡ 목적어와 서술어의 관계를 명확하게 표현함.
   ○ 여러 뜻으로 해석되는 표현 삼가기
     - ㉢ 중의적인 문장을 사용하지 않음.
   ○ 외국어 번역 투 삼가기
     - ㉣ '~에 의해 ~되다'와 같이 어색한 피동 표현은 사용하지 않음.

   ① "우리가 실패한 이유는 그 일을 너무 쉽게 여겼다."를 ㉠에 따라 "우리가 실패한 이유는 그 일을 너무 쉽게 여겼기 때문이다."로 수정한다.
   ② "타이어의 마모와 강도를 늘려서 안전성을 높였다."를 ㉡에 따라 "타이어의 마모를 줄이고 강도를 늘려서 안전성을 높였다."로 수정한다.
   ③ "경은이가 찍은 사진을 전시하기로 했다."를 ㉢에 따라 "경은이의 사진을 전시하기로 했다."로 수정한다.
   ④ "백제는 서기전 18년에 온조(溫祚) 집단에 의해 건국되었다."를 ㉣에 따라 "백제는 서기전 18년에 온조(溫祚) 집단이 건국했다."로 수정한다.

2. ㉠과 ㉡에 대한 설명으로 적절하지 않은 것은?

   가까운 거리 안에 동종의 업장이 위치하게 되는 경우, 지리적 시장 분할이 이루어져야 두 가게에 모두 이로운 결과가 나올 수 있다.
   호텔링은 직선으로 뻗은 해변 길을 따라 아이스크림을 판매하는 두 가게를 사례로 들었다. 거리만이 구매를 결정하는 유일한 요인이며, 모든 고객은 같은 종류의 아이스크림을 가장 가까이에 있는 가게에서 구입한다고 가정하자. 그리고 고객이 직선으로 뻗은 해변 길 위에 고루 퍼져 있으며, 두 가게가 100m 길이의 해변에 위치해 있다.
   이때 고객들의 이동 거리를 최소화하면서 두 가게가 동일한 판매량을 거둘 수 있는 방법은 ㉠해변의 양쪽 끝에서 각각 25m씩 이동한 거리에 가게를 입지시키는 것이다. 그런데 한쪽 가게가 상대방 가게 쪽으로 이동하면 판매량이 증가하게 될 것이고, 이로 인해 다른 가게는 판매량이 줄어들게 된다. 반대편 가게 역시 같은 의도로 이동하면 결국 두 가게는 필연적으로 이러한 불안정한 상태에서 벗어나 ㉡해변 정중앙에 나란히 입지하게 된다. 이렇게 되면 해변의 양쪽 끝에 위치한 고객 중 일부는 너무 많이 걸어야 하는 부담 때문에 구매 자체를 포기한다.

   ① ㉠은 지리적 시장 분할이 이루어진 상태이고, ㉡은 지리적 시장 분할이 파괴된 상태이다.
   ② 두 가게의 아이스크림의 총판매량은 ㉠이 ㉡보다 클 것이다.
   ③ ㉠과 달리 ㉡에서는 두 가게 사이의 판매량에 차이가 있다.
   ④ ㉠에서는 자기 가게의 위치를 상대 가게 쪽으로 옮기면 고객을 더 많이 받을 수 있다.

3. 다음 중 지문에 나온 관형사 '한'의 기능 [A] ~ [D]와 이에 상응하는 <보기>의 예문을 올바르게 짝지은 것은?

   관형사 '한'은 여러 기능을 수행한다. 이 중 수량의 단위를 나타내는 의존 명사와 결합해 [A]수 관형사로서의 기능을 수행하는 것이 가장 일반적이다. 이 외에도 [B]'어떤'이라는 의미를 지닌 지시 관형사로 기능을 하거나 [C]자립명사와 결합하여 '같은'이라는 의미를 지닌 지시 관형사로 쓰이기도 하며, [D]'대략'이라는 의미로서 부사적으로 쓰이는 경우도 존재한다.

   ─────〈보 기〉─────
   ㉠ 그 동아리에 가입한 인원은 한 20명 정도 될 것이다.
   ㉡ 이번 사건에 대해 한 고위 공직자는 다음과 같이 말했다.
   ㉢ 어제 친구와 점심을 먹고 들른 서점에서 책 한 권을 샀다.
   ㉣ 전교생이 모두 한 교실에 모여 앉아 특강을 들었다.

	[A]	[B]	[C]	[D]
①	㉢	㉡	㉣	㉠
②	㉡	㉣	㉢	㉠
③	㉢	㉠	㉣	㉡
④	㉡	㉣	㉢	㉠

4. 다음 글의 ㉠과 ㉡에 대한 평가로 올바른 것은?

   소비자의 권익을 위해 집행되는 정책으로는 경쟁 정책과 소비자 정책이 있다. ㉠경쟁 정책은 독점이나 담합과 같은 반경쟁적인 행위에 대한 규제가 시장에서의 경쟁을 촉진시킨다고 여긴다. 이는 결과적으로 소비자에게 이익이 되므로 소비자 권익 보호에 있어 유효한 정책으로 평가된다. 반면 소비자 정책은 기업들이 지켜야 할 의무를 강제한다. 소비자 교육 실시, 소비자 안전 기준 마련, 물품 정보 공개 의무화 등이 그 예이다. ㉡소비자 정책은 소비자 보호와 관련이 있는 사안을 대상으로 한 정책이 소비자 권익 증진에 효과적이라 판단한다.

   ① 기업에 대한 규제는 기업의 경쟁적 활동을 위축시킨다는 사실은, ㉠을 강화한다.
   ② 반경쟁적 행위가 시장 경쟁 활성화 저해의 충분조건이라는 사실은, ㉠을 약화한다.
   ③ 기업이 생산하는 상품 규격에 대한 정보 공개를 의무화하자 소비자 권익이 증진되었다는 사실은, ㉡을 강화한다.
   ④ 소비자 보호와 직접적 연관성이 있는 정책뿐만 아니라 간접적인 연관성이 있는 정책도 소비자 권익 증진에 효과적이라는 사실은, ㉡을 약화한다.

5. 다음 글의 내용이 모두 참일 때, 반드시 참인 것은?

   만일 나연이 부산 영화제에 참석한다면 서울 시상식에는 불참할 것이다. 만일 나연이 부산 영화제에 불참한다면, 건우를 만나지 못하거나 지은을 만나지 못할 것이다. 나연이 건우를 만난다면, 서울 시상식에 참석하지 않는다. 나연은 서울 시상식에 참석한다.

   ① 나연은 건우를 만나지 않는다.
   ② 나연은 지은을 만나지 않는다.
   ③ 나연은 부산 영화제에 참석한다.
   ④ 나연은 부산 영화제에 불참하고 건우를 만난다.

6. ㉠과 ㉡에 들어갈 말을 적절하게 나열한 것은?

여로형 소설의 구조는 귀환 여부에 따라 정착형, 귀로형, 미로형으로 나뉜다. 출발지를 떠나 목적지에 도착하면 이야기가 끝나는 정착형과 달리, 귀환형은 다시 출발지로 돌아오는 구조이다. 미로형은 이 유형들과 달리 주인공이 목적지에 정착하지도, 출발지로 다시 돌아오지도 못하고 길 위를 떠도는 구조이다. 이 소설의 인물에게는 여행의 목적은 있지만, 현실은 인물이 목적지에 도착하는 것을 허용하지 않는다.

「삼포 가는 길」의 정 씨는 공사판을 떠돌아다니던 노동자였지만, 정착을 위해 고향인 삼포로 돌아가려고 하였다. 그런데 정 씨는 대합실에서 만난 한 노인에게 삼포가 공사판으로 변했다는 이야기를 전해 듣는다. 따라서 「삼포 가는 길」은 ㉠ 에 해당한다고 볼 수 있다.

「만세전」의 주인공 '나'는 일본에서 아내가 위독하다는 전보를 받고 귀국한다. '나'는 본국으로 가는 배 안에서 조선인을 멸시하는 일본인을 보고 분노하며, 서울로 가던 중 조선이 처한 현실을 관찰하면서 무덤 같은 현실에 답답함을 느낀다. 아내가 죽고 집에서 안정을 찾지 못하던 '나'는 동경으로 다시 돌아간다. 따라서 「만세전」은 ㉡ 에 해당한다고 볼 수 있다.

	㉠	㉡
①	정착형 구조	귀환형 구조
②	미로형 구조	귀환형 구조
③	미로형 구조	미로형 구조
④	귀환형 구조	정착형 구조

7. 다음 글의 ㉠~㉣ 중 어색한 곳을 찾아 적절하게 수정한 것은?

장 자크 루소는 사회 구성원들이 단순히 사적 욕구를 합산한 결과로 살아가는 것이 아니라, 모두를 위한 공공선을 지향하는 특별한 의지에 기반해 공동체를 이루어 살아야 한다고 보았다. 그는 이를 '일반의지'라 명명하며, 이는 ㉠개개인의 일시적 이익을 넘어선 공동체 전체의 행복과 조화를 목적으로 한다. 이때 일반의지는 억압적 명령이 아니라, 개인이 ㉡스스로 수용하고 실천하게 되는 원리로 작용한다.

루소에 따르면 일반의지는 법과 제도를 통해 구체화된다. 법은 한두 사람의 특권을 위한 장치가 아니라, 모든 구성원이 동등한 조건 속에서 자유와 권리를 누릴 수 있도록 하는 규범이다. 개인은 이 규범에 참여하고 준수함으로써 ㉢오히려 더 깊은 자유를 얻는다. 이는 겉보기에 제약으로 보일 수 있으나, 사실상 모든 사람에게 공평한 기회를 제공하여 이를 토대로 자기 발전의 기반을 마련해 주는 것이다.

결국, 일반의지는 각자에게 공동체 속의 의미 있는 역할을 부여함으로써 구성원 간 ㉣상호 존중이 아닌 이익 다툼에 기초한 삶을 가능하게 한다. 이렇게 형성된 사회는 단순한 합의로 유지되는 것이 아니라, 공공선을 진심으로 이해하고 이를 실천하려는 공동체 구성원의 의지를 기반으로 유지된다.

① ㉠: 공동체 전체의 행복과 조화를 넘어선 개개인의 일시적 이익
② ㉡: 강제로 수용하고 복종
③ ㉢: 자유를 박탈당하고 공동체에 순응하게 된다
④ ㉣: 이익 다툼이 아닌 상호 존중

8. <보기>의 a~d를 ㉠~㉣과 연결한 것으로 적절한 것은?

두 언어가 접촉하면 서로 간섭을 하게 된다. 간섭한다는 것은 영향을 주고받아 닮아간다는 것이다. 간섭의 대표적인 유형은 ㉠어휘 간섭이며 차용어가 그 대표적인 결과이다. 한국어 중 고유어는 반도 안 된다. 이는 한국어가 외래어의 어휘 간섭을 크게 받은 언어라는 것이다. 그러나 한국어가 특이한 경우는 아니다. 일본어도 한자어와 외래어가 어휘의 반이 넘고 중국어도 서양의 새로운 개념들을 담은 일본제 한자어들을 대량 차용했다.

간섭이 어휘에서만 일어나는 것은 아니다. ㉡음성·음운의 간섭도 있다. 한국어에서는 단어 첫머리에 ㄹ은 올 수 없고, 특히 설측음[l]은 절대 올 수 없다. 하지만 r이나 l 소리로 시작하는 외래어들은 한국어에서도 대체로 ㄹ로 시작한다.

㉢통사적 간섭도 있을 수 있다. 개화기와 현재의 한국어 문장은 그 문체가 다르다. 한국어는 여러 언어의 간섭을 받으며, 문체를 포함한 통사 구조를 개선했다. 우리가 외국어 번역투라 비판하는 우리말 문장들은 역시 모두 통사적 간섭의 결과이다.

㉣의미적 간섭도 있다. 이것은 어휘의 형태가 아니라 의미를 차용하는 것이다. 우리가 지금까지 써 온 한자어 중 일본어의 영향으로 그 의미가 바뀐 단어를 의미적 차용의 대표적 예이다.

<보기>

a. 프랑스어에는 영어의 ng에 해당하는 연구개음이 없다. 하지만 영어의 영향으로 이 소리가 독립적인 음소로 확립되고 있다.
b. '우리 회사는 서울에 위치해 있다.'와 같은 문장은 번역투 문장이지만 한국에서도 문제없이 사용되고 있다.
c. 르네상스 문화의 전파는 영어 어휘의 절반 이상이 프랑스어나 라틴어-그리스어 계통이 되도록 영향을 주었다.
d. '방송(放送)'은 '석방'에서 '보도'로 의미가 변하였다.

	㉠	㉡	㉢	㉣
①	a	b	c	d
②	b	c	a	d
③	c	a	b	d
④	d	a	b	c

9. ㉠에 들어갈 십육진수 표기로 가장 적절한 것은?

십진수를 팔진수로 변환하는 방법은 주어진 십진수를 몫이 0이 될 때까지 계속 8로 나누는 과정을 반복하고, 그 과정에서 만들어진 나머지들을 모아 각 자릿수에 배정하는 것이다. 가령 십진수 167을 팔진수로 변환하는 것을 예로 들어 보자. 167을 8로 나누면 몫으로 20을 얻고 나머지로 7을 얻는다. 다시 몫 20을 8로 나누어 몫으로 2를 얻고 나머지로 4를 얻을 수 있다. 마지막으로 몫 2를 8로 나누면 몫 0, 나머지가 2가 된다. 각 단계에서 구한 나머지를 차례대로 각 자릿수에 배정하면 팔진수 표기는 247이 된다.

비슷한 원리로, 십진수를 십육진수로 변환하기 위해서는 주어진 숫자를 몫이 0이 될 때까지 16으로 나누는 과정을 반복하고 나머지를 모으면 된다. 단, 십육진수는 0에서 9까지는 십진수에서의 아라비아 숫자 표시 기호를 사용하고 10에서 15까지는 로마자 기호를 빌려 10을 A로, 11을 B로, 12를 C로, 13을 D로, 14를 E로, 15를 F로 나타낸다. 가령 십진수 167을 십육진수로 변환할 경우 (㉠)이 된다.

① A7 ② 7A ③ 107 ④ 710

[10 ~ 11] 다음 글을 읽고 물음에 답하시오.

　생명의 구조를 이용하여 인간 생활에 도움을 주고자 하는 기술을 생명 공학 기술이라 한다. 이 중 가장 주목을 받고 있는 것은 유전 공학 기술이다. 유전자를 재조합하기 위해서는 DNA를 절단하는 가위와 이를 접착하는 풀이 필요하다. 가위의 구실을 하는 것은 제한 효소라는 단백질인데, 이것은 DNA의 각기 다른 위치에서 작용한다. 풀 구실을 하는 것은 리가아제라고 부르는 효소인데, 이것은 절단된 DNA를 결합시키는 역할을 맡고 있다.
　유전자 변형 생물을 이용하는 방법은 크게 세 가지로 나누어 볼 수 있다. 첫째는 유전자 변형 생물 그 자체를 이용하는 경우이다. 유전자를 변형시켜 만든 제초제 저항성 옥수수나 콩이 그 예에 속한다. 둘째는 유전자 변형 생물이 만들어 내는 부산물을 이용하는 경우이다. 유전자 변형 대장균으로부터 당뇨병 치료에 쓰이는 인슐린이나 인간 생장 호르몬을 추출하는 일 등이 이에 속한다. 셋째는 유전자의 기능 및 발현 패턴을 연구하기 위한 수단으로 유전자 변형 생물을 이용하는 경우이다.
　그러나 유전 공학 기술에 따른 잠재적 위험성이 제기되기도 한다. 실제로 일부 환경 운동 단체에서는 알레르기를 일으킬 가능성을 유전자 변형 생물의 잠재적 위험성으로 ⊙본다.

10. 윗글을 이해한 내용으로 적절하지 않은 것은?
① 유전 공학 기술에서 제한 효소는 각각 DNA의 상이한 곳에서 각자의 역할을 한다.
② 유전자 변형 생물은 부수적인 생산물을 만들어 내기도 한다.
③ 유전자 변형 생물은 의학 분야에 활용되기도 한다.
④ 환경 운동 단체에서는 유전자 변형 생물이 알레르기를 일으킨다는 현실적 근거를 들어 문제를 제기한다.

11. 문맥상 의미가 ⊙과 가장 유사한 것은?
① 어쩐지 그의 행동을 실수로 볼 수가 없었다.
② 우리는 이제 볼 일이 없었으면 좋겠다.
③ 그의 사정을 보니 딱하게 되었다.
④ 남의 단점을 보기는 쉬우나 자기의 단점을 보기는 어렵다.

12. 제시된 문장이 들어갈 곳으로 가장 적절한 것은?

　그렇다면 각 분야의 작동 방식과 문제 해결에 대한 접근 방법 역시 비슷할 것이라고 생각해 볼 수 있다.

　서로 다른 분야인 예술과 경제는 전혀 다른 힘에 의해 영향을 받고 움직이는 분리된 세계일까? 아니다. 두 분야를 움직이는 공통된 힘은 존재한다. ① 예를 들어, 예술의 거장들은 기존 상식을 부수고 새로 정의하는 '재정의력'을 통해 창의적인 작품을 선보인다. ② 금융 분야에서도 역모기지 대출과 같이 '재정의력'을 응용한 상품을 출시한 바 있다. ③ 이처럼 예술과 경제는 기존 관습과 상식에 구애받지 않고 창조적인 방식으로 문제를 해결한다는 공통된 요소가 존재한다. ④ 이런 창조적 방식들이 매너리즘에 빠져 잠시 정체되었던 기성 예술계와 경제계에 활력을 불어넣음으로써 지속적으로 성장할 수 있는 밑거름을 만들어왔다.

13. 갑 ~ 병의 주장을 분석한 내용으로 적절한 것만을 〈보기〉에서 모두 고르면?

갑: 대중교통 무료화는 시민들의 이동권을 보장하고 환경 보호에 도움을 준다. 무료화로 대중교통 이용이 증가해 자가용 이용이 줄어들 뿐만 아니라 교통량 감소로 교통 혼잡도 완화될 것이다. 이는 대기 오염 감소와 에너지 절약으로 이어져 사회 전체에 긍정적인 영향을 미칠 것이다.
을: 대중교통을 무료화할 경우, 이용 증가로 운영 비용이 크게 증가할 것이고, 그 부담은 결국 세금으로 국민에게 전가될 것이다. 또한 무료화로 인해 서비스 질이 떨어지고, 이용객이 급증하여 혼잡이 가중될 수 있어 대중교통 무료화는 경제적으로 지속 가능하지 않다.
병: 대중교통 무료화는 이동 비용을 줄여 시민들에게 경제적 이익을 제공하지만, 재정적 부담과 서비스 품질 저하의 문제가 있다. 따라서 특정 시간대나 계층에 한정된 무료화 등 부분적인 정책을 도입하는 것이 현실일 것이다.

〈보 기〉
ㄱ. 갑과 을은 대중교통 무료화 시 대중교통 이용이 증가한다는 사실에 대해 의견이 같다.
ㄴ. 을과 병은 대중교통 무료화로 인한 재정적 부담 악화에 대해 의견이 같다.
ㄷ. 병과 갑은 대중교통 무료화를 통한 환경 보호 효과에 대해 의견이 같다.

① ㄱ
② ㄷ
③ ㄱ, ㄴ
④ ㄴ, ㄷ

14. [A]에 들어갈 내용을 조건에 따라 작성한 것으로 가장 적절한 것은?

조건 1. '반론 – 재반론'의 형식으로 작성할 것.
조건 2. 비유의 방법을 활용할 것.

　작품의 내용을 예비 수용자들에게 미리 밝히는 행위를 스포일러라고 한다. 최근 스포일러로 인한 피해가 확산되면서 이에 대한 부정적 인식이 심화되고 있다.
　사람들은 다음에 벌어질 상황이나 결말을 알지 못할 때 긴장감과 흥미를 느끼기 때문에 스포일러를 접하게 되면 흥미는 반감될 수밖에 없다. 또한 최근에는 오디션이나 경연 대회를 다루는 프로그램들이 많은데, 누가 우승자가 될지 이목이 집중되는 이러한 프로그램들이 스포일러를 당하면 시청률은 큰 폭으로 떨어지게 된다. 물론 (　　　[A]　　　)

① 제작자가 예고편에 왜곡된 정보를 넣어 스포일러를 하기도 한다. 예상이 빗나가면 더욱 재미를 느끼기 때문이다.
② 스포일러로 홍보가 되어 시청률이 올라간다는 의견도 있지만 그런 경우는 빙산의 일각이고 대부분 피해를 입는다.
③ 스포일러는 드라마 시청률도 떨어뜨린다. 그러나 때로는 시청자의 흥미를 자극하는 달콤한 미끼가 되기도 한다.
④ 잘못된 정보를 퍼뜨리지 않는 이상 표현의 자유를 보장해야 한다는 의견도 있다. 그러나 피해가 발생한다면 자유는 제한되어야 마땅하다.

[15 ~ 16] 다음 글을 읽고 물음에 답하시오.

> 종교학자인 미르치아 엘리아데는 상징과 기호를 구분한다. 그에 따르면 기호가 된 사물은 단일한 의미만을 경험 주체들에게 전달한다. 그러나 상징으로 기능하는 사물이 가지는 의미는 한 가지만이 아니다. 우리는 흔히 사물의 단일한 의미만을 정확한 지식으로 '학습'하지만, 실제로는 의미가 ⓐ겹쳐진 사물에 대한 경험을 가지고 있다. 그 경우 사물은 '의미들의 더미'라고 말할 수 있다. 우리는 그러한 다양한 의미들을 통해 그 사물의 현존을 ⓑ받아들인다.
>
> 한편, 기호적 사물은 실은 비현실적인 사물 인식의 산물이기도 하다. 왜냐하면 그것은 경험을 의도적으로 어떤 틀에 맞추어 다듬는 과정을 통해서 이루어지기 때문이다. 그러나 어떤 것이든 무릇 사물은 그것을 경험하는 삶의 주체가 자기 나름의 실존적 맥락에서 그것을 의미 있는 것으로 받아들일 때, 비로소 그에게 현존하는 사물이 된다. 그러므로 사물이 기호인 경우에는 그것이 드러내는 단일한 의미에 ⓒ따르게 되지만, 사물이 상징인 경우에는 그것이 드러내는 다양한 의미를 끊임없이 ⓓ풀이하게 됨을 알 수 있다.

15. 윗글의 내용에서 추론할 수 없는 것은?
① 상징으로 기능하는 사물은 기호가 된 사물과 달리 여러 의미를 지닐 수 있다.
② 사물의 현존에 대한 승인은 경험적인 사물 인식의 산물이다.
③ 사물이 상징인 경우 그것은 비현실적인 사물 인식의 산물이다.
④ 사물은 삶의 주체가 그것을 의미 있는 것으로 승인할 때 현존할 수 있게 된다.

16. ⓐ~ⓓ과 바꿔쓸 수 있는 유사한 표현으로 적절하지 않은 것은?
① ⓐ: 중첩된
② ⓑ: 승인한다
③ ⓒ: 반항하게
④ ⓓ: 해석하게

17. 다음 글의 주제로 가장 적절한 것은?

> 이성적 판단이 가능한 당나귀가 있었다. 어느 날, 당나귀의 먹이를 챙기던 사람이 이틀 동안 자리를 비우게 되어 당나귀가 먹이를 먹을 수 있게 한쪽에는 건초, 한쪽에는 물을 준비했다. 그러나 돌아와서 보니 당나귀는 죽기 직전이었다. 그동안 아무것도 먹지 못한 것이다. '뷔리당의 당나귀'로 알려진 이 이야기는 인간이 동일한 가치 사이에서 고민할 때 충동과 사유 같은 자유의지가 없다면, 아무것도 결정하지 못한다는 역설적 명제를 제시한다. 뷔리당은 '허기와 갈증 상태가 정확하게 같은 사람을 음식과 물 사이에 놓으면, 그는 필연적으로 그 자리에서 꼼짝 못 하고 죽게 될 것이다'라는 아리스토텔레스의 말을 인용해, 이런 상황에서는 상황이 바뀌어 선택할 수 있을 때까지 판단을 보류해야 한다고 했다.

① 중요한 일일수록 신중하게 판단해서 결정해야 한다.
② 결과를 확인하기 전에는 좋고 나쁨을 평가할 수 없다.
③ 자신을 위해 남에게 해를 입히면 화가 반드시 돌아온다.
④ 이성만으로는 동일한 가치 중 무엇이 더 우월한지 결정하지 못한다.

[18 ~ 19] 다음 글을 읽고 물음에 답하시오.

> 영화 평론가들은 대부분 19세기 영화에 대해 (가)의문을 가지고 있다. 영화 평론가 A는 이 의문에 대한 답을 찾기 위해 연구를 진행하였다. 그에 따르면, 이는 19 ~ 20세기의 공장이 ⓐ근대성을 대표하는 한 가지 상징이라는 사실과 무관하지 않다. 당시 거대한 기계들이 빼곡하게 있고 컨베이어 벨트에서 제품들을 대량 생산하기 시작했던 공장은 단순한 생산 양식의 변화를 넘어 전통 사회와 차별화된 ⓑ근대적 산업사회의 근원이었다. 마르크스가 노동, 자본의 속성이 공장에서 비롯되었다고 주장했던 대로 개인의 삶의 방식이 ⓒ대량 생산 공장의 도입으로 새롭게 구성되었다.
>
> 또한, 영화는 공장과 직간접적으로 근대적 특징을 공유한다. 일차적으로 영화의 출현과 확산이 19세기 말 공장, 대도시, 철도 등의 최신 인프라를 기반으로 했다. 더욱이 당시 영화는 일정 이상의 자본이 투입되며 철저한 분업과 수직 구조를 가진 대형 공장과 크게 다르지 않았다. 당시 영화는 ⓓ'탈물질화된 공장'이며, 자본이라는 체계의 언어를 감각 기관으로서 체화시킨 것이었다.
>
> 따라서 ⓔ영화를 보는 노동자들이 영화와 공장의 공통점을 인식하게 된다면, 영화가 시공간의 노동 시간을 연장시킨다고 느꼈을 것이다. 그래서 영화는 공장과 무관하게 보임으로써 과중한 노동 시간에 가해졌던 관객의 압박감을 줄이고, 그들이 다시 일터로 돌아갈 힘을 얻어가게끔 해야 했다. 이것이 영화가 담당해야 했던 사회적 기능이다. 공장을 떠올리게 하는 영화는 노동자들이 퇴근 후에 관객이 되고 싶지 않았을 것이다.

18. 윗글의 내용으로 보았을 때, (가)의 물음으로 가장 적절한 것은?
① 영화와 공장이 공유하는 특성은 무엇인가?
② 노동자들이 영화를 좋아한 이유는 무엇인가?
③ 영화에서 찾아볼 수 있는 자본의 특성은 무엇인가?
④ 영화에서 공장이 등장하지 않는 이유는 무엇인가?

19. 다음 중 지시하는 대상의 의미가 같은 것끼리 묶인 것은?
① ⓐ, ⓑ, ⓒ, ⓓ
② ⓐ, ⓑ, ⓒ
③ ⓑ, ⓒ, ⓓ
④ ⓒ, ⓓ, ⓔ

20. 다음 글의 밑줄 친 결론을 이끌어 내기 위해 추가해야 할 전제로 적절한 것은?

> 개발도상국에 대한 지원을 담당하는 ㄱ 부서는 올해 지원을 받을 후보국으로 A국, B국, C국, D국을 선정했다. 여러 사정을 종합해봤을 때, A국이 지원을 받거나 B국이 지원을 받는다. 만약 B국이 지원을 받지 않는다면 C국이 지원을 받는다. 이번에는 B국이 내부 쿠데타로 인해 지원을 받지 못하게 되었다. 이를 통해 ㄱ 부서는 A국, C국, D국이 지원을 받게 됨을 알 수 있었다.

① C국이 지원을 받지 않는다면 B국이 지원을 받는다.
② A국이 지원을 받으면 D국도 지원을 받는다.
③ D국이 지원을 받으면 C국도 지원을 받는다.
④ A국이 지원을 받지 않는다면 B국이 지원을 받는다.

국 어

1. '지하철 노인 무임승차 제도 폐지'에 대한 토론을 이해한 것으로 가장 적절한 것은?

> 찬성 측: 지하철의 경제적 손실을 막기 위해 노인 무임승차 제도는 폐지되어야 합니다. 노인 인구가 급증하고 있는 상황에서 이는 결국 젊은 세대의 부담을 초래할 것입니다.
> 반대 측: [A] 지하철 경제적 손실의 원인을 노인 무임승차 제도에만 돌릴 수는 없다고 생각합니다. 이들로 인한 운영 비용이 크게 부담이 되는 것은 아니지 않나요?
> 찬성 측: 2025년이면 제도의 혜택을 받는 사람이 1,000만 명을 넘게 됩니다. 그때도 무임승차로 인한 추가 운영 비용이 부담이 되지 않을까요?
> 반대 측: 이 제도의 좋은 점도 있습니다. 관광지 부근 지하철역의 경우 이용자의 30%가 65세 이상의 노인이었다는 통계 자료에서, 이 제도로 인한 관광 산업 활성화의 효과도 확인이 됩니다.
> 찬성 측: [B] 지하철역 이용자 중 노인의 비율과 관광 산업 활성화를 연결 짓는 것은 논리적 비약입니다. 이들이 관광 산업의 활성화에 기여할지 알 수 없으니까요.

① [A]에서는 상대측의 주장을 반박하면서, 반대 증거를 제시하였다.
② [A]에서는 상대측에 구체적 근거를 요청하고 있다.
③ [B]에서는 상대측의 주장에 일부 동의하면서도 이의를 제기하고 있다.
④ [B]에서는 상대측 발언의 일부를 언급하면서, 통계의 해석에 대해 문제를 제기하고 있다.

2. ㉠과 ㉡에 대한 이해로 가장 적절한 것은?

> 근대에 들어서고 인권에 대한 시민들의 관심이 높아지면서, ㉠ 국가로부터의 자유를 의미하는 자유권에 대한 논의가 활발해졌다. 시민이 생명, 자유 등에 관한 자연적 권리를 국가에 주장하고, 국가가 이 자연적 권리를 자의적으로 변경할 수 없도록 명시하는 것이 필요해진 것이다. 시민들은 법질서의 안정을 요구하는 동시에 국가가 자의적으로 그들의 재산과 신체의 자유를 침해할 수 없도록 요구했다.
> 오늘날에는 국가 기능에 대한 인식의 변화가 나타나기 시작했다. 즉, 현대 국가는 국가로부터의 자유를 ㉡ 국가에 의한 자유로 보충하여 시민 사회의 정치·사회적 틀을 유지하고자 한다. 즉, 시장 기능이 실패하여 자유권이 작동하지 않는 시민 사회에 국가가 여러 급부를 통해 개인의 자유와 평등을 회복하고자 하는 것이다. 이처럼 사회 복지를 향상하고 개인의 자유를 회복한다는 점에서 국가에 의한 자유는 시민 사회에 대한 국가의 간섭과 규제의 근거가 될 수 있다. 이런 면에서, 현대 국가는 국가에 의한 자유를 통해 국가로부터의 자유를 보충하고자 하는 것이다.

① ㉠은 자유와 평등을 위한 사회 복지를, ㉡은 자유 보장을 위한 법질서의 안정을 추구한다.
② ㉠은 시민 사회에 대한 국가의 규제 강화를, ㉡은 시민 사회의 정치 구조 강화를 목표로 한다.
③ ㉠은 권리에 대한 국가의 침해로부터의 안전을, ㉡은 개인의 자유를 회복하는 것을 목표로 한다.
④ ㉠과 ㉡은 모두 국가의 최소한의 간섭과 개인의 최대한의 자율성을 목표로 한다는 점에서 일치한다.

3. 다음 문장들의 연결 순서로 가장 적절한 것은?

> ㄱ. 그래서 추론을 하려면 우리가 알고 있는 사실을 어떤 언어 형식으로 표현하느냐가 중요하다.
> ㄴ. 논리학에서는 언어적 표현의 기본 단위를 '명제'라고 부르며 사용하고 있다.
> ㄷ. 논리학의 관심은 인간의 추론 능력에 있으며, 추론이란 이미 알고 있는 사실들을 바탕으로 하여 새로운 사실을 이끌어 내는 방법이다.
> ㄹ. 추론은 언어를 사용하기 때문에 가능하므로, 언어를 사용하지 않고서는 추론과 같은 사고 작용이 불가능하다.
> ㅁ. 뿐만 아니라 논리학은 머릿속에서 일어나는 추론 작용을 언어 세계에서의 관계로 표현하고자 하는 것이므로 언어 표현의 기본 단위를 무엇으로 하느냐 역시 중요하다.

① ㄷ-ㅁ-ㄹ-ㄱ-ㄴ
② ㄴ-ㅁ-ㄷ-ㄱ-ㄹ
③ ㄴ-ㅁ-ㄱ-ㄷ-ㄹ
④ ㄷ-ㄹ-ㄱ-ㅁ-ㄴ

4. 다음 글의 핵심 주장으로 가장 적절한 것은?

> 역사란 일어난 일들을 일어나는 대로 기술하고 정리하는 것이라는 주장이 있다. 19세기 등장한 실증주의적 역사학파가 바로 이러한 방법론에 기초하고 있다.
> 실증주의적 역사학은 역사적 사건을 자연적 사건과 질적인 측면에서 동일한 것으로 취급하고 있다. 즉, 역사적 사건은 자연 현상처럼 그 자체로 일어나는 객관적 실재이며 자연적 사건들과 마찬가지로 인과 관계를 갖고 있으므로, 자연과학과 같은 방법에 의해 그 법칙이 파악될 수 있다는 것이다. 하지만 역사적 사건과 자연적 사건은 그것이 발생하는 것이라는 점에서 같을 뿐 결코 동일한 성질의 것이라 할 수 없다. 자연적 사건은 인간과 무관하게 발생하지만 역사적 사건은 대개 인간과 깊은 관련을 맺으며 일어난다. 또 자연적 사건은 대개 반복적이지만 역사적 사건은 반복되지 않으며 각각의 역사적 사건은 나름의 독특한 성격을 갖는다. 이러한 차이를 고려하지 않고 실증주의적인 방법으로 역사를 바라보는 것은 중대한 문제를 유발할 수 있다.

① 역사는 자연과 동일한 법칙으로 흘러간다.
② 모든 역사적 사건은 그 나름의 의미를 지닌다.
③ 역사를 자연과학의 방법으로 접근해서는 안 된다.
④ 역사적 사건과 자연적 사건은 영향을 주고받지 않는다.

5. 다음 명제가 모두 참일 때, 빈칸에 들어갈 명제로 가장 적절한 것은?

> ○ 물을 많이 마시는 사람은 모두 피부가 좋다.
> ○ (   )
> ○ 결론: 음료수를 즐겨 마시는 사람은 모두 물을 많이 마시는 사람이 아니다.

① 음료수를 즐겨 마시지 않는 사람만이 피부가 좋다.
② 음료수를 즐겨 마시지 않는 사람은 모두 피부가 좋다.
③ 피부가 좋지 않은 사람은 모두 음료수를 즐겨 마시지 않는다.
④ 물을 많이 마시지 않는 어떤 사람은 음료수도 즐겨 마시지 않는다.

6. 다음 글의 ㉠~㉣ 중 어색한 곳을 찾아 가장 적절하게 수정한 것은?

> 우리는 뇌의 어떤 부위가 신체의 어느 운동 기능을 담당하는지에 대해 ㉠여전히 정확하게 이해하지 못하고 있다. 이는 뇌의 여러 부분이 복잡하고도 동시적으로 신체 운동에 관여하기 때문이다. 신체 운동에 관여하는 뇌의 부위로는 운동 피질, 소뇌, 기저핵이 있다. 운동 피질은 의지에 따른 운동을 조절한다. 반면, 소뇌와 기저핵은 생각하지 않아도 숙달되어 일어나는 운동들을 조절한다. 운동선수의 몸동작은 반복된 훈련을 통해 생각 없이 자동으로 이루어지는데 이는 주로 ㉡운동 피질의 작용으로 일어난다. 기저핵의 선조체와 흑색질은 ㉢상호 대립적으로 상반된 신체 운동을 조절한다. 선조체는 신체 운동을 억제하나 흑색질은 신체 운동을 유발하기 때문이다. 이러한 기저핵의 두 부위에 손상이 나타나게 되면 대조적인 증세가 나타나기도 한다. 선조체에 손상이 생기면 헌팅턴 무도병에 걸리며 흑색질에 손상이 생기면 파킨슨병에 걸리게 된다. 따라서 흑색질의 기능을 강화하는 약을 사용하면 ㉣파킨슨병의 증세가 완화되며 흑색질의 기능을 약화하는 약을 사용하면 헌팅턴 무도병의 증세가 완화된다.

① ㉠: 정확한 이해가 가능하다
② ㉡: 소뇌가 관여하여 일어난다
③ ㉢: 상호 의존적으로 유사한
④ ㉣: 헌팅턴 무도병의 증세가 악화되며

7. 다음 글의 내용으로 적절하지 않은 것은?

> 현대의 높임 표현은 높이려는 대상에 따라 주체 높임, 객체 높임, 상대 높임으로 나뉜다. 중세에도 현대와 같은 체계로 높임 표현이 존재했다.
> 주체 높임은 문장의 주어나 주체를 높이는 것으로, 중세 국어에서는 선어말 어미 '-(으/으)시/샤-'로 실현하였다. 그러나 '께서'에 해당하는 주격 조사는 없었다. 한편, 객체 높임은 목적어와 부사어를 높이는 것이었는데, 중세에는 부사격 조사 'ᄭᅴ(ㅅ긔), ㅅ그'나 선어말 어미 '-ᅀᆞᆸ/ᅀᆞᆸ/ᅀᆞᆸ-'을 사용하였다.
> 중세 국어의 상대 높임은 ᄒᆞ라체, ᄒᆞ야쎠체, ᄒᆞ쇼셔체와 반말체가 있었다. ᄒᆞ라체는 청자를 낮출 때 쓰였는데, 현대 국어의 해라체와 해체를 포괄하는 등급이었던 것으로 추정된다. 반면, ᄒᆞ야쎠체는 청자를 존중하며 높이는 데 쓰였다. 현대 국어의 하오체 혹은 해요체 정도였던 것 같다. ᄒᆞ야쎠체는 ᄒᆞ라체와는 달리 대화 상황에서만 쓰였다. 그리고 ᄒᆞ쇼셔체는 현대 국어의 하십시오체라고 볼 수 있는데, 청자를 아주 높일 때 쓰였다. ᄒᆞ쇼셔체의 종결 어미에는 '-쇼셔'가 있었다. ᄒᆞ쇼셔체도 대화 상황에서만 쓰였다. 마지막으로 반말체의 높임 등급은 ᄒᆞ라체와 ᄒᆞ야쎠체 사이로 추정된다. 현대 국어의 관점으로는 해체, 하게체, 하오체를 모두 포괄한 것으로 보인다.

① 중세 국어의 높임 표현은 현대 국어처럼 3가지로 나뉘었다.
② 중세 국어의 객체 높임은 조사나 선어말 어미로 실현되었다.
③ ᄒᆞ라체가 ᄒᆞ야쎠체보다 쓰이는 상황이 제한적이었다.
④ ᄒᆞ쇼셔체는 청자를 아주 높일 때 사용하였다.

8. 〈공공언어 바로 쓰기 원칙〉에 따라 〈공문서〉의 ㉠~㉣을 수정한 것으로 적절하지 않은 것은?

〈공공언어 바로 쓰기 원칙〉
○ 대등한 것끼리 접속할 때는 구조가 같은 표현을 사용할 것.
○ 조사, 어미 '-하다' 등을 지나치게 생략하지 말 것.
○ 중복되는 표현을 삼갈 것.
○ 능동과 피동 등 흔히 헷갈리기 쉬운 것에 유의할 것.

〈공문서〉

○○시 보건소장

수신 수신자 참조
(경유)
제목 무료 독감 백신 접종 안내
___

1. 시민 여러분의 ㉠건강을 보호하고 독감으로 인한 피해를 예방하기 위해 무료 독감 백신 접종을 하고자 합니다.
2. 접종 대상에 해당하는 분들은 25년 3월 15일까지 신분증을 ㉡지참, ○○시립보건소 또는 ㉢정해진 지정 의료기관에 방문하시면 됩니다.
3. 의료진과의 상담 후 ㉣접종을 진행되며, 해당 기간 외 접종은 유료로 진행될 수 있습니다.

① ㉠: 건강 보호와 독감으로 인한 피해를 예방하기 위해
② ㉡: 지참하여
③ ㉢: 지정
④ ㉣: 접종이 진행되며

9. 다음 글에서 추론할 수 있는 것만을 〈보기〉에서 모두 고르면?

> 모국어는 인간 개개인의 언어로, 그가 자란 곳의 공통어이다. 모국어를 통해 개인은 '사물'을 이해하며, 개인의 경험 또한 모국어의 인도를 받는다. 다시 말해, 모국어는 개인이 외부 세계를 이해하는 활동에서부터 세부적인 사유 활동에 이르기까지 모든 영역에 있어서 결정적인 간섭을 한다고 볼 수 있다.
> 공통의 언어인 모국어는 개인의 사유가 이루어지는 형식과 아주 밀접한 관련이 있다. 따라서 한 공동체 안에 소속된 이들은 이러한 공통의 언어에 힘입어 그 사유 행위에 있어서 동일성이 생기게 된다. 즉 개인의 사유가 지닌 동일성이 그가 사용하는 언어에서 비롯된 것처럼, 한 언어를 사용하는 공동체가 지니는 사유의 동종성은 그들이 공유하는 공통된 언어로부터 나온 결과라는 것이다.

〈보 기〉
ㄱ. 한 공동체 안에 소속된 이들의 사유 행위가 다른 언어 공동체에 소속된 이들의 사유 행위와 상반된다면, 글쓴이의 주장은 강화된다.
ㄴ. 한 언어를 사용하는 공동체가 지닌 사유의 동종성은 순전히 그들이 수천 년간 함께 겪어 온 민족의 역사로 인한 것이었음이 밝혀졌다면, 글쓴이의 주장은 강화되지 않는다.
ㄷ. 서로 다른 언어 공동체에 소속된 이들의 사유 행위가 동종성을 띠는 경우가 존재한다면, 글쓴이의 주장은 약화된다.

① ㄱ
② ㄴ
③ ㄴ, ㄷ
④ ㄱ, ㄴ, ㄷ

[10 ~ 11] 다음 글을 읽고 물음에 답하시오.

부족사회에서 지도자의 지위에 대한 승계 문제는 매우 손쉽게 해결된다. 그곳에는 적어도 권력이 다른 사람에게 ㉠전하여진다는 의미에서의 승계란 존재하지 않는다. 지도자의 사망과 더불어 그의 권력도 사라진다. 지도자가 ㉡되려면 그 어떤 자도 처음부터 다시 권력 기반을 만들어야만 한다. 그리고 지도자의 지위는 상황에 따라 유동적이고 어떤 경우에도 최소한의 권력을 행사하는 데 국한된다. 지도력이란 타인에게 양도할 수 없는 개인적 능력 또는 특성에 기반을 두고 있다. 이것은 원시 농경이나 목축을 하는 부족의 경우에도 마찬가지인데, 단지 이곳에서는 권력 추구가 좀 더 적극적일 뿐이다. 이것이 중앙집권화된 체계와 중앙집권화되지 않은 체계와의 중요한 차이점 중 하나이다. 중앙집권화되지 않은 사회에서는 정치적 지도자란 아무리 강력하다 할지라도 자신의 권력을 다른 사람에게 ㉢물려주거나 또는 전임자의 권력 기반 위에 자신의 정치 체제를 ㉣세울 수 없다.

10. 윗글의 내용과 가장 거리가 먼 것은?
① 부족사회의 지도자는 부족원들에게 강력한 권력을 행사할 수 있다.
② 부족사회에서 지도자의 지위는 타인에게 양도할 수 없는 성격을 지닌다.
③ 부족사회의 정치 구조는 중앙집권화되지 않은 체계를 지닌다.
④ 부족사회의 특성에 따라 권력 추구의 정도가 달라질 수 있다.

11. ㉠~㉣과 바꿔쓸 수 있는 유사한 표현으로 적절하지 않은 것은?
① ㉠: 전수된다는
② ㉡: 임명하려면
③ ㉢: 세습하거나
④ ㉣: 구축할

12. 다음 글의 내용으로 적절하지 않은 것은?

음운 변동 중에 '자음 동화 현상'은 음절의 끝 자음이 그 뒤에 오는 자음과 만날 때, 어느 한쪽이 다른 쪽 자음을 닮아서 그와 비슷한 성질을 가진 자음이나 같은 소리로 바뀌기도 하고, 양쪽이 서로 닮아서 두 소리가 다 바뀌기도 하는 현상이다. 대표적인 자음 동화 현상으로 비음화와 유음화가 있다.
비음화는 받침으로 쓰이는 파열음(ㄱ, ㄷ, ㅂ)이나 유음(ㄹ)이 비음(ㄴ, ㅁ)의 영향을 받아서 각각 비음 'ㅇ, ㄴ, ㅁ'으로 바뀌는 현상이다. 비음화의 결과 조음 위치의 변화는 없고 조음 방법만 바뀌어서 발음된다. 한편, 유음화는 'ㄴ'이 앞이나 뒤에 위치한 유음 'ㄹ'의 영향으로 발음이 'ㄹ'로 바뀌어서 소리 나는 현상이다. 유음화도 비음화와 마찬가지로 조음 위치의 변화 없이 조음 방법만 바뀐다.

① '신라'를 [실라]로 소리 내는 것은 앞 자음이 뒤 자음의 영향을 받았지만 조음 위치는 변하지 않았다.
② '옷매무새'를 [온매무새]로 소리 내는 것은 앞 자음이 뒤 자음의 영향을 받아서 조음 위치가 바뀐 것이다.
③ '국물'을 [궁물]로 소리 내는 것은 앞 자음이 뒤 자음의 영향을 받아서 조음 방법이 바뀐 것이다.
④ '강릉'을 [강능]으로 소리 내는 것은 앞 자음의 영향을 받아 뒤 자음의 조음 방법이 변한 것이다.

[13 ~ 14] 다음 글을 읽고 물음에 답하시오.

행동주의를 오늘날까지 지지하는 사람은 드물다. 행동주의 이후 물리주의가 등장했다. 행동주의와 마찬가지로 물리주의 역시 유물론적 입장에서 심리적인 상태에 대응하는 신체적 상태를 상정하지만, 행동주의가 외적으로 확인 가능한 행동을 심리 상태와 동일시하는 반면, 물리주의는 외적으로 확인 불가능한 두뇌 신경 상태를 심리 상태와 동일한 것으로 가정한다. 예를 들어 고통은 뇌 안의 C 섬유의 활성화와 동일하다는 식이다. 오늘날 MRI 같은 스캔 촬영 기술은 이런 식의 설명이 앞으로 더 발달할 수 있다는 것을 보여 준다. 그런데 이 가정에 따른다면 굳이 신경과 무관한 정신을 상정할 이유가 있을까? 그래서 물리주의자들은 정신적인 것을 상정하는 것은 유령적 존재를 믿는 것과 다름없어서 미신을 채택하는 것이라 비판한다.
물리주의 역시 많은 반박을 ㉠받았다. 우선, 물과 H2O, 번개와 전기 방전의 경우 두 항목 사이의 동일성은 물질과 물질 사이의 동일성이다. 그러나 심리 상태와 두뇌 상태는 같은 물질적 범주 내에서의 동일성이 아니므로 범주 착오의 문제가 있다. 다음으로, 통증을 두뇌 상태 A와 동일하다고 해 보자. 그런데 사람과 개는 둘 다 통증을 느끼지만 서로 다른 두뇌 상태에 있을 수 있다. 그러므로 통증을 정의하기 위해 꼭 사람의 두뇌 상태만을 기준으로 할 근거는 없다. 결국 물리주의는 정신 상태와 뇌의 상태를 동일시하는 문제를 안고 있다.

13. 윗글에서 추론한 내용으로 가장 적절한 것은?
① 물리주의는 행동주의와 근본적으로 다른 입장에서 파생되었다.
② 물리주의자들은 외적으로도, 신경학적으로도 확인 불가능한 심리적인 상태의 존재를 긍정한다.
③ 고통과 뇌 안의 C섬유 활성화는 동일 범주 내의 동일성에 해당하지 않는다.
④ 통증을 정의하기 위한 기준은 사람의 두뇌 상태 A여야만 한다.

14. 문맥상 ㉠의 의미와 가장 가까운 것은?
① 회사에서 월급을 받다.
② 그는 경쟁자의 도전을 받다.
③ 그는 대학원에 진학해 석사 학위를 받았다.
④ 나무에서 떨어지는 열매를 받다.

15. 다음 글의 ㉠과 ㉡에 대한 평가로 올바른 것은?

우리 몸의 냉각 방식은 땀의 기화에 의존한다. 높은 기온에서 우리 몸은 체온을 유지하고자 땀을 배출하며 땀에 포함된 물은 기화를 통해 피부 표면의 열을 빼앗아 간다. 따라서 우리는 같은 기온하에서도 습도가 높을수록 더 덥게 느낀다. 이처럼 ㉠우리가 체감하는 더위와 추위는 온도뿐 아니라 습도에도 영향을 받는다. 이때, ㉡우리의 신체는 온도보다 습도에 더 민감하게 반응하므로 체감 기온에 있어서는 습도의 영향력이 더 크다고 할 수 있다.

① 습도는 상이하나 기온이 동일한 두 지역에서 우리가 체감하는 더위는 같다는 것이 밝혀졌다면, ㉠은 강화된다.
② 같은 기온하에서 우리는 습도가 낮을수록 더 시원하게 느낀다는 것이 밝혀졌다면, ㉠은 약화된다.
③ 풍량 역시 체감온도에 큰 영향을 미친다는 사실이 밝혀졌다면, ㉡은 강화된다.
④ 온도를 감지하는 시상하부가 신체에서 반응이 가장 민감한 부분이라는 사실이 밝혀졌다면, ㉡은 약화된다.

[16 ~ 17] 다음 글을 읽고 물음에 답하시오.

풍류도는 우리 민족의 문화와 예술을 형성하고 발전시킨 힘이다. 풍류도에는 크게 세 가지 원칙이 있다. ㉠<u>상마도의, 상열가악, 유오산수</u>가 그것이다. '상마도의'는 서로의 도의를 닦는다는 의미로, 도의에 맞는 노동, 도의에 맞는 삶, 도의에 맞는 어우러짐을 포함한다. '상열가악'은 서로 노래와 음악을 즐긴다는 뜻인데, 춤추고 노래하고 술을 마실 때 혼자 즐기지 말고 함께 놀이를 벌여야 한다는 것이다. '유오산수'는 산수에서 즐기며 논다는 뜻으로, 자연의 신비한 기운과의 접촉을 말한다.
현대인의 고민으로는, 어떻게 놀 것인가, 얼마나 일할 것인가, 타인과 어떻게 지낼 것인가, 자연을 어떻게 누릴 것인가 등 ㉡<u>생활 방식의 문제들</u>이 있다. 풍류도를 보면 현대인의 바람직한 생활 방식에 대한 열쇠를 찾을 수 있다. 풍류도는 둘이 모여 대립하는 것이 아니라 ㉢<u>하나가 되는 소통의 나눔</u>이며, ㉣<u>섞임의 조화를 이루는 통합 정신</u>이다. 이는 바람직한 삶의 골격이 될 수 있다.
풍류도의 핵심 요소인 ㉤<u>신명과 원융(圓融)*</u>, 상생은 정신 건강과 행복, 여유 및 공동체적 삶을 추구하는 ㉥<u>서양의 로하스(LOHAS)</u>와 유사해 동서양을 막론하고 누구나 공감하는 생활 방식이 될 가능성이 크다. 풍류도의 핵심 요소를 바탕으로 현대인의 나침반이 될 ㉦<u>신풍류도</u>를 확립해 세계인의 생활 방식으로 제안하자. 그리고 신풍류도를 한류에 접목시켜 외국인이 직접 체험하는 브랜드로 승화시킨다면, 한류는 ㉧<u>진정한 문화 상품</u>으로 자리매김할 수 있을 것이다.

* 원융(圓融): 한데 통하여 아무 구별이 없음.

16. 윗글에 사용된 전개 방식으로 적절하지 않은 것은?
① 대조의 방식을 통해 대상의 특징을 드러내고 있다.
② 구체적인 예시를 들어 독자의 이해를 돕고 있다.
③ 대상이 지향해야 할 목표를 제시하고 있다.
④ 대상의 원칙을 세분화하며 그 의미를 풀이하고 있다.

17. 다음 중 의미가 같은 것끼리 묶인 것은?
① ㉠, ㉢, ㉣
② ㉡, ㉢, ㉣
③ ㉡, ㉤, ㉥
④ ㉥, ㉦, ㉧

18. 다음 중 밑줄 친 결론을 이끌어 내기 위해 추가해야 할 전제로 옳지 않은 것은?

영희는 〈논리학〉, 〈윤리학〉, 〈존재론〉, 〈정치철학〉, 〈문화철학〉, 〈언어철학〉 6개의 과목 중 5개 이하의 과목을 수강한다.
영희는 〈논리학〉을 수강한다. 〈정치철학〉을 수강하지 않거나 〈언어철학〉을 수강하지 않을 경우 〈윤리학〉을 수강하지 않는다. 따라서 <u>영희는 위의 내용을 고려할 때 〈윤리학〉을 수강하지 않는다는 것을 알 수 있다.</u>

① 〈논리학〉을 수강한다면 〈언어철학〉을 수강하지 않는다.
② 〈정치철학〉을 수강한다면 〈논리학〉을 수강하지 않는다.
③ 〈언어철학〉을 수강한다면 〈존재론〉을 수강하지 않는다.
④ 〈정치철학〉을 수강한다면 〈존재론〉과 〈문화철학〉을 수강한다.

19. 갑 ~ 병의 주장을 분석한 내용으로 적절한 것만을 〈보기〉에서 모두 고르면?

갑: 가석방 없는 종신형 제도는 극악무도한 범죄를 저지른 사람들에게 적합한 강력한 형벌입니다. 이 제도를 통해 사회는 범죄로부터 더 안전해질 것입니다. 흉악범이 다시 사회로 돌아올 가능성을 원천적으로 차단하므로, 피해자와 그 가족들에게 심리적 안정을 제공할 수 있습니다.
을: 가석방 없는 종신형 제도는 범죄율을 낮추는 데 효과적일 수 있습니다. 가석방의 가능성이 있다면 흉악범들이 법과 사회 질서를 경시할 수 있습니다. 또한 가석방 없는 종신형 제도가 도입되면 법을 어긴 대가가 얼마나 무거운지 명확히 인식하게 될 것입니다. 흉악범들이 더 이상 사회로 돌아오지 않음으로써 재범 방지에도 큰 기여를 합니다.
병: 가석방 없는 종신형 제도는 개인의 교화 가능성을 아예 차단하므로 비인도적입니다. 개인의 교화 가능성을 원천 차단하는 것은 인간 존엄성을 훼손하는 처사이며 이는 결국 국가에 경제적 부담을 주게 될 것입니다. 종신형 수감자들을 수십 년간 유지하기 위한 비용이 필요할 것이기 때문입니다. 따라서 이러한 제도보다 사회적 재활과 교화 프로그램에 더 많은 투자가 이루어져야 합니다.

― 〈보 기〉 ―
ㄱ. 가석방 없는 종신형 제도에 대해 갑과 을의 주장은 대립한다.
ㄴ. 가석방 없는 종신형 제도에 대해 을과 병의 주장은 대립한다.
ㄷ. 가석방 없는 종신형 제도에 대해 병과 갑의 주장은 대립한다.

① ㄱ ② ㄴ ③ ㄱ, ㄷ ④ ㄴ, ㄷ

20. 다음 글을 읽고 이해한 내용으로 가장 적절한 것은?

문학에서는 종종 허구의 세계를 통해 현실의 문제를 다루었다. 그중 소설 속 꿈은 작품 전개 과정에서 문제 해결의 계기로 삽입된 것과 꿈이 작품 대부분을 차지하는 것으로 구분할 수 있다. 전자의 경우에는 주인공의 탄생을 예고하는 태몽과, 주인공이 위기에 처했을 때 이를 알려 주고 위기를 벗어날 방법을 알려 주는 현시몽(顯示夢)이 있다. 꿈이 작품 대부분을 차지하는 경우는 「조신 설화」가 대표적 사례이다. 김만중의 「구운몽」은 이 설화를 바탕으로 창작된 소설로, 현실의 시간과 다르게 흐르는 꿈속 시간을 통해 인생의 참된 가치를 성찰한다.
「구운몽」은 꿈을 통해 불교적인 인생무상의 사상을 표현한 소설이다. 성진은 세속의 부귀를 동경하다가 꿈에서 양소유로 환생하였다. 그는 여덟 선녀의 환생인 미인과 결연하여 부귀영화를 누리다가, 세상의 영욕이 모두 하룻밤의 꿈과 같이 허무하고 덧없다는 점을 깨닫고 극락세계로 다시 돌아간다. 이때의 꿈속 세계는 비현실적이지만, 현실 세계의 삶을 다루었다는 점에서 조선 시대 사대부의 욕망과 이상이 실현되는 공간이기도 했다. 또한 성진과 양소유의 세계가 각각 현실과 꿈으로 구분되어 있지만, 꿈속 꿈의 형태로 교섭 관계를 지니고 있었다.

① 태몽과 달리 현시몽은 문제 해결에 도움을 줄 수 있다.
② 「구운몽」의 극락세계는 사대부의 이상이 실현되는 공간이다.
③ 「구운몽」의 성진은 환생한 공간에서 인생의 참된 가치를 성찰하였다.
④ 「구운몽」은 '꿈-현실-꿈'의 구성으로 이루어진 작품이다.

국 어

1. <지침>에 따라 <개요>를 작성할 때 ㉠~㉣에 들어갈 내용으로 적절하지 않은 것은?

― <지 침> ―
○ 서론은 중심 소재의 개념 정의와 문제 제기를 1개의 장으로 작성할 것.
○ 본론은 제목에서 밝힌 내용을 2개의 장으로 구성하되 각 장의 하위 항목끼리 대응되도록 작성할 것.
○ 결론은 기대 효과와 향후 과제를 1개의 장으로 작성할 것.

― <개 요> ―
○ 제목: 청년실업의 발생 원인과 해결 방안
Ⅰ. 서론
　1. 청년실업의 의미와 주요 실태
　2. ㉠
Ⅱ. 청년실업의 발생 원인
　1. 신입 채용 시에도 경력직을 요구하는 기업에 의한 취업 기회 부족
　2. ㉡
Ⅲ. 청년실업 해결 방안
　1. ㉢
　2. 청년을 채용하는 기업에 세제 혜택이나 보조금 지원
Ⅳ. 결론
　1. ㉣
　2. 청년들의 의견을 반영한 현실적이고 효과적인 정책 마련

① ㉠: 개인의 삶의 질 저하 및 정부의 재정 부담 증가
② ㉡: 경제 성장률 둔화로 인한 기업들의 고용 축소
③ ㉢: 분야별 전문가에게 진로 상담을 받을 수 있는 프로그램 마련
④ ㉣: 실업으로 인한 복지 지출의 감소로 정부의 재정 부담 완화

2. 다음 중 <보기>의 ㉠과 ㉡에 관한 설명으로 옳은 것은?

시제는 발화시를 기준으로 사건시의 앞뒤를 제한한다. 발화시(發話時)는 말하는 이가 말하는 시점을, 사건시(事件時)는 동작이나 상태가 일어나는 시점을 말한다. 이 발화시와 사건시의 관계에 따라 시제는 과거 시제, 현재 시제, 미래 시제로 나뉜다.
시제에는 발화시를 기준으로 하는 절대 시제(絶對時制)와 주절의 사건시를 기준으로 하는 상대 시제(相對時制)도 있다. 가령 '공원은 소풍을 나온 사람들로 붐볐다.'라는 문장의 경우, 밑줄 친 부분의 절대 시제는 과거이다. 발화시를 기준으로 이미 일어난 사건이기 때문이다. 하지만 주절의 사건시인 '붐볐다'를 기준으로 보면 사람들은 소풍을 나와 있는 중이기 때문에 해당 부분의 상대 시제는 현재가 된다.

― <보 기> ―
○ 민수는 어제 ㉠청소하시는 어머니를 도와드렸다.
○ 저렇게 ㉡똑똑한 사람은 처음 본다.

① ㉠과 ㉡의 상대 시제는 모두 현재이다.
② ㉠과 ㉡의 절대 시제는 모두 현재이다.
③ ㉠의 절대 시제는 과거, 상대 시제는 미래이다.
④ ㉡의 절대 시제는 현재, 상대 시제는 과거이다.

3. 다음 중 지문에 제시된 '계층적 구조'를 활용하여 중의성을 설명할 수 있는 문장은?

문장이나 구는 계층적 구조를 띠고 있는 구성 성분들의 집합이라고 할 수 있다. 이때 '계층적'이라 함은 몇몇 단어가 결합해 어군(語群)을 이루고, 이들이 차례대로 더 큰 어군 속으로 포함되어 가는 것을 말한다. 우리는 이러한 계층적 구조를 활용해서 문장과 구의 중의적 의미를 탐구해 볼 수 있다.
'아름다운 그녀의 목소리'와 같은 구의 경우 그 의미가 중의적이다. '아름다운'이 '그녀'를 수식한다고 보아 '아름다운 그녀, 그녀의 목소리'로 해석할 수도 있고, '아름다운'이 '그녀의 목소리'를 수식한다고 보아 '그녀의 아름다운 목소리'로 해석할 수도 있기 때문이다. 이때 이러한 중의성은 해당 구를 구성하고 있는 세 단어로 인한 것이 아니다. 그렇다면 이 중의성은 무엇으로 설명해야 하는 것일까?
계층적 구조를 가정하는 것이 위에 제시된 구의 중의성을 설명하기 위한 방법일 수 있다. 제시된 구에는 두 가지 구조가 있다고 할 수 있다. 하나는 '아름다운'이 '그녀'를 수식한다고 보아 '아름다운 그녀'가 하나의 구성 성분이 되는 것이다. '아름다운 그녀의 목소리'라는 하나의 큰 구조체의 구성 성분으로서 '아름다운 그녀'와 '목소리'가 있는 것이다. 또 다른 하나는 '그녀의 목소리'와 '아름다운'이 구성 성분이 되어 '아름다운 그녀의 목소리'라는 구조체를 이루었다고 보는 것이다.

① 우진이는 양말을 신고 있다.
② 이것은 어머니의 초상화이다.
③ 우리 동네 사람은 말이 많다.
④ 유정이는 남자 친구보다 축구를 더 좋아한다.

4. 다음 글을 읽고 대답할 수 있는 질문이 아닌 것은?

세종은 한 번도 한글이 한자를 대신할 것이라고 생각하지 않았을 것이다. 한글 창제 후 한글은 공식 문자로서 여러 용도로 쓰였지만 한자의 지위에는 아무런 변화가 없었기 때문이다. 이런 의미에서 세종은 한자의 역할과 한글의 역할을 달리 보았다고 해야 정확할 것이다. 그렇다면 세종의 위대함은 역할이 다른 문자의 필요성을 분명하게 인식한 데서, 그리고 직접 문자 창제 사업을 추진해 새로운 문화의 지평을 열었다는 데서 찾아야 한다.
사실, 세종 당시에도 한글의 창제와 사용은 한자와 한문의 지위에 아무런 영향을 미치지 않았고, 세종 또한 한 번도 한자와 한문의 권위를 부정한 적이 없었다. 세종은 문란하게 쓰이는 조선 한자음을 통일해야 한다는 점, 한자음을 표기하고 우리말을 표기할 수 있는 문자를 만들어야 한다는 점, 이를 위해서는 음소 문자가 가장 적합하다는 점 등을 정확히 인식하고 있었다. 그리고 그런 인식 아래 한글을 창제했다.
한글은 한문 및 외국어 교육에 가장 적극적으로 활용되었으며 백성을 교화하기 위한 수단으로도 사용되었다. 또한 한글은 의사소통을 돕는 데 쓰였다. 한글로 상소를 올리거나 한글로 방을 붙임으로써 지배층과 피지배층 사이의 언로(言路)가 트이게 되었다는 사실은 한글의 역할을 상징적으로 보여 준다.

① 한글 창제의 배경은 무엇인가
② 한글 창제를 추진한 사람은 누구인가
③ 한글이 주로 사용된 분야는 어디인가
④ 한글 창제 이후 계층 간 관계가 어떻게 변화했는가

5. 다음 글을 읽고 이해한 내용으로 가장 적절한 것은?

> 소설 속 공간은 상징적 의미를 지닌 공간인 경우가 많다. 가령 「숙영낭자전」의 동별당은 숙영낭자가 남편과 사랑을 나누는 공간이자 당대의 사회적 관습과 봉건적 가치관에 의해 피해를 입게 되는 공간이다. 숙영은 자식을 출세시키는 것을 가문의 영예와 자신들의 영화를 위한 수단으로 생각하는 시부모에 의해 남편과 이별하게 된다. 더불어 숙영은 시아버지의 절대적 가부장적 권위에 의해 내쫓길 위기에 처하기도, 법의 도움을 받지 못하고 폭력에 의해 위협을 당하기도 한다.
> 한편 「날개」는 식민지 시대를 살아가는 지식인의 무기력한 삶을 그린 작품이다. '나'는 사회로 돌아가고 싶지만 할 일이 없어 하루 종일 방 안에서 생활한다. '나'는 매춘부인 아내에게 기생하며 살고 있는데, 이는 방의 공간적 분할과 차이를 통해 나타난다. '나'의 분열되고 억압된 자의식도 나타난다.
> 이 작품들의 방은 사적 공간이기 때문에 개인의 비밀과 안전이 보장되어야 한다. 하지만 「숙영낭자전」의 숙영은 봉건적 가치관을 의식하여 동별당에서 자기 행복을 억눌렀지만, 동별당이 아닌 곳에서는 자신의 삶을 주체적으로 살았다. 「날개」의 '나'는 식민지라는 현실로 인해 방에서 무기력하게 지냈지만, 밖으로 나감으로써 사회적 삶을 영위할 수 있는 자아를 회복하려는 욕망을 드러낸다. 이런 점을 토대로 '방'이 인물들의 억압을 상징한다는 것을 알 수 있다.

① 「숙영낭자전」과 「날개」의 주인공들은 모두 특정 사람들로 인해 자신의 공간을 보장받지 못했다.
② 「숙영낭자전」과 달리 「날개」의 주인공은 법의 도움을 받아 억압된 공간을 벗어났다.
③ 「숙영낭자전」 속 남녀 주인공의 관계가 「날개」에 역전되어 나타난다.
④ 「숙영낭자전」의 주인공은 외출을 통해 분열된 자아를 회복하고자 하였다.

6. 다음에 제시된 협상 전략 중 〈보기〉의 A와 B가 활용하고 있는 전략은?

- 회피 전략: 갈등을 일으키는 쟁점을 피하거나 무시하여 갈등을 덮어 버리는 전략
- 힘의 전략: 상대방의 약점을 찾아 날카롭게 공격하는 등 상대방을 굴복시키려는 전략
- 유화 전략: 상대방이 제시하는 것을 일방적으로 수용하여 협상의 가능성을 높이는 전략
- 타협 전략: 상대방의 요구 사항을 수용하는 데 필요한 조건을 제시하여 절충안을 이끌어 내는 전략

―〈보 기〉―

A: 이번 행사 예산도 두 부서가 나눠 쓰면 될 것 같아요. 저희는 이번에도 전체 예산 중 30%만 쓰면 됩니다. 대신 행사 공간을 70% 쓰고 싶어요. 그게 어렵다면 예산을 작년처럼 양보해 드리기 어렵습니다.
B: 그렇게 공간을 드리면 저희는 외부에 별도 공간을 알아봐야 합니다. 예산을 5% 더 양보해 주세요.

	A	B		A	B
①	회피 전략	힘의 전략	②	힘의 전략	타협 전략
③	타협 전략	힘의 전략	④	타협 전략	유화 전략

7. 다음 글의 ㉠~㉣ 중 어색한 곳을 찾아 적절하게 수정한 것은?

> 하이데거의 존재론은 서양 전통 사유가 오래도록 외면해 온 근본 문제, 곧 '존재'에 대한 물음을 새롭게 부각시키는 데서 출발한다. 기존 형이상학은 개별 사물에 깃든 속성이나 개념을 밝혀내는 데 치중하였고, 이로써 존재 자체를 따져 묻는 근원적 탐구는 ㉠뒷전으로 밀려나 있었다. 이에 하이데거는 존재가 단순히 사물을 설명하기 위한 틀이 아닌, 모든 존재자가 드러나고 머무는 바탕이라 주장했다.
> 이러한 바탕 위에서 가장 핵심이 되는 것이 바로 '현존재'라 불리는 인간 실존이다. 현존재는 세계 안에 던져진 채 스스로를 이해하고, 그 세계 속에서 의미를 창출해 나가는 독특한 방식을 통해 존재를 드러낸다. 여기서 존재 이해란 결코 고정된 진리를 단순히 찾아내는 과정이 아니다. 오히려 그것은 끊임없이 변화하는 세계에 맞추어 의미를 재구성하고 가능성을 열어 가는 ㉡정적인 활동이다.
> 하이데거의 존재론은 인간이 과거에 정립된 ㉢개념적 틀에서 벗어나, 존재 망각을 반성하며 자신과 세계의 관계를 새롭게 묻고 사유하도록 이끈다. 이러한 사유 과정은 존재가 ㉣그 자체로 규정될 대상이 아니라, 우리가 부단히 해석하고 실천하며 삶 속에서 새롭게 규정해야 할 근본 문제임을 일깨운다.

① ㉠: 주된 관심사가 되었다
② ㉡: 동적인 활동
③ ㉢: 개념적 틀을 기반으로
④ ㉣: 그 자체로 고정된 진리이기 때문에

8. 다음 글에 대한 설명으로 옳지 않은 것은?

> 자연주의적 윤리 이론은 '붉음', '쾌락' 같은 자연적 속성을 통해 '선', '올바름' 같은 도덕적 속성을 정의할 수 있다는 이론이다. 여기서 자연적 속성이란 자연 과학과 심리학의 용어만으로 완전히 기술될 수 있는 속성이다. 그런데 무어는 자연주의적 윤리 이론이 두 가지 논리적 오류를 범한다는 점에서 올바르지 않다고 비판한다. 무어는 도덕적 속성을 그것과는 다른 종류의 속성으로 정의하는 것과 사실-가치 구분을 위반한 것이 앞에서 말한 논리적 오류라고 보고, 이를 '자연주의적 오류'라고 명명한다. 무어는 x를 y로 정의한다는 것을, x를 y와 동일시하는 것으로 이해한다. 가령 '선'을 '쾌락'으로 정의하는 이론은 도덕적 속성과 자연적 속성을 동일시한다. 무어에 의하면 이것은 전혀 다른 범주의 대상들을 동일하다고 여기는 것이므로 오류이다. 사실-가치 구분 위반은 사실적 명제만 주어졌을 때, 그로부터 도덕적 명제를 연역할 수 없다는 원리이다. 무어는 사실-가치 구분을 위반하는 논증은 전제들이 모두 참이어도 결론이 거짓일 수 있다는 점에서 부당한 형식을 지닌다고 말한다.

① 무어는 x를 y로 정의하면, x는 y와 동일시되기에 다른 범주의 대상을 동일하게 여겨도 괜찮다고 생각한다.
② 무어의 '자연주의적 오류'는 도덕적 속성을 자연적 속성으로 정의하는 것과 사실-가치 구분 오류를 통칭한다.
③ 자연적 속성으로 도덕적 속성을 정의할 수 있다는 이론이 자연주의적 윤리 이론이다.
④ 무어는 사실-가치 구분을 위반하는 논증은 전제가 모두 참이어도 결론이 거짓일 수 있다고 주장한다.

[9~10] 다음 글을 읽고 물음에 답하시오.

> 의원 여러분, 표현에 대한 규제가 학자들을 의기소침하게 만든다는 주장이 과장이라 생각할지도 모릅니다. 그렇지만 저는 자유로운 주장이 금지되고 엄격한 심문이 횡포를 부리는 다른 나라의 사례를 말할 수 있습니다. 그 나라의 학자들은 철학적 자유가 있는 영국을 부러워했습니다. 그들의 학문은 그저 노예 상태에 있다고 했습니다. 이것이 이탈리아에서 지혜의 영광을 시들게 한 원인이었습니다. 그곳에서는 지난 여러 해 동안 아첨과 과장을 하는 글 외에는 다른 아무것도 ⊙쓰이지 않았습니다.

9. 위의 연설에서 가장 핵심적으로 주장하는 가치는?
① 출판의 자유
② 종교의 자유
③ 양심의 자유
④ 예술의 자유

10. 문맥상 ⊙의 의미와 가장 가까운 것은?
① 땅을 파는 데는 곡괭이가 쓰인다.
② 대자보에 학교를 비난하는 글이 쓰였다.
③ 모자가 작아서 머리에 잘 쓰이지 않는다.
④ 캐나다에서는 영어와 불어가 공용어로 쓰인다.

11. ⊙에 들어갈 말로 가장 적절한 것은?

> 그린은 한 실험에서 다수를 살리기 위해 누군가의 희생이 필요한 두 가지 도덕적 딜레마 상황을 참여자들에게 제시했다. 하나는 "선로를 향해 달려오는 열차가 있고 선로에 다섯 사람이 서 있는데, 다섯 사람을 구하기 위해 선로 변환기를 당겨 다른 선로에 있던 한 사람을 죽게 했다면 이는 정당한가?"와 같이 행위에 따른 부수적 결과로 희생이 발생하는 간접적 딜레마이다. 다른 하나는 "선로의 열차와 다섯 사람 사이에 육교가 있고 육교 위에 한 사람이 서 있는데, 다섯 사람을 구하기 위해 한 사람을 선로로 밀어 열차를 멈춘다면 이는 정당한가?"와 같이 행위가 직접적인 희생을 유발하는 직접적 딜레마 상황이다. 설문 결과, 전자에 대해서는 응답자의 90%가 정당하다고 본 반면, 후자에 대해서는 약 10%만 정당하다고 대답했다. 특히 간접적 딜레마 상황에서는 정서 반응과 관련된 뇌 영역의 활성화 정도가 현저히 낮았지만, 직접적 딜레마 상황에서는 정서 반응과 관련된 뇌 영역이 상당히 많이 활성화되었다. 이는 (⊙)

① 도덕적 판단을 통해 도덕적 명제에 대한 참·거짓을 판정할 수 없음을 보여 준다.
② 도덕적 진리가 존재하지 않아도 특정한 딜레마 상황에 대한 도덕적 판단을 할 수 있음을 보여 준다.
③ 유사한 딜레마 상황에서도 감정의 개입 정도에 따라 도덕적 판단이 달라질 수 있음을 보여 준다.
④ 정서 반응과 관련된 뇌 영역을 살펴봄으로써 도덕적 딜레마 상황의 해결책을 찾을 수 있음을 보여 준다.

12. X선 검사와 CT에 대한 비교로 적절하지 않은 것은?

> 영상 의학은 영상으로 환자를 진단하는 의학 분야로, 영상 의학에서 활용하는 검사에는 대표적으로 X선 검사와 CT가 있다. X선 검사는 X선으로 특정 방향에서 인체의 전면을 촬영해 인체 내부 구조를 보여 주는 영상을 얻는 방법이다. 이를 통해 얻은 흑백 이차원 영상은 X선이 많이 흡수되는 밀도가 높고 두꺼운 부분은 희게, X선이 적게 흡수되는 밀도가 낮고 얇은 부분은 검게 나타난다. 현재는 X선 영상이 디지털 정보로 처리되어 컴퓨터 그래픽으로 구현되고 있어 편집이 더 수월해졌다.
> 한편, CT(전산화 단층 촬영 검사)는 X선을 여러 각도에서 좁게 투사해 인체 횡단면을 연속적으로 단층 촬영한 뒤, 투과된 X선에서 얻은 수치를 디지털로 정보화하여 컴퓨터 그래픽으로 구현하는 검사이다. 이는 인체의 뼈나 장기 밀도가 다르며 X선이 투사되는 방향에 따라 뼈나 장기가 겹치는 구조가 달라짐을 활용한 것으로, X선 검사와 달리 이차원 단면 영상 및 삼차원 입체 영상을 모두 구현할 수 있다.

① X선 검사는 CT와 달리 여러 방향에서 동시에 촬영한 영상을 교차하여 볼 수 있도록 한다.
② X선 검사와 CT는 모두 외관을 통해 확인이 어려운 대상의 내부를 볼 수 있게 해 준다.
③ X선 검사와 CT는 현재 모두 측정값을 디지털 정보로 처리하여 컴퓨터 그래픽을 통해 구현하고 있다.
④ X선 검사와 CT는 모두 물질마다 X선이 흡수되는 정도가 다르다는 특성을 활용한 것이다.

13. <보기>에 따라 수정한 것으로 적절하지 않은 것은?

<보 기>
⊙ 주어와 서술어의 관계를 명확하게 표현해야 함.
ⓒ 서술어가 요구하는 문장 성분을 생략하지 않아야 함.
ⓒ 중의적으로 해석되는 문장 사용은 지양해야 함.
ⓔ 중복되는 표현은 지양해야 함.

① "사람들이 자주 저지르는 실수는 자기 잘못에 대한 책임을 남 탓으로 돌리는 경향이 있다."를 ⊙에 따라 "사람들이 자주 저지르는 실수는 자기 잘못에 대한 책임을 남 탓으로 돌리는 경향이 있다는 것이다."로 수정한다.
② "선거 공보는 투표 안내문과 함께 여러분이 발송될 예정입니다."를 ⓒ에 따라 "선거 공보는 투표 안내문과 함께 우편으로 여러분이 발송될 예정입니다."로 수정한다.
③ "언어학을 연구하는 김 씨의 아들은 표창장을 받았다."를 ⓒ에 따라 "언어학을 연구하는, 김 씨의 아들은 표창장을 받았다."로 수정한다.
④ "언제나 나는 퇴근길에 늘 그 술집에 들르곤 했다."를 ⓔ에 따라 "나는 퇴근길에 늘 그 술집에 들르곤 했다."로 수정한다.

[14 ~ 15] 다음 글을 읽고 물음에 답하시오.

바이러스는 숙주 세포를 감염시켜 그 세포에 기생하고, 증식하며 살아간다. 짧은 기간 안에 일어나는 급성 감염은 바이러스가 증식 과정에서 감염된 숙주 세포를 죽이고 또 다른 숙주 세포에서 증식하며 질병을 일으킨다. 체내 방어 체계가 바이러스를 점차 ㉠없애 나가면 체내에는 더 이상 바이러스가 남아 있지 않게 된다. 반면 지속 감염은 급성 감염에 비해 상대적으로 오랜 기간 바이러스가 체내에 잔류한다. 지속감염에서는 바이러스가 장기간 숙주 세포를 ㉡무너뜨리지 않으면서도 체내의 방어 체계를 회피하며 생존한다.

지속 감염은 바이러스 양상에 따라 잠복 감염과 만성 감염, 지연 감염으로 나뉜다. 잠복 감염은 초기 감염으로 증상이 나타난 후 한동안 증상이 사라졌다가 바이러스가 재활성화되어 증상이 다시 발생한다. 잠복 감염은 질병이 재발하기까지 바이러스가 감염성을 띠지 않고 ㉢숨는데, 이 바이러스를 프로바이러스라 한다. 만성 감염은 감염성 바이러스가 숙주로부터 계속 ㉣내보내져 항상 검출되고 타인에게 옮길 수 있는 상태이다. 지연 감염은 초기 감염 후 특별한 증상이 나타나지 않다가, 장기간에 걸쳐 감염성 바이러스의 수가 점차 증가해 반드시 특정 질병을 유발한다.

14. 윗글에 대한 이해로 가장 적절한 것은?
① 급성 감염은 바이러스가 체내 방어 체계를 오래 회피한다.
② 지속 감염은 바이러스가 증식하면서 세포를 죽여 나간다.
③ 프로바이러스는 감염성이 높은 상태로 체내에 잠복한다.
④ 지연 감염은 증상이 없어도 추후에는 질병으로 발현된다.

15. ㉠~㉣과 바꿔쓸 수 있는 유사한 표현으로 적절하지 않은 것은?
① ㉠: 제거해
② ㉡: 파괴하지
③ ㉢: 잠복하는데
④ ㉣: 배척되어

16. 다음 세 입장에 대한 평가로 가장 적절한 것은?

A: 어떤 행동이 타인의 권리를 침해하면, 그 행동은 규제의 대상이다.
B: 어떤 행동이 타인의 권리를 전혀 침해하지 않는다면, 그 행동은 규제의 대상이 될 수 없다. 즉, 어떤 행동이 타인의 권리를 침해한 경우에만, 그 행동은 규제의 대상이 될 수 있다.
C: 사회에서 사람이 하는 모든 행동은 반드시 타인에게 좋든 나쁘든 영향을 미치게 된다. 그러므로, 사람이 하는 모든 행동은 규제의 대상이다.

① 타인의 권리를 침해하더라도 규제의 대상이 되지 않는 행위가 있다면, A의 입장은 약화된다.
② 마땅히 규제의 대상이 되어야만 하는데 타인의 권리를 침해하지 않는 행위가 있다면, B의 입장은 강화된다.
③ 타인의 권리를 침해해서 규제의 대상이 되는 행위가 있다면, C의 입장은 약화된다.
④ B가 규제의 대상으로 보는 행위의 범위는 A가 규제의 대상으로 보는 행위의 범위보다 넓다.

17. 다음 글의 전개 순서로 가장 자연스러운 것은?

집값 안정을 위해 정부는 집값이 오를 때마다 각종 규제 정책을 만들어낸다. 그러나 수요와 공급의 법칙을 간과한 단편적인 규제는 시장에 참패당하기 마련이다. 그 결과 규제는 강화되었지만 집값은 오히려 상승하고, 다시 규제의 강화로 이어지는 악순환이 벌어진다.

ㄱ. 양도소득세나 보유세를 강화해 부동산 수요를 억제하는 것도 가능하다. 그러나 현행 보유세나 재산세의 경우, 유효세율이 낮아 투기 수요를 성공적으로 낮추는 데는 역부족이라는 평가가 지배적이다. 양도소득세 또한 세율 자체는 높지만 매매차익을 통해 충당이 가능하므로 실질적 부담이 되고 있지는 않다.
ㄴ. 따라서 투기 수요를 성공적으로 억제하기 위해서는 누진적 재산세를 적절히 강화함이 바람직하다. 총 보유 주택의 시가가 특정 수준을 넘어가면, 누진적으로 세금을 부과해 실질적인 부담을 가중시키는 것이다. 보유세와 재산세를 통합하고 선진국의 사례처럼 세율을 지역별로 차등화한다면 불필요한 투기 수요가 크게 줄어들 것이다.
ㄷ. 부동산 가격 안정을 위해서는 공급의 확대가 필수적이다. 현행 재건축 규제와 층고 제한을 완화하고, 선호 지역을 중심으로 공급량을 대폭 늘려야 한다.
ㄹ. 오히려 실수요자 입장에서는 거주 중인 주택을 매도하고 양도소득세를 납부하면 동일한 규모의 집으로 이사하는 것이 어려워지기 때문에, 이는 거래를 막는 장애물이 되고 있기도 하다.

① ㄱ-ㄹ-ㄷ-ㄴ
② ㄷ-ㄴ-ㄱ-ㄹ
③ ㄷ-ㄱ-ㄹ-ㄴ
④ ㄷ-ㄱ-ㄴ-ㄹ

18. 다음의 내용이 참일 때, 반드시 참이라고 할 수 있는 것은?

㉠ B 이론에 대한 근거가 충분하지 않을 때에만 A 이론에 대한 근거가 충분하다.
㉡ C 이론에 대한 근거가 충분하다면, B 이론에 대한 근거는 충분하다.
㉢ A 이론과 C 이론의 근거가 모두 충분하지 않은 것은 아니다.
㉣ C 이론의 근거가 충분하지 않다.

① A 이론의 근거만 충분하다.
② B 이론의 근거는 충분하다.
③ B 이론의 근거가 충분한지는 알 수 없다.
④ B 이론과 C 이론의 근거는 충분하다.

19. 다음 글의 내용과 일치하지 않는 것은?

> 일반적으로 행정 행위는 국가 및 공공 단체가 행정 대상인 국민들에게 특정의 행위를 명령하고 강제하는 것을 말한다. 이러한 행정 행위에는 법률 행위적 행정 행위와 준법률 행위적 행정 행위가 있다. 전자는 특정한 의사 표시를 구성 요소로 하며 그 의사 표시대로 행정 행위의 효과가 발생하고, 후자는 특정한 의사 표시가 아닌 행정 기관의 판단, 인식 등의 정신적 작용을 구성 요소로 한다.
> 법률 행위적 행정 행위 중 명령적 행정 행위는 국민 개인에 대하여 일정한 의무를 부과하거나 이미 부과된 의무를 해제하는 것을 내용으로 한다. 하명, 허가, 면제 등은 이에 해당한다. 하명은 국가 기관이 국민들에 의무를 부과하는 행정 행위를 말한다. 여기에는 어떤 일을 하게 하는 작위 하명, 어떤 일을 하지 못하게 하는 부작위 하명, 채무자가 채권자에게 무언가를 갚아야 하는 것으로, 행정청에게 금전 등을 제공하게 하는 급부 하명, 행정청이 특정 목적을 위해 강제적으로 행하는 행위를 받아들이도록 하는 수인 하명이 있다. 허가는 위험을 예방하거나 사회 질서를 유지하는 목적으로 금지되었던 행위에 대해 금지를 해제하여 적법하게 해주는 행정 행위로, 부작위 하명의 해제를 가리킨다. 면제는 법령에 의하여 일반적으로 부과되어 있는 작위 의무, 급부 의무 등을 특별한 사안에 대하여 해제시키는 것을 말하는데 부작위 하명 이외의 의무를 해제시켜 주는 행위를 의미한다.

① 통상적으로 행정 행위의 주체는 국가나 공공 단체를, 행정 행위의 대상은 국민들을 가리킨다.
② 특정한 의사 표시의 유무에 따라 법률 행위적 행정 행위와 준법률 행위적 행정 행위로 나뉜다.
③ 하명은 국가 기관이 국민에 의무를 부과하는 행위인 것에 반해 면제는 국가 기관이 의무를 진다.
④ 허가는 금지되었던 행위에 대해 금지를 해제하여 적법하게 행위를 할 수 있게 해주는 행정 행위이다.

20. 갑 ~ 병의 주장을 분석한 내용으로 적절한 것만을 <보기>에서 모두 고르면?

> 갑: 소셜 미디어는 개인의 연결성을 높여주고 정보 공유를 활성화하여 삶의 질을 향상시킨다고 생각해. 이를 통해 우리는 새로운 사람들과 소통하고 다양한 관점을 접할 수 있어. 프라이버시나 정신 건강에 대한 부정적인 영향은 과장된 부분이 있다고 봐.
> 을: 나는 소셜 미디어 사용이 개인의 프라이버시를 침해하고 정신 건강에도 해롭다고 생각해. 나도 모르는 사이에 개인정보가 유출될 수도 있고, 과도한 비교와 자극으로 인해 우울감과 불안이 증가할 수도 있어. 따라서 소셜 미디어의 사용을 제한할 필요가 있어.
> 병: 현대 사회에서 프라이버시 침해나 정신 건강 문제도 무시할 수 없다고 생각해. 다만, 정보화 시대에 소셜 미디어는 장단점이 모두 있어. 연결성과 정보 공유의 이점은 중요한 요소야. 따라서 소셜 미디어 사용을 제한하는 것보다는 올바른 사용법을 익히고 적절히 활용할 수 있는 가이드라인을 제시해야 해.

─<보 기>─
ㄱ. 갑과 을은 소셜 미디어 사용 제한에 대해 대립하지 않는다.
ㄴ. 을과 병은 소셜 미디어 사용 제한에 대해 대립하지 않는다.
ㄷ. 병과 갑은 소셜 미디어 사용 제한에 대해 대립하지 않는다.

① ㄱ
② ㄷ
③ ㄱ, ㄴ
④ ㄴ, ㄷ

2025
이유진
국어

백일기도
모의고사

시즌 2_ 轉

2025년 국가직/지방직 9급 대비

공무원 9급 공개경쟁임용 필기시험

백일기도 국어 모의고사(轉)
제57회~제63회

응시번호	문제책형
성명	

제1과목	국어	제2과목	영어	제3과목	한국사
제4과목	행정법총론	제5과목	행정학개론		

응시자 주의사항

1. **시험시작 전 시험문제를 열람하는 행위나 시험종료 후 답안을 작성하는 행위를 한 사람은** 「공무원임용 시행령」 제51조 등 관련 법령에 의거 **부정행위자로 처리됩니다.**

2. 시험이 시작되면 문제를 주의 깊게 읽은 후, 문항의 취지에 가장 적합한 하나의 정답만을 고르며, 문제내용에 관한 질문은 할 수 없습니다.

3. **답안은 문제책 표지의 과목 순서에 따라 답안지에 인쇄된 순서에 맞추어 표기해야 하며, 과목 순서를 바꾸어 표기한 경우에도 문제책 표지의 과목 순서대로 채점**되므로 유의하시기 바랍니다.

4. **시험시간 관리의 책임은 응시자 본인에게 있습니다.**
   ※ 문제책은 시험종료 후 가지고 갈 수 있습니다.

정답공개 및 이의제기 안내

1. **유튜브 라이브**: 멘탈클리닉 + 문제풀이 타이머

2. **유튜브 라이브 참여 방식**: 매일 아침 7시 20분부터 이유진 국어 유튜브 채널에서 송출

3. **질의응답**: 이유진 국어 네이버 카페(https://cafe.naver.com/yujinjinjin)
   → 백일기도 질답 메뉴

4. **성적분석 및 유사유형 검색시스템 제공**: 메가공무원 이유진 국어 홈페이지

본 문제의 무단전재 또는 복제행위는 저작권법 제136조에 의거, 5년 이하의 징역 또는 5,000만원 이하의 벌금에 처하거나 이를 병과할 수 있습니다.

국 어

1. <공공언어 바로 쓰기 원칙>에 따라 <공문서>의 ㉠~㉣을 수정한 것으로 적절하지 않은 것은?

―――――― <공공언어 바로 쓰기 원칙> ――――――
○ 이중 피동 표현은 삼갈 것.
○ 대등한 것끼리 접속할 때는 구조가 같은 표현을 사용할 것.
○ 조사, 어미 '-하다' 등을 지나치게 생략하지 말 것.
○ 중복되는 표현을 삼갈 것.

―――――――――― <공문서> ――――――――――
○○시청 문화체육과

수신 ○○시민 및 관련 단체
(경유)
제목 어린이 동요대회 용역 계약체결 알림

1. ○○시에서 추진하는 어린이 동요대회의 용역 계약이 ○○기획사와 ㉠체결되어졌음을 알려드립니다.
2. 본 대회는 ㉡지역 내 어린이들의 재능을 발굴하고, 문화적 교류를 활성화하기 위한 ㉢행사, 관련 일정 및 참가 신청 방법은 추후 별도 공지될 예정입니다.
3. 이번 계약과 관련하여 ㉣더 추가 문의 사항이 있으신 경우, 담당 부서로 연락해 주시기 바랍니다.

① ㉠: 체결되었음을
② ㉡: 지역 내 어린이들의 재능 발굴과 문화적 교류를 활성화하기
③ ㉢: 행사로
④ ㉣: 추가

2. 다음 글의 중심 내용으로 가장 적절한 것은?

영국의 한 잡지에 동양적 효를 서구적으로 이해한 글이 게재된 적이 있었다. 글의 요지는 서구적 시각에서 동양의 효를 유산 상속이나 노후를 위한 보험과 같은 경제적 합리성으로 설명할 수 있다는 주장이었다. 물론 타산적 합리성이 일부 효행의 동기를 설명해 줄 수는 있다. 그러나 그 일부는 예외적일 뿐 아니라, 효행의 본질이나 동양에서 효가 그리 오랜 세월 동안 중시되었던 이유를 설명해 주지 못한다. 효행의 많은 사례들은 타산적 합리성만으로 설명되지 않는다. 동양에서 효행봉양을 받는 상당수의 부모들은 효행의 대가로 자식에게 경제적 보상을 해 줄 만큼 경제적으로 여유롭지 못하다. 과거 관례에 따르더라도, 유산 상속은 효심의 깊이보다는 장자 상속 원칙에 따라 이뤄지는 경우가 많았다.

① 유산 상속이나 노후 등은 효행과 관련이 없다.
② 효의 개념을 서구적 합리성으로 설명하기는 어렵다.
③ 동양에서 중시되는 효의 실체를 서구적 개념에 따라 규명할 필요가 있다.
④ 서양에서 동양의 효에 해당되는 개념은 타산적인 합리성에 의해 설명될 수 있다.

3. <보기>의 ㉮에 ㉠의 내용에 부합하는 말을 넣으려고 할 때, 가장 적절한 것은?

시대가 바뀌면 언어도 바뀐다. 권위주의가 팽배하던 시대에는 금지와 위압을 구분하는 언어가 득세했다. 하지만 민주주의 시대에는 긍정적이고 개방적이며 경계를 허무는 언어가 넘친다. 사회에 안내문이 없다면, 경계와 질서가 사라져 혼란스러워질 수 있다. 반대로 안내문이 지나치게 많다면, 편 가르기와 배제가 만연해질 수 있다. ㉠안내문을 피할 수 없다면, 대중의 자발적 선택과 유쾌한 동의를 이끌어 내는 안내문이 되길 바란다. 밀어내는 언어가 아닌 끌어당기는 언어, 뱉어내는 말이 아닌 포용하는 말이 되길 바란다. 해석의 다양성이 보장되고, 행동의 결정권이 시민에게 주어지는 사회가 바로 민주화된 사회다. 우리 사회가 얼마나 민주적인지 알고 싶다면 안내문을 살펴보라. 안내문이 교묘해지고 있다면, 그것이 바로 민주화의 한 모습이다.

―――――――――― <보 기> ――――――――――
마트 출입구에는 보통 차단기가 설치되어 있다. 구매하지 않은 물품을 가지고 나간다면 차단기가 물품에 붙어 있는 전자칩을 인식하여 "삐" 소리가 난다. 그런데 내가 갔던 어떤 마트의 차단기 근처에 이런 안내문이 붙어 있었다. ☐㉮☐

① "구매하지 않은 물건이 있습니다. 구매하십시오."
② "이 소리가 무엇을 의미하는지 아시겠습니까? 조심하십시오."
③ "갑자기 소리가 나서 놀라셨죠? 근처 직원에게 문의하세요."
④ "당신은 양심이 무엇이라고 생각하십니까? 다시 생각합시다."

4. 다음 글을 논리적인 순서에 맞게 배열한 것은?

ㄱ. 조선 시대에 산지의 목재는 수로를 통해 배로 운송되었는데, 배의 종류는 시기별로 차이가 있었다.
ㄴ. 초반에는 세곡을 운송하는 조세선이 주로 쓰였다.
ㄷ. 이후 조세선보다는 군선과 개인이 소유한 사선의 비중이 커졌는데, 이는 군선이나 사선이 조세선보다 크고 튼튼했기 때문이다.
ㄹ. 이에 원거리 운송은 조세선이 담당하였다.
ㅁ. 그럼에도 조세선에 의한 건축 재료 운송이 완전히 사라지지 않은 것은, 원거리 운항 기술이 축적되어 있었고 항해술이 노련했기 때문이었다.

① ㄱ-ㄹ-ㄴ-ㅁ-ㄷ
② ㄱ-ㄴ-ㄷ-ㅁ-ㄹ
③ ㄱ-ㄹ-ㅁ-ㄴ-ㄷ
④ ㄱ-ㄴ-ㄹ-ㄷ-ㅁ

5. 다음의 내용이 참일 때, 반드시 참이라고 할 수 있는 것은?

㉠ 미세 먼지 농도가 높은 날이면 창문을 열지 않는다.
㉡ 창문을 열거나 영화를 본다.
㉢ 오늘은 창문을 열지 않는다.
㉣ 청소를 하는 날에만 창문을 연다.

① 오늘은 미세 먼지 농도가 낮다.
② 오늘은 미세 먼지 농도가 높다.
③ 오늘은 청소를 하지 않는다.
④ 오늘은 영화를 본다.

6. 다음 글을 읽고 이해한 내용으로 적절하지 않은 것은?

> 사설시조가 우리 문학사에 처음으로 등장한 것은 18세기 초 김천택이 『청구영언(靑丘永言)』에 '만횡청류(蔓橫淸類)'라는 이름으로 116수를 수록하면서부터이다. 이들 모두 작가나 창작 연대를 밝히지 않아서, 이런 부류의 노래가 언제 발생하였고 어떤 사람들이 향유했는지 알 수 없다. 그럼에도 불구하고 그 유래가 얼마나 오래되었는지 추정은 할 수 있다. 각종 문헌을 통해 작자를 추정할 수 있는 작품들이 있기 때문이다. 그중 가장 역사가 오래된 것은 변안렬의 「불굴가」이다.
> 이방원은 고려 말 혁명을 꿈꾸는 이성계의 뜻을 받들어 「하여가」라는 단형 평시조를 통해 고려의 충신들을 회유하려 하였다. 이에 정몽주는 단형 평시조인 「단심가」로 충과 의리의 도를 엄숙하게 설파하였다. 반면 변안렬은 무인다운 기개로 자신의 의지를 시의 언어에 담아 사설시조로 표현했다. 이는 이방원의 회유책을 가벼운 농담조로 희화화하여 조롱한 것이다.
> 만횡청류의 정체성을 갖추는 형식 요건은 세 가지이다. 첫째, '초장 - 중장 - 종장'의 3장으로 구성되어야 한다. 둘째, 마지막 장의 첫째 음보는 반드시 3음절로, 둘째 음보는 4음절 이상으로 한다. 셋째, 각 장의 길이는 자유롭되 각 토막은 2음보의 연속체로 구성한다. 첫째와 둘째 조건은 만횡청류가 평시조와 기본적인 장르 형식을 공유하고 있음을 의미한다. 따라서 사설시조에서 길이가 길어진 일부 구절을 자르면 평시조가 된다.

① 「하여가」나 「단심가」와 달리 김천택의 책에 수록된 '만횡청류'는 지은이를 밝히지 않았다.
② 변안렬과 달리 정몽주는 이방원의 회유책을 우스꽝스럽게 묘사하여 조롱하지 않았다.
③ 「불굴가」를 통해 사설시조의 유래뿐 아니라 향유 계층이 무인이라는 것을 알 수 있다.
④ 평시조와 사설시조 모두 종장의 첫째 음보는 반드시 3음절로 해야 한다.

7. 다음 글의 ㉠과 ㉡에 대한 평가로 올바른 것은?

> ㉠환원주의는 인체에서 가장 작은 단위를 유전자로 전제하며 이에 대한 분석을 중시한다. 유전자에서 시작되어 단백질, 세포, 기관 그리고 개체의 순으로 올라가는 체계에서, 하부 구조에 따라 상부 구조의 작동이 결정된다고 여기기 때문이다. 하지만 ㉡전산 생물학에 의하면, 인체를 구성하는 상부 구조는 하부 구조와 상호 작용하기도 한다. 그리고 전산 생물학은 인체의 생리적 기능을 파악하기 위해서는 신체 기관에 대한 통합적인 고려가 필요함을 나타낸다.

① 인체를 구성하는 가장 작은 단위가 유전자가 아니라는 사실이 밝혀졌다면, ㉠은 강화된다.
② 인체를 구성하고 있는 단백질이 인체의 기관에 상당한 영향을 미친다는 사실이 밝혀졌다면, ㉠은 약화된다.
③ 인체의 상부 구조와 하부 구조가 서로 영향을 주고받음이 밝혀졌다면, ㉡은 강화된다.
④ 폐의 생리적 기능을 파악하기 위해서는 호흡 기관뿐 아니라 전반적인 신체 기관에 대한 연구가 필요하다는 사실이 밝혀졌다면, ㉡은 약화된다.

8. 갑 ~ 병의 주장을 분석한 내용으로 적절한 것만을 <보기>에서 모두 고르면?

> 갑: 온라인 쇼핑 확산은 오프라인 소매업에 부정적인 영향을 미쳐. 많은 소비자들이 온라인을 선호해서 오프라인 매장의 매출이 감소하고, 결국 점포 폐쇄와 일자리 감소로 이어지고 있어. 특히 소규모 소매업체들은 경쟁에서 밀려나기 쉽지.
> 을: 온라인 쇼핑 확산이 오프라인 소매업에 반드시 부정적인 것만은 아니라고 봐. 오프라인 매장은 온라인과 차별화된 경험을 제공할 수 있어. 예를 들어, 제품을 직접 체험해 보거나 즉각적인 고객 서비스를 받을 수 있잖아. 또한 온라인과 오프라인 연계로 상호 보완적 효과를 낼 수도 있어.
> 병: 온라인 쇼핑과 오프라인 소매업은 경쟁 관계이면서도 상호 보완적인 관계라고 생각해. 온라인 판매가 증가함에 따라 오프라인 매장은 물류 허브나 브랜드 체험 공간으로의 전환을 시도하고 있어. 이러한 변화는 오프라인 소매업이 새로운 비즈니스 모델을 개발하고, 소비자들에게 더 나은 서비스를 제공할 수 있는 기회를 제공한다고 봐.

<보 기>
ㄱ. 갑과 을의 온라인 쇼핑의 확산이 오프라인 소매업에 미치는 영향에 대한 의견은 같지 않다.
ㄴ. 을과 병은 경쟁에서 살아남기 위해 기존의 오프라인 매장이 갖는 특징을 강화해야 한다고 본다.
ㄷ. 병과 갑은 오프라인 매장이 경쟁에서 살아남기 위해 새로운 전략이 필요하다고 본다.

① ㄱ
② ㄷ
③ ㄱ, ㄴ
④ ㄴ, ㄷ

9. 다음 글에서 추론할 수 있는 것은?

> "도덕 가치는 나무나 바위처럼 존재하는가?"라는 물음에 대하여 많은 사람들은 부정적으로 대답한다. 그들에 따르면 나무와 바위는 사람이 없더라도 변함없이 그대로 있을 것이지만, 선함과 같은 도덕 가치는 항상 사람의 존재를 전제한다고 한다. 그들의 주장은 다음의 두 가지 주장 중 하나로 이해된다. 먼저 이를 "도덕적으로 가치 있는 모든 행위는 반드시 누군가에게 도움이 되어야 한다."로 이해할 수 있다. 하지만 당신이 세상에 남겨진 마지막 사람인 경우를 생각해 보자. 숨이 끊어지기 직전에 사과나무를 심은 당신의 행위는 그 어떤 사람도 도울 수 없다. 하지만 나무를 심는 행위는 그 자체만으로도 도덕적으로 가치 있는 행위이다. 한편 그들의 주장은 "어떤 행위가 도덕적으로 가치 있다면, 그것을 판단할 사람이 있어야 한다."의 의미로 이해될 수 있다. 당신의 사과나무 식수 행위를 다시 생각해 보자. 당신마저 죽는다면, 이 세상에 당신의 행위에 대해 판단할 어떤 사람도 없을 것이 분명하다. 그렇다 하더라도 사과나무를 심는 당신의 행위는 도덕적으로 가치 있는 행위이다.

① 도덕적으로 가치 있는 행위는 잘못 판단될 수 없다.
② 도덕적으로 가치 있는 행위는 선한 사람의 존재를 전제하는 것이다.
③ 어떤 행위가 도덕적으로 가치가 있지만 그것을 판단할 사람이 없을 수 있다.
④ 도덕적으로 가치 있는 행위라면, 이로 인해 도움을 받는 사람이 반드시 존재한다.

[10 ~ 11] 다음 글을 읽고 물음에 답하시오.

디지털카메라를 들고 촬영하면 손의 떨림으로 인해 영상이 흐려지고, 걷거나 뛰면서 촬영하면 식별이 어려울 정도로 영상이 흔들린다. 이때 흔들림에 의한 영향을 줄이는 것이 영상 안정화 기술이다. 영상 안정화 기술에는 대표적으로 빛을 활용하는 광학적 기술이 있다. 광학 영상 안정화(OIS) 기술을 통한 카메라 모듈은 렌즈 모듈, 자이로 센서, 이미지 센서, 제어 장치, 렌즈를 움직이는 장치 등으로 구성되어 있다. 렌즈 모듈은 보정용 렌즈를 포함한 여러 렌즈들로 구성된다. 일반적으로 카메라는 렌즈로 들어온 빛이 이미지 센서에 ㉠닿아 피사체의 상이 맺히고, 피사체의 화소마다 빛의 세기에 비례해 발생한 전기 신호가 영상으로 저장 매체에 저장된다. 그런데 카메라가 흔들릴 경우 이미지 센서 각각의 화소에 닿는 빛의 세기가 변화한다. 여기서 OIS 기술이 작동하면 자이로 센서가 카메라의 움직임을 감지해 방향과 속도를 제어 장치에 전달하며, 제어 장치가 렌즈를 이동시켜 피사체의 상이 유지되면서 영상이 안정된다.

10. 윗글에서 추론한 내용이 적절하지 않은 것은?
① 광학 영상 안정화 기술을 사용하지 않는 디지털카메라에는 이미지 센서가 필요하지 않다.
② 자이로 센서가 제대로 동작하지 않는다면 손 떨림으로 인한 영상 번짐이 제대로 보정되지 않는다.
③ 보정 기능이 없다면 손 떨림으로 인해 이미지 센서의 화소에 닿는 빛의 세기가 변하여 영상이 흐려진다.
④ 디지털카메라의 저장 매체에는 이미지 센서 각각의 화소에서 발생하는 전기 신호가 영상으로 저장된다.

11. 문맥상 ㉠의 의미와 가장 가까운 것은?
① 엉겁결에 내 손이 그녀에게 닿았다.
② 그에게 기별이 닿도록 조치를 취해야 한다.
③ 그의 주장은 박 선생의 의견과 맥이 닿아 있다.
④ 이 문장이 의미가 닿으려면 주술 관계를 고쳐야 한다.

12. 밑줄 친 부분이 '피동 표현'이나 '사동 표현'에 해당하지 않는 것은?

피동 표현은 주어가 다른 주체에 의해서 동작을 당하게 되는 것을 나타내는 표현이다. 능동사의 어간에 '-이-', '-히-', '-리-', '-기-'가 결합되거나 명사 어근에 피동 접미사 '-되다'가 결합되어 만들어지기도 하고, 용언 어간에 '-아지다, -어지다' 또는 '-게 되다'가 결합되어 만들어지기도 한다.
한편 사동 표현은 주어가 남에게 동작을 하도록 시키는 것을 나타내는 표현이다. 주동사의 어간에 '-이-', '-히-', '-리-', '-기-', '-우-', '-구-', '-추-'가 결합되거나 용언 어간에 '-게 하다'가 결합되어 만들어진다.

① 학생들이 선생님께 잡혔다.
② 공터에 새 건물이 지어진다고 한다.
③ 어머니가 아이에게 새 옷을 입히셨다.
④ 그의 논문은 다른 사람의 글을 간추린 것에 불과하다.

[13 ~ 14] 다음 글을 읽고 물음에 답하시오.

현대 먹거리란 포드주의의 산업형 농업 방식에 의해 생산되어 세계 시장에서 유통되는 식재료 또는 그러한 식재료로 만든 가공식품을 포함한 먹거리를 ㉠이른다. 현대 먹거리는 전통 사회에서의 먹거리 생산 방식과 달리 자연의 흐름을 거스르면서 생산된다는 특징을 지닌다. 이전에는 자연적 여건에 따라 특정 식재료가 특정한 시기에만 생산되었으나 이제는 제철에 관계없이 생산된다. 이제 먹거리는 시간의 맥락을 ㉡잃게 된 것이다. 또한 축산물이나 수산물이 자연의 속도가 아니라 인위적인 속도로 빠르게 생산되고 있다. 성장호르몬이나 사육법과 양식 기술의 발달이 이러한 현실을 가져왔다. 유전자 변형 농산물도 자연의 흐름을 거스른 것이다. 병충해를 ㉢막고 생산성을 ㉣끌어올린다는 명분하에 유전자를 조작한 유전자 변형 농산물이 생산 및 유통되고 있다.

13. 윗글의 내용으로 가장 적절한 것은?
① 병충해 방지와 식량 증산을 위해 유전자 조작 식품을 생산하는 것은 안전하지 않다.
② 현대 먹거리의 생산과정에서는 생물의 성장 속도까지 인위적인 통제의 대상이 된다.
③ 현대 먹거리의 부정적 측면을 극복하기 위해 전통 사회의 먹거리 생산 방식으로 회귀해야 한다.
④ 사계절 재배할 수 있는 온실 채소는 공간의 맥락이 상실되었다는 점에서 현대 먹거리의 특징을 지닌다.

14. ㉠ ~ ㉣과 바꿔쓸 수 있는 유사한 표현으로 적절하지 않은 것은?
① ㉠: 지칭한다
② ㉡: 상실하게
③ ㉢: 방지하고
④ ㉣: 제공한다는

15. ㉠에 들어갈 내용으로 가장 적절한 것은?

칸트는 윤리를 변덕에 노출된 수동적 감정이 아니라, 항상 보편성을 유지할 수 있는 도덕법칙으로 정당화하려고 노력했다. 칸트에 따르면 어떤 사태를 만났을 때, 어떻게 행동할 것인지를 우리는 자율적으로 결정해야만 한다. 그는 이 경우 우리 자신이 마치 보편적인 입법자가 된 것처럼 행동을 결정해야 한다고 주장한다. 이것은 우리가 선택한 결정과 행동이 자신뿐만 아니라 다른 모든 사람들에게도 허용될 수 있는 방식으로 이루어져야만 한다는 것을 의미한다. 그에 따르면 동정심이 전혀 느껴지지 않는 사람이 위험에 빠졌을 때 그를 구할 필요가 없다는 생각은 보편적인 것일 수 없게 된다. 즉 칸트는 (㉠) 그리고 윤리적 결단의 상황에서 나는 내가 아닌 다른 누구라도 선택할 수 있는 보편적 법칙을 수립하고 바로 그 법칙에 따라 행동해야만 한다고 강조했다. 이것이 '순수한 이성법칙에 의해 행위들이 직접 규정된다'고 말했을 때 칸트가 염두에 둔 점이었다. 이 때문에 그의 윤리학은 자율의 윤리학이라고 불리기도 한다.

① 동정심에 근거한 윤리적 행동이 보편적일 수 없다는 결론을 내린다.
② 감정에 윤리가 잠식되어 있다면 그것은 매우 수동적인 윤리일 것이라 말한다.
③ 자율성에 근거한 윤리만이 가치 있으며 개인이 옳다 생각하는 것이 윤리적 행동의 전부라 생각한다.
④ 윤리적 결단의 상황에서 보편적인 것에 더해 감정적인 요소까지 고려해야 한다고 주장한다.

16. 다음 글의 ㉠에 따른 '예측'으로 가장 적절한 것은?

논리적 예측은 세 단계로 구성할 수 있다. 즉, 만약 X가 Y의 원인이 된다는 사실을 알고, X가 나타났다는 사실을 안다면, Y가 나타날 것을 예측할 수 있다. 그런데 이와 같은 ㉠예측의 과정은 다음과 같은 세 가지 가정이 충족되어야 한다.
① X가 Y의 원인이 된다는 보편 법칙과 확률적 일반화가 진실이며 그것이 진실임을 확인할 수 있어야 한다.
② 'X가 나타났다'라는 선행 조건이 충족되어야 한다.
③ 'Y가 나타날 것'이라는 예측이 가능하여야 한다.
　예측과 설명은 논리학의 핵심이며, 동일한 이론적 구조를 가진다. 단지 차이가 있다면, 이를 이용하는 논리학자의 입장이다. 즉, '설명'은 설명하고자 하는 현상이나 사건이 이미 발생한 것인데, 논리학자는 이 현상이나 사건의 발생에 대한 원인을 규명하기 위해서 이론이나 법칙, 그리고 특정한 조건을 추구하게 된다. 반면, '예측'은 논리학자가 이론이나 법칙 그리고 통계 자료 따위를 통한 특정한 조건을 미리 알고, 이들이 암시하는 미래에 발생할 사건이나 현상을 찾아 나선다. 쉽게 말하면, 예측과 설명은 순서만 바꾼 것이지, 본질적으로는 같은 것이다.

① 까마귀가 날면 배 떨어진다는 말이 있다. 방금 까마귀가 날아가는 것을 보았다. 따라서 배가 떨어질 것이다.
② 유지(乳脂)를 강알칼리로 가수 분해를 하면 알칼리염이 생긴다. 이를 농축하여 알칼리염을 걸러 내어 응고시키면, 비누가 된다.
③ 관다발은 물관부와 체관부로 이루어진다. 물관부에는 도관이 있어 물이나 양분의 통로가 되고, 체관부에는 체관이 있어 동화산물(同化産物)의 이동 통로가 된다.
④ 한국인의 음주량은 통계상 세계 1위의 수준이며 계속 증가하고 있다. 우리나라에서 가장 큰 사회적 손실을 발생시키는 것이 음주 사고이다. 따라서 음주는 우리나라에서 앞으로 더욱 큰 사회적 문제가 될 것이다.

17. 다음의 메일을 읽고 나서 가장 먼저 해야 할 것은?

지난주에 수정해 달라고 하셨던 스티커 시안 보내드립니다. 여백이 많지 않게 전체 크기를 키우고 채도를 낮췄습니다. 첨부한 파일을 확인하시고 추가 수정이 없다면 최종 시안 결정은 다음 주 내로 부탁드립니다.
　또한 앞서 보내드린 ○○○ 영화 시사회 초대 메일을 아직 확인하지 않으신 것 같은데, 인원 파악을 해야 하니 금일 내로 회신 부탁드립니다.

① 스티커 시안에 요청 사항이 반영됐는지 확인한다.
② 스티커 시안 결정을 위한 회의를 열고 투표를 진행한다.
③ 영화 시사회 참석 메일을 확인하고 참석 여부를 알린다.
④ 영화 시사회 참석 인원을 파악하기 위한 조사를 한다.

18. 빈칸에 들어갈 결론으로 가장 적절한 것은?

(가) 초콜릿을 좋아하는 사람은 모두 케이크를 좋아한다.
(나) 초콜릿을 좋아하는 어떤 사람은 사탕도 좋아한다.
따라서 (　　　　　　　　　　　　　　　　　　　)

① 사탕을 좋아하는 어떤 사람은 케이크를 좋아한다.
② 케이크를 좋아하지 않는 어떤 사람은 사탕을 좋아한다.
③ 케이크를 좋아하는 사람은 모두 사탕을 좋아한다.
④ 초콜릿을 좋아하는 사람은 모두 사탕을 좋아한다.

19. 〈지침〉에 따라 〈개요〉를 작성할 때 ㉠~㉣에 들어갈 내용으로 적절하지 않은 것은?

─〈지　침〉─
○ 서론은 중심 소재의 개념 정의와 문제 제기를 1개의 장으로 작성할 것.
○ 본론은 제목에서 밝힌 내용을 2개의 장으로 구성하되 각 장의 하위 항목끼리 대응되도록 작성할 것.
○ 결론은 기대 효과와 향후 과제를 1개의 장으로 작성할 것.

─〈개　요〉─
○ 제목: 가정폭력 상습성의 원인과 대응 방안
Ⅰ. 서론
　1. 가정폭력의 의미
　2. ㉠
Ⅱ. 가정폭력 상습성의 원인
　1. ㉡
　2. 학습된 폭력적 행동 및 순환
Ⅲ. 가정폭력 상습성의 원인에 대한 대응 방안
　1. 피해자 지원을 위한 지역별 쉼터와 전문 상담기관 확대
　2. ㉢
Ⅳ. 결론
　1. ㉣
　2. 가정폭력 예방 및 인식 개선을 위한 대중적 캠페인 추진

① ㉠: 가정폭력이 더 큰 사회적 범죄로 이어질 가능성이 있음
② ㉡: 신고 및 지원 체계 부족
③ ㉢: 폭력 예방 교육 및 가정 내 평화적 의사소통 교육 강화
④ ㉣: 가정폭력 관련 법률의 지속적 개정과 사회적 변화에 따른 유연한 적용

20. 다음 글의 ㉠~㉣ 중 어색한 곳을 찾아 가장 적절하게 수정한 것은?

정규직과 비정규직 간의 차별에 대해 사회적 관심이 증대하고 있다. 그중 가장 심각한 문제는 ㉠임금 차별이다. 양자의 임금수준 격차가 매해 증가하고 있기 때문이다. 이 문제를 어떻게 해결할 것인가를 두고 크게 두 가지 시각이 대립한다.
　A 학파는 기업 간 경쟁이 문제 해결의 핵심이라고 이야기한다. 기업이 도태되지 않기 위해서는 유능한 노동자들에 대한 채용을 늘려야 하는데, 노동자의 능력 이외에 다른 잣대를 바탕으로 임금을 지불하는 경우 유능한 노동자들은 ㉡임금 지불의 비합리성에 항의하여 회사를 떠나려고 할 것이기 때문이다. 이처럼 임금 지급에 있어 차별적인 관행을 고수하는 기업들은 비차별적인 기업들과의 경쟁에서 자연적으로 도태될 것이므로 기업 간 경쟁이 강화될수록 임금차별도 줄어들 것이라는 입장이다. B 학파는 법과 제도에 따른 규제를 통해 임금차별을 줄일 수 있다고 한다. 실제로 노동자들은 개인에게 높은 임금이 ㉢주어지기만 한다면 차별적인 관행에 대해서는 무관심하다. 그러므로 현실에서는 기업이 비정규직을 차별한다고 하여 경쟁에서 불리해지지 않는다. 따라서 ㉣소비자들의 적극적인 감시가 이 문제를 해결할 수 있을 것이라 여긴다.

① ㉠: 임금 체불이다
② ㉡: 차별적 임금 지불에 동조하여
③ ㉢: 주어지더라도 차별적 관행에 대해 항거한다
④ ㉣: 강제적인 규제의 도입이

국 어

1. <공공언어 바로 쓰기 원칙>에 따라 수정한 것으로 적절하지 않은 것은?

   ─────〈공공언어 바로 쓰기 원칙〉─────
   ○ 주어와 서술어의 호응
     - ㉠ 능동과 피동의 관계를 정확하게 사용함.
   ○ 여러 뜻으로 해석되는 표현 삼가기
     - ㉡ 중의적인 문장을 사용하지 않음.
   ○ 명료한 수식어구 사용
     - ㉢ 수식어와 피수식어의 관계를 분명하게 표현함.
   ○ 어문 규범 지키기
     - ㉣ 연월일 뒤에 마침표를 쓸 때는 각각 마침표를 찍어야 함.

   ① "○○기업에서 신제품을 출시되었다."를 ㉠에 따라 "○○기업에서 신제품이 출시되었다."로 수정한다.
   ② "지난주 유진이는 아영이와 함께 공원에서 산책했다."를 ㉡에 따라 "지난주 유진이와 아영이는 공원에서 산책했다."로 수정한다.
   ③ "친절한 선생님의 학생들이 성적 우수상을 받았다."를 ㉢에 따라 "친절한 선생님이 가르치는 학생들이 성적 우수상을 받았다."로 수정한다.
   ④ "제출 기한: 2025. 11. 9"를 ㉣에 따라 "제출 기한: 2025. 11. 9."로 수정한다.

2. 다음 중 유효한 대리 행위에 해당하는 것은?

   A가 갑으로 하여금 자신을 대신해 토지를 구입하게 하고, 이 법적 효과가 A 스스로에게 귀속되도록 한다 하자. 이는 A를 본인으로 갑을 대리인으로 하는 대리관계에 해당한다. 이와 같은 대리 행위가 유효하기 위해서는 다음 두 조건을 충족해야 한다.
   첫째, 자기 계약 또는 쌍방 대리가 아니어야 한다. 갑이 A를 대리하여 토지를 매수할 때, 다른 한쪽에서 갑 자신이 매도인이 되어 계약을 맺는 것은 자기 계약에 해당한다. 또한 쌍방 대리는 갑이 A의 대리인으로서 토지를 구입할 때, 다른 한편에서는 다시 갑이 토지 판매인인 B의 대리인으로 계약에 참여하는 상황을 말한다.
   둘째, 대리권이 남용되어서는 안 된다. 대리권이란 대리인(갑)이 본인(A)의 이름으로 의사를 표시함으로써 그 효과를 본인에게 귀속시킬 수 있는 자격을 말한다. 대리권의 범위 내라 할지라도, 대리인이 자기 자신 또는 제3자의 이익을 위해 대리 행위를 하는 경우, 이는 대리권의 남용에 해당한다.

   ① '대리인 무'가 G를 대신하여 H의 '대리인 기'와 계약을 체결하는 행위
   ② '대리인 병'이 자신의 이익을 위해 D 대신 소송을 제기하는 행위
   ③ '대리인 정'이 E 대신 물건을 양도하고, F의 이익을 위해 F 대신 물건을 양도받는 행위
   ④ '대리인 을'이 C를 대신하여 상품을 판매하고, 을이 이를 구매하는 행위

3. ㉠에 영향을 주는 요인 중 20세기 이후 상대적으로 영향력이 줄어든 것은?

   두 언어가 접촉하면 서로 간섭을 한다. 간섭한다는 것은 영향을 주고받아 닮아간다는 것이다. ㉠간섭은 양방향이지만, 영향의 정도가 늘 균형을 이루지는 않는다. 위세가 큰 언어의 간섭 정도는 위세가 작은 언어의 간섭 정도보다 훨씬 크다. 가령, 영어는 모든 언어에 크게 간섭했지만, 그 이상으로 영어에 영향을 끼친 언어는 고대 그리스어나 라틴어 같은 고전어나 프랑스어 정도이다.
   두 언어가 간섭한다고 해서 두 언어권이 지리적으로 가깝다고 볼 수는 없다. 북극의 항로가 개척된 1900년 초 이후, 서양의 식민 세력은 전 세계에 영향을 미쳤으며 교통과 통신의 발달로 인해 사회적·심리적 인접성이 더 중요해졌다. 한국과 영어권 나라는 지리적으로 아주 멀다. 하지만 영어는 한국어를 계속 간섭해 왔다. 반면, 한국어는 일본어와 중국어의 어휘에 어렴풋하게 간섭한 흔적만 남았다.

   ① 지리적 인접성의 정도   ② 교통과 통신의 발달
   ③ 심리적 친밀감의 정도   ④ 해당 언어의 위세

4. 다음 글을 읽고 이해한 내용으로 가장 적절한 것은?

   조선 시대 소설 중 일부에는 선(善)인의 수난과 악(惡)인의 악행이 반복되며, 언제나 선인의 승리로 이야기가 마무리되는 구조를 지니고 있다. 이때 악인이 어떤 성별이냐에 따라 '악'은 다른 모습을 띤다. 여성의 악은 주로 가정에만 영향을 미치지만, 남성의 악은 가정이라는 울타리 밖으로 확산된다.
   고전 소설의 대표적인 악녀로는 「사씨남정기」의 '교채란'과 「장화홍련전」의 '허씨'가 있다. 이들은 가정 내 유교적 질서를 무너뜨려 가족과 가정을 파괴한다. 가령, '교채란'은 '사씨' 대신 본처가 되기 위해 그녀를 가정에서 쫓아낸다. 하지만 장화와 홍련의 계모인 허씨는 '교채란'처럼 다양한 악행을 벌이지는 않는다. 그녀는 '교채란'과 달리 계략을 꾸며 긍정적 인물인 '장화'와 '홍련'을 죽음으로 몰아갔다.
   한편 고전 소설의 대표적인 남성 악인으로 「옥단춘전」의 '김진희'가 있다. 김진희와 이혈룡은 함께 공부하며 출세하면 서로 돕겠다고 다짐했지만, 김진희는 이혈룡을 배신하고 그를 여러 번 죽이려 했다. 두 사람의 대립은 사회적인 문제와 결부되어 선과 악의 상반된 모습을 보여 준다. 여기서 악인의 '악'은 사회적인 혼돈을 가져오지만, 악인은 선인에 의해 응징되면서 이야기가 마무리된다. 반면 긍정적 인물은 고난의 과정을 겪은 뒤 새로운 지위를 획득하며 사회 안으로 복귀한다.

   ① '허씨'와 달리 '교채란'의 '악'은 가정 외부에 영향을 미치지 않는다.
   ② 「장화홍련전」과 달리 「사씨남정기」와 「옥단춘전」의 악인은 선인을 죽이지 못했다.
   ③ 「장화홍련전」과 「옥단춘전」의 긍정적 인물은 고난의 과정을 겪은 뒤 새로운 지위를 얻는다.
   ④ 「옥단춘전」에서 '김진희'는 악인에 의해 온갖 수난을 겪지만, 악인을 응징하면서 이야기가 마무리된다.

5. 갑~병의 주장을 분석한 내용이 적절한 것만을 모두 고르면?

> 갑: 나는 게임 중독의 주요 원인이 개인의 자기 통제력 부족이라고 생각해. 스스로 이용 시간을 조절하는 것이 중요해. 따라서 게임 중독을 해결하려면 개인의 의지력을 강화하고 자기 관리 능력 향상하는 수밖에 없다고 생각해.
> 을: 나는 게임 회사들의 지나친 상업화 전략 때문이라고 생각해. 게임에 중독성을 높이는 요소를 의도적으로 넣어서 이용자들이 계속 게임을 하도록 유도하는 거지. 따라서 정부가 규제를 통해 게임 산업을 관리해야 한다고 생각해.
> 병: 게임 중독은 개인적 요인과 사회적 요인이 모두 작용한다고 생각해. 개인의 심리적 스트레스나 사회적 고립감 모두 게임에 몰두하게 만드는 원인이 될 수 있어. 따라서 개인의 정신 건강 지원과 함께 사회적 지지를 강화해야 해.

―〈보 기〉―

ㄱ. 갑은 게임 중독의 원인을 개인의 문제로 본다.
ㄴ. 을과 병은 게임 산업 규제의 필요성에 대해 의견이 같다.
ㄷ. 병은 게임 중독의 해결 방안으로 사회적 지원을 강조한다.

① ㄱ
② ㄴ
③ ㄱ, ㄷ
④ ㄴ, ㄷ

6. 제시된 문장이 들어갈 위치로 가장 적절한 것은?

> 그런데 소송을 통한 소비자 분쟁의 해결은 재판이라는 복잡한 절차를 거치므로 많은 시간과 비용이 든다.

> 소비자 피해가 발생했을 때 우선 시도할 수 있는 해결 방법은 당사자인 소비자와 사업자가 직접 합의하는 것이다. ① 하지만 양측이 원만한 합의에 이르지 못하고 분쟁으로 이어지는 경우가 많다. ② 이를 해결하는 실효적 방법은 민사 소송을 제기하는 것이다. ③ 소송을 거쳐 재판에서 확정판결을 받으면 당사자들은 이에 승복해야 하므로 소송은 가장 강력한 효력을 갖는 분쟁의 해결 수단이다. ④ 이에 비교적 간단한 절차를 거치며 비용도 거의 들지 않는 소송 대체적 분쟁 해결 제도들이 모색되어 왔는데, 화해, 조정, 중재 등이 해당한다.

7. ㉠의 이유에 대한 추론으로 가장 적절한 것은?

> 카르납은 어떤 언명이 어법에 맞지 않거나 혹은 관찰 가능한 경험적 문장으로 환원되지 않을 경우 그 언명은 무의미한 언명이 된다고 보았다. 가령 '카이사르는 그리고.'라는 문장은 어법에 맞지 않는 문장이어서 무의미한 언명이 되며, '카이사르는 자연수이다.'라는 문장은 참과 거짓을 가늠할 수 있는 관찰 사실을 찾을 수 없어서 무의미한 언명이 된다. 특히 카르납은 두 번째 유형의 무의미한 언명과 관련하여, 하이데거와 같은 철학자들이 언어를 통해 형이상학적인 존재를 드러내려고 한 것은 오류라 보았다. 이러한 카르납의 입장에 따르면, ㉠니체의 언명인 '신은 죽었다.'는 무의미한 언명이 된다.

① 관찰 가능한 사실이지만 경험적인 문장으로 환원되지 않기 때문에
② '신'이라는 형이상학적인 가치는 죽음을 관찰할 수 있는 대상이 아니기 때문에
③ 종교를 중시하는 사람들에게는 거짓으로 판단될 것이기 때문에
④ 어법에 맞지 않는 문장이기 때문에

8. 〈지침〉에 따라 〈개요〉를 작성할 때 ㉠~㉣에 들어갈 내용으로 적절하지 않은 것은?

―〈지 침〉―

○ 서론은 중심 소재의 개념 정의와 문제 제기를 1개의 장으로 작성할 것.
○ 본론은 제목에서 밝힌 내용을 2개의 장으로 구성하되 각 장의 하위 항목끼리 대응되도록 작성할 것.
○ 결론은 기대 효과와 향후 과제를 1개의 장으로 작성할 것.

―〈개 요〉―

○ 제목: 사이버 멀미의 유발 원인과 감소 방법
Ⅰ. 서론
  1. 사이버 멀미의 의미
  2. ㉠
Ⅱ. 사이버 멀미 유발 원인
  1. 낮은 해상도와 느린 프레임 속도
  2. ㉡
Ⅲ. 사이버 멀미 감소 방법
  1. ㉢
  2. 적정 사용 시간과 올바른 사용 자세 안내
Ⅳ. 결론
  1. 가상현실 기술과 증강현실 기술의 상용화 촉진
  2. ㉣

① ㉠: 가상현실이나 증강현실 기술에 대한 부정적 인식이 형성될 가능성이 높음
② ㉡: 장시간 사용으로 인한 피로
③ ㉢: 컨트롤러와 가상세계의 상호작용을 자연스럽게 설계
④ ㉣: 하드웨어 제조업체, 콘텐츠 개발사, 연구기관 간의 협력을 통한 문제 해결 가속화

9. 괄호 안에 들어갈 말로 가장 적절한 것은?

> A국의 보건당국은 벤젠 노출과 혈액암 사이에 연관이 있다며, 작업장의 벤젠 노출 농도가 1ppm을 넘지 말아야 한다는 긴급 기준을 발표했다. 그런데 벤젠 노출 농도가 10ppm 이상인 작업장에서 인명 피해가 보고된 적은 있지만, 그보다 낮은 노출 농도에서의 인명 피해는 보고된 적 없었다. 그럼에도 불구하고, 당국은 벤젠이 발암물질이라며 측정 가능한 최소치인 1ppm을 기준으로 삼아야 한다고 보았다.
> A국 법원은 "보건당국이 비용 등 다른 조건은 모두 무시한 채 위험이 전혀 없는 작업장을 만들기 위한 무제한의 재량권을 갖고 있는 것은 아니다"라며, (   )고 주장했다. 그러나 당국은 생명이 위험에 처할 수 있는 경우 더 엄격한 기준을 시행해야 한다며 반발했다. 당국은 노동자를 위험한 물질에 노출시키는 회사가 그 안전성을 입증해야 한다고 주장했다.

① 벤젠이 유발하는 위험이 과학적으로 입증되지 않았다
② 과학적 불확실성으로 인해, 벤젠 노출 농도의 한계를 당국이 정해서는 안 된다
③ 10ppm 수준의 벤젠 농도가 노동자의 건강에 미치는 손상을 당국이 입증해야 한다
④ 벤젠의 노출 수준이 1ppm을 초과할 경우 노동자의 건강이 위험하다는 것을 당국이 입증해야 한다

[10 ~ 11] 다음 글을 읽고 물음에 답하시오.

특허권이나 상표권과 같은 지식재산권을 확보하고 유지하기 위해서는 특허청에서 정한 절차와 기준을 정확히 이해할 필요가 있다. 먼저 출원인은 새로운 발명이나 식별력 있는 표장을 특허청에 출원하는데, 이때 발명의 목적과 특징, 도면, 청구항 등 관련 서류를 갖추어 제출한다. 출원서가 접수되면 특허청 심사관은 해당 기술이나 표장의 신규성, 진보성, 식별력, 산업적 적용 가능성 등 법령에 따른 기준을 면밀히 검토한다.

심사 과정에서 요건을 충족하지 못한다고 판단되면, 심사관은 출원인에게 거절이유통지서를 발송한다. 여기에는 구체적인 거절 사유가 명시되어 있으며, 출원인은 정해진 기간 내에 의견서나 보정서를 제출하여 이를 해소할 수 있다. 만약 이를 제출했더라도 거절 사유가 해소되지 않아 특허나 상표 등록이 불허된다면, 출원인은 심판 청구를 통해 재검토를 요청할 수 있다.

또한, 이미 등록된 권리에 대해 제3자가 유효성을 다투고자 할 경우, 이의신청 제도를 활용할 수 있다. 이의신청이 접수되면 특허청은 해당 권리에 문제가 없는지 다시 검토하고, 필요한 경우 해당 권리를 취소하거나 정정할 수 있다. 이러한 절차를 ㉠<u>거쳐</u> 최종적으로 확정된 특허나 상표권은 일정 기간 보호받게 되며, 권리자는 이를 토대로 독점적 사용권을 행사할 수 있다.

위와 같은 절차 안내에서는 관련 법령 용어를 정확히 사용하고, 절차별 단계가 명료하게 드러나는 문장 구성을 유지하는 것이 중요하다. 이를 통해 관련인은 지식재산권 확보와 유지 과정에 대한 올바른 이해를 바탕으로 원활하게 제도를 활용할 수 있게 된다.

10. 윗글을 이해한 내용으로 적절하지 않은 것은?
① 누군가가 기술을 개발했다고 해서 그것만으로 지식재산권이 인정되는 것은 아니다.
② 거절이유통지서를 받은 출원인은 곧바로 심판을 청구하여 거절 사유를 해소할 수 있다.
③ 특허 및 상표권이 최종적으로 확정되더라도 독점적 사용권이 권리자에 영원히 보장되는 것은 아니다.
④ 이의신청 제도를 통해 이미 등록된 권리의 변동이 발생할 수 있다.

11. 문맥상 ㉠의 의미와 가장 가까운 것은?
① 집에 가는 중 시장을 <u>거쳐</u> 식료품을 샀다.
② 가장 어려운 문제를 해결했으니 이제 특별히 <u>거칠</u> 문제는 없다.
③ 그 박물관은 긴 보수 공사를 <u>거쳐</u> 마침내 재개관하였다.
④ 그의 무례한 말투가 내 마음에 <u>거쳐</u> 쉽게 잊히지 않는다.

12. ㉠ ~ ㉣에 대한 평가로 적절한 것을 〈보기〉에서 모두 고르면?

㉠ 어떤 사람은 겨울을 좋아한다.
㉡ 어떤 사람은 여름을 좋아한다.
㉢ 여름을 좋아하는 모든 사람은 겨울도 좋아한다.
㉣ 여름을 좋아하지 않는 모든 사람은 겨울도 좋아하지 않는다.

〈보 기〉
(가) ㉠과 ㉡이 참이라면, ㉢은 반드시 참이다.
(나) ㉡과 ㉢이 참이라면, ㉠은 반드시 참이다.
(다) ㉠과 ㉣이 참이라면, ㉡은 반드시 참이다.

① (가)
② (가), (나)
③ (나), (다)
④ (가), (나), (다)

13. 다음 글의 ㉠과 ㉡에 대한 평가로 올바른 것은?

일반적으로 미술에 대한 비평은 기술과 분석, 해석 그리고 평가의 세 단계로 나누어진다. 기술과 분석 단계에서는 작품 속에 드러나는 객관적 소재들의 목록이 작성되고 그들 관계에 대한 정리 작업이 이루어진다. 해석 단계에서는 전 단계에서 모은 자료를 통해 작품의 주제와 의미를 파악한다. 평가 단계에서는 선행 단계의 작업 결과를 바탕으로 작품의 가치에 대한 판단이 이루어진다. 이처럼 ㉠<u>미술에 대한 비평은 세 단계가 순차적으로 이루어져야 한다</u>. 하지만 최근에는 ㉡<u>각각의 평가 단계가 순차적으로 이루어지는 것만은 아니라는 주장도 제기되고 있다</u>.

① 작품의 가치에 대해 판단하기 위해서는 반드시 작품의 주제와 의미 파악이 선행되어야 한다는 주장은, ㉠을 약화한다.
② 작품 속 객관적 소재들에 대한 정리 작업은 작품의 주제와 의미 파악에 도움이 되지 않는다는 주장은, ㉠을 강화한다.
③ 미술에 대한 각각의 평가 단계가 독자적으로 이루어지고 있음이 밝혀졌다면, ㉡은 강화된다.
④ 미술에 대한 비평에 있어 계획 수립 단계도 필요함이 밝혀졌다면, ㉡은 약화된다.

14. 다음 글의 ㉠ ~ ㉣ 중 어색한 곳을 찾아 가장 적절하게 수정한 것은?

쥐나 인간을 포함한 대부분의 동물들이 어떤 메커니즘으로 공포를 느끼는지를 알기 위해서는 가장 먼저 뇌의 감정 중추인 편도체의 기능을 이해해야 한다. 눈 뒤의 전뇌부에 위치한 편도체는 시각, 청각, 후각, 촉각 등의 감각을 받아들이며, 감각과 기억을 뒤섞어 공포의 감정을 만들어 낸다. 신경학자들은 실험에서 ㉠<u>쥐에게 특정한 소리를 들려주면서</u> 그때마다 약간의 전기 충격을 가했다. 이를 몇 차례 반복하자 쥐들은 소리만 듣고도 무서움을 느끼며 몸이 얼어붙었다. 그러나 청각 시상과 편도체와의 연결을 차단하자 아무리 소리를 들려줘도 ㉡<u>쥐들은 두려움을 느끼지 않았다</u>. 이 연구를 통해 뇌의 편도체가 '공포의 기억'을 저장하고 있음을 알게 되었다. 그리고 이 공포 기억이 활성화되면 고차원적 사고 기능을 비롯해 어떤 뇌 활동보다 먼저 즉각적인 반응이 일어난다는 것을 알게 되었다.

이전까지의 연구에 따르면 공포를 극복하기 위해서는 ㉢<u>공포의 대상을 회피하는</u> '노출 요법'을 많이 써 왔다. 노출 요법은 공포를 유발하는 대상에 대한 과거의 기억 대신 직접 맞서는 최근의 기억을 심어 주는 것이다. 그러나 과거의 기억이 강력한 경우 노출 요법은 ㉣<u>문제를 야기할 수도 있다</u>. 일례로 고소공포증 환자를 강제로 비행기에 태웠다고 할 때, 환자는 공포를 극복하기는커녕 더욱 큰 공포를 기억할 수도 있다.

① ㉠: 쥐에게 특정한 향을 맡게 하면서
② ㉡: 쥐들은 통각을 느끼지 않았다
③ ㉢: 공포의 대상과 직접 맞서는
④ ㉣: 더욱 효과적인 치료법이다

[15 ~ 16] 다음 글을 읽고 물음에 답하시오.

> 건축가가 어떠한 예술적 의도를 갖고 작품을 ㉠만들면 감상자는 자신의 주관적 해석을 ㉡곁들여 그 작품을 감상하게 된다. 건축가 쪽에서 특별히 어떤 한 부분을 강조하고 싶을 때 건물에 마치 무대 세트 같은 장(場)을 설정하고 그 부분에 자신이 의도한 바를 집중적으로 표현하게 되는 경우가 종종 있다. 이것은 사람들의 시선을 끌어들이는 프레임을 만드는 것을 의미한다. 프레임을 통해 건축물이 제시될 경우 건축가가 이야기하고 싶은 것들을 집중적으로 강도 높게 보여 주며, 보는 사람 입장에서는 건축가가 강조하는 부분을 쉽게 ㉢받아들일 수 있다. 동서양을 막론하고 종교적 집중이 필요할 때 프레임을 가장 많이 사용하게 된다. 일정한 프레임 안에 경치를 담는 방법에는 차경(借景) 기법이 있다.
>
> 차경 기법은 경치를 차용하는 것, 즉 자연 속에 실제 존재하는 그대로의 풍경을 끌어들이는 것을 말하는데 관촉사의 미륵전은 한국 전통 건축에서 차경 기법을 적극적으로 활용한 대표적인 예이다. 관촉사의 미륵전에는 불상이 ㉣모셔져 있지 않다. 그 대신에 미륵전 후벽에 난 창을 통해서 건물 밖 뒤쪽에 있는 은진미륵의 모습을 실내에 끌어들여 불상의 기능을 대신하고 있다는 점에서 차경의 좋은 예라 할 수 있다.

15. 윗글의 내용과 일치하지 않는 것은?
① 종교적 건축물에 프레임을 사용하는 기법은 동양에서만 나타난다.
② 한국에서는 종교적 집중을 이끌어 내기 위해 차경 기법을 활용했다.
③ 관촉사 미륵전의 창은 프레임에 해당한다.
④ 프레임을 통해 감상자는 예술가의 의도를 쉽게 파악할 수 있다.

16. ㉠~㉣과 바꿔쓸 수 있는 유사한 표현으로 적절하지 않은 것은?
① ㉠: 제작하면
② ㉡: 겸하여
③ ㉢: 수용할
④ ㉣: 진열되어

17. 다음 글의 내용으로 적절하지 않은 것은?

> 조사는 자립성을 가진 다른 말(주로 체언)에 붙어서 그 말과 다른 말과의 문법적 관계를 나타내거나 뜻을 더해 주는 단어들의 묶음을 뜻한다. 크게 격 조사, 보조사, 접속 조사로 나눌 수 있다.
> 그중 접속 조사는 둘 이상의 대상을 같은 자격으로 이어 주는 조사이다. 따라서 접속 조사 '와/과'가 쓰인 문장은 보통 둘로 쪼개어 각각의 문장을 만들 수 있다. 그리고 접속 조사 '와/과'는 대등한 것을 열거할 때는 생략할 수 있으며, 생략된 자리에는 쉼표를 찍는다. 이와 달리 부사격 조사 '와/과'는 두 문장으로 나눌 수 없다. 생략하면 어색한 문장이 되기 때문이다. 부사격 조사 '와/과'가 결합된 부사어는 서술어가 반드시 필요로 하는 필수 부사어가 된다.

① '나는 딸기와 귤을 샀다.'에서의 '딸기와'는 부사어이다.
② '나는 가끔 동생과 싸운다.'에서의 '과'는 생략할 수 없다.
③ '나는 딸기와 귤을 샀다.'에서의 '와'를 생략할 수도 있다.
④ '나는 가끔 동생과 싸운다.'에서의 '동생과'는 부사어이다.

[18 ~ 19] 다음 글을 읽고 물음에 답하시오.

> 문화는 가장 넓은 뜻으로는 자연에 대립되는 인간 활동과 그 산물 전체를 가리킨다. 우리는 사람의 손길을 타지 않은 채 있는 것을 '자연'이라고 부르며, 사람이 만든 것을 통틀어서 '문화'라고 부른다. 따라서 ㉠들에 핀 장미가 아무리 아름답다 하더라도, ㉡종달새가 아무리 멋진 노래를 불러도 문화의 일부가 될 수 없고, 또 ㉢만장굴의 석순이 아무리 기묘하고 아름답더라도 문화재로 지정될 수는 없다. 장미를 잘 가꾸어 아름다운 ㉣장미 정원을 만들거나, 전자악기를 통해 종달새 소리를 재현하는 것, 또는 만장굴에 대해 관광 사업을 벌이는 것은 문화 활동에 속한다.
>
> 그런데 사람이 행하거나 만든 것이라 해서 모두 다 문화인 것은 아니다. 사람이 만든 것이라도 모래사장에 찍힌 발자국처럼 몸을 우연히 움직여 만든 것은 문화로 보기 힘들다. 즉 문화를 넓은 의미로 이해할 때는 사람이 본능적이 아니라 의식적으로 행하거나 만든 것 전체를 가리키는 말이 된다.
>
> 그러나 자연과 대비해서 사람이 행하거나 만든 것 전체를 문화라고 할 때도 문제가 없는 것은 아니다. 이렇게 넓게 이해하다 보면, 도시뿐만 아니라 죽이는 방식도 문화에 포함되어야 한다. 그러나 히틀러의 유태인 학살이나 광주 항쟁에 대한 무자비한 진압에 '문화'라는 말을 쓰면 상당히 어색해진다. 이것은 문화의 뜻을 올바로 이해하기 위해서는 인간이 행하거나 만든 것이라는 서술적인 개념에 그치지 않고 평가적인 뜻까지 알아차려야 한다는 것을 의미한다.

18. 윗글의 내용을 바탕으로 '문화'를 정의할 때, 반드시 포함되어야 할 속성끼리 묶인 것은?
① 반복성, 전통성, 현재성
② 인위성, 의도성, 가치성
③ 자연성, 필연성, 도시성
④ 창의성, 예술성, 교훈성

19. 다음 중 문맥적 의미가 가장 이질적인 것은?
① ㉠
② ㉡
③ ㉢
④ ㉣

20. 다음 명제가 모두 참일 때, 빈칸에 들어갈 명제로 가장 적절한 것은?

> ○ A의 졸업 논문이 통과되지 않는다면, B의 졸업 논문은 통과된다.
> ○ (   )
> ○ 결론: 그러므로 B의 졸업 논문이 통과되지 않는다면, C의 졸업 논문이 통과된다.

① B의 졸업 논문이 통과된다면, C의 졸업 논문도 통과된다.
② C의 졸업 논문이 통과된다면, A의 졸업 논문도 통과된다.
③ A의 졸업 논문이 통과되어야만 B의 졸업 논문이 통과된다.
④ C의 졸업 논문이 통과되지 않는다면, A의 졸업 논문도 통과되지 않는다.

국 어

1. <공공언어 바로 쓰기 원칙>에 따라 <공문서>의 ㉠~㉣을 수정한 것으로 적절하지 않은 것은?

―〈공공언어 바로 쓰기 원칙〉―
○ 능동과 피동 등 흔히 헷갈리기 쉬운 것에 유의할 것.
○ 중복되는 표현을 삼갈 것.
○ 주어와 서술어를 호응시킬 것.
○ 접속어를 사용할 때에는 앞뒤 문장의 의미 관계를 고려하여 정확한 표현을 사용할 것.

―〈공문서〉―
해외 한식당이 싹 바뀐다
― ○○○부, 오는 2월부터 해외 한식당 종사자 교육 ―

□ ○○○부는 해외 한식당 종사자를 위한 한식당 경영 및 서비스 교육 프로그램을 오는 2월부터 ㉠개최한다.
□ 그동안의 문제점은 같은 메뉴라도 ㉡각 식당마다 음식 맛의 편차가 심하거나, 종업원이 먹는 방법에 대해 제대로 설명해 주지 않아 외국인들이 한식을 먹어 보려 해도 ㉢어렵다.
□ 이는 현지 인력 대부분이 한식 교육을 체계적으로 받지 못한 외국인이 대부분이었기 때문이다.
□ ㉣한편 정부는 이러한 문제점을 해결하기 위해 해외 한식당 종사자를 위한 교육 프로그램을 열게 되었다.

① ㉠: 개최된다
② ㉡: 식당마다
③ ㉢: 어렵다는 점이다
④ ㉣: 그러므로

2. 지문의 내용을 바탕으로 <보기>의 ㉠과 ㉡에 들어가야 할 [처] 소리의 표기가 올바르게 짝지어진 것은?

현대 국어에서 '처'와 '쳐'는 표기상으로는 구별되지만, 발음은 [처] 하나로 발음된다. 따라서 [처] 소리를 '처'로 적어야 하는지, '쳐'로 적어야 하는지는 그 원형을 고려해 보아야만 알 수 있다. 가령 '치다(때리다)'의 의미가 포함되어 있는 경우 동사 '치다'의 어간 '치–'에 어미 '–어'가 결합한 것을 고려해 '쳐'로 적는다. 반면 '마구, 매우 많이, 매우 심하게'라는 뜻은 용언 '치다'에 포함된 의미가 아니므로, 이는 원형을 밝힐 수 없는 것으로 보아 소리 나는 대로 '처'로 적는다.

―〈보 기〉―
○ 민수는 성적표를 구석에 [㉠]박아 놓았다.
○ 고립된 사람을 구하기 위해 도끼로 문을 [㉡]부수었다.

	㉠	㉡
①	처	처
②	처	쳐
③	쳐	쳐
④	쳐	처

3. ㉠에 들어갈 내용으로 가장 적절한 것은?

컴퓨터를 쓸 때, 사용자가 프로그램 실행 버튼을 클릭한다고 프로그램이 바로 실행되는 것은 아니다. 운영 체제는 대기 목록인 대기열에 실행시킨 순서대로 프로그램을 등록하고 등록된 프로그램 중 하나를 중앙 처리 장치인 CPU에 할당한다. CPU에 할당된 프로그램은 대기열에서는 삭제된다. (㉠) 10초 길이의 음악이 재생된다면, 음악 재생 프로그램에 CPU를 할당한 10초를 음악 재생 프로그램의 실행 시간이라 부른다. 한 개의 CPU에는 한 개의 프로그램만 할당할 수 있기에 대기열에 등록된 것 중 어떤 프로그램을 CPU에 할당해 실행할 것인지는 CPU 스케줄링이 결정한다. 그리고 사용자는 대기열의 프로그램을 편집하거나 없앨 수도 있다.

① 프로그램이 실행 중이라는 것은 프로그램에 CPU를 할당한 상태를 의미한다.
② 대기열에서 프로그램이 사라졌다면 CPU가 해당하는 프로그램을 실행하고 있다는 것이다.
③ CPU가 여러 개라면 여러 개의 프로그램을 한 번에 실행할 수 있음을 나타낸다.
④ 대기열에 대기 중인 프로그램들은 등록된 순서대로 CPU로 할당된다.

4. 다음 글의 중심 내용으로 가장 적절한 것은?

양극화를 해소하기 위해서는 기본적으로 중산층을 성장시킬 수 있는 방법이 마련되어야 한다. 양질의 일자리가 새로 만들어져야 중산층의 경제력이 일어설 것이다. 현재 정부와 기업은 비정규직 문제를 해결하는 것에 대해 소극적인 입장을 견지하고 있다. IMF 이후 국민의 혈세로 만든 대규모의 공적 자금이 기업에게 투입되었으며, 노동자들은 다른 선택지가 없는 상황에서 퇴직을 당하거나 비정규직으로 전락할 수밖에 없었다. 우리나라 비정규직의 형태는 유럽 혹은 미국의 파트타임 근무제가 아닌, 정규직과 똑같이 일하면서 비정규직 대우를 받는 특수한 형태이다. 이러한 비정규직 문제가 해소되지 않는 한 양극화 문제는 심화될 것이다.

① 우리나라의 비정규직은 선진국과 달리 기이한 형태를 띠고 있다.
② 양극화의 해소는 국가의 장기적 성장을 고려했을 때에도 반드시 풀어야 하는 문제이다.
③ 우리나라 노동자들은 IMF 때 큰 타격을 받았고 아직까지도 제대로 회복하지 못했다.
④ 일자리 관련 정책을 통한 중산층의 성장으로 양극화 해소를 시도해 볼 수 있다.

5. 다음 논증이 성립하기 위해 추가로 필요한 전제는?

정보 사회의 도래로 인류는 공간적인 한계를 넘어 대규모의 의견 처리를 가능케 하고 있다. 공간적 한계를 넘어선 대규모의 의견 처리가 가능하면, 직접민주제가 실현될 수 있다. 실현시킬 수만 있다면 직접민주제가 가장 민주적인 제도이다. 따라서, 머지않은 장래에 직접민주제가 도래할 것이다.

① 직접민주제의 실현은 가능하다.
② 인류는 언제나 가장 민주적인 제도를 선택한다.
③ 어떤 정치제도도 직접민주제보다 민주적이지 않다.
④ 공간적인 한계를 극복하면 직접민주제가 실현될 수 있다.

6. 다음 글을 읽고 이해한 내용으로 적절하지 않은 것은?

> 「국수」는 백석 시의 특징이 집약된 작품이다. 그의 시에서 가장 많이 채택된 소재가 음식인데, 이 시는 음식만 제재로 삼았다. 이 시에서는 추운 겨울날 국수의 육수를 만드는 것부터 시작해 국수를 뽑아 먹는 모습까지, 오랜 세월 같은 방식으로 고향 마을에 전해져 오던 음식 문화가 진술된다. 또한 이 시에는 음식 문화 속에 담겨 있는 우리의 정서를 담아냈는데, 이는 민족과 역사의식까지 뻗어 있다. 마지막으로 백석 시 특유의 반복과 나열을 활용해 길게 서술하는 것도 잘 나타난다.
> 한편 이 시에는 다른 백석 시에서 발견되지 않는 어조를 활용하였다. 이러한 어조를 통해 시의 정서를 더 밀도 있게 만들었다. 또한 이 작품의 영향을 받은 후대의 명작이 존재해서, 백석의 다른 작품보다 이 시를 더 특별하게 만든다.
> 백석의 「국수」는 토속 음식인 '평양냉면'을 소재로 하고 있는데, 목월의 「적막한 식욕」도 토속 음식인 '모밀묵'을 소재로 하였다. 두 음식 모두 메밀이라는 재료를 사용했다는 점에서 같다. 또한 각 시에서는 음식을 먹는 모습을 통해 우리의 토속적인 삶의 정취를 드러내고 있다. 뿐만 아니라, 구체적인 시상 전개와 이미지 구사도 유사하다. 「국수」와 달리 「적막한 식욕」에서는 음식에 대한 욕망을 단도직입적으로 표현할 뿐, 두 작품은 음식을 먹고 싶다는 기대감에서 시를 시작한다. 그리고 두 작품 모두 해가 저문 이후의 시간을 배경으로 하고 있다. 또 백석 시에 아버지와 아들이 겸상하여 음식을 먹는 장면이 묘사되는데, 이는 목월의 시에도 나온다.

① 「국수」는 평양냉면을 소재로 하여 음식 문화와 고향의 정서를 담아 표현하였다.
② 「국수」는 다른 백석의 작품들과 동일한 어조로 서술되어 그의 일관된 문체를 보여 준다.
③ 「국수」와 「적막한 식욕」은 메밀 음식을 활용하여 우리 삶의 토속적 분위기를 묘사하였다.
④ 「적막한 식욕」은 「국수」와 달리 간접적인 음식 욕망 표현을 활용하여 시를 시작하지 않았다.

7. 다음 글의 ㉠과 ㉡에 대한 평가로 올바른 것은?

> 절대 습도는 단위 부피에 포함되어 있는 수증기의 질량을 나타낸다. 그러나 이는 온도를 반영하지 못한다는 점에서 한계를 지닌다. 이를 보완하기 위해 나타난 개념이 바로 상대 습도이다. 상대 습도는 수증기량과 온도에 영향을 받는데 그중 온도에 더 큰 영향을 받게 된다. 상대 습도를 측정하는 장비로는 건습구 온도계가 있다. ㉠건습구 온도계는 물의 기화 정도를 통해 상대 습도를 측정한다. 하지만 이 역시 ㉡영하의 낮은 온도에서는 정확한 측정이 불가능하다는 점에서 한계를 지닌다.

① 건습구 온도계는 상대 습도뿐 아니라 절대 습도의 측정도 가능하다는 사실이 밝혀졌다면, ㉠을 강화한다.
② 건습구 온도계는 물의 증발 정도를 정확하게 파악한다는 사실은, ㉠을 약화한다.
③ 건습구 온도계는 영하 10도에서 정확한 상대 습도를 측정할 수 없다는 사실은, ㉡을 강화한다.
④ 기상청에서 날씨 보도를 위해 건습구 온도계를 활용한다는 사실은, ㉡을 약화한다.

8. 갑~병의 주장을 분석한 내용으로 적절한 것만을 <보기>에서 모두 고르면?

> 갑: 화석 연료를 사용해 많은 온실가스를 방출하는 내연기관차와 달리, 전기차 보급은 환경 보호에 큰 기여를 한다고 생각해. 전기차는 배기가스가 없어서 대기 오염을 줄이는 데 효과적일 뿐만 아니라 배터리 기술의 개선과 재생 에너지를 결합하면 온실가스 배출을 크게 감소시킬 수 있어.
> 을: 전기차는 내연기관차에 비해 생산 공정이 매우 복잡하고, 높은 기술력을 요구해. 이로 인해 전기차 생산과정에서 많은 에너지가 소모되고, 배터리 생산과 폐기 시 환경 오염 문제가 발생해. 그리고 전기 생산 자체가 화석 연료에 의존하면 결국 온실가스 배출은 줄어들지 않아 환경 보호에 도움이 되지 않아. 따라서 전기차 보급에 앞서 전력 생산 방식을 개선해야 해.
> 병: 전기차 보급은 환경 보호를 위해 가장 시급한 문제야. 전기차가 진정 친환경적인 교통수단이 되는지는 전력 생산 방식과 배터리 기술에 따라 달라지므로, 전기차 보급을 위해 전력 생산 방식을 친환경 에너지로 전환하고 배터리 기술을 개선해야 해.

<보 기>
ㄱ. 갑과 을은 화석 연료에서 배출되는 온실가스가 환경에 미치는 영향에 대해 서로 대립한다.
ㄴ. 을과 병은 전기차 보급보다 전력 생산 방식 개선이 중요하다는 사실에 대해 의견이 같다.
ㄷ. 갑과 병은 배터리 기술 개선이 환경 보호에 도움이 된다는 주장에 대해 의견이 같다.

① ㄱ
② ㄷ
③ ㄱ, ㄴ
④ ㄴ, ㄷ

9. 다음 글의 ㉠~㉣ 중 어색한 곳을 수정한 것으로 가장 적절한 것은?

> 이성 중심주의에 대한 비판은 ㉠이성 이외의 인간 능력, 예를 들어 정서, 감정, 상상력, 욕구 등을 비이성적인 것으로 치부하여 이것들을 인간 본성에서 배제했다는 것이다. 이성 중심주의는 인간의 비이성적인 측면들을 육체를 가진 인간이 어쩔 수 없이 갖게 되는 동물성의 한 형태로 간주한다. 즉 이것들은 ㉡이성으로 통제해야 하는 자연성에 불과하다는 것이다.
> 그렇지만 이보다 더 직접적이고 현실적인 문제는 이성 중심주의가 폭력이라는 비이성적 특성을 옹호하고 정당화하는 데 사용되었다는 것이다. 그 단적인 예가 바로 다수결의 잘못된 사용이다. ㉢현실에서 각 개인의 판단은 서로 다르다. 그러나 다수결이란 이런 다른 생각 중 하나를 전체의 생각으로 간주함으로써 옳은 것이 되고, 다른 소수의 사고들은 모순적인 것, 잘못된 것으로 간주할 수 있다. 인류 역사에서 이런 종류의 폭력이 가장 심각하게 자행됐던 것이 바로 아우슈비츠에서 행해진 유대인 대량 학살 사건이다. 독일 내 게르만 민족 우월주의가 다수에 의해 선택됨으로써 그것은 올바른 것이 되었던 것이다. 이러한 경험은 ㉣이성 중심주의에 대한 지지를 강화하는 요소가 되었다.

① ㉠: 감성 이외의 인간 능력
② ㉡: 학습을 통해 후천적으로 얻을 수 있는 특성에 해당한다
③ ㉢: 현실에서 각 개인의 판단은 대체로 같다
④ ㉣: 이성 중심주의에 대한 재고와 비판을 촉발하는 계기

[10~11] 다음 글을 읽고 물음에 답하시오.

> 컴퓨터의 주메모리는 일정한 크기의 기억장소인 메모리 셀들로 ㉠이루어져 있다. 각각의 셀에는 순서대로 주소가 지정되어 있어, 주소로 해당 셀에 접근할 수 있다. 메모리에서 많이 쓰이는 자료구조는 배열과 연결 리스트가 있다. 자료구조가 배열인 경우 프로그램이 처음 실행될 때 저장할 수 있는 자료들의 최대 개수(N)와 자료 하나당 소요되는 메모리 셀의 개수(M)를 미리 정한다. 프로그램은 주메모리의 빈 곳에 N×M개의 연속된 메모리 셀을 미리 확보하여 최대 N개의 자료를 차례로 저장할 수 있게 된다. 연결 리스트의 경우, 자료의 추가가 필요할 때만 노드 하나만큼의 메모리 공간을 할당받아 새 자료를 추가한다. 노드 하나는 자료를 저장할 자료셀과 메모리 주소를 저장할 주소셀로 이루어진다. 연결 리스트에서 새로운 자료는 다음과 같이 추가된다. 먼저 주메모리의 빈 곳에 노드 하나만큼 메모리 셀을 확보하고, 자료를 이 노드의 자료셀에 추가한다. 그리고 그 전 노드의 주소셀에는 이 노드의 자료셀 주소가 저장된다. 따라서 연결 리스트에서는 처음 노드에서 시작해 각 노드의 주소셀에 저장된 다음 노드 주소값을 찾아 차례로 이동하는 방식으로 저장된 모든 자료에 접근해야 한다.

10. 윗글에서 추론할 수 없는 것은?
① 한 연결 리스트를 이루는 모든 노드들은 연속된 메모리 위치에 인접해 저장되어야 한다.
② 연결 리스트는 자료를 추가할 때마다 메모리 공간을 추가로 할당받아야 한다.
③ 전체 자료 개수를 미리 알 수 없을 때는 연결 리스트가 유리하다.
④ 연결 리스트에 포함된 어떤 자료를 찾아서 읽어 오는 데 걸리는 시간은 자료의 위치에 따라 달라진다.

11. 문맥상 ㉠의 의미와 가장 가까운 것은?
① 합의가 <u>이루어지다</u>.
② <u>이루어질</u> 수 없는 사랑이었다.
③ 이 마을은 백삼십여 호로 <u>이루어졌다</u>.
④ 인간은 환경에 의해 성격 형성이 <u>이루어진다</u>.

12. 다음 글을 바탕으로 이해한 것이 적절하지 않은 것은?

> 두 개의 형태소나 단어가 결합하여 합성명사가 될 때, 앞말의 끝소리가 울림소리(모음 전체와 자음 중 ㄴ, ㄹ, ㅁ, ㅇ)이고 뒷말의 첫소리가 안울림 예사소리이면 뒤의 예사소리가 된소리로 변하는 경우가 있다. 이와 같은 현상을 '사잇소리 현상'이라고 한다. 또 앞말이 모음으로 끝나고 뒷말의 첫소리가 'ㄴ, ㅁ'일 때, [ㄴ] 소리가 덧나는 경우와, 뒷말의 첫소리가 '이, 야, 여, 요, 유'일 때 [ㄴ]이나 [ㄴㄴ] 소리가 덧나는 경우도 사잇소리 현상으로 본다. 이때 앞말이 모음으로 끝나면 사잇소리 현상을 표시하기 위해 사이시옷을 적는다.

① '뒷날[뒨ː날]'은 앞말이 모음으로 끝나고 뒷말의 첫소리가 'ㄴ'이므로 [ㄴ] 소리가 덧나고 표기에 사이시옷을 적는다.
② '빗물[빈물]'은 앞말이 모음으로 끝나고 뒷말의 첫소리가 'ㅁ'이므로 [ㄴ] 소리가 덧나고 표기에 사이시옷을 적는다.
③ '밤길[밤낄]'은 앞말의 끝소리가 울림소리이고 뒷말의 첫소리인 안울림 예사소리가 된소리로 변하므로 사잇소리 현상이 일어난다.
④ '눈요기[눈뇨기]'는 뒷말의 첫소리가 '요'일 때 [ㄴㄴ] 소리가 덧나므로 사잇소리 현상이 일어난다.

13. 〈지침〉에 따라 〈개요〉를 작성할 때 ㉠~㉢에 들어갈 내용으로 적절하지 않은 것은?

〈지 침〉
○ 서론은 중심 소재의 개념 정의와 문제 제기를 1개의 장으로 작성할 것.
○ 본론은 제목에서 밝힌 내용을 2개의 장으로 구성하되 각 장의 하위 항목끼리 대응되도록 작성할 것.
○ 결론은 기대 효과와 향후 과제를 1개의 장으로 작성할 것.

〈개 요〉
○ 제목: 노인 낙상의 원인과 해결 방안
Ⅰ. 서론
 1. 노인 낙상의 의미와 실태
 2. ㉠
Ⅱ. 노인 낙상의 원인
 1. ㉡
 2. 우울증이나 불안감으로 인한 주의력 결핍
Ⅲ. 노인 낙상 원인의 해결 방안
 1. 규칙적인 운동을 통한 근육 강화 및 균형 감각 상승
 2. ㉢
Ⅳ. 결론
 1. 노인 부상과 골절 위험성 감소
 2. ㉣

① ㉠: 노인 낙상으로 인한 장기적인 신체 기능 저하
② ㉡: 고령으로 인한 신체 기능 저하
③ ㉢: 정기 건강 검진과 전문적인 낙상 예방 교육
④ ㉣: 노인을 위한 공공 시설이나 주거지 환경 개선

14. 다음 중 글의 배열이 자연스러운 것은?

> (가) 15세기부터 시작된 유럽의 신항로 개척 이전에 가장 영향력이 컸던 해양 권역은 인도양과 지중해였다. 오랫동안 인도, 아랍, 동아시아 등 해양 세력들의 무대는 인도양이었고 유럽 내부 교역의 중심은 지중해 권역의 국가들이었다.
> (나) 그런데 안타깝게도 서로 다른 문명의 만남은 파괴적 양상으로 나타났다. 다른 대륙으로 진출한 유럽 세력들은 가공할 폭력을 행사했고 다른 인종과 문화의 존엄성을 부정하는 태도를 보였다.
> (다) 다만 그런 어두운 모습 속에서도 문명 간의 상호 영향은 지속적으로 확대되었다. 신항로 개척에서 유럽의 해양 세력은 각지의 문명권을 긴밀하게 연결하였고, 그 결과 각 문명의 여러 성취들이 활기차게 교류되었다.
> (라) 15세기 이후에 해양 권역의 중심은 대서양으로 이동하였다. 스페인, 포르투갈과 같은 대서양 권역의 국가들은 대서양을 기점으로 인도양, 지중해, 태평양 등으로 모험을 감행하였다.
> (마) 이는 대서양 중심의 세계를 여는 중요한 사건이었다. 이를 통해 유럽 국가들은 바다로의 적극적인 진출을 통해 세계의 패권을 장악하였다.

① (라)-(나)-(마)-(가)-(다)
② (가)-(라)-(마)-(나)-(다)
③ (라)-(가)-(다)-(나)-(마)
④ (가)-(나)-(라)-(마)-(다)

[15 ~ 16] 다음 글을 읽고 물음에 답하시오.

> 1889년 야드린체프가 돌궐 제국의 왕자의 비석인 '고궐특근지비'를 ⊙찾아냈다. 돌궐 유목민에 대한 기록은 이 비석이 발견되기 전까지 중국의 사료들에 의존할 수밖에 없어서 크게 왜곡되어 있었다. 예를 들어 어떤 문헌에서는 돌궐 유목민이 예의와 염치를 모르는 야만인으로 묘사되거나 약탈을 자행하는 무리로 그려졌다. 하지만 '고궐특근지비'의 비문이 해독되면서 돌궐 유목민의 세계관을 재조명할 수 있는 근거 자료가 ⓒ마련되었다.
> '고궐특근지비'의 비문에는 고구려 군주가 '뵈클리 카간'이라 표현되어 있다. 한자로 옮겨 보면 '고구려 황제'에 ⓒ견주어지는 칭호이다. 당시 중국의 황제와 마찬가지로, 돌궐 유목민에게 '카간'은 그들의 제국인 '일'을 지키기 위해서 태양의 축복과 명령을 받은 권위자로 여겨졌다. 그들은 주변의 나라를 지배하는 군주 각각을 황제에 견주어 '카간'이라는 칭호를 붙였다. 이는 중국과 달리 돌궐 유목민들은 다른 민족들을 나름대로의 독자적인 정치적 질서와 문화적 특징을 지니는 존재로 인정하는 다원주의적 세계관을 ②내세웠음을 알 수 있다. 돌궐 유목민의 이런 정치적, 문화적 유연성은 그들이 다른 나라와 교역할 때 개방적 태도로 임할 수 있게 해주었다.

15. 윗글을 통해 알 수 없는 것은?
① 야드린체프가 발견한 비석의 비문은 돌궐 유목민의 세계관을 재조명할 수 있는 근거를 마련했다.
② 중국 문헌에서 돌궐 유목민은 야만적으로 묘사됐다.
③ 돌궐 유목민에게 '카간'은 절대적 일인자였다.
④ 돌궐 유목민은 다른 민족들의 정치적 질서를 인정하는 개방적 태도를 가졌다.

16. ⊙ ~ ②과 바꿔쓸 수 있는 유사한 표현으로 적절하지 않은 것은?
① ⊙: 발견했다
② ⓒ: 준비되었다
③ ⓒ: 예견되는
④ ②: 표방했음을

17. 다음 문서를 보고 지적한 수정 사항으로 옳지 않은 것은?

> 1. 공모전 개요
>   가. 공모전 명: 도로 교통안전을 위한 홍보 영상 공모전
>   나. 공모 기간: 2024. 2. 1. ~ 3. 14.
>   다. 목적: 국민의 안전의식을 높이고 올바른 교통질서와 올바른 교통 문화를 정착시키고자 함.
>   라. 시상 내역
>
> | 구분 | 최우수상 | 우수상 | 장려상 | 비고 |
> |---|---|---|---|---|
> | 금액 | 200만 원 | 100만 원 | 20만 원 | 상품권 |
>
> 2. 접수 방법 및 제출 서류
>   가. 접수 방법: 우편 접수 또는 이메일 접수
>   나. 제출 서류: 홍보 작품, 참가자 자기소개서
>   다. 문의사항: 홈페이지 Q&A 게시판

① 무엇을 공모하는 것인지 공모의 대상을 알 수 없다.
② 최우수상, 우수상, 장려상이 각각 몇 명에게 수여되는지 공개하지 않았다.
③ 누가 공모할 수 있는 것인지 공모 자격이 누락되었다.
④ 서류 제출을 위한 우편 주소나 이메일 주소가 누락되었다.

[18 ~ 19] 다음 글을 읽고 물음에 답하시오.

> 호락논쟁(湖洛論爭)은 중국에서 온 성리학을 온전히 우리 스스로의 역사적 경험과 실천 가운데 소화해 낸 것이다. 낙학과 호학이 정립된 시기는 양란을 거치며 사대부의 자기 확인이 절실히 필요한 때였다.
> 근원적 실재인 본체에 접근하는 (가) 낙학의 방법은 생생한 주관적 체험이었다. 그들은 본체인 본성에 대한 체험을 통해 현실 세계 속에서 실천하는 ⊙주체적 자아로 자신을 정립하려 하였다. 그 자아는 바로 사대부의 자아를 의미한다. 낙학의 관심은 ⓒ마음에 대한 탐구로 나타났다. 낙학은 이론의 구성에서는 주희의 마음 이론을 표준으로 삼았지만 호학이라는 또 하나의 조선 성리학 전통과의 논쟁을 통해 형성된 것이었다.
> 호학은 현실 세계를 규율하는 원리와 규범에 집중하였다. 그들에게 절박했던 것은 ⓒ규범의 현실성이며, 객관성이었다. 본체인 본성은 현실 세계를 객관적, 합법적으로 강제하는 규범의 근저로서 주관적 체험의 밖에 존재한다. 본체의 인식은 세계에 대한 객관적 인식의 축적에 의해 달성되는 것이다. 그런 점에서 호학의 정신은 ②이성주의이다. 호학의 정신은 기질의 현실 세계, 곧 농민들의 다양한 욕망을 객관 규범에 의해 제어하면서 왕권까지 규범의 제약 아래 두려한다는 점에서 사대부의 자아 정립과 관련이 깊다.

18. 윗글의 내용에 부합하는 것은?
① 낙학은 주희의 이론에 대한 비판으로 형성되었다.
② 호학은 본체의 실현이 마음의 체험을 통해 궁극적으로 달성되는 것으로 이해하였다.
③ 낙학이 사대부의 자아 정립과 관련이 깊은 반면, 호학은 왕권 강화와 관련이 깊다.
④ 낙학이 본체를 주관적 체험 대상으로 보았던 반면, 호학은 본체를 규범의 근저로 보았다.

19. 윗글의 (가)와 문맥적 의미가 유사한 것끼리 묶인 것은?
① ⊙, ⓒ
② ⓒ, ⓒ
③ ⊙, ⓒ
④ ⓒ, ②

20. 다음 진술이 모두 참일 때 반드시 참인 것은?

> ○ 갑이 아랫마을에 산다면, 을은 윗마을에 산다.
> ○ 정이 윗마을에 산다면, 병도 윗마을에 산다.
> ○ 병이 아랫마을에 산다면, 을도 아랫마을에 산다.
> ○ 갑, 을, 병, 정은 모두 윗마을이나 아랫마을 중 한 곳에 산다.

① 병이 아랫마을에 산다면, 갑은 윗마을에 산다.
② 정이 윗마을에 산다면, 을도 윗마을에 산다.
③ 을이 아랫마을에 산다면, 정도 아랫마을에 산다.
④ 병이 윗마을에 살지 않는다면, 갑은 아랫마을에 산다.

국 어

1. 〈공공언어 바로 쓰기 원칙〉에 따라 수정한 것으로 적절하지 않은 것은?

   ―――――〈공공언어 바로 쓰기 원칙〉―――――
   ○ 주어와 서술어의 호응
     - ㉠ 능동과 피동의 관계를 정확하게 사용함.
   ○ 대등한 구조를 보여 주는 표현 사용
     - ㉡ '-고', '와/과' 등으로 접속될 때에는 대등한 관계를 사용함.
   ○ 명료한 수식어구 사용
     - ㉢ 수식어와 피수식어의 관계를 분명하게 표현함.
   ○ 외국어 번역 투 삼가기
     - ㉣ 스스로 움직이지 않는 사물이나 추상적 대상이 능동적 행위의 주어로 나오는 문장은 사용하지 않음.

   ① "이번 노래 경연에서 참가자 100여 명을 모집되었다."를 ㉠에 따라 "이번 노래 경연에서 참가자 100여 명을 모집하였다."로 수정한다.
   ② "경은이는 건강을 유지하고 활력 증진을 위해서 매일 헬스장에 갔다."를 ㉡에 따라 "경은이는 건강 유지와 활력을 증진하기 위해 매일 헬스장에 갔다."로 수정한다.
   ③ "할머니께서 2킬로그램 상당의 쌀 포대를 집으로 보내주셨다."를 ㉢에 따라 "할머니께서 쌀 2킬로그램을 담은 포대를 집으로 보내주셨다."로 수정한다.
   ④ "이 보고서는 미래의 경제 성장 가능성을 보여 주고 있다."를 ㉣에 따라 "이 보고서에서 미래의 경제 성장 가능성을 확인할 수 있다."로 수정한다.

2. 다음 글을 바탕으로 합성 용언에 대해 이해한 것으로 적절하지 않은 것은?

   용언으로 합성어를 만드는 방법에는 '명사+용언', '부사+용언', '용언+용언'의 방식이 있다.
   용언이 명사와 결합할 때는 명사와 용언의 통사적인 관계에 따라 다시 나뉜다. 가령, '빛나다'는 '빛이 나다.'라는 뜻으로, 앞에 오는 명사인 '빛'이 뒤에 붙은 용언인 '나다'의 주어 역할을 한다. 반면 '힘쓰다'는 '힘을 쓰다.'라는 뜻으로, 명사 '힘'이 '쓰다'의 목적어의 역할을 한다. '잘되다'의 '잘'은 부사어의 역할을 한다.
   '명사+용언'이나 '부사+용언'이 통사적인 방식으로 결합된 반면, '용언+용언'은 통사적인 것도 있고 비통사적인 것도 있다. 가령, '굳세다'의 경우에는 앞에 오는 용언의 어간에 바로 다른 용언이 결합되므로 비통사적인 합성어이다. 하지만 '게을러빠지다'는 앞말의 어간에 어미가 온 다음 다른 용언과 결합한 합성어이므로 통사적 합성어이다.

   ① '본받다'는 명사와 동사가 결합된 합성동사로 '본'은 목적어의 역할을 하고 있다.
   ② '거울삼다'는 명사와 동사가 결합된 합성동사로 '거울'은 부사어의 역할을 하고 있다.
   ③ '오르내리다'는 용언과 용언이 통사적 방식으로 결합된 경우이다.
   ④ '높푸르다'는 용언과 용언이 비통사적인 방식으로 결합된 경우이다.

3. ㉠과 관계있는 언어의 특성으로 가장 적절한 것은?

   시대가 바뀌면서 사회 구조도 변화하였다. 이와 함께 우리가 일상생활에서 사용하는 언어도 바뀌었다. 기존에 사용하던 말이 새로운 말로 바뀌기도 하고 필요 없던 말이 새로 생기기도 했다. 심지어 어떤 말은 중간에 변하여 세대에 따라 다르게 쓰이는 경우도 생겼다. 이에 따라 언중들은 일상에서 혼란을 겪으며 어려움을 호소하기 시작했다. ㉠ 표준 화법은 이러한 생활 언어를 표준화해 혼란을 바로잡을 뿐만 아니라 국민이 겪는 언어생활의 어려움을 덜기 위해 만들어진 것이다.

   ① 언어의 개념은 동일한 부류의 사물들에서 공통적 속성을 뽑아내는 추상화의 과정을 통해 형성된다.
   ② 언어의 형식인 음성과 내용인 의미는 필연적인 관계가 아니라 자의적이고 임의적인 관계에 있다.
   ③ 언어는 그 언어를 쓰는 사람들 사이의 약속이므로 개인이 의미와 형식의 연결을 왜곡하면 언어가 의사소통 도구의 자격을 잃는다.
   ④ 인간은 언어를 통해 상상의 산물이나 관념적이고 추상적인 개념까지도 무한하게 창조적으로 표현할 수 있다.

4. 다음 글의 ㉠과 ㉡에 대한 평가로 올바른 것은?

   정부는 부동산 시장의 안정을 위해 부동산 규제 정책을 시행하고 있다. 이러한 정책은 주택 가격 상승을 억제하고 투기 수요를 차단하여 서민들의 주거 안정을 도모하는 데 목적이 있다. 그러나 ㉠ 부동산 규제 정책은 주택 공급을 위축시켜 장기적으로 주택 부족 현상을 야기할 수 있다는 우려가 있다. 또한 ㉡ 과도한 규제로 인해 부동산 시장의 왜곡이 발생하고, 경제 전반에 부정적인 영향을 미칠 수 있다는 지적도 있다.

   ① 부동산 규제 이후 주택 공급이 늘어났다면, ㉠은 강화된다.
   ② 부동산 규제로 경제 성장률이 상승했다는 연구 결과가 나오면, ㉡은 강화된다.
   ③ 부동산 규제로 주택 가격이 안정되었지만 주택 공급이 감소했다면, ㉠은 약화된다.
   ④ 부동산 규제로 이후 경제 성장률이 하락하였다면, ㉡은 강화된다.

5. 다음 명제들이 모두 참일 때, 반드시 참이라고 할 수 없는 명제는?

   ○ 모든 사람은 자신에게 호의적인 사람에게 호의적이다.
   ○ 어느 누구도 자신을 비방한 사람에게 호의적이지 않다.
   ○ 모든 사람은 자기 자신에게 호의적이다.

   ① 자기 자신을 스스로 비방하는 사람은 없다.
   ② 두 사람이 서로에게 호의적이라면, 그 두 사람은 서로를 비방한 적이 없다.
   ③ 모든 사람에게는 호의적으로 대하는 존재가 적어도 하나는 있다.
   ④ 두 사람이 서로를 비방한 적이 없다면, 그 두 사람은 서로에게 호의적이다.

6. 다음 글을 읽고 이해한 내용으로 적절하지 않은 것은?

> 조선은 남성이 가정 내 권력을 갖는 가부장제 사회였으나, 임진왜란과 병자호란을 거치면서 가장의 권위가 흔들리게 되었다. 이러한 분위기 속에서 조선 후기에는 주인공인 가장의 무능함과 위선적 태도를 폭로하고 비판하는 소설들이 등장하였다. 서술자가 그들을 직접 비판하기도 했지만, 주변 인물들의 기지로 인해 그들의 권위가 떨어져 그들에 대한 풍자가 나타나기도 했다. 이때 남성 주인공을 희화화하거나 해학적 상황을 묘사하여 인물의 무능함과 위선을 풍자한다. 이는 당대 상황과 세태에 대한 비판을 나타낸 것이기도 하다. 이러한 특징들이「이춘풍전」과「배비장전」에 잘 드러난다.
> 「이춘풍전」은 춘풍의 방탕한 생활로 인해 가산이 탕진되자, 유능한 그의 아내가 적극적으로 활약하여 그 위기를 극복하는 작품이다. 이때 춘풍의 아내가 남장을 하고 위기를 해결한다는 것이 특징적이다.「배비장전」은 여자를 가까이하지 않겠다고 아내에게 맹세한 배 비장이 사또의 사주를 받은 기생 애랑의 유혹에 넘어가 망신을 당하는 과정을 그린 작품이다. 이때 애랑은 배 비장을 농락하며 위선적 양반 계층을 폭로하고 풍자하는 데 주도적인 역할을 한다.

① 조선 후기에 남성 주인공의 무능함을 풍자한 소설이 등장하였다.
② 「이춘풍전」과「배비장전」의 서술자는 방탕한 생활을 하는 가장을 직접적으로 비판하였다.
③ 「배비장전」과 달리「이춘풍전」은 주인공의 아내가 직접 가정의 위기를 해결하였다.
④ 「이춘풍전」과 달리「배비장전」의 여자 주인공은 남자 주인공의 위선을 폭로하였다.

7. 다음 글의 ㉠ ~ ㉣ 중 어색한 곳을 찾아 적절하게 수정한 것으로 옳지 않은 것은?

> 당뇨병은 혈당 조절에 중요한 호르몬인 인슐린과 밀접한 관련이 있다. 인슐린은 췌장에서 분비되며, 혈액 속 포도당이 세포 내로 들어가 에너지원으로 활용되도록 돕는다. 그러나 제1형 당뇨병의 경우, 인슐린을 생산하는 췌장 베타세포가 손상되어 인슐린 분비량이 부족해진다. 이로 인해 혈당이 ㉠<u>세포 내부로 충분히 흡수돼 에너지원으로 활용되어</u> 고혈당 상태를 유발한다. 이런 상황에서 환자는 외부에서 인슐린을 보충해야 하며, 인슐린 주사나 펌프를 통해 정상적인 혈당 수준을 유지할 수 있게 된다.
> 반면 제2형 당뇨병은 인슐린 분비 자체는 비교적 정상적일 수 있으나, 인체 세포가 인슐린에 ㉡<u>제대로 반응하는</u> '인슐린 저항성'이 문제가 된다. 세포가 인슐린 신호를 무시하듯 작용하는 탓에, 혈당이 충분히 세포로 흡수되지 못하고 고혈당 상태가 이어진다. 이를 악화시키는 원인으로는 비만, 운동 부족, 불균형한 식습관 등이 있으며, 생활습관 개선과 식단 조절, 규칙적인 운동을 통해 ㉢<u>증상이 악화될 수 있다.</u>
> 결국 당뇨병은 인슐린의 생산·분비·작용 과정 중 ㉣<u>어느 한 지점이라도</u> 이상이 생길 때 발생한다. 정확한 진단과 적절한 관리를 통해 혈당을 안정적으로 조절함으로써 당뇨병 환자는 합병증 위험을 줄이고 건강한 일상을 유지할 수 있다.

① ㉠: 세포 내부로 충분히 흡수되지 못하고 혈중에 축적
② ㉡: 제대로 반응하지 못하는
③ ㉢: 증상을 완화할 수 있다
④ ㉣: 모든 지점에서 동시에

8. 갑 ~ 병의 주장을 분석한 내용으로 적절한 것만을 <보기>에서 모두 고르면?

> 갑: 원격 근무는 유연한 업무 환경을 제공하여 직원들의 일과 삶의 균형을 향상시켜 준다. 출퇴근 시간이 줄어들어 시간 효율성이 높아지고, 직원들은 자신에게 최적화된 환경에서 일할 수 있다. 이런 장점으로 인해 업무 효율성도 증가하며, 기업은 우수한 인재를 확보하는 데에도 도움이 된다. 따라서 원격 근무는 현대적인 업무 방식으로 정착되어야 한다.
> 을: 원격 근무는 팀원 간의 소통 부족과 팀워크 저하를 초래할 수 있다. 대면 회의나 즉각적인 피드백이 어려워 협업 효율성이 감소한다. 또한, 직원들의 집중력 저하와 업무 태만이 발생할 수 있으며, 이는 업무 성과의 하락으로 이어진다. 따라서 원격 근무는 업무 효율을 떨어뜨릴 수 있는 위험성이 있다.
> 병: 원격 근무는 유연한 업무 환경을 제공하지만, 동시에 팀워크 약화라는 단점도 있다. 하지만 효과적인 소통 도구와 명확한 업무 프로세스를 도입하면 이러한 문제를 해결할 수 있다. 원격 근무와 사무실 근무를 혼합한 하이브리드 근무 방식을 채택하면 장점을 극대화하고 단점을 최소화할 수 있다. 결국 원격 근무의 단점은 적절한 관리와 지원 체계로 극복할 수 있는 것이다.

<보 기>
ㄱ. 원격 근무의 업무 효율성에 대해 갑과 을은 같은 의견을 갖는다.
ㄴ. 을과 병은 원격 근무의 단점에 대해 같은 의견을 갖는다.
ㄷ. 병의 주장과 갑의 주장은 대립하지 않는다.

① ㄱ
② ㄷ
③ ㄱ, ㄴ
④ ㄴ, ㄷ

9. 다음 글의 논지로 가장 적절한 것은?

> 냉전이 끝난 이후 대부분의 아프리카 국가는 자유 시장 체제를 선택했지만 계속 쇠퇴하고 있다. 이로 인해 아프리카 내부에서는 서구적 민주주의 모델을 폐기하려는 움직임이 일고 있다. 인간의 존엄성은 민주주의의 수준이 아니라, 사람들을 가난에서 얼마나 구해 내느냐에 달렸다는 중국의 사회주의 사상이 퍼지고 있는 것도 이를 드러내는 현상이다.
> 서구 세계와 자유 무역을 시작하면서 부의 원천으로 간주되던 면화와 커피는 이제 아프리카에서 착취의 상징이 되었다. 농부들은 점점 가난해지는 반면, 다국적 기업들은 막대한 이익을 거두고 있다.
> 국가가 경제를 통제해야 한다는 경직된 사고가 과거 공산주의 붕괴를 이끌었듯, 자유 시장의 완고함은 아프리카의 자유민주주의의 미래를 위협하고 있다.

① 아프리카의 쇠퇴는 사회주의 사상 때문이다.
② 아프리카 국가들에서의 사상적 대립이 아프리카의 분열을 촉발한다.
③ 완고한 자유 시장 주의 체제가 아프리카 국가들의 경제적 어려움을 유발한다.
④ 아프리카 농민들의 경제적 고통을 해결하기 위해서는 국가적인 차원의 경제 통제가 필요하다.

[10~11] 다음 글을 읽고 물음에 답하시오.

고통과 같은 감각이나 욕망과 같은 정신적 속성은 정확히 정의하기도 어려우며 관찰할 수 있는 것도 아니다. 이런 이유로, 정신적 속성 중에서 관찰 가능한 행동이나 과학적으로 해명될 수 있는 것만을 논의 대상에 포함시키자는 입장이 있는데, 이를 유물론이라고 부른다. 이는 신비한 성질을 모두 배제하고 오직 명석판명*하게 인식될 수 있는 것만을 인정한 데카르트주의의 연속선상에 있다고 볼 수 있다. 다만 데카르트는 자연 세계에 대해서는 신비한 성질을 모두 추방하지만, 인간 정신 고유의 자리는 그대로 ㉠두었다. 반면, 유물론자들은 정신과 같이 보이지도 관찰되지도 않는 것을 설정하는 것은 유령의 존재를 믿는 것과 같다고 본다.

심리 철학에서 처음으로 등장한 유물론적 입장은 오직 관찰 가능한 행동만을 논의 대상으로 삼는 행동주의이다. '고통'이나 '생각'과 같은 정신 상태는 관찰 불가능하므로 고려하지 않거나 아예 없다고 보고, 정신 상태에 관한 용어들을 외적으로 관찰 가능한 행위로 환원하는 것이다. 예를 들어 통증과 같은 감각은 얼굴을 찌푸린다거나 소리를 지르는 행동으로 환원가능하다. 비가 온다는 믿음 역시 우산을 들고 나가는 행위로 표현된다든지, 아니면 너는 비가 온다고 믿느냐는 질문에 "그렇다."라는 언어 행위로 표현될 수 있다. 물론 행동주의에도 정신 현상의 본질에 대한 질문에는 개입하지 않고 행동주의를 단지 방법론적으로 채택하는 입장도 있고, 내적 심리 상태 같은 것이 아예 없다고 보는 더 근본적인 입장도 있다.

* 명석판명(明晳判明): 데카르트가 진리 인식의 기준으로 내세운 조건. 한 개념의 내용이 명료한 사태(事態)를 명석이라고 하고, 명석하면서 동시에 다른 개념과의 구별이 충분함을 판명(判明)이라고 함.

10. 윗글에서 추론한 내용으로 가장 적절한 것은?
① 유물론자들은 모든 정신적 속성을 논의 대상에 포함시키자는 입장이다.
② 데카르트는 유물론자들과 달리, 인간 정신 고유의 속성을 논의 대상에 포함시키고자 하였다.
③ 행동주의자들은 모든 정신 상태를 외적으로 관찰 가능한 행위로 환원할 수 있다고 보았다.
④ 행동주의자들은 고통이나 생각과 같은 정신 상태의 본질을 탐구하고자 하는 입장이다.

11. 문맥상 ㉠의 의미와 가장 가까운 것은?
① 쌀가마를 창고에 두었다.
② 백설기에 건포도를 두었다.
③ 자연 보호에 목적을 두다.
④ 주석을 달 만한 공백을 두고 글을 썼다.

12. 다음 명제가 모두 참일 때, 빈칸에 들어갈 명제로 가장 적절한 것은?

○ 겨울에 옷을 따뜻하게 입어야만 감기에 걸리지 않는다.
○ (   )
○ 결론: 손을 깨끗이 씻지 않는 사람은 모두 감기에 걸린다.

① 감기에 걸린 어떤 사람은 손을 깨끗이 씻는다.
② 겨울에 옷을 따뜻하게 입는 사람만이 손을 깨끗이 씻는다.
③ 손을 깨끗이 씻는 사람은 모두 겨울에 옷을 따뜻하게 입는다.
④ 겨울에 옷을 따뜻하게 입는 사람은 모두 손을 깨끗이 씻는다.

13. 〈지침〉에 따라 〈개요〉를 작성할 때 ㉠~㉢에 들어갈 내용으로 적절하지 않은 것은?

─〈지 침〉─
○ 서론은 중심 소재의 개념 정의와 문제 제기를 1개의 장으로 작성할 것.
○ 본론은 제목에서 밝힌 내용을 2개의 장으로 구성하되 각 장의 하위 항목끼리 대응되도록 작성할 것.
○ 결론은 기대 효과와 향후 과제를 1개의 장으로 작성할 것.

─〈개 요〉─
○ 제목: 반유대주의의 원인과 해결 방안
Ⅰ. 서론
  1. 반유대주의의 의미
  2. ㉠
Ⅱ. 반유대주의의 원인
  1. 혐오 발언이나 차별 행위에 대한 법적 규제 부족
  2. ㉡
Ⅲ. 반유대주의 원인의 해결 방안
  1. ㉢
  2. 유대인을 포함한 다양한 문화와 집단의 공존 장려
Ⅳ. 결론
  1. ㉣
  2. 국제 사회와 협력하여 인종주의와 혐오에 대한 공동 대응 체계 구축

① ㉠: 유대인에 대한 증오를 조장하여 사회적 분열과 갈등 유발
② ㉡: 유대인을 타자로 인식하는 배타적인 민족주의
③ ㉢: 종교적 관용과 다원주의 교육을 통해 편견 완화
④ ㉣: 유대인과 비유대인 간의 이해와 공존 강화

14. 다음 글의 연결 순서로 가장 적절한 것은?

ㄱ. 18세기 유럽에서는 마을 학교에서 대학에 이르기까지 거의 모든 교육기관이 쇠퇴와 타락을 경험했다. 당시 대부분의 일반 시민은 전혀 교육을 받지 못하거나, 최악의 조건하에서 교육을 받았다.
ㄴ. 이들을 가르친 교사들은 대체로 무식하였으며, 교사로서 내세울 만한 자격도 없었다. 학교에서 가르치는 교과목은 읽기, 쓰기, 종교였으며, 산수는 교사에게 너무 어렵다는 이유로 제외되었다.
ㄷ. 18세기가 지나는 동안 파리나 옥스퍼드와 같이 전통 있는 대학은 침체의 늪에 빠졌고, 새로 생긴 대학들조차도 대다수가 허약하고 무기력하였다.
ㄹ. 이 모든 참상의 대미를 장식하는 것은 유럽 전역에 걸친 대학의 쇠퇴였다. 당시 대학은 거의 예외없이 지성의 중심지라는 고고한 위치에서부터 밑바닥으로 굴러떨어졌다.
ㅁ. 그마저 이러한 부실한 교육도 불과 몇 년 밖에 주어지지 않았고, 교육은 보통 길어야 열 살 즈음에 끝났다. 당시 교사의 보수는 매우 인색하였으며 이로 말미암아 교육의 질은 날로 저하되어 갔다.

① ㄱ-ㄴ-ㅁ-ㄹ-ㄷ
② ㄷ-ㄱ-ㄴ-ㄹ-ㅁ
③ ㄷ-ㄴ-ㅁ-ㄱ-ㄹ
④ ㄱ-ㅁ-ㄹ-ㄷ-ㄴ

[15 ~ 16] 다음 글을 읽고 물음에 답하시오.

> 악장은 송도·송축을 주제로, 국가 또는 궁중의 각종 의식에 사용될 목적으로 제작된 가사로, 양식적 구속 요건이 느슨한 갈래이다. 악장은 주로 나라가 세워질 때마다 제작되지만, 의식이 새롭게 만들어지거나 변화가 있으면 그때마다 제작되곤 한다. 한국 문학사에서 악장은 조선 건국 초기에 다수 창작되었는데, 여기서 흥미로운 점들을 찾을 수 있다.
>
> 조선 건국 이후 국가 경영자들은 예악 문물을 ㉠갖추면서 국가의 제례에 사용할 악곡의 가사에 관심을 기울였다. 예악을 통한 국가 운영이 중요하다고 생각했기 때문이다. 예악은 법, 예, 악으로 ㉡나뉜다. 이들의 구체적 형태인 법전, 오례의, 악보는 상호 횡적인 관계를 맺고 있어서, 악장은 악보를 정비하는 과정에서 동반 제작되거나 재편되었다.
>
> 국가 의식 중 제례와 연향은 중요한 위치에 있다. 제례의 목적이 선왕과 유교 성현에 대한 추모를 통해 국가의 기강을 확립하고, 안정적 생산력에 대한 염원을 표출하기 위함이었다. 한편 연향은 군신이 ㉢어울려 원활하게 국정을 운영하고 민생의 안정을 ㉣꾀하기 위함이었다. 전자는 제사로, 이는 죽은 자들을 위해 마련된 엄숙한 공간에서, 후자는 잔치로, 이는 살아 있는 자들이 어울리는 공간에서 진행되므로 둘 사이의 거리는 멀다.

15. 윗글을 읽고 이해한 내용으로 적절하지 않은 것은?
① 모든 악장은 조선 시대에 창작되었다.
② 법전, 오례의, 악보의 지위는 유사하다.
③ 제례와 연향은 모두 국가의 안정을 목표로 삼았다.
④ 제례와 달리 연향은 엄숙한 분위기 속에서 진행되지 않는다.

16. ㉠~㉣과 바꿔쓸 수 있는 유사한 표현으로 적절하지 않은 것은?
① ㉠: 함양하면서
② ㉡: 구분된다
③ ㉢: 화합하여
④ ㉣: 도모하기

17. 괄호 안에 들어갈 문장으로 가장 적절한 것은?

> 포퓰리즘을 주장하는 정치인들은 현실을 개혁하겠다고 하지만, 용두사미인 경우가 대부분이다. 개혁을 위한 청사진이나 이데올로기가 없으니 그럴 수밖에 없다. 그들에게는 개혁 노선을 밀고 나갈 의지가 없다.
> 포퓰리즘을 주도하는 정치인들은 불확실한 미래를 위해 온몸을 던져 싸우기보다 기득권 대열에 합류하는 데 관심이 있으며, 다수 대중 역시 개혁의 고통을 감내하기보다 눈앞의 실리에 마음이 급하다. 포퓰리즘의 가장 큰 문제점은 (   ) 포퓰리즘은 인민을 정치의 주역으로 세우겠다고 공언하지만, 보통 사람들은 여전히 종속변수로 살아가며 일부 정치인들만이 정치 무대의 주인공으로 서게 된다.

① 포퓰리즘이 오히려 부패와 타락을 유발하는 데 있다.
② 포퓰리즘이 민주주의와 공존하기 어렵다는 데 있다.
③ 포퓰리즘이 정치인들의 카리스마를 약화하는 데 있다.
④ 포퓰리즘이 인민들의 눈과 귀를 막는 데 있다.

[18 ~ 19] 다음 글을 읽고 물음에 답하시오.

> 최명익은 ㉠지식인의 내면 분열과 불안을 섬세한 심리 묘사로 그려낸 작가이다. 그의 소설 속 주인공들은 사회적 가치와 동떨어진 자의식으로 인해 내적 갈등과 방황에 빠져들지만 실질적인 해결책을 찾지 못한다. ㉡이들은 사회가 일반적으로 추구하는 ㉢실천적 지식인의 삶이나 구체적인 생활인의 삶과 괴리된 채 고립된 상태에 머물러 있다.
>
> 그중 최명익의 「비 오는 길」은 1930년대 평양의 도시 풍경과 당대 의식 변화를 다룬다. ㉣주인공 병일은 변두리 하숙집에서 불안정한 생활을 이어가며, 책과 독서에 몰두하는 것이 유일한 낙이다. 그러나 출퇴근길에 사진관 주인을 만나며 그의 일상에 잠시 동요가 생긴다. 사진관 주인은 전형적인 세속적 인물로, 병일은 그와의 대화에서 갈등을 경험한다. 하지만 사진관 주인의 갑작스러운 죽음으로 병일은 독서에 몰두하겠다는 자신의 관념적 태도를 더욱 굳히게 된다. 이러한 주인공의 태도는 생활인의 이기주의적 편향을 비판하는 근거가 될 수 있지만, 현실과 괴리된 상태에서 지식인이 자신만의 고립된 세계로 유폐되어 버리는 결과를 가져올 수도 있음을 드러낸다.

18. 윗글을 읽고 이해한 내용으로 적절하지 않은 것은?
① 최명익의 소설 속 주인공들은 사회가 일반적으로 추구하는 가치와 괴리된 삶을 살아가며 내적 갈등을 겪는다.
② 병일에게 책과 독서는 불안정한 일상 속 즐거움을 주는 대상이다.
③ 병일은 사진관 주인의 갑작스러운 죽음을 계기로 내적 갈등을 경험하게 되었다.
④ 「비 오는 길」은 지식인의 관념적 태도와 현실 세계의 괴리를 비판적으로 그려낸 작품이다.

19. 다음 중 문맥적 의미가 이질적인 것은?
① ㉠
② ㉡
③ ㉢
④ ㉣

20. 밑줄 친 부분이 ㉠에 해당하는 예가 아닌 것은?

> ㉠'직시'는 어떤 언어 표현의 의미가 발화 장면에 따라 지시 대상이 달라지는 현상을 가리킨다. 따라서 직시 표현이 담긴 발화의 정확한 지시 대상은 구체적인 맥락이 주어져야 확정된다. 예를 들어, '나는 내일 너를 만나고 싶다.'라는 발화는 화자와 청자가 누구인지 그리고 '내일'이 언제인지에 따라 문장의 의미가 달라질 수 있는 것이다.

① 지구는 매일 자전을 합니다.
② 네가 이쪽으로 오면 내가 덜 힘들 것 같아.
③ 지금부터 세 시간 동안 회의할 예정입니다.
④ 여기서 미국에 가려면 시간이 얼마나 걸릴까?

국 어

1. 연구소장과 교수의 견해에 차이가 있는 이유는?

> 기자: 로봇 산업은 차세대의 핵심 산업 중 하나입니다. 지능형 로봇, 즉 '휴머노이드'의 개발에 선진국이 앞장을 서고 있다는데 로봇 공학 연구소장의 말을 들어 보겠습니다.
> 연구소장: 선진국에서 휴머노이드의 개발에 과감한 투자를 하는 이유는 지능형 로봇이 생활 속에서 인간에게 도움이 되기 때문이겠지요. 그러나 지능형 로봇 산업을 일손을 돕는 서비스 분야로만 한정하는 것은 곤란해요. 현재 제조업 공동화에 따른 심각한 위기 상황을 극복하기 위해서라도 산업용 로봇 분야를 획기적으로 육성해야 합니다. 로봇 산업은 반도체나 생명 공학을 비롯한 다른 첨단 산업에 핵심 설비를 제공하기 때문에 경제 발전에 기여도가 높다는 점을 명심할 필요가 있어요.
> 기자: 이제 제어계측공학과 교수님의 말씀을 들어 보도록 하겠습니다.
> 교수: 로봇 기술이 활용될 수 있는 범위는 자동차라든가 중장비, 휴대폰에 이르기까지 그야말로 무궁무진합니다. 지능형 로봇은 초기에는 움직이는 가전제품의 형태를 띠겠지만, 장기적으로 보면 결국에는 '휴머노이드'의 방향으로 갈 수밖에 없습니다. 기계 메커니즘만을 로봇으로 간주하는 시각을 고수한다면, 새로운 지능형 로봇 산업에 대처하기 어렵습니다. 앞으로는 단순히 산업 현장에 쓰이는 기계 로봇을 개발하는 것만이 아니라 로봇과 인간을 결합시킨 일종의 '로봇시스템'을 개발한다는 사고의 전환이 필요한 거죠. 사람처럼 행동하는 진정한 의미의 지능형 로봇을 개발하는 일이 현재 우리에게 주어진 과제라고 볼 수 있습니다.

① 로봇 산업의 개발 방향에 대한 인식이 다르기 때문에
② 로봇 산업의 성장 가능성에 대한 신뢰도의 차이 때문에
③ 로봇 산업의 발전 속도가 국가 간에 다를 수 있기 때문에
④ 로봇 산업과 다른 산업 분야 간의 관계를 다르게 보기 때문에

2. ㄱ~ㅁ을 논리적인 순서에 맞게 배열한 것은?

> 미국 역사상 가장 유명한 연설 중의 하나는 아마 에이브러햄 링컨의 게티즈버그 연설일 것이다.
>
> ㄱ. 하지만 게티즈버그로 출발하기 전날까지도 그는 연설문의 절반 정도밖에 작성하지 못했다.
> ㄴ. 그가 이렇게 시간을 끈 이유는 가장 설득력 있는 주제를 생각해내고 싶었기 때문이었다.
> ㄷ. 272개 단어에 불과한 이 연설에서 링컨은 남북전쟁을 독립선언문에 명시된 자유와 평등을 추구하는 행위로 재규정했다.
> ㄹ. 링컨은 결국 연설문의 마무리 단락을 연설하기 전날 밤에야 썼고, 연설 당일 아침에서야 최종적으로 완성할 수 있었다.
> ㅁ. 링컨은 연설을 해달라는 요청을 받은 후 2주 정도 준비할 시간이 있었다.

① ㅁ-ㄴ-ㄷ-ㄱ-ㄹ
② ㅁ-ㄹ-ㄱ-ㄴ-ㄷ
③ ㄷ-ㅁ-ㄹ-ㄱ-ㄴ
④ ㄷ-ㅁ-ㄴ-ㄱ-ㄹ

3. ㉠과 ㉡에 대한 설명으로 가장 적절한 것은?

> ㉠아리스토텔레스는 법에 의해 제한받는 제한 정부 개념을 적극적으로 옹호하였다. 그가 보기에, 법은 단순한 강제가 아니라 경험이 축적되어 성장한 지식의 표현이다. 즉 법은 이성이나 지혜와 다른 종류의 것이 아니라, 이성과 지혜가 삶 속에서 축적되어 집약된 이성의 결과물인 것이다. 그런 점에서 법에 의한 지배는 이성에 의한 지배와 다르지 않다. 이성의 지배로서의 법에 의한 지배는 지도자의 사악한 욕망이 정치 공동체를 지배하는 것을 억제할 수 있다.
> 고대에 법에 의한 지배를 강조한 사람 중에는 로마의 법학자 ㉡키케로가 있다. 키케로는 당시 로마 공화정을 우수한 정치체제로 강조하면서, 도덕과 관습에 기초한 법이 지배하는 경우에만 인간은 정치적 공동체인 국가를 형성할 수 있다고 보았다. 그는 아리스토텔레스와 마찬가지로 법 개념에 있어서 공동체의 관습적 기초를 제외시키지 않았으며, 오히려 법이 도덕과 관습에 기초한다고 보았다. 이처럼 도덕과 관습에 기초한 법이 지배하는 경우에만 인간은 국가를 형성하고 정치적 삶을 영위할 수 있다.

① ㉠에 따르면 법은 경험이 축적되어 성장한 지식의 표현이자 단순 강제이다.
② ㉠은 법 개념에 있어 공동체의 관습적 기초를 제외시켰으나, ㉡은 제외시키지 않았다.
③ ㉠은 법에 의한 지배와 이성에 의한 지배를 구분하여 지도자의 욕망을 억제하고자 했다.
④ ㉡에 따르면 도덕과 관습에 기초한 법의 지배는 인간이 정치적 삶을 영위하기 위한 조건이다.

4. 다음 글에서 이끌어 낼 수 있는 결론은?

> 심리학자 레나 수보트닉은 미국에서 열린 과학 영재 선발 대회의 수상자들에 대한 연구에서 흥미로운 사실을 발견할 수 있었다. 그녀의 연구팀은 대회 수상자들이 상을 받은 지 10여 년이 지나 30대 초반이 되었을 때 그들을 인터뷰해 사회생활·건강 관련 행동·일상적인 일·창의적인 일을 할 때 시간을 끄는지 물어보았다. 그 결과 68퍼센트의 수상자들이 네 가지 영역 중 적어도 두 가지 영역에서 일을 미룬다고 대답했다. 특히 미루기는 창의적인 업무에서 유용한 것으로 나타났다. 과학 영재들은 미루기를 과학적인 문제에서 해결책을 너무 서둘러 선택하지 않고, 생각이 무르익도록 해 주는 방편으로 삼았다고 설명했다. 어떤 사람들은 "무언가를 머릿속에 넣어두고 찬찬히 생각하고 싶을 때 시간을 끈다"고 말했다. 또 다른 누군가는 "과학적인 작업을 할 때는 아이디어가 숙성될 시간이 필요한데, 시간 끌기는 섣불리 해결책을 억제하는 방편이다"라고 설명했다.

① 남은 시간이 줄어들수록 업무 효율이 높아진다.
② 일을 미루는 것이 문제 해결에 도움이 될 수 있다.
③ 오랜 시간 고민한 결과보다 직관에 의존하여 내린 판단이 더 효과적일 때가 있다.
④ 과학 영재를 육성하는 데 있어 가장 중요한 것은 창의적인 문제 해결을 장려하는 것이다.

5. 〈공공언어 바로 쓰기 원칙〉에 따라 〈공문서〉의 ㉠~㉣을 수정한 것으로 적절하지 않은 것은?

─〈공공언어 바로 쓰기 원칙〉─
○ 중복되는 표현을 삼갈 것.
○ 목적어와 서술어를 호응시킬 것.
○ 필요한 문장 성분이 생략되지 않도록 할 것.
○ 이중 피동 표현은 삼갈 것.

─〈공문서〉─
○○아파트 관리사무소

수신 ○○아파트 입주민 전체
(경유)
제목 단수 안내

1. 항상 아파트 관리와 유지보수에 협조해 주시는 입주민 여러분께 감사드립니다.
2. 단지 내 배관 점검 및 보수 작업이 ㉠미리 예정되어 있어 안내해 드리오니, 단수로 인한 ㉡불편과 주민 안전을 최소화하기 위해 단수 시간 전에 충분히 ㉢확보해 두시기 바랍니다.
3. 작업이 완료되는 대로 수도공급이 ㉣정상화되어질 예정이며, 예상보다 작업이 길어질 경우 추가 공지드리겠습니다.

① ㉠: 예정되어
② ㉡: 불편과 주민 안전을 최대화하기
③ ㉢: 생활용수를 확보해
④ ㉣: 정상화될

6. ㉠, ㉡의 사례로 적절하지 않은 것은?

절이 체언 앞에서 체언을 꾸며 주는 관형어의 구실을 하면 그 절을 관형절이라고 부른다. 관형절은 관형사형 어미와 결합하여 한 문장이 전체 문장의 관형어로 포함되어 있는 안긴문장이다. 관형절은 관형사형 어미 '-(으)ㄴ', '-는', '(으)ㄹ', '-던'으로 만들 수 있는데, ㉠한 문장의 필수 성분을 완전히 갖추고 있는 관형절도 있지만 ㉡관형절이 수식하는 명사와 같은 성분이 빠진 관형절도 있다. 예를 들어 '네가 합격했다는 소식을 들었어.'라는 문장의 관형절인 '네가 합격했다는'에는 주어와 서술어가 완벽히 갖추어져 있지만, '네가 먹던 빵이 맛이 있어 보였어.'라는 문장의 관형절인 '네가 먹던'에는 목적어(빵)가 빠져 있다.

① ㉠: 나는 영수가 매우 아팠다는 사실을 몰랐다.
② ㉠: 낙엽이 쌓인 풍경이 어딘지 슬프구나.
③ ㉡: 엄마가 내가 가장 좋아하는 만화책을 가져가셨다.
④ ㉡: 나는 우리가 그를 함께 만났던 기억이 전혀 없다.

7. 다음 글의 밑줄 친 결론을 이끌어 내기 위해 추가해야 할 것은?

예의가 바른 사람은 대인 관계가 원만하다. 대인 관계가 원만한 어떤 사람은 리더십이 강하다. 따라서 <u>리더십이 강한 어떤 사람은 예의가 바른 사람이다.</u>

① 대인 관계가 원만한 어떤 사람은 예의가 바르다.
② 리더십이 강한 사람은 모두 대인 관계가 원만하다.
③ 대인 관계가 원만한 사람은 모두 예의가 바르다.
④ 리더십이 강한 어떤 사람은 대인 관계가 원만하지 못하다.

8. 다음 글의 ㉠~㉣ 중 어색한 곳을 찾아 적절하게 수정한 것은?

유전 과학자들은 유전자 발현에 대한 물음에 대답하고자 쥐를 통한 연구를 수행하고 있다. 연구에 따르면 어미 쥐가 새끼 쥐를 핥아주는 성향은 ㉠편차가 있다. 어미 쥐마다 새끼 쥐를 핥아주는 빈도가 다르기 때문이다. 많이 핥아주는 어미가 돌본 새끼들은 적게 핥아주는 어미가 돌본 새끼들보다 외부적인 스트레스에 무디게 반응했다. 게다가 인색하게 핥아주는 친어미에게서 떼어내어 많이 핥아주는 양어미에게 핥게 하니 새끼의 스트레스 반응 수준은 양어미의 새끼 수준과 같아졌다. ㉡친어미의 유전자에 따라 많이 핥인 새끼 쥐는 그렇지 않은 새끼 쥐보다 안정적인 정서를 유지한다는 결과가 나타난 것이다.
연구팀은 많이 핥인 새끼 쥐 뇌의 특정 부분에서 글루코코르티코이드(GR) 수용체들이 더 많이 생겨났다는 것을 발견했다. 이렇게 생긴 GR의 수는 성체가 되어도 크게 바뀌지 않았다. GR의 수는 ㉢생장기에만 변화하기 때문이다. 각 쥐의 GR 유전자에는 차이는 없지만 발현 정도에는 차이가 존재한다. 이 발현을 촉진하는 대표적인 인자가 바로 NGF 단백질인데 많이 핥인 새끼는 ㉣적게 핥인 새끼에 비해 NGF 수치가 더 높다. 스트레스 반응 정도는 코르티솔 민감성에 의해 좌우되는데 GR이 많을수록 코르티솔 민감성은 낮아지게 된다. 이 때문에 많이 핥인 새끼는 스트레스에 더 무디게 반응하게 된다.

① ㉠: 쥐마다 동일하다
② ㉡: 친어미가 누구든 상관없이
③ ㉢: 새끼를 낳고서도 계속해서
④ ㉣: 적게 핥인 새끼와 NGF 수치에 차이를 보이지 않는다

9. 다음 글에서 추론할 수 있는 것만을 〈보기〉에서 모두 고르면?

바람직한 인간상은 특정 사회가 지닌 가치 관념이나 시대적 상황에 따라 다르며, 일률적으로 말하기 어렵다. 어느 시대에는 신앙이, 어느 시대에는 제작 능력이, 그리고 또 어느 시대에는 이성이 강조되는데, 이런 차이가 발생하는 이유는 (가)<u>전인성(全人性)</u>에 대한 해석이 다르기 때문이다.
유학에서 규정하는 '전인성을 갖춘 인간'이란 전체적으로 균형을 이룬, 중용을 잘 실천하는 사람이다. 즉 능력이나 관심이 특정한 것에 치우치지 않고, 알맞음과 꾸준함이 밀접한 관계를 이루며 유지되며, 지나치지도 모자라지도 않는 상태로 살아가는 사람이 유학이 말하는 군자인 것이다. 말로는 단순하고 쉬워 보일지 몰라도 이익 추구라는 현실적 가치와 순수한 정신적 가치가 늘 대립하는 인간 사회에서 이 균형을 실천하기란 절대 쉬운 일일 수 없다.

─〈보 기〉─
ㄱ. '전인성을 갖춘 인간'이라 여겨지는 군주가 흉년이 발생했을 때 세금을 감하였다면, 이는 (가)에 대한 유학의 관점을 강화한다.
ㄴ. 자국민의 이익 추구를 가장 중시하는 합리적인 지도자가 언제나 어느 사회에서나 이상적인 인간상이었다면, 이는 (가)에 대한 유학의 관점을 약화하지 않는다.
ㄷ. 특정 종교는 현실적 가치보다 정신적 가치를 중시한다. 그럼에도 불구하고 그 종교를 가진 사람이 이익 추구를 할 때 이를 이상적으로 본다면, 이는 (가)에 대한 유학의 관점을 약화한다.

① ㄱ ② ㄷ ③ ㄱ, ㄷ ④ ㄴ, ㄷ

[10 ~ 11] 다음 글을 읽고 물음에 답하시오.

> 한국 고유의 정형시인 평시조는 '초장-중장-종장'과 같이 3장의 형식으로 구성된 단가로, 이는 3·4조의 음수가 중심이며 4음보의 율격에 45자 내외로 이루어진 작품이었다. 그러나 조선 후기부터 시조의 형식적 제약이 약해지고, 시조가 길어지는 경향을 보였다. 기존의 작가층인 사대부와 기녀들과 더불어, 중인층과 서민들도 시조를 창작하여 시조의 작가층이 확대되었다. 이렇게 사설시조라는 새로운 시형이 ㉠생기게 된 것이다.
>
> 사설시조는 조선 전기의 시조와 매우 다른 모습을 보였다. 3장의 구조는 같지만 가운데 장의 길이가 많이 길어져서 서사성을 ㉡보탤 수 있었다. 무엇보다 사설시조는 서민들이 대거 ㉢지어내어 작자 미상인 작품들이 많았고, 이전에는 볼 수 없었던 배경이나 소재, 주제가 등장하였다. 이러한 변화는 적나라한 어휘와 표현의 개방이 가능하게 하여, 이전에 없었던 작품이 만들어지게 되었다.
>
> 사설시조의 특징 중 하나가 바로 시어의 반복이다. 이는 특정 상황을 과장하여 실감 나게 표현하려는 의도가 반영된 것이다. 다른 특징 중 하나는 자유로운 감정 분출이다. 이는 작가들이 당위성보다 현재 자신의 감정을 드러내는 것에 가치를 두었음을 의미한다. 또 다른 특징으로는 희화화가 있다. 이는 어려운 상황을 재미있게 표현하는 기법으로, 판소리나 민요에도 ㉣쓰이던 서민 문학의 기법이기도 하다.

10. 윗글을 읽고 이해한 내용으로 가장 적절한 것은?
① 조선 전기부터 시조가 장형화되는 경향을 보였다.
② 조선 전기에는 사대부와 기녀들이 시조의 주요 작가층이었다.
③ 사설시조는 서사성을 추가하기 위해 중장의 길이를 의도적으로 늘렸다.
④ 시어의 반복은 사설시조는 물론 판소리나 민요에도 두루 쓰이던 서민 문학의 기법이다.

11. ㉠~㉣과 바꿔쓸 수 있는 유사한 표현으로 적절하지 않은 것은?
① ㉠: 탄생하게
② ㉡: 추가할
③ ㉢: 창작해
④ ㉣: 기록되던

12. 다음 글의 ㉠과 ㉡에 대한 평가로 올바른 것은?

> 개인정보 보호와 데이터 활용은 현대 사회에서 중요한 이슈이다. 그러나 개인정보 수집과 활용이 증가함에 따라 개인의 프라이버시 침해 위험도 높아지고 있다. 이에 따라 정부는 개인정보 보호를 위한 규제를 강화하고 있다. ㉠정부는 이를 통해 안전한 데이터 관리가 가능하다고 보았다. 하지만 ㉡이러한 규제가 기업의 혁신을 저해하고 경제 발전에 부정적인 영향을 미칠 수 있다는 우려가 있다.

① 규제 강화 이후 경제 성장률이 증가하였다면, ㉠은 강화된다.
② 규제 강화 이후 개인정보 침해 사례가 감소하였다면, ㉡은 약화된다.
③ 규제 강화 이후 데이터 보안 비용이 증가하였다면, ㉠은 약화된다.
④ 규제 강화 이후 기업 경제 성장률이 하락하였다면, ㉡은 강화된다.

[13 ~ 14] 다음 글을 읽고 물음에 답하시오.

> 지금은 가솔린 자동차가 개인용으로 보급되어 있다. 그러나 20세기 초 미국 자동차의 40%는 증기 자동차였고, 그 뒤로 전기, 가솔린 순이었다. 증기 자동차 비율이 가장 높았던 것은 당시 관련 기술이 더 발달하였고, 그만큼 증기력이 믿을 만한 동력 기술로 인식되었기 때문이다. 하지만 증기력을 자동차에 이용하는 데는 기술적 어려움이 있었다. 증기력은 물을 이용하기 때문에 자동차에 실어야 할 물의 무게가 상당하였다. 그리고 시동을 걸기 위해 충분한 증기압이 형성되고 예열될 때까지 가열 시간이 길었다.
>
> 이러한 단점들은 점차 몇몇 기술의 발전으로 개선되었다. 수관 보일러를 사용하면서 관으로 ㉠들어온 물이 넓은 면적으로 확산, 가열되어 증기가 더 빨리 형성될 수 있었으며, 사용한 물을 재사용하여 다시 보일러에 주입할 수 있게 되어 물의 무게에 대한 부담이 줄어들어 장거리 운행이 가능해졌다.

13. 윗글의 내용으로 적절하지 않은 것은?
① 20세기 초 증기 자동차의 비율이 가장 높았던 것은 증기력이 믿을 만한 동력으로 인식되었기 때문이다.
② 기존의 증기 자동차는 시동을 거는 데 오래 걸렸다.
③ 기존의 증기 자동차는 물의 무게에 대한 부담이 컸다.
④ 기술의 발전으로 사용한 물은 증발되도록 하여 증기자동차로도 장거리 운행이 가능해졌다.

14. 문맥상 ㉠의 의미와 가장 가까운 것은?
① 차가운 바람이 방 안에 들어왔다.
② 그 회사는 우리 손에 들어오게 되었다.
③ 아버지가 야단치는 소리도 귀에 들어오지 않았다.
④ 이제 원하던 대학을 들어왔으니 좀 더 의젓해져야지.

15. 다음 글에서 설명하는 인터넷 언어의 변화 양상으로 적절한 것은?

> 요즘 젊은 사람들은 온종일 인터넷과 함께한다고 해도 과언이 아니다. 이들은 모르는 사람과 채팅을 하기도 하고 SNS에 글을 쓰거나 비디오를 보기도 한다. 하지만 이들이 인터넷상에서 대화할 때는 특이한 말을 사용한다. '어쩔티비, 낄끼빠빠, 느좋' 등이 그 예시이다. 이런 말들을 우리는 '인터넷 언어'라고 한다. 초기의 인터넷 언어는 한국어를 소리 나는 대로 적거나, 단어나 구의 일부분을 줄여 쓰는 형태였다.
>
> 그러나 최근의 인터넷 언어는 어법이나 맞춤법에도 어긋난 이상하고 새로운 형태이다. 더 나아가 한글이 아닌 다른 문자로 바꾸어서 한글과 섞어 쓰는 경우와, 한글 자체를 해체하여 우리말을 적는 사례도 나타나기 시작했다.
>
> 이렇게 인터넷 언어가 한글 파괴적인 성격을 가지게 되면서 한글이 우리말을 파괴하고 있다고 걱정하는 무리가 생겼다. 반면, 인터넷 언어는 극히 제한된 은어에 불과하며 인터넷이라는 가상공간에서 젊은 사람들끼리만 쓰는 말이므로 일상 언어생활에는 문제가 없다는 사람들도 있다.

① 줄인 말 → 어법에 어긋난 말 → 한글을 해체한 말
② 맞춤법에 어긋난 말 → 줄인 말 → 한글을 해체한 말
③ 소리 나는 대로 적은 말 → 한글을 해체한 말 → 줄인 말
④ 소리 나는 대로 적은 말 → 다른 문자와 섞어 쓴 말 → 줄인 말

[16 ~ 17] 다음 글을 읽고 물음에 답하시오.

우리는 다양한 매체를 통해 광고를 접한다. 광고들은 최소의 광고비로 최대한 많은 소비자에게 도달하는 것을 목표로 하는 의사 결정 과정인 (가) 매체 기획에 의해 결정된다.

TV는 동시에 많은 소비자에게 전달되는 특성이 있지만 비용이 많이 든다. 신문은 신뢰성이 높지만 일간지라는 점에서 광고의 수명이 짧다. 라디오는 비용 대비 높은 빈도를 확보할 수 있지만 메시지 전달 시간이 짧다. 광고 매체를 정할 때는 이러한 ⊙ 매체들의 장단점을 고려해야 한다. 광고 매체 종류를 정하면 광고를 매체의 어떤 부분에 배치할 것인지를 정해야 한다. 이것이 ⓒ 매체 비이클 선정 과정이다. TV에서 어떤 프로그램의 전후에 광고를 실을 것인지를 정하는 것이 대표적인 예이다.

또한 매체 기획자는 예산 안에서 집중화 전략과 다매체 전략 중 하나를 택해야 한다. ⓒ 집중화 전략은 하나의 매체 종류와 비이클에 반복적으로 광고를 배치하는 것이다. 이는 동일 매체에 반복하여 광고하는 만큼 광고비를 할인받기에 용이하여 비용 측면에서 유리하다.

하지만 많은 광고주들은 여러 매체 종류를 혼합하는 다매체 전략을 선택한다. 이는 집중화 전략보다 상대적으로 더 높은 도달률을 달성할 수 있기 때문이다. 한 매체만을 사용하면 그 매체를 접하지 않는 소비자에게는 광고가 도달되지 못하므로 여러 계층을 목표로 하는 제품의 경우 다매체 전략을 사용해야 원하는 광고 효과를 얻을 수 있다. 하지만 다매체 전략은 광고 예산이 부족할 때에는 선택하기 곤란하다. 부족한 광고비를 여러 매체에 분산하면 어느 매체에서도 경쟁 제품의 목소리를 압도하지 못하므로 광고 효과가 급감하기 때문이다. 따라서 광고주들은 해당 상품에 기대하는 광고 효과만큼 ⓔ 충분한 예산을 확보해야 한다.

16. 윗글을 통해 알 수 있는 내용이 아닌 것은?
① 광고는 최소의 광고비로 광고 효과를 높이고자 하는 의도가 반영되어 배치되는 것이다.
② 비이클을 정한 뒤 매체 종류를 정하는 방식으로 매체 기획이 진행된다.
③ 동일 매체에 집중적으로 광고할 경우 광고비 절감 효과가 있을 수 있다.
④ 집중화 전략은 하나의 매체 종류를 활용하기 때문에 다매체 전략에 비해 상대적으로 도달률이 낮다.

17. 다음 중 윗글의 (가)에 포함되지 않는 것은?
① ⊙
② ⓒ
③ ⓒ
④ ⓔ

18. 아래의 내용이 모두 참일 때, 다음 중 갑과 소개팅을 한 사람은?

○○ 대학교 같은 과 학생인 갑, 을, 병, 정은 모두 이번 주 주말에 소개팅을 했다.

○ 갑과 정 둘 중 적어도 한 명은 A와 소개팅했다.
○ 병이 C와 D 둘 다 소개팅했다면, 을은 B와 소개팅했다.
○ 을은 B와 소개팅하지 않았다.
○ 병이 C와 D 둘 다 소개팅했을 때만 정이 A와 소개팅했다.

① A
② B
③ C
④ D

19. 갑~병의 주장을 분석한 내용으로 적절한 것만을 〈보기〉에서 모두 고르면?

갑: 인터넷의 유해 콘텐츠는 사회에 심각한 해를 끼치며, 특히 미성년자에게 부정적 영향을 주고 있다. 이러한 콘텐츠를 차단하기 위해서는 정부의 적극적인 인터넷 검열이 필요할 것이다. 표현의 자유도 중요하지만, 사회적 안전과 도덕을 지키는 것이 더 우선시되어야 한다. 기본적인 사회 안전과 도덕이 무너진다면 표현의 자유도 존재하지 않을 것이다.

을: 인터넷 검열은 표현의 자유를 심각하게 침해한다. 정부가 어떤 콘텐츠를 유해하다고 판단하여 차단한다면, 이는 국민의 알 권리와 표현의 자유를 억압하는 행위이며 국민의 창의성을 저해하는 행위이다. 인터넷은 자유로운 정보 교환의 장이 되어야 하며, 검열보다는 개인의 판단과 책임에 맡겨야 한다. 이를 위해서 국가는 캠페인과 홍보를 통한 국민 의식 개선에 노력하여야 한다.

병: 인터넷상의 유해 콘텐츠 문제는 분명히 존재하므로 시급한 해결이 필요한 문제이며 검열은 이를 위한 효과적인 수단일 수 있다. 하지만, 효과성과 별개로 검열은 수많은 부작용을 가지고 있어 정부가 이를 활용하는 것은 바람직하지 않다. 기술적인 해결책과 교육을 통해 사용자가 스스로 유해 콘텐츠를 차단하고 분별할 수 있도록 한다면 표현의 자유를 보호하면서도 사회적 해악을 최소화할 수 있다.

─〈보 기〉─
ㄱ. 갑의 주장과 을의 주장은 대립한다.
ㄴ. 을의 주장과 병의 주장은 대립한다.
ㄷ. 병의 주장과 갑의 주장은 대립한다.

① ㄱ
② ㄴ
③ ㄱ, ㄷ
④ ㄴ, ㄷ

20. ⊙과 ⓒ에 들어갈 말을 적절하게 나열한 것은?

몽자류는 주인공이 꿈에서 다른 인물로 태어나 그곳에서 생활한 후 깨어나는 '환몽(幻夢) 구조'로 되어 있다. 반면 몽유록은 주인공이 현실에 대한 인식을 유지한 채 꿈속 세계에서 생활한 후 돌아오는 '몽유(夢遊) 구조'로 되어 있다. 몽자류는 현실과 꿈 모두 의미가 있지만, 몽유록의 경우 현실은 의미가 없어서 꿈을 통해서만 교훈을 얻을 수 있다.

「조신의 꿈」 속 조신은 평소 연모하던 김흔의 딸에게 배필이 생기자, 울며 잠이 든다. 꿈속에서 그녀와 부부가 되어 보지만, 그들은 가난하고 비참하게 살다가 결국 헤어지게 된다. 꿈에서 깬 조신은 세속적 욕망이 덧없다는 것을 깨닫는다. 따라서 「조신의 꿈」은   ⊙   에 해당한다.

「구운몽」에서 불도를 닦으면서도 세속의 부귀공명을 동경하던 성진은 꿈에서 양소유로 환생하게 된다. 그는 팔선녀의 환생인 미인들과 부귀영화를 누리다가, 세상의 영욕이 허무하다는 점을 깨닫고 꿈에서 깬다. 성진은 육관 대사에게 자신의 죄를 뉘우치고, 대사는 성진에게 부처의 가르침을 전한다. 이를 통해 성진은 큰 도를 얻는다. 따라서 「구운몽」은   ⓒ   에 해당한다.

	⊙	ⓒ		⊙	ⓒ
①	환몽 구조	몽유 구조	②	환몽 구조	환몽 구조
③	몽유 구조	환몽 구조	④	몽유 구조	몽유 구조

국 어

1. <지침>에 따라 <개요>를 작성할 때 ㉠~㉣에 들어갈 내용으로 적절하지 않은 것은?

<지 침>
○ 서론은 중심 소재의 개념 정의와 문제 제기를 1개의 장으로 작성할 것.
○ 본론은 제목에서 밝힌 내용을 2개의 장으로 구성하되 각 장의 하위 항목끼리 대응되도록 작성할 것.
○ 결론은 기대 효과와 향후 과제를 1개의 장으로 작성할 것.

<개 요>
○ 제목: 한국사회 세대갈등 현상의 원인과 해소 방안
Ⅰ. 서론
  1. 한국사회 세대갈등의 의미와 주요 실태
  2. ㉠
Ⅱ. 한국사회 세대갈등 현상의 원인
  1. ㉡
  2. 노후 복지를 요구하는 기성세대와 일자리 창출을 요구하는 청년세대의 정치적 이해관계 충돌
Ⅲ. 한국사회 세대갈등 현상의 원인에 대한 해소 방안
  1. 세대 간의 차이를 이해하고 존중하는 교육 프로그램 도입
  2. ㉢
Ⅳ. 결론
  1. ㉣
  2. 청년층의 요구를 반영할 수 있는 다양한 정책 창구 마련

① ㉠: 기성세대와 청년세대의 상호 불신과 갈등 심화
② ㉡: 전통적 가치와 규범을 중시하는 기성세대와 개인주의와 다양성을 강조하는 청년세대의 가치관 차이
③ ㉢: 세대 간 이익이 충돌하지 않고 융합될 수 있는 세대 통합형 정책 개발
④ ㉣: 세대 간 문화적 차이를 좁히기 위한 다양한 교류 활동 마련

2. 다음 글쓴이의 주장으로 가장 적절한 것은?

우리는 영어 조기 교육을 해 왔지만, 그것은 세계화와는 거리가 먼 비효율적인 것이었다. 세계화는 전 인류가 어디서나 서로 연결되어 있어 모든 생활과 문화에서 함께 문제를 풀어나가려는 현상이다. 여기에서 가장 중요한 의사소통 수단은 영어이다. 따라서 영어를 잘한다는 것은 세계화의 흐름에 적극적으로 참여한다는 것이다.
최근 선진국들은 다문화 교육과 다언어주의를 채택하고 있다. 다문화 교육과 다언어주의는 각자의 문화와 모국어를 존중해 그것을 기초로 세계 속에서 자유로이 활동하게 하려는 것이다. 때문에 러시아와 중국에서는 실질적인 영어 조기 교육을 실시하고 있다. 영어에 배타적이던 프랑스에서도 영어 회화 교육을 강화하고 있다.

① 영어를 제2 공용어로 지정해야 한다.
② 세계화를 위한 실질적 영어 조기 교육을 실시해야 한다.
③ 세계화에 대비해 전 인류가 화합할 수 있는 장을 만들어야 한다.
④ 현재 중·고교와 대학에서 이루어지는 영어 교육의 시기를 앞당겨야 한다.

3. (가)의 논지에 대한 (나)의 태도로 옳은 것은?

(가) 사피어에 의하면 우리는 언어를 매개로 하여 살고 있으며, 언어가 노출시키고 분절시켜 놓은 세계를 경험한다. 워프 역시 사피어와 같은 관점에서 언어는 우리의 행동과 사고의 양식을 결정하고 주조한다고 말한다. 사피어와 워프의 말에 비추어 우리말의 경우를 생각해 보자. 우리말에서는 초록, 청색, 남색을 '푸르다'고 한다. '푸른 숲', '푸른 바다', '푸른 하늘' 등의 표현이 그러한 경우로, 우리는 이 다른 색들에 대한 우리는 숲, 바다, 하늘을 한 가지 색깔로 생각하게 된다. 언어가 사고를 결정하는 것이다.

(나) 어떤 색깔에 해당하는 어휘가 없다고 그 색깔을 인식할 수 없는 것은 아니다. 해당 어휘가 없다고 인식이 불가능한 것은 아니라는 것이다. 그 밖에도, 우리가 분명히 어떤 생각을 갖고 있으되 그 생각을 표현할 적당한 말을 갖고 있지 못할 뿐이거나 말을 잊어서 표현에 곤란을 느낄 뿐인 경우가 얼마든지 있다. 문법의 경우를 보아도 그렇다. 예를 들어 프랑스어의 명사나 형용사에는 남성을 나타내는지 여성을 나타내는지를 변별해서 사용하도록 해 주는 문법적 장치가 있다. 이에 비해 우리말은 그러한 장치를 갖고 있지 않은데 그렇다고 해서 우리말을 쓰는 사람들이 이성을 구별하지 못한다고 할 수는 없다. 이러한 경우들을 볼 때, 인간의 사고가 언어에 의해 많은 제약을 받고 있는 것은 사실이지만 그것이 얼마나 중요한지는 알 수 없다.

① 언어가 사고에 영향을 준다는 점을 부분적으로 인정한다.
② 언어와 사고는 서로 영향을 주고받는다는 점을 제시한다.
③ 인간의 사고는 보편적이므로 언어와 상관없다고 주장한다.
④ 언어가 사고에 결정적 영향을 준다는 견해에 적극 찬성한다.

4. 다음 글의 중심 내용으로 가장 적절한 것은?

저작권 보호를 위한 저작권법 제2조에 따르면 저작물은 인간의 사상 혹은 감정을 표현한 창작물이다. 저작물의 성립 요건으로 인간의 사상과 감정의 표현, 창작성을 들 수 있다. 이런 상황에서 인공지능이 만들어 낸 창작물은 저작권법이 말하는 저작물에 해당할까? 이에 대해 먼저 인공지능이 과연 인간의 사상이나 감정까지 표현하는 능력을 가지고 있는지에 대해 의문을 제기할 수 있다. 왜냐하면 인공지능이 독자적으로 작품을 창작해 인간의 사상과 감정을 표현하고 있다고 보지 않을 수 있기 때문이다. 물론 반대 견해도 존재한다. 인공지능이 만든 작품이 인간의 마음과 머리를 감동시키는 경우가 있기에 인간이 만든 저작물과 다른 부분을 찾기 어렵다는 것이다. 하지만 인공지능이 만든 작품에서 인간이 감동을 느꼈더라도, 만약 작품 제작에 인간이 단 하나도 관여하지 않았다면 그것을 인간의 사상과 감정을 대변한 것이라고 인정할 수 없다. 따라서 인공지능이 온전히 만든 창작물은 저작물로서 저작권법의 대상이 아니다.

① 인간의 사상이나 감정을 대변할 수 없는 인공지능에 의한 창작물은 저작물로서 인정받을 수 없다.
② 인공지능이 만든 작품도 인간의 마음과 머리를 감동시킨다면 저작물로 인정할 수 있다.
③ 저작물은 인간의 사상 혹은 감정을 표현한 창작물로서 반드시 인간이 제작해야 인정받을 수 있다.
④ 인공지능의 창작물 중 인간이 관여한 비율에 비례해 저작물로 인정할 수 있다.

5. 다음 글을 읽고 이해한 내용으로 가장 적절한 것은?

> 잡가는 조선 후기 상업자본과 서로 더불어 도시의 유흥 공간이 확대되면서 인기를 끌었다. 이 때문에 잡가는 많은 사람들 앞에서 흥행할 수 있는 음악적 요소를 갖추어 대중의 취향을 맞추고, 대중의 호기심을 계속 자극해야 했다. 그래서 잡가는 새로 만들기보다는 청중의 취향과 욕구에 맞는 선행 시가를 재구성하였다. 잡가의 내용은 애정, 삶의 무상함, 자연의 아름다움과 풍류 등 잡다했으나, 가객들이 주로 유흥 공간에서 활동하여 전체적으로 세속적, 쾌락주의적 성향이 강했다.
> 대중은 기존의 관습을 선호했는데, 이 관습만으로는 대중을 자극할 수 없었다. 그래서 가객들은 기존 관습에 계속 자극을 주어 작품화하는 방식을 취하였다. 당대 유행했던 잡가인「유산가」의 율격은 4음보를 바탕으로 하면서, 6음보격의 파행이 3개나 나타난다. 또한 5음절 이상인 음보들이 많았다. 이는 숨 가쁜 호흡의 율격을 추구했던 점에서 비롯된 것이다. 이러한 격정성은 시어에도 반영되어, 다채로운 음성상징어들은 자연의 아름다움을 생동감 있게 해 주었다. 율격과 어휘의 형식적 분방함은 내용 측면에서도 그대로 이어졌다. 「유산가」의 자연 친화는 사대부의 규범적인 강호가도(江湖歌道)와 다르며, 하층민의 신분 갈등과 같은 주제 의식을 다루지도 않는다. 그저 현실과 떨어진 자연에서의 유흥을 토로할 뿐이다.

① 도시의 유흥 공간이 확대되어 조선 후기 상업자본이 확대되었다.
② 잡가는 이전의 작품을 다시 구성하는 것보다 새로 창작한 경우가 많았다.
③「유산가」의 율격으로 보아, 5음보 율격이 기존의 관습이었을 것이다.
④「유산가」는 내용과 형식적 분방함을 통해 대중들을 자극하였을 것이다.

6. '전문화 경향의 올바른 방향'이라는 주제로 토의한 내용을 순서대로 바르게 정리한 것은?

> 사회자: 산업에서 전문화 경향은 많은 장점이 있으나, 그에 못지않은 결점도 있습니다.
> ㉠: 전문화로 일의 능률이 향상되고, 기술 혁신이 이루어진 것은 사실입니다.
> ㉡: 하지만 전문화로 인해 하나의 작업이나 과정에 골몰한 나머지 다른 것에 대해서는 제대로 알 수 없게 되기도 합니다.
> ㉢: 한 가지 일에는 능하지만 전체적인 측면에서 균형 감각을 잃게 된다는 것은 산업의 균형적 발전의 측면에서도 문제될 것입니다.
> ㉣: 예를 들어, 어떤 분야의 일을 담당하고 있는 사람은 그것밖에는 할 수 없으므로, 그 일의 전체적인 윤곽을 알 수 없게 됩니다.
> ㉤: 이로 인해 건물을 보다 튼튼하게 짓고 아름답게 꾸미기 위해서는, 건축 전문가와 인테리어 전문가가 필요하다고 여기게 되었습니다.
> 사회자: 결국은 여러 분야의 전문가들이 일의 성격과 전체적인 윤곽을 바르게 살필 수 있도록 하는 제도적 협의체가 필요하다는 생각이 듭니다.

① ㉠-㉤-㉡-㉣-㉢
② ㉠-㉢-㉤-㉣-㉡
③ ㉢-㉠-㉡-㉤-㉣
④ ㉢-㉣-㉤-㉡-㉠

7. <보기>를 참조할 때, [A]~[C]에 대한 진행자의 발언으로 적절하지 않은 것은?

> <보 기>
> 진행자가 상대방의 말을 요약적으로 진술하거나 핵심을 다시 언급하는 것도 적극적인 공감적 듣기의 방식이다.

> 진행자: 글로벌 매너에 대해 어떤 조언을 해 주시겠습니까?
> 외교관: 매너의 기본은 상대를 배려하는 것입니다. 예컨대 후추병이 멀리 있다면 다른 사람에게 전해 달라고 부탁하세요. 직접 하려다 불편을 끼칠 수 있어요. [A]
> 진행자: 책에서 봤는데, 청나라 인사가 식탁에 놓인 손 씻는 물을 식수로 오해해서 마셨답니다. 여왕은 당황하지 않고 똑같이 그 물을 마셨답니다. 여왕의 모습도 배려겠죠?
> 외교관: 그렇습니다. 글로벌 매너의 절반은 식탁 매너입니다. 특히 사교 모임에서는 식사 자체보다 대화를 나누는 것이 더 중요하다는 것을 유념해야 합니다. 이때 흔히 하는 실수로, 입안에 음식을 넣은 채 말하는 경우가 있는데, 그것은 금물이죠. [B]
> 진행자: 호칭어에 대한 청취자 질문도 많았습니다.
> 외교관: 상대가 친근함을 느낄 수 있는 호칭으로 부르는 것이 매너의 기본입니다. 흔히 상대를 정중하게 대한다고 'Mr.'를 붙여 "Mr. Johnson", "Mr. Thomas" 등으로 부르곤 하는데, 그것이 항상 최선은 아닙니다. 서양 사람들은 친한 사이일수록 Mr. 없이 이름(first name)을 부르는 것이 관습화되었거든요. [C]

① [A]: "상대에게 불편을 끼치지 않는 것이 글로벌 매너의 기본이라는 말씀이죠?"
② [B]: "글로벌 매너를 익히려면 무엇보다 우선 식탁 매너를 배우는 것이 중요하겠군요."
③ [B]: "사교 모임에서 대화에 동참하지 않고 식사에만 집중하는 것은 예의가 아니겠군요."
④ [C]: "겸손의 미덕을 중시하는 우리의 전통이 국제 사회에서도 긍정적으로 작용하겠군요."

8. ㉠과 유사한 사례로 볼 수 없는 것은?

> 최근 언어학자들은 요즘 사람들이 한자를 모르기 때문에 우리의 언어능력이 더 초라하게 되고 있다고 주장한다. 특히 정확한 개념을 모르면서 소리가 비슷하면 같은 것이라고 착각하거나 중복 표현인 줄 모르고 우리말과 한자어를 함께 쓰는 사람들이 늘어나고 있다. 예를 들어 한자를 제대로 안다면 ㉠'고목 나무'나 '역전 앞' 같은 말은 쓰지 않을 것이다. 그들은 학교에서 한자를 가르친다면 사람들이 그러한 잘못을 범하지 않을 것이라고 주장한다.

① 아버지가 남긴 유산 때문에 형제들이 다투기 시작했다.
② 백주 대낮부터 고성방가로 골목을 시끄럽게 만들고 있다.
③ 그는 육상 부문 단독 1위에 질주했다.
④ 제주도에 아름다운 미인이 많다는 이야기가 있다.

[9~10] 다음 글을 읽고 물음에 답하시오.

정보 통신 기술이 발달하고, 개인 (가)정보가 데이터베이스로 구축되면서 개인정보 유출 피해가 급증하고 있다. 이러한 상황에서 '개인정보자기결정권'에 대한 관심도 높아지고 있는데, 이는 개인정보의 공개 대상, 시점, 범위를 스스로 결정할 수 있는 권리를 말한다. '사생활의 비밀과 자유'를 명시한 헌법 제17조에 의거하여, 기본권 중 하나로 보호되고 있는 이러한 권리는 타인에 의해 함부로 ㉠정보가 공개되지 않도록 보장받고, 개인정보의 열람, 삭제, 정정 등을 요구할 권리까지도 포함한다.

개인정보자기결정권의 보호를 목적으로 제정된 개인정보보호법은 개인정보의 요건을 구체적으로 규정하고 있다. 예를 들어, 개인정보는 살아 있는 개인에 관한 것으로, 사망자에 대한 정보나 단체 또는 법인에 관한 것은 개인정보에 포함되지 않으며, 성명, 주민등록번호, 동영상 등 개인을 식별할 수 있는 ㉡정보여야 한다. 또한 주어진 정보만으로 개인을 특정할 수 없더라도 쉽게 다른 정보와 결합되어 개인을 알아볼 수 있다면, 개인정보로서 법적 보호 대상이 된다.

한편, 개인정보보호법에 근거한 사전 동의 제도는 ㉢정보 주체가 정보 처리에 대한 자기 의사를 표시할 수 있다는 점에서 중요한 권리 보호 수단에 해당한다. 사전 동의 제도에 따르면, 개인정보 처리자는 주체의 동의를 구할 때 수집 항목, 보유 기간, 이용 목적 등의 ㉣정보를 고지해야 한다. 또한 정보 수집을 거부할 권리가 있다는 것과, 거부에 따른 불이익이 있을 시 그 내용 역시 알려야 한다.

9. 윗글을 이해한 것으로 가장 적절한 것은?
① 사망자 가족들의 주민등록번호는 개인정보보호법에서 보호하고 있는 개인정보에 해당하지 않는다.
② 개인정보보호법에 따르면, 단체 또는 법인은 개인정보 처리자가 될 수 없다.
③ 개인정보자기결정권에 따르면, 개인은 자신이 정한 범위를 넘어서는 정보 공개에 대해 삭제를 요구할 권리가 있다.
④ 개인정보보호법에서는 정보 수집을 거부한 정보 주체에 대해 어떠한 불이익도 내릴 수 없도록 규정하고 있다.

10. ㉠~㉣ 중 문맥상 (가)에 해당하지 않는 것은?
① ㉠ ② ㉡
③ ㉢ ④ ㉣

11. 다음 글의 내용이 참일 때, 반드시 참인 것을 <보기>에서 모두 고르면?

만약 A 정책이 시행된다면, 부동산 수요가 안정되거나 공급이 안정될 것이다. 만약 A 정책이 시행되지 않는다면, 부동산 거래량이 증가할 것이다. 금리가 상승한다면, 부동산 수요는 안정되지 않을 것이고 부동산 거래량은 증가하지 않을 것이다. 금리는 상승하였다.

<보 기>
ㄱ. 부동산 수요는 안정되지 않을 것이다.
ㄴ. A 정책은 시행되지 않을 것이다.
ㄷ. 부동산 공급이 안정될 것이다.

① ㄱ ② ㄱ, ㄴ
③ ㄱ, ㄷ ④ ㄱ, ㄴ, ㄷ

12. 다음 자료를 활용하는 방안으로 가장 적절한 것은?

(가) 전 세계 자원의 채굴 가능 연도(○○환경연구원, 2014년)

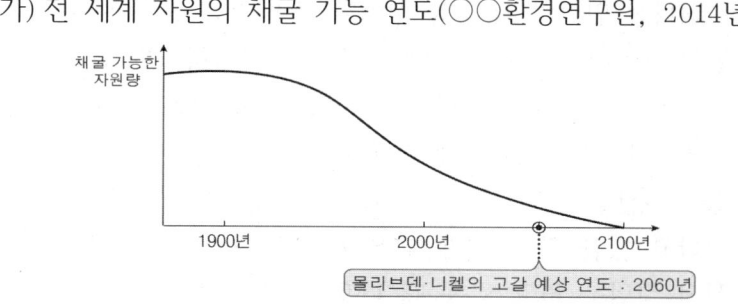

(나) 연간 발생하는 폐전자제품 정보(○○연구소, 2014년)

	휴대전화	액정모니터	PC
희소금속 함유량(g/대)	11.5	344.0	61.8
폐전자제품 발생량(대)	18,275,000	3,361,000	3,790,000
폐전자제품에 함유된 희소금속 가치	70억 원	214억 원	60억 원

① (가), (나): 자원이 부족해지는 상황에 폐전자제품이 대안이 될 수 있으니 전자제품에 희소금속 함유량을 늘려야 한다는 것을 강조한다.
② (가): 몰리브덴과 니켈의 고갈 시기를 통해 광산에서 추출하는 희소금속의 종류를 늘려야 함을 강조한다.
③ (나): 폐전자제품에 함유된 희소금속의 경제적 가치를 활용할 방안이 필요함을 강조한다.
④ (나): 휴대전화의 희소금속 함유량이 가장 적다는 것을 통해 폐휴대전화의 발생량을 줄이자는 점을 언급한다.

13. 다음 글의 '우구를리앙'이 가진 견해로 적절한 것은?

프랑스의 정신의학자 우구를리앙은 이전까지 통용되던 '자아'의 개념을 수정하였다. 일반적으로 자아라고 하면 자기 자신만의 것으로서 변하지 않고 고정된 것으로 여겨졌다. 하지만 우구를리앙은 '진정한 심리학적 사실은 한 개인이 아니라 두 사람 간의 관계에 있으며, 사람들과의 만남과 교환이 이루어지는 가운데 지속적인 창조 행위의 결과'를 자아라고 표현하였다.

우구를리앙은 인간을 타인과의 만남에 반드시 영향을 받는 존재라고 생각한다. 이는 타인을 모방한다는 것을 의미한다. 그는 개인의 심리를 변화시키는 것을 욕망이라고 보았는데, 타인과의 관계 속에서 발생하는 모방적 욕망을 모아둔 것을 우리의 자아라고 여겼다. 이때 인간의 욕망은 계속해서 생성되고 변형되며, 그렇기 때문에 욕망으로 형성되는 자아 또한 가변적인 존재인 것이다. 이와 같은 견해는 출생 시의 자아가 유지된다는 전통적 심리학과 정반대의 모습을 보여 준다.

자아가 계속 변한다는 것은 한 사람에게 하나의 자아만 존재한다는 일반적 생각도 수정한다. 타인과 새로운 관계 속에서 자아 또한 매일 새롭게 형성되기에, 우구를리앙은 한 사람에게 여러 자아가 있다고 보기도 하였다.

① 모방이 자아를 고정불변의 것으로 만든다고 보았다.
② 자아 형성을 위해서는 사회생활이 필수적이라고 생각하였다.
③ 혼자만의 학습을 통해서도 자아를 변화시킬 수 있다고 주장하였다.
④ 자아가 변화할 수는 있으나 한 개인에게는 하나의 자아만이 존재한다고 여겼다.

[14 ~ 15] 다음 글을 읽고 물음에 답하시오.

> 뇌파는 인간의 뇌 활동 상태를 보여 주는 중요한 생체 신호로, 활동 상태에 따라 델타파, 세타파, 알파파, 베타파, 감마파로 구분한다. 델타파는 깊은 수면 상태에서 나온다. 세타파는 일반 수면 상태에서 나오는데 꿈꿀 때의 기본 뇌파다. 알파파는 쉬고 있을 때 나오는데, 의식이 깨어 있는 상태에서 눈을 감고 휴식을 취하고 있을 때 강하게 나온다. 베타파는 학습처럼 뇌가 어떤 정신 작업을 하고 있을 때 나오고, 감마파는 뇌의 여러 부분에 흩어져 있는 정보들이 조합돼 인지 작용이 발생했을 때 나타난다.
> 뇌파는 정상적인 정신 작용에 따라 그 진동이 빠르거나 느려진다. 만일 그렇지 않으면 뇌의 기능이 비정상이라는 뜻이다. 예를 들어 주의력 결핍증 환자는 뇌파가 정상인보다 느리다. 지능이 낮은 경우도 느리다. 이렇게 정상적인 뇌와 비정상적인 뇌는 뇌파에서 분명한 특징을 나타내기 때문에 뇌파를 측정해 뇌의 이상 여부를 판단할 수 있다.
> 비정상적인 뇌의 리듬을 조절해 정상적인 리듬으로 바꿀 수 있다면 뇌의 기능도 정상이 될까? 이를 가능하게 하는 것은 뇌파를 통제해 자율 신경계를 우리 의지로 제어하는 기술인 '뉴로피드백'이다. 1934년 매튜와 아드리안은 알파파가 나올 때만 스피커에서 소리가 나게 하자 알파파가 점점 강해지는 현상을 발견했다. 이것이 바로 사용자의 뇌파를 측정해 특정 뇌파가 나올 때마다 이것을 알려 주면 뇌에서 그 뇌파에 의한 회로가 발달되고, 계속 반복하면 그 회로가 강화되어 특정 뇌파가 증가하게 되는 ㉠뉴로피드백의 원리다. 카미야는 이 원리에 따라 뇌파를 조절해 마음의 상태를 바꾸는 실험을 했다. 그는 피실험자에게 자신의 마음 상태가 알파파 상태라고 생각하면 벨을 누르라고 지시하고, 그동안 뇌파를 측정해 피실험자의 판단이 맞는지 틀리는지를 알려줬다. 그 결과 첫날은 50%, 둘째 날은 65%, 셋째 날은 85%, 넷째 날은 거의 100%를 맞추는 결과를 얻었다. 이 실험은 임의로 조절할 수 없다는 뇌파를 의지로 조절할 수 있다는 결과를 보여 주었다.

14. 윗글을 통해 알 수 있는 내용이 아닌 것은?
① 뇌파의 진동 속도가 느릴수록 인간의 정신 작용은 정상에 가까워진다.
② 깊은 잠을 못 자는 사람은 델타파의 상태를 유지시키는 치료를 해야 한다.
③ 공부에 집중하지 못하는 학생도 뇌파를 이용하면 집중력을 높일 수 있다.
④ 카미야 박사의 실험은 뇌파에 의해 회로가 강화될 수 있음을 밝히고 있다.

15. ㉠과 그 성격이 가장 유사한 것은?
① 나이가 어렸을 때는 몰랐던 부모님의 사랑을 나이가 들어 깨닫게 되었다.
② 노력한 끝에 못하던 국어 과목을 잘하게 되자 국어와 성적이 비슷했던 다른 과목도 잘하게 되었다.
③ 어느 회사에서 일정한 시간이 되면 하던 일을 멈추고 전 사원이 크게 웃도록 하였는데, 어느 순간부터 그 사원들의 얼굴에서 웃음이 떠나지 않게 되었다.
④ 높이뛰기 선수가 그동안 가위뛰기로만 뛰어 기록이 잘 나오지 않았는데 코치의 조언대로 배면뛰기로 뛰었더니 이전보다 기록이 훨씬 좋아졌다.

16. 다음 글의 내용과 일치하지 않는 것은?

> 개별 현상이나 법칙이 그 전제가 되는 보편 법칙으로부터 도출될 수 있다는 자연 과학 설명 모형이 역사학에도 적용될 수 있는지에 대한 논쟁이 있었다. 독일의 화학자 ㉠헴펠은 적용이 가능하다고 본 반면, 프랑스의 역사학자 ㉡드레이는 역사적 이해는 특수하고 독특하며, 과학적 설명과는 다르다고 주장하였다.
> 드레이가 말하는 역사에서의 설명은 개개인의 행위에 대한 설명으로, 그 행위가 비판적으로 바라봤을 때 합당한 행동이었음을 설명할 수 있으면 충분했다. 반면 헴펠은 인간의 행위를 이해하는 것을 보편적 법칙과 규칙으로 논증하는 객관적이고 과학적인 것으로 보았다. 그는 행위의 이유에 근거한 행위의 설명은 비판적 측면을 가지기는 하나, 이것이 행위에 대한 이해와 연결된다는 것은 부인하였다. 하지만 드레이는 오히려 보편 법칙으로 인간의 행위를 설명하는 것이 인간을 제약하는 것이라 하며 헴펠에 정면으로 반박했다. 그는 역사가들은 보편 법칙에 대해 알고자 하지 않으며, 그들이 역사적 행위를 설명하고자 할 때는 특정 행위의 이유를 알아야 한다고 주장했다. 따라서 드레이는 행위에 대한 설명은 행위자의 행위 이유, 즉 동기나 목적, 신념과 같은 이유를 명시적으로 이해하는 데 초점을 맞춰야 한다고 생각했다.

① ㉡은 행위자를 이해하는 것에 초점을 맞췄다.
② ㉠과 ㉡은 같은 이론에 대한 다른 의견을 펼쳤다.
③ ㉠은 인간 행위의 이해가 객관적으로 이뤄져야 한다고 보았다.
④ ㉠은 ㉡과 달리 상대방의 입장을 전혀 받아들이지 못하고 반대하였다.

17. 다음 글의 '텔스타'에 대한 설명으로 가장 적절한 것은?

> 1930년 우루과이 월드컵이 열릴 때까지 사용된 축구공은 지금의 배구공과 비슷하게 생겼다. 까만 정오각형 12개와 하얀 정육각형 20개로 이루어진 축구공이 처음 등장한 것은 1970년 멕시코 월드컵에서였다. 이때 나온 '텔스타'가 우리가 흔히 보는 축구공의 원형이다.
> 그렇다면 '정오각형 12개, 정육각형 20개'의 구조가 지금까지 유지된 까닭은 무엇일까? 그것은 텔스타가 아름다운 수학적 구조를 지니고 있기 때문이다. 좋은 축구공을 만드는 방법은 완전한 구형에 가장 가까운 다면체를 만들어 공기를 넣는 것이다. 그런데 정육각형만으로는 다면체를 만들 수 없다. 정육각형의 내각은 120°이므로 한 꼭짓점에 세 개만 놓아도 360°가 되어 평면이 되기 때문이다. 그러니까 정육각형 한 개를 빼고 오각형 하나를 대체하는 것이 최선이다.
> 텔스타는 12개의 정오각형과 20개의 정육각형 총 32개의 면으로 이루어져 있으며, 꼭짓점의 개수는 60개, 모서리의 개수는 90개이다.

① 꼭짓점의 개수가 모서리의 개수보다 많다.
② 수학적으로 해명하기 어려운 신비한 구조로 되어 있다.
③ 정오각형과 정육각형에 각기 다른 색을 칠함으로써 기본 구조가 확연히 드러난다.
④ 모서리의 개수는 꼭짓점의 개수에 정다각형의 개수를 합한 수와 같다.

[18 ~ 19] 다음 글을 읽고 물음에 답하시오.

꿈 연구에 있어, 수면 실험실은 ㉠통제된 조건하에서 사람들의 꿈에 대한 대표적 표본을 광범위하게 수집할 수 있는 최선의 원천이다. 수면 실험실에서는 하룻밤에 최대 4~5개의 꿈을 ㉡모을 수 있다. 그러나 이 방법의 가장 큰 문제점은 비용과 시간이 많이 든다는 것이다. 특히 미국에서는 꿈 연구에 관한 외부 연구비 수주 규모가 ㉢줄었기 때문에 수면 실험실은 1970년대 이후로 사용하기 어려워졌다.

실험실 외부에서 가장 빈번하게 사용되는 꿈 수집 방법은 참가자들에게 2주 정도의 기간 혹은 규정된 개수의 꿈을 작성할 때까지 꿈 저널을 지속적으로 쓰게 하는 것이다. 이 방법은 꿈을 모으기 쉽고 비용이 적게 든다는 장점이 있다. 현재 다양한 사람들을 대상으로 유용한 꿈 저널을 모았으며, 대부분은 웹사이트에서 살펴볼 수 있다. 그러나 이 방법은 많은 오차가 따르고 종종 굉장히 불충분한 표본이 된다는 문제점이 있다. 겨우 몇 가지 꿈을 얻기 위해 여러 달이 걸릴 수도 있으며, 참여자 중 대부분이 꿈 보고를 ㉣멈추거나 겨우 한두 가지 꿈을 보고하는 등 꿈 수집에 제대로 참여하지 않을 가능성이 있다.

18. 윗글의 내용에 가장 부합하지 않는 것은?
① 수면 실험실에서 꿈에 대한 표본을 모으는 방법은 비용이 많이 들기 때문에 사용 빈도가 높지 않다.
② 수면 실험실을 통한 수집 방법은 꿈 저널을 작성하는 방법에 비해서 시간이 늘 오래 걸린다.
③ 꿈 저널을 작성하게 하는 방법을 통한 수집 결과의 대부분은 웹사이트를 통해 확인할 수 있다.
④ 꿈 저널을 작성하게 하는 방법의 경우 대상자들의 적극적인 참여가 이루어지지 않을 수 있다.

19. ㉠ ~ ㉣과 바꿔쓸 수 있는 유사한 표현으로 적절하지 않은 것은?
① ㉠: 제한된
② ㉡: 수록할
③ ㉢: 축소되었기
④ ㉣: 중단하거나

20. 다음 글을 읽고 추론할 수 있는 것은?

공직선거법에서는 당선 무효형을 세 가지로 규정하고 있다. 첫째, 후보자가 선거 범죄로 처벌받는 경우다. 후보자가 당해 선거에 있어 공직선거법에 규정된 죄 또는 정치자금법 위반으로 징역형 또는 100만 원 이상의 벌금형을 선고받으면, 같은 법 제264조에 의해 그 당선은 무효로 한다. 둘째, 선거 관계자 또는 후보자의 직계 존비속 및 배우자가 공직선거법에 규정된 죄 또는 정치자금법 위반으로 징역형 또는 300만 원 이상의 벌금형을 선고받으면, 같은 법 제265조에 의해 그 당선은 무효로 한다. 셋째, 선거 사무장이 공고된 선거 비용 제한액의 200분의 1 이상을 초과 지출하거나, 정치 자금법을 위반하여 징역형 또는 300만 원 이상의 벌금형을 선고받으면, 같은 법 제263조에 의해 그 당선은 무효로 한다. 예를 들어 공고된 선거 제한액이 500억이라면, 2.5억 이상을 지출해서는 안 되는 것이다.

일본은 공직선거법에 의한 선거 범죄에 대해 재판에서 유죄가 인정되면 형의 종류와 벌금의 대소를 불문하고 당선 무효가 되며, 후보자의 형제자매도 선거 범죄의 주체에 포함된다는 점에서 우리나라와 차이를 보인다.

① 도지사 당선자 D씨의 선거 사무장 E씨가 500억이었던 당해 선거 비용 제한액을 넘어 502.5억을 사용하였다면 D씨의 당선은 무효화된다.
② B시의 시장 C씨의 배우자가 당해 선거에 있어 공직선거법을 어겨 징역형을 살 경우 C씨는 공직선거법 제263조에 의해 당선이 무효화된다.
③ 일본 총리 당선자의 동생이 당해 선거에서 공직선거법을 위반해 징역을 살 경우 당선자는 우리나라와 같은 처벌을 받게 될 것이다.
④ 19대 국회의원 A씨가 17대 국회의원 선거 당시 후보자로 정치자금법을 위반한 사실이 드러나 200만원의 벌금을 선고받았다면 19대 국회의원직을 상실한다.

국 어

1. 다음의 협상에서 ⓐ에 대한 설명으로 가장 적절한 것은?

   > 단체 측: 마을을 방문하여 점검해 보니 토양이 부실하고 전기, 식수 등의 시설이 부족했습니다. 텃밭 분양을 진행하려면 이런 부분에 비용이 들 것입니다. 따라서 임대료의 증액을 위해서는 이에 부합하는 대안이 필요합니다.
   > 주민 측: 저희도 그걸 알고 주변 시세보다 저렴하게 내놓았습니다. 그럼 임대료를 10%만 올리되, 면적을 150m² 추가로 임차하는 것은 어떻습니까? 분양을 원하는 사람이 많은 것으로 아는데 이 정도는 추진이 가능하지 않나요?
   > 단체 측: 그럼 주말에 한해 마을 회관의 시설을 이용할 수 있도록 허락해 주십시오. 아시다시피 해당 토지에는 식수 시설이 없고 화장실 이용이 어렵습니다. ⓐ<u>마을 회관 이용으로 텃밭의 부족한 시설을 보완할 수 있다면 저희 측에서도 임대료 증액과 면적 추가에 이견이 없을 것입니다.</u>

   ① 자신의 제안이 상대방에게 수용되도록 유도하기 위해, 상대방이 자신의 제안을 수용하면 상대방의 제안도 수용하겠다는 조건을 언급하고 있다.
   ② 상대방에게 자신의 제안이 지닌 강점을 강조하기 위해, 자신의 제안에 대해 상대방이 제기할 수 있는 의견을 가정하고 있다.
   ③ 자신이 제시한 여러 제안 중 한 가지를 상대방이 선택하도록 권유하기 위해, 상대방이 기대한 결과가 실현되지 않을 가능성을 언급하고 있다.
   ④ 상대방의 제안에 대해 추가적인 설명을 요구하기 위해, 상대방이 자신의 제안을 수용하면 상대방의 제안도 수용하겠다는 조건을 언급하고 있다.

2. ㉠과 ㉡에 대한 설명으로 가장 적절한 것은?

   > 제1차 세계대전 이후, 전쟁에서 폭력적인 죽음에 지속적으로 노출되어 받는 심리적 외상을 계기로 발생하는 전투 신경증이 실재한다는 사실을 부정할 수 없게 되었다.
   > ㉠<u>전통주의자들</u>은 전쟁에서 영광을 누려야 할 군인이 정서적인 증세를 드러내서는 안 된다고 보았다. 이들에 따르면, 전투 신경증을 보이는 군인은 체질적으로 열등한 존재에 해당한다. 전통주의자들은 이 환자들이 의지박약이라며 모욕과 위협, 처벌을 중심으로 하는 치료를 옹호하였다.
   > 반면 ㉡<u>진보주의자들</u>은 전투 신경증이 의지력 높은 군인에게도 나타날 수 있다고 하였다. 이들은 정신분석 원칙에 입각하여 대화를 통한 인도적 치료를 옹호하였다. 인도적 치료를 추구했던 진보주의자들은 용맹한 남성이라도 압도적 두려움에는 굴복하게 된다고 보았으며, 두려움을 극복할 수 있는 동기는 애국심이나 적에 대한 증오보다 강한 전우애라고 주장했다.

   ① ㉠과 ㉡은 전투 신경증이 실재하는지에 대해 서로 다른 견해를 보인다.
   ② ㉠과 ㉡은 전투 신경증을 치료할 수 있는지 여부에 대해서 견해를 달리한다.
   ③ ㉡은 전투 신경증을 보이는 군인을 열등한 존재로 파악하는 ㉠의 입장에 반대할 것이다.
   ④ ㉠과 ㉡은 전투 신경증의 치료 방식에 대한 관점이 같다.

3. 다음 글을 논리적인 순서에 맞게 배열한 것은?

   > ㄱ. 물론 가설이 반증된 경우 원래 그것을 제안했던 과학자는 타격을 받겠지만, 과학은 이를 성공적으로 극복해 왔다. 반증은 과학적 연구의 목표이며 과학 이론을 평가하는 기준이다.
   > ㄴ. 과학적 수행에서 등장한 가설들은 관찰과 실험 등과 같은 경험적 수단에 의한 반박 시도를 통과해야 하며, 가설이 반박 시도를 이겨 내면 그것은 잠정적으로 참이라고 인정된다.
   > ㄷ. 과학은 오류를 통하여 성장하고 발전한다. 과학사를 보면 과학은 항상 오류를 점진적으로 제거해 나가는 방식으로 발전해 왔다.
   > ㄹ. 진정한 과학은 이처럼 반증을 이겨 낸 가설들로 구성된다. 반박 시도를 통과하지 못한 가설들은 반증되어 과학자 사회에서 폐기된다.
   > ㅁ. 그러나 사이비 과학의 경우 사정은 다르다. 사이비 과학의 가설들은 거의 항상 관찰과 실험에 의해 반증되지 않는다. 즉 사이비 과학에 속하는 어떤 가설을 경험적으로 평가하는 것은 불가능하다.

   ① ㄴ-ㄱ-ㄹ-ㅁ-ㄷ
   ② ㄷ-ㅁ-ㄱ-ㄴ-ㄹ
   ③ ㄷ-ㄱ-ㄴ-ㅁ-ㄹ
   ④ ㄷ-ㄴ-ㄹ-ㄱ-ㅁ

4. 다음 글의 논지로 가장 적절한 것은?

   > 개인에게 자유가 주어진 자유주의 사회에서 평등이 가능한가의 문제는 플라톤 이후 오늘날까지 사회 이론가와 사상가들을 괴롭혀 온 질문이다. 자유란 개인에게 주어진 천부의 권리로서, 다른 사람의 자유를 침해하지 않는 범위 내에서 자신이 하고 싶은 것을 할 수 있다는 의미를 내포하고 있다. 그런데 자본주의 체제에서 자유는 교환, 거래, 경쟁이라는 시장 기제를 통해 실현된다. 경쟁과 사유 재산을 기초로 한 자본주의는 본질적으로 불평등한 체제이다. 경쟁에서 승리한 자는 사유 재산이 많아지고 패배한 자는 가질 수 있는 것이 점점 적어지기 때문이다. 이때 개인의 생득적, 후천적 자질이 발휘되고 성공한 자와 실패한 자가 나타난다. 그 결과는 재화의 불균등 분배, 즉 불평등이다. 재화의 불평등은 다시 개인의 자유를 억제하는 형태로 작용한다. 능력 있는 자가 무능력자의 자유를 제한하게 되고, 이것이 곧 '지배 구조'의 형태로 나타나게 되는 것이다.

   ① 자본주의는 경쟁으로 인한 불평등을 유발한다.
   ② 자본주의 체제에서 자유는 불평등한 지배구조를 만든다.
   ③ 자본주의 체제에서 자유는 평등을 통해 실현된다.
   ④ 자본주의는 개인의 자질을 실현할 수 있도록 한다.

5. (가)와 (나)를 전제로 할 때 빈칸에 들어갈 결론으로 가장 적절한 것은?

   > (가) 여행을 간 사람 중 일부는 기념품을 사지 않는다.
   > (나) 조카가 있는 사람은 모두 기념품을 산다.
   > 따라서 (   )

   ① 여행을 간 사람 중 일부는 조카가 있다.
   ② 조카가 없는 사람 중 일부는 여행을 간다.
   ③ 조카가 있는 사람은 모두 여행을 가지 않는다.
   ④ 여행을 간 사람은 모두 조카가 없다.

6. 다음 글을 바탕으로 이해한 것이 적절하지 않은 것은?

명령문은 화자가 청자에게 어떤 행동을 하도록 요구하는 문장이다. 따라서 주어는 언제나 청자이며 서술어로는 동사만이 가능하다. 명령문은 크게 직접 명령문과 간접 명령문, 허락 명령문, 경계 명령문으로 나눌 수 있다. 직접 명령문은 화자와 청자가 얼굴을 서로 맞대고 명령할 때 쓰는 문장으로, 명령형 종결 어미 '-아라/-어라'와 결합하여 실현된다.

반면, 간접 명령문은 직접 대면하지 않은 상황에서 매체를 통해 3인칭 불특정 다수나 단체에게 사용하는 명령문이다. 담화 현장에 없는 누군가에게 명령하는 것인데, 신문 기사의 제목, 시위 군중의 구호, 책의 제목, 문제지의 문항 등 공적 담화 상황에서 쓰는 명령문이다. 명령형 어미는 '-(으)라'만 쓰인다.

허락 명령문은 허락의 뜻을 나타내는 명령문이다. '-(으)려무나, -(으)렴'과 결합하여 실현되며 부정적인 말일 때는 쓰지 않는다. 그리고 경계 명령문은 경계의 뜻을 나타내는 명령문이다. 어미 '-(으)ㄹ라'와 결합하여 실현된다. 명령문은 어떠한 명령문이든 간에 간접 인용절로 안길 때는 종결 어미가 모두 '-(으)라'로 바뀐다는 것이 특징이다.

① '내 손을 꼭 잡아라'는 화자와 청자가 얼굴을 직접 맞대고 있는 상황에서 쓰는 직접 명령문이다.
② '조심해라. 다칠라'에는 직접 명령문과 경계 명령문이 함께 사용되었다.
③ '더 놀다 가려무나'는 노는 것을 허락한다는 뜻을 나타내는 허락 명령문이다.
④ '정의의 수호자들이여 나를 따르라'는 주변을 경계하고 자신을 따르라는 뜻을 나타내는 경계 명령문이다.

7. <공공언어 바로 쓰기 원칙>에 따라 <공문서>의 ㉠~㉣을 수정한 것으로 적절하지 않은 것은?

─────<공공언어 바로 쓰기 원칙>─────
○ 대등한 것끼리 접속할 때는 구조가 같은 표현을 사용할 것.
○ 능동과 피동 등 흔히 헷갈리기 쉬운 것에 유의할 것.
○ 필요한 문장 성분이 생략되지 않도록 할 것.
○ 조사, 어미 '-하다' 등을 지나치게 생략하지 말 것.

─────<공문서>─────
○○시청 주거복지과

수신 수신자 참조
(경유)
제목 청년 월세 지원 사업 안내
────────────────────────

1. ㉠청년층의 주거를 안정시키고 경제적 부담 완화를 위해 ㉡청년 월세 지원 사업을 시행합니다.
2. 임대차계약서 기준으로 독립 세대주인 청년은 ○○시청 민원실에 가서 ㉢신청할 수 있습니다.
3. 월 최대 20만 원씩, 최대 12개월간 지원할 ㉣예정, 시민 여러분의 많은 관심과 참여 부탁드립니다.

① ㉠: 청년층의 주거 안정과 경제적 부담 완화를 위해
② ㉡: 청년 월세 지원 사업을 시행됩니다
③ ㉢: 지원금을 신청할
④ ㉣: 예정이므로

8. 다음 글의 ㉠~㉣ 중 어색한 곳을 찾아 가장 적절하게 수정한 것은?

페터스 투영법은 ㉠지구상의 어떤 지역도 면적의 왜곡이 나타나지 않는 정적 도법*이다. 이 지도는 반제국주의자와 반인종차별주의자들이 널리 사용하고 있는 투영법이다. 이 지도에는 ㉡모든 사람은 평등하며 더 중요한 나라도 덜 중요한 나라도 없다는 페터스의 사상이 적절히 표현되었다. 페터스의 지지자들은 메르카토르 지도가 서유럽, 미국, 그 밖의 선진 세계에 비해 상대적으로 축소된 대부분 열대 지역에 위치한 제삼세계 국가들에 치명적인 지도라고 맹렬하게 비판하였고, 페터스 도법에 반대하는 것은 ㉢반제국주의자와 반인종차별주의자들의 입장에 치우쳐서 그들의 경제적 수탈을 승인하는 것이라 주장하였다.

1980년대에 들어서 내셔널 지오그래픽 협회에서는 ㉣표준 세계 지도에 기존과 다른 투영법을 적용하기로 결정하고, 미국의 지리학자인 아서 로빈슨이 고안한 투영법을 선택하였다. 로빈슨 투영법은 기존의 세계 지도에 비하여 면적의 왜곡이 작으면서도 모양의 왜곡도 작도록 고안된 도법이다. 이 투영법에서는 메르카토르 지도에서 나타나는 그린란드 지역의 왜곡은 줄였으나, 아프리카의 모양은 실제보다 작게 나타난다.

* 정적 도법:『지리』지구 위의 각 부분의 면적이 지도 위의 어디에서나 같은 비율로 되어 있는 도법. 같은 넓이의 면적은 지도 위에서는 어디서나 같게 표시되므로 지역 간의 면적을 비교하는 데에 편리하다. 본 도법, 람베르트 도법 따위가 있다. ≒ 등적 도법

① ㉠: 서유럽, 미국 등의 면적이 상대적으로 크게 나타나는
② ㉡: 선진국은 제삼세계 국가에 비해 우월하다
③ ㉢: 제국주의자의 입장에 치우쳐서
④ ㉣: 표준 세계 지도를 위한 새로운 투영법을 개발하기로

9. 다음 글의 ㉠을 강화하는 것만을 <보기>에서 모두 고르면?

DNA는 네 종류의 아데닌(A), 사이토신(C), 구아닌(G), 티민(T) 염기들이 연결되어 서열을 구성하는 두 개의 사슬로 이루어진다. 이때 A와 T의 결합 그리고 C와 G의 결합만 이루어질 수 있어서 하나의 염기 서열을 알면 다른 쪽 염기 서열도 알 수 있다.

㉠유전학자들은 전체 염기 서열을 유전자 데이터베이스에 저장해 두어 개체의 생물학적 특성을 파악한다. 유전적 특성이 반영된 특정 서열을 '질의 서열'로 입력하여 해당 서열의 포함 여부를 검색하여 생물학적 특성을 파악하는 것이다. 이때 유전학자들은 데이터베이스에 저장된 서열 중에는 돌연변이가 포함되어 있을 수도 있어 검색 시에는 동일한 서열이 아닌 유사한 서열을 검색하는 방식을 사용한다. 하지만 이러한 방식은 많은 검색 시간이 소요된다. 그래서 이들은 유전자 데이터베이스의 염기마다 색인을 만들어 연결해 두고 색인을 검색하는 방식을 사용한다.

─────<보 기>─────
ㄱ. AT-AT의 생물학적 특성을 파악하기 위해서는 동일 서열을 검색하기 위해 AT-AT만을 질의 서열로 입력해야 한다는 사실이 밝혀졌다.
ㄴ. 유전자 데이터베이스에서 색인을 활용한 검색은 검색 시간을 단축시킨다는 사실이 밝혀졌다.
ㄷ. 상당한 수의 돌연변이 서열이 유전자 데이터베이스에서 발견되었다.

① ㄱ, ㄴ ② ㄱ, ㄷ ③ ㄴ, ㄷ ④ ㄱ, ㄴ, ㄷ

[10~11] 다음 글을 읽고 물음에 답하시오.

베르그송은 사물을 인식하는 두 가지 방법으로 분석과 직관을 꼽는다. 이 둘은 동시에 이루어질 수 없고, 서로 대립적인 성격을 지닌다. 우선 분석은 우리의 관점과 대상을 표현하는 상징에 의존하므로, 끊임없이 관점을 증가시키면서 불완전한 표상을 완성하려고 무한히 계속된다. 분석은 이미 알려진 다른 대상들의 측면에서 보편적 개념만 사용해 대상의 본성을 표현한다. 결국 분석으로는 다른 대상들과 공통된 것만 알 수 있으며, 대상의 독특한 것을 알 수 없다.

이에 반해 직관은 특정한 관점이나 어떠한 상징에도 의존하지 않는 지적 공감이며, 이를 통해 우리는 우리 자신을 대상 안으로 ⊙투사하고 대상의 존재와 동일시한다. 따라서 베르그송은 분석으로 얻는 지식은 상대적인 것에 멈추지만, 직관으로는 절대적인 것에 ⓒ다다를 수 있다고 본다.

인식은 직관에서 분석으로 이행할 수 있지만 그 역은 불가능하다. 그 이유는 분석이 보편의 틀에 매여 개별적인 것에 이를 수 없기 때문이고, 또 개념이 한 대상의 '부분'들이 아니라, 인위적 '요소'들이기 때문이다. 한 개념은 많은 대상의 공통점을 포착해서 유사성을 ⓒ뽑아낸 것으로, 이 성질을 지닌 대상의 일부처럼 보인다. 베르그송은 이 때문에 개념을 한 대상의 부분이라고 잘못 추론한다고 지적했다. 개념은 부분이 아닌 요소에 해당하므로 개념들의 어떠한 결합도 대상을 온전하게 ⓔ되돌리지 못한다.

10. 윗글의 내용과 일치하지 않는 것은?
① 분석과 직관은 사물을 인식하기 위한 도구이다.
② 직관과 달리 분석은 다른 사물을 통해 대상을 상대적으로 인식하는 방법이다.
③ 직관은 부호적 표현이나 재현에 의존하지 않는 지적 공감이며 인식의 과정에서 분석으로 이행할 수 있다.
④ 개념은 전체를 이루는 부분에 해당하므로 결합을 통해 대상을 복원할 수 있다.

11. ⊙~ⓔ과 바꿔쓸 수 있는 유사한 표현으로 적절하지 않은 것은?
① ⊙: 투영하고
② ⓒ: 도달할
③ ⓒ: 추출한
④ ⓔ: 반환하지

12. ⊙의 사례로 제시하기 적절하지 않은 것은?

언어는 논리적인 측면에서 전산 과학과 관련이 있다. 예를 들어, 전자계산기는 이미 저장된 프로그램의 규칙에 따라 입력되는 기호들을 처리한 뒤 다른 기호로 출력한다. 전산 언어학에서는 전자계산기로 단어나 용어의 색인을 통계적으로 다루면서도 자동 번역을 위해 노력을 기울이고 있다. 하지만 ⊙자동 번역을 하기까지는 큰 난관이 있다. 바로 문장이 중의성을 가지는 경우이다. 주어진 문맥을 읽고 해당 문장이 어떤 의미를 가지는지 정확하게 파악하여 의미를 옮기는 일은 전자계산기가 하기에는 너무 버거운 일이다. 중의성을 해결하려면 백과사전만큼의 지식이 필요하기 때문이다.

① 영희가 모자를 쓰고 있다.
② 유진이는 사과와 배 두 개를 샀다.
③ 이 그림은 아버지가 그린 그림이다.
④ 우리 엄마는 호랑이 같다.

[13~14] 다음 글을 읽고 물음에 답하시오.

최초의 고전 소설은 무엇일까? 이는 15세기 김시습의 『금오신화』라는 주장과 신라 말에서 고려 초에 출현한 작품들이라는 주장이 맞서고 있다. 둘 중 어느 쪽이든 대표작은 모두 전기(傳奇)* 소설에 해당한다.

전기 소설은 비현실적이고 환상적인 성격을 지니고 있다. 이러한 분위기를 통해 현실에서 이루지 못한 사랑과, 사랑의 비극적 결말을 드러낸다. 주인공은 전쟁이나 현실과의 불화로 인해 고독한 존재이며, 사랑으로 그 고독함을 해소한다. 그러나 이러한 사랑은 대부분 지속 불가능하다. 주인공, 즉 이승을 떠난 존재나 인간이 아닌 존재가 관계를 이어 갈 수 없는 존재와 사랑을 나누기 때문이다. 이는 사랑이 유한하다는 것을 전제한 것이며, 이야기는 남녀 주인공의 사랑과 이별에 집중한다.

이러한 특징은 전기 소설이 후대로 계승되면서 변화하게 된다. 임진왜란 이후 권필의 「주생전」이나 조위한의 「최척전」은 전기 소설의 속성을 지니지만, 그 속성을 벗어나려는 경향을 보인다. 이 작품들의 주인공은 이전과 달리 모두 현실을 살아가는 인간이다. 우선 「주생전」의 주인공들은 삼각관계에 놓여 있다. 남성 주인공은 자신의 욕망을 위해 다른 여성을 선택하는데, 이 사랑도 이별이라는 비극적인 결말로 끝난다. 반면 「최척전」의 남녀 주인공은 마지막에 다시 만나 사랑을 회복하며, ⊙떨어져 지냈던 가족들과 재회해 가족 공동체의 질서도 회복된다.

* 전기(傳奇): 전하여 오는 기이한 일을 세상에 전함.

13. 윗글을 읽고 이해한 내용으로 적절하지 않은 것은?
① 최초의 고전 소설의 갈래는 전기 소설이다.
② 전기 소설은 비극적인 결말을 통해 비현실적인 분위기를 드러낸다.
③ 「최척전」과 「주생전」 속 주인공은 이승을 떠난 존재나 인간이 아닌 존재가 아니다.
④ 「최척전」과 달리 「주생전」의 남녀 주인공은 임진왜란 이전의 전기 소설과 같이 비극적 결말을 드러낸다.

14. 문맥상 ⊙의 의미와 가장 가까운 것은?
① 아들이 입학시험에 떨어졌다.
② 아이가 부모와 떨어져 지내는 것은 힘든 일이다.
③ 사람에게 한번 정이 떨어지면 다시 친해지기 어렵다.
④ 굵은 빗방울이 머리에 한두 방울씩 떨어지기 시작했다.

15. 다음 명제가 모두 참일 때, 갑~무 중 병과 함께 과제 제출을 늦게 한 사람이 적절하게 짝지어진 것은?

⊙ 정이 과제 제출을 늦게 했을 때만 을이 과제 제출을 제때 한다.
ⓒ 갑이 과제 제출을 제때 했다면, 을도 과제 제출을 제때 했다.
ⓒ 갑과 병 중 적어도 한 명은 과제 제출을 제때 한다.
ⓔ 무가 과제 제출을 늦게 했을 때만 갑이 과제 제출을 제때 한다.

① 갑, 을
② 갑, 정
③ 을, 정
④ 정, 무

[16~17] 다음 글을 읽고 물음에 답하시오.

순자는 인간의 정신 작용을 성(性), 정(情), 려(慮), 위(僞)의 네 가지 부류로 나누었다. 이 네 가지 부류는 마음이 움직이는 특정 순서를 반영하기도 한다. 첫 번째로 나타나는 ⊙'성'은 개인의 기본적인 본능으로, 삶의 본질이자 출생부터 내재된 본성이다. ⓒ'정'은 두 번째로 등장하며, 외부 사물들과 상호 작용하여 발생하는 다양한 감정을 느낀다. 좋다, 나쁘다, 슬퍼하다, 즐거워하다 등이 이 부류에 속한다. ⓒ'려'는 세 번째로 나타나며, 구체적인 감정이 생긴 후에 어떻게 대처할지를 선택하는 단계이며, 이는 사고 작용에 해당한다. 마지막 단계로 ⓔ'위'가 등장하며, 선택이 이루어진 후에 실제 행동으로 나타나는 의지적인 부분이다.

구체적인 상황에 적용해 보자. 만약 어떤 사람이 몇 날 동안 아무것도 섭취하지 않았다면, 본능적으로는 먹고 마시고 싶다는 욕구가 먼저 나타날 것이다. 또한 먹을 자격이 있는데도 불공평하게 금지당하면, 노여움이나 슬픔과 같은 감정이 일어날 것이다. 먹을 기회가 돌아오면 기쁨과 만족감을 느낄 것이지만, 만약 주변에 불쌍한 이가 있다면 (가) 자기 이기적인 본성과는 달리 음식을 나누거나 나눠줄 생각을 할 것이다. 이는 순자가 언급한 '위' 측면에서는 억누르고 참는 행동으로 나타난다.

16. 윗글의 내용과 일치하지 않는 것은?
① 일반적으로 사람은 '성'과 '위'가 반대되는 행동을 한다.
② '정'은 먹을 자격이 있는데 불공평하게 금지당하면 노여운 감정을 느끼는 것이다.
③ '성'은 인간의 본능이며, 정신 작용에 있어 무엇보다 먼저 나타나는 단계이다.
④ '려'는 선택의 단계로, 예시에서 먹을 것을 내가 먹을지, 나누어줄지에 대해 생각하는 것이다.

17. 윗글의 (가)에 해당하는 인간의 정신작용은?
① ⊙
② ⓒ
③ ⓒ
④ ⓔ

18. 빈칸에 들어갈 내용으로 가장 적절한 것은?

제목: 아동의 문제 해결 능력과 부모의 역할

도입: 아이들은 사물에 대한 호기심이 많다.
전개: 아이들은 어려운 문제에 부딪혔을 때 시간이 걸려도 스스로 문제를 탐색하고 그것을 해결할 수 있는 잠재력이 있다.
전환: (   )
결말: 아이들의 창조력 발달 속도는 부모의 간섭과 반비례한다.

① 요즘 어른들은 대부분 참을성이 없다.
② 부모들은 아이들의 탐색 과정을 기다리지 못한다.
③ 조상들은 자식에 관한 무관심을 미덕으로 여겼다.
④ 아이들의 잠재력 중 가장 큰 부분은 창조력이다.

19. 갑~병의 주장을 분석한 내용으로 적절하지 않은 것만을 <보기>에서 모두 고르면?

갑: 고령화 사회가 급격하게 빠르게 진행되면서, 노인의 연령 기준을 상향해야 한다는 사회적 목소리가 높아지고 있다. 노인의 연령 기준을 상향하면, 기존에 노인으로 인정받던 사람들 중 일부는 복지혜택을 받지 못하게 된다. 기초연금이나 기본 의료비 지원, 교통비 감면과 같은 복지 혜택은 경제적, 건강적 약자인 노인들에게 필수적이다. 연령 기준 상향은 취약계층을 보호할 국가의 의무를 저버리는 행위로 볼 수 있다.
을: 평균 수명이 늘어나면서, 과거의 노인 기준이 현대 사회에 적합하지 않다는 지적이 많다. 하지만 육체노동에 종사하던 저소득 고령자들은 은퇴 이후 사회적 지원을 절실히 필요로 한다. 이들을 노인으로 인정하지 않으면, 그들의 기본적 생존권과 행복권을 박탈하는 결과를 초래할 수 있다.
병: 노인의 연령 기준을 상향하는 것은 합리적인 사회 변화에 따른 정책 조정이라고 볼 수 있다. 기본권의 침해는 복지 수준을 줄일 때만 해당된다. 노인의 기준을 상향하더라도 복지 혜택을 보다 필요한 계층에게 집중할 수 있다. 이는 오히려 사회적 자원의 효율적 배분을 통해 모두의 기본권을 강화하는 방안이 될 수 있다.

─<보 기>─
ㄱ. 노인 연령 기준 상향에 대해 갑과 을의 주장은 대립한다.
ㄴ. 노인 연령 기준 상향에 대해 을과 병의 주장은 대립한다.
ㄷ. 노인 연령 기준 상향에 대해 병과 갑의 주장은 대립한다.

① ㄱ   ② ㄴ   ③ ㄱ, ㄷ   ④ ㄴ, ㄷ

20. (가)와 (나)를 읽은 반응으로 가장 적절한 것은?

(가) 프랑스 혁명은 국민 주권의 정치를 구현하는 것이 목표였다. 새 시대의 요구에 부응하기 위해 혁명 정부는 새 역법 체계를 구상하였다. 공화국 설립일을 원년 제1일로 하는 혁명력을 제정한 것이다. 혁명력은 모든 달을 30일로 하였고 한 달을 10일씩 3주로 나누었다. 혁명력은 12년 동안 사용되었으나 나폴레옹 즉위 이후 폐기되었다.

(나) 프랑스 혁명은 사회 여러 방면에 영향을 미쳤는데, 가장 대표적인 것이 미터법 제정이었다. 혁명 이전 프랑스에서는 수십 개가 넘는 단위가 사용되었기 때문에 여러 혼란이 초래되었다. 그래서 도량형 체계인 미터법이 제정되었다. 당시 1미터를 무엇을 기준으로 할지 여러 주장이 나왔는데, 고심 끝에 과학자들은 지구 둘레의 4분의 1인 북극에서 적도까지 이르는 선을 1000만으로 나눈 거리를 1미터로 정하기로 했다.

① 프랑스 혁명의 영향을 받은 제도들은 과학적인 정확성을 고려하여 만들어졌군.
② 프랑스 혁명의 영향을 받은 제도들은 중요한 문제를 지니고 있어서 오래 사용되지는 못하였군.
③ 프랑스 혁명으로 만들어진 제도들은 각 계층의 요구 사항을 잘 반영하였군.
④ 프랑스 혁명은 당시 사람들의 삶에 큰 영향을 미쳤군.

2025
이유진
국어

백일기도
모의고사
시즌 2_ 轉

2025년 국가직/지방직 9급 대비

공무원 9급 공개경쟁임용 필기시험

백일기도 국어 모의고사(轉)
제64회~제70회

응시번호		문제책형
성명		

제1과목	국어	제2과목	영어	제3과목	한국사
제4과목	행정법총론	제5과목	행정학개론		

응시자 주의사항

1. **시험시작 전 시험문제를 열람하는 행위나 시험종료 후 답안을 작성하는 행위를 한 사람은** 「공무원임용 시행령」 제51조 등 관련 법령에 의거 **부정행위자로 처리됩니다.**

2. 시험이 시작되면 문제를 주의 깊게 읽은 후, **문항의 취지에 가장 적합한 하나의 정답만을 고르며,** 문제내용에 관한 질문은 할 수 없습니다.

3. **답안은 문제책 표지의 과목 순서에 따라 답안지에 인쇄된 순서에 맞추어 표기해야 하며,** 과목 순서를 바꾸어 표기한 경우에도 **문제책 표지의 과목 순서대로 채점되므로** 유의하시기 바랍니다.

4. **시험시간 관리의 책임은 응시자 본인에게 있습니다.**
   ※ 문제책은 시험종료 후 가지고 갈 수 있습니다.

정답공개 및
이의제기 안내

1. **유튜브 라이브**: 멘탈클리닉 + 문제풀이 타이머

2. **유튜브 라이브 참여 방식**: 매일 아침 7시 20분부터 이유진 국어 유튜브 채널에서 송출

3. **질의응답**: 이유진 국어 네이버 카페(https://cafe.naver.com/yujinjinjin)
   → 백일기도 질답 메뉴

4. **성적분석 및 유사유형 검색시스템 제공**: 메가공무원 이유진 국어 홈페이지

본 문제의 무단전재 또는 복제행위는 저작권법 제136조에 의거, 5년 이하의 징역 또는 5,000만원 이하의 벌금에 처하거나 이를 병과할 수 있습니다.

국 어

1. <공공언어 바로 쓰기 원칙>에 따라 수정한 것으로 적절하지 않은 것은?

―――――― <공공언어 바로 쓰기 원칙> ――――――
○ 중복 오류 삼가기
  - ㉠ 중복되는 표현을 사용하지 않음.
○ 주어와 서술어의 호응
  - ㉡ 주어와 서술어의 관계를 명확하게 표현함.
○ 부사어와 서술어의 호응
  - ㉢ 부사어와 서술어의 관계를 명확하게 표현함.
○ 대등한 구조를 보여 주는 표현 사용
  - ㉣ '-고', '와/과' 등으로 접속될 때에는 대등한 관계를 사용함.

① "부동산 투기를 뿌리 뽑아 근절할 수 있는 대책을 강구해야 한다."를 ㉠에 따라 "부동산 투기를 뿌리 뽑을 수 있는 대책을 강구해야 한다."로 수정한다.
② "한글과 다른 문자들을 비교해 보니, 매우 과학적인 문자이다."를 ㉡에 따라 "한글과 다른 문자들을 비교해 보니, 한글은 매우 과학적인 문자이다."로 수정한다.
③ "그 일은 결코 우연한 일이 아니었다."를 ㉢에 따라 "그 일은 모름지기 우연한 일이 아니었다."로 수정한다.
④ "미괄식 언어 표현은 분위기를 고조하고 절정감 형성이 가능하다."를 ㉣에 따라 "미괄식 언어 표현은 분위기 고조와 절정감 형성이 가능하다."로 수정한다.

2. 다음 글을 읽고 이해한 내용으로 가장 적절한 것은?

　1930년대 후반 시인들은 열악한 현실 속에서 새로운 시 경향을 모색했다. 이때 '생명파'라는 새로운 경향성이 나타났다. 생명파는 인간 존재의 본질과 실존의 문제를 다루었다.
　생명파 작가인 유치환은 작품을 통해 인간의 생명과 의지, 인간의 실존을 나타내고자 했다. 그에게 현실은 인간 존재의 본질과 생명력을 위협하는 공간으로, 그는 이곳을 벗어나려고 하였다. 그의 대표작인 「생명의 서」의 화자는 생명 본연의 존재 이유에 회의를 품고 삶의 허무와 회의감을 느꼈다. 그러나 화자는 아라비아 사막, 즉 극한적 공간에서 본질적 자아와 인간 본연의 생명력을 되찾고자 하였다. 화자는 극한적 공간에서 생명의 본질을 탐구하고자 하였는데, 여기서 인간의 실존에 대해 다루는 생명파의 경향을 확인할 수 있다.
　서정주는 실존의 문제를 다룬 작가로, 이 기저에는 시간 의식이 자리 잡고 있었다. '시간 의식'은 시간을 초월하여 존재하는 영원성을 말한다. 시간의 한계에 존재하는 인간은 모든 것이 영원성 안에서 순환하고 지속된다는 것을 깨닫는다. 여기서 실존의 가치와 의미가 발견되는데, 「풀리는 한강가에서」도 이러한 맥락에서 파악할 수 있다. 화자는 얼었던 강물이 녹는 현상을 통해 생명의 영원성과 순환성을 확인한다. 이러한 점을 통해 비극적 현실도 이겨낼 수 있다는 메시지를 전달한다.

① 생명파 시인들은 인간의 실존보다는 현실적 문제를 탐구하는 데 주력했다.
② 유치환과 서정주는 극한적 공간에서 생명의 본질을 탐구했다.
③ 유치환의 시에서 현실은 인간의 생명력을 보호하는 공간이다.
④ 서정주는 시간 의식을 통해 생명의 순환성과 영원성을 드러냈다.

3. 다음 중 ㉠을 가지는 사례로 적절한 것은?

　속담은 오랜 기간 구비·전승되며 인간의 가치관 형성에 영향을 주었다. 속담 중에는 비유와 대중성을 가진 전통적인 진리로서 인생을 살아가는 데에 있어서 필요한 가르침을 주고, 처세의 방법 등을 깨우쳐 주는 ㉠ 교화적 기능을 가지는 것들이 있다. 예를 들어, "아는 길도 물어 가라."라는 속담은 신중한 자세를 강조하는 교화적 기능을 수행한다.
　속담은 현실의 부정적 현상이나 모순 따위를 빗대어 비웃는 풍자의 기능을 수행하기도 한다. 가령 "눈이 아무리 밝아도 제 코는 안 보인다."라는 속담은 제아무리 똑똑한 사람도 저 자신은 잘 모른다는 의미로, 남보다 자기 자신을 먼저 살피라는 풍자적 역할을 수행한다.

① 아니 땐 굴뚝에 연기 날까
② 누워서 침 뱉기
③ 달면 삼키고 쓰면 뱉는다
④ 돌다리도 두드려 보고 건너라

4. 다음 글의 ㉠을 강화하는 것만을 <보기>에서 모두 고르면?

　기업은 물건 생산에 있어 이윤을 극대화하기 위해 생산적 효율성을 고려한다. 생산적 효율성이란 제한된 자원 내에서 낭비 없이 최대한 많은 생산을 하는 것을 의미한다. 이는 기업이 물건을 생산하는데 드는 비용을 절감하는 데 도움을 준다. 비용 절감을 통해 기업은 경쟁 기업보다 싼 가격으로 상품을 판매할 수 있게 된다. 이로써 가격 경쟁 측면에서도 우위를 차지하게 되는데 이는 기업의 판매량 증진에도 도움이 된다.
　하지만 최근 기업의 사회적 책임이 대두됨에 따라 ㉠ ESG 경영 철학이 도입되어야 한다는 주장이 제기되고 있다. ESG 경영 철학은 친환경 경영, 사회적 책임 경영, 투명 경영을 요구하는 경영 철학이다. 이는 사회 전체의 효용을 고려한 경영 방식이 오히려 기업의 이윤을 증진시켜 준다고 여긴다. 이에 따라 최근 ESG 경영 철학을 도입하고 있는 기업의 수가 증가하고 있다.

――――――――― <보 기> ―――――――――
ㄱ. 재정난에 놓여있던 기업이 공장 가동에 있어 신재생 에너지로의 전환을 추진하자 재정 상황을 극복할 수 있었다.
ㄴ. 기업의 단기적인 이윤 추구도 장기적 이윤 극대화에 있어 중요한 요소에 해당한다는 사실이 밝혀졌다.
ㄷ. 소비자, 정부, 시장 등 총체적인 사회 구성원을 고려한 경영 방식이 기업의 순이익을 증대시켰다.

① ㄱ, ㄴ
② ㄱ, ㄷ
③ ㄴ, ㄷ
④ ㄱ, ㄴ, ㄷ

5. 다음 글의 밑줄 친 결론을 이끌어 내기 위해 추가해야 할 것은?

　책을 많이 읽는 사람은 어휘력이 풍부하다. 어휘력이 풍부한 어떤 사람은 감수성도 풍부하다. 따라서 <u>감수성이 풍부한 어떤 사람은 책을 많이 읽는 사람이다.</u>

① 책을 많이 읽는 어떤 사람은 어휘력이 풍부하다.
② 감수성이 풍부한 사람은 모두 어휘력이 풍부하다.
③ 감수성이 풍부한 어떤 사람은 어휘력이 부족하다.
④ 어휘력이 풍부한 사람은 모두 책을 많이 읽는다.

[6~7] 다음 글을 읽고 물음에 답하시오.

거시사는 국가의 외교, 정치, 경제, 사회 등 역사적 구조의 탐색에 ㉠중점을 둔 전통적 역사 연구 방법이다. 대표적으로 '실증주의 역사학'은 역사가의 사관을 ㉡제외하고 사료의 고증만을 통해 객관적 사실을 규명했다. 이후 19세기 초 등장한 거시사의 연구 방법 중 하나인 '역사주의'는 주로 정치와 외교 등을 연구 대상으로 삼았다. 당시는 국민 국가의 형성과 운영이 국제 질서에 좌우되던 시기였다. 따라서 역사주의 역사가들도 전쟁, 조약 등 정치적 사건의 결정권을 가진 소수 지배계층에 집중하였고, 일부 엘리트 행위에 대한 분석으로 역사 구조를 파악하고자 했다.

그러나 2차 세계 대전 이후, 일반 대중에 대한 연구를 통해 역사를 파악해야 한다고 보는 미시사가 ㉢등장했다. 미시사도 역사적 사실을 규명하고자 했지만 사회 경제적 분석만으로는 인간 개인의 삶을 설명할 수 없다고 문제를 제기했다. 즉, 미시사는 역사가의 주관적 시각을 통해 개인의 특성 및 인물 간의 관계를 분석하여 사회적 분위기나 생활을 해석하고자 했다.

미시사의 구체적 연구 특징을 살펴보면, 미시사의 역사가들은 정치가 등 주요 인사가 아닌 평범한 인물을 연구 대상으로 한다. 또한 나라의 공식 문서와 같은 엘리트 자료가 아닌 일기, 편지 등 삶과 관계된 비공식적 자료를 사료로 선택한다. 나아가 국가나 대륙의 큰 규모에 대한 연구보다는 작은 규모에 대한 현미경적 관찰을 연구 방법으로 삼는다. 이처럼 미시사는 추론적 패러다임에 근거하여 사료가 ㉣품고 있는 과거를 추론해 가는 역사 연구이며, 아래로부터의 역사를 지향했다는 의의를 갖는다.

6. 윗글에 대한 이해로 가장 적절한 것은?
① 거시사는 현미경적 관찰 방법을 이용하여 정치적 사건과 엘리트 계층을 연구했다.
② 미시사는 역사적 사실에 대한 규명을 중요시하지 않았다.
③ 미시사는 역사가의 상상을 통해 과거를 추론한다.
④ 미시사는 비공식적 사료를 통해 대중의 삶을 해석하고자 했다.

7. ㉠~㉣과 바꿔쓸 수 있는 유사한 표현으로 적절하지 않은 것은?
① ㉠: 초점을
② ㉡: 배제하고
③ ㉢: 등단했다
④ ㉣: 내포하는

8. 다음 중 ㉠의 사례에 해당하는 것은?

국어에서는 의존 명사가 수량을 표현하는 말 뒤에 쓰여 수효나 분량 따위의 단위를 나타내는 경우가 일반적이다. 하지만 ㉠자립 명사가 단위를 나타내는 경우도 간혹 존재한다. 가령, '젓가락'은 '젓가락으로 반찬을 집어 먹다.'와 같이 '음식을 집어 먹거나, 물건을 집는 데 쓰는 기구'라는 뜻의 자립 명사로 쓰이기도 하지만, '라면 한 젓가락만 먹을게.'와 같이 쓰여 수량을 표현하는 말 뒤에 쓰여 분량을 세는 단위를 나타내기도 한다.

① 그는 친구 세 사람과 함께 영화관에 갔다.
② 내 동생은 설거지를 하기 위해 그릇을 비웠다.
③ 내가 사는 데는 여기서 가깝지 않다.
④ 나를 이해해주는 사람은 우리 엄마뿐이다.

9. <지침>에 따라 <개요>를 작성할 때 ㉠~㉣에 들어갈 내용으로 적절하지 않은 것은?

―――――――― <지 침> ――――――――
○ 서론은 중심 소재의 개념 정의와 문제 제기를 1개의 장으로 작성할 것.
○ 본론은 제목에서 밝힌 내용을 2개의 장으로 구성하되 각 장의 하위 항목끼리 대응되도록 작성할 것.
○ 결론은 기대 효과와 향후 과제를 1개의 장으로 작성할 것.

―――――――― <개 요> ――――――――
○ 제목: 비만 문제 증가의 원인과 해결 방안
Ⅰ. 서론
 1. 비만의 정의와 주요 실태
 2. ㉠
Ⅱ. 비만 문제 증가의 원인
 1. ㉡
 2. 과도한 스트레스와 불규칙한 생활 패턴
Ⅲ. 비만 문제 해결 방안
 1. 건강한 음식 섭취 교육 프로그램 개설
 2. ㉢
Ⅳ. 결론
 1. 개인 건강 증진 및 의료비 지출 감소
 2. ㉣

① ㉠: 비만율 증가로 인한 건강 이상 현상과 경제적 부담 증가
② ㉡: 고열량, 저영양 식품 소비 증가
③ ㉢: 대중적 운동 프로그램 지원 및 환경 조성
④ ㉣: AI를 활용한 비만 원인 분석 및 비만 예방·치료 방안 개발

10. 다음 글에 사용된 전개 방식으로 가장 적절한 것은?

12세기 초로 거슬러 올라가면 고려인들이 자연과의 조화에 얼마나 신경을 썼는지 알 수 있다. 개경에 왔던 송나라 사신 서긍이 쓴 보고서 속에서는 사신들의 숙소인 순천관의 모습을 이렇게 전했다. "동쪽 자리의 남쪽 중앙에는 청풍각을 지었고, 서쪽 방향은 산줄기에 의지하여 향림정을 세웠는데, 대청 문을 열면 산을 마주 보게 되고 맑은 물이 휘감기며 돌고, 큰 소나무와 이름 있는 꽃들이 울긋불긋 뒤섞여 빽곡하다." 이것은 자연에 순응하는 고려의 건축과 정원의 모습을 엿볼 수 있는 글이다. 사신들이 올린 조서(詔書)를 놓은 '조서전' 뒷산에 건립된 향림정에 대한 기록에도 "누워 있는 소나무와 괴기하게 생긴 돌에 이끼 무리와 칡덩굴이 서로 얽혀 조화를 이루고 있고, 바람이 불고 서늘하여 더위를 느끼지 않는다."라고 표현되어 있다. 자연 속에 자기를 맡기는 한국인의 '감정 이입'의 자세를 엿볼 수 있다.

① 시간의 흐름에 따라 대상의 변화를 서술하고 있다.
② 자문자답의 형식을 사용하여 독자의 관심을 끌고 있다.
③ 비교와 대조를 사용하여 대상의 공통점과 차이점을 부각하고 있다.
④ 관련된 사료를 인용하여 대상의 특징을 세부적으로 나타내고 있다.

[11 ~ 12] 다음 글을 읽고 물음에 답하시오.

생물 다양성, 곧 지구상 종의 수에 대한 추정치는 200만에서 1억까지 편차가 크다. 현재까지 과학 문헌에서 명명된 종의 수는 150만 개 정도이다. 이 중 같은 종을 다른 이름으로 부르는 이명(異名)이 20% 정도라고 하더라도, 나머지는 그렇지 않다. 지금도 전 세계적으로 수많은 학술지들에서 새로운 종의 발견이 계속 이루어지고 있다. 그렇다면 미지의 종은 얼마나 많이 남아 있을까? 곤충학자들은 해마다 7,000~8,000개씩 새로운 종을 만난다. 현재까지 그들이 과학 문헌에서 명명한 종만 해도 120만 개를 넘지만, 아직 새로운 종의 발견이 끝났다는 징조는 보이지 않는다. 중형 저서생물의 경우에는 더하다. 중형 저서생물은 투명하고 부드러운 몸을 가진 벌레 같은 생명체로서, 모래 입자와 토양입자 사이에서 살아가고 있다. 1960년대 이전까지는 그것들이 존재하는지조차 아는 사람이 없었고, 아무도 관심을 두지 않았다. 오늘날에 ㉠이르러서도 소수의 계통학자들만 그것들을 밝혀 과학 문헌에 명명하고 있는 형편이다.

11. 윗글을 읽고 추론할 수 없는 것은?
① 아직 명명되지 않은 중형 저서생물의 수는 아직 명명되지 않은 다른 생물 종들의 수보다 많다.
② 과학 문헌에 기재된 종들 중 실제로 존재하는 종들의 수는 명명된 종들의 수보다 적다.
③ 명명된 종들 중에서 곤충이 아닌 나머지 생물 종들의 수는 곤충 종의 수보다 많지 않다.
④ 중형 저서생물은 1960년대 이후 기록되기 시작했다.

12. 문맥상 ㉠의 의미와 가장 가까운 것은?
① 이를 도루묵이라고 이른다.
② 자정에 이르러서야 집에 돌아왔다.
③ 올해는 예년보다 첫눈이 이른 감이 있다.
④ 옛말에 이르기를 부자는 망해도 삼 년은 간다고 했다.

13. 다음 문장들을 논리적인 순서에 맞게 배열한 것은?

ㄱ. 이 목표를 위해 그녀는 갖은 굴종을 감내했고, 평생을 독신으로 살아왔다.
ㄴ. 엘렉트라는 소중한 동생의 죽음에 오열했다.
ㄷ. 이제 곧 어릴 적 비밀스럽게 아테네로 빼돌린 남동생 오레스테스가 고향 미케네로 돌아와 원수들의 목을 베고 아버지의 원수를 갚을 것이다.
ㄹ. 엘렉트라의 삶의 목표는 단 하나, 사랑하는 아버지 아가멤논의 원수를 갚는 일이다.
ㅁ. 그녀의 앞에 서 있는 이 여행객이 바로 남동생 오레스테스라는 사실은 전혀 모른 채로 말이다.
ㅂ. 그런데 갑자기 엘렉트라에게 오레스테스가 죽었다는 비보가 날아들고, 얼마 후 낯선 여행객이 그녀의 집에 도착해 오레스테스의 유골을 전한다.

① ㄹ-ㄱ-ㄷ-ㅂ-ㄴ-ㅁ
② ㄹ-ㄷ-ㅂ-ㄱ-ㅁ-ㄴ
③ ㄴ-ㄹ-ㄱ-ㄷ-ㅂ-ㅁ
④ ㄹ-ㄱ-ㅂ-ㅁ-ㄴ-ㄷ

14. 갑~병의 주장을 분석한 내용으로 적절하지 않은 것만을 <보기>에서 모두 고르면?

갑: 국민소환제는 국민 주권의 실질적 실현을 위한 제도로, 헌법 제1조 2항의 "모든 권력은 국민으로부터 나온다"는 원칙에 부합한다. 국민소환제는 대의제의 한계를 보완하며, 국민이 공직자의 책임을 직접 묻는 장치를 통해 국민 주권을 강화할 수 있다.

을: 대의제 민주주의는 선거로 뽑힌 대표들이 임기 내내 독립적으로 권한을 행사하도록 보장하지만, 국민의 요구와 괴리될 경우 그 한계가 여실히 드러난다. 국민소환제는 선거 후 발생하는 민의와 대표자 간의 괴리를 조정하며, 국민이 중간 평가를 내릴 수 있는 기회를 제공하므로 헌법의 민주적 기본 질서에 부합한다.

병: 대의제는 선출된 대표에게 독립적 판단과 의사결정 권한을 부여하여, 임기 동안 안정적이고 지속적인 정책을 추진하도록 보장한다. 하지만 국민소환제는 단기적 여론에 의해 공직자의 권한이 흔들릴 위험이 있어, 대의제의 본질적 원칙에 어긋난다. 또한 지속적인 소환 요청은 공직자가 정책 집행에 집중하지 못하게 만들고, 공직자의 독립성을 약화시킬 수 있다.

─<보 기>─
ㄱ. 국민소환제의 도입에 대해 갑과 을의 주장은 대립하지 않는다.
ㄴ. 국민소환제의 도입에 대해 을과 병의 주장은 대립하지 않는다.
ㄷ. 국민소환제의 도입에 대해 병과 갑의 주장은 대립하지 않는다.

① ㄱ
② ㄴ
③ ㄱ, ㄷ
④ ㄴ, ㄷ

15. 다음 글의 ㉠~㉣ 중 어색한 곳을 찾아 가장 적절하게 수정한 것은?

㉠동일한 손익이더라도 그 손익에 대한 효용은 상이할 수 있다. 효용의 차이는 세 가지 특징을 통해 설명될 수 있다. 첫 번째 특징은 준거점 의존성이다. 기대수익이 다르다면 실제 손익이 같더라도 그에 따른 ㉡만족감이나 상실감은 달라진다. 영희의 기대수익이 300만 원일 때 실제 수익이 400만 원이라면 100만큼의 만족감을 느낀다. 하지만 영희의 실제 수익이 400만 원으로 같더라도 기대수익이 800만 원이었다면 400만큼의 상실감을 느낀다. 두 번째 특징은 민감성 반응이다. 재산의 상황에 따라 민감성 반응은 달라진다. 사람들은 자산과 부채가 많을수록 동일한 수익과 손실에 대해 ㉢민감하게 받아들인다. 예를 들어 300만 원의 손실을 입은 경우 부채가 500만 원일 때 나타나는 상실감보다 부채가 2000만 원일 때 나타나는 상실감이 더 작다. 세 번째 특징은 손실 회피성이다. 이는 ㉣수익보다 손실에 더 큰 심리적 가중치를 두는 것을 말한다. 기대 손익과 재산이 일정한 경우, 300만 원의 수익을 통해 느끼는 만족감보다 300만 원의 손실에 따라 느끼는 상실감이 더 크다.

① ㉠: 동일한 손익하에서 손익에 대한 효용은 동일하다
② ㉡: 만족감이나 상실감은 기대수익과 무관하게 결정된다
③ ㉢: 둔감하게 반응한다
④ ㉣: 손실보다 수익에

[16 ~ 17] 다음 글을 읽고 물음에 답하시오.

결정 이양의 원리란 화자가 결정이나 판단의 최종 권한을 청자에게 넘겨주는 원리를 일컫는다. 즉, 화자가 자기가 판단한 내용을 결정지어 제시함으로써 청자에게 그대로 받아들이도록 강제하는 것이 아니라, 최종적인 결정이나 판단을 청자가 스스로 내릴 수 있게 하는 것이다. 이러한 결정의 이양, 다시 말해 '넘겨주기'는 '남겨 두기'를 통해 실현된다.

전달하고자 하는 정보 중 일부를 제시하지 않고 남겨 둔다는 것은 경제성의 원리와 관련이 있다. 같은 효과를 가지는 두 가지 표현이 있다면, '남겨 두기'를 적용한 표현이 더 경제적이다. 적은 비용으로 동일한 효과를 얻어낼 수 있기 때문이다. 또한, 이렇듯 '남겨 두기'를 적용한 결정 이양의 원리는 상대방과의 관계를 고려한 것이기도 하기에 공손성의 원리와도 관련이 있다. 따라서 동일한 정보를 전달하는 표현이라도 둘 중 결정 이양의 원리를 적용한 표현은 그렇지 않은 표현과 비교할 때 상대방과 더욱 우호적인 관계를 형성하는 데 유리하다.

하물며 결정 이양의 원리를 적용한 표현은 그렇지 않은 표현보다 설득 효과가 더 큰데, 이는 화자가 해당 표현을 활용함으로써 달성하고자 하는 목적을 달성하는 데에 더 크게 기여한다는 점에서도 확인 가능하다. 예를 들어 누군가에게 환경을 보호하자는 메시지를 전달하려 할 때, 직접적으로 "우리는 환경을 보호해야 해!" 등의 표현보다는 환경을 보호해야 하는 근거들을 제시함으로써 청자가 결정이나 판단의 최종 권한을 가질 수 있도록 넘겨 주는 것이 더 설득 효과를 크게 가질 것이다. 청자가 그 결론을 스스로 도출해 내린 것이기 때문이다.

16. 윗글에서 알 수 있는 내용으로 가장 적절한 것은?
① 결정 이양 원리는 경제성의 원리보다는 공손성의 원리와 더 깊은 관련이 있다.
② 결정 이양의 원리가 적용된 표현은 상대적으로 설득 효과가 더 크다.
③ 물을 절약해야 한다는 메시지를 전달하려면 "물을 아껴 쓰자!"라고 말하는 것이 가장 경제적인 표현이다.
④ 결정 이양 원리는 최종적인 결정이나 판단의 최종 판단을 화자가 할 수 있도록 청자가 넘겨주는 원리이다.

17. 다음은 불을 조심하자는 메시지를 전달하기 위해 작성된 표어이다. 〈보기〉의 표어 중 '결정 이양의 원리'가 적용되지 않은 것을 모두 고르면?

─〈보 기〉─
(가) 화재는 계절 없고 불행은 예고 없다.
(나) 내 가정 내 일터 내가 먼저 불조심
(다) 힘들게 모은 재산, 아차 순간 잿더미
(라) 불조심은 우리의 의무
(마) 내가 버린 작은 불씨, 큰불 되어 돌아온다.

① (가)
② (나), (라)
③ (나), (다), (라)
④ (나), (라), (마)

18. 다음 글의 주제로 가장 적절한 것은?

전체 대졸 취업자의 전공 불일치 비율이 6년간 3.6%p 상승했다. 이는 우리 대학 교육이 취업 환경의 변화를 따라가지 못하기 때문이다. 기존 교육 패러다임으로는 직업 생태계의 빠른 변화에 대응하기 어렵다. 청소년 시기부터 맞춤 취업 교육을 하자는 의견도 있지만, 한 사람의 타고난 재능과 역량이 가시화되는 데는 오랜 시간이 필요하다.

그렇다면 학교는 무엇을 가르쳐야 할까? 2030년이면 현존하는 직종 중 80%가 사라지고, 2011년에 초등학교에 입학한 어린이 중 65%는 아직 존재하지도 않는 직업에 종사하게 될 것이다. 이런 상황에서 가장 먼저 고려해야 할 것은 변화하는 직업 환경에 성공적으로 대응하는 것이다.

이미 세계 여러 나라가 이런 관점에서 교육을 개혁하고 있다. 핀란드는 소통, 창의성, 비판적 사고, 협동을 강조하는 내용으로 학교 수업을 개편하고 있다. 이런 능력들은 빠르게 현실화되고 있는 '초연결 사회'에 필수적이다. 말레이시아의 학교들은 문제해결 능력, 네트워크형 팀워크 등을 교과 과정에 포함시켰고, 아르헨티나는 초등학교에서 코딩을 가르치고 있다. 우리 교육도 개혁하지 않으면 안 된다.

① 교육은 사회의 변화에 대응하는 역량을 키워 줘야 한다.
② 세계는 변화하는 세상에 대응하여 교육을 개편하고 있다.
③ 빠르게 변하는 세상에서는 유망 직종 예측이 중요하다.
④ 한 국가의 교육은 당대의 직업 구조의 영향을 받는다.

19. 다음 글에 제시된 문제의식으로 가장 적절한 것은?

물리적 마모란 물건이 닳아 없어지는 것을 의미하며, 사회적 마모란 그 상품에 대한 소비자의 관심과 선택이 사라지는 것을 의미한다. 이 둘은 항상 일치하지는 않는데, 이러한 간극은 누군가에 의해 의도적으로 발생하는 경우가 많다.

생산력이 발전하며 상품의 성능이나 기능, 견고함이 더욱 향상되고 있다. 그렇다면 생산력이 발전할수록 상품은 이전보다 더 오래 사용되어야 한다. 그러나 실제는 다르다. 섬유의 질은 점점 좋아지지만, 그 옷을 입는 기간은 거기에 반비례해서 상품의 수명은 점점 짧아진다. 이는 기업에 의해서 상품의 사회적인 마모 기간이 엄청나게 짧아지도록 유도되고 있기 때문이다. 기업은 상품을 많이 팔기 위해 상품의 사회적 마모 기간을 짧게 해서 소비를 계속 유발시킨다.

① 유행으로 인해 과소비 문제가 발생하고 있다.
② 물리적 마모와 사회적 마모는 같지 않다.
③ 기업에 의해 사회적 마모가 유도되고 있다.
④ 생산력이 발전되면 상품 수명은 짧아진다.

20. 다음 진술이 모두 참일 때, 반드시 참인 것은?

○ 눈이 내린 날엔 지하철을 타고 출근한다.
○ 야근을 하면 지하철을 타고 출근한다.
○ 아침 운동을 하지 않은 날이면 야근을 한다.

① 지하철을 타고 출근한 날엔 야근을 한다.
② 지하철을 타고 출근한 날에만 아침 운동을 하지 않는다.
③ 눈이 내린 날엔 아침 운동을 하지 않는다.
④ 지하철을 타고 출근하지 않은 날엔 아침 운동을 하지 않는다.

국 어

1. <공공언어 바로 쓰기 원칙>에 따라 <공문서>의 ㉠~㉣을 수정한 것으로 적절하지 않은 것은?

───<공공언어 바로 쓰기 원칙>───
○ 능동과 피동 등 흔히 헷갈리기 쉬운 것에 유의할 것.
○ 필요한 문장 성분이 생략되지 않도록 할 것.
○ 목적어와 서술어를 호응시킬 것.
○ 부사어와 연결 어미를 호응시킬 것.

───<공문서>───
○○청, 일하는 방식 혁신 끝장 토론 개최

- 통계 혁신 담당자 50여 명이 모여 '정보통신 데이터를 활용한 업무 처리 효율화' 등을 주제로 심층 토론 -

□ ○○청은 4차 산업 혁명 시대에 맞추어 일하는 방식에 대해 논의하는 ㉠심층 토론회를 개최된다.

□ 본청과 지방청에서 통계 혁신 업무를 맡고 있는 50여 명이 ㉡참석하여 '정보통신 데이터를 활용한 업무 처리 효율화' 등을 주제로 ㉢구체적인 실천 계획과 새로운 아이디어를 낸다.

□ ○○청장은 ㉣결코 업무 효율성을 향상하는 데에만 그치지 않고, 적극 행정으로 국민이 체감할 수 있는 방안도 같이 모색하겠다고 밝혔다.

① ㉠: 심층 토론회를 개최한다
② ㉡: 회의에 참석하여
③ ㉢: 구체적인 실천 계획을 세우고 새로운 아이디어를 낸다
④ ㉣: 모름지기

2. 다음 글에서 글쓴이가 궁극적으로 주장하는 것은?

인터넷 언어 초기에는 단어의 일부를 줄인 말이 자주 쓰였다. 그런데 최근에는 아예 우리말 어법에 어긋난 말들이 사용되고 있다. '친구'로 쓰지 않고 '튄구'로 쓰거나 'ㅎㅎㅎ(하하하/흐흐흐)'처럼 한글 자체를 해체하여 적은 것들이 이에 속한다.
우리말을 외래 문자로 바꾸어서 한글과 섞어 쓰거나, 한글 자체를 해체하여 적는 일은 우리말을 파괴하는 성격을 띤다. 우리말을 한글로 적어야 하는 건 당연하고, 우리말은 한글의 자모음을 차례대로 결합시켜 음절 단위로 적어야 한다.
인터넷 언어는 방송과 언론의 조명을 받으면서 일반 국민의 언어생활에까지 영향을 미치고 있다. 어느덧 인터넷 언어는 신세대만의 문제가 아닌, 우리 언어생활 전반과 관련 있는 문제가 되어 버렸다. 지금의 인터넷 언어는 신세대와 기성세대 모두가 함께 돌아봐야 할 대상이 되어 버린 것이다.

① 인터넷 언어가 우리말을 파괴하는 경향을 보이고 있으므로 이를 바로잡을 필요가 있다.
② 인터넷 언어는 우리말 표기 규정의 까다로움 때문에 생긴 현상이므로 우리말 표기 규정을 정비해야 한다.
③ 인터넷 언어가 일상에 미치는 영향이 크다고 해서 이를 언어 정책으로 차단하려는 시도는 옳지 않다.
④ 인터넷 언어가 기성세대의 언어생활에도 악영향을 미치므로 신세대에 국한시켜 폐해를 논하면 안 된다.

3. 다음 글을 참고하여 면접 질문을 이해한 내용이 적절한 것은?

폐쇄형 질문은 '예, 아니요'와 같이 주어진 항목 중 답변할 수 있거나 답의 내용이 제한되어 있는 질문이고, 개방형 질문은 면접 대상자가 자유롭게 생각하고 진술하도록 하는 질문이다.

① '자소서에 제시한 상담 인원이 10명이 맞나요?'는 개방형 질문으로 사실 정보를 확인하고자 한다.
② '불안 때문이라는 것이 어떤 의미인지 구체적으로 말씀해 주실 수 있나요?'는 개방형 질문으로 어휘의 의미를 정확히 알고 있는지를 검증하고자 한다.
③ '상담자로 선정되면 주 3시간 이상 상담을 해야 한다는 것을 알고 있죠?'는 폐쇄형 질문으로 지원자가 상담자로서 적합한 성격인지 확인하고자 한다.
④ '외모 때문에 고민하는 친구를 만나면 상담자로서 어떻게 대응해야 할까요?'는 개방형 질문으로 지원자가 적절한 상담 능력을 지녔는지 평가하고자 한다.

4. 비판적 읽기에 대한 내용과 일치하지 않는 것은?

비판적 읽기란 글의 정확성, 객관성, 타당성 등을 독자가 스스로 판단하며 읽는 것이다. 글쓴이는 전달하려는 내용을 미리 정한 후 그와 관련된 정보를 선별하여 글을 구성한다. 따라서 글의 내용이 적절한지 판단하려면 가장 먼저 글쓴이의 생각에 논리적 오점이 없는지 파악해야 한다. 이후 글을 구성하고 있는 정보가 객관적이고 신뢰할 만한지 파악하고, 그 정보가 글쓴이의 생각을 드러내기에 적합한지 확인해야 한다. 이러한 비판적 읽기를 통해 많은 글 속에서 균형 잡힌 시각과 다양한 관점을 갖출 수 있으며, 옳고 그름을 판별할 수 있는 능력을 함양할 수 있다.
한편 과거 우리 선조들은 비판적 읽기를 부정적으로 보기도 했다. 그들이 읽었던 책은 주로 옛 성현들의 말씀을 담은 유교 경전이 대부분이었기 때문이다. 옛 성현들의 말씀은 불변의 진리라고 여겼기 때문에, 비판적으로 받아들이는 것이 아니라 모든 내용을 꼼꼼히 받아들여야 한다고 생각한 것이다. 따라서 경전에 대해 비판하거나 의심하는 것은 일종의 금기에 해당했다.

① 글쓴이의 주장이 정확한 근거를 바탕으로 제시되는지 확인해야 한다.
② 같은 주제에 대해 다양한 관점으로 바라볼 수 있는 능력을 기를 수 있다.
③ 과거에도 유교 경전의 내용에 객관적인 오류가 존재한다면 비판의 대상이 되기도 하였다.
④ 독서에서 가장 먼저 수행해야 할 것은 글의 내용에 논리적 오류가 존재하는지 확인하는 것이다.

5. 다음 글의 밑줄 친 결론을 이끌어 내기 위해 추가해야 할 것은?

아이를 좋아하는 사람은 동물을 좋아한다. 동물을 좋아하는 어떤 사람은 유기견 보호소에서 봉사한다. 따라서 <u>유기견 보호소에서 봉사하는 어떤 사람은 아이를 좋아한다.</u>

① 동물을 좋아하는 사람은 모두 아이를 좋아한다.
② 동물을 좋아하는 어떤 사람은 아이를 좋아한다.
③ 유기견 보호소에서 봉사하는 어떤 사람은 동물을 좋아하지 않는다.
④ 유기견 보호소에서 봉사하는 사람은 모두 동물을 좋아한다.

[6 ~ 7] 다음 글을 읽고 물음에 답하시오.

국어에는 '현민이는 키가 크다.'처럼 한 문장에 주어가 두 번 이상 나타나는 ⊙독특한 문장이 있는데, 이를 '이중 주어 구문'이라 한다. 일반적으로 이와 같은 문장은 '키가'와 서술어 '크다'가 서술절을 형성하는 것으로 보며, 이중 주어 구문을 '서술절을 안은 문장'으로 설명한다. 다만 이중 주어 구문은 대소 관계 유형, 수량어 유형, 부사어 대치 유형 등으로 나눌 수 있으며, 각각의 유형은 다음과 같이 해석하는 것이 더 적절할 것이다.

우선 '코끼리가 코가 길다.'와 같은 대소 관계 유형은 '이/가'가 나타나는 두 명사구 간에 '전체-부분' 또는 '소유자-소유물'의 관계가 형성되는 경우이다. 이때 서술어인 '길다'의 주어가 '코끼리가'가 될 수는 없으며, '코가'를 주어로 보는 것이 적절하다. 따라서 이 문장은 '코끼리의 코가 길다.'가 변형되어 다른 어떤 짐승의 코가 아닌, '코끼리의 코'가 길다는 것을 강조하기 위해 '의'를 '이/가'로 바꾼 것으로 설명할 수 있을 것이다. 이때의 '이/가'는 주격 조사가 아닌, 주제나 초점을 ⓒ드러내기 위한 보조사로 보아야 할 것이다.

수량어 유형은 '와인이 두 병이 부족하다.'와 같이 수량어를 포함한 두 개의 명사구 뒤에 '이/가'가 붙은 경우를 말한다. 수량어에 '이/가'가 결합한 '두 병이' 부분은 주어인 '와인이'를 보충하기 위한 부가어에 불과하다 보아야 한다. 이때 '두 병이'를 ⓒ독립적인 주어로 볼 수 없는 것은 '이/가'가 한 번만 나타난 '와인 두 병이'처럼 그 전체가 하나의 주어로서 기능하기 때문이다.

마지막으로 부사어 대치 유형은 기저 구조의 부사어에 해당하는 부분에 '이/가'가 결합한 경우를 가리킨다. 가령 '외투가 때가 묻었다.'의 경우 기저 구조는 주어가 '때가'인 '외투에 때가 묻었다.'라는 문장이었을 것이다. 이때 부사어인 '외투에'를 ㉣부각하려 '에' 대신 '이/가'가 붙게 되었다고 보아야 한다는 것이다.

6. 윗글의 글쓴이가 주장한 내용에 대한 설명으로 적절하지 않은 것은?
① '바지가 얼룩이 묻었다.'라는 문장의 주어는 '바지가'가 아니다.
② '그 학교가 교실이 넓다.'는 대소 관계 유형의 예시에 해당한다.
③ '사과가 두 개가 남았다.'의 '두 개가'는 독립적인 주어로 볼 수 없다.
④ '토끼가 앞발이 짧다.'라는 문장의 '앞발이'는 명사 뒤에 주제나 초점을 드러내는 보조사가 결합한 것이다.

7. ⊙ ~ ㉣과 바꿔쓸 수 있는 유사한 표현으로 적절하지 않은 것은?
① ⊙: 특이한
② ⓒ: 나타내기
③ ⓒ: 주체적인
④ ㉣: 강조하려

8. 다음 진술이 모두 참일 때 반드시 참인 것은?

○ 갑이 남자라면, 정은 여자다.
○ 을이 여자라면, 병도 여자다.
○ 병이 남자라면, 정도 남자다.
○ 갑, 을, 병, 정 4명은 여자거나 남자이다.

① 병이 여자라면, 갑은 여자가 아니다.
② 병이 남자가 아니라면, 정도 남자가 아니다.
③ 병이 여자가 아니라면, 갑은 남자가 아니다.
④ 병이 남자가 아니라면, 갑은 여자이다.

9. 다음 글에서 추론할 수 있는 것만을 〈보기〉에서 모두 고르면?

살다 보면 어떤 일이 이미 발생하고 난 후 그다음에 일어날 일이 무엇인지 예측해야 하는 상황들이 존재한다. 이때 발생하는 오류로는 '도박사의 오류'와 '뜨거운 손의 오류'가 있다.

'도박사의 오류'란 서로 독립적으로 일어나는 확률적 사건이 서로의 확률에 영향을 미친다는 착각에서 기인한 논리적 오류를 말한다. 예를 들어, 성공한 뒤에는 실패할 것을, 실패한 뒤에는 성공할 것을 예측하는 것이다. 반면, 실제로는 독립적인 확률을 가진 사건들임에도 이전의 성공을 근거로 앞으로도 성공할 가능성이 높다고 믿는 것을 '뜨거운 손의 오류'라 한다. 행운이 계속될 것을 기대하는 것이다. 심리학자인 ⊙피터 에이튼과 일란 피셔는 어떠한 현상이 자연법칙에 근거하거나 인간의 힘으로는 어찌해 볼 도리가 없을 때 또는 부정적인 사건들이 일어났다면 도박사의 오류가 나타날 가능성이 높다고 주장한다. 또한 이들은 동일한 현상이라도 인간이 영향을 발휘할 여지가 많다고 판단되는 영역에서 일어난 일이라면 뜨거운 손의 오류가 발생할 가능성이 높다고 말한다. 결국 앞으로 일어날 일에 대한 예측은 개인의 관점에 달려 있다는 것이다.

〈보 기〉
ㄱ. 태풍이 한 번 발생했다면 해당 지역에 연달아 태풍이 발생하지는 않을 것으로 예측한 것은 ⊙의 주장을 약화하지 않는다.
ㄴ. 이번 회차 로또 1등에 당첨된 사람이 다음 회차 로또 1등에도 당첨되기는 힘들 것으로 예측한 것은 ⊙의 주장을 강화한다.
ㄷ. 많은 이들이 운동선수가 열심히 훈련하여 좋은 성적을 낸 것을 보고 다음 시즌의 부진한 성적을 예측하는 것은 ⊙의 주장을 강화한다.

① ㄱ
② ㄴ
③ ㄱ, ㄴ
④ ㄱ, ㄴ, ㄷ

10. 다음 글의 ⊙ ~ ㉣ 중 어색한 곳을 찾아 가장 적절하게 수정한 것은?

유학자들은 "대학"의 '명명덕(明明德)'을 공자의 말로 여기지만, ⊙그 해석에 있어서는 차이가 있다. 주희와 정약용은 '명명덕'에 대해 서로 다르게 해석한다. 주희는 '명덕(明德)'을 인간이 본래 지니고 있는 마음의 밝은 능력으로 해석한다. ⓒ인간이 올바른 행동을 할 수 있는 것은 명덕을 지니고 있기 때문이다. 그러나 기질에 가려 명덕이 발휘되지 못하게 되면 잘못된 행동을 하게 된다. 따라서 도덕 실천을 위해서는 ⓒ명덕을 함양하기 위해 타고난 기질을 갈고 닦는 공부가 필요하다. '명명덕'은 바로 명덕이 발휘되도록 공부한다는 뜻이다.

반면, 정약용은 명덕을 '효(孝)', '제(弟)', '자(慈)'의 덕목으로 해석한다. 명덕은 마음이 지닌 능력이 아니라 ㉣행위를 통해 실천해야 하는 구체적 덕목이다. 어떤 사람을 효자라고 부르는 것은 그가 효를 실천할 수 있는 마음의 능력을 가지고 있어서가 아니라 실제로 효를 실천했기 때문이다. '명명덕'은 구체적으로 효, 제, 자를 실천하도록 한다는 뜻이다.

① ⊙: 모두 동일한 해석을 한다
② ⓒ: 인간이 악한 일을 행하는 것은
③ ⓒ: 타고난 명덕이 발휘되도록 기질을 교정하는
④ ㉣: 지식을 통해 습득해야

[11 ~ 12] 다음 글을 읽고 물음에 답하시오.

> 매년 겨울 내리는 첫눈은 많은 이들의 마음을 설레게 한다. 그렇다면 눈이 내리는 원리는 무엇일까? 먼저, 대기 중의 수증기는 기온이 영하로 내려가면 응결하여 작은 물방울이나 얼음 결정이 된다. 이때 구름 속의 온도가 낮을수록 얼음 결정이 형성되기 쉽다. 이 얼음 결정은 주변의 수증기를 흡수하여 점점 크기가 커지고, 육각형의 독특한 구조를 가진 눈송이로 성장한다.
> 눈송이는 충분한 크기와 무게를 갖추면 중력의 영향으로 지상으로 떨어지기 시작한다. 하강하는 동안 기온과 습도에 따라 모양이 변하거나 녹을 수 있다. 지상까지의 온도가 계속 영하라면 눈은 그대로 쌓이지만, 기온이 영상이면 녹아서 비로 내린다.
> 눈이 내리기 위해서는 대기 중의 온도와 습도가 중요한 역할을 한다. 특히 구름 속의 온도가 영하 12도에서 영하 18도 사이일 때 가장 아름다운 눈송이가 형성된다. 또한, 대기가 안정적이고 바람이 약한 경우에만 눈이 고르게 내릴 수 있다.
> 결론적으로, 눈이 내리는 과정은 대기 중의 수증기가 얼음 결정으로 변하여 지상으로 ㉠떨어지는 복잡한 물리 현상이다. 이는 기온, 습도, 대기 조건 등 여러 요소에 의해 좌우되며, 겨울철 아름다운 풍경을 만들어낸다.

11. 윗글에서 추론한 내용으로 가장 적절한 것은?
① 눈송이는 주변의 수증기를 흡수하며 얼음 결정이 된다.
② 모든 눈송이는 중력의 영향을 받아 지상으로 떨어진다.
③ 눈송이는 지상으로 떨어지며 주변 기온과 습도를 낮춘다.
④ 대기가 불안정하면 눈이 고르게 내릴 수 없다.

12. 문맥상 ㉠의 의미와 가장 가까운 것은?
① 과로한 그는 깊은 잠에 떨어졌다.
② 하늘에서 굵은 빗방울이 떨어지는 중이다.
③ 그의 실력은 평균보다 떨어지는 편이다.
④ 사과가 나무에서 떨어지는 것을 보고 뉴턴은 깨달음을 얻었다.

13. 다음 빈칸에 들어갈 말로 가장 적절한 것은?

> 갑은 이번 주 월, 화, 수, 목, 금 5일을 연달아 외출했다. 그리고 갑이 외출한 닷새 중 날씨가 같은 날은 없었다.
>
> ○ 화요일과 수요일 중 적어도 하루는 날씨가 흐렸다.
> ○ 월요일의 날씨가 비가 오고 금요일의 날씨가 맑았다면, 목요일의 날씨는 눈이 오지 않았다.
> ○ 목요일에는 눈이 왔다.
> ○ 화요일 날씨가 흐렸다면, 월요일의 날씨는 비가 왔고 금요일의 날씨는 맑았다.
>
> 위 진술이 모두 참이라면 수요일의 날씨는 (   )을 알 수 있다.

① 맑았음
② 흐렸음
③ 비가 왔음
④ 눈이 왔음

14. 다음 글을 읽고 이해한 내용으로 가장 적절한 것은?

> 1인칭 서술의 소설에는 이야기 속에 '나'로 불리는 인물이 있는데, 이야기를 독자에게 소개해 주는 서술자도 '나'라고 불린다. 그러나 이야기 안에서 체험하는 '나'와 이야기 외부에서 서술하는 '나'는 다른 공간에 있다. 즉 '서술 자아'는 '경험 자아'가 과거에 겪은 사건들을 이야기하는 것이다.
> 1인칭 서술의 소설 중에는 서술 자아 자신이 경험 자아인 것처럼 극화되는 소설이 있다. 주요섭의 「사랑 손님과 어머니」나 채만식의 「치숙」에서는 서술 자아가 경험 자아와 같은 말투를 구사한다. 이때 서술 자아의 언어는 인용 부호 속 인물의 어법과 같으며, 그 언어 전체를 인용 부호 안으로 넣어도 될 정도로 극화되어 있다. 이렇게 되면 서술 자아와 '내포 작가'가 분리될 가능성이 매우 높다. 소설에서 어떤 인물의 대사를 인용할 때 인용하는 존재가 있어야 하는 것과 같이, 전체를 인용하는 서술 자아의 말은 이를 객관화할 수 있는 다른 인용자를 전제로 한다. 즉 서술 자아의 말은 객관적이지 않으므로 소설적 객관화를 위해서 서술 자아를 객관화할 수 있는 다른 존재자, 즉 내포 작가가 필요하다. 그러므로 서술 자아 뒤에서 보이지 않는 인용 부호를 사용하는 존재자가 바로 내포 작가이다. 특히 「사랑 손님과 어머니」나 「치숙」처럼 극화된 서술 자아가 신뢰성이 없다면 내포 작가와 서술 자아의 분리가 명백해진다.

① 1인칭 서술의 소설에서 서술 자아와 경험 자아는 같은 공간에서 동일한 역할을 수행한다.
② 서술 자아가 경험 자아와 다른 어법을 쓰면, 내포 작가가 분리될 가능성이 커진다.
③ 1인칭 서술 소설에서 서술 자아의 언어는 객관적이며 신뢰할 수 있다.
④ 경험 자아처럼 극화된 서술 자아의 말은 다른 인용자를 전제로 한다.

15. 설문 조사를 활용하여 '주 4일제 수업의 확대 실시에 따른 문제 해결 방안'이란 보고서를 쓸 때, 포함될 내용으로 적절하지 않은 것은?

> • 질문: 주 4일제 수업을 확대 실시하고자 할 때, 예상되는 문제점은 무엇이라고 생각하십니까?
> • 주요 답변
>   – 학생들의 학력이 저하될 우려가 있다.
>   – 평일의 수업 시간이 늘어나 학생들에게 부담이 될 수 있다.
>   – 학부모의 인식 부족으로 과외 수업비의 지출이 증가될 가능성이 있다.
>   – 사회의 교육 기반 시설이 부족하기 때문에 학생들이 유해 환경에 노출될 가능성이 높다.
>   – 학생만 집에 남게 되는 맞벌이 가정에서 생활 지도에 공백 상태가 발생할 수 있다.

① 평일의 수업 부담이 늘지 않도록 주 4일제 수업에 맞게 법정 수업 일수 및 수업 시수를 조정할 필요성을 지적한다.
② 일본, 중국 등 주변 국가가 이미 주 4일제 수업을 실시하고 있다는 점을 밝히고, 이 제도의 도입을 더 이상 미룰 수 없음을 지적한다.
③ 등교하지 않는 날에 학생들이 건전하게 체험을 쌓을 수 있는 체험 학습 공간과 교육 프로그램의 확충이 필요함을 지적한다.
④ 학생의 건전한 성장을 위해서는 지식 위주의 교과 학습뿐 아니라, 폭넓은 체험 학습이 필요하다는 사실을 인식하도록 부모들의 인식 전환을 촉구한다.

[16 ~ 17] 다음 글을 읽고 물음에 답하시오.

변장의 기술을 의미하는 아이러니는 아리스토텔레스가 인간형을 제시하면서 처음으로 사용하였다. 그가 제시한 세 가지의 유형은 ⓐ자기를 실제 이상의 존재인 것처럼 가장(假裝)하는 인간, 지나치게 자신을 낮추어 말하는 인간, 이 양자 사이에서 있는 그대로를 말하는 진실한 인간이다. 아리스토텔레스의 윤리적 가치의 기준은 '진실성'에 있어서 진실한 인간과 달리 앞의 인물들은 기만적인 인물로 처리된다.

한편 고대 희극에서는 아리스토텔레스가 분류한 두 가지 유형의 인물을 '에이론'과 'ⓑ알라존'이라고 불렀고, 이들을 주요 등장인물로 삼았다. 전자는 약자이지만 겸손하고 현명하다. 반면 후자는 강자로서 자신을 과신하고 자만하지만 우둔하다.

차범석의 「새야 새야 새야 파랑새야」는 세정이나 문 여사를 통해 그들의 현실 인식이나 역사의식이 틀렸다는 것을 폭로하고 있다. 동학 농민 운동의 선봉장이었던 전봉준이 죽자, 그의 제자 천석은 전봉준의 뜻을 이어받아 독립군이 되고 세정은 친일파로 변모한다. ⓒ세정은 자신이 한 친일 행위는 자신의 욕심 때문이 아니라 모두 나라를 위해 한 일이라고 주장한다. 이에 문 여사는 '아무것도 모르는 ⓓ시정 무식배들이나 이러쿵저러쿵하지 않는 사람은 다 안답니다. 영감이 얼마나 애국 충정에 불타오르는 어른인가는 알고도 남지요.'라며 세정의 의견에 동조하였다.

16. 윗글을 읽고 이해한 내용으로 적절하지 않은 것은?
① 아리스토텔레스는 진실성을 기준으로 기만적인 인간을 분류하였다.
② 고대 희극의 '알라존'은 약자이지만 자만과 우둔함을 지닌 인물이다.
③ 차범석의 작품은 세정과 천석의 선택을 통해 현실 인식을 대비시켰다.
④ 문 여사는 세정의 친일 행위가 애국심에 근거했다고 주장하며 그를 옹호하였다.

17. ⓐ ~ ⓓ 중 의미하는 바가 이질적인 것은?
① ⓐ   ② ⓑ
③ ⓒ   ④ ⓓ

18. 다음 글의 내용을 통해 알 수 있는 것은?

역선택은 정보가 부족한 구매자가 열등한 상품을 선택하는 것이다. 예를 들어, 구매자는 중고차의 상태를 정확히 알 수 없기 때문에 높은 가격을 지불하려 들지 않는다. 이로 인해 판매자는 상태가 좋은 차를 원하는 가격에 팔 수 없어서 시장에 내놓지 않는다. 결국 구매자는 열등한 차를 살 수밖에 없다.

이처럼 정보 비대칭은 시장의 원활한 작동에 장애가 되기 때문에 시장은 이에 대응하는 방법을 찾게 된다. '신호 보내기'는 정보를 가진 쪽이 정보가 없는 쪽에 직접 자신의 정보를 알리는 행위다. 한편, 정보가 없는 쪽이 상대방 스스로 정보를 드러내도록 유도한 후 상품을 선택하는 것을 '골라내기'라고 한다. 예를 들어, 중고차를 사려는 사람이 판매자에게 차를 정비 업소에서 점검해 보자고 요구할 수 있는데, 판매자가 그 요구를 거부한다면 차의 상태가 좋지 않다는 정보를 드러내는 셈이 된다.

① 역선택의 반복은 시장의 원활한 작동에 장애가 된다.
② 신호 보내기가 반복되면 신호에 대한 신뢰도가 떨어질 것이다.
③ 골라내기는 상대방의 반응에 앞서 상품을 선택하는 것이 중요할 것이다.
④ 역선택은 상품에 대한 정보의 양이 많으면 발생하지 않을 것이다.

19. 갑 ~ 병의 주장을 분석한 내용으로 적절한 것만을 〈보기〉에서 모두 고르면?

갑: 아이슬란드에서 주 4일 근로제를 시범 운영한 결과, 직원들의 생산성은 유지되거나 향상되었으며, 스트레스와 번아웃도 감소했다. 이는 회사의 성과에도 긍정적인 영향을 미쳤다. 따라서 주 4일 근로제는 근무 시간 축소로 인해 업무 집중도가 증가하여 생산성을 높일 수 있다.

을: 병원이나 응급 서비스는 주 4일제를 시행할 경우 업무 공백이 발생할 가능성이 높으며 일부 산업에서는 이것이 생산성 저하로 이어질 위험이 있다. 따라서 주 4일 근로제 도입을 위해서는 추가 고용 비용이 필수적인데, 실질적으로 적용되기 어렵다. 그렇다고 일부 산업에만 도입을 하면, 도입이 안 된 산업의 근로자들이 형평성 문제를 제기할 수 있어 문제가 될 것이다.

병: 주 4일 근로제를 도입하면 직원들이 더 많은 여가 시간을 누릴 수 있어, 삶의 질이 개선될 것이다. 이는 정신적, 신체적 건강 향상으로 이어져 장기적으로는 기업과 사회에 이익을 줄 것이다. 따라서 기업들은 일정 기간의 손해는 감수한다고 생각하고 주 4일 근로제를 도입하여야 한다.

〈보 기〉
ㄱ. 주 4일 근로제 도입에 대해 갑과 을의 주장은 대립한다.
ㄴ. 주 4일 근로제 도입에 대해 을과 병의 주장은 대립한다.
ㄷ. 주 4일 근로제 도입에 대해 병과 갑의 주장은 대립한다.

① ㄱ
② ㄱ, ㄴ
③ ㄱ, ㄷ
④ ㄴ, ㄷ

20. 다음 글의 내용에 부합하지 않는 것은?

그린피스에 따르면, 아르헨티나인들은 매년 1인당 약 6kg의 전자 장비를 폐기한다. 때문에 정부 관계자는 앞으로 전자 장비 폐기물을 제조업자들에게 처리하도록 강요하고 쓰레기 관리 시스템을 규정할 것이라 밝혔다.

이 폐기물들은 재사용되거나 재활용될 수 있다. 아르헨티나의 한 단체에서는 전자 기기를 기부받아 고친 뒤 공립학교에 기부하는데, 이때 실업자들을 훈련시켜 고용한다.

컴퓨터나 휴대폰 같은 전자 기기는 재사용 가능한 부분이 25%, 재활용 가능한 부품이 72%, 폐기해야 할 부분이 3%로 구성된다. 이를 통해 올해 아르헨티나에서만 휴대폰이 천만 대가 버려졌다는 것을 고려하면, 경제적 손실이 적어도 1,500만 달러 이상으로 추정된다.

① 아르헨티나 정부는 기술 제조 업체에 직접 제재를 가할 수 없다.
② 아르헨티나인들은 1인당 연간 6kg의 전자 폐기물을 버린다.
③ 아르헨티나의 한 단체에서는 실업자들에게 재취업 교육을 제공한다.
④ 아르헨티나의 전자 폐기물은 경제적 손실을 초래한다.

국 어

1. <공공언어 바로 쓰기 원칙>에 따라 수정한 것으로 옳지 않은 것은?

   ─────── <공공언어 바로 쓰기 원칙> ───────
   ○ 주어와 서술어의 호응
     - ㉠ 주어와 서술어의 관계를 명확하게 표현함.
   ○ 중복 오류 삼가기
     - ㉡ 중복되는 표현을 사용하지 않음.
   ○ 명료한 수식어구 사용
     - ㉢ 수식어와 피수식어의 관계를 분명하게 표현함.
   ○ 대등한 구조를 보여 주는 표현 사용
     - ㉣ '-고', '와/과' 등으로 접속될 때에는 대등한 관계를 사용함.

   ① "그는 철수가 절대로 범인이 아니라고 주장하였다."를 ㉠에 따라 "그는 철수에게 절대로 범인이 아니라고 주장하였다."로 수정한다.
   ② "우리에게 휴대 전화는 반드시 필요한 필수품이다."를 ㉡에 따라 "우리에게 휴대 전화는 필수품이다."로 수정한다.
   ③ "자살은 온전히 자율적 개인의 의지이다."를 ㉢에 따라 "자살은 온전히 개인의 자율적 의지이다."로 수정한다.
   ④ "모든 구성원이 따를 수 있는 법 제정과 신하들을 적재적소에 배치하기 위해 노력하였다."를 ㉣에 따라 "모든 구성원이 따를 수 있는 법을 제정하고 신하들을 적재적소에 배치하기 위해 노력하였다."로 수정한다.

2. 갑 ~ 병의 주장을 분석한 내용으로 적절한 것만을 <보기>에서 모두 고르면?

   갑: 게임산업진흥에 관한 법률 제12조의 3에 따르면 만 18세 미만은 본인인증 절차 및 법정대리인 동의절차를 거치지 않으면 게임 사이트에 회원가입을 할 수 없다. 이 규정은 개인의 개인정보를 제공하지 않으면 서비스를 이용할 수 없도록 강요한다. 이는 헌법상 보장된 개인정보자기결정권을 심각하게 제한한다.
   을: 게임은 단순한 오락을 넘어 문화적 표현의 수단이며, 이를 즐기고 참여하는 행위는 헌법에서 보장하는 일반적 행동의 자유에 해당한다. 하지만 만 18세 미만의 청소년이 이 법률로 인해 게임 접근이 차단된다면, 이는 표현의 자유 및 자유로운 문화적 참여를 부당하게 제한하는 것이다.
   병: 본인인증과 부모 동의는 단순히 신원을 확인하고 법적 동의를 얻기 위한 절차로, 다른 기본권을 침해하지 않는다. 개인정보 제공 과정은 안전하게 관리되는 조건에서 이루어질뿐더러, 성인 인증을 요구하는 다른 인터넷 서비스와 비교해도, 게임 가입 제한이 과도한 것은 아니다. 이는 헌법 제37조 제2항의 기본권 제한의 비례성 원칙에도 부합한다.

   ─────── <보 기> ───────
   ㄱ. 게임산업진흥에 관한 법률 제12조의3에 대해 갑과 을의 주장은 대립한다.
   ㄴ. 게임산업진흥에 관한 법률 제12조의3에 대해 을과 병의 주장은 대립한다.
   ㄷ. 게임산업진흥에 관한 법률 제12조의3에 대해 병과 갑의 주장은 대립한다.

   ① ㄱ   ② ㄴ   ③ ㄱ, ㄷ   ④ ㄴ, ㄷ

3. 글쓴이의 주장으로 가장 적절한 것은?

   말과 생각 사이에 밀접한 관계가 있다고 생각하는 사람들은 당연히 말이 없으면 생각도 있을 수 없다고 본다. 일찍이 하만은 "말이 없으면 이성도 없고, 따라서 세계도 존재하지 않는다"고 했다. 이렇게 말과 정신의 관계를 서로 뗄 수 없는 것으로 보는 의견은 매우 강력하다.
   우리는 말로 우리의 생각을 나타낸다. 그러므로 우리는 자기가 가진 말의 구조에 맞도록 생각을 가다듬어야 하는데, 이러한 조절 작업이 평생 되풀이되는 사이에 그 말의 구조에 이끌려 생각의 틀이 만들어진다. 곧 우리 인간의 정신은 그가 가려 쓰는 언어의 구조에 이끌려 나가는 것이다. 언어의 구조는 인간이 바깥 세계를 보는 눈을 만들어 주는 것이다.

   ① 말과 생각은 한평생 되풀이되며 형성된다.
   ② 언어는 사람과 사람을 이어주는 매개체이다.
   ③ 언어의 구조에 따라 우리의 정신이 형성된다.
   ④ 언어의 형식과 내용은 밀접한 관계를 지닌다.

4. 다음 글의 ㉠ ~ ㉣ 중 어색한 곳을 찾아 적절하게 수정한 것으로 옳지 않은 것은?

   고혈압은 단순히 스트레스나 긴장 때문에 일시적으로 혈압이 올라가는 상태와 다르며, ㉠ 단기간에 걸쳐 혈압 수치가 정상 범위를 이탈하는 만성 질환이다. 대부분 별다른 자각 증상이 없어 '침묵의 살인자'라 불리며, 드물게 두통이나 어지러움과 같은 증상이 나타나더라도 이를 고혈압 특유의 신호로 ㉡ 단정할 수 있게 된다. 따라서 정확한 진단을 위해서는 의료기관에서 여러 차례 혈압을 측정하고, 환자의 생활습관, 가족력, 기존 질환 등 다양한 요인을 종합적으로 고려해야 한다.
   치료 가이드는 ㉢ 염분 섭취를 줄이는 것으로 충분하다. 식습관 개선, 규칙적인 유산소 운동, 체중 관리, 금연, 절주 등 전반적인 생활습관 변화가 필수적이며, 이를 통해 혈압 수치를 안정화할 수 있다. 또한, 고혈압 단계나 합병증 위험도에 따라 의사가 적절한 항고혈압제를 처방할 수 있으며, 환자는 의사의 조언에 따라 약물을 정확히 복용하고 자가 혈압 측정기를 활용하여 상태 변화를 주기적으로 확인해야 한다. 이러한 종합적 관리 전략은 ㉣ 심혈관계나 뇌혈관계 질환의 발생 위험을 낮추고, 궁극적으로 건강한 삶을 유지하는 데 기여한다.

   ① ㉠: 장기간에 걸쳐
   ② ㉡: 단정하기 어렵다
   ③ ㉢: 단순히 염분 섭취를 줄이는 데 그치지 않는다
   ④ ㉣: 위장이나 신장 질환

5. 다음 글의 밑줄 친 결론을 이끌어 내기 위해 추가해야 할 것은?

   성적이 좋은 학생은 필기를 잘한다. 필기를 잘하는 어떤 학생은 글씨체가 예쁘다. 따라서 <u>글씨체가 예쁜 어떤 학생은 성적이 좋다.</u>

   ① 글씨체가 예쁜 어떤 학생은 필기를 못한다.
   ② 성적이 좋은 어떤 학생은 필기를 잘한다.
   ③ 필기를 잘하는 학생은 모두 성적이 좋다.
   ④ 글씨체가 예쁜 학생은 모두 필기를 잘한다.

[6 ~ 7] 다음 글을 읽고 물음에 답하시오.

인본주의를 바탕으로 서양 건축의 기원을 완성시킨 그리스 건축에서는 수평선의 이미지로 지붕을 마감하였다. 그리스 신전은 삼각형 모양의 지붕으로 덮여 있다. 일반적으로 삼각형은 수직적 이미지로 취급되지만 그리스 신전 지붕의 삼각형은 긴 밑변의 매우 안정적인 둔각 삼각형이다. 뿐만 아니라 지붕 처마에 돌출이 거의 없어서 아주 멀리서 보지 않는 이상, 지붕은 잘 보이지 않는다. 그 결과 그리스 신전은 전체적으로 건물의 끝과 하늘 사이에 강한 수평선으로 경계를 긋는 형상으로 보인다. 인본주의 신화를 바탕으로 ㉠창조된 그리스 신전은 지붕의 수평선을 통해 하늘을 우러르기보다 땅을 굽어보겠다는 의지를 ㉡명확히 하고 있다.

반면 동양의 지붕은 은근하면서도 다양한 변화를 보여 주고 있는데, 이것은 하늘과 땅을 별개가 아닌 상호 보완의 개념으로 보려는 철학이 반영된 결과이다. 가령, 한국의 지붕은 하늘을 우러르는 동시에 땅을 굽어보는 두 가지 모습이 ㉢더불어 나타나고 있다. 용마루 선을 따라 수평선이 형성됨과 동시에 처마 끝이 들어 올려지면서 하늘을 향한 의지가 복합적으로 표현되어 있는 것이다. 이러한 두 가지 기운이 ㉣어우러지면서 한국의 지붕은 다양한 모습으로 나타난다.

6. 윗글의 내용과 일치하는 것은?
① 동·서양 모두 시대에 따라 지붕 양식에 변화가 있다.
② 동·서양의 지붕 모두 신과 인간의 합일을 추구한다.
③ 동양의 지붕은 서양의 지붕과 달리 곡선 위주로 건축되었다.
④ 동·서양의 지붕에는 각 문화권의 세계관이 반영되어 있다.

7. ㉠ ~ ㉣과 바꿔쓸 수 있는 유사한 표현으로 적절하지 않은 것은?
① ㉠: 창안된
② ㉡: 분명히
③ ㉢: 함께
④ ㉣: 조화되면서

8. 다음 글의 ㉠을 강화하지 않는 것만을 〈보기〉에서 모두 고르면?

조선 중기까지 정치는 주자학의 정신을 강조했다. 주자학에 따르면 정치란 사욕을 억제하고 백성의 마음을 바르게 함으로써 도를 구현하는 것이다. 하지만 주자학적 정치가 이어져 왔음에도 불구하고 국가는 위태롭고 민생은 파탄에서 벗어나지 못했다. 이에 정약용은 이론에 국한하여 현실적인 문제를 해결하지 못하는 당대의 정치를 극복하고 정치를 새롭게 바라보아 난국을 타개하려 하였다. ㉠정약용이 제시한 정치는 활동적인 정치적 실천을 강조했다. 군주는 민원을 수렴하여 백성들의 생활 실태를 파악하고 현실의 문제를 해결해야 한다고 보았다. 법제를 공정하게 정비하고 정치적 부패를 처단하는 등의 적극적인 정치만이 백성의 삶을 윤택하게 만들 것이라 주장하였다.

〈보 기〉
ㄱ. 실천적인 정치는 주자학의 정신을 기반으로 하여 실현된다는 사실이 밝혀졌다.
ㄴ. 도를 구현할 수 있는 정치에 대한 이론적 논의를 통해 백성의 삶은 윤택해질 수 있음이 밝혀졌다.
ㄷ. 법을 공평하게 정비하는 것은 이론에 국한된 정치라는 비판이 나타났다.

① ㄱ, ㄴ
② ㄱ, ㄷ
③ ㄴ, ㄷ
④ ㄱ, ㄴ, ㄷ

9. 다음 글을 읽고 이해한 내용으로 적절하지 않은 것은?

인간은 산업화를 통해 물질적 풍요를 이루었지만, 산업화는 자연환경을 파괴시켰을 뿐만 아니라 생태계 질서에 혼란을 발생시켰다. 이에 대한 대응으로 나타난 생태시는 산업화가 낳은 병폐를 반성하고 인간과 자연이 조화를 이루는 세계를 상상하고 노래한다.

초기의 생태시는 대부분 자연환경의 파괴와 생태의 위기를 고발하였다. 특히 인간과 자연이 모두 파괴되고 죽음에 직면하는 상황을 비판하였다. 하지만 1990년대 이후에는 생태계의 조화로움과 생명의 고귀함을 드러내고, 이를 통해 시인이 느끼는 깨달음을 노래하였다. 여기서 자연은 개발 대상이나 피폐해진 공간이 아니다. 오히려 충만한 생명력을 갖춘 순환적 존재이자, 세상에 있는 모든 것들에 삶의 터전이 되어 주는 근원적 존재로, 인간이 돌아가야 할 대상 또는 본받아야 할 대상으로 인식된다.

이러한 변화는 인간과 자연에 대한 인식이 전환되었기 때문이다. 초기의 생태시는 인간을 무지와 탐욕의 존재로 여긴다. 생태의 질서에 무지한 인간은 물질에 대한 욕망으로 인해 자연의 질서를 무분별하게 파괴하였고, 그로 인해 인간 자신이 죽음의 위기에 내몰렸다고 생각했다. 초기의 생태시가 문명을 비판하고 풍자하는 경향을 띤 것도 이 때문이다. 한편 서정적인 생태시는 인간이 직접 자연과 소통하면서 마음의 위로를 얻거나, 스스로 각성하여 생태의 질서 안에서 새로운 삶을 살아야 한다는 깨달음을 얻는 존재로 표현하기도 한다. 이때 자연 만물의 일부인 인간은 자기 스스로 자연과의 상생(相生) 관계를 회복한다.

① 생태시는 산업화가 초래한 폐단을 반성한 문학적 형식이다.
② 1990년대 이후 생태시는 자연을 생명력이 부족한 대상이자 복구해야 할 공간으로 보았다.
③ 1990년대 이전 생태시는 인간을 생태의 질서에 무지하며 물질에 대한 욕망이 가득한 존재로 보았다.
④ 서정적인 생태시는 인간이 자연과 소통하면서 생태의 질서를 회복할 수 있다고 보았다.

10. 다음 글을 이해한 것으로 적절하지 않은 것은?

본용언은 어휘 본래의 의미가 뚜렷하고 자립성이 있어, 단독으로 문장의 서술어가 될 수 있는 용언이다. 이에 반해 보조 용언은 앞의 본용언에 의존하여 쓰이면서 의미를 더하여 주는 용언으로, 단독으로 주체를 서술할 수 없고, 단독으로 서술어가 된다고 하더라도 본디 보조 용언의 뜻과 다르게 사용되는 용언이다. 보통 본용언의 뒤에서 동작의 완료나 진행, 유지 등의 문법적 의미를 더해 준다.

예를 들면 '나는 꽃을 본다'의 '보다'는 본용언으로 쓰여 '눈으로 대상을 즐기거나 감상하다.'라는 어휘적 의미를 나타낸다. 반면, '나는 그런 말은 들어 본 적이 없다.'의 '보다'는 '어떤 일을 경험함을 나타내는 말'로서 본래의 어휘적 의미는 잃어버리고 문법적 의미만을 지닌다.

① '기차가 이미 떠나 버렸다.'의 '버렸다'는 보조 용언이다.
② '방 안의 전등을 켜 두었다.'의 '두었다'는 보조 용언이다.
③ '나는 강아지에게 관심을 주었다.'의 '주었다'는 본용언이지만, '그는 설거지를 해 주었다.'의 '주었다'는 보조 용언이다.
④ '날이 밝아 왔다.'와 '아기가 기어 왔다.'의 '왔다'는 모두 보조 용언이다.

[11~12] 다음 글을 읽고 물음에 답하시오.

전자레인지는 마이크로파를 이용해 음식물을 데우는 장치다. 마이크로파는 전자기파로, 파장이 수 cm에서 1m에 ㉠이른다. 이런 전자기파는 파장에 따라 성질이 다르다. 전자기파 파장이 약 400나노미터*에서 700나노미터일 경우 눈에 보이는 광선인 가시광선이다. 이보다 파장이 길다면 적외선인 라디오파인 것이고, 가시광선보다 파장이 짧다면 자외선, X선 혹은 감마선이 된다.

마이크로파는 어떻게 음식물을 데울까. 이를 알려면 물 분자의 특성을 먼저 알아야 한다. 물 분자는 전체적으로는 중성이라는 특징을 지니고 있지만 산소 원자 쪽은 전자로 인해 음전하를 띠고, 수소 쪽은 양전하를 띤다. 물 분자는 상온에서 두세 개가 붙어 다니는데, 음전하를 띤 부분이 다른 물 분자의 양전하를 띤 부분을 잡아당기기 때문이다. 그런데 마이크로파는 음전하와 양전하를 띠는 물 분자의 각 부분이 서로 반대 방향으로 힘을 받도록 한다. 물 분자 두 개가 결합한 경우 마이크로파로 인해 결합이 깨지지는 않지만, 분자 세 개가 결합했다면 남은 한 개가 반대 방향으로 돌게 된다. 이때 깨진 물 분자 하나가 빠르게 움직여 온도가 상승한다.

* 나노미터: 1나노미터는 1미터의 10억분의 1이다.

11. 윗글을 이해한 내용으로 적절하지 않은 것은?
① 마이크로파는 가시광선보다 파장이 긴 라디오파에 속한다.
② 물 분자는 전체적으로 중성으로 안정되어 있기에 분자는 상온에서 각자 돌아다닌다.
③ 상온에서 물 분자는 산소 원자 부분이 수소 원자 부분을 잡아당긴다.
④ 두 개씩 결합한 물 분자만 있는 경우, 전자레인지에 음식을 돌리더라도 따뜻해지지 않을 것이다.

12. 문맥상 의미가 ㉠과 가장 유사한 것은?
① 아이들에게 주의하라고 이르다.
② 자정에 이르러서야 집에 돌아왔다.
③ 그는 열다섯에 이미 키가 육 척에 이르렀다.
④ 형은 엄마에게 내가 벽에 낙서했다고 일렀다.

13. ⓐ~ⓓ에 들어갈 말을 바르게 배열한 것은?

판소리의 여러 측면을 아우를 때 판소리 문화를 이해할 수 있다. 판소리는 노래로 향유되므로 [ⓐ] 예술이며, 창자-고수-청자 모두의 일체감을 통해 구체화되므로 공연 예술이고, 그 내용이 사설이므로 [ⓑ] 예술이다. 또 우리 민족이 함께 어우러져 만들고 발전시켜 온 것이기에 민족의 공감을 담고 있다는 점에서 [ⓒ] 예술이고, 흥겹게 어우러지는 놀이의 즐거움을 추구하는 가운데 삶에 대한 인식과 태도를 담고 있기에 [ⓓ] 예술이다.

	ⓐ	ⓑ	ⓒ	ⓓ
①	음악	언어	민족	생활
②	음악	생활	언어	민족
③	음악	언어	공연	민족
④	공연	음악	생활	언어

14. 〈지침〉에 따라 〈개요〉를 작성할 때 ㉠~㉣에 들어갈 내용으로 적절하지 않은 것은?

─── 〈지 침〉 ───
○ 서론은 중심 소재의 개념 정의와 문제 제기를 1개의 장으로 작성할 것.
○ 본론은 제목에서 밝힌 내용을 2개의 장으로 구성하되 각 장의 하위 항목끼리 대응되도록 작성할 것.
○ 결론은 기대 효과와 향후 과제를 1개의 장으로 작성할 것.

─── 〈개 요〉 ───
○ 제목: 개인정보 유출 문제와 해결 방안
Ⅰ. 서론
  1. 개인정보 유출의 정의와 주요 실태
  2. ㉠
Ⅱ. 개인정보 유출 문제의 원인
  1. 기업 및 기관의 보안 관리 소홀
  2. ㉡
Ⅲ. 개인정보 유출 문제의 해결 방안
  1. ㉢
  2. 기술적 방어 체계 확립과 같은 사이버 범죄 대응 체계 구축
Ⅳ. 결론
  1. ㉣
  2. 국가 간 협력을 통해 개인정보 유출에 대한 대응 체계 구축

① ㉠: 디지털화가 급속히 진행되면서 나타나는 개인정보 유출 사건으로 인한 사회적 피해 증가
② ㉡: 해킹, 악성코드 등 사이버 공격의 증가
③ ㉢: 사용자의 보안 의식 제고 교육
④ ㉣: 개인정보 보호 강화 및 개인정보 유출 피해 감소

15. 다음 글을 읽고 추론할 수 있는 것만을 모두 고르면?

두 사람이 어떤 물건 X를 소유하거나 소유하지 않은 경우를 생각해 보면 가능한 상황은 다음에 제시된 네 가지 경우이다.
(1) 갑과 을 모두 X를 소유한 경우
(2) 갑은 X를 소유하지만, 을은 그렇지 않은 경우
(3) 을은 X를 소유하지만, 갑은 그렇지 않은 경우
(4) 갑과 을 모두 X를 소유하지 않은 경우
이때 갑이 을을 부러워하려면, 다음 두 가지 전제가 참이어야 한다.
a. 갑은 (1), (2), (4) 중에서 (2)를 가장 선호하고 (1)을 가장 덜 선호한다.
b. 갑은 (2), (3), (4) 중에서 (2)를 가장 선호하고 (3)을 가장 덜 선호한다.

설을 맞아 지희는 어머니께 새 옷을 받았지만 정희는 아무것도 받지 못했다. 슬퍼하던 정희에게 아버지가 지희의 새 옷과 똑같은 종류의 옷을 선물했다. 이와 관련해 정희는 지희를 부러워한다.

─── 〈보 기〉 ───
ㄱ. 정희는 자신과 지희의 새 옷 모두 없어지기를 가장 바랄 것이다.
ㄴ. 정희는 둘 다 새 옷을 갖고 있는 것이 지희만 새 옷을 갖고 있는 것보다 낫다고 생각할 것이다.
ㄷ. 정희는 지희의 새 옷이 없어지길 바랄 것이다.

① ㄴ   ② ㄷ   ③ ㄱ, ㄷ   ④ ㄱ, ㄴ, ㄷ

16. ㉠~㉢에 대한 진술로 적절하지 않은 것은?

> 범죄 보도의 대부분은 수사기관에서 얻은 정보에 근거하고, 수사 단계에 집중되어 있어서 범죄 여부를 백지상태에서 판단해야 할 법관이나 배심원들에게 유죄의 예단을 심어줄 수 있다. 이는 공정한 형사재판을 받을 피고인의 권리를 침해하는 것이니 이를 제한할 필요성이 제기된다. 하지만 보도 제한은 헌법에 보장된 표현의 자유를 침해한다는 반론도 있다.
> 미국 연방대법원은 ㉠어빈 사건 판결에서 편향적인 방식으로 피의자를 범죄자 취급하는 언론 보도가 예단을 형성시켜 재판에 영향을 주었다는 것이 입증되면, 법관이나 배심원이 피고인을 유죄라고 확신하더라도 그 유죄 판결을 파기해야 한다고 했다. 이후 ㉡리도 사건 판결에 와서는, 일반적으로 보도 내용이나 행태 등이 예단을 유발할 수 있다고 인정이 되면, 개개의 배심원이 실제 예단을 가졌는지의 입증 여부를 따지지 않고, 적법 절차의 위반을 들어 유죄 판결을 파기할 수 있다고 했다. ㉢셰퍼드 사건 판결에서는 유죄 판결을 파기하면서, '침해 예방'이라는 관점을 제시하였다. 즉, 배심원 선정 절차에서 상세한 질문을 통하여 예단을 가진 후보자를 배제하고, 배심원이나 증인을 격리하며, 재판을 연기하거나, 관할을 변경하는 등의 수단을 언급하였다. 그런데 법원이 보도기관에 내린 '공판 전 보도금지명령'에 대하여 기자협회가 연방대법원에 상고한 ㉣네브래스카 기자협회 사건 판결에서는 침해의 위험이 명백하지 않은데 사전 예방 수단을 쓰는 것은 위헌이라 하였다.

① ㉡은 ㉠보다 예단에 대한 피고인의 입증 책임을 완화하였다.
② ㉡에서 ㉢으로의 이행은 공정한 형사재판의 측면에서 보면 후퇴한 것이다.
③ ㉢은 적법절차를 보장하기 위하여 형사절차 내에서 예단의 사전 방지 수단을 제시하였다.
④ ㉣은 표현의 자유에 대한 과도한 제한을 경계한 것이다.

17. 다음 글을 논리적인 순서에 맞게 배열한 것은?

> ㄱ. 그러나 횡단보도 앞에 서 있는 어린이들은 왜 빨간 불일 때 건너면 안 되는지는 배우지 않는다.
> ㄴ. 그것은 처음 신호등을 만들 때 사람들이 정한 약속인 것이다.
> ㄷ. 왜 해는 동쪽에서 떠서 서쪽으로 지는가, 달은 왜 밤에 뜨는가 등을 배우는 것이다.
> ㄹ. 왜 하필 파란 불이냐 따져 물으면 할 말이 없다.
> ㅁ. 학생은 학교에서 우주와 태양계, 태양과 지구의 위치, 지구의 자전과 공전에 대해 배운다.
> ㅂ. 다만 꼭 파란 불이 켜졌을 때만 건너라고 배운다.

① ㄷ-ㅁ-ㄱ-ㅂ-ㄴ-ㄹ
② ㅁ-ㄷ-ㄱ-ㅂ-ㄹ-ㄴ
③ ㄷ-ㄱ-ㄴ-ㅂ-ㄹ-ㅁ
④ ㅁ-ㄷ-ㄱ-ㄹ-ㄴ-ㅂ

18. 다음 진술이 모두 참일 때 반드시 참인 것은?

> ○ A가 거짓말쟁이라면, C도 거짓말쟁이이다.
> ○ B가 거짓말쟁이라면, C는 거짓말쟁이가 아니다.
> ○ D가 거짓말쟁이가 아니라면, A도 거짓말쟁이가 아니다.

① A가 거짓말쟁이 아닐 때만 B가 거짓말쟁이이다.
② A가 거짓말쟁이 아닐 때만 C가 거짓말쟁이이다.
③ D가 거짓말쟁이가 아닐 때만 B가 거짓말쟁이이다.
④ D가 거짓말쟁이가 아니라면 B는 거짓말쟁이이다.

19. 문맥상 ㉠에 들어갈 내용으로 가장 적절한 것은?

> 신학은 종교학의 출생 배경을 이루면서 동시에 견딜 수 없는 '답답함'을 제공해 종교학이라는 독자적 문제의식을 등장하게 만든 장본인이다. 신학은 보다 노골적으로 이미 존재하는 권위, 즉 경전의 권위, 기성 교회의 교리 해석 등을 절대적으로 받아들인 다음 연구를 시작한다는 점에서 다른 근대 학문과 차이를 보인다. 그래서 신학의 목적은 어떻게 하면 자신의 신앙을 보다 더 매력적으로 보이게 하는가에 달려 있다고 할 수 있다. 그것도 이미 신자가 된 이들에게 보다 돈독한 신앙심을 심어 주기 위해 많은 신학적 작업이 이루어져 왔다.
> 계몽주의적 세계관이 힘을 과시하던 근대 유럽 사회에서 다른 영역에서는 양보를 거듭하면서도 종교에 대한 관점만은 신학이 강고하게 지배력을 행사하고 있었다. 이런 상황에서 종교학이 등장하여 [㉠]고 주장하게 된 것이다. 적용되어야 할 범위가 제한적일 수밖에 없다는 것을 인식하지 못하는 신학의 경직성과 독단론은 비판받아 마땅하다는 것이다. 실제로 그로 인해 신학이 자신이 처해 있는 객관적 상황을 제대로 파악하지 못하고 특정 집단의 범위에 국한된 내용을 사회 일반에 적용할 수 있는 것으로 착각했기 때문이다. 그럼에도 그 '순교자적 끈질김'으로 자신의 절대성을 주장하면서 한 치도 물러서려고 하지 않는다면 신학은 대다수의 사회 구성원에게 감당하기 힘든 '답답함'을 안겨 주게 된다.

① 신학은 신이 인간들에게 부여한 명령을 일상생활에서 실천하기 위한 지침을 제공해야 한다.
② 신학은 철저히 비밀에 가려져 있는 절대자의 실체에 대해 접근할 수 있는 유일한 학문이다.
③ 신학은 특정 종교 집단 내에서 통용될 뿐, 일반 사회에 대해서는 설득력을 지니지 못한다.
④ 신학은 절대적 권위를 벗고 인간에 대한 새로운 시각을 제시할 수 있는 가능성을 갖고 있다.

20. 다음 빈칸에 들어갈 접속어끼리 바르게 묶인 것은?

> 조지 오웰의 「1984」와 올더스 헉슬리의 「멋진 신세계」를 읽었다. 두 소설은 모두 국가가 개인을 통제하는 전체주의 사회를 묘사하고 있었다. (㉠) 통제 방식은 전혀 달랐다. 「1984」에서는 국가가 개인을 철저하게 감시하는 방식으로 모든 행위와 사상을 통제하고 인권을 탄압했다. (㉡) 「멋진 신세계」에서는 세계 정부가 사람들에게 말초적 쾌락을 제공함으로써 개인들이 자신이 행복하다고 느끼게 만들었다. 이로 인해 굳이 통제하지 않아도 모두가 사회 비판적 사상에 관심을 갖지 않았다.
> 처음에 나는 현대 사회가 「멋진 신세계」의 사회와 더 가깝다고 생각했다. (㉢) 나는 헉슬리가 오웰보다 더 정확하게 현대 사회를 내다보았다고 생각했는데, 알고 보니 오웰은 현대 사회를 예측하려는 의도가 없었다.

	㉠	㉡	㉢
①	그리고	게다가	예를 들어
②	그리고	한편	왜냐하면
③	그런데	반면	그래서
④	그런데	또한	예를 들어

국 어

1. <공공언어 바로 쓰기 원칙>에 따라 <공문서>의 ㉠~㉣을 수정한 것으로 적절하지 않은 것은?

   ─────<공공언어 바로 쓰기 원칙>─────
   ○ 중복되는 표현을 삼갈 것.
   ○ 대등한 것끼리 접속할 때는 구조가 같은 표현을 사용할 것.
   ○ 주어와 서술어를 호응시킬 것.
   ○ 능동과 피동 등 흔히 헷갈리기 쉬운 것에 유의할 것.

   ─────<공문서>─────
   ## ○○아파트 관리사무소

   수신 ○○아파트 입주민 전체
   (경유)
   제목 소방시설 점검 안내
   ─────────────────────────────
   1. 안전한 아파트 환경 조성을 위해 ㉠항상 변함없이 협조해 주시는 입주민 여러분께 감사드립니다.
   2. ㉡아파트 내 화재를 예방하고 안전 점검을 위해 소방시설 점검을 시행할 예정입니다.
   3. 점검 중 ㉢경보음 또는 작업자가 세대를 방문할 수 있으니 양해 부탁드립니다.
   4. 점검 결과 이상이 ㉣발견할 경우, 관련 사항은 별도로 안내를 드릴 예정입니다.

   ① ㉠: 항상
   ② ㉡: 아파트 내 화재 예방과 안전을 점검하기 위해
   ③ ㉢: 경보음이 발생하거나 작업자가 세대를 방문할
   ④ ㉣: 발견될

2. 다음 글의 내용으로 적절하지 않은 것은?

   우리말은 받침소리로 'ㄱ, ㄴ, ㄷ, ㄹ, ㅁ, ㅂ, ㅇ'의 7개 자음만 발음한다. 따라서 받침소리에 겹받침이 올 때는 겹받침 'ㄳ', 'ㄵ', 'ㄼ, ㄽ, ㄾ', 'ㅄ'은 어말 또는 자음 앞에서 각각 [ㄱ, ㄴ, ㄹ, ㅂ]으로, 겹받침 'ㄺ, ㄻ, ㄿ'은 어말 또는 자음 앞에서 각각 [ㄱ, ㅁ, ㅂ]으로 발음한다. 가령, '흙과'의 경우, 겹받침 'ㄺ'은 [ㄱ]으로 발음되므로 [흑]이 되고 이것이 뒤의 '과'와 결합하여 [흑꽈]라고 발음된다. 이때 두 번째 음절이 된소리로 발음되는 것은 받침 'ㄱ(ㄲ, ㅋ, ㄳ, ㄺ), ㄷ(ㅅ, ㅆ, ㅈ, ㅊ, ㅌ), ㅂ(ㅍ, ㄼ, ㄿ, ㅄ)' 뒤에 연결되는 예사소리는 예외 없이 된소리로 발음하기 때문이다.

   또한 겹받침이 모음으로 시작된 조사나 어미, 접미사와 결합되는 경우에는, 뒤엣것만을 뒤 음절 첫소리로 옮겨 발음한다. 이때 'ㅅ'은 된소리로 발음한다. 그리고 받침 뒤에 모음 'ㅏ, ㅓ, ㅗ, ㅜ, ㅟ'들로 시작되는 실질 형태소가 연결되는 경우에는, 대표음으로 바꾸어서 뒤 음절 첫소리로 옮겨 발음하는데, 겹받침의 경우에는 그중 하나만을 옮겨 발음한다.

   ① '앉아'는 [안자]라고 발음하는 것이 적절하다.
   ② '읊고'는 [읍꼬]라고 발음하는 것이 적절하다.
   ③ '값을'은 [갑슬]이라고 발음하는 것이 적절하다.
   ④ '닭을'은 [달글]이라고 발음하는 것이 적절하다.

3. ㉠이 사용된 문장의 사례로 가장 적절한 것은?

   "포유류인 사람은 어릴 때 젖을 먹는다"에서 '포유류인'은 '사람'을 꾸미는 관형어이다. '포유류인 사람'은 '모든 사람은 포유류이다'를 가정하고 있으므로, 제시된 문장은 "모든 사람은 포유류이고, 모든 사람은 어릴 때 젖을 먹는다"와 동치이다. 이와 같은 동치를 만들어내는 관형어를 'A류 관형어'라고 한다. 하지만 "포유류인 동물은 새끼를 많이 낳지 못한다"는 "모든 동물은 포유류이고, 모든 동물은 새끼를 많이 낳지 못한다"와 동치가 아니다. 그것은 오히려 "몇몇 동물은 포유류이고, 동물이면서 포유류인 모든 것들은 새끼를 많이 낳지 못한다"와 동치이다. 이를 ㉠'B류 관형어'라 한다.

   ① 개성에서 생산된 의류 제품은 한국산으로 인정된다.
   ② 18살인 옆집 철수가 대학에 진학했다.
   ③ 고위 공직자인 장관은 중요한 의사결정을 한다.
   ④ 대한민국의 국어인 한국어는 다른 언어에 비해 익히기 쉽다.

4. 다음 글을 읽은 후의 반응으로 적절하지 않은 것은?

   우리 몸의 세포와 뼈 조직은 끊임없이 변한다. 몸 전체의 뼈는 7년이라는 시간이 지나면 완전히 새로이 형성된다. 그렇다면 7년 전의 나와 현재의 나는 다른 존재일까? 몸이 변화하는데도 과거와 현재의 내가 동일하다고 볼 수 있는 근거는 무엇일까?

   우선, 돌 때의 나와 지금의 나의 동일성을 설명하는 신체 이론이 있다. 돌 때의 나와 현재의 나의 신체는 변했지만, 두 시점 간의 시공간이 연속적으로 이어져 있다는 아이디어를 기반으로 해 동일성이 유지된다고 주장한다. 그러나 이 신체 이론은 두 사람의 영혼이 교환된 경우와 같은 특이 상황에서는 설명이 어려울 수 있다.

   이러한 문제를 해결하기 위해 동일성의 근거를 영혼으로 보는 시각인 영혼 이론이 등장하였지만 이 또한 영혼의 존재를 확인하기 어렵다는 한계가 있다.

   마지막으로 심리 이론은 뇌에 저장된 기억, 감정 등을 중심으로 동일성을 유지한다고 주장한다. 나의 기억들은 나에게만 존재하며, 이 기억을 근거로 동일성이 보장된다고 본다. 하지만 기억의 소멸 등으로 인해 동일성이 훼손될 수 있는 한계가 있다.

   ① 지금 내 몸의 어딘가에서는 변화가 일어나고 있겠군.
   ② 심리 이론에 따르면, 치매 환자의 경우 동일성이 유지되었다고 보기 어렵겠군.
   ③ 신체 이론에 따르면, 시간과 공간 중 하나만 연속적이라면 동일성이 유지된다고 보겠군.
   ④ 영혼 이론에 따르면, A와 B 서로의 영혼이 바뀌는 경우 A의 신체를 보고 B라고 할 수 있겠군.

5. 다음 중 ㉠에 들어갈 말로 적절한 것은?

   A: 갑이 의사가 아니라면, 을은 디자이너고 병은 가수야.
   B: 을이 디자이너라면, 무는 국어 교사야.
   A: 그리고 (㉠).
   B: 그렇다면 갑이 의사일 때만 정이 프로그래머가 아니야.

   ① 을이 디자이너일 때만 정이 프로그래머야.
   ② 정이 프로그래머라면, 갑은 의사가 아니야.
   ③ 무가 국어 교사라면, 정은 프로그래머가 아니야.
   ④ 정이 프로그래머가 아니라면, 병은 가수가 아니야.

6. 다음 글을 읽고 이해한 내용으로 가장 적절한 것은?

> 세태 소설은 특정 시기의 인정과 풍속, 제도 따위를 묘사한 소설이다. 이때의 주인공들은 특정 시기의 특정 사회적 양상 안에서 그 시대의 패러다임을 온몸으로 체험한다. 사건이 진행되면서 발생하는 갈등을 통해 당대 사람들의 인식과 태도를 구체적으로 그려 낸다. 따라서 세태 소설은 '어느 특정한 시기의 세태 즉, 인정과 풍속, 제도 따위를 드러내며 해당 사회의 패러다임을 다루는 소설'인 것이다.
> 박태원의 「천변 풍경」, 채만식의 「탁류」와 같은 1930년대 소설은 물론, 조선 후기의 소설들도 세태 소설의 개념 안에 포함하기도 한다. 이때의 고전 소설을 세태 소설로 분류하기 위해서는 공간적 배경은 '조선'이여야 하며, '현실'이라는 일원적 세계관 속에서 벌어진 사건을 다루어야 하며, 중세적 이념보다 '경험적 인식'을 중시해야 한다.
> 이러한 조선 후기의 세태 소설들에는 다음과 같은 특징들이 나타난다. 우선 조선 후기의 변화된 사회상이 주로 나타난다. 이때에는 무능한 가장의 모습, 신분제의 혼란으로 인한 양 계층 사이의 대립, 경제 변화와 상권 발달이 소설의 배경으로 설정 등을 확인할 수 있다. 다음으로 과거와 달리 능동적이고 주체적인 성격이 강한 인물들이 나온다. 이때에는 개인의 이익만 추구하는 부정적 인물이나, 문제에 대해 주도적이고 적극적으로 대응하는 여성 주인공을 확인할 수 있다. 마지막으로, 현실의 인과 관계에 따라 사건이 전개된다. 이는 당대의 문제가 오직 현실의 변화를 통해서만 해결된다는 인식의 결과이다.

① 세태 소설은 주인공들이 특정 시기의 사회적 양상을 체험한 일들을 추상적으로 서술한다.
② 조선 후기 세태 소설의 배경은 반드시 환상적 요소를 포함해야 한다.
③ 조선 후기 세태 소설은 중세적 이념을 강조하며 사건을 전개한다.
④ 조선 전기 소설의 여성 인물들은 수동적으로 묘사되었을 것이다.

7. 다음 글의 주제로 가장 적절한 것은?

> 1980년대 말 후쿠야마는 이데올로기의 진화가 마지막에 이르렀다는 의미에서 '역사의 종말'을 선언했다. 즉 20세기 초 파시즘, 공산주의 등으로 다변화된 이데올로기가 결국 서구 자유 민주주의로 귀결될 것이라는 선언이었다. 특히 그는 중국과 구소련이 자본주의를 받아들임에 따라 공산주의는 그 보편성을 잃었으며, 자유 민주주의의 승리가 멀지 않았다고 주장했다. 또한 기존의 국제 질서가 경제 중심으로 재편되면서, 국가 간 전면전이 일어날 확률이 감소하고 보편적 시장화가 전 세계적으로 진행될 것을 예측하기도 했다.
> 그러나 시대적 상황이 또 한 번 변화하면서, 후쿠야마는 최근 '역사의 종말' 주장을 스스로 철회하였다. 보편화된 세계에 대한 예측과 달리, 과학 기술의 발전이 또 다른 불평등을 야기했기 때문이다. 또한 크고 작은 전쟁은 국제 관계를 더욱 얼어붙게 만들었다. 이외에도 강대국 간 무역 장벽의 심화 등 최근의 국제 정세는 후쿠야마의 예상과는 사뭇 다른 방향으로 흘러가고 있다.

① 후쿠야마의 주장과 달리, 최근의 국제 질서는 냉전 시대와 비슷한 양상으로 흘러가고 있다.
② 이데올로기 전쟁의 심화는 '역사의 종말' 선언의 오류를 반증한다.
③ 후쿠야마의 예측은 현재의 국제 질서에 적용하기에 무리가 있다.
④ 과학 기술의 발전으로 후쿠야마의 선언은 그 타당성을 잃고 있다.

[8~9] 다음 글을 읽고 물음에 답하시오.

> 연금술은 기계적인 속임수나 교감적 마술에 대한 막연한 믿음 이상의 행위이다. 출발에서부터 그것은 세계와 인간 생활을 관계 짓는 이론이었다. 연금술사의 관점에서 본다면 인체라는 소우주와 자연이라는 대우주 사이에는 일종의 교감이 있었다. 화산은 부스럼과 같고, 폭풍우는 왈칵 울어대는 동작과 같았다.
> 연금술사들은 두 가지 원소가 중요하다고 보았다. 그중 하나가 수은인데, 수은은 밀도가 ⊙높고 영구적인 것을 대표한다. 다른 하나는 황으로, 가연성이 있고 비영속적인 모든 것을 표상한다. 우주 안의 모든 물체들은 수은과 황으로 만들어졌다. 연금술사들은 모든 금속들이 수은과 황이 합성되어 자라난다고 믿었다. 이는 현대에도 상징적 용례로 남아 있다. 우리는 여성의 기호로 연금술사들의 구리 표시, 즉 '부드럽다'는 뜻으로 '비너스'를 사용하고 있다. 그리고 남성에 대해서는 연금술사들의 철 기호, 즉 '단단하다'는 뜻으로 '마르스'를 사용한다.

8. 윗글의 내용과 부합하지 않는 것은?
① 연금술사는 자연과 인체 간에 교감이 있다고 보았다.
② 연금술사는 모든 물체가 두 가지 원소로 이루어진다고 보았다.
③ 비너스와 마르스는 연금술사들이 중요하게 생각하는 두 개의 기본적인 원소를 대표한다.
④ 연금술사는 구리를 황과 수은의 합성의 산물이라 보았을 것이다.

9. 문맥상 ⊙의 의미와 가장 가까운 것은?
① 지위가 높을수록 책임도 커진다.
② 이 지역은 장마철의 습도가 다른 지역보다 높다.
③ 형식적인 환경 정책에 비판적인 여론이 높다.
④ 제주 감귤은 세계적으로 이름이 높다.

10. 다음 글에 대한 평가로 적절한 것만을 〈보기〉에서 모두 고르면?

> 광고의 자극이나 정보는 소비자의 감각 기관을 통해 지각된다. 따라서 소비자들은 모두 '선택적 지각'이라는 인지 능력의 한계를 가진다. 소비자에게 전해지는 자극이나 정보의 양이 과하면 이들은 자신에게 유의미한 것들에 대한 정보만을 처리한다는 것이다.
> 수많은 광고가 유명 배우나 스포츠 스타를 내세운 이유도 소비자의 '선택적 지각'에 그들의 이전 경험이 중요하게 작용하기 때문이다. 과도한 양의 자극 중 소비자는 자신이 이미 알던 것, 경험한 것에 주의를 더 기울인다. 그리고 매우 유명한 사람이나 자신이 특별히 좋아하는 사람이 지각되면 그와 함께 제시되는 자극들까지도 함께 긍정적 정보로 처리하기도 한다. 또한, 소비자의 '선택적 지각'은 소비자의 지각적 경계심과도 밀접한 관련이 있다. 이는 소비자가 자신이 현재 가지고 있는 욕구와 관련된 자극을 상대적으로 더 잘 인식한다는 것이다.

〈보 기〉
ㄱ. 소비자들은 자신에게 의미 없는 정보는 절대 처리하지 않는다는 것이 밝혀졌다면, 글쓴이의 주장은 강화된다.
ㄴ. 청소년들은 자신이 사고자 하던 물건이 아니더라도 새로운 광고에는 무조건 기존의 광고보다 높은 관심을 가진다는 것이 밝혀졌다면, 글쓴이의 주장은 약화되지 않는다.
ㄷ. 제품 A의 광고 모델을 일반인에서 유명 배우로 교체했더니 판매량이 2배가 되었다면, 글쓴이의 주장은 강화된다.

① ㄷ ② ㄱ, ㄴ ③ ㄱ, ㄷ ④ ㄴ, ㄷ

[11 ~ 12] 다음 글을 읽고 물음에 답하시오.

　미학에서 '유사성'과 '상사성'의 구별에는 철학적 함의가 ㉠내재해 있다. 유사성은 원본의 존재하에 원본과 가까움을 의미하며, 상사성은 원본의 부재하에 각 존재들 사이의 같음과 다름이 있을 뿐이라는 의미이다. 즉, 유사성은 세계에 대한 ㉡무이한 객관적 기술이 존재한다는 믿음을 전제로 하고, 상사성의 개념은 절대적 기술이란 존재하지 않으며, 존재하는 것은 다양한 차이를 내는 해석일 뿐이라고 믿는다.
　유럽의 전통 회화는 유사성의 예술로서 자연의 모방을 추구해 왔지만 오늘의 회화는 그림 밖의 원본을 재현할 의무를 지지 않는다. 상사성의 놀이는 원본에 ㉢얽매임 없이 맘껏 상상을 즐긴다.
　유사와 상사의 개념은 플라톤의 이데아 사상과도 닿아 있다. 플라톤은 모든 사물이 이데아를 모방한 이미지라고 보고 이데아를 모방한 것을 '사본', 흐릿한 이미지를 '시뮬라르크'라고 명명했다. 사본은 이데아와 닮은 이미지인 유사, 시뮬라르크는 이데아와 한없이 먼 느슨해진 사본인 상사에 해당한다. 예컨대 「모나리자」는 16세기 이탈리아 여인을 실제 모델로 한 사본이기에 유사이지만, 앤디 워홀의 마릴린 먼로 시리즈는 애초에 복제품이던 먼로 사진을 ㉣모사한 것으로 시뮬라르크인 상사에 해당한다.

11. 윗글에서 미루어 알 수 없는 것은?
① 회화에서의 '원본'은 플라톤의 '이데아'와 일맥상통한다.
② 상사성에서의 닮음은 원본 없는 복제들 사이의 닮음을 의미한다.
③ 유사성 개념에 따르면 회화의 진리는 자연과 얼마나 닮았는가 하는 데에 있을 것이다.
④ 실제 마릴린 먼로를 모델로 한 초상화가 있다면 이는 상사에 해당할 것이다.

12. ㉠~㉣과 바꿔쓸 수 있는 유사한 표현으로 적절하지 않은 것은?
① ㉠: 담겨
② ㉡: 유일한
③ ㉢: 구애됨
④ ㉣: 필사한

13. 다음 글의 ㉠에 들어갈 내용으로 가장 적절한 것은?

　아이작 아시모프는 '로봇공학 3원칙'을 제시해 착한 로봇을 만들 수 있다고 한다. 제1원칙은 로봇은 인간에게 해를 끼치거나 해를 입게 방관하면 안 된다는 것이며, 제2원칙은 제1원칙에 위배되지 않으면 로봇은 인간에게 복종해야 한다는 것이다. 제3원칙은 앞선 원칙들에 위배되지 않으면 로봇은 자신을 보호해야 한다는 것이다.
　하지만 제1원칙에서 해석의 문제가 발생할 수 있다. '해를 끼친다'는 것을 어떻게 해석해야 할까? 겉보기엔 해로운 것처럼 보여도 궁극적으로 인간에게 이롭다면, 로봇은 어떻게 행동할 것인가? 창조의 행위에는 통제를 벗어나는 묘한 자유 영역이 존재한다. 즉 (㉠)이다.

① 착한 로봇은 절대 존재할 수 없다는 것
② 인간이 로봇을 완벽히 통제한다는 것이 헛된 희망일 수 있다는 것
③ 인간과 로봇이 상생하며 서로 이익이 되는 존재가 된다는 것
④ 인간은 궁극적으로 로봇에게 지배당하게 된다는 것

14. 갑~병의 주장을 분석한 내용으로 적절한 것만을 〈보기〉에서 모두 고르면?

갑: 동물 실험은 의학 발전을 위해 불가피한 것이다. 역사적으로 많은 치료법과 약물은 동물 실험을 통해 안전성과 효과가 입증되었다. 또한 현재로서는 대체 방법이 아직 충분하지 않으므로, 지금 시점에서 동물 실험은 현실적인 선택이며, 동물 실험을 중단한다면 의학 발전이 정체되어 인류의 건강과 복지에 부정적인 영향을 미칠 수 있다.

을: 동물도 고통과 감정을 느끼는 생명체로서 존중받아야 하며 의학 발전을 위해 동물을 희생시키는 것은 도덕적으로 옳지 않다. 현대 기술의 발전으로 컴퓨터 모델링, 인공 조직 등 대체 실험 방법이 개발되고 있다. 따라서 동물의 고통을 줄이고 윤리적인 연구를 추구하기 위해 동물 실험을 더 이상 허용해서는 안 된다.

병: 동물 실험이 과거 의학 발전에 크게 기여한 것은 사실이지만, 수많은 동물에게 고통을 주었다는 점을 무시할 수 없다. 따라서 동물 실험을 완전히 중단하기보다는 엄격한 규제와 안전 지침을 마련하여 동물의 복지를 최대한 보장해야 한다. 동시에 대체 실험 방법의 개발에도 적극 투자하여야 한다.

〈보 기〉
ㄱ. 동물 실험의 존치 여부에 대해 갑과 병은 같은 의견을 갖는다.
ㄴ. 동물 실험은 비윤리적이라는 주장에 대해 을과 병은 다른 의견을 갖는다.
ㄷ. 갑의 주장과 을의 주장은 대립하지 않는다.

① ㄱ
② ㄷ
③ ㄱ, ㄴ
④ ㄴ, ㄷ

15. 다음 글의 ㉠~㉣ 중 어색한 곳을 수정한 것이 적절하지 않은 것은?

　문학 작품을 이해하는 과정에서, 서술 방식의 차이는 독자의 해석 방향에 큰 영향을 미칠 수 있다. 먼저 1인칭 서술 방식은 화자가 직접 이야기를 전개하는 형식이다. 이때 독자는 작품 속 화자의 내면에 깊게 공감하며, 사건을 화자의 주관적 경험으로 받아들이게 된다. 다만 독자는 화자가 선택적으로 드러내는 단서와 정보에 의존하게 되기에, ㉠화자의 감정적 편향에 따라 인물과 상황을 평가하게 된다.
　반면 인물들의 다양한 내면과 관계를 여러 시각에서 보여 주는 전지적 시점이나 3인칭 서술 방식에서는, 독자가 여러 인물의 생각과 행동을 1인칭 시점에서보다 ㉡좁은 관점에서 관찰할 수 있게 된다. 이를 통해 독자는 다양한 갈등 관계와 의미망을 좀 더 객관적으로 파악하게 되고, 이를 통해 한 사건을 다양한 각도에서 평가할 가능성 역시 ㉢줄어들 수 있다.
　결국, 서술 방식에 따른 이해의 차이는 특정 인물이나 상황이 지니는 가치와 의미를 ㉣화자가 어떻게 수용하느냐에 직접적으로 영향을 미친다. 이러한 점에서 서술 시점의 선택은 작가가 독자에게 제시하려는 의미 체계를 가늠케 하는 중요한 단서가 되며, 동일한 사건이라 할지라도 시점 변화에 따라 전혀 다른 문학적 해석이 가능하다는 사실을 보여 준다.

① ㉠: 사건 자체의 객관적 실상
② ㉡: 넓은 관점에서 조망
③ ㉢: 커질 수 있다
④ ㉣: 독자가 어떻게 수용하느냐

[16 ~ 17] 다음 글을 읽고 물음에 답하시오.

독립이 없는 백성으로 칠십 평생에 설움과 부끄러움과 애탐을 받은 나에게는, 세상에 가장 좋은 것이, 완전하게 자주 독립한 나라의 백성으로 살아 보다가 죽는 일이다. 나는 일찍이 우리 ⓐ독립 정부의 문지기가 되기를 원하였거니와, 그것은 우리나라가 독립국만 되면, 나는 그 나라의 가장 (㉠)가 되어도 좋다는 뜻이다. 왜 그런고 하면, 독립한 ⓑ제 나라의 빈천(貧賤)이, 남의 밑에 사는 부귀(富貴)보다 기쁘고 영광스럽고 희망이 많기 때문이다. 옛날 일본에 갔던 박제상이,
"내 차라리 ⓒ계림(鷄林)의 개, 돼지가 될지언정 ⓓ왜왕의 신하로 부귀를 누리지 않겠다." 한 것이 그의 진정이었던 것을 나는 안다.

16. ㉠에 들어갈 말로 가장 적절한 것은?
① 미개한 자
② 미천한 자
③ 우매한 자
④ 우둔한 자

17. ⓐ ~ ⓓ 중 의미하는 바가 다른 하나는?
① ⓐ
② ⓑ
③ ⓒ
④ ⓓ

18. 다음 글의 순서로 가장 적절한 것은?

20세기 중반 이후 발생한 여러 원인으로 인해 정당은 기능면에서 변화를 겪게 되었다.

(가) 그 결과 정당 체계는 특정 계층을 뛰어넘어 전체 유권자 집단에 호소하여 표를 구하는 포괄 정당 체계의 모습을 띠게 되었다. 선거 승리라는 목표가 더욱 강조될 경우 일부 정당은 외부 선거 전문가로 당료들을 구성하는 선거전문가정당 체계로 전환되기도 했다.
(나) 이는 기득권을 유지해 온 기성 정당들을 위협했다. 이에 정당들은 자신의 기득권을 유지하기 위해 공적인 정치 자원의 과점을 통해 신생 혹은 소수 정당의 원내 진입과 정치 활동을 어렵게 하는 카르텔 정당 체계를 구성하기도 했다.
(다) 산업 구조와 계층 구조가 다변화됨에 따라 정당들은 특정 계층이나 집단의 지지만으로는 집권이 불가능해졌고 이에 따라 보다 광범위한 유권자 집단으로부터 지지를 획득하고자 했다.
(라) 한편 탈산업사회의 도래와 함께 환경, 인권, 교육 등에서 좀 더 나은 삶의 질을 추구하는 탈물질주의가 등장함에 따라 새로운 정당의 출현에 대한 압박이 생겨났다.
(마) 이 과정에서 계층과 직능을 대표하던 기존의 조직 라인은 외부 선거 전문가들에게 자리를 내어주고 당 조직의 외곽으로 밀려나기도 했다.

① (다) – (가) – (마) – (라) – (나)
② (다) – (가) – (라) – (나) – (마)
③ (마) – (다) – (가) – (나) – (라)
④ (마) – (가) – (다) – (나) – (라)

19. 자료를 활용하여 〈개요〉를 수정한 것이 적절한 것은?

〈자료 1〉

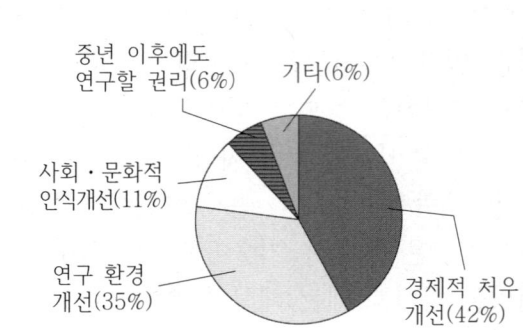

– 과학 기술자의 처우 개선과 권리 신장에 관한 설문조사

〈자료 2〉
○○ 연구소 폭발 사고를 통해 우리나라 젊은 과학 기술자들이 얼마나 열악한 환경에서 일하고 있는지 알 수 있었다. 연구원들을 대상으로 조사한 결과, 응답자의 약 40%가 안전사고를 겪은 경험이 있었다.

─〈개 요〉─

제목: 과학 기술자의 책임과 권리
Ⅰ. 서론: 과학 기술의 사회적 영향력에 대한 인식
Ⅱ. 본론
　1. 과학 기술자의 책임
　　가. 과학 기술 측면: 과학 기술 개발을 위한 지속적인 노력
　　나. 윤리 측면: 사회 윤리 의식의 실천
　2. 과학 기술자의 권리
　　가. 연구의 자율성을 보장받을 권리
　　나. 비윤리적인 연구 수행을 거부할 권리
Ⅲ. 결론: 과학 기술자의 책임 인식과 권리 확보의 중요성

① Ⅰ에 '과학 기술자의 사고 대처 능력'을 추가한다.
② Ⅱ-1-가에 '안전한 과학 기술 개발'을 추가한다.
③ Ⅱ-1-나에 '사고에 대한 윤리적 책임'을 추가한다.
④ Ⅱ-2-다를 만들어 '안전하고 개선된 환경에서 연구할 수 있는 권리'를 추가한다.

20. 다음 명제가 모두 참일 때, 빈칸에 들어갈 명제로 가장 적절한 것은?

○ 추위를 잘 느끼는 사람은 모두 겨울을 싫어한다.
○ (　　　　　　　　　　　　　　　　　　)
○ 결론: 차가운 음료를 즐겨 마시는 사람은 모두 추위를 잘 느끼는 사람이 아니다.

① 겨울을 싫어하는 사람만이 차가운 음료를 즐겨 마신다.
② 겨울을 싫어하는 사람은 모두 차가운 음료를 즐겨 마시지 않는다.
③ 겨울을 싫어하지 않는 사람은 모두 차가운 음료를 즐겨 마신다.
④ 겨울을 싫어하는 사람만이 차가운 음료를 즐겨 마시지 않는다.

국 어

1. 〈공공언어 바로 쓰기 원칙〉에 따라 〈공문서〉의 ㉠~㉢을 수정한 것으로 적절하지 않은 것은?

―〈공공언어 바로 쓰기 원칙〉――
○ 중복되는 표현을 삼갈 것.
○ 능동과 피동 등 흔히 헷갈리기 쉬운 것에 유의할 것.
○ 대등한 것끼리 접속할 때는 구조가 같은 표현을 사용할 것.
○ 필요한 문장 성분이 생략되지 않도록 할 것.

―〈공문서〉――
○○시 시설관리공단장

수신 수신자 참조
(경유)
제목 난방 공급 중단 ㉠안내 알림
―――――――――――――――――――

1. ○○시민 여러분께 안정적인 ㉡난방을 공급되기 위해 설비 점검과 보수 공사를 진행할 예정입니다.
2. 시민 여러분께서는 난방 중단 시간 동안 전기 히터와 같은 ㉢대체 난방 기구 준비와 보온 상태를 유지할 수 있도록 유의해 주시기 바랍니다.
3. 작업 상황에 따라 난방 재개 시간이 변동될 수 있으며, 신속히 ㉣복구될 수 있도록 최선을 다하겠습니다.

① ㉠: 안내 소개
② ㉡: 난방을 공급하기 위해
③ ㉢: 대체 난방 기구를 준비하고 보온 상태를 유지할 수 있도록
④ ㉣: 난방 공급이 복구될

2. 다음 글을 논리적인 순서에 맞게 배열한 것은?

ㄱ. 이에 대해 재판부는 A의 책임만 있지 않다며, 제품 설계 및 제조의 안정성을 제고하지 못한 B사의 책임도 있다고 판결했다.
ㄴ. 그러는 동안 냉장고에 문제가 생겨 화재가 발생했고, 1억 원 정도의 재산 피해가 발생했다.
ㄷ. 그러나 B사는 개인적인 관리의 허술함으로 발생한 일이라고 주장하면서, 제조 및 판매된 냉장고 제품에는 문제가 없다고 강조했다.
ㄹ. 식당을 운영 중인 A는 개인적인 사정으로 인해 영업을 중단하고 일주일간 자리를 비웠다.
ㅁ. A는 보험사를 통해 제조물 책임을 냉장고 판매 회사인 B에게 요구했다.

① ㄹ-ㄴ-ㄷ-ㄱ-ㅁ
② ㅁ-ㄷ-ㄱ-ㄹ-ㄴ
③ ㄹ-ㄴ-ㅁ-ㄷ-ㄱ
④ ㄹ-ㄴ-ㄷ-ㅁ-ㄱ

3. 다음 글을 참고하여 탐구한 내용으로 적절하지 않은 것은?

한글 맞춤법의 기본 원칙은 표준어를 소리대로 적되, 어법에 맞도록 적는 것이다. '소리대로 적는다'는 것은 말 그대로 소리 나는 대로 쓴다는 뜻이며, '어법에 맞도록 적는다'는 것은 각 형태소의 원래 모양을 밝혀 적는다는 뜻이다. 소리대로 적으면 쓰기에는 편하지만 의미를 파악할 때 어렵다는 단점이 있고, 형태소의 원래 모양을 밝혀 적으면 의미를 파악하는 것은 쉽지만 표기와 발음을 각각 익혀야 한다는 불편한 점이 있다.
이 기본 원칙은 서로 다른 용언의 어근이 결합해 합성어가 되거나, 용언의 어간에 접미사가 결합해 파생어가 되는 경우에 적용된다. 새로 만들어진 단어에 앞말이나 어근의 본뜻이 남아 있는 경우라면 어법에 맞게 적는다. 하지만 앞말이나 어근이 본뜻에서 멀어졌다면 소리 나는 대로 적는다.

① '걸음'은 '걷다'라는 본뜻이 남아 있으므로 발음과 다르게 적은 것이다.
② '드러나다'는 '들다'라는 본뜻이 남아 있으므로 형태소를 밝혀 적은 것이다.
③ '쓰러지다'는 '쓸다'라는 본뜻에서 멀어진 경우이므로 소리 나는 대로 적은 것이다.
④ '거름'은 '걸다'라는 본뜻에서 멀어진 경우이므로 형태소의 본 모양을 밝혀 적지 않은 것이다.

4. 다음 글의 ㉠과 ㉡에 대한 평가로 적절하지 않은 것은?

㉠공리주의자들은 행복을 삶의 목표로 본다. 이때 이들이 말하는 행복은 그 행위로 영향을 받는 모든 이들의 행복을 뜻하므로, 공리주의자들은 정책이나 행위를 결정할 때 사회 구성원 최대 다수의 최대 행복을 기준으로 둔다. 따라서 이들은 다수의 행복을 위해 소수의 희생이 강요될 수도 있다고 한다.
이에 대해 ㉡존 롤스는 모든 개인은 인격의 불가침성을 가지며, 이는 사회 전체의 복지를 위한다는 명목으로도 유린할 수 없다고 주장한다. 롤스에 따르면, 정의(正義)란 다수가 누릴 '선(善)'을 위해 소수의 자유를 뺏지 않음을 의미했다. 그는 자신이 가장 불우한 계층에 속할 수도 있다는 가능성을 염두에 둔 '원초적 입장'하에서는 모두에게 공정한 규칙을 만들도록 유인하고, 공정한 사회 계약에 도달할 수 있다고 생각했다. 그리고 이때 사람들은 최대한의 평등한 자유를 보장하는 '자유의 원칙'과 최소 수혜자를 가장 우선으로 고려하는 '차등의 원칙', 이 두 가지 원칙을 받아들일 것이라고 여겼다. 롤스가 꿈꾼 사회는 창조적인 능력을 갖춘 자들은 최대한 자기의 능력을 발휘할 수 있으며, 가난하거나 능력이 부족한 이들에게는 혜택을 줄 수 있는 곳이었다.

① 일부 주민들을 강제로 이주시켰다고 하더라도 홍수를 방지하고 안정적인 수자원을 얻기 위해 댐을 건설한 것이 정당하다고 평가받는다면, 이는 ㉠의 입장을 강화한다.
② 사회 구성원 최대 다수의 최대 행복을 위한 정책이 실현되었지만, 소수의 희생이 강요되지 않았다면, 이는 ㉠의 입장을 약화한다.
③ 사람들은 '원초적 입장'하에서도 자신이 사회의 지배층일 수도 있다는 가정에 기반하여 자기에게 가장 유리한 규칙을 만든다는 것이 확인되었다면, 이는 ㉡의 입장을 약화한다.
④ 이상적인 사회는 빈곤층의 소득을 보장하고 이들의 자립을 지원하는 기초생활보장제도가 갖추어진 곳이라면, 이는 ㉡의 입장을 약화하지 않는다.

5. 갑~병의 주장을 분석한 내용으로 적절한 것만을 <보기>에서 모두 고르면?

> 갑: 은행의 9시~16시의 업무 시간은 일반 근로자들의 출퇴근 시간과 겹쳐, 점심시간에 급히 방문해야 하는 불편함이 있다. 인터넷 뱅킹과 모바일 뱅킹이 활성화되었지만, 고령자와 같은 디지털 소외계층은 여전히 직접 은행 창구를 이용해야 하는 경우가 많다. 은행 업무 시간을 연장하면 고령층, 기술 사용이 어려운 사람들이 시간적 제약 없이 필요한 금융 서비스를 이용할 수 있어 금융 접근성이 개선된다.
> 을: 은행 업무 시간이 연장되면, 인건비와 운영비가 증가된다. 연장 근무를 위한 추가 인력을 채용하거나 기존 직원에게 초과 근무 수당을 지급해야 하기 때문이다. 이는 은행의 재정적 부담으로 이어져 고객에게 전가될 가능성이 있다.
> 병: 이미 인터넷 뱅킹과 모바일 앱을 통해 대부분의 은행 업무가 비대면으로 처리되고 있다. 실질적으로 창구를 방문해야 하는 고객은 전체 이용자의 일부에 불과하기 때문에 업무 시간 연장은 현실적인 수요에 부합하지 않는다. 고객의 요구는 오히려 디지털 채널의 개선 및 확대를 통해 더 효과적으로 해결할 수 있다고 본다.

<보 기>
ㄱ. 은행 업무 시간 연장에 대해 갑과 을의 주장은 대립한다.
ㄴ. 은행 업무 시간 연장에 대해 을과 병의 주장은 대립한다.
ㄷ. 은행 업무 시간 연장에 대해 병과 갑의 주장은 대립한다.

① ㄱ
② ㄴ
③ ㄱ, ㄷ
④ ㄴ, ㄷ

6. 다음 글의 주장을 약화할 수 있는 근거로 적절한 것은?

> 음주운전에 대한 처벌은 면허정지나 취소와 같은 행정처분이 가장 효과적이다. 이러한 행정처분이 음주운전을 억제하는 효과가 없을지라도 최소한 면허를 갖고 있지 않은 기간에는 운전하는 것이 어려울 것이기 때문이다. 따라서 음주운전 예방대책은 다른 형벌이나 벌금을 강화하는 것보다 면허정지나 취소 같은 행정처분을 활용한 방향이 적절할 것이다.

① 무면허 음주운전 사고가 전체 음주운전 사고의 20% 이상을 차지하였다는 통계가 발표되었다.
② 특정 조사에서 운전자들이 가장 두려워하는 음주운전 처벌로 면허취소가 꼽혔다.
③ 특정 지역에서 음주운전 처벌로 면허정지 정책을 강화한 결과, 음주 교통사고 발생률이 현저하게 감소하였다.
④ 경찰청 자료에 따르면, 음주운전 면허취소 처분을 받았던 대부분의 운전자들은 다시 음주운전을 시도하지 않았다.

7. <지침>에 따라 <개요>를 작성할 때 ㉠~㉣에 들어갈 내용으로 적절하지 않은 것은?

<지 침>
○ 서론은 중심 소재의 개념 정의와 문제 제기를 1개의 장으로 작성할 것.
○ 본론은 제목에서 밝힌 내용을 2개의 장으로 구성하되 각 장의 하위 항목끼리 대응되도록 작성할 것.
○ 결론은 기대 효과와 향후 과제를 1개의 장으로 작성할 것.

<개 요>
○ 제목: 물 부족 문제의 개념과 심각성
Ⅰ. 서론
　1. 물 부족의 정의와 주요 실태
　2. ㉠
Ⅱ. 물 부족 문제의 원인
　1. ㉡
　2. 농업에서 비효율적인 관개 시스템으로 인한 과도한 물 낭비
Ⅲ. 물 부족 문제의 해결 방안
　1. 스마트 물 관리 기술 도입으로 실시간 수요 예측 및 공급 조정
　2. ㉢
Ⅳ. 결론
　1. ㉣
　2. 기후 변화로 인한 물 부족 예측 모델 개발

① ㉠: 기후 변화와 무분별한 물 사용으로 전 세계적으로 물 부족 심화
② ㉡: 인구 증가와 도시화로 인한 물 수요 급증과 공급 부족
③ ㉢: 적은 물로도 작물을 재배할 수 있는 스마트 농업 기술 개발
④ ㉣: 물 재활용 기술 및 담수화 시설의 연구·개발 지원 확대

8. 다음 글의 ㉠~㉣ 중 어색한 곳을 찾아 가장 적절하게 수정한 것은?

> 신라 범종은 현존하는 한국 범종 중 으뜸이다. 신라 범종은 모두 국보로 지정되어 있으며 성덕대왕 신종은 세계의 보배로 여겨진다. 이러한 평가는 미술과 종교적인 차원뿐 아니라 ㉠성덕대왕 신종이 갖는 음향공학 차원의 가치도 내포하고 있다. 한국 범종은 바닥에 큰 반구형 구덩이를 파두는데 바로 여기에 한국 범종의 숨은 진가가 있다. 이러한 구조는 한국 범종 음향의 특별성을 부각시킨다. 구덩이가 종소리의 조음에 영향을 주어 ㉡독특한 음향을 내게 하기 때문이다. 이 구덩이는 저주파 성분이 땅속으로 스며들게 하며 울림통으로 작용하여 종소리의 여운을 길게 한다. 땅속으로 음파를 밀어 넣어 주기 위해서는 종과 땅의 거리가 ㉢매우 가까워야 하는데 땅에 닿을 듯이 매달려 있는 종신이 바로 이 역할을 한다. 땅을 거쳐 나온 저주파는 종신 꼭대기의 음통관을 거쳐 나온 고주파와 조화를 이루어 인간이 듣기에 가장 적합한 소리를 만들어 낸다.
> 나아가 성덕대왕 신종을 포함한 한국 범종은 중국 범종과 ㉣상이한 점이 많다. 먼저 두 범종 모두 서양 종보다 종신이 훨씬 크다. 또한 두 범종 모두 높지 않은 종각에 매단다는 점에서 높은 종탑에 매다는 서양 종과는 차이를 보인다.

① ㉠: 성덕대왕 신종에 담긴 전설과 역사적 가치도
② ㉡: 보편적이고 일반적인 소리를 만들어 내기
③ ㉢: 멀리 떨어져 있어야 하는데
④ ㉣: 유사한 점이 많다

[9 ~ 10] 다음 글을 읽고 물음에 답하시오.

판구조론은 지구의 외곽을 이루는 거대한 암석판들이 맨틀의 대류 운동에 따라 서서히 움직인다는 개념을 중심에 두고 있다. 이 이론은 대륙이 한때 하나로 이어져 있었다가 오랜 세월을 거쳐 분리되고 이동했다 주장하는 대륙 이동설을 과학적으로 뒷받침하며, 대륙과 해양 분포의 변화, 산맥과 해령 형성, 화산 활동과 지진 발생까지 폭넓게 설명한다.

실제로 판들은 해령을 따라 새로운 해양 지각을 형성하는 식으로 이동한다. 이때 대륙판과 해양판의 충돌이 발생한다면 그 지대에서 판이 가라앉는 섭입대가 형성되며, 이 과정에서 산맥이 솟아오르고 깊은 해구가 만들어질 수 있다. 또한, 해령을 따라 이동하는 판들의 경계에서는 판들이 서로 밀치고 벌어지거나 혹은 엇갈려 지나가게 되는데, 이에 해당 지점에서 지진 및 화산 활동이 ㉠일어나는 빈도가 잦아지게 된다.

즉 판구조론은 지표 변동을 설명하는 단순한 이론이 아니라, 지구 표면을 움직이는 거대한 동력학적 체계로서 판들의 상호 작용을 체계적으로 설명한다. 이를 통해 과거 대륙의 배열과 이동 경로를 추적하거나, 특정 지역에서 왜 빈번히 지진이 발생하고 화산이 분출하는지 이해할 수 있게 된다. 결국, 판구조론은 지구 표면 변화의 패턴과 원리를 밝혀내는 핵심 이론으로, 우리가 살아가는 땅이 고정불변한 것이 아니라 끊임없는 변화를 겪는 역동적 무대라는 사실을 보인다.

9. 윗글을 이해한 내용으로 가장 적절한 것은?
① 판구조론에 따르면 대륙은 무작위로 이동하는 특징을 지닌다.
② 지진 활동으로 인해 판들이 엇갈려 지나가게 된다.
③ 판들의 이동은 깊은 해구를 만드는 원인이 되기도 한다.
④ 대륙 이동설은 우리가 살아가는 땅이 변화하는 원리를 밝혀내는 핵심 이론이다.

10. 문맥상 ㉠의 의미와 가장 가까운 것은?
① 그는 아침 일찍 일어나는 사람이다.
② 의견이 상반되는 두 사람 간 다툼이 일어나는 상황이다.
③ 꺼져 가던 불꽃이 다시 일어나는 중이다.
④ 황사 현상이 일어나는 원인은 특정할 수 없다.

[11 ~ 12] 다음 글을 읽고 물음에 답하시오.

서정 문학은 예전부터 꾸준히 노동을 소재로 사용하였다. 그중 「초부가」는 민요의 하위 갈래인 나무꾼 노래에 해당한다. 이는 일반적으로 "에헤야 에헤야 / 반공에 솟은 고산준령을 / 거침없이 넘어가자"처럼 힘차게 시작했다가, 점차 신세타령을 늘어놓는 사설로 ㉠이어진다. 이는 실제로 하루 동안 나무하는 일을 진행하는 과정을 반영한 결과이기도 하다. 즉 앞 내용은 아침에 산을 ㉡오르는 신선한 기분과 즐거운 감정을, 뒤에 이어지는 내용은 산속에서 혼자 나무를 하면서 느낀 외로움이 표출되는 장면이다. 이러한 노래의 내용으로 남녀 간의 연분을 ㉢염원하는 장면이 자주 나타나는 것도 이와 관련된다.

근대화와 산업화를 거치면서 노동을 소재로 한 서정 문학은 사회 구조적 모순과 관련지어 전개되었다. 이러한 특징은 신경림의 「농무」에 잘 나타나 있다. 이 시는 비룟값도 나오지 않는 가격으로 농산물을 ㉣팔아야 하는 농민들의 처지를 그려 내고 있다. 이러한 처참한 현실 인식 속에서 화자는 농민들의 춤사위를 그린 장면으로 시상을 마무리하고 있다. 이는 춤의 즐거움을 표현한 것이지만, 그 이면에는 농민들이 느낀 깊은 원통함이 배어 있는 역설적 신명이 형상화된 것이다.

11. 윗글을 읽고 이해한 내용으로 가장 적절한 것은?
① 노동을 소재로 한 서정 문학은 사회 구조적 모순과 무관하다.
② 「초부가」의 가사 후반부는 산속에서의 즐거운 감정을 반영한다.
③ 「초부가」는 노동의 과정에서 느낀 심정을 신세타령으로 표현한다.
④ 「농무」의 화자는 농민들의 춤을 통해 그들의 원통함을 직접적으로 표현했다.

12. ㉠ ~ ㉣과 바꿔쓸 수 있는 유사한 표현으로 적절하지 않은 것은?
① ㉠: 계속된다
② ㉡: 하산하는
③ ㉢: 소망하는
④ ㉣: 판매해야

13. 다음 중 ㉠에 들어갈 말로 적절한 것은?

   최근 북한의 '고구려 고분군'과 중국의 '고구려 수도 및 귀족과 황족의 무덤'이 유네스코 세계 문화유산으로 나란히 등재되면서 '고구려'의 로마자 표기에 대한 문제가 제기되었다. 2000년 개정된 우리나라의 로마자 표기법에 따르면 '고구려'는 'Goguryeo'로 적어야 한다. 그런데 외신이 흔히 사용하는 '고구려'의 로마자 표기는 매큔-라이샤워 표기법에 따른 'Koguryo'이기 때문에, 외신과 표기를 통일해야 하는지에 대한 논쟁이 벌어지게 된 것이다.
   '고구려'의 로마자 표기가 외신과 통일되어야 한다고 생각하는 사람들은 국제적 소통을 위해 우리 로마자 표기법에 예외를 인정해 'Koguryo'로 적어야 한다고 주장한다. 물론 'Goguryeo'를 유지해야 한다는 주장도 이에 팽팽히 맞선다. 따라서 문화관광부는 어문 문제에 있어 최종 결정권을 가지고 있는 국어심의회를 열어 해당 문제를 논의해 보기로 했다.
   국어심의회는 '고구려'를 'Koguryo'와 'Goguryeo'로 적을 때의 장단점을 각각 면밀히 분석했고, 국내에는 'Goguryeo'의 표기가 주로 사용되었지만, 국외에서는 'Koguryo'가 압도적으로 많이 사용된다는 것을 확인했다. 그러나 국어심의회는 이를 지난 60여 년간 축적되어 온 자료와 로마자 표기법 개정 이후에 생산된 자료의 차이 때문에 일어난 현상으로 해석했다. '고구려'나 '조선' 등의 역사적 지명은 종전의 매큔-라이샤워 방식의 표기가 훨씬 많이 나타났지만, '제주, 부산' 등의 현재 지명들은 오히려 현행 로마자 표기법에 따른 표기가 더 많이 나타나기도 한다는 것이다. 이는 시간이 지나면 현행 로마자 표기법에 따른 표기가 익숙해질 것이라는 것을 방증하는 사실이다. 따라서 국어심의회는 (㉠) 합의했다.

① 매큔-라이샤워 방식의 표기를 인정하지 않기로
② 현행 표기인 'Goguryeo'를 폐기해야 한다는 것에
③ 현행 표기인 'Goguryeo'를 변경하지 않는다는 원칙에
④ 국제적 소통을 위해 우리 로마자 표기법에 예외를 인정해야 한다는 것에

14. 다음 글의 내용이 참일 때, 반드시 참인 것은?

   과학 이론은 보편 법칙의 형태를 띤다. 만일 그 법칙과 모순되는 사례가 확인된다면 해당 이론은 반증된다. 즉, 관찰이나 실험은 이론을 결정적으로 증명할 수 없지만 그것을 반증할 수는 있다. 관찰이나 실험을 통해 반증될 수 없다면 과학 이론이 아니다. 상대성 이론은 과학 이론이다.

① 상대성 이론과 모순되는 사례가 확인된다면 상대성 이론은 반증된다.
② 어떤 이론이 반증된다면, 그 이론은 과학 이론이다.
③ 반증 가능성은 과학 이론이 되기 위한 충분조건이다.
④ 수많은 실험 결과가 상대성 이론과 부합한다면, 상대성 이론은 증명될 수 있다.

15. 다음 글의 주제로 가장 적절한 것은?

   연료 전지는 전해질의 종류에 따라 나뉜다. 인산을 전해질로 사용하는 PAFC는 이미 실용화 단계에 이르러 쇼핑몰, 병원 등 대형 건물의 에너지원으로 활용되고 있다. 용융 탄산염을 전해질로 사용하는 MCFC는 발전소 수준의 대형 시설을 필요로 한다. PEMFC와 DMFC는 고분자 막을 전해질로 사용하여 가격이 비싸지만, 상온에서 작동하고 출력 밀도가 높으며 소형화가 가능하여 응용 분야가 다양하다. 자동차용, 주택용, 휴대용으로 활용이 기대되며, 일반 소비자 보급형의 차세대 대체 에너지원으로 주목받고 있다.
   고효율, 저공해, 분산 발전이라는 미래형 발전 개념에 적합한 기술인 연료 전지기술은 21세기 발전 방식에서 중추적인 구실을 할 것이다. 하지만 연료 전지의 연료로 사용되는 수소는 자연 상태에서는 화합물의 형태로만 존재하기 때문에 수소를 따로 분리하는 과정에 상당한 양의 에너지가 추가로 소비될 뿐만 아니라 많은 양의 이산화탄소가 발생하여 수소를 대체 연료로 사용하여 얻을 수 있는 실질적 이득이 아직까지는 많지 않다. 뿐만 아니라 수소를 상온에서 기체 상태로 저장하려면 엄청나게 큰 연료탱크가 있어야 한다.

① 연료 전지 발전을 위해 정부의 지원이 필요하다.
② 차세대 에너지원으로 주목받고 있는 연료 전지기술은 아직 여러 한계를 지니고 있다.
③ 연료 전지 상용화를 위해서 연료 문제를 해결해야 한다.
④ 연료 전지는 소형화가 용이하고 응용분야가 다양하여 다양하게 활용되고 있다.

16. 다음 글의 내용으로 가장 적절한 것은?

   어미란 용언 및 서술격 조사가 활용하여 변하는 부분을 말하며, 선어말 어미와 어말 어미로 나눌 수 있다.
   그중 선어말 어미 '-더-'는 과거의 어느 때에 직접 경험하여 알게 된 사실을 현재의 말하는 장면에서 회상할 때에 사용한다. 하지만 현대 국어에서는 예외적으로 ㉠남에게 들어서 알게 된 사실을 현재의 말하는 장면에 그대로 옮겨 와서 전달할 때 쓰이는 경우도 있다.

① 저번에 길 가다가 보니까 네가 친구와 다투더라.
② 사람들이 그러는데 이 가게의 요리가 맛있다더라.
③ 그는 식성이 좋아서 앉은자리에서 밥 두 그릇을 먹겠더라.
④ 오늘 선생님께서 기분이 좋으시더라.

17. 다음 글에 대한 이해로 가장 적절하지 않은 것은?

오늘날 우리는 컴퓨터 기술의 발달로 복잡한 환경에서 발생하는 여러 문제들을 해결하고 있으나 아직 제한적이다. 컴퓨터로 문제를 해결하는 과정에서는 복잡한 문제를 단순화하는 것이 대부분이기 때문이다. 단순화 과정에서는 관련 정보가 손실될 수 있으며 인간이 사용하는 애매한 표현들이 반영될 수 없다. 퍼지 이론은 이러한 한계를 극복하고 인간과 비슷하게 사고하고 일하는 인공 지능에 대한 이론적 바탕을 제공한다. 퍼지 이론은 기존의 컴퓨터가 담당할 수 없는 불확실한 상태를 정량적으로 표현하고 반영하기 위해 탄생한 이론이다.

가. 그녀는 키가 160cm 이상이다.
나. 그는 어른이다.

'가'에서 '160cm 이상이다'는 애매하지 않은 표현이다. 이와 같이 개념에 애매함이 전혀 없고 경계가 확실한 것을 크리스프성(crispness)이라고 한다. 크리스프성을 가진 명제는 대상이 특정 조건에 해당하지 않음을 나타내는 값(0)이나 해당함을 나타내는 값(1)만을 가진다. 반면 '나'에서 '어른이다'라는 말은 몇 살부터인지 경계가 확실하지 않다. 이와 같이 경계가 불확실한 애매한 속성을 퍼지성(fuzziness)이라고 한다. 퍼지성을 가지는 명제는 0과 1 사이의 실숫값을 가진다.

① 컴퓨터 기술을 활용하여 복잡한 문제를 단순화하는 경우에 정보 손실 문제가 발생할 수 있다.
② 퍼지 이론은 인간이 사용하는 애매한 표현을 정량적으로 표현할 목적으로 등장하였다.
③ 애매함이 전혀 없고 경계가 확실한 어떤 명제는 대상이 특정 조건에 해당한다면 0의 값을 가질 것이다.
④ '나는 어른이다'라는 명제는 0.5의 값을 가질 수 있다.

18. 다음 글을 읽고 〈보기〉를 탐구한 내용으로 적절한 것은?

H-R도는 별의 밝기와 온도를 나타내는 도표이다. 먼저 별의 밝기는 태양의 밝기를 1로 하여 상대적인 수치로 나타낸다. 수치가 높을수록 별이 실제로 더 밝다는 뜻이다. 한편 별의 온도는 스펙트럼형을 통해 O, B, A, F, G, K, M형의 순서로 나타내는데, 순서대로 O형의 온도가 가장 높으며 M형의 온도가 가장 낮다. 각 스펙트럼형은 다시 10등분으로 나뉜다. 예를 들어 스펙트럼 G형은 G0부터 G9까지 나뉘며, 숫자가 작을수록 더 높은 온도를 나타낸다.

〈보 기〉

'아크투르스'는 K2의 스펙트럼형을 가진 별로 태양보다 밝다. '바너드'는 M4의 스펙트럼형을 가진 별로 1/1000 정도의 밝기를 지니고 있다.

① '바너드'는 '아크투르스'보다 온도가 낮겠군.
② '아크투르스'의 밝기는 1보다 작겠군.
③ '아크투르스'는 K5의 스펙트럼형을 가진 별보다 온도가 낮겠군.
④ 태양은 '바너드'보다 어둡겠군.

19. ⓐ~ⓒ를 비교하여 이해한 내용으로 가장 적절한 것은?

상표법은 상표의 사용 여부와 관계없이 등록에 의해 ⓐ상표권 취득을 인정하는 '등록주의'를 취하고 있다. 상표법에 따르면 상표권은 ⓑ특허권 같은 다른 지식 재산권과 달리, 창작물 자체를 보호하지 않는데, 그 이유는 상표의 본질이 창작이 아닌 선택이라 보기 때문이다. 특허권은 어떤 사람이 노력하여 발명한 것을 창작물로 보고 보호하지만, 상표권은 단순히 상표를 구성하는 문자나 모양을 보호하는 것이 아니라, 상표에 들어 있는 상표권자의 신용을 보호하는 것이다.

상표가 창작이 아닌 선택이라는 측면에서 상표 등록은 본질적으로 ⓒ인터넷 도메인 등록과 같다. 그러나 인터넷 도메인은 알파벳이 정확하게 같지만 않다면 가장 먼저 출원한 사람에게 우선적인 권리가 부여되지만, 상표는 다른 업자가 먼저 등록한 상표와 완전히 똑같지 않고 비슷하기만 한 경우에도 등록이 거절된다. 발음이나 철자의 외관이 비슷하면 소비자들이 혼동할 수 있기 때문에 소비자 보호를 위해서 앞서 등록된 상표와 뚜렷하게 구별되는 경우에만 등록을 허용하는 것이다. 한편, 특허권은 한번 등록이 되면 20년간만 권리가 유지되는 데 반해, 상표권은 상표에 대한 소비자의 신뢰가 이어지는 특징을 감안하여 10년마다 갱신하면 반영구적으로 유지할 수 있다.

① ⓐ~ⓒ는 모두 권리 취득자가 해당 권리를 반영구적으로 소유하는 것이 가능하다.
② ⓐ는 ⓒ와 달리 해당 권리를 소유한 사람뿐 아니라 소비자까지 보호하려는 목적을 갖는다.
③ ⓑ와 ⓒ는 모두 권리 등록의 대상을 창작물로 보기 때문에 법률에 의해 보호받는다.
④ ⓑ는 ⓐ, ⓒ와 달리 해당 권리를 등록하기 이전에는 법적인 보호를 받지 못한다.

20. (가)와 (나)를 전제로 할 때 빈칸에 들어갈 결론으로 가장 적절한 것은?

(가) 미적 감각이 뛰어난 사람 중 일부는 예술가가 아니다.
(나) 올해 비엔날레에 초대된 사람은 모두 예술가이다.
따라서 (   )

① 미적 감각이 뛰어난 사람은 모두 올해 비엔날레에 초대됐다.
② 올해 비엔날레에 초대된 사람 중 일부는 미적 감각이 뛰어나다.
③ 올해 비엔날레에 초대되지 않은 사람은 모두 미적 감각이 뛰어나다.
④ 올해 비엔날레에 초대되지 않은 사람 중 일부는 미적 감각이 뛰어나다.

국 어

1. 〈공공언어 바로 쓰기 원칙〉에 따라 수정한 것으로 적절하지 않은 것은?

   ─────〈공공언어 바로 쓰기 원칙〉─────
   ○ 주어와 서술어의 호응
     - ㉠ 주어와 서술어의 관계를 명확하게 표현함.
   ○ 부사어와 서술어의 호응
     - ㉡ 부사어와 서술어의 관계를 명확하게 표현함.
   ○ 여러 뜻으로 해석되는 표현 삼가기
     - ㉢ 중의적인 문장을 사용하지 않음.
   ○ 생략된 내용 제시하기
     - ㉣ 필요한 문장 성분이 생략되지 않도록 함.

   ① "그의 장점은 키가 크다."를 ㉠에 따라 "그의 장점은 키가 크다는 점이다."로 수정한다.
   ② "엄마의 약손은 확실히 효과가 있을 수도 있다."를 ㉡에 따라 "엄마의 약손은 아마 효과가 있을 수도 있다."로 수정한다.
   ③ "동생이 쓴 책이 인기가 많다."를 ㉢에 따라 "동생의 책이 인기가 많다."로 수정한다.
   ④ "할머니께서 세뱃돈을 주셨다."를 ㉣에 따라 "할머니께서 우리에게 세뱃돈을 주셨다."로 수정한다.

2. ㉠과 ㉡에 대한 비교로 적절하지 않은 것은?

   우리가 일상적으로 경험하는 ㉡거시 세계와 달리, 전자나 원자 단위의 ㉠미시 세계에서 발생하는 현상은 독특한 특성들을 지니고 있다. 먼저 미시 세계에서는 물질을 관측할 때 특정 관측값의 정수배인 불연속적인 값만 검출된다. 반면 거시 세계에 있는 대상의 물리적 관측값은 연속적인 실수의 값을 지니므로 끊어지지 않은 실선의 그래프로 나타낼 수 있다.
   미시 세계의 다른 중요한 특성 중 하나는, 동일한 조건에서 동일한 대상을 측정해도 측정값이 매번 다르게 나타날 수 있다는 것이다. 거시 세계와는 달리, 미시 세계에서는 관측값을 특정 짓는 규칙이 없고 단지 관측값이 나올 확률만 규정할 수 있기 때문이다. 미시 세계에서는 거시 세계와 달리 관측 자체에 의해 크게 영향받으며, 전자나 광자는 비결정 상태로 있다가 관측으로 인해 매번 새로운 상태로 결정된다. 이는 측정 대상과 측정 장치 간의 상호 작용 때문이다.
   미시 세계에서 일어나는 또 하나의 중요한 특징은 양자 얽힘이다. 양자 얽힘 상태에 있는 입자는 거리에 관계없이 연동되어 상호 작용을 한다. 이는 거시 세계에서 서로 다른 두 공간에 위치한 대상이 서로 독립적인 속성을 갖는 것과는 완전히 다른 속성이다.

   ① ㉠에서는 ㉡에서와 달리 멀리 떨어진 두 공간에 있는 대상이 서로 상호 작용을 하기도 한다.
   ② ㉠에서는 ㉡에서와 달리 대상의 관측값이 그 값이 나올 확률로만 규정된다.
   ③ ㉠에서는 ㉡에서와 달리 특정 대상에 대한 관측 행위가 대상의 상태에 영향을 미치지 않는다.
   ④ ㉡에서는 ㉠에서와 달리 대상에 대한 관측값을 끊김이 없는 실선 그래프로 나타낼 수 있다.

3. 다음 글의 논지로 가장 적절한 것은?

   조선 후기에 접어들면서 우리 있는 그대로의 모습과 인간들의 감정을 진솔하게 표현하는 진경 문화의 정신이 싹을 피웠다. 사실 그대로 묘사하겠다는 의식은 우리 것을 긍정하는 데서부터 출발하지 않을 수 없다. 우리가 가진 모습 그대로를 인정하고 존중하지 못하면서, 인간들에 대한 사실주의적 정밀 묘사가 이루어질 수 없는 노릇이기 때문이다. 전대의 문학과 예술에서 사실을 외면하고 관념으로만 포장하려 했던 것은 그만큼 우리의 자존 의식이 박약하고 중화 의식에 물들어 있었기 때문이라고 해도 과언이 아니다. 실학 정신 또한 그 관념의 허울을 벗고 사실을 그대로 보자는 태도에 바탕을 두고 있다. 예학이나 성리학에서의 관념론적 추종에 반대하고 정치 경제적 현실 관계로 학문의 방향을 돌리게 한 경세치용의 주장이나, 정치 사회적 이념에 따라 고전을 주관적으로 해석하는 풍조를 배격하고 객관적인 실증적인 학문 태도로 민족 문화에 대한 주체적 인식을 새롭게 하고 사실을 밝히려 한 실사구시적 태도 등이 모두 현실을 토대로 한 사유에서 비롯된 것이다.

   ① 조선 후기의 문화와 예술은 우리 민족의 자존 의식에 기반하고 있다.
   ② 조선 후기 예술은 관념과 사실의 대립으로 나타났다.
   ③ 예술은 사람들의 사유를 반영한다.
   ④ 조선 후기의 정치 경제적 현실 관계가 반영됨으로써 사실적인 예술 기법이 도입되었다.

4. 다음 글에 대한 설명으로 적절한 것은?

   여성과 남성의 발음에 차이가 있다는 것은 한국어뿐만이 아니라 다른 언어의 연구 결과에서도 드러난 사실이다. 한국어를 대상으로 한 연구에 따르면, 여성은 남성보다 경음을 더 많이 사용하는 것이 특징이라고 한다. 예를 들어, '작다'를 [짝다]와 같이 발음하는 여성이 남성에 비해 더 많다는 것이다. 또한 여성의 발화에는 'ㄹ' 첨가 현상이 두드러지게 나타난다고 한다. '알아보려고'를 [알아볼라구]와 같이 말하는 것이 그 예시이다. 이 두 가지 현상은 남성과 여성의 발화 차이일 뿐 여성을 차별하는 현상과는 관련이 없는 것처럼 보인다.
   하지만 여성 화자는 완만하고 부드러운 억양을 가지고 있으며 다소 길게 말하는 경향이 있는 반면, 남성 화자는 하강 조의 억양으로 짧게 말하는 경향이 있다는 연구 결과도 있는데, 이는 여성이 남성보다 스스로 자신의 의견에 대해 확신이 적기 때문이라고 한다.

   ① 여성과 남성의 발음에 차이가 있는 언어는 한국어뿐이다.
   ② 남성은 여성에 비해 경음을 많이 사용하지 않는다.
   ③ 남성의 발화에서는 'ㄹ' 첨가 현상을 발견할 수 없다.
   ④ 여성과 남성의 억양 차이는 여성보다 남성이 자신의 의견에 대한 확신도가 낮기 때문에 발생한다.

5. 다음 글의 ㉠ ~ ㉢ 중 어색한 곳을 찾아 가장 적절하게 수정한 것은?

　컴퓨터 설명 모형은 기존의 암 치료 모형이 갖는 각각의 한계를 보완한다. 종전의 공간 모형은 종양의 3차원 구조를 잘 설명하지만 암세포들의 유전 변이를 설명하지는 못한다. 종전의 비공간 모형은 암세포들의 유전 변이를 잘 설명하지만 종양의 3차원 공간 구조는 잡아내지 못했다. 그러나 컴퓨터 설명 모형은 ㉠ 종양의 3차원 구조뿐만 아니라 유전 변이도 잘 설명한다.
　컴퓨터 설명 모형은 암세포들의 유전 변이와 확산 과정을 잘 나타낸다. 이 설명의 핵심은 암세포들이 ㉡ 이동 능력을 갖고 있다는 데 있다. 연구진들은 암의 전이와 변이는 암세포가 이곳저곳으로 옮겨 다니기 때문이라고 밝혔다. 종전의 공간 모형에 의하면 암세포는 빈 곳에서만 분열할 수 있고 다른 세포를 통해서만 다른 곳으로 옮겨갈 수 있었다. 그래서 ㉢ 암세포들은 높은 분열 가능성을 가졌었다. 하지만 컴퓨터 설명 모형에 따르면 암세포는 다른 세포의 도움 없이도 빈 곳으로 이동할 수 있다. 이렇게 이동한 암세포들은 그곳에서 쉽게 증식함으로써 새로운 유전 변이를 만들어 낸다. 이 때문에 종양은 기존 모형의 예상보다 ㉣ 더 빨리 자라게 되며 많은 유전 변이들을 가지게 된다.

① ㉠: 여전히 종양의 3차원 구조에 대해서 설명하지 못한다
② ㉡: 빠른 복제가 가능하다는
③ ㉢: 암세포의 분열 가능성은 제한되어 있었다
④ ㉣: 더 느리게 자라게 되며 적은 유전 변이들을

6. 제시된 문장이 들어갈 곳으로 가장 적절한 것은?

　따라서 예산 책정 시 실제 비용과 가장 비슷하게 비용을 책정하는 것이 바람직하다.

　예산이란 필요한 비용을 미리 헤아려 계산하는 것이나 그 비용을 의미한다. ① 대부분 하나의 사업이나 활동에 정해진 예산 범위가 있으므로 예산 계획을 잘 세우고 적절히 관리하는 것은 매우 중요하다. ② 개발 사업과 관련된 예산을 책정할 때 실제 비용보다 책정 비용이 적을 경우 경쟁력을 잃게 되며, 클 경우 적자가 발생할 것이다. ③ 예산관리는 활동이나 사업에 소요되는 비용을 산정하고, 예산을 편성하는 것뿐만 아니라 예산을 통제하는 것을 모두 포함하는 과정이라고 할 수 있다. ④ 예산관리를 효과적으로 하기 위해서는 예산 계획 단계에서부터 시작하여 예산의 계획과 집행 단계를 따로 분리하여 지속적으로 관심을 가지고 예산을 관리하여야 한다.

7. 갑 ~ 병의 주장을 분석한 내용으로 적절하지 않은 것만을 〈보기〉에서 모두 고르면?

　갑: 어디까지를 차별로 간주할 것인가에 대한 명확한 기준이 없다면, 차별금지법이 제정된다고 하더라도 법의 해석이 자의적으로 적용될 수 있다. 또한 헌법 제11조는 이미 평등권을 보장하며, 특정 차별에 대해 개별적으로 법이 마련되어 있다. 별도의 포괄적 차별금지법은 중복 규제일 수 있다.
　을: 현대 사회에도 성별, 장애, 연령, 성적 지향 등을 이유로 한 차별이 존재한다. 차별금지법은 이러한 차별로 피해를 입는 사람들에게 법적 보호를 제공한다. 따라서 법 제정은 평등한 사회를 구축하는 데 필수적이다.
　병: 미국과 유럽에서의 사례를 보면, 차별금지법이 사회적 소수자들을 보호하면서, 다문화적 사회의 통합을 촉진한다. 한국도 이를 통해 사회적 약자를 보호하고 갈등을 줄이는 효과를 기대할 수 있다. 또한 유엔에서도 한국에 차별금지법 제정을 지속적으로 권고하고 있다. 이를 시행하면 국제적 신뢰도와 외국인 투자 유치에도 긍정적 영향을 미칠 것이다.

〈보 기〉
ㄱ. 차별금지법 제정에 대해 갑의 주장과 을의 주장은 대립한다.
ㄴ. 차별금지법 제정에 대해 을의 주장과 병의 주장은 대립한다.
ㄷ. 차별금지법 제정에 대해 병의 주장과 갑의 주장은 대립한다.

① ㄱ
② ㄴ
③ ㄱ, ㄷ
④ ㄴ, ㄷ

8. 다음 중 ㉠에 대한 사례에 해당하지 않는 것은?

　문장 성분은 문장을 구성하는 요소를 말한다. 이는 주어, 목적어, 보어, 서술어와 같은 주성분, 관형어, 부사어와 같은 부속 성분, 그리고 독립어와 같은 독립 성분으로 나눌 수 있다. 이들 중 문장을 구성하는 데에 필수적인 역할을 하는 것은 주성분인데, 특히 서술어가 무엇이냐에 따라 호응하는 문장 성분이 달라지는 것이 일반적이다.
　서술어 중에는 서술어가 요구하는 필수적 문장 성분이 세 개인 ㉠ 세 자리 서술어가 있다. 예를 들어, '철수가 선생님께 편지를 드렸다.'라는 문장에서 서술어 '드리다'는 주어 '철수가', 필수적 부사어 '선생님께', 목적어 '편지를'을 요구하고 있으므로 '드리다'는 세 자리 서술어에 해당한다.

① 추워서 손을 주머니에 넣었다.
② 영희는 친구의 딸을 며느리로 삼았다.
③ 사람들은 그 아이를 불운한 천재라고 부른다.
④ 어제 보니 민수는 전혀 다른 사람이 되었더라.

[9 ~ 10] 다음 글을 읽고 물음에 답하시오.

> 1996년 발표된 콜만(Coleman)의 연구는 학교 교육이 학생들의 성취에 미치는 영향을 다루었다. 콜만은 소수 민족의 자녀가 다니는 학교들이 불평등한 조건을 갖고 있으며, 그러한 조건이 교육 기회에 큰 영향을 미칠 것이라고 생각하였다. 이 가설을 ㉠<u>입증하기</u> 위해 그는 4,000개의 학교를 분석하였다.
>
> 그런데 연구 결과는 교육계에 큰 논쟁을 불러일으켰다. 학교 시설과 교사 봉급 등 학교의 수준이 학생의 학업 성취에 차이를 ㉡<u>가져오는</u> 효과는 매우 ㉢<u>작았고</u>, 대신 학생의 가정 배경의 영향력이 매우 ㉣<u>크게</u> 나타난 것이다. 즉, 학업 성취의 차이는 학교 간에 나타나는 것이 아니라, 학교 내 학생들 간의 가정 배경 차이에서 비롯되었던 것이다.

9. 윗글을 읽고 추론할 수 있는 내용으로 적절한 것은?
① 명문 학교 진학을 위해 이사를 가는 것은 학업 성취도 향상에 큰 도움을 주지 못할 가능성이 높다.
② 학교 시설과 교사의 질이 높은 학교일수록 대학 입시에서 좋은 결과를 낳을 것이다.
③ 학업 성취도에 영향을 미치는 요인 중 학교의 영향력이 가정 배경의 영향력보다 중요하다.
④ 콜만은 1996년의 연구를 통해 학교 교육과 성취에 관한 그의 가설을 입증하는 데 성공하였다.

10. ㉠ ~ ㉣과 바꿔쓸 수 있는 유사한 표현으로 적절하지 않은 것은?
① ㉠: 증명하기
② ㉡: 유발하는
③ ㉢: 미미하였고
④ ㉣: 관대하게

11. 다음 글의 밑줄 친 결론을 이끌어 내기 위해 추가해야 할 것은?

> 신을 믿는 사람은 모두 정직하게 살기 위해 노력한다. 따라서 <u>어떤 범죄자는 신을 믿지 않는다</u>.

① 범죄자는 모두 신을 믿지 않는다.
② 어떤 범죄자는 정직하게 살기 위해 노력한다.
③ 정직하게 살기 위해 노력하는 사람은 모두 신을 믿는다.
④ 정직하게 살기 위해 노력하지 않는 어떤 사람은 범죄자이다.

[12 ~ 13] 다음 글을 읽고 물음에 답하시오.

> 시간의 흐름을 눈으로 볼 수 있다면 얼마나 신기할까? 시계의 발명은 인간이 시간을 측정하고 관리하는 방법에 혁명을 가져왔다. 이전에는 해와 달의 움직임에 의존하여 시간을 파악했으나 시계의 등장은 사람들의 정확한 시간 측정을 가능하게 했다. 이는 사회 전반에 걸쳐 큰 변화를 일으켰다.
>
> 우선, 생산 과정에서 작업의 효율성이 향상되었다. 정해진 시간에 따라 일정을 계획하고 그를 실행할 수 있게 되면서 산업 전반에서 생산성이 증가했다. 그 예로, 산업혁명 시기 공장 노동자들은 시계를 ㉠<u>통한</u> 정확한 시간 측정을 기반으로 노동함으로써 대량 생산을 가능하게 했다. 즉 정해진 시간에 따른 계획적인 노동이 경제 발전을 이룩하는 데 일조한 것이라 할 수 있다.
>
> 또한, 정확한 시간 측정은 교통과 통신의 발전에 기여했다. 기차와 선박 등의 운송 수단이 시간표에 따라 운행되면서 지역 간의 이동이 원활해졌다. 이는 상업 활동과 문화 교류를 촉진시켰다. 나아가 이는 사회 규범과 생활 방식에도 영향을 미쳤는데, 시간 약속의 개념이 생겨나면서 사람들이 시간 엄수를 중요한 가치로 여기게 된 것이다.
>
> 결론적으로, 시계의 발명은 단순한 도구의 탄생을 넘어 사회 구조와 인간의 시간 인식을 근본적으로 변화시켰다. 이는 현대 사회의 발전과 삶의 방식을 형성하는 데 중요한 역할을 수행했다.

12. 윗글에서 추론한 내용으로 가장 적절한 것은?
① 해와 달의 움직임을 정확하게 파악하는 기술의 발전은 시계 발명의 직접적인 원인이 되었을 것이다.
② 시계의 발명은 제조업에서도 생산성 향상을 가져왔을 것이다.
③ 대량 생산을 기반으로 한 경제 발전은 문화 교류를 촉진시켰다.
④ 시계 발명 이전에도 시간 약속의 개념은 존재했다.

13. 문맥상 ㉠의 의미와 가장 가까운 것은?
① 망원경을 <u>통한</u> 새로운 관찰 방법은 천문학에 혁신을 가져왔다.
② 밖으로 <u>통한</u> 터널을 지나면 마을이 나온다.
③ 성장기를 <u>통한</u> 교육은 삶의 전반에 영향을 미친다.
④ 그녀는 경제학에 환히 <u>통한</u> 권위자이다.

14. 다음 중 알렉산드로스에 대한 (가) ~ (다)의 평가를 분석한 내용으로 적절하지 않은 것은?

(가) 알렉산드로스가 페르시아를 장악하고 난 뒤에, 원정군의 부사령관이었던 파르메니온의 아들 필로타스가 반역 사건으로 처형되었어. 이후 알렉산드로스는 아비인 파르메니온이 보복할 수 있다며 그까지 숙청했지. 파르메니온처럼 공을 많이 세운 사람까지 의심하여 없애는 것을 본 모두가 알렉산드로스를 두려워하게 되었고, 그게 그의 의도였어.

(나) 파르메니온을 죽인 건 알렉산드로스의 아둔함을 보여 주는 대표적인 사례야. 애초에 알렉산드로스는 파르메니온이 없었다면 페르시아를 장악하지 못했을걸? 반면 파르메니온은 당시 노장 그룹에서 대표적인 입지를 차지하던 인물이라 국가 발전에 매우 중요한 사람이었어. 따라서 알렉산드로스의 결정은 국가 발전에 방해가 되는 것이었어.

(다) 알렉산드로스의 입장도 이해가 돼. 파르메니온이 필로타스의 음모와 관련이 없다고 해도 그의 아들을 처형한 이상 파르메니온을 살려 둔다는 건 너무 큰 위험이었을 거야. 게다가 파르메니온은 이미 군대 내에서 큰 신망을 얻고 있었잖아.

① 필로타스는 사실 반역을 꾸민 적이 없으며, 그가 누명을 쓰고 처형된 것이었다는 게 밝혀진다고 해도 (가)의 주장은 약화되지 않는다.
② 파르메니온의 숙청 이후에도 알렉산드로스가 국왕으로서 수많은 업적을 남긴 것이 확인된다면, (나)의 주장은 약화된다.
③ 필로타스의 반역이 실패하면서 파르메니온의 군대 내 입지도 순식간에 줄어들어 아무런 영향력을 발휘하지 못했다면, (다)의 주장은 약화된다.
④ 당시 군대에 파르메니온보다 더 큰 영향력을 행사하는 장군이 존재했지만, 그는 알렉산드로스의 숙청 대상에 포함되지 않았다면, 이는 (가), (나), (다)를 모두 약화한다.

15. 다음 글의 내용이 모두 참일 때, 반드시 참인 것만을 〈보기〉에서 모두 고르면?

㉠ 을이 졸업 선물을 받았을 때에만 병이 졸업 선물을 받는다.
㉡ 갑과 정이 모두 졸업 선물을 받았다면, 병도 졸업 선물을 받았다.
㉢ 을은 졸업 선물을 받지 못했다.
㉣ 갑, 을, 병, 정 4명 중 적어도 한 명은 졸업 선물을 받았다.

─〈보 기〉─

ⓐ 갑, 을, 병, 정 4명 중 졸업 선물을 받은 사람은 단 한 명이다.
ⓑ 갑이 졸업 선물을 받았다면, 정은 졸업 선물을 받지 못했다.
ⓒ 갑이 졸업 선물을 받지 못했다면, 정이 졸업 선물을 받았다.

① ⓐ
② ⓑ
③ ⓑ, ⓒ
④ ⓐ, ⓑ, ⓒ

16. 다음 글을 읽고 이해한 내용으로 적절하지 않은 것은?

우의적 기법은 다른 사물이나 사건에 빗대어 자신의 의견이나 교훈을 전달하는 방법이다. 정치나 종교, 사회 관습 등 직접 언급하기 어려운 대상에 대한 문제의식을 드러낼 때 사용된다. 우의적 기법을 사용한 작품은 표면적으로 인물, 사건, 배경을 모두 갖춘 이야기를 전개하면서, 이면적으로 정신적이거나 사회적인 의미를 내포한다. 이는 주제 의식이 직접 드러나지 않아 부정적 대상을 비판하는 데 효과적이다.

동식물이나 사물을 의인화하여 인간의 삶을 풍자하거나 교훈을 주는 우화는 우의적 기법의 형태이다. 그중 가전체는 사물을 의인화하여 그 가계, 생애, 성품 등을 서술하는 짧은 형식의 이야기이다. 대개 의인화한 주인공의 행적을 통해 사람들에게 잘못을 되풀이하지 않도록 경계하고 권선하는 내용으로 구성되어 있다.

조선 후기에는 우화형 송사 소설이 창작되었는데, 이들은 동물 세계에 빗대어 당대 사회의 모순과 부조리를 풍자하고 있다. 이는 중세 봉건 사회 해체기의 모순과 병폐를 문제 삼는다. 이 소설에 드러나는 부당 재물 탈취, 뇌물 수수 행위와 그로 인한 잘못된 송사 처결, 송사 과정에 나타나는 빈부 갈등 등은 중세 봉건 사회 해체기의 구조적 병폐이며 중세 봉건 사회의 해체를 촉진시킨 요인이다. 또한 송사 소설에는 조선 후기 변화된 사회 경제 질서 안에서 부(富)를 얻은 세력이 나타난다. 이들은 봉건 체제를 무너뜨리고 새로운 사회를 건설할 수 있는 변혁의 주체로 형상화되기도 했다.

① 우의적 기법을 사용한 작품은 이중적인 주제를 지니고 있다.
② 우의적 기법은 정치적, 종교적, 사회적 문제를 간접적으로 표현하는 데 효과적이다.
③ 가전체에는 인물의 가계나 생애를 알 수 있을 뿐, 인간 사회의 문제는 드러나지 않는다.
④ 가전체와 달리 조선 후기의 우화형 송사 소설은 당대 사회의 모순을 풍자하여 주제를 드러낸다.

17. 다음 글에서 ㉠의 이유로 가장 적절한 것은?

배분 문제는 수식을 활용하여 제약 조건을 만족하면서 목적 함수를 최대로 충족시킬 수 있는 의사 결정 변수를 찾으면 해결된다. 하지만 ㉠정말 중요한 것은 수식으로 표현된 문제의 풀이 방식을 찾는 것이다. 선형 계획법의 풀이법으로 제시된 '심플렉스' 방식은 기하학에서 착안한 것이다. 배분 문제의 제약 조건을 좌표에 표시하면 꼭짓점을 가지는 도형이 된다. 이제 제약 조건을 만족하는 모든 x와 y의 조합을 일일이 비교해서 최적의 조합만 찾으면 된다. 그러나 제약 조건을 만족시키는 x와 y의 조합은 무수히 많다. 하지만 심플렉스 방식을 활용하면 제약 조건을 만족시키는 모든 값을 다 비교할 필요 없이 제약 조건을 좌표에 표시하여 얻은 도형의 꼭짓점에 해당하는 값들만 비교하면 최적의 조합을 찾을 수 있다. 어떤 목적 함수라도 목적 함수의 최적값은 이 도형의 꼭짓점 중에 하나에 해당되기 때문이다.

① 제약 조건을 만족하는 의사 결정 변수의 조합이 너무 많기 때문에
② 목적 함수를 최대로 충족시키는 의사 결정 변수의 조합이 무수히 많기 때문에
③ 제약 조건과 목적 함수 사이의 관계 파악이 어려워서
④ 배분 문제는 기하학으로는 해결할 수 없기 때문에

[18 ~ 19] 다음 글을 읽고 물음에 답하시오.

언어 행위는 화자가 청자에게 어떠한 발화를 전달하는 행위이다. 이때 발화란 어떤 내용을 설명하든, 무언가에 관해 물어보든, 어떤 행동을 같이 하자고 권유하거나 요청하는 등 일정 행위를 수행하는 역할을 한다. 그리고 이러한 언어 행위의 결과로 무언가가 달성되도록 하는 표현을 수행문이라 한다. 일반적으로 수행문을 통해 수행되는 행위를 표현하는 동사를 수행 동사라 하는데, '명령하다', '추천하다' 등이 이에 해당한다.

수행 동사가 없다고 하더라도 모든 발화는 수행을 함축하고 있다고 할 수 있다. 가령 '그 사람은 갔니?'라는 문장은 '묻는다'라는 질문을 하는 수행 동사를 함축한다. 또한, 발화 문장의 동사가 그 문장이 수행하는 행위와 반드시 일치하는 것도 아니다. 예를 들어 '차를 조심해.'라는 말에는 경고의 의미가 내포되어 있지만, 그 안에 '경고한다'라는 동사가 들어 있지는 않다. '혹시 시간 있으세요?'라는 발화도 마찬가지다. 이처럼 일반적으로 수행 동사를 활용하여 발화하는 경우는 많지 않다. 그리고 이처럼 수행 동사를 직접적으로 사용하지 않고, 간접적으로 그 수행의 의미를 표현하는 것을 간접 화행이라 한다.

언어학자 오스틴은 일반적으로 하나의 발화 문장은 세 가지 행위를 포함한다고 주장했다. 이는 언표적 행위, 언표 내적 행위, 그리고 언향적 행위를 말한다. 우선 언표적 행위는 어떠한 의미를 지닌 문장을 발화하는 것이다. 언표 내적 행위는 화자가 발화함으로써 청자에게 이루려고 목표하는 행위이고, 언향적 행위는 그 발화를 통해 화자가 청자로 하여금 어떠한 결과적인 반응을 얻어냄을 목표로 하는 행위이다.

18. 윗글에서 알 수 있는 내용으로 적절한 것은?
① 발화 문장의 동사는 그 문장이 수행하는 행위와 일반적으로 일치한다.
② '혹시 시간 있으세요?'와 같은 문장은 간접 화행의 예시로 적절하다.
③ 청자가 화자의 발화가 지닌 언표 내적 행위를 이해했다면, 그는 그 발화에 내포된 언향적 행위도 이해할 것이다.
④ 오스틴에 따르면, 발화 문장이 내포한 세 가지 행위 중 가장 중요한 것은 언향적 행위이다.

19. 다음 중 <보기>의 내용을 분석한 ㉠에 들어갈 수 있는 내용으로 적절하지 않은 것은?

<보 기>

추운 날씨에 아내가 환기를 위해 열려 있는 창문 가까이에 있는 남편에게 '날씨가 좀 춥다.'라고 말했을 때, 청자인 남편이 이를 곧이곧대로 듣고 '그러게. 날씨가 점점 추워지네.'라고 답하며 신문을 보고 있었다면, (㉠) 것으로 볼 수 있다.

① 아내의 '날씨가 좀 춥다.'라는 발화가 지닌 언표적 행위는 '날씨가 추움'을 말하는
② 아내의 '날씨가 좀 춥다.'라는 발화가 지닌 언표 내적 행위는 자신이 열려 있는 창 때문에 춥다는 사실을 전달하려는
③ 아내의 '날씨가 좀 춥다.'라는 발화가 지닌 언향적 행위는 남편에게 '창문을 닫아 달라'는 의도를 지닌
④ 남편은 아내의 발화가 지닌 언향적 행위는 물론, 언표 내적 행위도 이해하지 못한

20. 다음 글의 내용과 일치하지 않는 것은?

감정 미학은 음악사적으로 18세기 말에 등장해 낭만주의적 사유가 널리 퍼진 19세기에 더욱 강화되었다. 감정 미학에서는 음악으로 인간의 정신이나 주관적인 감정을 표현하는 것이 가능하다고 보았다. 또한 음악 형식을 개념적으로 분류할 수 없다는 인식하에, 감정 미학은 음악 양식을 그 자체의 내적 특성이 아닌 외적으로 드러나는 목적 또는 기능을 기준으로 분류, 정의했다.

음악 작품을 작곡가가 지니고 있는 감성의 발현이라고 본 리스트와 바그너는 당시의 감정 미학을 대표하는 작곡가들이다. 특히 바그너는 음악을 통해 특정한 감정을 전달하기 위해 라이트모티프(Leitmotif)라는 새로운 기법을 제안하였다. 이는 표제 음악에서 인물이 처한 상황이나 인물의 감정을 암시하기 위해 특정 선율을 반복하여 제시하는 기법을 말한다. 오페라 <탄호이저>에는 주인공이 내적 갈등을 겪는 장면마다 반복되는 선율이 있다. 주인공의 갈등 상황과 이 선율이 반복적으로 결합된 결과, 일종의 관습적 반응이 유발되며, 이후 청중들은 이 선율이 다시 등장하면 주인공이 번뇌하는 상황임을 자연스럽게 알 수 있게 된다. 이처럼 바그너는 삶의 다양한 표상을 음악으로 구현하는 것이 가능하고 이것이 곧 음악의 목적이라고 보았다.

하지만 감정 미학은 한슬리크를 포함한 형식 미학자들의 강력한 비판을 받게 된다. 형식 미학에서는 음악 자체의 형식적인 특질에 음악의 미적 가치가 있다고 주장한다. 이에 더해, 음악에 대한 감정 미학자들의 해석은 감정과 감각의 개념을 혼동하고 있는 것이라 비판한다. 예를 들어 한 청중이 어떤 음악을 듣고 슬픔을 느꼈다고 할 때, 감정 미학자들은 이를 음악 자체에 담긴 슬픔이라는 감정이 청중에게 전달된 것으로 본다. 반면 형식 미학에 따르면, 청중은 이때 음 요소를 감각하는 것일 뿐 음악 속 감정을 전달받는 것은 아니다. 또한 감정은 음악 자체에 내재하기보다는 청자의 마음 안에 만들어지는 심적 상태라는 것이 이들의 생각이다.

한슬리크에 따르면, 청중은 음악을 통해 감정이 아닌, 음악 속 리듬, 선율, 화성 등의 음 요소들과 각 요소 간의 관계 속에서 형성되는 움직임을 감각적으로 지각한다. 어떤 음악이 특정한 감정을 유발하는 것은 음 요소들의 움직임이 해당 감정에서 나타나는 움직임의 양상과 비슷하기 때문이다. 그 유사성을 통해 청중은 특정 음 요소들에서 자신의 경험을 떠올리고 감정을 분출하게 된다. 결국 우리가 음악에서 느끼는 감정은 음악 외부에서 형성된 것일 뿐 음악의 내적 특성이라고 볼 수 없다. 따라서 음악적 요소들의 관계 속에서 형성되는 형식미가 음악미의 본질이라는 것이 그의 주장이다.

① 바그너에 비해 한슬리크는 음악의 형식적인 특질에 집중하였다.
② 감정 미학에서는 음악이 어떤 감정을 전달하는지와 같은 내적 특성으로 음악을 분류할 수 있다고 보았다.
③ 라이트모티프 기법은 등장인물의 상황과 음악 선율의 결합을 시도한다.
④ 한슬리크에 따르면, 음 요소들 간의 움직임은 감각적 지각의 대상이다.

국 어

1. <지침>에 따라 <개요>를 작성할 때 ㉠~㉣에 들어갈 내용으로 적절하지 않은 것은?

<지 침>
○ 서론은 중심 소재의 개념 정의와 문제 제기를 1개의 장으로 작성할 것.
○ 본론은 제목에서 밝힌 내용을 2개의 장으로 구성하되 각 장의 하위 항목끼리 대응되도록 작성할 것.
○ 결론은 기대 효과와 향후 과제를 1개의 장으로 작성할 것.

<개 요>
○ 제목: AI 기술 오남용의 원인과 해결 방안
Ⅰ. 서론
  1. AI 기술 오남용의 정의
  2. ㉠
Ⅱ. AI 기술 오남용의 원인
  1. ㉡
  2. 정부와 기관의 규제 및 법적 제재 부족
Ⅲ. AI 기술 오남용의 해결 방안
  1. AI 개발 단계에서의 윤리적 기준 설정과 준수
  2. ㉢
Ⅳ. 결론
  1. AI 기술에 대한 대중의 불안감 해소 및 긍정적 이미지 확산
  2. ㉣

① ㉠: AI 기술 오남용으로 인한 사생활 침해 등 다양한 문제 발생
② ㉡: AI 개발 및 활용 과정에서 명확한 윤리적 기준의 부재
③ ㉢: AI 기술과 관련된 규제 및 법적 제재 마련
④ ㉣: AI 오남용으로 발생하는 사생활 침해, 허위 정보 유출 등 감소

2. ㉠에 대한 평가로 적절하지 않은 것은?

한 나라의 언어는 그 나라 사람들의 의식과 사고방식, 관습 및 문화를 반영한다. 따라서 언어를 통해 그 나라 문화의 특성과 수준을 가늠할 수 있다. 한국처럼 오랜 세월 동안 일정 지역에서 단일 민족이 단일 언어를 사용한 경우는 드물다. 그리고 이렇게 형성된 언어문화에는 독특한 틀이 있다. 그런데 ㉠이것이 늘 좋은 영향만 미친 것은 아니다.

① 한국에서 자란 한국인의 문해율이 세계 평균보다 높다는 연구 결과는 ㉠을 강화하지도 약화하지도 않는다.
② 한국어의 독특한 체계가 한국에서 자란 사람이 외국어를 습득하는 데에 어려움을 준다는 연구 결과는 ㉠을 강화한다.
③ 다른 언어로 대화할 때보다 한국어로 대화할 때 오해나 갈등이 적다는 연구 결과는 ㉠을 강화하지도 약화하지도 않는다.
④ 한국이 다른 나라에 비해 상대적으로 외교에 어려움을 겪고 있다는 연구 결과는 ㉠을 강화한다.

3. 다음 글을 읽고 이해한 내용으로 적절하지 않은 것은?

민요(民謠)는 민중의 삶을 그대로 노래하여, 민중의 일상 속 희로애락이 그대로 담겨 있다. 사회적 억압과 부조리에 대한 원망이 드러날 때도 있다. 민요는 기능에 따라 노동요, 의식요, 유희요로 분류하는데, 이는 민요가 다양하게 쓰였음을 의미한다. 이런 이유로 중세의 지배층에는 민요를 적극적으로 수집하여 민심을 파악 후 정치 교훈으로 삼고자 한 자들도 있었다.
  민요는 전통 사회에서 민중이 자연스럽게 익힐 수 있는 노래라서, 대부분 전문적 훈련을 받지 않아도 쉽게 만들어 부를 수 있었다. 우리나라의 대표 민요인 「정선 아리랑」은 현재 수백 수의 사설이 전해지고 있다. 후렴구가 동일함에도 불구하고 부르는 사람에 따라 내용이 다양하게 변주되었기 때문이다.
  민요가 아주 오래전부터 일상생활과 관련을 맺으며 전해져 왔다면, 조선 후기에 등장한 잡가(雜歌)는 고전 시가의 여러 갈래 중 가장 마지막에 등장한 갈래이다. 잡가는 조선 후기 소리꾼들에 의해 도시의 유흥 공간에서 가창된 노래로, 통속적이고 유흥적인 성격이 강하다. 그래서 잡가는 상업적 성격이 두드러지게 나타난다. 또한 잡가라는 이름에서도 알 수 있듯이 민요, 시조, 가사, 판소리 등 여러 갈래들과 적극적으로 교섭하는 모습을 보였다.

① 모든 중세 지배층은 민요를 통해 민심을 파악하고 정치적 교훈으로 삼았다.
② 민요는 정형화된 훈련 과정이 없더라도 누구나 만들 수 있었다.
③ 고전 시가의 갈래 중 가장 마지막에 등장한 것은 잡가이다.
④ 민요와 잡가 모두 유흥적인 성격도 지니고 있었을 것이다.

4. ㉠~㉣에 대한 내용으로 적절하지 않은 것은?

안은안긴문장은 한 문장(안긴문장)이 절의 형태로 바뀌어 더 큰 문장(안은문장) 속에서 문장 성분의 기능을 하는 것을 말한다. 안긴문장은 명사절, 관형절, 부사절, 서술절, 인용절로 나뉜다.
  명사절은 절 전체가 명사형 전성 어미 '-(으)ㅁ/-기'를 활용하여 명사처럼 쓰이는 문장으로 주어, 목적어, 보어, 부사어 등의 기능을 한다. 관형절은 관형사형 전성 어미 '-(으)ㄴ, -는, -(으)ㄹ, -던'과 결합하여 관형어의 구실을 하는 절로, 한 문장이 전체 문장의 관형어로 포함되어 있는 안긴문장이다. 이 요소들은 과거, 현재, 미래, 회상의 시간을 표현할 수 있다. 부사절은 '-이, -게, -도록, -(아)서, 달리, 없이, 같이' 등에 의하여 부사절이 되어 전체 문장의 서술어를 수식하는 기능을 한다. 서술절은 절이 서술어의 구실을 하는 것으로서, 서술어 부분이 '주어+서술어'로 이루어진 절을 서술절이라 한다. 그러나 서술절은 절 표지(전성 어미)가 따로 없다. 마지막으로 인용절은 화자의 생각이나 느낌, 다른 사람의 말이나 글의 인용, 의성어와 의태어를 인용 조사 '라고, 고'와 결합하여 표현한 문장이다.

[예문]
㉠ 현민이는 키가 크다.
㉡ 나는 영수가 아팠다는 소식을 들었다.
㉢ 비가 소리도 없이 주룩주룩 내린다.
㉣ 그는 오늘 공부를 꼭 하겠다고 약속했다.

① ㉠의 안긴문장은 안은문장의 서술어 기능을 한다.
② ㉡의 안긴문장은 체언을 수식한다.
③ ㉢의 안긴문장은 안은문장의 부사어를 수식한다.
④ ㉣의 안긴문장은 안은문장의 주어가 한 말을 인용한다.

5. ㉠과 ㉡에 대한 설명으로 적절하지 않은 것은?

㉠'특허권'이란 특허법에 의해 해당 정보의 소유자만이 해당 정보를 사용할 수 있도록 특허 출원으로부터 20년 동안 독점적·배타적 권리를 부여받는 것이다. 그러나 특허 출원 후 18개월이 경과하면 해당 정보가 공개되는데 이는 산업발전을 촉진하면서도 발명을 보호하고 장려하기 위해서이다.

특허권 소유자는 동일 정보를 획득한 제3자에 대해서도 특허권을 행사할 수 있고, 해당 기간 동안 투자금을 회수할 수 있다. 그러나 특허권은 획득 절차가 번거로우며 이를 획득, 유지하는 데 많은 비용이 든다는 단점이 있다. 또 18개월이 지나면 경쟁사에도 해당 정보가 공개되기 때문에 이를 특허권이 아닌 '영업 비밀'로 유지하는 경우도 있다.

㉡영업 비밀이란 영업 비밀 보호법상 공공연히 알려져 있지 않고 독립된 경제적 가치를 가지는 것으로서, 기업이 자체 개발하고 비밀로 보유한 제조 공정이나 방법뿐만 아니라 마케팅 전략, 고객 리스트, 기업의 기본 계획 등도 포함된다. 산업 스파이나 부당 스카우트 등을 통해 영업 비밀을 부정하게 취득, 사용, 공개하는 행위들은 법적으로 규제되고 있다.

영업 비밀은 비공지성, 경제적 유용성, 비밀 관리성을 갖추어야 보호를 받을 수 있다. 또한 비밀을 유지하는 한 소유자만이 사용할 수 있다. 하지만 제3자가 독자적으로 동일한 영업 비밀을 취득하게 된다면 해당 정보의 사용을 제한할 수 없다. 또한 비밀 관리성을 유지하는 것이 쉽지 않다. 근로자의 입장에서도 근로자가 개발한 정보를 소속 기업이 영업 비밀로 취급하는 경우에는 보상을 받는 것이 아니라 오히려 비밀 유지 의무의 부담만 생기는 문제가 있을 수 있다.

① ㉠은 ㉡과 달리 일정 기간 후에 해당 정보를 공개하게 된다.
② ㉠은 ㉡에 비해 법적 권리 획득과 유지에 많은 비용이 든다.
③ ㉡은 ㉠에 비해 정보 소유자가 독점적인 경제적 이익을 추구할 수 있는 기간이 짧다.
④ ㉡과 달리 ㉠은 근로자에게 비밀 유지의 부담을 지속적으로 지우지는 않는다.

6. 다음 진술이 모두 참일 때, ㉠에 들어갈 말로 적절한 것은?

갑~정은 모두 하나의 전공만을 가진다.
A: 갑이 역사학 전공자라면, 을은 정치학을 전공했고, 정은 성악을 전공했어.
B: 을은 행정학을 전공했다고 했어.
A: 그럼 병이 경제학 전공자겠다.
B: 너도 (㉠)라는 걸 아는구나?

① 병이 경제학 전공자가 아니라면, 갑이 역사학 전공자
② 병이 경제학 전공자라면, 갑이 역사학 전공자가 아니
③ 을이 행정학을 전공자가 아니라면, 병이 경제학 전공자가 아니
④ 정이 성악 전공자라면, 병이 경제학 전공자

7. <공공언어 바로 쓰기 원칙>에 따라 수정한 것으로 적절하지 않은 것은?

―――――<공공언어 바로 쓰기 원칙>―――――
○ 주어와 서술어의 호응
 - ㉠ 주어와 서술어의 관계를 명확하게 표현함.
○ 명료한 수식어구 사용
 - ㉡ 수식어와 피수식어의 관계를 분명하게 표현함.
○ 어문 규범 지키기
 - ㉢ 모음이나 'ㄴ' 받침 뒤에서는 '율'로, 그 외의 받침 뒤에서는 '률'로 적음.
○ 대등한 구조를 보여 주는 표현 사용
 - ㉣ '-고', '와/과' 등으로 접속될 때에는 대등한 관계를 사용함.

① "무엇보다 중요한 점은 문제의 원인을 정확하게 파악한 후 대응이다."를 ㉠에 따라 "무엇보다 중요한 점은 문제의 원인을 정확하게 파악한 후 대응하는 것이다."로 수정한다.
② "맛있는 김치를 만드는 주부의 요리법이 인기가 많다."를 ㉡에 따라 "맛있는 김치를 만드는, 주부의 요리법이 인기가 많다."로 수정한다.
③ "대출 승인률을 50%로 끌어올린 비결은 다음과 같다."를 ㉢에 따라 "대출 승인율을 50%로 끌어올린 비결은 다음과 같다."로 수정한다.
④ "정부는 범죄 예방과 안전한 사회를 조성하기 위해 노력하고 있다."를 ㉣에 따라 "정부는 범죄를 예방하고 안전한 사회 조성을 위해 노력하고 있다."로 수정한다.

8. '다른 사람의 마음 문제'에서 ㉠~㉢에 해당하는 것은?

다른 사람의 아픔을 아는 방식은 현상, 행동, 말을 통해 추론하는 것이다. 내가 가지고 있는 마음을 다른 사람도 가졌는지 의심하는 철학적 문제를 '다른 사람의 마음 문제'라고 부른다. 여기서 다른 사람이 아프다는 것을 직접 알지 못한다는 것은 다른 사람도 나와 같은 방식으로 생각하고 느끼고 의식한다는 것을, 곧 마음을 갖는다는 것을 의심하는 것이다. 이 의심은 세계에 대한 우리의 앎을 믿을 수 있느냐는 '인식적 회의론', 과거를 근거로 미래를 예측하는 귀납 추론이 정당화되느냐는 '귀납의 문제'와 함께 철학에서 대표적인 회의론으로 꼽힌다.

다른 사람의 마음 문제는 유비 논증으로 확인할 수 있다. 유비 논증은 만일 한 대상이 다른 대상과 ㉠몇 가지 점에서 비슷하다고 했을 때, ㉡첫 번째 대상이 가지고 있는 ㉢추가적인 특성을 두 번째 대상도 마찬가지로 가지고 있으리라 추론하는 것이다. 인간은 모두 동일한 종의 구성원이기에 신체나 행동이 매우 비슷하다. 따라서 내 손가락이 베였을 때 내가 고통을 느끼는 것을 근거로 다른 사람도 손가락이 베였을 때 나와 똑같이 고통을 느끼리라 추론하는 것이다.

	㉠	㉡	㉢
①	마음	나	신체나 행동
②	신체나 행동	나	마음
③	신체나 행동	다른 사람	마음
④	마음	다른 사람	신체나 행동

[9~10] 다음 글을 읽고 물음에 답하시오.

이효석의 단편 소설 「메밀꽃 필 무렵」에서 배경은 단순한 무대 장치에 그치지 않고, 작품의 정서적 흐름과 주제를 뒷받침하는 핵심 요소로 작동한다. 이 소설은 봉평 시골 장터에서부터 밤길에 펼쳐지는 메밀밭까지, 인물들이 이동하는 공간을 섬세하게 묘사한다. 특히 메밀꽃이 흐드러지게 핀 풍경은 단순한 시각적 아름다움을 넘어, 주인공 허 생원의 내면적 변화와 결합하여 독자에게 ㉠깊은 인상을 남긴다. 이때 배경은 허 생원의 과거 기억과 현재 상황을 연결하는 상징적 매개가 된다.

해 질 무렵 붉게 물드는 하늘, 달빛 아래 은빛처럼 빛나는 메밀꽃밭은 단순한 자연경관이 아니라, 허 생원이 겪는 정서적 경험을 증폭시키며 그가 지닌 고독과 향수를 강조한다. 또한, 이 자연 풍광은 그에게 삶의 경로를 다시 돌아보게 하고, 우연히 마주친 동이와의 관계를 운명적 조우로 느끼게 만든다. 결국, 이 작품에서 배경은 인물들의 심리를 심도 있게 반영함과 동시에 서정적 분위기를 형성하여 독자가 인물의 내면세계에 더욱 가까워지도록 이끈다. 이를 통해 독자는 메밀밭 풍경 속에서 인간 삶의 복잡한 감정, 얽힌 인연, 그리고 기억과 희망의 의미를 더욱 선명히 음미하게 된다.

9. 윗글을 이해한 내용으로 적절하지 않은 것은?
① 「메밀꽃 필 무렵」에서 '메밀꽃밭'은 작품의 주제를 뒷받침하는 핵심 요소이다.
② 「메밀꽃 필 무렵」의 '메밀꽃밭'은 독자와 허 생원의 내면을 연결하는 매개로서 기능한다.
③ 「메밀꽃 필 무렵」에서 '동이'는 허 생원이 그가 지닌 고독과 향수를 돌아보게 하는 역할을 한다.
④ 「메밀꽃 필 무렵」의 허 생원은 작품이 진행됨에 따라 내면의 변화를 겪는 인물이다.

10. 문맥상 ㉠의 의미와 가장 가까운 것은?
① 그 작품은 민중들의 깊은 한을 투영한다.
② 역사가 깊은 그 가게는 아직도 손님들이 많다.
③ 안개가 너무 깊은 날에는 운전하기 어렵다.
④ 깊은 산 속 옹달샘을 누가 와서 먹을까?

[11~12] 다음 글을 읽고 물음에 답하시오.

입법자는 범죄로 인한 해악을 막기 위해서 다음과 같은 점들을 고려하게 된다. 첫째, 입법자의 일차적인 목적은 가능하고 적합한 범위에서 모든 범죄의 발생을 사전에 예방하는 것이다. 둘째, 모든 범죄를 완벽하게 예방하는 것이 현실적으로 곤란하다면, 범죄자가 ㉠더 큰 해악을 발생시키는 범죄보다 더 작은 해악을 발생시키는 범죄를 범하도록 유도해야 한다. 다시 말하면, 범죄자가 선택할 수 있는 다양한 범죄들 중 ㉡가장 작은 해악을 발생시키는 범죄를 범하도록 해야 한다. 셋째, 어떤 사람이 범죄를 실행할 의사를 가지고 있다면, 입법자는 그로 하여금 ㉢자신의 범죄 목적에 필요한 것 이상의 해악을 발생시키는 범죄를 범하지 않도록 해야 한다. 넷째, 범죄에 의해 발생된 해악을 막기 위해 최소의 비용을 치러야 한다. 범죄의 발생에 의해 야기되는 해악보다 ㉣형벌에 의해 발생하는 해악이 더 클 경우, 사회 전체의 관점에서 볼 때 바람직하지 않다.

11. 윗글에 대한 이해로 가장 적절한 것은?
① 입법자는 범죄의 결과보다는 범죄의 동기를 기준으로 하여 형벌의 수준을 결정해야 한다.
② 다양한 범죄들에 의해 야기되는 해악의 크기를 양적으로 비교할 수 있다고 전제하고 있다.
③ 법관은 재판에서 형벌을 결정할 때 범죄자의 교화를 중요하게 고려할 필요가 있다.
④ 범죄의 해악보다 형벌의 해악이 더 클 경우, 사회 전체를 위해 형벌을 없애야 한다.

12. 다음 중 지시대상의 행위 주체가 가장 이질적인 것은?
① ㉠
② ㉡
③ ㉢
④ ㉣

13. 다음 글의 순서로 가장 적절한 것은?

> 노후의 생계보장을 왜 자발적이며 사적인 해결방식이 아니라 국민연금제도처럼 강제적이며 공적인 해결방식으로 대처해야 하는지에 대한 의문이 제기될 수 있다. 정부의 비대화를 원치 않는 사람들은 정부의 강제적이고 공적인 프로그램이 갖는 당위성에 대해 강한 의문을 제기하게 된다.
>
> (가) 당연히, 자본주의 경제에서 소비자가 모든 경제 행위를 최종적으로 결정하는 권한을 신봉하는 사람에게는 이 주장이 별 설득력을 갖지 못한다.
> (나) 왜 자발적이 아닌 강제적 해결방식이 필요한지의 문제부터 살펴보자. 국민연금제도를 지지하는 사람들은 온정적 간섭주의를 내세우고 있다.
> (다) 공적 해결방식이 왜 필요한지와 관련해서는 국민연금제도에 유리한 근거들을 풍부하게 제시할 수 있다. 그 근거들은 주로 효율성의 측면과 관련이 있다.
> (라) 강제적 프로그램이 필요한 근거를 명확하게 제시하는 것은 그리 쉽지 않은 듯하다.
> (마) 개인들에게 자신의 노후 생계를 위한 준비를 맡겼을 때 부적절하게 준비하는 사람이 생기기 때문에 정부의 간섭이 필요하다는 논리이다.

① (가) – (다) – (마) – (라) – (나)
② (가) – (라) – (나) – (마) – (다)
③ (나) – (가) – (라) – (다) – (마)
④ (나) – (마) – (가) – (라) – (다)

14. 다음 글이 설명하는 주장으로 가장 적절한 것은?

> 날카로운 돌을 밟았을 때 통증을 느끼는 이유는 발바닥에 전달된 신호가 신경계통을 거쳐 통증을 감지하는 대뇌에 전달되기 때문이다. 이 과정은 정말 흥미롭다. 신경이라는 것은 매우 얇고 복잡한 외벽을 가진 미세한 관(tube)이다. 이 벽을 통해서 이온이 교환되어 세포의 내부는 음이온, 외부는 양이온으로 차게 되는데, 이는 전기회로의 소자로 사용되는 축전기와 구조가 거의 비슷하다. 세포막에도 매우 흥미로운 성질이 있다. 막의 특정 위치에서 일부 이온들이 다른 위치로 이동하여 그 지점에서의 전위차가 감소하면, 그 전기적 영향이 근방에 있는 이온들에게 전달되어 순차적인 이동이 일어나는 것이다. 그래서 우리가 뾰족한 돌을 밟았을 때 발바닥의 신경들은 전기적으로 들뜬 상태가 되고, 이 상태가 이웃의 신경세포들에게 도미노처럼 전달되어 통증을 느끼게 된다.

① 같은 현상에 대하여 생물학과 물리학은 서로 대립되는 설명을 내놓는다.
② 동물들이 겪는 생물학적 과정은 물리 화학적으로 설명할 수 있다.
③ 생명체의 세포 속에서는 정교한 화학반응이 끊임없이 일어나면서 화합물이 변하고 있다.
④ 신경은 생명체의 생존에 있어서 매우 중요하다.

15. 다음 글의 ㉠~㉣ 중 어색한 곳을 찾아 가장 적절하게 수정한 것은?

> 사람은 구조에 의해서 ㉠<u>일방적으로 결정되는 수동적 존재</u>인가 아니면 자유의지에 의해서 그것을 변화시켜 나갈 수 있는 능동적인 존재인가. 그 끝없는 논쟁 속에서 수동적인 인간관을 강조한 대표적인 입장이 구조주의이다.
> 한편, 구조주의에 비해서 ㉡<u>사람이 능동적으로 사회를 구성한다고</u> 보는 입장들이 있다. 그중에서도 상징적 상호작용론이라는 입장이 가장 대표적인데, 이들은 사회 구조란 추상적으로 머릿속에서 만들어 낸 개념에 불과하다고 본다. 대신에 이 입장에서는 사람들이 언어나 몸짓과 같은 상징체계를 가지고 상호작용을 하고, 그러한 과정 내에서 생산해 내는 무수히 많은 규칙들에 주목한다.
> 상징적 상호작용론자들은 ㉢<u>사회 구조를 앞세우는 분석보다는 개인과 개인의 상호작용을 앞세운다</u>. 그리고 개인을 '결정되는' 존재보다는 상호작용 속에서 끊임없이 변화하는 '가변적인' 존재로 인식한다. 따라서 사회 문제란 더 이상 ㉣<u>주관적인 것이 아니라 객관적인 것</u>이 된다. 사회 문제는 상대편의 역할을 규정하고, 상대 행위에 낙인을 찍고, 그 낙인에 대해서 반응하는 상호작용 속에서만 정확하게 파악된다는 것이다.

① ㉠: 양방향적으로 영향을 미치는 상호작용적
② ㉡: 사람은 수동적으로 사회에 의해 구성된다고
③ ㉢: 개인과 개인의 상호작용을 앞세우는 분석보다는 사회 구조를
④ ㉣: 객관적인 것이 아니라 주관적인 것이

16. 다음 글을 뒷받침하기 위해 활용할 수 있는 내용으로 가장 적절한 것은?

> 언어는 문화 자본들이 작용하는 중심에 자리 잡고 있다. 문화 자본은 사회의 지배 계급이 사용하는 언어, 지배 계급의 사고나 행동 유형, 심미적 취향 등으로 나타나기 마련인데, 언어는 문화 자본과 관련된 개인의 경험을 반영하는 동시에 개인을 드러내는 도구이기 때문이다. 개인이 선택하는 어휘, 표현 방법, 말하는 태도는 개인이 어떤 문화 자본을 가지고 있는지를 보여 준다.

① 한 집단이 사회를 구성하고 유지하기 위해서는 의식주 문화를 보여 주는 언어를 학습해야 한다. 언어가 세상을 바라보는 커다란 틀이기 때문이다. 이는 극지방 사람들이 열대 지방 사람들보다 추위와 관련된 어휘를 다양하게 쓴다는 사실을 통해 확인할 수 있다.
② 개인이 어떤 집단에 속해 있는지에 따라 그가 사용하는 언어는 다르다. 우리 사회에서 교양을 갖춘 사람들의 대부분은 정교하고 복잡한 방식으로 구성되는 문장을 사용한다. 이는 언어가 교양 있는 사람의 지표로 기능함을 보여 주는 사례라 할 수 있다.
③ 언어는 세계에 대응하면서, 세계 속에 존재하는 무언가를 언제나 가리키고 있다. 언어의 의미를 탐색하는 것은 쉽지 않지만 그럼에도 불구하고 인간이 언어를 깊이 살펴 연구하는 이유는 언어의 의미를 탐색하는 과정이 인간의 삶을 이해하는 데에 필요하기 때문이다.
④ 부모를 비롯한 성인의 언어를 구사하는 사람들이 아동과 대화할 때에 문법적으로 올바른 문장을 제시하는 것은 아동에게 유능한 언어 사용 모델을 제공하는 것과 같다. 아동은 음운과 문장, 그리고 담화 속에서 성인을 모방하며 대화 규칙을 배우며 학습한다.

[17~18] 다음 글을 읽고 물음에 답하시오.

> Y-염색체는 오직 남자를 만들기 위한 목적으로 존재한다. Y-염색체는 SRY라는 한 개의 유전자만 ㉠<u>가지고</u> 있다. 만일 이 유전자가 없다면 태아는 자연적으로 여자로 발달한다. 만일 태아가 Y-염색체를 지니고 SRY 유전자가 제대로 작동한다면, 이것이 다른 염색체들에 있는 유전자들을 발현시켜 태아가 남자로 ㉡<u>성숙하도록</u> 이끈다. SRY 유전자는 난소 발달을 억제하며 정소의 성장과 남성호르몬 테스토스테론 생산을 촉진시키는 다른 염색체들을 활성화한다.
> 2만 명당 1명꼴로 Y-염색체를 가진 여아가 태어난다. 이런 여아들은 대부분 평균보다 키가 약간 큰 것을 ㉢<u>제외하고</u> 지능과 발달이 정상이다. 그러나 사춘기에 이들의 난소와 자궁이 제대로 발달하지 않기 때문에 아기를 가질 수 없다. 또 이런 여아들의 Y-염색체를 분석한 결과 SRY 유전자가 없거나 또는 그것의 정상적 작동을 막는 돌연변이를 ㉣<u>보유하고</u> 있었다.

17. 윗글의 내용과 가장 거리가 먼 것은?
① SRY 유전자가 제대로 작동하면 테스토스테론의 생산을 촉진시킬 수 있다.
② Y-염색체를 보유한 여성은 아기를 가질 수 없다.
③ SRY 유전자를 보유한 태아는 반드시 남성이 된다.
④ Y-염색체가 없다면 태아는 여자로 발달한다.

18. ㉠~㉣과 바꿔쓸 수 있는 유사한 표현으로 적절하지 않은 것은?
① ㉠: 지니고
② ㉡: 발달하도록
③ ㉢: 소외하고
④ ㉣: 가지고

19. 다음 규정으로 볼 때 특별 보유세의 부과 대상은?

> 단기 거주 목적의 부동산을 소유하고 있거나 투기지역에 위치한 부동산을 소유하고 있는 경우, 만일 개인별 합산 부동산의 공시가격이 6억 원을 초과하고 연간 총 근로소득이 부동산 보유 자산의 10% 미만인 다주택 소유자라면, 그 사람은 특별 보유세 부과 대상이다.

① 투기지역에서 장기 거주 목적으로 공시가격 10억 원의 아파트 두 채를 보유한 연봉 5천만 원의 박 대리
② 투기지역에 위치한 공시가격 10억 원의 주택 두 채를 소유하고 있는 연봉 3억 원의 김 상무
③ 공시가격 7억 원의 주택 한 채를 단기 거주 목적으로 소유하고 있으며 근로 소득이 없는 서 씨
④ 단기 거주 목적으로 공시가격 3억 원의 오피스텔 두 채를 소유한 연봉 1억 원의 이 부장

20. 다음 중 결론을 도출하는 논증 방식이 〈보기〉와 가장 유사한 것은?

〈보 기〉
> 자식이 부모를 공경하지 않으면 그것은 인간으로서의 도리를 잃어버리는 것이다. 이런 세태는 물질을 우선시하는 산업 구조가 만들어 낸 것이며, 인간 본연의 가치를 지키려는 교육이 이루어지지 않은 한국 사회의 병폐다. 따라서 인간의 가치와 본질에 대한 의미를 일깨우는 교육이 실현되어야 한다.

① 암 환자들 중에는 흡연자 비율이 비흡연자보다 높았다. 따라서 흡연을 많이 하면 암에 걸릴 확률이 높다.
② 과거 수십 년간 석유류의 가격이 오르면 전체 물가가 올랐던 기록이 있다. 최근에 석유류 가격이 많이 올랐다. 따라서 앞으로 물가가 오를 것이다.
③ 사회 구조의 변동이 심한 곳에서는 어휘 변동도 급격히 진행된다. 오늘날 우리 사회는 구조 변화가 심하다. 따라서 우리말 어휘 체계가 크게 달라질 것이다.
④ 모든 분야에서 높은 지위를 획득한 사람들이 정보와 지식에 의존하는 비율이 높아지고 있다. 따라서 앞으로 정보와 지식이 사회적 지위를 결정할 것이다.

2025
이유진
국어

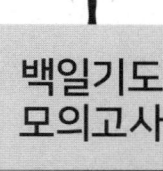

백일기도
모의고사

시즌 2_ 轉

2025
이유진
국어

백일기도
모의고사
시즌 2. 轉

2025년 국가직/지방직 9급 대비

공무원 9급 공개경쟁임용 필기시험

백일기도 국어 모의고사(轉) 제71회~제77회

응시번호		문제책형
성명		 A

제1과목	국어	제2과목	영어	제3과목	한국사
제4과목	행정법총론	제5과목	행정학개론		

응시자 주의사항

1. **시험시작 전 시험문제를 열람하는 행위나 시험종료 후 답안을 작성하는 행위를 한 사람은** 「공무원임용 시행령」 제51조 등 관련 법령에 의거 **부정행위자로 처리됩니다.**

2. 시험이 시작되면 문제를 주의 깊게 읽은 후, **문항의 취지에 가장 적합한 하나의 정답만을 고르며,** 문제내용에 관한 질문은 할 수 없습니다.

3. **답안은 문제책 표지의 과목 순서에 따라 답안지에 인쇄된 순서에 맞추어 표기해야 하며,** 과목 순서를 바꾸어 표기한 경우에도 **문제책 표지의 과목 순서대로 채점되므로** 유의하시기 바랍니다.

4. 시험시간 관리의 책임은 응시자 본인에게 있습니다.
   ※ 문제책은 시험종료 후 가지고 갈 수 있습니다.

정답공개 및 이의제기 안내

1. **유튜브 라이브:** 멘탈클리닉 + 문제풀이 타이머

2. **유튜브 라이브 참여 방식:** 매일 아침 7시 20분부터 이유진 국어 유튜브 채널에서 송출

3. **질의응답:** 이유진 국어 네이버 카페(https://cafe.naver.com/yujinjinjin)
   → 백일기도 질답 메뉴

4. **성적분석 및 유사유형 검색시스템 제공:** 메가공무원 이유진 국어 홈페이지

본 문제의 무단전재 또는 복제행위는 저작권법 제136조에 의거, 5년 이하의 징역 또는 5,000만원 이하의 벌금에 처하거나 이를 병과할 수 있습니다.

국 어

1. 〈공공언어 바로 쓰기 원칙〉에 따라 〈공문서〉의 ㉠~㉣을 수정한 것으로 적절하지 않은 것은?

   ─〈공공언어 바로 쓰기 원칙〉─
   ○ 대등한 것끼리 접속할 때는 구조가 같은 표현을 사용할 것.
   ○ 중복되는 표현을 삼갈 것.
   ○ 능동과 피동 등 흔히 헷갈리기 쉬운 것에 유의할 것.
   ○ 필요한 문장 성분이 생략되지 않도록 할 것.

   ─〈공문서〉─
   ○○시 청년정책과장

   수신 수신자 참조
   (경유)
   제목 청년 자격증 비용 지원 안내

   1. ○○시는 청년들의 ㉠<u>취업 역량을 강화하고 자기 계발 지원을 위해</u> <청년 자격증 비용 지원 사업>을 ㉡<u>실제로 실시합니다.</u>
   2. 해당 사업에 신청한 만 18세~34세 ○○시 거주 청년에게 ㉢<u>자격증 시험 응시료 및 관련 교육비가 지급할</u> 예정입니다.
   3. 심사 후 ㉣<u>별도 안내를 드릴</u> 예정입니다. 자세한 내용은 ○○시 청년정책과로 문의해 주시기 바랍니다.

   ① ㉠: 취업 역량 강화와 자기 계발 지원을 위해
   ② ㉡: 실시합니다
   ③ ㉢: 자격증 시험 응시료 및 관련 교육비를 지급될
   ④ ㉣: 지원 대상자로 선정된 청년에게는 별도 안내를 드릴

2. 다음 글을 읽고 이해한 내용으로 가장 적절한 것은?

   시인에게 현실은 스승이다. 시인은 현실에서 얻은 깨달음을 독자에게 전달한다. 어려운 현실 속에서, 시인은 자신의 신념을 현실보다 더 현실 같은 환상으로 그려내려 한다. 이를 위해 시인은 자신을 속이고, 그 속인 자신을 또다시 속이며 반복하는 과정을 거친다. 그러나 이 과정에서 시인은 생활인으로서의 현실과 시인으로서의 신념 사이에서 갈등을 겪는다.
   정호승의 「거짓의 시를 쓰면서」는 시인들의 삶을 현실보다 더 현실 같은 환상으로 그리려 하며, 그 삶에 타당성을 부여하고자 한다. 하지만 그 과정에서 현실을 감정적으로 복사하는 데 그쳐, 이성적으로 올바른 삶을 찾는 데는 한계가 있다는 의문을 받고 있다. 김광균의 「노신」은 시인으로 살아가야 할지에 대한 회의와 갈등을 드러낸다. 시인은 현실과 상상의 이중 구조를 활용하는데, 환상 속에서 현실 속으로 돌아오면서 현실 극복 의지를 드러낸다.

   ① 시인은 현실을 반영한 환상을 통해 독자에게 깨달음을 전달하고자 한다.
   ② 현실보다 더 현실 같은 환상이 시인들에게 타당성을 부여한다는 정호승의 주장은 다수에게 인정받았다.
   ③ 김광균이 시인으로서의 삶에 대해 가진 의문은 현실과 상상의 이중 구조를 통해 해결되지 않는다.
   ④ 김광균은 현실과 환상 사이의 갈등을 풀어내는 과정에서 시인이 다시 환상에 빠지는 과정을 반복한다.

3. 밑줄 친 부분의 띄어쓰기가 적절하지 않은 것은?

   한글 맞춤법 규정에 따르면 조사는 그 앞말에 붙여 쓴다. 하지만 의존 명사는 띄어 쓴다. 국어에는 한 단어가 의존 명사로 쓰일 때도 있지만 명사로 쓰이는 경우가 있다. 가령, '만큼'의 경우 용언의 관형형 다음에 오는 '만큼'은 의존 명사이지만, 체언 다음에 붙는 '만큼'은 조사이다. 따라서 '자기가 아는 만큼 보인다'에서는 용언의 관형형 뒤에 '만큼'이 쓰였으므로 의존 명사이지만, '나도 그 사람만큼 할 수 있다'에서는 '사람'이라는 체언 다음에 붙었으므로 조사이다. 이와 같은 단어로는 '뿐'과 '대로'가 있다.

   ① 이제 믿을 것은 오직 실력<u>뿐</u>이다.
   ② 처벌하려면 법<u>대로</u> 해라.
   ③ 내일 동이 트는 <u>대로</u> 떠나겠다.
   ④ 그는 웃고만 있을<u>뿐</u>이지 말이 없다.

4. 다음 글의 ㉠과 ㉡에 대한 평가로 가장 적절한 것은?

   정부가 임대료 상한제를 도입하고 공공임대주택 공급을 확대하는 등 주택 정책 변화를 추진하고 있다. 이러한 정책은 ㉠<u>단기적으로 건설업계 수익성 하락, 신규 민간 주택 건설 투자 감소 등을 통해 건설 경기에 부정적 영향을 줄 것이라는 우려가 있다.</u> 그러나 한편으로는 ㉡<u>주택 관리, 임대 서비스 및 관련 시설 유지·보수 등 새로운 사회주택 관리 서비스 분야가 확대되며, 이로 인한 일자리 창출 효과가 기대되기도 한다.</u>

   ① 공공임대주택 증가로 유지·보수를 전문적으로 담당하는 신산업이 발전하는 경우, ㉠은 약화된다.
   ② 공공임대주택의 유지·보수 자동화 기술 도입으로 주택 관리 서비스 분야 신규 채용이 감소하는 경우, ㉡은 약화된다.
   ③ 공공임대주택 공급 증가로 건설업계에 대한 수요가 증가하는 경우, ㉠은 강화된다.
   ④ 임대료 상한제로 인해 건설 투자가 감소하는 대신 제조업 분야 투자가 증가한 경우, ㉡은 강화된다.

5. ㉠에 들어갈 말로 가장 적절한 것은?

   '부존 효과'란 어떤 물건을 갖고 있는 사람이 그것을 갖지 못한 사람보다 그 가치를 더 높게 평가하는 경향을 말한다. 한 경제학자가 대학생들 중 임의로 선택된 일부에게 그 학교 로고가 새겨진 머그잔을 나눠 주고, 학생들 간에 거래가 어떻게 이루어지는지 보았다. 즉, 머그잔을 받은 사람과 받지 않은 사람 사이에서 교환이 이루어지는지 관찰한 것이다. 머그잔을 지니지 못한 사람이 최대한으로 지불할 용의가 있는 액수가, 머그잔을 갖고 있는 사람이 최소한으로 받고자 하는 금액보다 크면 교환이 이루어진다. 6달러 가격표가 달린 그 머그잔에 대한 평가는 어땠을까? 실험 결과, 머그잔을 가진 사람이 최소한 받고자 하는 금액의 평균은 5.25달러로, 머그잔을 갖고 있지 않은 사람이 최대한으로 내고자 했던 금액의 평균인 2.75달러보다 훨씬 더 컸다. 이러한 현상이 발생한 이유는 (㉠) 때문이었다.

   ① 머그잔의 경제적 가치가 매우 높았기
   ② 머그잔 자체에 대한 평가가 각양각색이었기
   ③ 머그잔을 좋아하는 학생들이 이를 소유했기
   ④ 머그잔을 소유한 학생들이 가격표에 제시된 권리를 포기하지 않으려 했기

[6 ~ 7] 다음 글을 읽고 물음에 답하시오.

우리 민족은 고유한 성과 함께 성씨 앞에 특정 지역의 명칭, 즉 본관을 붙여 사용하고 있다. 본관의 사용은 고려 시대부터 시작되었다. 고려 전기 본관제의 기능은 민의 거주지를 파악하고 민을 통제하려는 것이었다. 그러나 12세기부터 향촌 사회에서 향촌민이 몰락하여 계급 분화가 심화되고 유망(流亡) 현상이 극심하게 발생하면서, 본관제를 통한 거주지 통제는 느슨해져 갔다. 이러한 상황에 대처하여 고려 정부는 민이 거주하고 있는 현 거주지를 인정하고 그 거주지의 민을 호적에 올려 수취를 도모하는 정책을 시도했다. 이에 따라 지역 간 위계를 두는 지배 방식을 유지하기 어렵게 되었으며, 향·소·부곡과 같은 특수 행정 구역이 감소하였다. 향촌 사회의 변동은 많은 변화를 초래하였다. 향리층이 아전층인 이족과 재지 품관층인 사족으로 분화하였고, 이후 사족은 지방관과 함께 향촌 사회 지배의 일부를 담당하게 되었다. 또한 본관이 점차 관념적 혈연을 의미하는 것으로 ㉠<u>바뀌게</u> 되었고, 동성이 본래 동본이었다는 관념이 커지게 되었다.

6. 윗글에 대한 이해로 적절하지 않은 것은?
① 이족과 사족의 분화는 동성동본 관념이 발생하는 원인이 되었다.
② 향촌 사회의 변화에 따라 사족은 향촌 사회 지배의 일부를 담당했다.
③ 12세기 이후 향·소·부곡과 같은 특수 행정 구역이 줄어들기 시작하였다.
④ 향촌민의 몰락과 유망 등의 사회적 변동으로 인해 본관제의 통제적 성격은 점차 약화되어 갔다.

7. 문맥상 ㉠의 의미와 가장 가까운 것은?
① 내 원고가 영어로 <u>바뀌어</u> 있었다.
② 두 사람의 자리가 서로 <u>바뀌어야</u> 한다.
③ 교육 제도가 보다 현실적으로 <u>바뀌어야</u> 한다.
④ 3년 만에 황무지가 옥토로 <u>바뀌었다</u>.

8. 괄호 안에 들어갈 문장으로 가장 적절한 것은?

미르치아 엘리아데는 아리아족 문화 속의 신비화 전통을 계승한 루마니아 출신 신화학자이다. 엘리아데가 한창 연구 활동에 매진했던 20세기 초 유럽은 주체적인 인간의 발견을 통해 합리성과 민주성을 활용한 진보를 추구하던 시대였다. 그러나 엘리아데가 실제로 목격한 것은 전체주의 정권과 이것이 야기한 1, 2차 세계 대전의 무자비한 비합리성, 그리고 이것이 초래한 인간 존엄성의 상실이었다. 엘리아데는 이와 같은 폭력과 타락의 원인이 신으로부터 멀어지게 된 인간의 삶 속에 있다고 봤다. 즉, ( ) 이와 같은 시대적 배경 속에서 엘리아데는 인간의 존엄성을 회복할 수 있게 만드는 힘으로 신화적이며 원초적인 세계에 주목하게 되었다.

① 인간의 삶 속에서 신성(神性)이 사라지면서 인간은 존재로서 존엄함을 잃었다는 것이다.
② 합리성 속에서 신화를 읽지 않게 된 경향이 인간의 존엄성을 잃도록 만들었다는 것이다.
③ 1, 2차 세계 대전에서 볼 수 있었던 비합리성과 폭력성이 인간의 신성(神性)을 망가뜨렸다는 것이다.
④ 전체주의 정권의 야욕이 1, 2차 세계 대전과 같은 참극을 불러왔다는 것이다.

9. 다음 글의 ㉠ ~ ㉣ 중 어색한 곳을 찾아 가장 적절하게 수정한 것은?

바이올린은 활과 현을 마찰시켜 연주하는 악기로, 바이올린 몸체의 중심이 되는 몸통은 소리를 내는 데 중요한 역할을 한다. 몸통은 앞판, 뒤판, 그리고 이들을 연결하는 옆판으로 구성된다. 앞판과 뒤판은 ㉠<u>편편하지 않고 유연한 곡선을 이루면서</u> 가운데가 불룩하게 나온 모습을 하고 있는데, 이것은 나무를 휘어서 만든 모양이 아니고 그렇게 깎은 것이다. 몸통 내의 공간은 ㉡<u>나뭇결 방향에 관계없이 공명도가 같기</u> 때문에 앞판은 세로로, 뒤판은 가로로 자른 널빤지를 잘 건조시켜 쓴다. 또 건조하는 방법과 시간도 좋은 공명을 만드는 데 결정적인 역할을 하기 때문에 ㉢<u>명인들마다 자신만의 비법을 가지고 있다.</u> 이렇게 만들어진 바이올린의 몸통은 공명통의 역할을 한다. 바이올린의 소리는, 현의 진동이 줄을 지지하고 있는 줄받침을 타고 앞판에 전달되어 몸통을 진동시키고, 이때 몸통 내의 공간이 음을 증폭시킴으로써 발생하게 되는 것이다. 앞판의 좌우에 있는 f자 형태의 구멍도 ㉣<u>단순한 장식이 아니라 울림구멍으로,</u> 몸통의 공명에 의한 공기 진동을 밖으로 통하게 하는 역할을 한다.

① ㉠: 편편하게 일직선을 이루면서
② ㉡: 나뭇결에 따라서 공명도가 다르기
③ ㉢: 명인들은 건조 방법과 시간을 신경 쓰지 않는다
④ ㉣: 울림구멍이 아니라 단순한 장식으로

10. 갑 ~ 병의 주장을 분석한 내용으로 적절하지 않은 것만을 〈보기〉에서 모두 고르면?

갑: 토론은 학생들에게 주어진 주제를 깊이 이해하고 분석하는 능력을 요구하며, 이는 비판적 사고력을 기르는 데 매우 효과적이다. 또한, 자신의 의견을 명확히 표현하고 상대방의 의견을 경청하는 과정을 통해 의사소통 능력도 크게 향상된다. 이는 학업뿐만 아니라 사회생활에서도 중요한 기술이므로 고등학교에서는 토론식 수업을 의무화할 필요가 있다.

을: 학생마다 학습 스타일이 다르기 때문에 토론이 모든 학생에게 효과적인 학습 방법이 아니다. 토론식 수업을 의무화하면 수업 진행이 느려질 수 있으며, 깊이 있는 학습보다는 형식적인 토론에만 치중하게 될 우려가 있다.

병: 토론식 수업의 성공을 위해서는 교사의 준비와 역량이 필수적이다. 하지만 모든 교사가 효과적으로 토론을 지도할 수 있는 역량을 갖추고 있는 것은 아니다. 준비 부족으로 인해 형식적인 토론만 진행될 경우, 오히려 교육적 효과가 감소하고 학생들에게 흥미를 잃게 만들 가능성도 있다. 형식적인 토론 수업을 의무화하는 것보다는 시행하지 않는 것이 낫다.

〈보 기〉
ㄱ. 고등학교의 토론식 수업 의무화에 대해 갑과 을의 주장은 대립한다.
ㄴ. 고등학교의 토론식 수업 의무화에 대해 을과 병의 주장은 대립한다.
ㄷ. 고등학교의 토론식 수업 의무화에 대해 병과 갑의 주장은 대립한다.

① ㄱ
② ㄴ
③ ㄱ, ㄷ
④ ㄴ, ㄷ

[11 ~ 12] 다음 글을 읽고 물음에 답하시오.

기억은 지속 시간의 차이에 따라 감각 기억, 단기 기억, 장기 기억으로 나뉜다. 이 중 단기 기억은 30초 이내에서 제한된 양의 정보를 유지하는 기억 과정을 말한다. 제한된 정보가 단기 기억으로 전이되면 대부분의 정보는 30초 내에 ㉠없어진다. 또한 단기 기억은 단지 '5~9개 항목'만을 유지할 수 있다. 예컨대 학생들에게 7~8개의 항목을 들려주고 ㉡떠올려 보도록 하면 거의 실수하지 않지만, 9개 항목보다 더 긴 항목에 대해서는 많은 실수를 한다.

그렇다면 단기 기억의 과정에서 정보를 더 오랫동안 기억하는 방법은 없을까? 단기 기억에서 가장 중요한 것은 정확성과 지속 시간이다. 지금까지 연구된 방법 중 '유지 시연'이라는 방법이 있다. 이는 정보를 의도적으로 반복하거나 시연하여 단기 기억에 오래 유지시키려는 시도이다. 예를 들어 984-52○○이라는 전화번호를 보다 오래 기억하려면 마음속으로 번호를 반복해서 암송해야 한다. 이러한 유지 시연은 어떤 자극이 사라지기 전에 그 자극을 활성화하여 새롭게 만드는 기능을 한다.

단기 기억의 시간을 늘리기 위해 유지 시연의 방법을 쓴다면 단기 기억의 용량을 늘리기 위해서는 '청킹(chunking)'이라는 방법을 사용한다. 청킹이란 독립적인 정보들을 보다 큰 단위인 '청크(chunk-항목의 덩어리)'로 ㉢묶게 한 후 개개의 항목이 아닌 정보의 청크를 기억하는 과정을 말한다.

예를 들어 11104217062002와 같은 14개 항목을 청크로 다음과 같이 조합할 수 있다. 111을 하나의 청크로 묶고 '넬슨'이라는 명칭을 ㉣붙였는데, 이는 넬슨 제독이 한 눈, 한 팔, 한 다리를 가지고 있어 기억이 용이하기 때문이다. 그다음은 042를 하나의 청크로 묶어 '대전시 지역번호'라는 명칭을 부여한다. 다음의 1706은 '벤자민 프랭클린이 태어난 해'로 명명하고, 2002는 '한일 월드컵'으로 명명할 수 있다. 따라서 14개의 항목을 기억할 때 이런 식으로 명명한 4개의 명칭만을 기억하면 된다. 즉, 단기 기억의 저장 용량이 '5~9개 항목'에서 '5~9개 청크'가 되는 것이다. 이렇게 청킹을 통해 정보를 부호화하면 단기 기억에 보다 많이 저장할 수 있다.

11. 윗글에 대한 이해로 가장 적절한 것은?
① 유지 시연을 통해 기억해야 할 정보의 양을 줄일 수 있다.
② '청킹'법은 단기 기억을 장기 기억으로 전환하여 기억 능력을 향상시킨다.
③ '청킹'에 의해 단기 기억의 시간을 늘릴 수 있다.
④ '청킹'은 기억해야 할 항목을 청크로 부호화한다.

12. ㉠~㉣과 바꿔쓸 수 있는 유사한 표현으로 적절하지 않은 것은?
① ㉠: 소멸된다
② ㉡: 회귀해
③ ㉢: 조합시킨
④ ㉣: 부여하였는데

13. 빈칸에 들어갈 결론으로 가장 적절한 것은?

(가) A회사 신입사원 중 일부는 언어 자격증을 가지고 있지 않다.
(나) 어학연수 경험이 있는 사람은 모두 언어 자격증이 있다.
따라서 (   )

① 어학연수 경험이 있는 사람은 모두 A회사 신입사원이다.
② A회사 신입사원 중 일부는 어학연수 경험이 있다.
③ 어학연수 경험이 없는 사람 중 일부는 A회사 신입사원이다.
④ A회사 신입사원 중 일부는 언어 자격증을 가지고 있다.

14. 다음 글의 ㉠을 강화하는 것만을 〈보기〉에서 모두 고르면?

인류의 초기 이동 경로에 대해 기존 이론인 베링 육교설은 북아시아에서 알래스카로 이어지는 육로를 통해 아메리카 대륙으로 인류가 이동하였다고 보았다. 이에 따르면 빙하기 때 수면의 높이가 낮아져 베링 해협의 땅으로 연결되었다고 본다. 또한 이때 건너간 아메리카의 선조는 몽골계로도 알려진 우랄 알타이계이며 그 증거로 우랄 알타이계의 신체적 특징인 몽고반점이 알래스카 원주민들에게도 나타난다고 주장한다.

그러나 최근에는 해안 지역을 따라 선사 시대부터 정착이 이루어졌다는 흔적이 발견되면서, 새로운 ㉠가설이 나오고 있다. 지형학적 분석에 따르면 빙하기 당시 해수면이 지금보다 훨씬 낮았기에, 해안선을 따라 쉽게 이동하며 해양 자원을 확보했을 가능성이 높다는 것이다. 이에 따르면 당시 아메리카와 비슷한 환경에 살던 아프리카인들이 항해를 통해 이주했다고 본다.

〈보 기〉
ㄱ. 아메리카 원주민의 유전적 특성이 북방계 유목민과 유사한 것으로 밝혀졌다.
ㄴ. 선사 시대부터 아메리카에서 재배된 코카인 열매의 원산지가 아프리카인 것으로 밝혀졌다.
ㄷ. 고대 아메리카 문명과 고대 아프리카 문명의 유적에서 유사한 형태의 피라미드가 발견되었다.

① ㄱ, ㄴ
② ㄱ, ㄷ
③ ㄴ, ㄷ
④ ㄱ, ㄴ, ㄷ

15. 다음 글의 내용과 일치하지 않는 것은?

사람들은 자발적으로 비극을 감상하여 평소에는 기피하는 불쾌감을 기꺼이 느끼려 든다. 이렇듯 사람들이 비극에 대해 모순적 태도를 보이는 현상을 '비극의 역설'이라 한다.

이 현상을 어떻게 설명할 수 있을까? 일반적으로 받아들여지는 설명은 ㉠전환 이론이다. 전환 이론을 지지하는 철학자들은 감상자가 비극을 보고 최종적으로는 쾌감을 느끼기 때문에 사람들의 태도가 역설적이지 않다고 여긴다. 전환 이론에 의하면, 감상자는 비극을 보고 불쾌감을 느끼지만, 이 불쾌감은 감상자가 작품의 예술미를 향유하는 과정에서 쾌감으로 전환된다.

그러나 전환 이론은 작품성이 결여된 비극을 찾는 사람들을 설명하지 못한다는 한계가 있다. 피긴은 이를 ㉡메타 반응 이론으로 설명했다. 피긴에 따르면, 예술 작품에 대한 반응은 작품에 대한 직접 반응과 직접 반응의 주체인 자기 자신에 대한 반응으로서의 메타 반응으로 구분된다. 피긴은 비극에 대해 느끼는 부정적 감정을 직접 반응이라고 보면서, 그것이 불쾌감을 발생시킨다는 사실을 인정한다. 동시에 그는 감상자가 고통을 겪는 주인공을 보고 슬픔과 공포, 불안 등의 감정을 느끼는 자신에 대해 쾌감을 느낀다고 주장한다. 감상자가 부정적 감정을 느끼는 자신을 의식하면, 자신이 타인의 고통에 괴로워하는 도덕적 인간임을 확인하여 쾌감을 느끼게 된다는 것이다.

① ㉠과 ㉡ 모두 비극을 보는 사람들이 불쾌감을 느낀다는 점을 인정한다.
② ㉠은 비극의 역설이 모순적이라고 보지 않는다.
③ ㉡은 사람들이 비극을 감상하면서 느끼는 불쾌감이 메타 반응에 포함된다고 보았다.
④ ㉡은 감상자가 부정적 감정을 느끼는 자신을 의식하면 쾌감을 느끼게 된다고 보았다.

[16 ~ 17] 다음 글을 읽고 물음에 답하시오.

「흥부전」은 욕심 많은 형은 망하고 착한 동생은 부자가 되었다는 내용으로, (가) 고전 소설의 보편적 특징인 교훈적 주제와 판소리체 소설의 특징인 풍자적 의도를 담고 있다. 하지만 요즘 사람들은 착한 동생인 흥부를 오히려 부정적으로 본다. ㉠ 형에게 빌붙어 살았고, 가족을 굶주리게 했다는 점을 들어 그의 무능함을 꾸짖기도 한다.

그렇다면 흥부는 왜 형 집에 빌붙어 살았을까? 장남이었던 놀부는 부모의 재산을 모두 상속받는 대신 아우인 흥부를 돌봐야 했다. 이는 한정된 재산을 흩어지지 않게 하도록 했던 일로, 예전에는 흔한 일이었다. 「흥부전」은 이러한 ㉡ 불평등한 상속 제도에 대한 비판을 작품에 반영한 것이었다. 또한 흥부는 게으른 인물도 아니었다. 흥부 부부는 가족을 먹여 살리기 위해서 험한 일도 마다하지 않았지만, 그들의 노력에도 불구하고 그들은 끼니조차 제대로 해결하기 힘들었다. 이처럼 공평하지 못한 삶, 흥부가 살았던 조선 후기의 현실이 작품에 묻어나 있었다.

한편 놀부는 자신의 이익을 위해 뭐든지 해냈고, 남의 불행을 자기 행복으로 여기던 자였다. 심지어 재산을 모으는 데 방해가 된다며 자기 동생을 쫓아내기까지 했다. 이처럼 자기 삶의 가치를 재물 축적에만 둔 놀부를 통해 ㉢ 공동체의 질서를 무시하고 재물만을 최고로 여기는 황금만능주의까지도 작품에 반영되었다.

이처럼 「흥부전」은 형제의 우애만 권장하는 것이 아니다. 이는 ㉣ 재물에 대한 끝없는 탐욕은 인간을 파멸로 이끌고 만다는 교훈을 선사하며, 조선 후기의 사회 모순과 그 해결 방법도 성공적으로 보여 준다.

16. 윗글을 읽고 이해한 내용으로 가장 적절한 것은?
① 흥부가 형의 집에 빌붙어 살았던 것은 그의 게으름 때문이었다.
② 「흥부전」은 권선징악을 보여 주는 것보다는 형제의 우애를 권장하는 데에 더 중점을 두었다.
③ 자기 삶의 가치를 재산 축적에만 둔 놀부는 남의 행복을 자기 불행으로 여기던 자였다.
④ 조선 후기에는 장남을 우선시하던 불평등한 상속 제도가 흔했다.

17. 윗글의 (가)와 의미상 거리가 가장 먼 것은?
① ㉠ ② ㉡
③ ㉢ ④ ㉣

18. 다음 글을 논리적인 순서에 맞게 배열한 것은?

ㄱ. 정도의 차이는 있겠지만 모두 부족한 정보를 갖고, 그 부족한 정보를 기초로 미래를 예상하고 현재 필요한 결정을 한다.
ㄴ. 하이에크와 케인즈는 이 가정이 현실과는 거리가 멀다는 점을 공통적으로 지적한다.
ㄷ. 고전학파의 경제학자들은 전통적으로 관련된 모든 정보를 갖고 시장에 참여하는 개인을 가정한다.
ㄹ. 그러나 하이에크와 케인즈는 시장의 기능에 대해서는 정반대의 결론을 내린다.
ㅁ. 현실 속에서 만나는 소비자나 기업은 그렇지가 않다는 것이다.

① ㄴ-ㅁ-ㄱ-ㄷ-ㄹ
② ㄷ-ㄴ-ㅁ-ㄱ-ㄹ
③ ㄴ-ㄷ-ㅁ-ㄹ-ㄱ
④ ㄷ-ㄴ-ㄹ-ㅁ-ㄱ

19. 다음 글을 바탕으로 이해한 내용이 적절하지 않은 것은?

어간과 어미가 결합할 때는 음운 환경에 따라 어간과 어미가 일정한 모습을 보이기도 하고 모습이 달라지기도 한다. 전자의 경우를 '규칙 활용', 후자의 경우를 '불규칙 활용'이라 한다. 가령, '벗다'는 '벗고[벋꼬]', '벗어[버서]'처럼 활용한다. 어간 '벗-'은 항상 자음 앞에서는 'ㄷ'으로 교체되고 모음 앞에서는 본래의 음가대로 'ㅅ'으로 발음된다. '벗다'와 같이 활용하는 용언들을 규칙 활용을 하는 용언이라 한다. 반면, '짓다'는 '짓고[짇꼬]', '지어[지어]'처럼 활용하는데, 이 경우 하나의 음운 규칙으로 설명할 수 없다. 이런 용언을 불규칙 활용을 하는 용언이라 한다.

어떤 용언은 어간 일부가 변하더라도 규칙 활용을 한다고 인정한다. 가령, '놀다'처럼 'ㄹ'로 끝나는 용언은 'ㄴ'이나 높임 선어말 어미 '-시-' 앞에서 항상 'ㄹ'이 탈락하는 경우이다.

용언이 불규칙 활용을 할 때는 '어간이 변하는 경우', '어미가 변하는 경우', '어간과 어미가 함께 변하는 경우'로 나뉜다. 어간이 변하는 활용은 '빠르다'의 어간 '빠르-'의 'ㄹ'가 모음 어미인 '-아'와 만나면 'ㄹㄹ'이 되어 활용형이 '빨라'가 되는 것처럼 활용할 때 어간 일부가 교체되는 것을 말한다. 어미가 변하는 불규칙 활용은 '이르다[至]'에 어미 '-어'가 올 경우 '이르러'처럼 '-러'로 어미가 교체되는 활용이 있다. 어간과 어미가 함께 변하는 활용은 '파랗다'의 어간 '파랗-'이 어미 '-아서'와 결합해 '파래서'로 바뀌는 것처럼 어간의 일부와 어미가 교체되는 활용이다.

① '숙제를 하여'에서 '하다'는 어미가 변하는 불규칙 활용을 한다.
② '길을 물어 보다'에서 '묻다'는 어간이 변하는 불규칙 활용을 한다.
③ '물을 냄비에 부어'에서 '붓다'는 어간이 변하는 불규칙 활용을 한다.
④ '오르막길이 가팔라'에서 '가파르다'는 어간과 어미가 모두 변하는 불규칙 활용을 한다.

20. 다음 글의 내용이 참일 때, 반드시 참인 것만을 〈보기〉에서 모두 고르면?

직무교육과정에 참여한 주무관 갑은 〈공직 리더십〉, 〈국제정세〉, 〈공직윤리〉, 〈국가행정〉, 〈미래기술〉 총 다섯 개 과정의 수강을 고려하고 있다. 다만, 다음의 조건을 충족해서 수강해야 한다.

○ 갑이 〈공직 리더십〉을 수강한다면, 〈국제정세〉도 수강해야 한다.
○ 갑이 〈공직윤리〉를 수강한다면, 〈국가행정〉과 〈미래기술〉도 수강해야 한다.
○ 〈국제정세〉와 〈미래기술〉을 동시에 수강할 수 없다.

〈보 기〉

ㄱ. 갑은 〈공직 리더십〉을 수강하지 않는다.
ㄴ. 갑이 〈공직윤리〉를 수강하지 않는다면, 〈미래기술〉도 수강하지 않는다.
ㄷ. 갑이 〈공직윤리〉를 수강한다면, 〈공직 리더십〉을 수강하지 않는다.

① ㄱ
② ㄷ
③ ㄱ, ㄴ
④ ㄴ, ㄷ

국 어

1. 〈공공언어 바로 쓰기 원칙〉에 따라 수정한 것으로 적절하지 않은 것은?

   ―〈공공언어 바로 쓰기 원칙〉―
   ○ 주어와 서술어의 호응
     - ㉠ 능동과 피동의 관계를 정확하게 사용함.
   ○ 대등한 구조를 보여 주는 표현 사용
     - ㉡ '-고', '와/과' 등으로 접속될 때에는 대등한 관계를 사용함.
   ○ 외국어 번역 투 삼가기
     - ㉢ '~에 있다'는 '~이다'로 바꾸어서 사용함.
   ○ 어문 규범 지키기
     - ㉣ '도구, 수단'을 나타낼 때는 '로써'를 쓰고, '자격'을 나타낼 때는 '로서'를 씀.

   ① "받아쓰기 대회에서 우승자가 발표되었다."를 ㉠에 따라 "받아쓰기 대회에서 우승자를 발표되었다."로 수정한다.
   ② "그 기업은 교육 강화와 인재를 양성하기 위해 많은 투자를 하고 있다."를 ㉡에 따라 "그 기업은 교육을 강화하고 인재를 양성하기 위해 많은 투자를 하고 있다."로 수정한다.
   ③ "우리의 최종 목표는 조국 통일에 있다."를 ㉢에 따라 "우리의 최종 목표는 조국 통일이다."로 수정한다.
   ④ "귀사가 직업 홍보관 운영에 협조해 주실 경우, 향토 기업으로써 지역 발전에 의미를 더하게 될 것입니다."를 ㉣에 따라 "귀사가 직업 홍보관 운영에 협조해 주실 경우, 향토 기업으로서 지역 발전에 의미를 더하게 될 것입니다."로 수정한다.

2. 다음 글의 ㉠을 강화하는 것만을 〈보기〉에서 모두 고르면?

   기원전 2000년부터 17세기까지 4,000여 년에 가까운 역사를 가진 메소아메리카의 마야 문명이 멸망한 원인에 대해서는 기후 변화가 결정적으로 작용했다고 알려져 왔다. 이에 따르면, 마야 문명의 멸망 당시 기후 변화로 메소아메리카 지역에 극심한 가뭄이 반복되어 농경에 필수적인 물이 부족해졌고, 그로 인해 식량 생산이 급감하면서 문명의 쇠퇴가 발생하였다.
   그러나 최근에는 마야의 멸망이 내부 사정에서 비롯되었다고 보는 ㉠새로운 가설이 떠오르고 있다. 과잉 인구로 인해 자원이 고갈되는 한편, 마야 내부의 도시 국가 간 경쟁이 심해져 잦은 전쟁과 권력 투쟁이 벌어졌고, 이로 인해 정치·사회 체계 자체가 서서히 붕괴되었다는 것이다. 일부 고고학자들은 마야 유적 곳곳에서 발견되는 전쟁 흔적과 계층 간 불평등을 시사하는 무덤 등을 마야 내부 갈등의 증거로 활용하기도 한다.

   ―〈보 기〉―
   ㄱ. 16세기 전후로 메소아메리카 지역 인구가 폭발적으로 증가하였다는 사실이 발견되었다.
   ㄴ. 15세기부터 메소아메리카 지역의 기후가 변화하기 시작했다는 지질학적 증거가 발견되었다.
   ㄷ. 17세기 마야 유적 곳곳에서 공격 시설과 방어 시설이 발견되었고 무덤들은 규모의 차이가 확연하였다.

   ① ㄱ, ㄴ
   ② ㄱ, ㄷ
   ③ ㄴ, ㄷ
   ④ ㄱ, ㄴ, ㄷ

3. ㉠에 들어갈 말로 가장 적절한 것은?

   민주주의 운영이 지속 가능하려면 (㉠)이 담보되는 것이 필요하다. 어느 한 편이 압도적인 우위를 점한 상태에서 선거가 되풀이된다면 인민은 스스로의 주권 행사에 대해 무력감을 느끼고, 정치 참여는 줄어든다. 이 상황이 지속된다면 정치체제의 정통성이 흔들리고 체제로부터의 이탈자나 반체제주의자가 증가하게 된다. 그 결과 민주주의는 사람들로부터 심대한 도전에 직면하게 된다.

   ① 권력을 감시하고 견제하는 언론의 역할
   ② 상대방의 주장을 경청하고 편견을 교정하려는 습관
   ③ 정치적 표출의 양식으로서 인민의 다양한 정체성
   ④ 경쟁의 자유와 선거 결과의 불확실성

4. ㉠, ㉡에 대한 적절한 설명이 아닌 것은?

   일상에서 우리는 깊이 있는 생각이나 경험을 통해 무언가를 배우고 깨닫는다. 이를 통해 우리는 신념이나 태도를 형성하고 기존의 태도나 행동을 변화시키게 되는데, 이를 학습이라 한다. 시장에서도 소비자의 구매 행동 과정에서 학습이 발생하는데, 이러한 학습은 ㉠인지적 학습과 ㉡행동적 학습으로 구분할 수 있다. 소비자는 구매를 위한 정보를 충분히 지니지 못한 경우 외적 탐색을 한다. 이때 주위 사람들의 추천이나 대중 매체의 정보 등을 처리하는 과정이 수반된다. 이러한 인지적 사고 과정을 통한 학습을 인지적 학습이라 한다. 한편 소비자는 자신을 둘러싼 환경에서 발생하는 여러 자극과 반응을 반복 경험함으로써 학습을 하기도 하는데, 이를 행동적 학습이라고 한다. 광고에서 어떤 상품의 정보와 멋진 배우의 모습이 대응되어 반복 노출될 때, 소비자가 배우에 대해 지닌 호의적 태도가 상품으로 정의되어 상품에 대해서도 호의적인 태도를 지니게 되는 것이 행동적 학습의 결과물이다.

   ① ㉠과 달리 ㉡은 외부 환경에 의해 영향받는다.
   ② ㉠과 달리 ㉡은 자극이나 반응을 반복 경험함으로써 학습을 수행한다.
   ③ ㉠과 ㉡은 모두 소비자의 구매 행동을 설명하는 데 도움을 줄 수 있다.
   ④ ㉠과 ㉡은 모두 소비자의 태도나 행동을 변화시킬 수 있음을 전제로 한다.

5. 다음 글의 밑줄 친 결론을 이끌어 내기 위해 추가해야 할 것은?

   부지런한 사람은 규칙적인 생활을 한다. 규칙적인 생활을 하는 어떤 사람은 여행 가는 것을 좋아한다. 따라서 여행 가는 것을 좋아하는 어떤 사람은 부지런한 사람이다.

   ① 규칙적인 생활을 하는 사람은 모두 부지런하다.
   ② 규칙적인 생활을 하는 어떤 사람은 부지런하지 않다.
   ③ 부지런한 어떤 사람은 여행 가는 것을 좋아하지 않는다.
   ④ 여행 가는 것을 좋아하는 어떤 사람은 규칙적인 생활을 하지 않는다.

6. 다음 글을 읽고 이해한 내용으로 가장 적절한 것은?

> 문학 작품에서의 '장소'는 개인의 정체성, 문화적 정체성, 그리고 안정감의 근원이 된다. 이때 개인은 장소에 대해 실존적 내부성 또는 감정이입적 내부성을 갖는다. 우선 실존적 내부성은 개인이 그 장소와 그곳의 사람들을 모두 알고 있으며, 거기에 받아들여져서 상호 관계를 형성할 때 나타나는 것이다. 개인은 공동체에 기여하여 그곳에 소속되어 있는 공동체 구성원이다. 다음으로 감정이입적 내부성은 개인이 장소에 긍정적 의미를 부여하는 마음 상태로 드러나며, 주체는 그곳에서 살아가는 사람들의 문화적 가치와 경험을 긍정적으로 재현한다.
> 안도환의 『만언사』는 화자가 죄를 짓고 간 유배지를 배경으로 삼아, 과거를 술회하고 유배지에서의 자신의 행적을 희화화하면서 생활의 고달픔을 표현하고 있다. 화자는 자기 지위를 회복하는 것을 바라고 있어서, 그곳에 대해 비판적 태도를 보인다. 그는 유배지에서의 생활을 비극으로 받아들이면서 서글픈 자기 연민의 감정도 드러낸다.
> 신경림의 『고향길』은 산업화 시기 고향을 떠나 도시로 간 화자가 느끼는 고향에 대한 정서를 표현하고 있다. 화자에게 고향은 소중한 추억이 깃든 장소이지만, 산업화로 인해 농촌에서의 생활이 어려워져 고향이 현실적인 생활을 유지할 수 있는 삶의 터전이 될 수 없었다. 이에 따라, 화자는 마음과 달리 고향을 등지고 살아야만 하는 아픔을 드러낸다.

① 감정이입적 내부성은 개인이 장소와 그곳의 사람들을 배척할 때 나타난다.
② 감정이입적 내부성과 달리 실존적 내부성은 개인이 장소와 상호 관계를 맺어야 나타난다.
③ 『만언사』의 화자는 유배지의 삶을 긍정적으로 받아들이며 자신의 지위를 회복하기 위해 노력하였다.
④ 『고향길』의 화자는 산업화로 인해 고향에서의 삶이 어려워져 농촌으로 갔지만, 그곳에서의 생활도 어려워했다.

7. 다음 중 ⊙의 예로 적절하지 않은 것은?

> 용언이 합성어를 구성하는 경우 합성어와 구(句)를 구별하는 것이 문제가 되기도 한다. 두 개의 용언이 나열된 경우인 동사구나 형용사구인지, 두 개의 용언이 합성어가 된 것인지 구별하는 것이 쉽지 않기 때문이다. 이를 구별하는 데에는 흔히 두 가지 방법이 쓰인다.
> 첫 번째는 '분리 가능성'이다. 가령, '깎아 먹었다'의 경우, '깎아서 먹었다'와 같이 분리할 수 있으므로 '깎아 먹다'는 동사구임을 알 수 있다. 두 번째는 '실제 동작의 순서와 구성요소의 배열순서가 같은지'를 파악하는 것이다. 예를 들어, '다가갔다'라는 단어의 경우, '가다'라는 동작이 먼저 이루어진 후 '다그다'라는 동작이 이루어진다. 하지만 '다가가다'라고 적으므로 ⊙실제 동작 순서와 구성 요소의 배열 순서가 거꾸로 이루어진 경우라고 볼 수 있다.

① 애써 얻은 일자리마저 <u>날아가</u> 버렸다.
② 나는 웅덩이를 사뿐히 <u>건너뛰었다</u>.
③ 나는 그 사람을 멀리서도 <u>알아보았다</u>.
④ 그는 내가 한 말을 전혀 <u>알아듣지</u> 못했다.

8. 갑~병의 주장을 분석한 내용으로 적절하지 않은 것만을 <보기>에서 모두 고르면?

> 갑: 복수국적자의 경우 병역법에 따라 만 18세가 되는 해의 1월 1일에 병역 준비역에 편입되면 3개월 이내에 대한민국 국적과 다른 나라의 시민권 중 하나를 선택해야 한다. 그렇지 않으면 국적법에 따라 병역의무를 해소해야 외국 국적을 선택할 수 있다. 이와 같이 복수국적자의 국적 선택 기간을 병역준비역에 편입된 때부터 3개월 이내로 한 것은 복수국적자들의 기본권을 침해한다. 헌법은 개인의 자유권을 보장하며, 국적 선택의 자유는 중요한 기본권 중 하나이다. 3개월이라는 짧은 기간 내에 선택을 강요하는 것은 국적 이탈의 자유를 지나치게 제한하는 조치이다.
> 을: 병역은 헌법에 명시된 국민의 의무로, 국방의 의무를 다하기 위해 필요한 최소한의 조치이다. 복수국적자가 국적을 선택할 수 있는 기간을 명확히 정하는 것은 병역의무의 회피를 방지하기 위한 합리적인 제도이다. 국적 이탈이 자유롭게 허용된다면 병역 기피 사례가 증가할 가능성이 크므로 일정한 제한은 불가피하다.
> 병: 이미 복수국적자로서의 혜택을 누린 상황에서, 18세가 되는 해까지 자신의 상황을 충분히 숙고할 시간이 제공되므로 이를 기본권 침해로 보기 어렵다. 국적 선택 기간 제한은 국가 안보와 공익을 위해 필요한 제한으로, 과도한 기본권 침해가 아니다. 또한 국적 선택을 위한 3개월은 충분한 시간이며, 선택의 자유를 전적으로 박탈하지 않는다.

―<보 기>―
ㄱ. 복수국적자의 국적 선택 기간 제한에 대해 갑과 을의 주장은 대립한다.
ㄴ. 복수국적자의 국적 선택 기간 제한에 대해 을과 병의 주장은 대립한다.
ㄷ. 복수국적자의 국적 선택 기간 제한에 대해 병과 갑의 주장은 대립한다.

① ㄱ   ② ㄴ   ③ ㄱ, ㄷ   ④ ㄴ, ㄷ

9. 다음 글의 ⊙과 ⓒ에 대한 평가로 올바른 것은?

> 건축 프로젝트에서는 안전 기준, 예산 효율성, 창의성 여부가 주된 관심사가 된다. 안전 기준은 건축물이 구조적 안정성과 법적 규제 사항을 만족하는지 의미하고, 예산 효율성은 재원을 얼마나 효율적으로 운용했는지를 나타내며, 창의성 여부는 새로운 건축 기법이나 창의적 설계가 적용되었는지를 의미한다. ⊙<u>이 세 요소 모두에서 목표를 달성하는 것은 프로젝트 성공에 필수적이다.</u> 하지만 ⓒ<u>이 세 요소 모두에서 목표를 달성했다고 해서 그 프로젝트가 성공하는 것은 아니다.</u>

① 법적 규제 사항을 만족하지 못했음에도 성공한 건축 프로젝트가 있다면, ⊙은 강화된다.
② 재원을 효율적으로 운용하지 않은 사업 중 실패한 사업이 있다면, ⊙은 약화된다.
③ 세 요소 모두에서 목표를 달성한 사업 중 실패한 사업이 있다면, ⓒ은 강화된다.
④ 창의적인 설계가 적용된 모든 건축 프로젝트가 실패하였다면, ⓒ은 약화된다.

[10 ~ 11] 다음 글을 읽고 물음에 답하시오.

도파민은 우리의 감각을 조절하는 신경 전달 물질로, 주로 쾌락, 동기부여 등의 의지를 관장한다. 사람들이 도박, 약물 등에 쉽게 ㉠빠지는 것도 바로 이 도파민 때문이다. 쇼핑도 마찬가지다. 소비자들이 원하는 물건을 찾아다니며 기대하는 순간 도파민 수치가 높아진다. 한편 원하는 것을 얻지 못할 수도 있다는 가능성을 인식하면 도파민 수치는 더욱 높아진다. 이 결과는 사람들이 왜 샅샅이 뒤지며 쇼핑해야 하는 할인점이나 아웃렛을 좋아하는지 말해준다.

따라서 우리는 온라인 쇼핑 플랫폼이 지속적으로 소비자가 원하는 물건을 정확히 찾을 수 있도록 하는 것이 결국 소비자의 도파민 분비량을 낮춘다는 사실을 알 수 있다. 이는 이성적인 확실성을 주지만, 동시에 소비자가 자신이 원하는 물건을 놓칠 수도 있다는 두려움을 줄인다. 이는 전통적인 오프라인 유통업체에게는 기회가 될 수 있다. 위대한 유통업체들은 새로운 것을 찾고 싶어하는 욕구와 원하는 것을 놓칠 수도 있다는 두려움의 경계 사이를 걷게 한다.

10. 윗글에 대한 추론으로 옳지 않은 것은?
① 도박에 사람들이 빠지는 이유는 쇼핑에서 매력을 느끼는 것과 비슷하다.
② 도파민에 관한 연구 결과는 오프라인 유통업체에 돌파구를 마련해 줄 수 있다.
③ 온라인 쇼핑은 물건을 직접 볼 수 없다는 점에서 불확실성에 따른 도파민 분비를 유발한다.
④ 쇼핑을 할 때 원하는 물건을 찾을 수 있다는 확신이 있다면 그렇지 않은 때에 비해 도파민 수치가 낮다.

11. 문맥상 ㉠의 의미와 가장 가까운 것은?
① 공에 바람이 빠지면 찰 수가 없다.
② 한눈파는 바람에 자전거가 물속으로 빠졌다.
③ 책상 다리에서 못이 빠져 책상이 흔들거린다.
④ 그는 슬픔을 이기지 못하고 긴 겨울을 술에 빠져 있었다.

12. ㉠~㉣ 중 어색한 곳을 찾아 수정한 내용으로 적절하지 않은 것은?

㉠판타지 문학은 비현실적인 세계를 주로 다루기를 원한다. 그래서 작품 속에 우리가 현실에서 만날 수 없는 세계가 등장한다. 현실에서 힘들고 지친 사람들은 현실이 아닌 다른 세계를 꿈꾼다. 그럴 때 자신이 소속된 세계에서 벗어나는 경험은 ㉡거울처럼 신비로운 것이다. 이러한 경험을 문학 작품을 통해 할 수 있다는 것이 판타지 문학의 매력이다. 판에 박힌 ㉢일상에서 탈출하고 싶은 사람들은 잠시나마 ㉣현실에 안착할 수 있는 판타지 문학에 열광한다.

① ㉠은 주어와 서술어의 호응이 어색하므로 주격 조사와 서술어를 바꿔서 '판타지 문학에서는 비현실적인 세계를 주로 다룬다.'로 수정하는 게 좋겠어.
② ㉡은 비유가 어색한 것 같아. '마법처럼'으로 바꾸는 게 좋겠어.
③ ㉢은 '일상'보다는 '현상'이라는 말이 더 어울릴 것 같아.
④ ㉣은 '현실을 벗어날 수 있는'으로 수정해야 글의 흐름을 유지할 수 있겠어.

13. 다음 글을 읽고 알 수 있는 내용으로 적절하지 않은 것은?

표준 발음법에 따르면, 받침 'ㄱ(ㄲ, ㅋ, ㄳ, ㄺ), ㄷ(ㅅ, ㅆ, ㅈ, ㅊ, ㅌ), ㅂ(ㅍ, ㄼ, ㄿ, ㅄ)' 뒤에 연결되는 'ㄱ, ㄷ, ㅂ, ㅅ, ㅈ'은 된소리로 발음한다는 규정이 있다. 가령, '닭장'의 경우, 받침 'ㄺ' 뒤에 'ㅈ'이 연결되므로 [닥짱]이라고 발음한다.

표준 발음법에는 어간 받침 'ㄴ(ㄵ), ㅁ(ㄻ)' 뒤에 결합되는 어미의 첫소리 'ㄱ, ㄷ, ㅅ, ㅈ'은 된소리로 발음한다는 규정이 있다. 이때 피동, 사동의 접미사 '-기-'는 된소리로 발음하지 않는다. 따라서 '껴안다'의 경우 받침 'ㄴ' 뒤에 어미 'ㄷ'이 결합된 경우이므로 [껴안따]와 같이 발음하지만 '안기다'의 경우 '-기-'가 피동, 사동의 접미사이므로 된소리 없이 [안기다]라고 발음한다.

마지막으로 관형사형 '-(으)ㄹ' 뒤에 연결되는 'ㄱ, ㄷ, ㅂ, ㅅ, ㅈ'은 된소리로 발음하며 이때 '-(으)ㄹ'로 시작되는 어미의 경우에도 이에 준한다고 한다. 예를 들어, '할 것을'의 경우 관형사형 '-(으)ㄹ' 뒤에 연결되는 'ㄱ'이 연결되었으므로 [할꺼슬]과 같이 발음한다.

① '옆집'은 [엽찝]이라고 발음한다.
② '신발을 신고'의 '신고'는 [신:꼬]라고 발음한다.
③ '굶다'는 [굼:따]라고 발음하니 '굶기다'는 [굼끼다]라고 발음한다.
④ '갈 데가 있다'의 '갈 데가'는 [갈떼가]라고 발음한다.

14. 다음 글의 주제로 가장 적절한 것은?

역사의식을 바로 가진다는 것은 곧 오늘의 시대적 의미를 올바로 파악하고 있음을 의미한다. 어제와는 다른 변화된 오늘의 상황과 성격을 올바로 파악하는 사람만 바른 역사의식을 가질 수 있다. 하지만 같은 시대를 살면서도 그 시대의 의미를 모두 똑같이 파악하고 있지 않은 경우도 있다. 자기가 살고 있는 현재를 파악하는 것은 물론 어려운 일이겠지만, 지나간 시대의 역사적 의미를 파악하는 것도 쉽지는 않다. 가령, 우리나라의 일제 강점기를 식민지 시대나 반봉건 시대로 보는 사관(史觀)이 있는가 하면, 근대화와 자본주의적 산업화가 이루어진 시대로 보는 사관도 있다. 심지어, 일본의 국수주의적 사가(史家)들은 한국의 경제 발전과 교육 근대화에 크게 기여했던 시기로 평가하려고까지 한다.

여기서 우리는 같은 시대의 의미도 사관에 따라 서로 다른 평가를 내리고 있음을 알 수 있다. 따라서 오늘의 시대적 의미를 파악하는 것도 어떤 사람의 눈으로 파악하느냐에 따라 달라지기 때문에, 역사를 파악하는 데 있어서는 역사를 보는 주체가 누구냐 하는 것이 중요한 문제가 된다. 주체가 확립되지 않고서 역사의식이 생길 수는 없다. 이런 점에서 역사의식은 곧 주체 의식이라고도 할 수 있을 것이다. 역사는 역사를 보는 주체가 올바로 확립되었을 때에만 바르게 파악될 수가 있다.

① 같은 역사라도 다양한 해석이 존재할 수 있다.
② 일제 강점기는 한국의 경제와 교육이 크게 발전한 시기이다.
③ 올바른 주체 의식을 확립한 후 역사를 보아야 비로소 역사가 바르게 파악될 수 있다.
④ 같은 시대를 살고 있다면, 그 시대의 의미를 획일적으로 똑같이 파악하고 있어야 한다.

[15 ~ 16] 다음 글을 읽고 물음에 답하시오.

　1960년대 이후 급속한 근대화에 따라 농촌 공동체를 떠나 도시로 ㉠옮기는 사람들이 급격히 ㉡늘었으며, 이로 인해 전통적인 사회 구조가 ㉢붕괴하였다. 이 과정에서 직계 가족이 가치 판단의 중심이 되는 가족주의가 강조되었다. 이는 전통적 공동체가 힘을 잃은 상황에서 가족이 매우 중요한 역할을 ㉣담당했기 때문이다. 국가의 복지가 부실한 상황에서 가족은 노동력의 재생산 비용을 담당했다.
　가족은 물질적 생존의 측면뿐만 아니라 정서적 생존을 위해서도 중요한 보호막이었다. 즉, 전통적 사회 구조가 약화되면서 나타나는 사회적 긴장과 불안을 해소하는 역할을 해 온 것이다. 서구 사회의 근대화 과정에서는 개인의 자율적 판단과 선택을 강조하는 개인주의 윤리나 문화가 그러한 사회적 긴장과 불안을 해소하는 역할을 담당했다. 하지만 한국 사회의 경우 근대화가 급속히 이루어졌기 때문에 서구 사회 같은 근대적 개인주의 문화가 제대로 정착하지 못했다. 그래서 한국 사회에서는 가족주의 문화가 근대화 과정의 긴장과 불안을 해소하는 역할을 담당했다.
　한편, 전통적 공동체 문화는 학연과 지연을 매개로 하여 유사 가족주의 형태로 나타났다. 1960년대 이후 농촌을 떠나온 사람들이 도시에서 만든 향우회 등이 유사 가족주의의 단적인 사례이다.

15. 윗글의 내용과 부합하지 않는 것은?
① 한국의 근대화 과정에서 전통적 공동체 문화는 유사 가족주의로 변형되기도 했다.
② 한국의 근대화 과정에서 서구의 개인주의 문화가 정착하지 못한 것은 가족주의 문화 때문이었다.
③ 근대화 과정에서 한국의 가족주의 문화와 서구의 개인주의 문화는 유사한 역할을 수행했다.
④ 한국은 근대화 후에도 전통적 공동체 문화에 대한 욕구가 사라지지 않았다.

16. ㉠~㉣과 바꿔쓸 수 있는 유사한 표현으로 적절하지 않은 것은?
① ㉠: 운반하는
② ㉡: 증가하였으며
③ ㉢: 해체되었다
④ ㉣: 맡았기

17. 제시된 문장이 들어갈 곳으로 가장 적절한 것은?

　내가 대상에 대해 느낀 즐거움이나 아름다움에 대해 다른 사람들이 동의하지 않을 수 있다는 것이다.

　창작과 감상을 묶어두려 한 합리론적 미학은 작품의 실제적 창작과 감상에서 한계를 드러냈다. ① 실제적 경험을 중시한 경험론적 미학 역시, 취미판단에서 보편성을 확보하지 못했다. 특히 흄은 취미를 자극하는 공통 성질이 존재하지 않으며, 특정한 취미에 대해 보편적인 가치판단을 내릴 수 없다고 보았다. ② 칸트는 합리론이 지식의 보편성을 이루었지만 현실에 부합하지 않았고, 경험론이 현실에 부합하지만 보편성을 이루지 못했다고 지적했다. ③ 따라서 보편성과 현실 부합을 모두 이루려면 둘을 비판적으로 종합해야 한다고 주장했다. ④ 우리가 경험을 전제로 하면서 보편적 인식을 하는 것은 선천적인 정신의 형식을 모든 사람이 지니고 있기 때문이다.

[18 ~ 19] 다음 글을 읽고 물음에 답하시오.

　'성장 소설'은 어린 주인공이 자신과 세계에 대한 새로운 지식을 깨달아 가는 과정을 그린 소설이다. 이는 다른 소설과 다른 서사적 특징을 가지고 있다. 바로 주인공의 변화 양상이 ㉠미숙에서 성숙으로, 불완전에서 완전으로, 결핍에서 ㉡충족으로 변하는 과정을 담고 있다는 점이다. 이런 과정에는 ㉢육체적 시련이나 정신적 고통을 동반하는 사건이 나온다.
　대부분의 성장 소설에는 1인칭 어린 서술자의 순진한 시각을 통해 ㉣성장의 어려움과 불합리한 세계를 전달한다. 이문열의 「우리들의 일그러진 영웅」이 그런 예이다. 3인칭 시점으로 서술되는 경우도 있다. 이 경우는 ㉤어린 주인공의 내면에 초점을 맞추어 서술함으로써 1인칭 성장 소설과 유사한 효과를 거두는데, 하근찬의 「흰 종이 수염」이 그런 예이다.
　한국 현대 성장 소설은 대부분 회상을 통해 경험적 자아를 바라보는 형태를 취한다. 이는 ㉥과거의 자아와 현재의 자아를 상호 교섭의 방식으로 연결하여 ㉦새로운 자아의 정체성을 세우려는 의도 때문이다. 이러한 소설은 반성적 사유에 기초하여 창작되는데, 이는 소설 창작 시간과 소설 내적 시간의 불일치와 이야기하는 자아와 이야기되는 자아의 분리로 인해 가능한 것이다. 이처럼 성장 소설은 고백 방식을 서술 전략으로 선택하고 있다. 그래서 액자식 구조를 사용하거나 서술의 시간과 사건 발생의 시간을 구분하여 제시한다. 이는 과거의 문제를 현재화하고, 현재의 문제를 해결하려는 의도를 드러낸다.

18. 윗글을 읽고 이해한 내용으로 적절하지 않은 것은?
① 성장 소설에서 주인공의 변화 과정에는 육체적 시련이나 정신적 고통이 반드시 동반된다.
② 성장 소설은 새로운 자아를 형성하기 위해 회상 기법을 활용한다.
③ 「흰 종이 수염」과 달리 「우리들의 일그러진 영웅」은 어린아이를 서술자로 삼았다.
④ 3인칭 시점으로 서술되는 성장 소설은 어린 주인공의 내면에 초점을 맞추기 어렵다.

19. 문맥상 의미가 유사한 것끼리 묶인 것은?
① ㉠, ㉡, ㉥
② ㉠, ㉢, ㉥
③ ㉡, ㉥, ㉦
④ ㉢, ㉣, ㉦

20. 다음 진술들이 참일 때, 반드시 참인 것을 고르면?

　갑은 〈경제학〉, 〈정치학〉, 〈경영학〉, 〈통계학〉의 네 개 강의의 수강 여부를 고민하고 있다.

◇ 갑은 〈경제학〉을 수강하거나 〈경영학〉을 수강한다.
◇ 갑이 〈경제학〉을 수강한다면, 〈통계학〉을 수강한다.
◇ 갑은 〈정치학〉을 수강하거나 〈통계학〉을 수강한다.
◇ 갑이 〈경제학〉을 수강한다면, 〈통계학〉을 수강하지 않는다.
◇ 갑이 〈정치학〉을 수강하지 않는다면, 〈경영학〉은 수강하지 않는다.

① 갑은 〈경영학〉과 〈통계학〉을 수강한다.
② 갑이 〈경제학〉을 수강할지 확실히 알 수 없다.
③ 갑은 〈정치학〉과 〈통계학〉을 수강한다.
④ 갑은 〈경영학〉과 〈정치학〉을 수강한다.

국 어

1. <공공언어 바로 쓰기 원칙>에 따라 <공문서>의 ㉠~㉣을 수정한 것으로 적절하지 않은 것은?

<공공언어 바로 쓰기 원칙>
○ 필요한 문장 성분이 생략되지 않도록 할 것.
○ 접속어를 사용할 때에는 앞뒤 문장의 의미 관계를 고려하여 정확한 표현을 사용할 것.
○ 중복되는 표현과 이중 피동 표현을 삼갈 것.

<공문서>
○○시 복지정책과장

수신 수신자 참조
(경유)
제목 김장 무료 봉사 신청 안내

1. ○○시는 지역 내 어려운 이웃들에게 따뜻한 나눔을 실천하기 위해 ㉠진행하고자 합니다.
2. 봉사활동에 관심 있는 시민이라면 누구나 신청할 수 있으며, 봉사 참여 확정자는 개별 안내를 드릴 예정입니다.
3. ㉡반면 봉사활동 참여자에게는 ㉢정해진 소정의 기념품이 ㉣제공되어질 예정이므로, 시민 여러분의 많은 참여 부탁드립니다.

① ㉠: 김장 무료 봉사 활동을 진행하고자
② ㉡: 따라서
③ ㉢: 소정의
④ ㉣: 제공될

2. ㉠의 관점으로 볼 때 적절하지 않은 것은?

㉠독서를 정보 처리 과정으로 볼 때, 독서를 통해 얻은 것은 정보 처리의 결과로 볼 수 있다. 독자가 효과적으로 책을 읽기 위해서는 독서 단계에 맞는 정보 처리 전략이 필요하다. 예를 들어 글의 주제를 파악하는 데 목적이 있다면 핵심 단어를 찾아 하나의 의미 단위로 통합하는 전략을 사용할 수 있다. 만약 글에 담긴 의미를 능동적으로 활용하고자 한다면 글의 교훈을 실생활에 적용해볼 수도 있다.

글을 성공적으로 '처리'하려면 독자는 각각의 단계가 적절히 수행되었는지 확인해야 한다. 각 단계가 올바르게 수행되었다면 독서 전략을 적절히 활용한 것이다. 하지만 아무리 독서에 능통한 사람이라도 항상 적합한 전략을 선택할 수는 없다. 독자는 자신의 독서 전략을 통해 원하는 목표를 이루지 못하였다면 전략을 수정할 줄 알아야 한다. 이때 자신의 인지 과정을 한 차원 높은 시각에서 바라보는 초인지가 동원된다. 능숙한 독자는 초인지가 발달하여 전략 수정이 원활히 이루어져 목표를 쉽게 달성하는 반면, 그렇지 못한 독자는 초인지의 동원이 쉽게 이루어지지 않아 글의 처리를 이루어내지 못하는 경우가 많다.

① 독서 전략을 적절히 활용하지 않으면 독서 단계가 올바르게 수행될 수 없다.
② 글을 읽는 것은 정보 처리와 같은 과정을 거친다.
③ 초인지 동원 능력에 따라 독서 능력이 달라지기도 한다.
④ 책의 장르에 따라 책을 읽는 전략을 달리하여야 한다.

3. 다음 중 ㉠~㉢의 예시로 적절한 <보기>의 문장을 올바르게 짝지은 것은?

우리가 접하는 대부분의 문장은 주어와 서술어의 관계가 한 번만 이루어진 단일 명제가 아니라, 여러 개의 명제가 결합된, 즉 주어와 서술어의 관계가 두 번 이상 나타나는, 복합문이다. 명제를 결합하는 방식으로는 접속에 의한 방식과 내포에 의한 방식이 주로 사용된다.

먼저, ㉠접속에 의한 결합 방식은 결합하는 명제들이 대등한 관계를 맺고 있다는 특징을 가진다. 반면, 내포에 의한 결합은 하나의 명제가 또 다른 명제에 종속되거나 그의 일부가 된다. 이때 내포에 의한 결합은 ㉡보문에 의한 내포와 ㉢관계절에 의한 내포로 나뉜다. 보문에 의한 내포는 어떤 명제에 비어 있는 요소, 다시 말해 '무엇'이나 '어떤 것'에 들어갈 내용을 보충하기 위해 또 다른 명제를 활용하는 것을 말한다. 이에 반해 관계절에 의한 내포의 경우, 어느 한 명제가 다른 명제의 어떤 한 요소를 한정하거나 수식한다.

<보 기>
(가) [아침에 일찍 일어나기]가 참 힘들다.
(나) 수영이는 차를 마시면서 / 책을 읽는다.
(다) 엄마가 [동생을 잘 돌본] 나를 칭찬하셨다.

	㉠	㉡	㉢
①	(가)	(나)	(다)
②	(나)	(다)	(가)
③	(다)	(가)	(나)
④	(나)	(가)	(다)

4. 질문에 대한 주요 답변을 반영한 논지가 아닌 것은?

○ 질문: 청소년 공연 예술 단체의 문제점은 무엇일까요?
○ 주요 답변
  - 재정적으로 열악하다.
  - 대중 문화를 추종하는 경향이 있다.
  - 학부모들의 이해 부족으로 활동에 어려움이 있다.

① 청소년 공연 예술에 대한 관객들의 인식이 부족하니, 이에 대한 홍보 방안이 필요하다.
② 대중 문화를 추종하는 것은 청소년 공연의 가치를 떨어뜨리므로 단체 스스로 이를 경계해야 한다.
③ 청소년 공연 예술 단체의 힘만으로는 재정 문제를 해결할 수 없다. 기업의 적극적인 지원이 필요하다.
④ 학부모들이 청소년의 소질과 적성을 살리는 것이 중요하다는 점을 인정하고 자녀들을 격려해야 한다.

5. (가)와 (나)를 전제로 도출한 결론으로 가장 적절한 것은?

(가) 눈을 좋아하는 사람은 모두 썰매 타는 것을 좋아한다.
(나) 눈을 좋아하는 사람 중 일부는 스키 타는 것을 좋아한다.

① 스키 타는 것을 좋아하는 사람은 모두 썰매 타는 것을 좋아한다.
② 썰매 타는 것을 좋아하는 사람은 모두 스키 타는 것을 좋아한다.
③ 스키 타는 것을 좋아하는 어떤 사람은 썰매 타는 것도 좋아한다.
④ 썰매 타는 것을 좋아하지 않는 사람은 모두 스키 타는 것도 좋아하지 않는다.

6. 다음 글을 이해한 내용으로 가장 적절한 것은?

> 리듬과 율격은 엄격히 구분된다. 율격은 이미 정해져 있는 기계적 형식이다. 이것은 운과 함께 리듬을 형성하기 위한 이차적 요소에 불과하다. 이와 달리 리듬은 전통적 율격이나 일상적 언어 사용을 벗어나서 소리와 의미를 새롭게 구성해낸다. 이것은 시의 모든 다른 요소들을 조직하는 데 주도적 기능을 담당하는 동시에 그것들과 관련되면서 각각의 시에서 시인들에 의해 늘 새롭게 형성된다. 도식화된 전통 율격이나 일반 언어 사용은 낯익은 것이지만, 이런 자동화를 파괴함으로써 한 편의 시는 우리에게 신선한 충격을 주게 되는 것이다.
> 대표적으로 김소월의 「산유화」는 시의 율격을 넘어 낯선 리듬을 재창조해내고 있다. 이 시는 3·3·4조의 음수율과 3음보로 구성되는 전통 율격에 의해 시어들이 조직되어 있다. 시인은 이 3음보를 때로는 '저만치 혼자서 피어 있네'처럼 한 행으로, 때로는 '산에 / 피는 꽃을'처럼 2행으로, 때로는 '꽃이 좋아 / 산에서 / 사노라네'처럼 3행으로 배열하여 변화를 주고 있다. 같은 구문이라도 분행하느냐 하지 않느냐로 인해 여러 의미가 풍부하게 발생하고, 이로 인해 일상적 언어 사용을 벗어나는 소리와 의미상의 효과가 발생한다.

① 3음보는 김소월이 만들어낸 창조적인 율격이다.
② 「산유화」에서 3음보와 3·3·4조의 음수율은 낯선 리듬을 재창조하는 형식이다.
③ 「산유화」는 3음보를 다양한 방식으로 활용하여 의미를 풍부하게 만들고 있다.
④ 「산유화」에서 시인은 자동화된 리듬을 파괴하는 낯선 율격을 사용하고 있다.

7. 다음 글을 읽고 알 수 있는 내용으로 적절한 것은?

> '독과점'은 1개의 기업이 시장을 장악한 '독점'과 2개 이상의 소수 기업이 시장 지배력을 행사하는 '과점'을 합친 말이다. 시장 지배력은 상품의 거래 수량과 가격 같은 거래 조건을 결정할 수 있는 능력이다. 소수의 기업이 시장 지배력을 행사하게 되면 경쟁이 제대로 이루어지지 않는 불완전경쟁 시장이 형성된다. 시장이 특정한 소수 기업에 집중되어 있을수록 독과점이 발생할 가능성이 큰데, 이는 '시장 집중도 지표'를 통해 판단할 수 있다.
> 이 중 HHI 지수는 시장 내 기업들의 시장 점유율을 제곱하여 합한 값이다. 가령 3개의 기업이 경쟁하는 시장에서 기업의 점유율이 각각 20%, 30%, 50%라면, HHI 지수는 각 점유율의 제곱인 400, 900, 2500을 합한 3800이 된다. 이를 바탕으로 시장의 집중도를 파악할 수 있는데, 100 초과 1500 이하이면 저집중 시장, 1500 초과 2500 이하이면 중집중 시장, 2500을 초과하는 값을 가지면 고집중 시장이라고 한다. 또한 100 이하인 경우 자유경쟁에 가까운 경쟁이 이루어지고 있다고 파악한다. HHI 지수는 정부가 기업 합병 승인 여부를 결정하는 데 영향을 미치기도 하는데, 우리나라에서는 경쟁 관계의 기업들이 합병한 후의 HHI 지수의 값에 따라 합병 가능 여부가 정해진다.

① HHI 지수만으로는 독과점이 발생할 가능성을 판단할 수 없다.
② 완전 경쟁은 시장 지배력을 다수 기업이 나눠 가질 때 가능하다.
③ 우리나라는 합병 전 HHI를 기준으로 기업의 합병 여부가 결정된다.
④ HHI 지수로 볼 때, 3개 기업의 시장 점유율이 50, 30, 20%라면 저집중 시장이라 한다.

8. 갑 ~ 병의 주장을 분석한 내용으로 적절하지 않은 것만을 〈보기〉에서 모두 고르면?

> 갑: "교육감은 학교의 수업과 학생의 건강 등에 미치는 영향을 고려하여 시·도의 조례로 정하는 범위에서 학교교과교습학원 및 교습소의 교습시간을 정할 수 있다."라는 조례에 따라 각 지방자치단체는 학교교과교습학원 및 교습소의 교습시간을 제한하고 있다. 하지만 헌법 제31조에 따라 학부모는 자녀의 교육 방향과 방식, 교육의 질을 결정할 권리를 가지며, 이 권리는 국가의 개입이 최소화될 때 지켜진다. 그런데 앞서 규정은 제한된 시간 내에서 원하는 수준의 교육을 제공받기 어렵게 하므로, 결과적으로 학부모가 자녀를 양육하고 교육할 자유로운 결정을 방해한다.
> 을: 학생들은 학업적 필요에 따라 학습 활동을 선택할 권리를 가지고 있다. 또한 입시를 준비하는 일부 학생들에게는 집중 학습이 필요할 수 있다. 학습 시간 제한은 학생들이 특정 과목이나 영역에서 필요로 하는 추가적인 학습 기회를 박탈한다. 이는 교육은 균등하게 제공되어야 한다는 헌법적 가치에 위배될 수 있다.
> 병: 지나치게 긴 학습 시간은 학생들의 신체적·정신적 건강에 악영향을 끼칠 수 있다. 이러한 조례는 학생들의 기본적인 건강권과 삶의 질을 보호하기 위한 공익적 목적을 가진다. 또한 헌법 제37조 제2항에 따르면 기본권은 공공복리를 위해 필요한 범위에서 제한될 수 있다. 교습시간 제한은 학생들이 지나친 사교육에 의존하지 않고 공교육을 중심으로 학습할 수 있도록 유도하는 공공의 이익에 부합한다.

〈보 기〉
ㄱ. "학교교과교습학원 및 교습소의 교습시간 제한 조례"에 대해 갑과 을의 주장은 대립한다.
ㄴ. "학교교과교습학원 및 교습소의 교습시간 제한 조례"에 대해 을과 병의 주장은 대립한다.
ㄷ. "학교교과교습학원 및 교습소의 교습시간 제한 조례"에 대해 병과 갑의 주장은 대립한다.

① ㄱ ② ㄴ ③ ㄱ, ㄷ ④ ㄴ, ㄷ

9. 밑줄 친 단어가 ㉠의 사례가 아닌 것은?

> 한국어의 조어법은 크게 합성과 파생으로 나눌 수 있다. 파생은 어근에 접사를 붙여서 파생어를 만드는 방식으로 접사는 크게 '한정적 접사'와 '지배적 접사'로 나뉜다. 한정적 접사는 어근의 의미를 한정하거나 보충하는 역할을 하며, 주로 어근의 의미 영역 내에서 작용한다. 예를 들어, '맨-'이 '손'에 붙여 만들어진 파생어 '맨손'은 '손'의 의미를 '아무것도 들지 않은'으로 한정한다. 반면, ㉠지배적 접사는 문법적 성질에 영향을 끼쳐서, 파생되는 단어의 품사를 바꾸거나 문장의 구조를 바꾸기도 한다. 예를 들어 '먹-'에 '-이'가 붙어서 동사 '먹다'를 명사 '먹이'로 바꾸거나, 명사 '향기'에 '-롭다'가 붙어서 형용사 '향기롭다'를 만들어 낼 수 있다. 또한 '입다'에 사동 접사 '-히-'를 결합하여 능동문에서 사동문으로 문장 구조를 바꿀 수도 있다.

① 군살이 늘면서 몸무게가 치솟았다.
② 풋사랑의 경험은 내게 큰 상처를 입혔다.
③ 그 배우는 자연스러운 연기로 호평을 받았다.
④ 저 새는 날개가 크다.

[10 ~ 11] 다음 글을 읽고 물음에 답하시오.

채무자의 고의 또는 과실로 인해 채무가 이행되지 못하는 경우를 채무 불이행이라고 한다. 채무 불이행의 양상은 이행 지체, 이행 불능 등으로 구분된다. 먼저 이행 지체는 채무의 이행기가 도래하였고 이행이 가능한데도 채무자가 채무를 이행하지 않는 것을 ㉠말한다. 이행 지체가 발생하면 채권자는 소송을 통해 강제 집행을 하거나 이행 지체로 인한 손해를 배상하게 하는 지연 배상을 청구할 수 있으며, 경우에 따라서는 채무가 이행되었을 때 채권자가 얻을 수 있었던 이익 전부를 돈으로 배상하는 전보(塡補) 배상을 청구할 수 있다. 반면 이행 불능은 강제 집행이 가능한 이행 지체와 달리 채권 성립 후에 채무자의 귀책으로 인해 채무 이행 자체가 불가능해진 상태를 말한다. 이 경우 채권자는 계약을 해제하고 이미 지급한 돈이나 물건의 반환과 함께 손해 배상을 청구할 수 있으며, 계약을 해제하지 않고 자신의 의무를 모두 이행한 후 전보 배상을 청구할 수도 있다. 이행 지체 후에 이행 불능이 생긴 경우는 이행 불능으로 취급한다.

10. 윗글의 내용과 일치하지 않는 것은?
① 이행 불능 시 계약 해제 후 손해 배상을 청구할 수 있다.
② 이행 지체는 이행 불능과 달리 강제 집행이 가능하다.
③ 채무 불이행의 양상은 채무의 이행 가능 여부에 따라 나뉜다.
④ 전보 배상을 청구하기 위해서는 계약을 해제해야 한다.

11. 문맥상 ㉠의 의미와 가장 가까운 것은?
① 사람들은 흔히 내 글을 관념적이라고 말한다.
② 결혼은 두 사람의 육체적 결합만을 말하는 것이 아니다.
③ 힘든 거로 말하면 공사장 막노동만큼 힘들 일도 없어요.
④ 친구들에게 약속 장소를 말하지 않은 것이 뒤늦게 생각난다.

12. 괄호 안에 들어갈 문장으로 가장 적절한 것은?

'금기(taboo)'는 어느 시대, 어느 민족에게서나 발견된다. 금기는 성스러운 것을 함부로 침범하지 못하게 하는 것과 부정하고 위험한 것을 피하게 하는 것의 두 방향으로 작용한다. 이러한 금기는 사회적으로 전승되는데 금기를 범하면 신의 노여움을 사거나 재앙을 받는다는 믿음 때문에 대체로 지켜진다. 공동체는 금기를 통해 공동체의 가치 혹은 성스러운 영역을 지킴으로써 공동체에 정체성을 부여하며 질서를 유지시킨다. 금기라는 것이 한 공동체의 안위와 존속, 질서 유지를 위해 필요한 것이기에 금기를 위반하는 행위는 공동체에 위해가 되는 것으로 여겨진다. 그러나 인간이기에 금기를 위반하고자 하는 욕구는 사라지지 않으며 금기에 대한 침범은 나타날 수밖에 없다. ( ) 위반의 욕구를 온전히 억압할 수는 없으며 위반이 가지고 있는 의미를 발전적으로 수용해야 할 필요도 있기 때문이다.

① 그렇기에 우리 사회는 한편으로 금기를 만들어 지키게 하면서 다른 한편으로 위반을 조정하고 수용해야 한다.
② 이렇게 지속적인 금기에 대한 침범으로 인해 인류 사회는 끊임없는 흥망성쇠를 겪어왔다고 볼 수 있다.
③ 이로 인해 역사에 존재했던 모든 사회는 구성원들이 금기를 지키도록 억압적인 통제 기구를 발전시켜 왔다.
④ 이에 대한 반작용으로서 모든 금기를 해제하고도 사회를 유지할 수 있도록 노력하는 사회 운동이 전개되었다.

13. 다음 글의 ㉠과 ㉡에 대한 평가로 옳지 않은 것은?

성공적인 스포츠팀 운영을 위해서 선수 관리, 전략 수립, 시설 관리의 세 요소에 주목해야 한다. 선수 관리는 경기력 강화의 필요조건이며, 전략 수립은 전술적 대응 능력을 의미한다. 시설 관리는 안전하고 쾌적한 경기 환경을 조성해 선수 컨디션과 관중 만족도를 높이는 데 기여한다. ㉠이 세 요소 모두를 충족하는 것은 팀 가치를 높게 평가받기 위해 필수적이다. 하지만 ㉡세 요소를 모두 충족했다고 해서 반드시 팀 가치가 상승한다는 보장은 없다.

① 시설 관리가 충족되지 않은 팀의 가치가 항상 낮게 평가되는 경우, ㉠은 강화된다.
② 전술적 대응 능력이 충족된 팀의 가치가 항상 높게 평가되었다면 ㉡은 강화된다.
③ 경기력 강화가 이뤄지지 않은 팀 중 가치를 높게 평가받은 팀이 있다면, ㉠은 약화된다.
④ 세 요소를 모두 충족한 팀의 팀 가치가 항상 높게 평가받는다면, ㉡은 약화된다.

14. <보기>의 문장을 이용하여 글쓰기를 하려고 할 때, ㉠~㉢의 순서를 가장 잘 배열한 것은?

<보 기>

[서론] 세대 간의 갈등은 언어, 생활양식, 사고방식 등 모든 분야에서 나타난다.
㉠ 성장 환경은 각 세대의 가치관의 차이를 야기한다.
㉡ 세대 갈등은 주로 기성세대와 신세대의 성장 환경의 차이에서 비롯된다.
㉢ 각 세대가 서로 다른 성장 환경과 가치관의 관계를 이해한다면 서로 공감대를 넓힐 수 있으며, 이로 인해 세대 간의 갈등은 극복할 수 있다.
[결론] 성장 과정과 가치관의 차이에 따른 세대 갈등은 상호 이해의 폭을 넓혀 극복할 수 있다.

① ㉠-㉡-㉢   ② ㉠-㉢-㉡
③ ㉡-㉠-㉢   ④ ㉡-㉢-㉠

15. 다음 글의 내용을 바탕으로 '다원주의(多元主義)'라는 말을 정의(定義)하는 글을 쓰려고 한다. 반드시 포함되어야 할 속성끼리 바르게 묶인 것은?

전체주의적 사회 질서에서는 개인과 재단의 생활 양식은 철저하게 통제된다. 이러한 사회의 특징은 공식적 이데올로기, 일당 독재, 대중 매체의 독점, 중앙 집권적 경제 체계 등이다. 그러나 다원화 사회에서는 개인과 집단들의 상대적인 문화의 차이, 즉 사상과 생활 양식의 차이를 존중하는 가운데 민주적 절차와 방식으로 합의를 이루어 평화롭게 공존하는 사회 질서를 추구한다. 다원화된 사회의 정부는 공익의 옹호 기관으로서가 아니라 이익 집단 간에 타협된 정책을 수행하는 기능만을 지니게 되며, 따라서 한 사회의 체계도 획일적으로 통제하기보다는 개방적인 체계를 선호한다. 이렇듯, 다원화 사회는 다양한 경험과 배경을 지닌 사람들이 대립하기보다는 대화와 타협을 통해 합의를 이루어 나가는 자체를 중시한다.

① 상대성, 체계성, 통일성   ② 공식성, 공익성, 다양성
③ 상대성, 개방성, 다양성   ④ 공식성, 사회성, 개방성

[16 ~ 17] 다음 글을 읽고 물음에 답하시오.

인류에게 세계화는 역사적 전환의 의미를 갖는다. 세계화와 관련된 논의 또한 개별 국가들에 초미의 관심사가 되고 있다. 국제화가 단순히 개별 국가 간의 교류가 늘어나는 현상을 말한다면, 세계화는 보다 ㉠<u>단순한</u> 의미를 가진다. 교류의 양적 확대를 넘어 개별 국가들의 사회 구조와 국가 간의 관계가 새로운 차원으로 재편되는 과정을 의미하기 때문이다.

우선 경제 영역의 세계화는 국가 간 상호 의존 관계가 증대되고 다자간의 협력이 강화되는 현상을 의미한다. 이를 통해 교역과 투자에 참여하는 국가는 ㉡<u>단일화되었다.</u> 이러한 경제 영역의 세계화에서 주목되는 것은 초국적 금융 자본의 비약적인 성장이다. 초국적 금융 자본은 세계 무역 거래의 수십 배에 달하는 규모의 금융 거래를 주도하고 있다. 초국적 조직의 역할이 증대되는 것 또한 세계화의 중요한 측면이다. 기존의 개별 국가 틀 안에서는 해결할 수 없었던 문제들을 담당하기 위해 결성된 초국적 조직은 그 중요성이 계속 증대되고 있다. 국제연합, 국제통화기금, 세계무역기구와 같은 정부 간 조직 이외에 국제사면위원회, 그린피스 등과 같은 비정부 조직의 비중 또한 커지고 있다. 한편 문화 영역의 세계화도 주목해야 할 대상이다. 문화의 생산, 분배, 소비가 국제적인 차원의 연결망 속에서 이루어짐으로써 개별 국가들의 문화 및 생활 양식이 ㉢<u>고유한 정체성으로서 고립되고 있다.</u> 세계 곳곳에서 만들어진 뉴스, 영화, 음악, 컴퓨터 소프트웨어 등이 세계 시장에서 누구나 이용할 수 있도록 유통되고 있다. 그러나 이는 다른 한편으로는 선진국에 대한 문화적 종속을 심화시키기도 한다.

이처럼 세계화는 기존의 민족 단위로 이루어지던 사회생활을 새로운 차원으로 재편하는 것이므로 세계화에 대해 보다 개방적인 민족주의적 시각을 지녀야 할 것이다. 여기서 개방적 민족주의란 정치, 경제, 문화 등 각 영역에서 일어나는 세계화 현상을 적극적으로 수용하고 개별 국가 사이의 불평등은 ㉣<u>거부하는</u> 것을 말한다. 다시 말해 정치, 경제 및 문화적 종속을 거부하고, 자유주의와 평등주의, 그리고 인본주의를 적극적으로 받아들이는 것으로 구체화될 수 있다. 기존의 국가 이기주의적인 발상에서 벗어나 개별 국가 간의 새로운 관계를 모색하는 이러한 개방적 민족주의야말로 앞으로 지역적, 지구적 호혜 평등의 질서 수립을 위한 기본 조건이라고 할 수 있다.

16. 윗글에 대한 이해로 적절하지 않은 것은?
① 경제 영역의 세계화에 있어 세계 무역 거래는 금융 거래 중 그 규모가 가장 크다.
② 문화의 세계화에 있어 문화의 자주성 상실이 야기되기도 한다.
③ 초국적 조직에 있어서 정부 간 조직뿐 아니라 비정부 조직의 역할 역시 중요하다.
④ 개방적 민족주의 시각에서 우리는 세계화 현상을 적극적으로 받아들여야 한다.

17. ㉠ ~ ㉣의 고쳐쓰기로 적절하지 않은 것은?
① ㉠: "광범위한 의미를 지닌다."로 고쳐 쓴다.
② ㉡: "다양화되었다."로 고쳐 쓴다.
③ ㉢: "전 세계로 신속하게 퍼지고 있다."로 고쳐 쓴다.
④ ㉣: "용인하는"으로 고쳐 쓴다.

[18 ~ 19] 다음 글을 읽고 물음에 답하시오.

1347년 흑사병 발병 후 적지 않은 의사들이 희생되면서 의료 인력 부족이 유럽의 사회적 문제가 되었다. 피렌체시 정부가 혼란스러운 상황이 채 ㉠<u>바로잡히지도</u> 않은 시기에 곧바로 의학대학의 설립을 결정하고 ㉡<u>추진하였을</u> 뿐 아니라, 의사들이 시내로 이주해 오도록 세금혜택을 ㉢<u>주는</u> 등 적극적인 정책을 펼친 것은 위기의식의 반영이었다. 이와 같은 결과로 피렌체시 의사의 수가 증가하기 시작하여, 14세기 후반에는 흑사병 이전 시기보다 오히려 많아졌다. 다시 의사 수가 감소하는 경향을 보인 것은 1400년경이다.

흑사병 이후 피렌체의 의사들 중 이주민의 비중이 높아지는 것을 피할 수 없었다. 피렌체 내 부유한 가문 출신자들이 의사직을 ㉣<u>멀리한</u> 반면, 그 자리를 외부 의사들이 대신했기 때문이다. 14세기 중반만 해도 의사들 가운데 피렌체 출신자들이 다수였던 반면, 한 세기 후에는 다른 지역 출신이 훨씬 큰 비중을 차지했다. 의사들은 흑사병 이전에도 이미 적지 않은 수가 이주해 오고 있었지만, 그 이후에는 더욱 증가했다.

18. 윗글의 내용으로 적절하지 않은 것은?
① 흑사병의 발병은 타 지역에서 피렌체로 이주한 의사의 수에 영향을 미쳤다.
② 피렌체의 의사 수는 흑사병 발병 이후로 지속적인 증가 추세를 보였다.
③ 피렌체시는 흑사병 발병 이후 의사 수 증가를 위하여 여러 정책적 유인을 제공하였다.
④ 흑사병 발병 이전에는 흑사병 발병 이후보다 피렌체의 부유한 가문 출신의 의사가 더 많았다.

19. ㉠ ~ ㉣과 바꿔쓸 수 있는 유사한 표현으로 적절하지 않은 것은?
① ㉠: 수습되지도
② ㉡: 진행하였을
③ ㉢: 장려하는
④ ㉣: 기피한

20. 신입사원 지원자 A ~ F에 대해 밝혀진 다음의 내용이 모두 참이라면, 다음 중 반드시 선발되었음을 알 수 있는 신입사원 지원자는?

㉠ A를 선발하면, D도 같이 선발한다.
㉡ C나 F를 선발한다면, A도 같이 선발된다.
㉢ D를 선발한다면, B를 선발하고 C는 선발하지 않는다.
㉣ A와 E가 동시에 탈락하지는 않는다.
㉤ 신입사원 지원자 중 적어도 2명 이상은 최종적으로 선발된다.

① A
② B
③ D
④ E

국 어

1. 〈공공언어 바로 쓰기 원칙〉에 따라 수정한 것으로 적절하지 않은 것은?

〈공공언어 바로 쓰기 원칙〉
○ 중복 오류 삼가기
  - ㉠ 중복되는 표현을 사용하지 않음.
○ 주어와 서술어의 호응
  - ㉡ 주어와 서술어의 관계를 명확하게 표현함.
○ 생략된 내용 제시하기
  - ㉢ 필요한 문장 성분이 생략되지 않도록 함.
○ 목적어와 서술어의 호응
  - ㉣ 목적어와 서술어의 관계를 명확하게 표현함.

① "매주 토요일 10시마다 국쪽이 방송을 한다."를 ㉠에 따라 "매주 토요일 10시에 국쪽이 방송을 한다."로 수정한다.
② "내가 말하고 싶은 요점은 현재의 선택이 미래를 결정한다는 것이다."를 ㉡에 따라 "내가 말하고 싶은 요점은 현재의 선택이 미래를 결정한다."로 수정한다.
③ "회사 설립자는 회장과는 별도로 사외 이사를 두어야 한다."를 ㉢에 따라 "회사 설립자는 회장과는 별도로 이사회에 사외 이사를 두어야 한다."로 수정한다.
④ "그들은 노래 연습과 그림을 전시했다."를 ㉣에 따라 "그들은 노래 연습을 하고 그림을 전시했다."로 수정한다.

2. '인터넷 실명제'에 대한 개요를 수정하기 위한 방안으로 적절하지 않은 것은?

주제문: 인터넷의 사용 실태와 인터넷 실명제의 문제점 최소화 방안은?

서론: 인터넷 실명제에 대한 문제 제기

본론:
1. 인터넷 실명제의 문제점 최소화 방안
  (1) 사용자들의 인식 제고
  (2) 내부고발자 보호 근거 마련
2. 인터넷 실명제의 긍정적 측면
  (1) 인터넷 범죄 감소
  (2) 허위 사실 유포 감소
3. 인터넷 실명제의 부정적 측면
  (1) 비판 기능 약화
  (2) 개인 정보 유출 가능성 증대

결론: 인터넷 실명제의 순기능 강화에 대한 관심을 촉구

① 주제를 분명히 드러내기 위해 주제문을 '인터넷 실명제의 문제점을 최소화해야 한다.'로 수정한다.
② 논지 전개상 어색하니 본론 1을 본론 3 아래로 이동시킨다.
③ 본론 1에 '(3) 개인 정보 보호 방안 마련'을 추가한다.
④ 본론 2에 논지를 보강하기 위해 '(3) 인터넷 게시판 사용자 증가'를 추가한다.

3. 다음 글의 내용으로 적절하지 않은 것은?

표준 발음법 규정에 따르면, 모음의 장단을 구별하여 발음하되, 단어의 첫음절에서만 긴소리가 나타나는 것을 원칙으로 한다. 가령, '눈[目]'과 달리 '눈[雪]'의 경우 '눈보라'처럼 첫음절에 '눈'이 오는 경우 [눈ː보라]라고 길게 발음하지만 '첫눈'처럼 첫음절이 아닌 경우에는 [천눈]과 같이 짧게 발음한다. 이러한 단어에는 '말[言]', '밤[栗]' 등이 있다. 또한 '벌리다', '안다', '뱉다', '멀다' 등의 용언도 첫음절을 길게 발음하는데 이 용언들이 합성 용언을 구성할 때도 이 규정을 적용하여 긴소리가 나는 음절이 첫음절이 아니라면 짧게 발음한다.

① '떠벌리다'는 [떠벌리다]라고 발음하는 것이 적절하다.
② '눈멀다'는 [눈ː멀다]라고 발음하는 것이 적절하다.
③ '밤나무'는 [밤ː나무]라고 발음하는 것이 적절하다.
④ '참말'은 [참말]이라고 발음하는 것이 적절하다.

4. 다음 글로 미루어 추론한 것으로 적절하지 않은 것은?

인사청문제도는 행정부 구성에 의회가 참여함으로써 민주적 정당성을 부여하고 대통령의 독단을 견제하려는 목적을 갖고 있다. 현재 우리나라에서 국회 인사청문회의 대상이 되는 고위 공직은 크게 세 종류가 있는데, 첫째는 헌법에 규정된 바에 따라 국회의원들의 인준투표를 통하여 국회의 임명동의를 얻어야 하는 직위가 있다. 둘째로는 국회가 대통령, 대법원장과 대등한 자격을 가지고 국회에서 선출하는 직위가 있다. 마지막으로 국회의 임명동의가 임명의 필수조건이 되는 것은 아니지만 대통령이 내정한 후 인사청문회를 통하여 국회의 의견을 들어보고 임명하는 공직이 존재한다. 이런 공직의 종류에 따라 인사청문회를 주관하는 기관이 달라지는데 마지막 종류만 소관 상임위원회에서, 나머지는 국회의 인사청문 특별위원회에서 인사청문을 진행한다.

① 국회 인사청문의 대상이 되는 고위 공직 중 대통령의 지명이 필요 없는 경우도 존재한다.
② 인사청문회를 거쳐야 하는 고위 공직자를 임명할 때, 의회 투표절차가 필수적인 것은 아니다.
③ 입법, 행정, 사법이 기관 구성에 모두 참여하는 경우, 공직은 소관 상임위원회에서 인사청문을 진행한다.
④ 인사청문회는 행정권 견제의 목적을 지닌다.

5. 다음 명제가 모두 참일 때, 빈칸에 들어갈 명제로 가장 적절한 것은?

○ 대학원에 진학하지 않는 사람은 모두 논문 읽는 것을 즐기지 않는다.
○ (   )
○ 결론: 따라서 어떤 대학생은 대학원에 진학한다.

① 어떤 대학생은 대학원에 진학하지 않는다.
② 논문 읽는 것을 즐기는 어떤 사람은 대학생이다.
③ 논문 읽는 것을 즐기지 않는 어떤 사람은 대학생이다.
④ 논문 읽는 것을 즐기지 않는 사람은 모두 대학원에 진학하지 않는다.

[6~7] 다음 글을 읽고 물음에 답하시오.

우리나라 전기소설은 중국의 전기에 영향을 받았다. 중국 전기는 기이한 사건을 엮은 서사 양식으로, 기이한 사건은 흥미를 끌기 위한 소재로 쓰였다. 서사 구조는 유기적이지 않고 결말도 다양했다. 반면 우리의 전기소설은 기이한 사건을 유기적으로 배치하였으며, 작가의 불우함을 위로하는 창작 동기가 담겼다. 또한 전기소설 남주인공은 기이한 사건을 겪고 능력을 인정받았지만, 비극적 종결을 맞는 전형성을 보인다. 이처럼 우리의 전기소설은 중국과 달리 비극적인 결말을 택했다.

전기소설은 민담과 전설에서 영향을 받기도 하였다. 구전되던 설화는 작가의 역량 발휘에 많은 도움을 주었다. 이 과정에서 새로운 유형의 인물이 등장하였다. 이러한 소설 속 주인공의 특질은 다음과 같다. 첫째는 외로움이다. 주인공은 사회에서 소외되었거나 짝을 얻지 못해 실의에 빠진 존재이다. 주인공은 현실에서의 소외를 부당하다고 느껴 금기를 넘어선 사랑을 하거나 이계(異界)에 가는 것을 망설이지 않는다. 둘째는 내면성이다. 주인공은 풍부한 감성을 가지고 있어서 외로움을 토로하거나 시를 통해 자기 능력을 인정받거나 소외감을 사람들과 ⊙나누고 싶어 한다. 셋째는 소극성이다. 남주인공은 소심하고 나약한 존재로, 자신이 받아들이기 어려운 상황 또는 모순된 현실에 대해 저항을 적극적으로 하지 않는다. 사랑에 몰두하거나 세상을 등지는 것과 같이 세상과 소통하지 않으려는 모습을 통해 모순된 현실에 대한 비극적 인식을 드러낸다.

6. 윗글을 읽고 이해한 내용으로 적절하지 않은 것은?
① 우리나라의 전기소설과 중국의 전기는 모두 기이한 사건을 중심으로 전개된다.
② 전기소설에서의 기이한 사건은 주인공이 다른 사람에게 능력을 인정받게 되는 계기가 된다.
③ 전기소설의 주인공은 외로움과 내면성을 지닌 인물로, 자신의 감정을 타인과 공유하고 싶어 한다.
④ 전기소설의 주인공은 소극적인 성격을 지니고 있지만, 현실에서의 소외에 대한 부당함에 대해 적극적으로 저항한다.

7. 문맥상 ⊙의 의미와 가장 가까운 것은?
① 다음 글을 세 문단으로 나누시오.
② 그는 애인과 슬픔과 기쁨을 함께 나누며 산다.
③ 선생님은 학생들을 청군과 백군으로 나누어 편을 갈랐다.
④ 각 부서에 작업량을 나눌 때는 인부들의 숙련도를 고려해야 한다.

8. 괄호 안에 들어갈 말로 가장 적절한 것은?

헨리 황의 연극 '엠.버터플라이'는 서양이 동양을 자의적으로 해석하는 것을 비판하고자 다음과 같이 접근한다. 극 중에서 송은 관객에게 휴식시간을 제안하고 밝은 조명 아래 분장을 지운다. 송은 자신이 연기한 여성이 사실은 완벽한 허구임을 보여 주며, 남성이 됨으로써 동양은 여성이며 약자라는 등식에서 벗어나고자 한다. 갈리마르는 연기 중인 송의 겉모습을 보고 여자라고 생각했으며, 이에 매료되어 국가 기밀을 송에게 유출하고 감옥에 갇히게 된다. 이는 (   ) 것에 대한 당연한 결과였다.

① 고정관념을 가지고 상대를 파악한
② 허구임을 알고도 집착에서 벗어나지 못한
③ 상대의 의지에 반하여 자신의 입장을 강요한
④ 전형적인 통념에서 벗어나 주체적으로 생각한

9. 다음 글의 ⊙을 강화하는 것만을 〈보기〉에서 모두 고르면?

지구 온난화의 발생 원인에 대하여, 오랫동안 인간 활동에서 방출되는 이산화탄소와 메탄 등 온실가스가 주범이라는 이설이 지배적이었다. 즉, 산업화 시대 이후 화석 연료 사용이 급속히 증가하면서 대기 중 온실가스 농도가 폭발적으로 증가하여 지구 기온이 상승했다는 것이다.

그러나 최근에는 태양 흑점 증가나 복사 에너지의 주기적 변동, 지구 공전 궤도의 교란 등이 온난화에 큰 영향을 주었다는 새로운 ⊙가설이 제시되고 있다. 이에 따르면, 과거에도 지구 기온이 자연스럽게 오르내렸던 시기가 다수 있었으며, 근래에 발생한 온난화 역시 태양 활동과 같은 자연 요인의 영향으로 발생한 주기적인 현상의 일부에 해당한다.

〈보기〉
ㄱ. 과거 지구의 온도를 추정할 수 있는 동위원소 분석과 고빙하 시추 자료에서 지구의 온도가 규칙적으로 변동하는 패턴을 발견하였다.
ㄴ. 지구 공전 궤도의 변화가 과거에도 반복된 온난화 현상을 불러왔다는 연구 결과가 발표되었다.
ㄷ. 태양 흑점 활동이 극도로 강해진 시기에 지구 평균 기온이 상승했다는 관측 결과가 보고되었다.

① ㄱ, ㄴ
② ㄱ, ㄷ
③ ㄴ, ㄷ
④ ㄱ, ㄴ, ㄷ

10. 다음 글에서 추론한 내용으로 적절하지 않은 것은?

국어의 이어진 문장은 둘 이상의 절이 대등하거나 종속적인 관계로 연결된 문장을 말한다. 이어진 문장은 '-고, -지만, -면서, -면' 등 여러 가지의 연결 어미를 사용하여 두 문장이 어떤 관계나 의미로 연결되는지를 다양하게 표현한다.

대등하게 이어진 문장의 경우, '-고', '-며', '-지만', '-나', '-거나' 등의 대등적 연결 어미를 사용하여 나열, 대조, 선택, 동시 진행 등의 의미 관계를 제시한다. 예를 들어 '비가 오고 바람이 분다.'는 나열의 의미를 전달하며, '날씨는 좋지만 공기가 탁하다.'는 대조, '너는 가거나 내가 갈 것이다.'는 선택 관계를 보여 준다.

한편, 종속적으로 이어진 문장은 '-서', '-면', '-어/아도' 등의 종속적 연결 어미를 사용하여 한 절이 다른 절에 종속되는 다양한 부사어적 의미를 표현할 수 있다. 예를 들어 '음악을 들으면서 공부한다.'는 때, '비가 와서 길이 젖었다.'는 이유, '열심히 공부하면 좋은 결과가 있을 것이다.'는 조건, '비가 와도 등산을 갈 것이다.'는 양보의 의미 관계를 나타낸다.

① '그가 떠났음에도 불구하고 마음의 평화를 찾지 못했다.'는 종속적으로 이어진 문장으로, '-음에도 불구하고'가 양보의 의미를 강조하여 나타낸다.
② '그는 책을 읽으며 메모를 하되, 중요한 부분은 밑줄을 그었다.'에서 '-며'와 '-되'는 각각 다른 의미 관계를 나타내는 대등적 연결 어미로 볼 수 있다.
③ '날씨가 흐리거니와 바람도 많이 불어 야외 활동하기에 적합하지 않다.'에서 '-거니와'는 앞 절의 내용에 덧붙여 뒤 절의 내용을 제시하는 대등적 연결 어미이다.
④ '그가 오기는 왔으나 회의에 참석하지는 않았다.'에서 '-(으)나'는 양보의 의미를 나타내는 종속적 연결 구성으로 볼 수 있다.

[11 ~ 12] 다음 글을 읽고 물음에 답하시오.

개념 미술가 솔 르윗은 ㉠아이디어가 작품의 본질이고 그것을 물질화하는 것은 부수적인 문제라고 말하며, "아이디어는 작품을 만드는 기계"라고 주장했다. 아이디어란 작가가 세운 작품 계획을 말한다. 하지만 르윗은 아이디어를 떠올린 작가의 개성을 중시하지는 않았다. (가) 작가의 개성이 부각되는 작품은 작품의 물질적 측면에 초점을 둬 수동적 감상을 조장한다고 여겼기 때문이다.

「월 드로잉」은 기하학적 형태의 선을 조합해 그린 벽화로, 르윗은 1,000점이 넘는 작품을 남겼다. 그는 작품의 아이디어에 대한 설명, 친필 사인이 담긴 증명서만 만들고 작품은 고용된 제도사들이 담당했다. 그는 기존의 기하학적 도형 중 몇 가지로 증명서를 작성했다. 작가가 배제된 「월 드로잉」의 제작 방식과 기성 체제 안에서 발견한 탈개성적 아이디어로 르윗은 ㉡예술가란 서류를 작성하는 사무원일 뿐이라는 견해를 펼쳤다.

그런데 저작권법에서는 ㉢예술가에 의해 표현된 것에만 원본의 권리를 부여하기에, 「월 드로잉」의 진품성이 문제되었다. 르윗은 '아이디어는 누구도 독점할 수 없으며 아이디어를 이해했다면 누구든 그것을 이용할 수 있다'고 주장했다. 즉, ㉣「월 드로잉」은 위작이 존재할 수 없다. 심지어 르윗의 증명서가 복제되어도, 그 가짜 증명서의 아이디어가 물리적으로 구체화되는 순간 그것은 진품이 된다. 이 때문에 「월 드로잉」은 진품성을 전제로 작품이 고가에 거래되는 미술 시장의 원칙을 뒤흔들었다.

11. 르윗의 「월 드로잉」에 대한 이해로 적절하지 않은 것은?
① 작가의 작품 계획이 아니라 감상자의 해석을 통해 작품의 본질적 의미가 형성된다.
② 르윗의 증명서를 복제한다고 해도 가짜 증명서 속의 아이디어는 위조된 것이 아니다.
③ 진품성이 의미가 없는 작품이기 때문에 기존의 미술 시장의 원칙대로 취급하기가 어렵다.
④ 감상자가 물질화된 작품에만 주목하는 것을 방지하기 위해 기존에 존재하는 도형이 사용되었다.

12. 다음 중 (가)와 예술에 대한 관점이 가장 다른 것은?
① ㉠ ② ㉡ ③ ㉢ ④ ㉣

13. 다음 글의 ㉠과 ㉡에 대한 평가로 옳은 것은?

정부는 도시 철도를 확충하고 버스 전용 차로를 늘리는 등 대중교통 인프라 개선 정책을 추진하고 있다. ㉠이러한 정책은 대중교통 수요 증가로 인해 택시·개인 운송 산업의 수요 감소를 초래할 수 있다는 우려가 있다. 한편, 이러한 인프라 개선 과정에서 ㉡운영·관리 인력 확충, 유지·보수 서비스 강화, 새로운 연계 산업 창출 등을 통해 신규 일자리가 발생할 수 있다는 주장도 존재한다.

① 인프라 확대 후 유지·보수 전문 인력에 대한 수요가 증가하는 경우, ㉠은 약화된다.
② 인프라 개선 이후 택시 이용률 감소로 택시 업계 종사자 수가 줄어든다면, ㉡은 약화된다.
③ 인프라 개선 후 운영 시스템 자동화로 신규 인력 수요가 존재하지 않는다면 ㉠은 강화된다.
④ 인프라 개선을 통해 소규모 물류 시장이 더 활성화된다는 연구 결과는 ㉡을 강화한다.

14. 갑 ~ 병의 주장을 분석한 내용으로 적절한 것만을 〈보기〉에서 모두 고르면?

갑: 공직선거법에 따르면 1년 이상의 징역형 선고를 받고 그 집행이 종료되지 아니하거나 그 집행을 받지 아니하기로 확정되지 않은 사람은 선거권이 없다. A는 본인의 종교적 신념에 따른 행위로 인해 징역 1년 6월을 선고받고, 그 판결이 확정되어 현재 형 집행 중이다. 따라서 A는 차기 대선에 투표할 수 없게 되었다. 헌법 제24조에서는 모든 국민의 선거권을 보장한다. 선거권은 보편적인 기본권으로, 중대한 사회적 필요가 없는 한 박탈될 수 없으며 A가 저지른 병역법 위반은 종교적 신념에 따른 행위로, 공직선거법이 이를 이유로 선거권을 제한하는 것은 부당하다.

을: A는 병역법 위반이라는 법적 처벌을 이미 받고 있으며, 선거권 박탈은 이중 처벌로 볼 여지가 있다. 종교적 신념에 따라 병역을 거부한 경우까지 선거권 제한을 똑같이 적용하는 것은 헌법 제11조의 평등권을 침해하는 것이다. 즉, 특정 신념의 행위가 선거권 박탈로 이어지는 것은 차별인 것이다.

병: 헌법 제37조 제2항에 따르면, 기본권은 공공복리를 위해 제한될 수 있다. 선거권은 민주주의의 핵심이지만, 이는 절대적 권리가 아니라, 공동체의 법적 질서를 유지하기 위한 제한은 필요하다. 형 집행 중인 수형자는 그 행위로 인해 사회적 신뢰를 손상시켰으므로 그의 선거권을 제한하는 것은 정당하다.

〈보 기〉
ㄱ. 공직선거법에 따른 수형자의 선거권 제한 규정의 헌법적 타당성에 대해 갑과 을의 주장은 대립한다.
ㄴ. 공직선거법에 따른 수형자의 선거권 제한 규정의 헌법적 타당성에 대해 을과 병의 주장은 대립한다.
ㄷ. 공직선거법에 따른 수형자의 선거권 제한 규정의 헌법적 타당성에 대해 병과 갑의 주장은 대립한다.

① ㄱ ② ㄴ ③ ㄱ, ㄷ ④ ㄴ, ㄷ

15. ㉠과 ㉡에 대해 이해한 내용으로 적절하지 않은 것은?

노동자들이 받는 화폐의 액수인 명목임금이 변하지 않은 상태에서 경기 침체로 물가가 하락하면 ㉠명목임금을 물가로 나눈 값, 즉 임금의 실제 가치인 ㉡실질임금은 상승한다. 예를 들어 물가가 10% 정도 하락한다면 동일한 명목임금으로 구매할 수 있는 재화의 양이 10% 정도 늘어나므로, 물가가 하락하기 전보다 실질임금이 10% 정도 상승한 것이 된다. 이렇게 실질임금이 상승하면 실업 상태에 있던 노동자들은 노동 시장에서 일자리를 적극적으로 찾으려 하고, 이로 인해 노동의 초과 공급이 발생한다. 그래서 노동자들은 노동 시장에서 경쟁하게 되고 이러한 경쟁으로 인해 명목임금은 하락한다. 결국 기업에서는 명목임금이 하락한 만큼 노동의 수요량을 늘릴 수 있게 되므로 경기 침체로 인한 실업이 자연스럽게 해소된다.

① 물가가 상승하고 ㉠이 하락하면 ㉡은 하락한다.
② ㉠이 하락하면 기업은 노동의 수요량을 늘린다.
③ ㉡이 상승했다면 노동자들이 임금으로 받는 화폐의 액수는 반드시 증가했을 것이다.
④ 노동 시장에서 일자리를 두고 노동자들 간에 경쟁이 발생하면, ㉠은 하락한다.

16. 다음 글을 이해한 내용으로 가장 적절한 것은?

윤동주는 개인의 서정적 감성과 민족의 아픔을 동시에 표현하는 시인이었다. 그는 시를 통해 일제 강점기라는 암울한 시대 속에서도 인간의 존엄성과 민족의 미래를 지키고자 하는 마음을 잘 보여 준다. 이러한 시인의 내면세계와 역사의식이 융합된 작품으로「별 헤는 밤」이 있다.

이 시에서 사용된 별, 하늘, 언덕 등의 이미지는 시인의 때묻지 않은 순수하고 이상적인 내면세계를 상징적으로 드러낸다. 당대의 암울한 역사적 현실은 이런 순수하고 이상적인 내면세계와 대조를 이루며 우회적으로 비판된다. 이 시는 어린 시절의 순수한 기억을 제시하며 시작된 후, 현재의 자아성찰과 고뇌로 이어져, 마지막 부분에서는 미래에 대한 희망과 의지를 표현한다. 첫 부분의 "계절이 지나가는 하늘에는 / 가을로 가득 차 있습니다."에서 화자는 어린 시절 별을 헤며 느꼈던 순수한 감정을 회상한다. 그러나 이어지는 부분에서 "내 이름자를 써 보고, / 흙으로 덮어 버리"는 화자의 부끄러움을 통해 현재의 자아성찰과 실존적 고뇌를 드러낸다. 마지막 부분에서 시인은 다양한 이름들을 불러보며 희망과 연대의 의지를 표현한다.

① 「별 헤는 밤」에서 시인은 개인의 내면세계와 민족의 현실을 연결 지어 표현하고 있다.
② 「별 헤는 밤」에서 시인은 과거의 추억을 나열함으로써 현실과의 괴리를 부각시키고 있다.
③ 「별 헤는 밤」은 자연물에 당시의 정치적 상황을 투영하고 있다.
④ 「별 헤는 밤」은 시간의 흐름에 따라 화자의 심경 변화를 객관적으로 관찰하고 있다.

17. 다음 글을 논리적인 순서에 맞게 배열한 것은?

ㄱ. 양성평등에 대한 사회적 관심이 높은 시대에 섣부른 대답은 사회적으로 비난받을 수 있을뿐더러, 구체적인 실험 조건의 차이에 따라 그 해석이 달라지는 한계가 있을 수도 있기 때문이다.
ㄴ. 그러나 양육과 문화 차이만으로 남녀의 차이를 다 설명하기에는 불충분한 면이 있는데, 실제로 지금까지의 많은 심리학 연구들에서는 대체로 여성의 기억력이 남성보다 높은 것으로 나타났다.
ㄷ. 20세기 들어 여권 신장의 사회적 요구가 높아지면서 남녀의 기억력 차이는 주로 사회 문화적 양육 환경과 문화 차이로 해석하는 경향이 짙어졌다.
ㄹ. '학습과 기억에 남녀 차이가 있는가?'라는 질문은 쉽게 답하기 어려운 물음이다.
ㅁ. 즉 생물학적으로 동등한 뇌를 갖고 태어나지만, 성 역할에 맞는 양육 과정을 거치면서 남성과 여성의 뇌가 선택적으로 발달한다고 보는 것이다.

① ㄹ-ㄱ-ㄷ-ㅁ-ㄴ
② ㄹ-ㄱ-ㄴ-ㅁ-ㄷ
③ ㄷ-ㅁ-ㄴ-ㄱ-ㄹ
④ ㄷ-ㄹ-ㄱ-ㅁ-ㄴ

[18 ~ 19] 다음 글을 읽고 물음에 답하시오.

수사 기관이 피의자를 체포할 때 피의자가 묵비권을 행사할 수 있고 불리한 진술을 하지 않을 권리가 있으며 변호사를 선임할 권리가 있음을 ㉠고해야 하는데, 이를 '미란다 원칙'이라고 한다. 이는 피의자로 기소되어 법정에 선 미란다에 대한 판결을 통해 확립되었다. 미란다 판결 전에는 전체적인 신문 상황에서 피의자가 임의적으로 진술했다는 점이 인정되면, 즉 임의성의 원칙이 지켜졌다면 재판 증거로 사용될 수 있었다. 경찰관이 고문과 같은 가혹 행위로 받아낸 자백은 ㉡효력이 없지만, 회유나 압력을 행사했더라도 제때에 음식을 주고 밤에 잠을 자게 하면서 받아낸 자백은 증거로 ㉢받아들여졌다. 그런데 이러한 기준은 사건마다 다르게 적용되었으며 수사 기관으로 하여금 강압적인 분위기를 조성하도록 유도했다.

수사 절차는 본질적으로 강제성을 띠기 때문에, 수사 기관과 피의자 사이에 힘의 균형은 이루어지기 어렵다. 이런 상황에서 미란다 판결이 제시한 원칙은 수사 절차에서 수사 기관과 피의자가 대등한 지위에서 법적 다툼을 해야 한다는 원칙을 구현하는 출발점이었다. 미란다 판결은 자백의 증거 능력에 대해 ㉣이전의 임의성의 원칙을 버리고 절차의 적법성을 채택하여, 수사 절차를 피의자의 권리를 보호하는 방향으로 전환하는 데에 크게 기여했다.

18. 윗글의 내용에 부합하지 않는 것은?
① 미란다 판결 이전에는 수사 과정에 다소 강압적인 요소가 있더라도 피의자의 자백이 증거로 사용되었다.
② 미란다 판결 이전에도 경찰관이 명시적으로 고문 등을 통해 얻어낸 자백은 효력이 없었다.
③ 미란다 판결은 수사 과정에서 임의성의 원칙과 함께 절차적 적법성이 고려되어야 함을 부각시켰다.
④ 미란다 판결은 수사 기관과 피의자 사이에 존재하는 힘의 불균형을 극복하는 역할을 했다.

19. ㉠ ~ ㉣과 바꿔쓸 수 있는 유사한 표현으로 적절하지 않은 것은?
① ㉠: 알려야
② ㉡: 효용이
③ ㉢: 승인되었다
④ ㉣: 종전의

20. 다음의 내용이 모두 참일 때, 빈칸에 들어갈 말로 가장 적절한 것은?

갑, 을, 병, 정 4명은 서로 다른 색의 카드를 크리스마스 선물로 주기로 했다.

○ 정이 빨간색 카드를 받았다면, 갑이 초록색 카드와 보라색 카드를 받았다.
○ 을과 정 중 적어도 한 명은 빨간색 카드를 받았다.
○ 병은 노란색 카드를 받았다.
○ 갑이 초록색 카드와 보라색 카드를 받았다면, 병은 노란색 카드를 받지 않았다.

이를 통해 을이 (   )를 받았다는 것을 알 수 있다.

① 빨간색 카드
② 초록색 카드
③ 보라색 카드
④ 노란색 카드

국 어

1. <공공언어 바로 쓰기 원칙>에 따라 수정한 것으로 적절하지 않은 것은?

┌─ <공공언어 바로 쓰기 원칙> ─┐
○ 주어와 서술어의 호응
  - ㉠ 주어와 서술어의 관계를 명확하게 표현함.
○ 목적어와 서술어의 호응
  - ㉡ 목적어와 서술어의 관계를 명확하게 표현함.
○ 생략된 내용 제시하기
  - ㉢ 필요한 문장 성분이 생략되지 않도록 함.
○ 대등한 구조를 보여 주는 표현 사용
  - ㉣ '-고', '와/과' 등으로 접속될 때에는 대등한 관계를 사용함.

① "아빠는 엄마보다 키와 몸무게가 가볍다."를 ㉠에 따라 "아빠는 엄마보다 키와 몸무게가 무겁다."로 수정한다.
② "지영이는 평일에 스케이트를, 주말에 헬스를 한다."를 ㉡에 따라 "지영이는 평일에 스케이트를 타고, 주말에 헬스를 한다."로 수정한다.
③ "아영이는 오늘 서류를 제출할 것이다."를 ㉢에 따라 "아영이는 오늘 부장에게 서류를 제출할 것이다."로 수정한다.
④ "경주의 박물관을 견학하고 유적지 답사를 통해 신라의 역사를 이해할 수 있었다."를 ㉣에 따라 "경주의 박물관 견학과 유적지 답사를 통해 신라의 역사를 이해할 수 있었다."로 수정한다.

2. 제시된 문장이 들어갈 위치로 가장 적절한 것은?

> 물론 이 양자 사이 관계는 패러디를 여러 유형으로 범주화할 수 있을 정도로 다양하다.

패러디와 문학사는 그 성격상 동질적이다. 문학사에서 개개의 작품은 고립되지 않고 반드시 다른 시대 작품들과의 관계 속에 놓인다. 개별 작품의 의미와 가치는 그 관계에 의해 비로소 체득된다. ① 문학사의 이러한 관계성과 연속성은 패러디의 본질이기도 하다. 패러디는 패러디'된' 과거의 작품 없이는 성립되지 않기 때문이다. ② 패러디를 모방의 한 형식이나 비평의 형식 또는 문학의 형식, 심지어 '해석의 형식'으로 구분하는 것은 이런 관계의 다양성에서 기인한다. 이 관계성에 의해 패러디는 예술의 연속성을 보증하며, 따라서 문학사에 유추된다. 패러디와 문학사의 연관은 항상 패러디와 장르 사이의 문제로 대치된다. 문학사의 전개란 단계마다 장르들이 재생되거나 새로워지는 과정이다. ③ 즉 어떤 시대의 문학 장르는 선행 장르들을 지니며, 장르의 변화란 이런 선행 장르들의 조합에 불과하다. ④ 장르는 패러디에 의해 끊임없이 재정립되고 변형되면서 문학사의 한 축을 이룬다. 요컨대 패러디는 장르 문제를 필연적으로 함축하고 있다.

3. 다음 글에서 추론한 내용으로 적절하지 않은 것은?

국어의 보조 용언은 본용언과 결합하여 다양한 문법적 의미를 표현함으로써 우리의 언어 표현을 더욱 풍부하고 정확하게 만드는 데 중요한 역할을 한다. 보조 용언의 기능은 크게 세 가지 범주로 나눌 수 있다.
먼저 동작이나 상태의 양상을 나타내는데, 보조 용언의 종류에 따라 미묘한 의미 차이를 드러내기도 한다. '지금 비가 내리고 있다.'에서 '-고 있다'는 동작의 진행이나 상태의 지속을 나타내는 반면, '날이 점점 밝아 갔다.'에서 '-어 가다'는 동작이나 상태의 점진적 변화를 나타낸다. 또한 '실수로 그만 말해 버렸다.'에서 '-어 버리다'는 동작의 완료를 나타내는 등 보조 용언을 어떻게 사용하느냐에 따라 동작이나 상태를 다양하게 표현할 수 있다. 이때 어떤 보조 용언은 동작의 양상뿐만 아니라 화자의 태도나 평가를 함께 표현하기도 한다. 앞서 말한 '-어 버리다'의 경우 동작의 완료뿐만 아니라 화자의 아쉬움이나 시원함 등의 심리를 함께 표현할 수 있다. 또한 '아이가 계속 울어 댄다.'에서 '-어 대다'는 동작의 반복이나 지속을 강조하면서 동시에 화자의 부정적 평가를 내포할 수 있다.
한편, 보조 용언을 통해 사건의 전개 방식이나 상황의 변화를 나타낼 수도 있다. '노력 끝에 1등을 하게 되었다.'에서 '-게 되다'는 어떤 상황이나 상태에 이르게 됨을 표현한다면, '내일을 위해 미리 준비해 두었다'에서 '-어 두다'는 미리 행하는 예비적 동작과 그 상태의 지속을 의미한다.

① "그는 점점 노래를 잘 부르게 되었다."에서 '-게 되다'는 능력이 향상되는 과정이 자연스럽게 이루어졌음을 나타낸다.
② "아이들이 운동장에서 뛰어다니고 있다."에서 '-고 있다'는 동작이 일시적으로 중단되었다가 다시 시작됨을 의미한다.
③ "그만 비밀을 말해 버렸다."에서 '-어 버리다'는 동작의 완료와 함께 화자의 아쉬움을 표현한다.
④ "그녀는 밤새 쉬지 않고 전화를 해 대었다."에서 '-어 대다'는 동작의 반복이나 지속을 강조하면서 화자의 부정적 평가를 내포할 수 있다.

4. 다음의 내용이 참일 때, 올해 하반기에 방영될 드라마에 캐스팅되기 위해 지원한 '준우'에 대한 설명으로 적절하지 않은 것은?

㉠ A예고 졸업자 중 올해 하반기에 방영될 드라마에 캐스팅되지 못한 사람은 없다.
㉡ 올해 하반기에 방영될 드라마에 캐스팅된 사람 가운데 20대가 아니거나 데뷔를 하기 전인 사람은 없다.
㉢ 외국 국적 소지자이거나 A예고 졸업자 중 20대인 사람은 없다.
㉣ 데뷔를 한 외국 국적 소지자는 모두 20대이다.

① 준우가 데뷔를 했다면, 준우는 20대임이 확실하다.
② 준우는 A예고 졸업자가 아니다.
③ 준우가 20대라면, 준우는 외국 국적을 소지하지 않았다.
④ 준우가 올해 하반기 방영될 드라마에 캐스팅되었다면, 준우는 외국 국적 소지자가 아니다.

5. ㉠ ~ ㉢에 대한 설명으로 가장 적절하지 않은 것은?

> 불안은 세 가지 유형으로 나눌 수 있다. 먼저 ㉠현실적인 불안은 바깥 상황과 비례된 감정이다. 이는 외부 조건에 대한 적절한 불안 심리이며 모든 사람들에게 일어난다. 이런 불안은 장기적으로 지속되지 않고 그때그때 해소된다면 오히려 사람들의 효율성을 증진시켜 생활을 활기차게 할 수 있다.
> ㉡도덕적인 불안은 성장하는 과정에서 부모나 주변 사람들의 반복된 교육에 의해 훈련된 감정이다. 이 불안 역시 그때그때 대화로 해소하면 별문제가 없으나, 이것이 내면에 깊게 자리 잡아 지속되는 경우 착한 아이가 되어야 한다는 강박에 시달리게 된다.
> 마지막으로 ㉢신경증적인 불안이 있다. 이것은 불안해야 할 외부 조건이 없는데도 내부에서 생성되는 불안을 말한다. 대체로 무의식적으로 형성되며 일상을 영위하는 데 어려움을 초래한다. 이 불안이 커지면 공격적이고 충동적인 행위로 발달할 수 있으며, 오래 지속되면 정신적 붕괴를 초래하여 성격 장애나 정신 장애를 유발할 수 있다.

① ㉡은 훈련에 의해, ㉢은 무의식적으로 형성된다.
② ㉡과 ㉢은 장기적으로 계속되면 부작용이 발생한다.
③ ㉠과 ㉡은 모두 발생할 때마다 해소하는 것이 좋다.
④ ㉠은 건강한 사람에게, ㉡은 병적인 사람에게 생긴다.

6. 다음 글을 이해한 내용으로 가장 적절한 것은?

> 한국어의 기본 음절 구조는 초성(C), 중성(V), 종성(C)으로 이루어진 CVC 구조를 기본으로 한다. 이 구조는 다양한 변형을 허용하여 CV, V, VC 등의 형태로도 나타날 수 있다. 예를 들어, '가'는 CV, '아'는 V, '안'은 VC 구조를 가진다. 이러한 음절 구조의 이해는 한국어의 음운 규칙과 변동을 설명하는 데 필수적이다.
> 음절 구조 연구는 한국어의 특징적인 현상인 음운 변동을 이해하는 데도 중요한 역할을 한다. 예를 들어, 음절 말 평폐쇄음화나 비음화 같은 현상은 음절 구조의 제약과 밀접한 관련이 있다. 또한, 한국어의 고유어와 한자어, 외래어 간의 음절 구조 차이를 분석함으로써 언어의 역사적 변화와 외래어 수용 과정을 이해할 수 있다. 이러한 연구는 한국어 교육, 음성 인식 기술 개발 등 실용적인 분야에도 적용될 수 있어 그 중요성이 더욱 강조되고 있다.

① 한국어의 모든 음절은 반드시 CVC 구조를 따른다.
② 외래어의 음절 구조는 한국어 고유어의 음절 구조와 항상 동일하다.
③ 음절 구조 연구는 한국어의 음운 변동 현상을 설명하는 데 도움이 된다.
④ 음절 구조 연구는 순수 이론적 분야에만 국한되어 실용적 가치가 없다.

7. 갑 ~ 병의 주장을 분석한 내용으로 적절한 것만을 〈보기〉에서 모두 고르면?

> 갑: 종이책을 만드는 과정에서 많은 나무가 베어지는데 이는 환경 파괴로 이어진다. 하지만 전자책은 종이책에 비해 환경에 미치는 영향이 적고 물류와 유통 과정에서 발생하는 탄소 발자국도 전자책이 훨씬 낮아 지속 가능한 선택이 된다. 또한 전자책은 공간을 절약하고 휴대성이 좋다. 언제 어디서나 쉽게 독서가 가능하므로 독서를 증진시킬 수도 있다.
> 을: 화면을 오래 보는 전자책은 눈의 피로를 유발할 수 있어, 종이책만큼 편안하게 읽기 어렵다. 종이책은 물리적 질감, 페이지를 넘기는 감각, 책 냄새 등 전자책이 제공하지 못하는 감각적이고 몰입적인 독서 경험을 제공하며 이는 독서의 즐거움에 큰 부분을 차지한다. 따라서 종이책을 이용하는 것이 건강과 경험 측면에 따라 적합하다고 볼 수 있다.
> 병: 전자책으로의 완전한 대체는 디지털 기기나 인터넷 접근성이 부족한 사람들에게 불평등을 초래할 수 있다. 특히 경제적 약자나 고령층이 피해를 볼 가능성이 높다. 또한, 전자책은 전기와 기기를 필요로 하기 때문에 기술적 의존도가 높아, 단순히 지속 가능한 대안이라고 보기 어렵다.

〈보 기〉
ㄱ. 전자책이 종이책의 지속 가능한 대안인가에 대해 갑과 을의 주장은 대립한다.
ㄴ. 전자책이 종이책의 지속 가능한 대안인가에 대해 을과 병의 주장은 대립한다.
ㄷ. 전자책이 종이책의 지속 가능한 대안인가에 대해 병과 갑의 주장은 대립한다.

① ㄱ, ㄴ
② ㄴ, ㄷ
③ ㄱ, ㄷ
④ ㄱ, ㄴ, ㄷ

8. 다음 글의 ㉠과 ㉡에 대한 평가로 가장 옳지 않은 것은?

> 공연 예술 작품을 기획할 때는 완성도, 관객 소통, 무대 기술의 세 가지 요소를 필수적으로 고려해야 한다. 완성도는 작품의 독창성과 미적 가치를, 관객 소통은 공연 전반에서 관객 참여의 감상을 풍부하게 하는 기획 역량, 무대 기술은 음향·무대 장치 등의 기술적 구현 능력을 의미한다. ㉠이 세 요소 모두를 충족하는 것이 공연의 흥행에 필수적이다. 하지만 ㉡이 세 요소를 모두 충족했다고 해서 반드시 흥행을 보장할 수는 없다.

① 독창성이 부족하지만, 훌륭한 기획으로 흥행에 성공한 공연 작품이 있다면, ㉠은 약화된다.
② 무대 장치와 음향이 미흡한 공연은 모두 흥행에 실패하였다면, ㉠은 강화된다.
③ 세 요소 모두를 충족했지만 흥행에 실패한 공연이 존재한다면, ㉡은 강화된다.
④ 공연 작품의 흥행 성공은 효과적인 마케팅이 필수적이라는 연구 결과는 ㉡을 약화한다.

[9~10] 다음 글을 읽고 물음에 답하시오.

남북 관계가 순항하면 이를 뒷받침하는 남북협력기금의 집행률이 상승한다. 반면, 남북 관계가 경색되어 남북 간의 상호 교류와 경협이 ㉠중단되면 남북협력기금의 집행률도 급격하게 떨어진다. 이러한 현상은 남북협력기금법이 제정된 1990년 이후 반복되어 왔다. 2020년의 남북공동연락사무소 폭파 이후로는 남북 관계 경색 국면이 ㉡계속되고 있으며, 이에 따라 기금의 역할이나 기금의 용도 등 남북협력기금의 운용과 관리를 둘러싼 다양한 논의가 있어 왔다.

특히 남북협력기금의 남북 관계 방어 역할에 대한 제안의 목소리가 크다. 남북 관계가 순항할 때에는 남북협력기금이 촉진자로서의 역할만 수행하면 ㉢족하지만, 남북 관계가 불안정해질 때에는 남북 경협 기업들의 어려움을 완화해 줄 수 있는 완충 장치로서의 역할 역시 수행해야 한다는 것이다. 특히 남북 경협의 대표적인 사업이라 할 수 있는 개성 공업 지구에 참여한 기업들은 남북 관계 불안정으로 인해 많은 애로 사항을 ㉣하소연해 왔다. 이러한 사안에 대해 남북협력기금의 지원이 보다 적극적으로 이루어질 필요가 있다.

9. 윗글에서 추론할 수 있는 것은?
① 남북 관계는 남북협력기금의 집행 정도에 따라 상당 부분 영향을 받아 왔다.
② 남북 관계가 불안정할 경우 남북협력기금이 수행할 수 있는 역할은 제한되어야 한다.
③ 남북 경협에 참여한 기업들의 수익은 남북의 정치적 관계와는 무관하다.
④ 남북 관계의 경색 국면이 오랜 기간 지속되면서 남북협력기금의 역할 강화가 모색되고 있다.

10. ㉠~㉣과 바꿔쓸 수 있는 유사한 표현으로 적절하지 않은 것은?
① ㉠: 종결되면
② ㉡: 지속되고
③ ㉢: 충분하지만
④ ㉣: 호소해

11. (가)와 (나)를 전제로 할 때 빈칸에 들어갈 결론으로 가장 적절한 것은?

(가) 분식을 좋아하는 어떤 학생은 디저트를 좋아한다.
(나) 분식을 좋아하는 학생은 모두 떡볶이를 좋아한다.
따라서 (   )

① 디저트를 좋아하는 어떤 학생은 떡볶이를 좋아한다.
② 디저트를 좋아하는 학생은 모두 떡볶이를 좋아한다.
③ 떡볶이를 좋아하는 학생은 모두 디저트를 좋아한다.
④ 떡볶이를 좋아하지 않는 학생은 모두 디저트를 좋아한다.

[12~13] 다음 글을 읽고 물음에 답하시오.

근대적 의미의 대학은 18세기 후반 탄생했다. 근대의 대학은 중세 대학의 골간 위에 세워지긴 하였지만 실제로는 중세의 대학과 전혀 다른 특징을 가지고 있었다. 근대의 대학은 봉급을 받는 전업 교수들을 두었다. 교수들은 대부분 성직자가 아니었으며, 각 학과는 자신들이 특수한 전공학문을 다룬다고 주장하였다. 그리고 학생들은 자신들이 소속되어 있는 학과에서 편성한 학습을 이수함으로써 학위를 받는 것을 목표로 하게 되었다. 중세 대학의 교수진은 신학·의학·법학·철학 등 네 부류로 구성되어 있었다. 그러다 19세기가 되면 거의 모든 대학에서 한 가지 변화가 ㉠일어났는데, 바로 철학 교수진이 두 개 이상의 교수진으로 나뉘게 되었던 것이다. 한쪽 교수진은 과학 분야를 담당하고, 또 한쪽은 인문학을 담당하였다. 양쪽 다 자신만이 지식을 획득하는 유일한 길 혹은 적어도 최선의 길이라고 주장하였다. 과학 쪽에서는 경험적인 연구와 가설의 검증을 강조하였고, 인문학 쪽에서는 이해할 수 있는 통찰력을 강조하였다.

12. 윗글의 내용에서 가장 추론하기 어려운 것은?
① 17세기 이전의 대학 교수들은 봉급을 받는 전업 교수가 아니라 성직자가 대부분이었다.
② 근대적 의미의 대학은 중세 대학과 단절되어 완전히 새로운 환경에서 탄생하였다.
③ 중세 대학에 비해 근대적 의미의 대학에서는 교수진의 부류가 더 다양해졌다.
④ 철학이 과학과 인문학으로 분리되며, 두 학문 간의 경쟁이 이루어졌다.

13. 문맥상 ㉠의 의미와 가장 가까운 것은?
① 그는 자리를 털고 일어났다.
② 학생들의 박수 소리가 갑자기 일어났다.
③ 바닥에 물을 엎지르는 사고가 일어났다.
④ 학생들이 학생회 문제를 들고 일어났다.

14. 다음 글에 나타난 '기술'의 사례가 아닌 것은?

기술은 이론을 실제에 적용하여 인간 생활에 유용하도록 가공하는 수단이다. 기술 변화는 물질 변화 그 이상이다. 기술의 핵심은 관념이나 지성의 도움으로 우리 현실에 중요한 변화를 유발하는 비물질 요소에 있다. 예컨대 0을 포함한 아라비아 숫자는 그 자체로 비물질적인 관념이지만, 수학 연구뿐만 아니라 우리 현실에서 계산을 용이하게 만들었다.

① 테일러의 과학경영법은 노동자들의 작업 방식을 바꿈으로써 생산 효율성을 증대시켰다.
② 수메르인들이 개발한 수레바퀴는 무거운 짐을 운반할 수 있게 함으로써 운송 기술을 촉진시켰다.
③ 보병들을 네모꼴로 배치하는 전법인 방진은 고대 그리스의 군사 기술에 일대 혁신을 가져왔다.
④ 유럽의 농업기술은 농지를 셋으로 분할하여 윤작하는 삼포작법을 도입함으로써 크게 발전했다.

15. 다음 글을 읽고 이해한 내용으로 적절하지 않은 것은?

> 문학의 역사에서 여성은 남성과 달리 주변부에 밀려나 있었다. 가부장제에 있는 남성 작가는 인간의 삶을 남성의 시선으로 그려냈고, 여성의 소외는 당연한 것으로 간주되었다. 이는 여성이 차별받는 삶을 강요받았던 사회 현실을 반영한 것이다. 하지만 여성의 사회적 지위를 남성의 지위와 대등하게 보는 평등 인식이 확산되면서, 여성의 형상과 삶이 작품에서 그려지는 방식도 바뀌었다. 여성의 목소리로 그들의 삶을 조명하고 그들을 우리 사회의 일원으로 간주하는 여성주의 시가 등장하였다.
> 여성주의 시는 창작 목적이나 여성에 대한 시선에 따라 다양하게 분화된다. 우선 사회에서 벌어지는 여성 차별을 고발하고 그들의 권익을 회복하는 데에 집중하는 경향이 나타났다. 이는 이전 사회의 폭력성과 억압성을 비판하였다. 특히 출산과 양육을 여성의 고유 영역으로 설정함으로써 여성에게 강요되었던 모성(母性)은 여성이 인간으로서 사는 삶을 얼마나 피폐하게 만들었는가를 고발하였다.
> 한편 타인을 배제하고 차별하는 남성성의 원리 대신 온갖 것을 포용하는 모성성의 원리를 강조하는 경향도 있다. 이런 경향에서는 다른 생명을 낳고 기르는 여성의 몸, 그리고 그들의 헌신이 문명의 타자이자 생명의 근원인 자연의 원리에 맞닿아 있다고 한다. 이는 남성 중심 문화와 다른 문화의 가능성을 자연과 여성의 유사성에서 찾은 것이다. 자연이 문명에 의해 억압되었음에도 모든 생명체를 품어 주는 생명력을 여성에 투영해 인간과 자연, 남성과 여성이 조화를 이루는 삶을 모색하는 에코-페미니즘이 그것이다.

① 여성의 사회적 지위가 올라가면서 남성의 목소리로 여성의 삶을 재조명하는 시가 등장하였다.
② 문학의 역사에서 여성과 달리 남성은 중심부에 있었다.
③ 여성 차별을 고발하고 여성 권익 회복에 집중하는 경향에서는 여성에게 강요된 성질이 그들의 삶을 얼마나 피폐하게 만들었는지 고발하였다.
④ 모성성의 원리를 강조하는 경향에서는 자연에 여성을 투영하여 모든 생명체들이 조화를 이루는 삶을 모색하고자 하였다.

16. ㉠의 주장을 평가한 내용으로 적절한 것만을 〈보기〉에서 모두 고르면?

> 출퇴근에 대한 관념이 명확하지 않던 전근대 시기 이후인 19세기부터, 주거 및 여가를 위한 사적 공간과 경제적 활동을 위한 공적 공간이 나뉘었다. 양자는 다시 실내와 실외의 관계에 대응되곤 했다.
> 19세기 ㉠짐멜은 '실내'의 공간적인 의미를 실외, 즉 도시에서의 일상과 결부시켜 분석했다. 실내는 사적 공간을 대표하는 공간으로, 짐멜은 도시의 개인은 과도한 외적 자극을 받음에 따라 신경과민에 빠지게 되며 내면으로의 침잠을 통해 이에 효과적으로 대응할 수 있다고 보았다. 즉 실내는 외부와 격리된 공간으로 내면을 보호하는 데 효과적인 공간이라고 주장했다.
> 더하여 그는 실내에서 비로소 개인의 개성을 드러낼 수 있다고 주장했다. 실외인 도시는 무질서하고 통제할 수 없는 성격을 지니지만, 실내는 개인의 의도 및 계획에 의해 조직될 수 있는 공간이기 때문이다. 개인은 실내를 가구나 공예품을 활용하여 장식하는 등 자신의 의도에 부합하게 변형시킴으로써 스스로의 개성을 온전히 표출할 수 있다고 그는 주장했다.

〈보 기〉
ㄱ. 도시에서의 경제 활동이 개인의 자아실현에 기여한다는 사실은 ㉠의 주장을 약화하지 않는다.
ㄴ. 실외에서 받은 심적인 스트레스를 귀가 후 집에서 효과적으로 해소하는 사람들이 많다는 사실은 ㉠의 주장을 강화한다.
ㄷ. 실외가 도시에서 일상을 보내는 개인의 의도 및 계획에 의해 조직될 수 있다는 사실은 ㉠의 주장을 강화한다.

① ㄱ
② ㄱ, ㄴ
③ ㄴ, ㄷ
④ ㄱ, ㄴ, ㄷ

[17 ~ 18] 다음 글을 읽고 물음에 답하시오.

형법상 범죄의 성립 여부는 행위자의 행위가 구성 요건에 해당하는지와 더불어 위법성과 책임의 정도를 고려하여 결정된다. 이때 구성 요건은 형법상 금지 행위의 내용을 추상적·일반적으로 기술한 것을 말한다.
㉠자신의 행위가 구성 요건에 해당함을 알면서도 의도적으로 행위를 한 경우를 '고의'라고 한다. 또한 ㉡자신의 행위를 통해 타인의 이익이 침해될 것임을 몰랐더라도 통상적으로 요구되는 주의 의무를 다하지 못한 경우를 '과실'이라 한다. 의도적인 범법 행위인 고의에 비해 과실은 불법성 및 책임의 정도가 약하다고 보는 것이 일반적이다. 따라서 우리나라는 고의범만 처벌하는 것을 원칙으로 하되, (가) 형법 제14조에 근거하여 법률에 특별한 규정이 있는 경우에 한해 과실범을 처벌하고 있다.
한편 과실에 대한 처벌을 판단함에 있어서 핵심적인 것은 주의 의무의 위반 여부이며, 따라서 행위와 관련된 주의 의무 규정이 존재하는지 확인하는 것이 우선이다. 한 예로 도로 교통법 제31조에는 운전자가 가파른 비탈길의 내리막에서 서행해야 한다는 주의 의무가 규정되어 있다. ㉢가파른 비탈길을 가던 운전자가 감속하지 않은 상태에서 보행자를 다치게 했다면, 비록 보행자를 인식하지 못해 고의가 인정되지 않더라도 위의 주의 의무를 준수하지 못했으므로 과실이 인정될 수 있다. 하지만 ㉣가파른 비탈길임을 인식하고 운전자가 감속을 하였음에도 보행자를 다치게 했다면 이에 대한 판단은 달라야 한다.

17. 윗글을 읽고 알 수 있는 내용으로 가장 적절한 것은?
① 우리나라 형법은 특별 규정이 법률에 있는 경우에 한해 과실범에 대한 처벌을 면제하고 있다.
② 특정 행위가 의도적이었는지에 따라 책임의 정도가 달라지는 경우가 존재한다.
③ 범죄의 성립 여부를 정확히 판단하기 위해서 구성 요건은 각 사례에 맞게 구체적으로 제시되어야 한다.
④ 가파른 내리막에서 과속한 운전자가 의도적으로 사고를 냈다면 이는 과실에 해당한다.

18. 윗글의 ㉠ ~ ㉣ 중 (가)의 적용을 받는 것은?
① ㉠
② ㉡
③ ㉢
④ ㉣

19. 다음 글을 논리적인 순서에 맞게 배열한 것은?

ㄱ. 이들은 백인에게 모국의 문화를 소개하고 미국에서의 새로운 경험을 낙관적으로 묘사했기 때문에 백인 우월주의에 저항감을 드러내지 않았다.
ㄴ. 이들은 영어를 능숙하게 구사하는 이민 2세대 또는 3세대로서, 활발한 문학 활동을 통해 아시아계 미국인으로서의 정체성을 주장하며 자신들의 선조가 누려야 할 사회적 당위성을 역설하였다.
ㄷ. 따라서 이들은 당시 미국의 지배적 이념이었던 백인 우월주의를 그대로 수용하며 미국 문화에 전적으로 흡수되기를 갈망하는 인물을 그렸다.
ㄹ. 1970년대 이후의 아시아계 미국인 작가들은 1960년대 후반 있었던 제3세계 의식 운동에 힘입어 아시아계 미국인의 인권을 주창하기 시작했다.
ㅁ. 1970년대 이전의 아시아계 미국 작가들은 스스로를 자신이 떠나온 모국과 새 나라인 미국의 문화를 연결시키는 문화적 매개자로 여겼다.

① ㅁ-ㄴ-ㄱ-ㄷ-ㄹ
② ㅁ-ㄱ-ㄹ-ㄷ-ㄴ
③ ㅁ-ㄱ-ㄷ-ㄹ-ㄴ
④ ㄹ-ㄴ-ㄷ-ㅁ-ㄱ

20. ㉠ ~ ㉣을 고쳐 쓰기 위한 방안으로 적절하지 않은 것은?

유전자 편집은 특정한 유전자를 편집하여 채소가 쉽게 물러지지 않게 하거나, 작물의 꽃이 피는 시기를 조절하며, ㉠곰팡이에 감염되지 않는 과일이다. 유전자 편집 작물이 유망한 미래 작물로 떠오르는 것은 그것이 강한 규제를 피할 방법이기 때문이다. 규제의 대표적인 기준은 '외래 DNA가 유기체에 삽입되었는가'이다. 이 규제를 피하기 위한 방법으로 외래 유전자가 아닌, 한 생물 내 DNA를 편집하게 된 것이다. ㉡의학계에서는 인간의 DNA 편집이 윤리적 논란을 낳고 있다.
작물의 유전자 편집을 가능하게 한 것은 유전자 가위 기술이다. 유전자 가위는 특정 염기 서열을 인식해 절단하는 효소인 제한 효소가 발견되면서 연구가 시작됐다. (㉢) 구현 과정이 복잡하고 비용이 많이 들어 활용도가 낮았으나, 2010년대 제3세대 유전자 가위 크리스퍼가 나오면서 본격적으로 활용되기 시작했다. ㉣그런데 크리스퍼 유전자 가위는 길잡이 역할을 하는 가이드 리보 핵산(gRNA)을 DNA 염기 서열 중 목표한 위치에 붙여 절단 효소가 원하는 DNA 부위를 잘라 내게 해 준다.

① ㉠: 문장 전체의 호응 관계를 고려하여, '과일이 곰팡이에 감염되지 않게 하는 것'으로 고친다.
② ㉡: 내용상 통일성에 어긋나는 문장이므로 삭제한다.
③ ㉢: 문장의 의미를 분명히 드러내기 위해 문장의 주어인 '이 기술은'을 추가한다.
④ ㉣: 앞뒤 문장의 내용을 고려하여 '그러므로'로 고친다.

국 어

1. 〈자료〉를 활용해 〈개요〉를 보완할 때 옳지 않은 것은?

―〈개 요〉―
Ⅰ. 서론: 환경 보존의 중요성
Ⅱ. 본론
  1. 환경 오염의 심각성
    가. 수질 오염 실태
    나. 대기 오염 실태
    다. 토양 오염 실태
  2. 환경 개선의 방안 및 대책
    가. 개인적 차원
    나. 국가적 차원

―〈자 료〉―
ㄱ. 환경 보존의 물질적·정신적 효과를 밝힌 보고서
ㄴ. 등이 굽은 채 죽어 있는 물고기 사진
ㄷ. 호흡기 질환자가 증가했음을 나타내는 병원 통계
ㄹ. 하수구로 몰래 폐수를 방류하는 공장 사진

① ㄱ은 '서론'에서 환경 보존의 중요성을 언급하는 자료로 삼는다.
② ㄴ은 '본론 1-가'에서 수질 오염으로 인한 부작용을 지적하는 근거로 제시한다.
③ ㄷ은 '본론 1-나'에서 대기 오염이 인간 생명을 위협하게 됨을 경계하는 자료로 삼는다.
④ ㄹ은 '본론 2-가'에서 지속적 환경 감시 활동을 통한 환경 개선의 가능성을 뒷받침하는 자료로 삼는다.

2. 다음 글의 ㉠ ~ ㉣ 중 어색한 곳을 찾아 가장 적절하게 수정한 것은?

소비자 피해가 발생했을 때 해결할 수 있는 방법은 소비자와 사업자가 직접 합의하는 것이다. ㉠하지만 원만하게 해결되지 못하고 분쟁으로 이어지는 경우가 많다. 소비자와 사업자의 갈등은 첨예하기 때문이다. 이를 해결하는 효과적인 방법은 민사 소송을 제기하는 것이다. 재판에서 확정 판결이 내려지면 당사자들은 결과에 ㉡지속적인 항거가 가능하기 때문에 소송은 쉽게 결과가 정해지며 강력한 효력을 갖는 분쟁 해결 수단이다. 그런데 소송은 재판이라는 ㉢복잡한 절차를 거치므로 많은 시간과 비용이 소요된다. 소송을 시작하는 단계부터 진행되는 과정은 매우 까다로우며 전문가의 도움도 필요로 하기 때문이다. 이와 달리 비교적 간단하며 주체적인 해결이 가능한 대체적 분쟁 해결 제도도 존재한다. 협상, 화해, 중재가 여기에 속한다. 이는 재판에서 발생하게 되는 감정대립의 문제를 방지하며 ㉣당사자 간의 교섭과 타협을 존중한다.

① ㉠: 합의를 통해 분쟁은 항상 원만하게 해결된다
② ㉡: 승복해야 하기
③ ㉢: 간단한
④ ㉣: 제3자를 통한

3. 다음 글에서 추론한 내용으로 적절하지 않은 것은?

한국어에서 현재 시제를 판단하는 기준은 동사와 형용사에 따라 다르게 적용된다. 동사의 경우, 현재 시제는 주로 '-ㄴ다/는다' 어미를 사용하여 표현한다. 예를 들어, "나는 학교에 간다."에서 '간다'는 현재 시제를 나타낸다. 그러나 동사의 현재 시제가 항상 현재 일어나는 일을 의미하지는 않는다. "해는 동쪽에서 뜬다."와 같은 문장에서 볼 수 있듯이, 보편적이거나 일반적인 사실, 혹은 반복적인 행위를 나타낼 때도 현재 시제를 사용할 수 있고, 곧 일어날 일을 표현할 때도 현재 시제를 사용할 수 있다. 형용사의 경우 현재 시제는 별도의 시제 표지 없이 기본형으로 표현된다. "날씨가 춥다."에서 '춥다'는 현재의 상태를 나타내는 형용사의 현재 시제이다. 형용사는 상태나 속성을 나타내므로, 시간의 흐름과 관계없이 현재 시제로 간주된다.

한편, 한국어에서 동사는 형용사와 달리 '-고 있다' 구문을 사용하여 현재 진행 중인 동작이나 상태를 나타낼 수 있다. "그는 책을 읽고 있다."나 "물가가 점점 오르고 있다."와 같은 문장이 이에 해당한다.

① "지구는 태양을 돈다."에서 '돈다'는 문법적으로 현재 시제이며, 의미상으로 보편적 사실을 나타낸다.
② "날씨가 점점 추워지고 있다."에서 '추워지고 있다'는 문법적으로 현재 시제이며, 의미상으로 현재의 진행 상태를 나타낸다.
③ "버스가 곧 도착한다"에서 '도착한다'는 문법적으로 현재 시제이며, 의미상으로 현재의 동작을 나타낸다.
④ "그는 매일 운동한다."에서 '운동한다'는 문법적으로 현재 시제이며, 의미상으로 현재의 행동을 나타내지 않는다.

4. ㄱ~ㅁ의 전개 순서로 가장 적절한 것은?

ㄱ. 더구나 문학가가 되려면 일본어책을 비롯한 외국어책을 필수적으로 읽어야만 했다.
ㄴ. 일제 시대 순 한글로 되어 있는 조선 문학의 위상이란 과연 무엇이었을까?
ㄷ. 식민지 시기 조선 문학의 특수성은 이러한 모순적인 상황을 통해 규정된다.
ㄹ. 1920년대 조선 문학가들은 한자와 일본어를 읽는 능력이 식민지 체제에서 살아남기 위한 최소한의 요건임을 알았다.
ㅁ. 그럼에도 불구하고 순 한글 문학가들은 자신들의 창작 활동만은 온전한 조선어 순 한글로 이루어져야 한다고 믿었다.

① ㄴ-ㄷ-ㄹ-ㄱ-ㅁ
② ㄴ-ㄹ-ㅁ-ㄷ-ㄱ
③ ㄹ-ㅁ-ㄱ-ㄴ-ㄷ
④ ㄴ-ㄹ-ㄱ-ㅁ-ㄷ

5. 다음에 제시된 의사소통의 문제를 보여 주는 사례가 아닌 것은?

> 오늘은 의사와 환자의 의사소통에 대해 논의해 보도록 하겠습니다.
> 대체로 환자들은 의사의 말에 대해 두 가지 문제를 지적하고 있습니다. 첫째, 환자가 자신의 증상을 설명하거나 병에 대해 물어도 의사가 반응이 없을 때, 매우 당황스럽다고 합니다. 둘째, 의사가 설명을 해 줄 때 너무 전문적인 용어로 어렵게 설명해서 알아듣지 못하는 경우가 많다고 합니다.
> 의사들도 환자들의 말에 대해 문제 제기를 합니다. 환자들이 미리 진단을 내리고 마치 그것을 의사에게 확인받으려는 듯 의사보다 앞질러 말하는 경우가 많다고 합니다. 심지어 의사가 처방을 내려도 불신을 갖고 검사 지시나 처방을 거부하기도 한다고 합니다.

① 의사: CT촬영을 하고 나서 치료법을 의논해 봅시다.
   환자: 괜히 불필요하게 비싼 검사를 하는 거 아니오?
② 환자: 의사 선생님. 제 병세가 많이 심각한가요?
   의사: 네. 대체 이 지경이 되도록 병원을 찾지 않으면 어떻게 합니까?
③ 환자: 이쪽 다리만 자꾸 쥐가 나는데요. 왜 그럴까요?
   의사: 디하이드레이션이나 유산 축적, 극소 순환장애, 또는 근섬유의 부분 파열로 일어날 수 있습니다.
④ 환자: 속이 쓰려서 잠을 못 잤거든요. 분명 위궤양인데 위암이 될 수도 있나요?
   의사: 위궤양인 줄은 어떻게 아셨어요?

6. 괄호 안에 들어갈 말로 가장 적절한 것은?

> 2차 세계 대전 중 미군은 전투기가 격추되는 것을 막기 위해 전투기에 철갑을 둘렀다. 기체 전체에 철갑을 두르면 너무 무거워지기에 중요한 부분에만 둘러야 했다. 교전을 마치고 돌아온 전투기에는 많은 총알구멍이 있었지만, 기체 전체에 고르게 분포된 것은 아니었다. 총알구멍은 동체 쪽에 많았고 엔진 쪽에는 많지 않았다. 군 장성들은 기지로 복귀한 이 구멍난 전투기들을 보고 철갑의 효율을 높일 수 있는 생각을 해냈다. 전투기에서 총알을 많이 맞는 동체 쪽에 철갑을 집중해야 한다는 것이었다.
> 반면 수학자들은 이 생각에 반대했다. 총알구멍이 엔진에 난 전투기는 대부분 격추되어 돌아오지 못한다. 엔진에 총알을 덜 맞은 전투기가 많이 돌아온 것은, 엔진에 총알을 맞으면 귀환하기 어렵기 때문이었다. 군 장성들은 복귀한 전투기에 관한 잘못된 가정을 하고 있었다. 그것은 (　　　　) 것이었다.

① 출격한 전투기가 모두 해당 기지로 복귀하였다는
② 전투기에 철갑을 두른 것이 전투기의 복귀율에 영향을 미치지 않았다는
③ 기지로 복귀한 구멍난 전투기가 출격한 전투기 일부에서 추출된 편향된 표본이라는
④ 기지로 복귀한 구멍난 전투기가 출격한 전투기 전체에서 무작위로 추출된 표본이라는

7. 다음 글을 읽고 이해한 내용으로 적절하지 않은 것은?

> 유배는 사형을 집행하기 어려운 죄인을 형량에 따라 멀고 황량한 곳으로 귀양을 보내는 벌이었다. 이는 대부분 주요 관직에 있던 사대부들을 대상으로 한 벌이며, 대개 정치적인 이유에서 이루어졌다. 따라서 유배형을 받은 사대부들에게 유배는 형벌이긴 했지만, 정치적 분쟁에서 벗어나 학문에 정진할 기회이기도 했다. 그래서 유배지에서의 경험과 그곳에서 느낀 점 등을 문학 작품 또는 학문적인 저술로 남기는 경우가 많았다. 이런 문학 작품을 '유배 문학'이라고 부른다.
> 조선 시대에 유배 문학을 남긴 대표적인 작가로 정철, 윤선도, 정약용이 있다. 정철은 임금에 대한 변함없는 충성심을 드러내는 문학 작품을, 윤선도는 속세를 떠나 자연에서 지내는 즐거움을 노래하는 작품을 주로 남겼다. 한편, 정약용은 백성들을 위하는 관리의 자세를 강조하는 저술을 남겼다. 그래서 그는 자신이 유배지에서 경험한 일을 바탕으로 백성들의 생활을 사실적으로 묘사한 작품을 주로 남겼다.
> 이들과 달리 유배지에서의 비참한 경험을 작품으로 남긴 이들도 있었다. 개인적 비리로 유배형을 받았던 안조원이 남긴 「만언사」가 대표적이다. 그는 유배지에서 경험한 생활과, 그로 인한 감정, 그리고 자신의 처지에 대한 회한을 있는 그대로 표현했다. 나라에서는 유배된 자들을 위한 지원을 하지 않아서 유배당한 죄인은 알아서 생활해야 했다. 그래서 집안이 넉넉지 않은 사람은 동네 사람들에게 구걸하여 삶을 연명해야 했기 때문에 제대로 된 의식주를 챙기기 어려웠다. 「만언사」는 이러한 유배지에서의 삶을 사실적으로 보여 준다.

① 유배는 사대부들에게 정치적 분쟁을 벗어나게 해 주기 위해 내리는 벌이었다.
② 정철이나 윤선도와 달리 정약용은 유배지에서 백성들의 삶에 대해 주로 저술하였다.
③ 윤선도는 유배지에서 느낀 점을, 정약용은 유배지에서의 경험을 문학 작품으로 남겼다.
④ 안조원은 나라의 지원을 받지 못해 동네 사람들에게 구걸하면서 의식주를 해결해야 했다.

8. 다음 글의 ㉠과 ㉡에 대한 평가로 올바른 것은?

> 제품 디자인 과정에서는 미적 완성도, 기능성, 편의성을 고려한다. 미적 완성도는 제품의 시각적 아름다움을, 기능성은 제품이 본래 의도된 기능을 얼마나 정확히 수행할 수 있는지, 편의성은 조작의 직관성과 용이성을 의미한다. ㉠의 세 요소 모두를 충족하는 것은 제품의 성공을 위해 필수적이다. 하지만 ㉡세 요소를 모두 충족했다고 해서 반드시 시장에서 성공한다는 보장은 없다.

① 성공한 제품 중 본래 의도된 기능과 다른 용도로 사용되는 제품이 존재하는 경우, ㉠은 약화된다.
② 성공한 제품 중, 미적 완성도와 편의성을 충족하지만 기능성을 충족하지 못한 제품은 존재하지 않는다면, ㉠은 강화된다.
③ 시각적으로 아름답지 않은 제품은 성공하지 못한다는 연구 결과가 발견될 경우, ㉡은 약화된다.
④ 성공한 제품 중 공격적인 마케팅을 사용한 제품이 많은 경우, ㉡을 강화한다.

[9~10] 다음 글을 읽고 물음에 답하시오.

'딸기는 빨갛다.'라는 식의 표현은 색깔이 외부 대상의 객관적 성질이라는 암묵적 믿음을 보여 준다. 그러나 색맹인 사람과 그렇지 않은 사람이 같은 대상에 대해 다른 색으로 감각하는 것을 생각하면 색깔은 감각에 의해 좌우되는 영역으로 ⓐ보이기도 한다. 이에 관해 로크는 '빨갛다'라는 표현에서 우리가 지칭하는 색깔은 감각에 의해 형성된 색깔 관념에 해당한다고 보았다.

로크의 표상적 실재론에 따르면, 우리 정신이 파악하는 것은 외부 대상 자체가 아니라 감각을 매개로 정신에 떠올려진 감각 표상(表象), 즉 관념뿐이다. 그는 관념을 일으키는 대상의 특성을 제1성질과 제2성질로 구분하였다. 형태, 크기, 운동 등 제1성질은 대상의 실제 성질과 유사한 관념을 떠오르게 한다. 반면 제2성질은 색깔, 냄새, 맛 등의 영역으로 대상의 실제 성질과 그로 인해 떠오른 관념 사이에 유사성이 없다. 따라서 우리는 관념만으로 대상의 제2성질이 어떤지 파악할 수 없다. 이렇게 볼 때, 우리가 말하는 색깔 또한 대상 자체의 성질이기보다는 감각의 표상이라는 결론에 이르게 된다.

한편 리드는 감각과 지각을 구분해야 한다고 주장하면서 로크의 표상적 실재론을 비판하였다. 그에 따르면, 지각은 감각 표상에 집중하지 않고 곧바로 감각 표상이 가리키는 대상의 성질을 파악하는 정신 작용에 해당한다. 예를 들어 눈을 감고 동전을 만졌을 때 느낄 수 있는 촉각 표상은 우리로 하여금 즉시 동전의 둥근 형태를 파악하게 한다. 다만 처음부터 감각 표상이 일정한 지각을 수반하는 것은 아니며, 반복적인 감각 경험을 거쳐야만 그러한 표상이 일종의 기호적 역할을 수행할 수 있게 된다. 리드는 이와 같은 지각 작용을 통해 대상의 객관적 성질에 접근함이 가능하다고 보았다.

색깔을 둘러싼 로크와 리드의 논의는 오늘날의 과학적 지식과 일맥상통하는 부분이 있다. 가령 백색광은 다양한 파장의 빛들이 혼합된 것으로, 물체로부터 반사된 빛이 눈에 들어올 때 우리는 대상의 색을 감지하게 된다. 양자 역학에 따르면 물체가 반사하는 빛의 종류는 그 원자 구성, 즉 물체 고유의 성질에 따라 달라진다. 한편, 물체가 반사한 빛은 우리 눈의 원추세포를 자극하는데, 원추세포는 빨강, 초록, 파랑 총 세 가지 대역의 파장을 감지할 수 있다. 우리의 뇌는 각 원추세포가 감지한 여러 파장의 빛 정보를 모두 합치는 식으로 색을 인지한다. 이처럼 색깔에 대한 두 학자의 설명은 과학적 사실을 기준으로 볼 때 각각 타당하다고 볼 수 있다.

9. 윗글의 내용과 일치하는 것은?
① 로크에 따르면, 물체의 크기에 관한 우리의 관념은 대상의 실제 성질과 유사하다.
② 리드와 달리 로크는 감각과 지각을 별개의 개념으로 보았다.
③ 리드에 따르면, 지각 경험이 반복적으로 이루어질 때 적절한 감각 작용이 가능해진다.
④ 원추세포를 통한 색의 감지는 리드의 주장과, 원자 구성변화에 따른 빛의 반사는 로크의 주장과 연관된다.

10. ⓐ와 유사한 의미로 사용된 것으로 적절한 것은?
① 멀리 건물 사이로 하늘이 보인다.
② 합의의 결과가 슬슬 보인다.
③ 아무리 생각을 고치려 해도 그는 후배로만 보였다.
④ 속마음은 쉽게 보이지 않는 것이 좋다.

11. 다음 글을 조건에 맞게 요약한 것으로 가장 적절한 것은?

산업 국가 노동력의 75% 이상이 단순 반복 작업에 종사하고 있다. 자동 기계, 컴퓨터는 이런 작업들의 대부분을 수행할 수 있다. 최근 조사에 따르면 전 세계 기업의 5% 정도가 향후 10년 이내에 불가피하게 다가올 새로운 기계 문화, 대량 실업을 향해 움직이기 시작했다. 노벨상 수상자인 경제학자 레온티에프는 이러한 이행의 중요성을 음미하면서 다음과 같이 경고했다. "보다 정교한 컴퓨터의 도입으로 마치 농경 시대에 있어서 말의 역할이 트랙터의 도입에 의해서 감소되고 제거된 것처럼, 가장 중요한 생산 요소로서의 인간의 역할이 감소하게 될 것이다."
다국적 기업들은 증가하는 세계적 경쟁과 인건비의 상승으로 인해 노동자로부터 기계 노동으로의 이행을 서두르고 있는 것처럼 보인다. 인건비 증대를 스태그네이션과 국제 경쟁력 상실의 원인으로 비난하고 있는 유럽의 경우, 기업들은 노동력을 새로운 정보 통신 기술로 서둘러 대체하려 하고 있다. 미국의 경우 지난 8년간 인건비는 자본 비용에 비해 3배나 더 증가했다. 기업들은 비용 절감과 수입 증대를 위해 인간 노동을 기계로 대체하기 위해 박차를 가하고 있다.

─〈조 건〉─
• 중심 문장이나 핵심 개념을 반영한다.
• 반복적인 내용은 압축한다.
• 예시나 사례는 쓰지 않는다.
• 자신의 생각이나 비판을 보태지 않는다.

① 기계 문명의 발달은 노동자들의 단순 반복 작업을 대체 가능성이 높다. 이런 흐름은 산업 현장에서의 인간 역할을 감소시켜 대량 실업의 원인이 될 수 있다. 세계화된 경쟁 속에서 인건비의 상승은 인간 노동자를 기계로 대체하려는 흐름을 더욱 빠르게 하고 있다.
② 산업화된 국가들은 인간 노동을 기계로 대체하려 하고 있다. 기술 혁신으로 인해 생산성이 눈부시게 발전하고 있기 때문이다. 따라서 생산성의 극적인 향상이 노동 시간의 감소와 임금의 인상으로 연결되어야 한다.
③ 중요한 생산 요소로서의 인간 역할이 최근 감소하고 있다. 자동 기계나 컴퓨터의 등장으로 단순 작업은 더 이상 인간의 노동력을 필요로 하지 않게 되었다. 인간은 누구나 일하고 실업에 대해 보호받을 권리를 가진다. 따라서 미래 사회의 노동에 대해 고민을 시작해야 한다.
④ 세계적으로 경쟁이 심화되면서 기업들이 인간 노동으로부터 기계 노동으로의 이행을 서두르고 있다. 인간 노동을 기계 노동으로 대체하는 것이 유리하기 때문이다. 예를 들어 미국의 경우 비용 절감과 수입 증대를 위해 인간 노동을 기계로 대체하기 위해 박차를 가하고 있다.

12. 다음 글의 밑줄 친 결론을 이끌어 내기 위해 추가해야 할 것은?

행복한 사람은 모두 희망을 품고 산다. 따라서 <u>꿈이 없는 어떤 사람은 행복하지 않다.</u>

① 꿈이 없는 사람은 행복하지 않다.
② 꿈이 없는 어떤 사람은 희망을 품고 산다.
③ 희망을 품고 살지 않는 어떤 사람은 꿈이 없다.
④ 희망을 품고 살지 않는 사람은 모두 꿈이 없다.

3. 다음 글을 이해한 내용으로 가장 적절한 것은?

백석의 시는 공동체적 삶을 누리고 있는 민족 전체의 모습을 비유적으로 표현한다. 이는 일제 강점기라는 시대적 배경 속에서 민족의 정체성과 공동체 의식을 지키고자 하는 시인의 의도로 해석될 수 있다. 대표적으로 「여우난곬족」은 사슬처럼 이어지는 장면들로 구성하여 구체적이고도 감각적으로 공동체의 삶을 재현해낸다.
"나는 엄매아배 따라 우리집개는 나를 따라" 명절날 아침 온 가족들이 함께 큰집에 가는 장면으로 시작되는 이 작품에서 시인은 먼저 큰집에서 만나는 친척들의 외양과 삶의 내력을 구체적으로 묘사하여 가족사와 혈연적 유대관계를 선명하게 드러낸다. 이어지는 장면에서는 유년 화자의 주관적 시선을 통해 음식과 놀이의 세계를 자연스럽게 강조함으로써 토속적인 가족 공동체에 내재하던 행복한 원체험의 기억을 환기시킨다. 이러한 유년 화자의 순수한 시선은 당시의 경험을 생생하게 전달하며, 독자로 하여금 당대 식민지 현실에서는 상실해 버린 원초적 공동체에 대한 그리움을 상기시켜 준다. 「여우난곬족」에서 사용된 토속적 어휘와 평안도 방언, 그리고 다양한 놀이와 음식 묘사 역시 향토적이고 정겨운 분위기를 자아낸다. 이를 통해 시인은 사라져가는 전통과 공동체의 정서를 구체적이고 감각적으로 재현하고자 한 것으로 보인다.

① 「여우난곬족」은 유년 화자의 시선을 통해 가족 공동체의 모습을 객관적으로 관찰하고 있다.
② 「여우난곬족」에서 시인은 친척들의 개별적 특성을 나열함으로써 가족 간의 갈등을 부각시키고 있다.
③ 「여우난곬족」은 명절 음식과 놀이 문화를 통해 당시의 경제적 궁핍함을 우회적으로 비판하고 있다.
④ 「여우난곬족」에서 시인은 가족 공동체의 모습을 통해 민족 전체의 결속력과 정체성을 표현하고 있다.

14. 다음 중 비형식적 오류만 고른 것은?

논리적 오류는 크게 형식적 오류와 비형식적 오류로 구분한다. 형식적 오류는 논증이나 추론의 형식 그 자체에 오류가 있을 때 발생하며 비형식적 오류는 논리를 세우기 위한 자료나 근거가 부적절할 때, 부적합한 언어를 사용하여 논리를 세울 때, 감정에 치우쳐 논리를 전개할 때 주로 발생한다. 즉, 형식적 오류는 논리를 전개하는 방식에 문제가 있는 것이고 비형식적 오류는 논리를 전개하는 방식에는 문제가 없지만 논증의 내용에 문제가 있는 것이다.

ㄱ. 전국에서 독감이 유행하고 있는데 부산의 사상구에서는 독감 환자가 한 명도 나오지 않았다고 한다. 따라서 부산은 독감의 안전지대이다.
ㄴ. 야, 너 한번 나가서 항의해 봐. 너는 우리 반에서 제일 똑똑한 아이잖아.
ㄷ. 모든 인간은 원죄가 있으므로 죄인이다. 죄인은 감옥에 가야 한다. 그러므로 모든 인간은 감옥에 가야 한다.
ㄹ. 여기 있는 사람은 모두 미쳤다. 왜냐하면 여기 있는 사람은 모두 미쳤기 때문이다.

① ㄱ, ㄴ
② ㄱ, ㄷ
③ ㄱ, ㄴ, ㄷ
④ ㄱ, ㄴ, ㄷ, ㄹ

15. 갑 ~ 병의 주장을 분석한 내용으로 적절하지 않은 것만을 〈보기〉에서 모두 고르면?

갑: 설탕세는 국민의 건강을 위해 가당 음식에 세금 부과하는 것을 말한다. 하지만 설탕세는 소비자의 자유로운 선택을 제한하며, 정부가 국민의 식습관을 지나치게 간섭하는 결과를 초래할 수 있다. 개인의 식생활 선택은 개인의 자유 영역으로 남아야 한다. 또한 설탕세는 관련 산업(음료 제조업, 가공식품업 등)에 부정적인 영향을 미칠 수 있다. 특히 중소기업과 자영업자에게 경제적 타격을 줄 가능성이 크다.
을: 설탕세 도입은 국민의 건강을 향상시키는 직접적인 효과를 가져올 수 있다. 설탕이 첨가된 음료와 음식 섭취를 줄이게 됨으로써 비만, 당뇨병, 심혈관 질환 등의 만성 질환 발생률을 낮출 수 있다. 즉, 설탕세 도입으로 소비자들이 건강한 선택을 하도록 유도할 수 있다. 이는 장기적으로 의료비 절감에도 기여할 것이다.
병: 설탕세로 걷힌 세수는 국민 건강 증진을 위한 캠페인, 건강 프로그램 지원, 의료 시스템 개선 등에 활용될 수 있다. 이 방식은 건강 문제를 예방하고, 치료보다 예방에 중점을 둔 공공 정책을 효과적으로 추진할 수 있는 기반을 제공한다.

〈보 기〉
ㄱ. 설탕세 도입에 대해 갑과 을의 주장은 대립한다.
ㄴ. 설탕세 도입에 대해 을과 병의 주장은 대립한다.
ㄷ. 설탕세 도입에 대해 병과 갑의 주장은 대립한다.

① ㄱ
② ㄴ
③ ㄱ, ㄷ
④ ㄴ, ㄷ

16. 다음 글을 이해한 내용으로 가장 적절한 것은?

변형생성문법은 문장의 구조와 의미 간의 관계를 연구함으로써 언어의 생성 원리를 이해하고자 한다. 언어의 기본 구성 요소로 '형태소', '구문', '의미'를 제시하며, 이 세 가지 요소는 서로 밀접하게 연결되어 있다. 형태소와 구문은 문장의 구조를 형성하는 데 필수적이며, 의미는 이러한 구조가 전달하는 내용을 결정한다.
변형생성문법의 핵심은 문장을 생성하는 규칙과 변형 과정을 이해하는 것이다. 예를 들어, "그녀는 사과를 먹었다"와 "사과를 그녀가 먹었다"는 동일한 의미를 가지지만, 구문의 구조가 다르다. 이는 문장이 생성되는 과정에서 형태소와 구문의 변형이 이루어졌음을 나타낸다. 또한, 같은 의미를 지닌 여러 문장 구조는 다양한 방식으로 표현될 수 있으며, 이러한 다양성은 언어의 유연성을 보여 준다.

① 문장의 구조는 의미와 무관하게 형성된다.
② 변형생성문법에서는 형태소와 구문이 독립적으로 작용한다고 본다.
③ 변형생성문법은 형태소와 의미가 문장의 구조를 형성한다고 보았다.
④ 변형생성문법에서는 동일한 의미를 가진 문장이 다양한 구문으로 표현될 수 있음을 강조한다.

[17 ~ 18] 다음 글을 읽고 물음에 답하시오.

전통적인 사법적 분쟁 해결 대안적 수단으로서 주목받는 ADR(Alternative Dispute Resolution)은 분쟁 당사자 간 자율적 분쟁 해결을 ㉠시도한다. ADR은 재판과 비교하여 시간과 비용이 절감되나 사법적 통제가 이루어지지 않아 법치주의에 위배될 우려가 있다. 구체적으로 ADR은 자기 결정권의 정도에 따라 중재, 조정, 협상으로 구분된다. 중재는 제3자가 결정권을 가지며, 조정은 제3자가 관여하지만 결정권은 분쟁 당사자가 가지고, 협상은 제3자의 관여 없이 분쟁 당사자가 결정권을 갖는다. 따라서 중재에서 조정, 협상으로 갈수록 자기 결정권의 정도가 크다.

ADR 중에서 소송과 가장 유사한 중재는 전문성을 보유한 중재인 또는 중재단 등 제3자가 당사자들의 ㉡요구에 따라 분쟁을 해결하는 제도이다. 중재인이 당사자의 입장을 절충하여 제시한 중재안에는 구속력이 있다. 따라서 중재안에 만족하지 못하는 당사자도 발생한다. 다만 중재에서 당사자의 자기 결정권은 당사자가 분쟁 해결 수단으로 중재를 선택할 것인지 여부를 결정하는 것에 그칠 뿐, 그 이후의 절차나 결과에 관해서는 결정권이 제한된다.

조정은 당사자 간 대화를 통하여 창의적 해결안을 ㉢찾는 제도로서, 중재와 달리 제3자가 제시한 해결책이 강제성을 지니는 것은 아니다. 조정은 최종 결과 도출 시 중재에 비해 당사자의 만족도가 크다. 조정을 제3자의 개입 수준에 따라 알선과 순수한 의미의 조정으로 재구분하기도 한다. 알선은 제3자가 단순히 회합을 주재하는 수준에 머무는 경우이며, 순수한 의미의 조정은 회합의 주재뿐 아니라 해결안을 제시하는 수준까지 제3자가 개입하는 것이다.

협상은 제3자의 관여 없이 분쟁 당사자 간의 협의를 통해 분쟁을 해결하기 때문에 당사자가 지닌 자기 결정권의 정도가 가장 큰 제도이다. 그러나 제3자의 관여가 없다 보니 분쟁 당사자 간의 사회적·경제적 우위 등이 반영된 해결안이 마련되기도 한다. 협상은 분쟁 당사자가 자율적으로 분쟁을 해결한다는 점에서 가장 이상적이다. 그러나 분쟁 당사자 간의 비공개 의사결정에 ㉣기대어 분쟁 해결안을 만들기 때문에 사회 정의를 실현하는 측면에서는 미흡한 점이 있어 결과에 대한 만족도가 다양하다.

17. 윗글의 내용으로 적절하지 않은 것은?
① 당사자 간 분쟁 해결안을 만드는 데 있어 협상은 알선보다 자기 결정권의 정도가 크다.
② 협상은 제3자의 개입 정도가 가장 낮은 제도로서 당사자 간의 평등한 의사결정에 도움을 준다.
③ ADR 중에서 자기 결정권의 정도가 가장 큰 것이 사회 정의 실현에 충분히 기여하는 것은 아니다.
④ 중재는 분쟁 해결안의 구속력으로 인해 분쟁 당사자가 결과에 대해 만족하지 않는 경우가 발생할 수 있다.

18. ㉠~㉣과 바꿔쓸 수 있는 유사한 표현으로 적절하지 않은 것은?
① ㉠: 도모한다
② ㉡: 의뢰에
③ ㉢: 수색하는
④ ㉣: 의존하여

19. ㉠을 평가한 내용으로 적절한 것만을 〈보기〉에서 모두 고르면?

㉠주기적인 지구의 변화 및 태양 활동의 변화가 현재의 기후 변화에 일정 부분 영향을 미친다는 주장이 있다. 먼저 지구의 궤도 및 자전축의 기울기는 주기적으로 변화한다는 사실이 밝혀져 있다. 이는 태양에서 받는 에너지의 양을 달라지게 하여 기후 변화를 초래한다. 즉 주기적인 지구의 변화가 주기적인 지구의 기후 변화를 야기하는 것이다. 약 10만 년 주기로 발생하는 빙하기와 간빙기의 순환을 그 대표적인 예로 들 수 있다.

또한 태양 활동 역시 지구 기후 변화에 주요한 영향을 미친다. 태양의 활동 주기에 따라 태양에서 방출되는 에너지의 양이 달라지며, 이는 지구의 기후에 직접적인 영향을 끼친다. 가령 태양의 활동이 활발한 시기에는 지구로 전달되는 에너지가 많아져 기온이 상승할 수 있다. 역사적으로도, 17세기 말부터 18세기 초까지 태양 활동이 적었던 기간 동안 지구의 평균 기온이 하락한 사례가 있다.

〈보 기〉
ㄱ. 태양의 활동이 저조한 모든 시기에서 지구의 평균 기온이 떨어졌음이 확인되면 ㉠은 강화된다.
ㄴ. 인간의 활동에 비해 자연적인 요인이 현재 기후 변화에 미치는 영향이 미미함이 밝혀지면 ㉠은 약화된다.
ㄷ. 지구 자전축 기울기의 변화 정도와 지구 기후의 변화 양상이 일정한 규칙을 가지며 반복되었다는 사실이 밝혀지면 ㉠은 강화된다.

① ㄱ, ㄴ
② ㄱ, ㄷ
③ ㄴ, ㄷ
④ ㄱ, ㄴ, ㄷ

20. 다음 중 ㉠에 들어갈 말로 적절한 것은?

A: 갑돌이가 가장 좋아하는 색이 파란색이라면, 을진이가 가장 좋아하는 색은 노란색이고, 정운이가 가장 좋아하는 색은 빨간색이야.
B: 정운이가 가장 좋아하는 색은 초록색이야.
A: 그럼 병진이가 가장 좋아하는 색은 보라색이겠다.
B: 너도 (㉠)라는 걸 아는구나?

① 병진이가 가장 좋아하는 색이 보라색이 아니라면, 갑돌이가 가장 좋아하는 색은 파란색이
② 정운이가 가장 좋아하는 색이 초록색이 아니라면, 병진이가 가장 좋아하는 색이 보라색이 아니
③ 병진이가 가장 좋아하는 색이 보라색이라면, 갑돌이가 가장 좋아하는 색이 파란색이 아니
④ 갑돌이가 가장 좋아하는 색이 파란색이 아니라면, 병진이가 좋아하는 색은 보라색이 아니

국 어

1. <공공언어 바로 쓰기 원칙>에 따라 수정한 것으로 적절하지 않은 것은?

<공공언어 바로 쓰기 원칙>
○ 시간을 나타내는 말과 서술어의 호응
  - ㉠ 시제에 맞추어 서술어의 형태를 적절하게 사용함.
○ 목적어와 서술어의 호응
  - ㉡ 목적어와 서술어의 관계를 명확하게 표현함.
○ 부사어와 서술어의 호응
  - ㉢ 부사어와 서술어의 관계를 명확하게 표현함.
○ 생략된 내용 제시하기
  - ㉣ 필요한 문장 성분이 생략되지 않도록 함.

① "내일 저녁 우리 가족은 함께 동네 공원으로 산책하러 나갈 것이다."를 ㉠에 따라 "내일 저녁 우리 가족은 함께 동네 공원으로 산책하러 나갔다."로 수정한다.
② "학생들은 적당한 운동과 국어를 꾸준히 공부했다."를 ㉡에 따라 "학생들은 적당한 운동을 하고 국어를 꾸준히 공부했다."로 수정한다.
③ "비록 좁고 누추하다면 내 집이 가장 편하다."를 ㉢에 따라 "비록 좁고 누추하더라도 내 집이 가장 편하다."로 수정한다.
④ "자동차를 아버지 명의로 등록했다."를 ㉣에 따라 "자동차를 아버지 명의로 해당 관청에 등록했다."로 수정한다.

2. 괄호 안에 들어갈 내용으로 가장 적절한 것은?

1967년 미국에는 약 100만 곳의 돼지 농장이 있었지만, 2005년에는 돼지 농장의 수가 10만을 조금 넘었다. 반면 전체 돼지 사육 두수는 크게 증가하여 밀집된 형태에서 대규모로 돼지를 사육하는 농장이 대거 출현하였다. 이러한 농장은 경제적 효율성을 지녔지만, 사육 가축들의 병원균 전염 가능성을 높였다. 축산업과 관련된 가축의 가공 및 소비 과정도 변화하였다. 과거에는 적은 수의 가축을 도축하여 고기 그 자체를 그대로 소비하였으나, 현대에는 대규모 육류 가공 기업이 많은 지역으로부터 수집한 수많은 가축의 고기를 재료로 햄이나 소시지 같은 가공 제품을 대량 생산하여 소비자에 공급한다. 그 결과 개별 소비자들은 적은 양의 육류 가공 제품을 소비하더라도, 엄청나게 많은 수의 가축과 접촉한 결과를 낳는다.
정리하자면 오늘날의 축산업은 (   ) 결과를 야기하기 때문에, 소비자들이 가축을 통해 전염병에 노출될 가능성을 높인다.

① 돼지 농장의 수가 대폭 줄어드는
② 가축 사육량과 육류 가공 제품 소비량이 증가하는
③ 인간에게 전염되는 가축 전염병이 탄생하기 쉬운
④ 가축 간 접촉이 늘고 소비자도 많은 가축과 접촉한

3. 갑 ~ 병의 주장을 분석한 내용으로 적절한 것만을 <보기>에서 모두 고르면?

갑: 선진국은 산업혁명 이후 수백 년 동안 화석 연료를 대량으로 사용하며 지구 온난화의 주요 원인인 온실가스를 방출해 왔다. 현재의 기후 위기는 선진국의 경제 발전 과정에서 발생한 환경적 대가이므로, 지금의 개발도상국들에 그 책임을 물을 수 없다. 따라서 선진국은 역사적 책임을 인정하고 이에 대한 조치를 취해야 한다.
을: 현재 세계에서 가장 많은 온실가스를 배출하는 국가는 중국과 인도와 같은 개발도상국이다. 과거에 선진국들이 많은 온실가스를 배출하여 현 사태를 발생시켰다고 하더라도 선진국만 지구 온난화의 책임자로 지목하기에는 현시점에서의 배출량도 고려해야 한다.
병: 지구온난화는 전 지구적 문제이며, 이를 해결하기 위해서는 선진국과 개발도상국 모두가 협력해야 한다. 선진국만을 책임자로 규정하는 것은 비효율적이며, 개발도상국도 지속 가능한 발전을 위해 책임을 공유하고 재생 가능 에너지와 같은 친환경 기술을 채택해야 한다.

<보 기>
ㄱ. 지구 온난화의 책임 주체에 대해 갑과 을의 주장은 대립한다.
ㄴ. 지구 온난화의 책임 주체에 대해 을과 병의 주장은 대립한다.
ㄷ. 지구 온난화의 책임 주체에 대해 병과 갑의 주장은 대립한다.

① ㄱ
② ㄴ
③ ㄱ, ㄷ
④ ㄴ, ㄷ

4. 다음 글을 통해 알 수 있는 내용으로 적절하지 않은 것은?

조음 위치와 조음 방법을 기준으로 자음을 분류한 것을 자음 체계라고 한다. 중세 국어의 자음 체계는 현대 국어의 자음 체계와 같지 않다. 먼저 중세 국어에서는 'ㅿ', 'ㅸ', 'ㆁ', 'ㆆ'과 같이 현대 국어에는 없는 음운이 존재했다. 또한 'ㅴ', 'ㅶ'과 같은 단어의 첫머리에 오는 둘 또는 그 이상의 자음의 연속체인 어두 자음군이 존재했다. 또한 시간의 흐름에 따라 자음의 조음 위치가 변하기도 했다. 가령, 중세 국어에서 'ㅈ, ㅉ, ㅊ'은 'ㄷ, ㄸ, ㅌ, ㅅ'처럼 윗잇몸에 혀끝이 닿아서 나는 소리인 '치음(齒音)'이었다. 이것이 근대 국어에서는 센입천장과 혓바닥 사이에서 공기의 흐름이 방해를 받아 나오는 '경구개음(硬口蓋音)'으로 바뀌었다. 따라서 현대 국어에서도 'ㅈ, ㅉ, ㅊ'은 경구개음이다.

① 중세 국어의 'ᄆᆞᅀᆞᆷ'에는 현대 음운에 존재하지 않는 음운이 사용되었다.
② 중세 국어의 '곶'을 근대 국어에서는 '꽃'으로 표기하므로, 자음의 조음 위치가 변하면 표기 방식도 달라진다.
③ 중세 국어의 단어인 'ᄠᅳᆯ'에는 단어의 첫머리에 서로 다른 자음이 이어지는 어두 자음군이 쓰였다.
④ 중세 국어의 'ㄷ'과 근대 국어의 'ㅈ'은 같은 위치에서 소리 나지 않는다.

5. 다음 글에서 추론한 내용으로 가장 적절한 것은?

> 현대문학에서 시제 개념은 다른 갈래와 구별되는 서정시의 본질적 특징을 이해하는 데 효과적이다. 예를 들어 소설은 과거 또는 완료시제가 많이 사용한다면, 서정시는 현재시제를 많이 사용한다. 이는 두 문학 양식의 본질적 차이에서 기인한다. 전자는 가상적으로 이미 있었던 인생의 사건을 소재로 하여, 이를 줄거리를 가진 완결된 형태로 제시하는 게 목표이다. 가상적 과거 경험의 종합 형태라는 점에서 과거시제나 완료시제는 이 갈래의 본질적 시제가 된다. 후자는 인과관계나 시간 순서로 배열되는 이야기를 기본 구조로 하는 소설과는 다르다. 그것은 근본적으로 사건이나 인물 자체가 아니라 사건과 인물에 대한 인상과 정서를 감각적으로 창조하고자 한다. 이때 순수한 현재시제는 시적 대상에 대한 시인의 순간적 감정을 표현하는 데 핵심적인 역할을 담당한다. 현재시제는 독자를 지금 이 순간에 집중시킴으로써 주제를 미적으로 압축된 형태로 형상화할 수 있기 때문이다.
> 대표적으로 「빼앗긴 들에도 봄은 오는가」에서 이상화 시인은 작품 전반에 걸쳐 현재시제를 활용한 격렬한 어조로 식민치하의 민족적 상황에 대해 저항정신을 표출한다. 여기서 격렬한 감정은 작품 속 현재의 이 순간에 집중되어 있다. 총 11연의 구성 속에서 지속적으로 사용되는 현재시제는, 꿈속을 걷듯 봄의 들판을 따라 걷는 화자의 현재와 함께 봄을 맞은 들판의 현재화된 역사를 보여 준다. 화자가 느끼는 심리적 시간의 현재에 주목하게 함으로써, 역사적 현실에 대한 화자의 고뇌와 저항정신을 집중적으로 강조하게 되는 것이다.

① 소설과 서정시는 현재시제를 주로 사용한다는 공통점을 가지고 있다.
② 소설은 사건과 인물을 현재의 순간에 집중시켜 미적으로 형상화하는 특징을 갖고 있다.
③ 「빼앗긴 들에도 봄은 오는가」는 화자의 심리적 시간을 현재시제로 제시하여 식민지 현실에 대한 저항정신을 드러내고 있다.
④ 「빼앗긴 들에도 봄은 오는가」는 국권을 상실하기까지의 과정을 시간적 순서로 배열하여 식민지 현실의 경험에 주목하게 만든다.

6. 밑줄 친 결론을 도출하기 위해 필요한 추가 전제는?

> 우리는 몸의 움직임을 행동이라 한다. 그러나 행동이 모두 행위인 것은 아니다. 다음 사례를 보자. 어느 날 영수는 갈증을 느꼈다. 그는 냉장고에 있는 생수를 마시려는 의도를 가지고 냉장고의 문을 열었다. 그러나 냉장고에는 남은 생수가 없었다. 실망한 영수는 수돗물을 마시려는 의도를 가지게 되었다. 그리고 부엌에 있는 수돗물 통에 담긴 물을 마셨다. 하지만 그 수돗물 통에는 생수가 들어 있었다. 그는 수돗물과 생수의 맛을 구분하지 못한 채 생수를 마시는 행동을 하게 되었다. 그러나 이 행동을 야기한 유일한 의도는 수돗물을 마시려는 것이었다. 따라서 <u>이 생수를 마시는 행동은 행위가 아니다</u>.

① 어떤 의도가 우연히 실현된 행동도 행위이다.
② 행위자는 자신의 욕구가 무엇인지 정확히 모르는 경우에도 행동을 할 수 있다.
③ 어떤 행동이 일어나는 시점에 행위자는 여러 의도를 동시에 가지고 있을 수 있다.
④ 어떤 행동을 하려는 의도가 그 행동을 야기한 것이 아니라면 그 행동은 행위가 아니다.

7. 다음 글을 논리적인 순서에 맞게 배열한 것은?

> ㄱ. 그중 위산을 잘 견디는 시겔라균은 사람의 몸에 들어오면 적은 양이라도 대장까지 도달하여 어김없이 이질을 일으켰다. 이질은 15세기 초반 급증하기 시작하여 17세기 이후 크게 감소하였다.
> ㄴ. 17세기 이후 농지 개간의 중심축은 범람원 개간에서 산간 지역 개발로 이동하였다. 이는 수인성 전염병 발생을 크게 감소시키는 결과를 가져왔다.
> ㄷ. 벼농사를 짓는 논은 밭 위에 물을 가두어 농사를 짓는 농업 시설이었다. 새로 생긴 논 주변의 구릉에는 마을들이 생겨났다. 하지만 사람들이 쏟아내는 오물이 도랑을 통해 논으로 흘러들었고, 사람의 눈에 보이지 않는 수인성 병균이 번성하였다.
> ㄹ. 이러한 변화의 원인은 생태 환경의 측면에서 찾을 수 있다. 15~16세기 냇둑에 의한 농지 개간은 범람원을 논으로 바꾸었다. 이는 뜨거운 여름 동안 습지로 바뀌었고, 습한 환경에 적합한 미생물 생태계를 가져왔다. 수인성 세균인 시겔라균은 이러한 습지의 생태계에서 크게 번성하였다.

① ㄷ-ㄹ-ㄴ-ㄱ
② ㄷ-ㄱ-ㄹ-ㄴ
③ ㄴ-ㄱ-ㄹ-ㄷ
④ ㄴ-ㄷ-ㄱ-ㄹ

8. 다음 글에서 추론한 내용으로 적절한 것은?

> 관형어는 다양한 품사를 사용하여 명사 앞에서 명사를 수식하고 해당 명사의 의미를 구체화하는 역할을 담당한다. 대표적으로 관형사는 본질적으로 명사를 수식하는 역할만 하며, 형태가 변하지 않는다. 예를 들어, '이 책'에서 '이'는 명사 '책'을 수식하는 관형사로서, 특정한 대상을 지칭하여 그 의미를 한정하는 기능을 갖는다.
> 용언의 관형형은 동사나 형용사의 기본형에 '-은/는', '-ㄹ' 등의 관형사형 전성 어미가 결합해서 만들어진다. '아름다운 풍경'에서 '아름다운'은 '아름답다'에 '-ㄴ'이 결합한 형용사로서, 명사 '풍경'을 수식하는 관형어로 쓰인 경우이다. '달려가는 아이'에서 '달려가는'은 '-는'이 결합한 동사로서, 명사 '아이'의 행동을 설명하며 현재 진행 중인 동작을 나타낸다.
> 어떤 격조사와 결합하느냐에 따라 다양한 문장 성분으로 쓰이는 체언(명사, 대명사, 수사)이 관형어로 쓰일 때는 관형격 조사 '의'를 사용하면 된다. 예를 들어, '친구의 집'에서 '친구의'는 명사에 관형격 조사가 결합된 형태이며, '그의 학교', '하나의 마음'에서는 각각 대명사 '그'와 수사 '하나'에 '의'가 결합한 것이다. '학교 마당', '집 주소'처럼 관형격 조사가 결합하지 않고 명사를 직접 수식하는 형태도 가능하다.

① '원서 네 장을 썼다'에서 수사 '네'는 명사 '장'을 수식하는 관형어이다.
② '온갖 음식을 차려 놓았다'에서 관형사 '온갖'은 명사 '음식'을 수식하는 관형어이다.
③ '그는 어제 새로운 물건을 구입했다.'에서 관형사 '새로운'은 명사 '물건'을 수식하는 관형어이다.
④ '그 사람의 아들은 지난 가을에 결혼했다'에서 대명사 '그'는 명사 '사람'을 수식하는 관형어이다.

[9~10] 다음 글을 읽고 물음에 답하시오.

'지정'은 정의보다 단순한 형태로 언어를 통해 사물이나 상황을 가리키는 것을 말한다. '무엇이냐' 하는 질문에 대해 '무엇이다' 하고 대답하는 것이 지정이다. 즉, '어제 만난 사람은 누구니' 하는 물음에 '창준입니다'라고 대답한다면, 이 대답은 가리키며 지적하는 것이나 다름이 없다는 의미에서 지정이다. 그 외에도 '창준이는 공무원 준비를 하는 학생입니다'와 같이 말할 수 있다. 이는 전자와 후자 모두 창준을 지정한다는 점에서 동일하다.
'정의'는 '무엇이냐' 하는 물음에 대한 대답이지만 단순히 가리키는 것이 아니라는 점에서 지정과 다르다. 정의는 언어 형식상 '무엇'에 대한 완결된 설명의 형태를 반드시 갖추어야 한다. 정의는 언어 형식으로 볼 때 정의되는 말(기호)인 '피정의항'과 이 말(기호)을 설명해 주는 '정의항'의 두 부분으로 이루어진다. "등고선은 같은 높이를 가지고 있는 지점들을 이은 지도상의 선이다."에서는 '등고선'이 피정의항이고, '같은 높이를 가지고 있는 지점들을 이은 지도상의 선'은 정의항이다. 좀 더 세분화하면 '등고선'은 종개념이고, '지도상의 선'은 유개념이다. 그리고 '같은 높이를 가지고 있는 지점들을 이은'은 상위 개념과 하위 개념 사이의 간극을 메워주는 종차이다. 이렇게 정의항은 피정의항과 같은 의미를 갖도록 만들어 놓은 기호이다. 그리고 이러한 정의는 좁은 범주에 속하는 종개념보다 넓은 범주의 유개념을 설정한 다음, 하위개념을 특징짓는 성질인 종차를 덧붙임으로써 상위 개념에 속한 다른 구성분자들과 구별한다.
정의할 때에는 몇 가지 규칙이 있다. 먼저 정의는 종(種)의 본질적 속성을 기술하고 있어야 한다. 본질적 속성은 어떤 개념의 객관적으로 내포하는 뜻만 가리키는 것이 아니라 규약적으로 내포하는 뜻의 개념이다. 이 규약적 내포는 꼭 그 개념이 가리키는 대상의 특성일 필요는 없고 그것의 관계나 용도일 수 있다. 가령, '신발'을 정의할 때 신발의 재료나 모양보다는 용도를 밝혀 정의한다. 그리고 정의는 피정의항이 부정적이지 않다면 부정적이면 안 된다. '무엇이 아니다'라고 정의를 할 경우 '무엇' 이외의 모든 것들은 어떻게 되는지 분명하지 않아 올바른 정의라 할 수 없다. '증오'를 '사랑이 아닌 감정'이라 정의한다면 질투, 부러움 등 여러 감정까지 포함되기에 올바른 정의라 할 수 없다. 마지막으로 정의는 순환적이어서는 안 된다. 피정의항이 정의항 속에 다시 나타나면 같은 말이 반복된다. "웅변가는 웅변하는 사람이다."를 예로 들 수 있다.

9. 윗글의 내용과 부합하는 것은?
① 피정의항은 정의항의 의미이다.
② 피정의항은 유개념과 종차로 이루어져 있다.
③ 지정과 달리 정의는 '무엇이냐'에 대한 대답이다.
④ 종차는 유개념의 범위를 제한한다.

10. 윗글에서 추론할 수 있는 것만을 〈보기〉에서 모두 고르면?
―〈보 기〉―
ㄱ. "서태지는 가수다."라고 말했을 때 이는 '무엇이냐'에 대한 대답이라 할 수 있다.
ㄴ. 부정적인 정의는 부적절한 정의이다.
ㄷ. "원은 평면에서 하나의 중심으로부터 같은 거리에 있는 점들로 이루어진 곡선이다."라는 정의에서 종개념인 원은 유개념인 곡선의 충분조건이다.

① ㄱ ② ㄱ, ㄷ ③ ㄴ, ㄷ ④ ㄱ, ㄴ, ㄷ

[11~12] 다음 글을 읽고 물음에 답하시오.

구석기 시대의 대표적인 석기인 찍개는 초기 인류부터 사용한 단순한 형태의 도구로서 세계 곳곳에서 발견되었다. 반면 마찬가지로 구석기 시대의 석기인 주먹도끼는 양쪽 면을 갈아 만든 거의 완벽에 가까운 좌우대칭 형태의 타원형 도구였다. 이는 사냥감의 가죽을 벗겨 내고, 구멍을 뚫고, 빻거나 자르는 등 다양한 작업에 다용도로 사용되었다.
주먹도끼를 만들기 위해서는 만들 대상을 결정하고 그에 따른 모양을 설계한 뒤, 적합한 재료를 선택해 제작하는 복잡한 과정을 ㉠거쳐야 했다. 아동 심리 발달 단계에서 12세 정도가 되면 형식적 조작기에 도달하게 되는데, 주먹도끼처럼 3차원적이며 대칭적인 물건을 만들 수 있으려면 이런 형식적 조작기 수준의 인지 능력, 즉 추상적 개념에 대하여 논리적으로 사고할 수 있을 정도의 인지 능력을 갖추어야 한다. 더 나아가 형식적 조작 능력을 갖추었을 때 비로소 언어적 지능이 발달하게 된다. 즉 주먹도끼를 제작할 수 있다는 것은 추상적 사고를 할 수 있으며 그런 추상적 개념을 언어로 표현하고 대화할 수 있다는 것을 의미한다.

11. 윗글을 통해 알 수 없는 것은?
① 주먹도끼를 만들기 위해서는 제작 과정뿐 아니라 어떤 재료를 선택하는지도 중요했다.
② 주먹도끼는 복잡한 가공 과정을 거쳐 만든 다용도 도구로서 초기 인류부터 사용되어 왔다.
③ 주먹도끼를 만들었던 구석기인은 적어도 12세 아동 정도의 인지 능력을 갖추었을 것이다.
④ 주먹도끼를 제작할 수 있었던 구석기인은 추상적 개념을 언어로 표현할 수 있었을 것이다.

12. 문맥상 ㉠의 의미와 가장 가까운 것은?
① 학생들은 초등학교부터 중고등학교를 거쳐 대학에 입학하게 된다.
② 가장 어려운 문제를 해결했으니 이제 특별히 거칠 문제는 없다.
③ 유진이는 대구를 거쳐 부산으로 갔다.
④ 칡덩굴이 발에 거치다.

13. 다음 진술이 모두 참이고, 무는 다이어트를 하지 않는다면, 다음 중 다이어트를 하는 것이 확실한 인원수는?

○ 갑이 다이어트를 하면, 을과 정도 다이어트를 한다.
○ 정이 다이어트를 하지 않는다면, 병도 다이어트를 하지 않는다.
○ 갑이 다이어트를 하거나 무가 다이어트를 한다.

① 1명
② 2명
③ 3명
④ 4명

14. '유교 정치'에 대한 글쓴이의 평가로 적절한 것은?

> 유교 정치의 핵심은 나를 바르게 한 뒤에 다른 사람을 바르게 하는 것이었다. 이는 정치인에게 자율적인 정치적 인격과 양심이 있어야만 민본 정치가 제대로 이루어질 수 있다는 의미이다.
> 또, 유교 정치에서 비판 정신은 필수적으로 갖추어야 할 소양이며, 일종의 정치적 의무였다. 정치에 대한 비판이 다소 과격하더라도 그 기백을 높이 사서 관용을 베풀었다. 그래서 선비들은 정치적 신념을 표현하는 데 매우 용감했다. 지나친 비판으로 곤경에 처하는 일도 있었지만, 오히려 이를 영광으로 여겼다. 그리고 유교 정치는 어버이처럼 자애로운 권력을 지향하였다. 때문에 백성들은 정치하는 사람에게 어버이와 같이 의지할 수 있는 인격을 기대하였고, 그 기대가 충족되었을 때 자발적으로 정치인들을 따랐다.
> 민주주의 시대에도 정치 권력은 시민을 위하여 정치하겠다는 사람들에게 일정 기간 신탁된다. 그렇게 신탁된 권력이 진실로 시민들을 위하여 행사되려면 그들 자신의 인격과 양심이 중요하다.
> 유교 정치는 정치인에 대한 신뢰가 약해진 이 시대에 시민의 애정을 회복하는 정치 윤리로서 절실한 가치가 있다.

① 정치인의 양심을 전제로 한다는 점에서 이상적인 정치 형태이다.
② 정치인에게 권력을 신탁하지 않으므로 민본 정치를 펼치는 데 적합하다.
③ 정치인을 감시하는 제도적 장치가 있어 정치적 부패를 막는 데 알맞다.
④ 비판의 자유를 부분적으로 허용하므로 현대의 민주주의보다 열등하다.

15. 다음 글을 읽고 〈보기〉에서 옳은 것만을 모두 고르면?

> 철학자 A가 가진 행복 개념은 현대인들이 가지고 있는 행복 개념과 다소 차이가 있다. 우리는 일상적으로 '행복'이라는 말을 단순히 스스로 자기 자신이 행복하다고 느끼는 주관적 심리 상태를 지칭하는 말로 사용한다. 하지만 A는 행복을 위해서는 주관적 심리 상태를 뒷받침하는 객관적 조건이 반드시 갖추어져 있어야 한다고 생각했다. 그러면서도 A는 행복이 주관적 심리 상태만으로는 충분하지 않다고 하더라도, 주관적 심리 상태가 행복의 필요조건임은 부정할 수 없다고 보았다.

<보 기>
ㄱ. A에 따르면, 자신이 행복하다고 느끼고 있으면서도 행복하지 않은 경우가 있을 수 있다.
ㄴ. A에 따르면, 자신이 행복하지 않다고 느끼면서도 행복한 경우가 있을 수 있다.
ㄷ. A에 따르면, 주관적 심리 상태를 뒷받침하는 객관적 조건이 갖추어지지 않으면 행복을 얻을 수 없다.

① ㄱ
② ㄴ
③ ㄱ, ㄷ
④ ㄴ, ㄷ

16. 다음 글의 실험 결과를 모두 포괄하는 가설로 올바른 것은?

> 뇌의 각 영역이 어떤 기능을 조절하는가와 관련된 초기 지식은 대부분 전쟁터에서 실험으로 얻어졌다. 그러나 전쟁에 참여하는 사람들이 대부분 남성이기 때문에 여성에 대한 자료를 수집할 수 없었다. 따라서 당시에는 남성의 뇌에 관한 사실이 여성의 뇌에도 적용될 거라고 가정해야 했다.
> 허버트 랜드셀은 이에 대해 다양한 연구를 진행했다. 먼저 그는 우뇌 일부분이 제거된 간질병 환자들을 대상으로 실험했다. 그 결과 우뇌에 손상을 입은 남성들은 공간지각능력 검사에서 낮은 점수를 보였으나, 같은 부분에 손상을 입은 여성들에게는 거의 영향이 없는 것으로 나타났다.
> 랜드셀은 좌뇌에 대해서도 실험했다. 이번에도 마찬가지로 좌뇌에 손상을 입은 남성들은 언어능력을 대부분 상실했으나, 같은 부분에 손상을 입은 여성들은 언어능력을 대부분 유지하고 있었다. 그러나 좌뇌와 우뇌에 심각한 손상을 입은 경우, 남성과 여성 모두 공간지각능력과 언어능력을 대부분 상실했다.
> 랜드셀은 또한 엄마의 자궁에서 평균보다 더 많은 양의 여성호르몬에 노출된 남자아이들의 경우 더 적은 양의 여성호르몬에 노출된 아이들에 비해 좌뇌가 손상되었을 때 언어능력이 덜 상실된다는 사실을 발견했다. 태아 시절에 여성호르몬에 많이 노출될수록 뇌의 구조도 남성보다는 여성과 유사해지기 때문이다.

① 여성은 남성에 비해 부상에 대한 회복력이 강하다.
② 여성의 좌뇌와 우뇌 어느 쪽도 공간지각능력과 언어능력에 관여하지 않는다.
③ 여성의 경우 유아기에 뇌가 모두 발달하나, 남성의 경우 그렇지 아니하다.
④ 자궁 속에서 여성호르몬에 많이 노출될수록 뇌의 기능이 여러 부분에 고르게 분포되어 있다.

17. 다음 명제가 모두 참일 때, 빈칸에 들어갈 명제로 가장 적절한 것은?

> ○ 아픈 사람은 모두 병원에 간다.
> ○ (   )
> ○ 결론: 따라서 비를 맞은 어떤 사람은 아프지 않다.

① 비를 맞은 사람은 모두 아프다.
② 병원에 간 사람은 모두 비를 맞은 사람이다.
③ 병원에 가지 않은 어떤 사람은 비를 맞은 사람이다.
④ 병원에 가지 않은 사람은 모두 비를 맞지 않은 사람이다.

[18~19] 다음 글을 읽고 물음에 답하시오.

　그림을 그리는 방법이 주제보다 더 중요해짐에 따라 예술가들은 '무엇'을 재현할지의 고민에서 자유로워졌다. 이러한 자유는 예술가들에게 그들만의 독창적인 방법을 찾아 다양한 시도를 할 수 있는 기회를 제공했다. 그중에서도 세잔은 대상의 견고한 형태감을 살렸으며, 형식적 구조에도 주목했다. 그는 눈에만 의존하던 기존 미술과 달리, 사유를 통한 사물의 인식을 작품에 덧붙였다.
　세잔은 인상주의자들이 추구했던 감각 세계의 혼란에 지적인 질서를 부여하고자 했다. 대상의 표면은 변한다 해도 입체적인 구조는 변하지 않는다는 생각에서 감각적 경험과 지성적 원리가 결합된 미술 작품을 창작하고자 했으며, 견고한 모습의 물체들을 기하학적인 조형 원리를 바탕으로 ㉠나타내고자 했다. 이와 같은 경향은 세잔의 '모든 자연 속의 대상은 원통, 원추, 구로 환원 처리하여 나타내야 한다.'라는 말에 잘 나타나 있다. 그리고 세잔은 한 시점에서 특정 대상에만 초점을 맞추지 않음으로써 화면을 이루는 여러 구성 요소가 함께 보일 수 있도록 했다.
　세잔의 형식적 구조에 대한 강조와 대상 물체에 대한 조형적 관심을 이어받은 입체파는 대상 물체를 사방에서 ㉡바라보다가 그 모습을 기하학적인 형태로 분석하고 해체한 후 화면 위에 재구성하는 방식을 사용했다. 하나의 시점으로는 대상의 조형적 형태를 완전히 나타낼 수 없다고 생각하고, 다양한 각도에서 바라본 모습들을 조합해 대상의 실체를 구현하려 했다. 그리고 세잔이 감각적 묘사에 지성적인 요소를 ㉢보태고자 했지만, 입체파는 감각적인 측면보다 지적이고 기하학적인 화면 구성을 중시했다.
　입체파는 그림이란 외부 세계 대상들을 설득력 있게 묘사하는 것이라는 생각에서 그림은 그림일 뿐이라는 생각의 전환을 가져왔다. 즉 2차원의 평면에 3차원적인 입체감을 나타낸다는 목적에서 벗어나 2차원의 평면에 형태와 색채를 구성해 내는 것이라는 생각을 하게 되었다. 이처럼 그림이 3차원적 입체감을 연상시키는 환영을 만들어 내는 것이라는 생각으로부터 자유로워짐에 따라 예술가들은 여태껏 미술에 있어 ㉣자명한 경계로 생각해 온 것들로부터도 자유롭게 되었다.
　입체파인 피카소의 '기타'라는 작품에는 신문지와 벽지 조각들이 조형 요소로 사용되어 있다. 이처럼 일상생활 속의 재료들을 그림의 조형 요소로 사용하는 것을 오브제라 말하는데, 이것은 화가들이 획득한 자유가 그림의 구성 방법뿐만 아니라 그림이 꼭 물감과 같은 전통적 재료들로만 이루어질 필요는 없다는 생각에까지도 미치게 되었음을 보여 준다.

18. 윗글에 대한 이해로 적절하지 않은 것은?
① 입체파는 미술에 대한 고정관념이 바뀌는 데에 기여했다.
② 세잔은 대상의 표면은 가변적이지만 입체적 구조는 불변하는 것이라고 여겼다.
③ 세잔과 입체파는 모두 감각적 묘사를 작품 구성의 기본 원리로 여겼다.
④ 세잔은 사유를 통해 사물을 인식하고 이해할 수 있어야 한다고 생각했다.

19. ㉠~㉣과 바꿔쓸 수 있는 유사한 표현으로 적절하지 않은 것은?
① ㉠: 형상화하고자
② ㉡: 고려하다가
③ ㉢: 가미하고자
④ ㉣: 명백한

20. 다음 글의 ㉠을 강화하는 것만을 <보기>에서 모두 고르면?

　「처용가」는 통일신라 시기 역신에게 아내를 빼앗긴 처용이 지었다고 알려져 있다. 삼국유사에 따르면 처용은 용의 아들로 신라에서 벼슬을 하였는데 어느 날 밤, 역신이 자기의 아내와 동침하고 있는 것을 발견하였다. 처용은 이를 보고 「처용가」를 지어 불렀으며, 이에 감복한 역신이 처용에게 용서를 구하였다고 알려져 있다. 이때 「처용가」에 나오는 역신은 천연두를 의인화한 것이다. 그래서 기존에는 「처용가」를 천연두에 걸리는 것을 두려워한 당시 사람들이 이를 피하고자 만든 설화라고 보았다.
　하지만 최근, 「처용가」에 나온 역신은 처용이 벼슬을 하던 시기의 임금인 헌강왕을 의미하는 것으로, ㉠「처용가」가 방탕했던 왕의 행실을 우회적으로 비판하기 위해 만들어진 노래라는 가설이 제기되었다. 이에 따르면, 처용 또한 실존 인물로 헌강왕과 처용 사이에 불미스러운 사건이 존재하였다고 본다.

<보 기>
ㄱ. 통일신라의 왕인 헌강왕의 행실에 대해 비판하는 향가가 다수 발견되었다.
ㄴ. 삼국사기를 비롯한 여러 역사서에서 헌강왕 시기 벼슬을 했던 처용이라는 사람이 발견되었다.
ㄷ. 헌강왕의 치세에 유교 진흥을 통해 문화적으로 융성했다는 사실이 발견되었다.

① ㄱ, ㄴ
② ㄱ, ㄷ
③ ㄴ, ㄷ
④ ㄱ, ㄴ, ㄷ

2025
이유진
국어

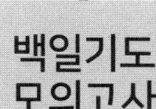

백일기도
모의고사

시즌 2_轉

2025
이유진
국어

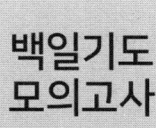

백일기도
모의고사

시즌 2_轉

2025년 국가직/지방직 9급 대비

공무원 9급 공개경쟁임용 필기시험

백일기도 국어 모의고사(轉) 정답 및 해설
(제50회~제77회)

응시번호		문제책형
성명		

【시험과목】

제1과목	국어	제2과목	영어	제3과목	한국사
제4과목	행정법총론	제5과목	행정학개론		

※ 반드시 본인의 응시표에 인쇄된 선택과목 순서에 따라 제4과목과 제5과목의 답안을 표기하여야 합니다.

정답공개 및 이의제기 안내

1. **유튜브 라이브**: 멘탈클리닉 + 문제풀이 타이머

2. **유튜브 라이브 참여 방식**: 매일 아침 7시 20분부터 이유진 국어 유튜브 채널에서 송출

3. **질의응답**: 이유진 국어 네이버 카페(https://cafe.naver.com/yujinjinjin)
   → 백일기도 질답 메뉴

4. **성적분석 및 유사유형 검색시스템 제공**: 메가공무원 이유진 국어 홈페이지

본 문제의 무단전재 또는 복제행위는 저작권법 제136조에 의거, 5년 이하의 징역 또는 5,000만원 이하의 벌금에 처하거나 이를 병과할 수 있습니다.

백일기도 국어 모의고사

이미 백일기도는 실천이 곧 실력을 만든다는 것을 증명해 왔습니다.

- 올해로 벌써 **5년째** 이어진 이유진 선생님의 시그니처 콘텐츠[1]
- 총 라이브 시청자 **225,060명** 이상 수험생이 찾아보는 강의[2]
- 공무원 교재 전체 주간 1위 **총 21주** 사그라들지 않은 인기 교재[3]
- 모의고사 누적 응시 기록 **485,651명** 신뢰성 검증된 모의고사[4]

1) 2020년 최초 백일기도 모의고사 콘텐츠 개설
2) 2022~2024 백일기도 모의고사 실시간 라이브 최고 시청자수 합산
3) 2022~2024 백일기도 모의고사 시리즈 YES24 공무원 주별 베스트셀러 1위 누적
4) 24/11/22 기준 2022~2024 이유진 백일기도 모의고사 성적 입력 누적

백일기도는 시즌마다 구체적인 학습 목표와 특징이 있습니다.

시즌 0 - 起(기)
- 인사혁신처가 공개한 1, 2차 예시 문제와 출제 유형 및 발문을 일치시켰습니다.
- 독해 사고력 중심으로 달라진 기조 아래 본인의 현재 약점을 파악할 수 있습니다.
- 다양한 신유형에 대해 바른 접근법을 훈련합니다.

시즌 1 - 承(승)
- 자주 출제되는 이론과 유형을 다뤄 안정적인 실력을 완성합니다.
- 인사혁신처 예시 문제에 공개된 유형의 스펙트럼을 확장하여 훈련합니다.
- 모의고사 학습 단계의 안정적인 적응을 고려하였습니다.

시즌 2 - 轉(전)
- 오답률이 높을 수밖에 없는 추론 유형을 많이 담았습니다.
- 신유형 문제를 당황하지 않고 풀 수 있도록 훈련합니다.
- 난도에 영향을 받지 않고 고득점 할 수 있는 실력을 만듭니다.

시즌 3 - 結(결)
- 실전에서 느낄 긴장까지 고려해 실전과 가장 유사한 경험을 제공합니다.
- 체감 난도는 시즌 1과 시즌 2의 중간 지점으로 파이널 마무리에 적합합니다.
- 국어 23~25분 완료를 위한 사고 과정 및 판단을 집중적으로 훈련합니다.

올해부터 달라지는 백일기도 모의고사 변경점은 아래 내용을 참고해 주세요.
언제나 최선의 콘텐츠를 제공하겠습니다.

01. <u>이유진 선생님과 함께 유튜브 콘텐츠 - <미라클모닝>과 <국쪽이 상담소></u>
    매일 아침 이유진 국어 유튜브 채널 '미라클모닝'에서 멘탈 클리닉과 제한시간 문제 풀이(타이머)가 진행됩니다.
    해당 영상에 회차별 질문을 달아 주시면 매주 토요일 메가공무원 유튜브 채널 '국쪽이 상담소'에서 다뤄 드립니다.
02. <u>전략 해설 강의는 메가공무원에서 정규 강의로만 시청 가능합니다.</u>
03. <u>메가공무원 모의고사 채점/분석 서비스에 정답을 입력하시면</u>
    회차별 성적 통계(문항별 정답률과 선택률 포함)를 확인할 수 있으며, 영역별로 나의 약점이 누적 기록됩니다.
    또한, 내 약점 문제에 대해 유사유형 검색 시스템으로 지난 회차 중 복습할 문제 리스트를 확인할 수 있습니다.

항상 여러분과 함께 달리는 이유진 선생님의 노력은 변하지 않습니다.

이유진 국어와 함께 승리하세요!

백일기도 국어 모의고사

백일기도 제50회 모의고사

1	[국어학의 이해와 활용-작문 형식]
2	[확인 추론-긍정발문-인문사회예술]
3	[국어학의 이해와 활용-언어학-단어]
4	[응용 추론-빈칸 추론]
5	[논리 비판-논리 추론-명제논리]
6	[확인 추론-부정발문-문학]
7	[국어학의 이해와 활용-언어학-단어]
8	[의사소통-작문 내용]
9	[구조 독해-배열-문장 배열]
10	[확인 추론-긍정발문-과학기술경제]
11	[응용 추론-어휘 추론]
12	[논리 비판-논리 추론-명제논리]
13	[의사소통-작문 내용]
14	[응용 추론-사례 추론]
15	[확인 추론-부정발문-인문사회예술]
16	[응용 추론-어휘 추론]
17	[국어학의 이해와 활용-언어학-기타]
18	[확인 추론-긍정발문-과학기술경제]
19	[응용 추론-문맥 추론]
20	[논리 비판-논리 추론-강화약화]

백일기도 제51회 모의고사

1	[의사소통-작문 내용]
2	[국어학의 이해와 활용-언어학-문장]
3	[응용 추론-빈칸 추론]
4	[응용 추론-빈칸 추론]
5	[국어학의 이해와 활용-언어학-단어]
6	[의사소통-작문 내용]
7	[논리 비판-논리 추론-명제논리]
8	[의사소통-화법]
9	[구조 독해-배열-단문 배열]
10	[국어학의 이해와 활용-언어학-기타]
11	[응용 추론-어휘 추론]
12	[의사소통-작문 내용]
13	[국어학의 이해와 활용-작문 형식]
14	[확인 추론-긍정발문-과학기술경제]
15	[확인 추론-부정발문-인문사회예술]
16	[응용 추론-어휘 추론]
17	[논리 비판-비판 추론-강화약화]
18	[확인 추론-부정발문-과학기술경제]
19	[응용 추론-문맥 추론]
20	[논리 비판-논리 추론-명제논리]

백일기도 제52회 모의고사

1	[국어학의 이해와 활용-작문 형식]
2	[논리 비판-비판 추론-비판적 이해]
3	[국어학의 이해와 활용-언어학-단어]
4	[응용 추론-빈칸 추론]
5	[논리 비판-논리 추론-명제논리]
6	[확인 추론-부정발문-문학]
7	[구조 독해-배열-문단 배열]
8	[의사소통-작문 내용]
9	[구조 독해-전개 방식]
10	[확인 추론-부정발문-인문사회예술]
11	[응용 추론-어휘 추론]
12	[논리 비판-논리 추론-명제논리]
13	[의사소통-작문 내용]
14	[논리 비판-비판 추론-강화약화]
15	[확인 추론-긍정발문-과학기술경제]
16	[응용 추론-문맥 추론]
17	[국어학의 이해와 활용-언어학-기타]
18	[확인 추론-부정발문-인문사회예술]
19	[문맥추론-어휘 추론]
20	[논리 비판-논리 추론-명제논리]

백일기도 제53회 모의고사

1	[국어학의 이해와 활용-작문 형식]
2	[국어학의 이해와 활용-언어학-기타]
3	[국어학의 이해와 활용-언어학-단어]
4	[확인 추론-긍정발문-문학]
5	[논리 비판-논리 추론-명제논리]
6	[확인 추론-부정발문-문학]
7	[구조 독해-배열-문장 배열]
8	[의사소통-작문 내용]
9	[논리 비판-비판 추론-강화약화]
10	[확인 추론-부정발문-인문사회예술]
11	[응용 추론-어휘 추론]
12	[논리 비판-논리 추론-명제논리]
13	[논리 비판-비판 추론-비판적 이해]
14	[의사소통-작문 내용]
15	[확인 추론-부정발문-인문사회예술]
16	[응용 추론-어휘 추론]
17	[응용 추론-사례 추론]
18	[확인 추론-긍정발문-인문사회예술]
19	[응용 추론-문맥 추론]
20	[논리 비판-논리 추론-명제논리]

회차별 출제요소

백일기도 제54회 모의고사

1	[국어학의 이해와 활용-작문 형식]
2	[확인 추론-부정발문-과학기술경제]
3	[국어학의 이해와 활용-언어학-단어]
4	[논리 비판-비판 추론-강화약화]
5	[논리 비판-논리 추론-명제논리]
6	[응용 추론-빈칸 추론]
7	[의사소통-작문 내용]
8	[국어학의 이해와 활용-언어학-기타]
9	[응용 추론-사례 추론]
10	[확인 추론-부정발문-과학기술경제]
11	[응용 추론-어휘 추론]
12	[구조 독해-배치]
13	[논리 비판-비판 추론-비판적 이해]
14	[의사소통-작문 내용]
15	[확인 추론-부정발문-인문사회예술]
16	[응용 추론-어휘 추론]
17	[구조 독해-주제]
18	[구조 독해-주제]
19	[응용 추론-문맥 추론]
20	[논리 비판-논리 추론-명제 논리]

백일기도 제55회 모의고사

1	[의사소통-화법]
2	[확인 추론-긍정발문-인문사회예술]
3	[구조 독해-배열-문장 배열]
4	[구조 독해-주제]
5	[논리 비판-논리 추론-명제논리]
6	[의사소통-작문 내용]
7	[국어학의 이해와 활용-언어학-기타]
8	[국어학의 이해와 활용-작문 형식]
9	[논리 비판-비판 추론-강화약화]
10	[확인 추론-부정발문-인문사회예술]
11	[응용 추론-어휘 추론]
12	[국어학의 이해와 활용-언어학-소리]
13	[확인 추론-긍정발문-인문사회예술]
14	[응용 추론-어휘 추론]
15	[논리 비판-비판 추론-강화약화]
16	[구조 독해-전개방식]
17	[응용 추론-문맥 추론]
18	[논리 비판-논리 추론-명제논리]
19	[논리 비판-비판 추론-비판적 이해]
20	[확인 추론-긍정발문-문학]

백일기도 제56회 모의고사

1	[의사소통-작문 내용]
2	[국어학의 이해와 활용-언어학-문장]
3	[국어학의 이해와 활용-언어학-문장]
4	[확인 추론-부정발문-인문사회예술]
5	[확인 추론-긍정발문-문학]
6	[의사소통-화법]
7	[의사소통-작문 내용]
8	[논리 비판-비판 추론-비판적 이해]
9	[구조 독해-주제]
10	[응용 추론-어휘 추론]
11	[응용 추론-빈칸 추론]
12	[확인 추론-부정 발문-과학기술경제]
13	[국어학의 이해와 활용-작문 형식]
14	[확인 추론-긍정발문-과학기술경제]
15	[응용 추론-어휘 추론]
16	[논리 비판-논리 추론-강화약화]
17	[구조 독해-배열-문단 배열]
18	[논리 비판-논리 추론-명제 논리]
19	[확인 추론-부정발문-인문사회예술]
20	[논리 비판-비판 추론-비판적 이해]

백일기도 제57회 모의고사

1	[국어학의 이해와 활용-작문 형식]
2	[구조 독해-주제]
3	[국어학의 이해와 활용-언어학-기타]
4	[구조 독해-배열-문장 배열]
5	[논리 비판-논리 추론-명제논리]
6	[확인 추론-부정발문-문학]
7	[논리 비판-비판 추론-강화약화]
8	[논리 비판-비판 추론-비판적 이해]
9	[확인 추론-긍정발문-인문사회예술]
10	[확인 추론-부정발문-과학기술경제]
11	[응용 추론-어휘 추론]
12	[국어학의 이해와 활용-언어학-문장]
13	[확인 추론-긍정발문-과학기술경제]
14	[응용 추론-어휘 추론]
15	[응용 추론-빈칸 추론]
16	[논리 비판-논리 추론-독해 논리]
17	[확인 추론-긍정발문-인문사회예술]
18	[논리 비판-논리 추론-명제논리]
19	[의사소통-작문 내용]
20	[의사소통-작문 내용]

백일기도 국어 모의고사

	백일기도 제58회 모의고사	
1	[국어학의 이해와 활용-작문 형식]	
2	[응용 추론 - 사례 추론]	
3	[국어학의 이해와 활용-언어학-기타]	
4	[확인추론-긍정발문-문학]	
5	[논리 비판-비판 추론-비판적 이해]	
6	[구조 독해-배치]	
7	[응용 추론-문맥 추론]	
8	[의사소통-작문 내용]	
9	[응용 추론-빈칸 추론]	
10	[확인 추론-부정발문-인문사회예술]	
11	[응용 추론-어휘 추론]	
12	[논리 비판-논리 추론-명제논리]	
13	[논리 비판-비판 추론-강화약화]	
14	[의사소통-작문 내용]	
15	[확인 추론-부정발문-인문사회예술]	
16	[응용 추론-어휘 추론]	
17	[국어학의 이해와 활용-언어학-문장]	
18	[확인 추론-긍정발문-인문사회예술]	
19	[응용 추론-문맥 추론]	
20	[논리 비판-논리 추론-명제논리]	

	백일기도 제59회 모의고사	
1	[국어학의 이해와 활용-작문 형식]	
2	[국어학의 이해와 활용-언어학-기타]	
3	[응용 추론-빈칸 추론]	
4	[구조 독해-주제]	
5	[논리 비판-논리 추론-명제논리]	
6	[확인 추론-부정발문-문학]	
7	[논리 비판-비판 추론-강화약화]	
8	[논리 비판-비판 추론-비판적 이해]	
9	[의사소통-작문 내용]	
10	[확인 추론-부정발문-과학기술경제]	
11	[응용 추론-어휘 추론]	
12	[국어학의 이해와 활용-언어학-소리]	
13	[의사소통-작문 내용]	
14	[구조 독해-배열-문단 배열]	
15	[확인 추론-부정발문-인문사회예술]	
16	[응용 추론-어휘 추론]	
17	[의사소통-작문 내용]	
18	[확인 추론-긍정발문-인문사회예술]	
19	[응용 추론-문맥 추론]	
20	[논리 비판-논리 추론-명제논리]	

	백일기도 제60회 모의고사	
1	[국어학의 이해와 활용-작문 형식]	
2	[국어학의 이해와 활용-언어학-단어]	
3	[국어학의 이해와 활용-언어학-기타]	
4	[논리 비판-비판 추론-강화약화]	
5	[논리 비판-논리 추론-명제논리]	
6	[확인 추론-부정발문-문학]	
7	[의사소통-작문 내용]	
8	[논리 비판-비판 추론-비판적 이해]	
9	[구조 독해-주제]	
10	[확인 추론-긍정발문-인문사회예술]	
11	[응용 추론-어휘 추론]	
12	[논리 비판-논리 추론-명제논리]	
13	[의사소통-작문 내용]	
14	[구조 독해-배열-문단 배열]	
15	[확인 추론-부정발문-문학]	
16	[응용 추론-어휘 추론]	
17	[응용 추론-빈칸 추론]	
18	[확인 추론-부정발문-문학]	
19	[응용 추론-문맥 추론]	
20	[국어학의 이해와 활용-언어학-기타]	

	백일기도 제61회 모의고사	
1	[의사소통-화법]	
2	[구조 독해-배열-문장 배열]	
3	[확인 추론-긍정발문-인문사회예술]	
4	[구조 독해-주제]	
5	[국어학의 이해와 활용-작문 형식]	
6	[국어학의 이해와 활용-언어학-문장]	
7	[논리 비판-논리 추론-명제논리]	
8	[의사소통-작문 내용]	
9	[논리 비판-비판 추론-강화약화]	
10	[확인 추론-긍정발문-문학]	
11	[응용 추론-어휘 추론]	
12	[논리 비판-비판 추론-강화약화]	
13	[확인 추론-부정발문-과학기술경제]	
14	[응용 추론-어휘 추론]	
15	[국어학의 이해와 활용-언어학-기타]	
16	[확인 추론-부정발문-인문사회예술]	
17	[응용 추론-문맥 추론]	
18	[논리 비판-논리 추론-명제논리]	
19	[논리 비판-비판 추론-비판적 이해]	
20	[응용 추론-빈칸 추론]	

회차별 출제요소

백일기도 제62회 모의고사

1	[의사소통-작문 내용]
2	[구조 독해-주제]
3	[논리 비판-비판 추론-비판적 이해]
4	[구조 독해-주제]
5	[확인 추론-긍정발문-문학]
6	[구조 독해-배열-문장 배열]
7	[의사소통-화법]
8	[국어학의 이해와 활용-언어학-의미]
9	[확인 추론-긍정발문-인문사회예술]
10	[응용 추론-문맥 추론]
11	[논리 비판-논리 추론-명제 논리]
12	[의사소통-작문 내용]
13	[확인 추론-긍정발문-인문사회예술]
14	[확인 추론-부정발문-과학기술경제]
15	[응용 추론-사례 추론]
16	[확인 추론-부정발문-인문사회예술]
17	[확인 추론-긍정발문-과학기술경제]
18	[확인 추론-부정발문-과학기술경제]
19	[응용 추론-어휘 추론]
20	[응용 추론-사례 추론]

백일기도 제63회 모의고사

1	[의사소통-화법]
2	[확인 추론-긍정발문-인문사회예술]
3	[구조 독해-배열-문단 배열]
4	[구조 독해-주제]
5	[논리 비판-논리 추론-명제논리]
6	[국어학의 이해와 활용-언어학-문장]
7	[국어학의 이해와 활용-작문 형식]
8	[의사소통-작문 내용]
9	[논리 비판-비판 추론-강화약화]
10	[확인 추론-부정발문-인문사회예술]
11	[응용 추론-어휘 추론]
12	[국어학의 이해와 활용-언어학-의미]
13	[확인 추론-부정발문-문학]
14	[응용 추론-어휘 추론]
15	[논리 비판-논리 추론-명제논리]
16	[확인 추론-부정발문-인문사회예술]
17	[응용 추론-문맥 추론]
18	[의사소통-작문 내용]
19	[논리 비판-비판 추론-비판적 이해]
20	[확인 추론-긍정발문-인문사회예술]

백일기도 제64회 모의고사

1	[국어학의 이해와 활용-작문 형식]
2	[확인 추론-긍정발문-문학]
3	[국어학의 이해와 활용-언어학-의미]
4	[논리 비판-비판 추론-강화약화]
5	[논리 비판-논리 추론-명제논리]
6	[확인 추론-긍정발문-인문사회예술]
7	[응용 추론-어휘 추론]
8	[국어학의 이해와 활용-언어학-단어]
9	[의사소통-작문 내용]
10	[구조 독해-전개방식]
11	[확인 추론-부정발문-과학기술경제]
12	[응용 추론-어휘 추론]
13	[구조 독해-배열-문장 배열]
14	[논리 비판-비판 추론-비판적 이해]
15	[의사소통-작문 내용]
16	[국어학의 이해와 활용-언어학-기타]
17	[국어학의 이해와 활용-언어학-기타]
18	[구조 독해-주제]
19	[논리 비판-비판 추론-비판적 이해]
20	[논리 비판-논리 추론-명제논리]

백일기도 제65회 모의고사

1	[국어학의 이해와 활용-작문 형식]
2	[국어학의 이해와 활용-언어학-기타]
3	[의사소통-화법]
4	[확인 추론-부정발문-인문사회예술]
5	[논리 비판-논리 추론-명제논리]
6	[국어학의 이해와 활용-언어학-문장]
7	[응용 추론-어휘 추론]
8	[논리 비판-논리 추론-명제논리]
9	[논리 비판-비판 추론-강화약화]
10	[의사소통-작문 내용]
11	[확인 추론-긍정발문-과학기술경제]
12	[응용 추론-어휘 추론]
13	[논리 비판-논리 추론-명제논리]
14	[확인 추론-긍정발문-문학]
15	[의사소통-작문 내용]
16	[확인 추론-부정발문-문학]
17	[응용 추론-문맥 추론]
18	[확인 추론-긍정발문-인문사회예술]
19	[논리 비판-비판 추론-비판적 이해]
20	[확인 추론-부정발문-과학기술경제]

백일기도 국어 모의고사

백일기도 제66회 모의고사

1	[국어학의 이해와 활용-작문 형식]
2	[논리 비판-비판 추론-비판적 이해]
3	[국어학의 이해와 활용-언어학-기타]
4	[의사소통-작문 내용]
5	[논리 비판-논리 추론-명제논리]
6	[확인 추론-긍정발문-인문사회예술]
7	[응용 추론-어휘 추론]
8	[논리 비판-비판 추론-강화약화]
9	[확인 추론-부정발문-문학]
10	[국어학의 이해와 활용-언어학-단어]
11	[확인 추론-부정발문-과학기술경제]
12	[응용 추론-어휘 추론]
13	[응용 추론-빈칸 추론]
14	[의사소통-작문 내용]
15	[응용 추론-사례 추론]
16	[응용 추론-문맥 추론]
17	[구조 독해-배열-문장 배열]
18	[논리 비판-논리 추론-명제논리]
19	[응용 추론-빈칸 추론]
20	[구조 독해-전개방식]

백일기도 제67회 모의고사

1	[국어학의 이해와 활용-작문 형식]
2	[국어학의 이해와 활용-언어학-소리]
3	[논리 비판-논리 추론-독해 논리]
4	[확인 추론-부정발문-인문사회예술]
5	[논리 비판-논리 추론-명제논리]
6	[확인 추론-긍정발문-문학]
7	[구조 독해-주제]
8	[확인 추론-부정발문-과학기술경제]
9	[문맥추론-어휘 추론]
10	[논리 비판-비판 추론-강화약화]
11	[확인 추론-부정발문-인문사회예술]
12	[응용 추론-어휘 추론]
13	[응용 추론-빈칸 추론]
14	[논리 비판-비판 추론-비판적 이해]
15	[의사소통-작문 내용]
16	[응용 추론-빈칸 추론]
17	[응용 추론-문맥 추론]
18	[구조 독해-배열-문단 배열]
19	[의사소통-작문 내용]
20	[논리 비판-논리 추론-명제논리]

백일기도 제68회 모의고사

1	[국어학의 이해와 활용-작문 형식]
2	[구조 독해-배열-문장 배열]
3	[국어학의 이해와 활용-언어학-단어]
4	[논리 비판-비판 추론-강화약화]
5	[논리 비판-비판 추론-비판적 이해]
6	[논리 비판-비판 추론-강화약화]
7	[의사소통-작문 내용]
8	[의사소통-작문 내용]
9	[확인 추론-긍정발문-과학기술경제]
10	[응용 추론-어휘 추론]
11	[확인 추론-긍정발문-문학]
12	[응용 추론-어휘 추론]
13	[국어학의 이해와 활용-언어학-기타]
14	[논리 비판-논리 추론-명제논리]
15	[구조 독해-주제]
16	[국어학의 이해와 활용-언어학-기타]
17	[확인 추론-부정발문-과학기술경제]
18	[응용 추론-사례 추론]
19	[확인 추론-긍정발문-인문사회예술]
20	[논리 비판-논리 추론-명제논리]

백일기도 제69회 모의고사

1	[국어학의 이해와 활용-작문 형식]
2	[확인 추론-부정발문-과학기술경제]
3	[구조 독해-주제]
4	[국어학의 이해와 활용-언어학-소리]
5	[의사소통-작문 내용]
6	[구조 독해-배치]
7	[논리 비판-비판 추론-비판적 이해]
8	[국어학의 이해와 활용-언어학-단어]
9	[확인 추론-긍정발문-인문사회예술]
10	[응용 추론-어휘 추론]
11	[논리 비판-논리 추론-명제논리]
12	[확인 추론-긍정발문-과학기술경제]
13	[응용 추론-어휘 추론]
14	[논리 비판-비판 추론-강화약화]
15	[논리 비판-논리 추론-명제논리]
16	[확인 추론-부정발문-문학]
17	[응용 추론-문맥 추론]
18	[국어학의 이해와 활용-언어학-의미]
19	[국어학의 이해와 활용-언어학-의미]
20	[확인 추론-부정발문-인문사회예술]

회차별 출제요소

백일기도 제70회 모의고사

1	[의사소통-작문 내용]
2	[논리 비판-비판 추론-강화약화]
3	[확인 추론-부정발문-문학]
4	[국어학의 이해와 활용-언어학-문장]
5	[확인 추론-부정발문-인문사회예술]
6	[논리 비판-논리 추론-명제논리]
7	[국어학의 이해와 활용-작문 형식]
8	[응용 추론-문맥 추론]
9	[확인 추론-부정발문-문학]
10	[응용 추론-어휘 추론]
11	[확인 추론-긍정발문-인문사회예술]
12	[응용 추론-문맥 추론]
13	[구조 독해-배열-문장 배열]
14	[구조 독해-주제]
15	[의사소통-작문 내용]
16	[의사소통-작문 내용]
17	[확인 추론-부정발문-과학기술경제]
18	[응용 추론-어휘 추론]
19	[응용 추론-사례 추론]
20	[논리 비판-논리 추론-독해논리]

백일기도 제71회 모의고사

1	[국어학의 이해와 활용-작문 형식]
2	[확인 추론-긍정발문-문학]
3	[국어학의 이해와 활용-언어학-기타]
4	[논리 비판-비판 추론-강화약화]
5	[응용 추론-빈칸 추론]
6	[확인 추론-부정발문-인문사회예술]
7	[응용 추론-어휘 추론]
8	[응용 추론-빈칸 추론]
9	[의사소통-작문 내용]
10	[논리 비판-비판 추론-비판적 이해]
11	[확인 추론-긍정발문-과학기술경제]
12	[응용 추론-어휘 추론]
13	[논리 비판-논리 추론-명제논리]
14	[논리 비판-비판 추론-강화약화]
15	[확인 추론-부정발문-인문사회예술]
16	[확인 추론-긍정발문-문학]
17	[응용 추론-문맥 추론]
18	[구조 독해-배열-문장 배열]
19	[국어학의 이해와 활용-언어학-기타]
20	[논리 비판-논리 추론-명제논리]

백일기도 제72회 모의고사

1	[국어학의 이해와 활용-작문 형식]
2	[논리 비판-비판 추론-강화약화]
3	[응용 추론-빈칸 추론]
4	[확인 추론-부정발문-인문사회예술]
5	[논리 비판-논리 추론-명제논리]
6	[확인 추론-긍정발문-문학]
7	[국어학의 이해와 활용-언어학-단어]
8	[논리 비판-비판 추론-비판적 이해]
9	[논리 비판-비판 추론-강화약화]
10	[확인 추론-부정발문-과학기술경제]
11	[응용 추론-어휘 추론]
12	[의사소통-작문 내용]
13	[국어학의 이해와 활용-언어학-소리]
14	[구조 독해-주제]
15	[확인 추론-부정발문-인문사회예술]
16	[응용 추론-어휘 추론]
17	[구조 독해-배치]
18	[확인 추론-부정발문-문학]
19	[응용 추론-어휘 추론]
20	[논리 비판-논리 추론-명제논리]

백일기도 제73회 모의고사

1	[국어학의 이해와 활용-작문 형식]
2	[확인 추론-부정발문-인문사회예술]
3	[국어학의 이해와 활용-언어학-문장]
4	[의사소통-화법]
5	[논리 비판-논리 추론-명제논리]
6	[확인 추론-긍정발문-문학]
7	[확인 추론-긍정발문-과학기술경제]
8	[논리 비판-비판 추론-비판적 이해]
9	[국어학의 이해와 활용-언어학-단어]
10	[확인 추론-부정발문-인문사회예술]
11	[응용 추론-어휘 추론]
12	[응용 추론-빈칸 추론]
13	[논리 비판-비판 추론-강화약화]
14	[구조 독해-배열-문장 배열]
15	[의사소통-작문 내용]
16	[확인 추론-부정발문-인문사회예술]
17	[의사소통-작문 내용]
18	[확인 추론-부정발문-인문사회예술]
19	[응용 추론-어휘 추론]
20	[논리 비판-논리 추론-명제논리]

백일기도 국어 모의고사

	백일기도 제74회 모의고사	
1	[국어학의 이해와 활용-작문 형식]	
2	[의사소통-작문 내용]	
3	[국어학의 이해와 활용-언어학-소리]	
4	[확인 추론-부정발문-인문사회예술]	
5	[논리 비판-논리 추론-명제논리]	
6	[확인 추론-부정발문-문학]	
7	[응용 추론-어휘 추론]	
8	[응용 추론-빈칸 추론]	
9	[논리 비판-비판 추론-강화약화]	
10	[국어학의 이해와 활용-언어학-문장]	
11	[확인 추론-부정발문-인문사회예술]	
12	[응용 추론-문맥 추론]	
13	[논리 비판-비판 추론-강화약화]	
14	[논리 비판-비판 추론-비판적 이해]	
15	[확인 추론-부정발문-인문사회예술]	
16	[확인 추론-긍정발문-문학]	
17	[구조 독해-배열-문장 배열]	
18	[확인 추론-부정발문-인문사회예술]	
19	[응용 추론-어휘 추론]	
20	[논리 비판-논리 추론-명제논리]	

	백일기도 제75회 모의고사	
1	[국어학의 이해와 활용-작문 형식]	
2	[구조 독해-배치]	
3	[국어학의 이해와 활용-언어학-기타]	
4	[논리 비판-논리 추론-명제논리]	
5	[확인 추론-부정발문-인문사회예술]	
6	[국어학의 이해와 활용-언어학-기타]	
7	[논리 비판-비판 추론-비판적 이해]	
8	[논리 비판-비판 추론-강화약화]	
9	[확인 추론-긍정발문-인문사회예술]	
10	[응용 추론-어휘 추론]	
11	[논리 비판-논리 추론-명제논리]	
12	[확인 추론-부정발문-인문사회예술]	
13	[응용 추론-어휘 추론]	
14	[응용 추론-사례 추론]	
15	[확인 추론-부정발문-문학]	
16	[논리 비판-비판 추론-강화약화]	
17	[확인 추론-긍정발문-인문사회예술]	
18	[응용 추론-문맥 추론]	
19	[구조 독해-배열-문장 배열]	
20	[국어학의 이해와 활용-작문 형식]	

	백일기도 제76회 모의고사	
1	[의사소통-작문 내용]	
2	[의사소통-작문 내용]	
3	[국어학의 이해와 활용-언어학-문장]	
4	[구조 독해-배열-문장 배열]	
5	[응용 추론-사례 추론]	
6	[응용 추론-빈칸 추론]	
7	[확인 추론-부정발문-문학]	
8	[논리 비판-비판 추론-강화약화]	
9	[확인 추론-긍정발문-인문사회예술]	
10	[응용 추론-어휘 추론]	
11	[의사소통-작문 내용]	
12	[논리 비판-논리 추론-명제논리]	
13	[확인 추론-긍정발문-문학]	
14	[논리 비판-논리 추론-독해논리]	
15	[논리 비판-비판 추론-비판적 이해]	
16	[국어학의 이해와 활용-언어학-기타]	
17	[확인 추론-부정발문-인문사회예술]	
18	[응용 추론-어휘 추론]	
19	[논리 비판-비판 추론-강화약화]	
20	[논리 비판-논리 추론-명제논리]	

	백일기도 제77회 모의고사	
1	[국어학의 이해와 활용-작문 형식]	
2	[응용 추론-빈칸 추론]	
3	[논리 비판-비판 추론-비판적 이해]	
4	[국어학의 이해와 활용-언어학-기타]	
5	[확인 추론-긍정발문-문학]	
6	[논리 비판-논리 추론-독해논리]	
7	[구조 독해-배열-문단 배열]	
8	[국어학의 이해와 활용-언어학-단어]	
9	[논리 비판-논리 추론-독해논리]	
10	[논리 비판-논리 추론-독해논리]	
11	[확인 추론-부정발문-인문사회예술]	
12	[응용 추론-어휘 추론]	
13	[논리 비판-논리 추론-명제논리]	
14	[확인 추론-긍정발문-인문사회예술]	
15	[논리 비판-논리 추론-명제논리]	
16	[논리 비판-비판 추론-비판적 이해]	
17	[논리 비판-논리 추론-명제논리]	
18	[확인 추론-부정발문-인문사회예술]	
19	[응용 추론-어휘 추론]	
20	[논리 비판-비판 추론-강화약화]	

백일기도 국어 모의고사 정답

제50회 모의고사

01 ②	02 ②	03 ④	04 ①	05 ③
06 ②	07 ③	08 ④	09 ②	10 ②
11 ④	12 ①	13 ④	14 ③	15 ②
16 ①	17 ④	18 ③	19 ②	20 ①

제51회 모의고사

01 ③	02 ②	03 ①	04 ③	05 ④
06 ③	07 ①	08 ②	09 ②	10 ①
11 ④	12 ①	13 ①	14 ③	15 ②
16 ①	17 ④	18 ②	19 ②	20 ①

제52회 모의고사

01 ②	02 ③	03 ④	04 ③	05 ②
06 ④	07 ②	08 ③	09 ①	10 ①
11 ②	12 ④	13 ③	14 ③	15 ①
16 ③	17 ④	18 ①	19 ①	20 ②

제53회 모의고사

01 ④	02 ④	03 ③	04 ④	05 ①
06 ②	07 ①	08 ①	09 ②	10 ④
11 ①	12 ②	13 ①	14 ②	15 ④
16 ①	17 ③	18 ④	19 ③	20 ②

제54회 모의고사

01 ③	02 ③	03 ①	04 ③	05 ①
06 ②	07 ④	08 ③	09 ①	10 ④
11 ①	12 ①	13 ①	14 ②	15 ③
16 ③	17 ④	18 ④	19 ②	20 ②

제55회 모의고사

01 ④	02 ③	03 ④	04 ③	05 ①
06 ②	07 ③	08 ①	09 ②	10 ①
11 ①	12 ①	13 ③	14 ①	15 ④
16 ①	17 ①	18 ③	19 ④	20 ③

제56회 모의고사

01 ③	02 ①	03 ④	04 ④	05 ③
06 ②	07 ②	08 ①	09 ①	10 ②
11 ③	12 ①	13 ②	14 ④	15 ①
16 ①	17 ③	18 ①	19 ③	20 ②

제57회 모의고사

01 ②	02 ②	03 ③	04 ④	05 ④
06 ③	07 ①	08 ①	09 ③	10 ①
11 ①	12 ②	13 ②	14 ④	15 ①
16 ③	17 ②	18 ①	19 ④	20 ②

제58회 모의고사

01 ②	02 ①	03 ①	04 ②	05 ③
06 ④	07 ②	08 ③	09 ④	10 ②
11 ③	12 ③	13 ③	14 ③	15 ②
16 ④	17 ①	18 ②	19 ④	20 ④

제59회 모의고사

01 ①	02 ②	03 ①	04 ④	05 ②
06 ②	07 ③	08 ②	09 ④	10 ①
11 ③	12 ①	13 ③	14 ②	15 ③
16 ③	17 ①	18 ④	19 ①	20 ①

제60회 모의고사

01 ②	02 ③	03 ③	04 ④	05 ④
06 ②	07 ④	08 ④	09 ③	10 ②
11 ④	12 ④	13 ④	14 ①	15 ②
16 ①	17 ②	18 ③	19 ④	20 ①

제61회 모의고사

01 ①	02 ③	03 ④	04 ②	05 ②
06 ③	07 ③	08 ②	09 ①	10 ②
11 ④	12 ②	13 ④	14 ①	15 ①
16 ②	17 ①	18 ①	19 ③	20 ②

제62회 모의고사

01 ④	02 ②	03 ①	04 ①	05 ④
06 ①	07 ④	08 ①	09 ③	10 ④
11 ③	12 ①	13 ④	14 ①	15 ③
16 ④	17 ③	18 ②	19 ②	20 ①

제63회 모의고사

01 ①	02 ③	03 ①	04 ②	05 ②
06 ④	07 ②	08 ①	09 ①	10 ④
11 ④	12 ②	13 ①	14 ②	15 ③
16 ①	17 ③	18 ②	19 ①	20 ④

백일기도 국어 모의고사

📌 제64회 모의고사

01 ③	02 ④	03 ④	04 ②	05 ④
06 ④	07 ③	08 ①	09 ③	10 ④
11 ①	12 ④	13 ①	14 ④	15 ③
16 ②	17 ②	18 ①	19 ③	20 ②

📌 제65회 모의고사

01 ④	02 ①	03 ④	04 ③	05 ①
06 ④	07 ④	08 ③	09 ④	10 ③
11 ④	12 ④	13 ②	14 ④	15 ②
16 ②	17 ②	18 ①	19 ②	20 ②

📌 제66회 모의고사

01 ①	02 ④	03 ③	04 ④	05 ③
06 ④	07 ①	08 ④	09 ②	10 ④
11 ②	12 ④	13 ①	14 ③	15 ②
16 ②	17 ②	18 ①	19 ③	20 ③

📌 제67회 모의고사

01 ②	02 ③	03 ①	04 ③	05 ④
06 ④	07 ③	08 ③	09 ②	10 ①
11 ④	12 ④	13 ②	14 ④	15 ①
16 ②	17 ②	18 ①	19 ④	20 ②

📌 제68회 모의고사

01 ①	02 ③	03 ②	04 ②	05 ③
06 ①	07 ④	08 ④	09 ③	10 ④
11 ③	12 ④	13 ③	14 ①	15 ②
16 ②	17 ③	18 ①	19 ②	20 ④

📌 제69회 모의고사

01 ③	02 ③	03 ①	04 ②	05 ③
06 ③	07 ②	08 ④	09 ①	10 ④
11 ④	12 ④	13 ①	14 ④	15 ④
16 ③	17 ①	18 ②	19 ④	20 ②

📌 제70회 모의고사

01 ④	02 ④	03 ①	04 ③	05 ③
06 ①	07 ④	08 ②	09 ③	10 ①
11 ②	12 ④	13 ④	14 ②	15 ④
16 ②	17 ③	18 ③	19 ①	20 ③

📌 제71회 모의고사

01 ③	02 ①	03 ④	04 ②	05 ④
06 ①	07 ③	08 ④	09 ②	10 ②
11 ④	12 ②	13 ④	14 ④	15 ④
16 ④	17 ①	18 ②	19 ④	20 ②

📌 제72회 모의고사

01 ①	02 ②	03 ④	04 ①	05 ①
06 ②	07 ①	08 ②	09 ③	10 ③
11 ④	12 ③	13 ③	14 ③	15 ②
16 ①	17 ②	18 ④	19 ②	20 ④

📌 제73회 모의고사

01 ②	02 ④	03 ④	04 ①	05 ③
06 ③	07 ②	08 ②	09 ①	10 ②
11 ②	12 ①	13 ②	14 ④	15 ②
16 ①	17 ④	18 ②	19 ④	20 ②

📌 제74회 모의고사

01 ②	02 ④	03 ②	04 ③	05 ②
06 ④	07 ②	08 ①	09 ④	10 ④
11 ①	12 ②	13 ④	14 ④	15 ③
16 ①	17 ①	18 ③	19 ②	20 ①

📌 제75회 모의고사

01 ①	02 ②	03 ③	04 ④	05 ④
06 ③	07 ③	08 ④	09 ④	10 ①
11 ①	12 ②	13 ②	14 ②	15 ①
16 ②	17 ②	18 ③	19 ③	20 ④

📌 제76회 모의고사

01 ④	02 ②	03 ③	04 ④	05 ②
06 ④	07 ①	08 ②	09 ①	10 ③
11 ①	12 ②	13 ④	14 ③	15 ②
16 ④	17 ①	18 ③	19 ②	20 ①

📌 제77회 모의고사

01 ①	02 ④	03 ③	04 ②	05 ③
06 ④	07 ②	08 ②	09 ④	10 ②
11 ②	12 ①	13 ②	14 ①	15 ②
16 ④	17 ③	18 ③	19 ②	20 ①

차 례

제50회 이유진 국어 백일기도 모의고사 해설 ·········· 16
제51회 이유진 국어 백일기도 모의고사 해설 ·········· 19
제52회 이유진 국어 백일기도 모의고사 해설 ·········· 22
제53회 이유진 국어 백일기도 모의고사 해설 ·········· 25
제54회 이유진 국어 백일기도 모의고사 해설 ·········· 28
제55회 이유진 국어 백일기도 모의고사 해설 ·········· 30
제56회 이유진 국어 백일기도 모의고사 해설 ·········· 33
제57회 이유진 국어 백일기도 모의고사 해설 ·········· 36
제58회 이유진 국어 백일기도 모의고사 해설 ·········· 39
제59회 이유진 국어 백일기도 모의고사 해설 ·········· 41
제60회 이유진 국어 백일기도 모의고사 해설 ·········· 44
제61회 이유진 국어 백일기도 모의고사 해설 ·········· 47
제62회 이유진 국어 백일기도 모의고사 해설 ·········· 50
제63회 이유진 국어 백일기도 모의고사 해설 ·········· 52
제64회 이유진 국어 백일기도 모의고사 해설 ·········· 55
제65회 이유진 국어 백일기도 모의고사 해설 ·········· 57
제66회 이유진 국어 백일기도 모의고사 해설 ·········· 60
제67회 이유진 국어 백일기도 모의고사 해설 ·········· 63
제68회 이유진 국어 백일기도 모의고사 해설 ·········· 66
제69회 이유진 국어 백일기도 모의고사 해설 ·········· 69
제70회 이유진 국어 백일기도 모의고사 해설 ·········· 72
제71회 이유진 국어 백일기도 모의고사 해설 ·········· 75
제72회 이유진 국어 백일기도 모의고사 해설 ·········· 78
제73회 이유진 국어 백일기도 모의고사 해설 ·········· 80
제74회 이유진 국어 백일기도 모의고사 해설 ·········· 83
제75회 이유진 국어 백일기도 모의고사 해설 ·········· 86
제76회 이유진 국어 백일기도 모의고사 해설 ·········· 89
제77회 이유진 국어 백일기도 모의고사 해설 ·········· 92

2025
이유진
국어

백일기도
모의고사

시즌 2_ 轉

이유진 국어 백일기도 모의고사

정답 및 해설

제50회 이유진 국어 백일기도 모의고사 해설

01 ② [국어학의 이해와 활용 – 작문 형식]
'주차 및 차량 통행 질서'는 관리사무소가 강화하는 주체이므로 '능동과 피동 등 흔히 헷갈리기 쉬운 것에 유의할 것'을 고려하여 '강화하다'를 쓰는 것이 적절하다.

오답해설
① 주어인 '노력이'는 서술어 '걸리다'와 호응하지 않으므로 이와 호응하는 서술어를 추가해야 한다. 따라서 '주어와 서술어를 호응시킬 것'을 고려하여 '~노력이 필요함에도'라고 수정하는 것이 적절하다.
③ '준수하다'는 '전례나 규칙, 명령 따위를 그대로 좇아서 지키다'를 의미하는데, 이미 '지키다'라는 의미가 포함되어 있다. 따라서 '중복되는 표현을 삼갈 것'을 고려하여 '준수하여'로 수정하는 것이 적절하다.
④ '동참하다'는 부사어(…에)를 필요로 하는 서술어이므로, 관리사무소가 입주민에게 무엇에 동참하길 바라는지 추가해야 한다. 따라서 '필요한 문장 성분이 생략되지 않도록 할 것'을 고려하여 '안전한 단지 환경 조성에 동참해'로 수정하는 것이 적절하다.

02 ② [확인 추론 – 긍정발문 – 인문사회예술]
지문의 '나'는 '이의역지(以意逆志)'를 독서의 비결로 삼았다고 한다. 이는 내 뜻을 중심으로 남의 뜻을 이해한다는 의미이다. 또 '나의 뜻으로써 고인의 뜻을 받아들'이면 '고인의 정신과 식견이 내 마음속에 침투해 들어온 셈'이라고 하였다. 이는 주체적으로 작자의 뜻을 헤아리고자 하는 것이 중요하다는 것이다.

오답해설
①, ③ '이의역지'란 글 속에 담긴 고인의 뜻을 헤아리는 것이라고 했다. 단순히 '창작 의도'를 파악하는 것과 다르며, 암기하는 독서와는 더욱 거리가 멀다.
④ '나의 뜻으로써 고인의 뜻을 받아들여 빈틈없이 합하고 흔연히 풀리면'을 통해 '미심쩍은 부분이 있으면 따져가며 읽는다'는 것은 충분하지 못한 표현임을 알 수 있다.

03 ④ [국어학의 이해와 활용 – 언어학 – 단어]
'굽다'와 '먹다'는 활용을 할 때 어간이 변하지 않고 규칙적인 어미가 온다. 이는 ㉠과 ㉡의 경우에 해당하지 않는다.

오답해설
① '곱다'는 어간인 'ㅂ'이 변하며, '걷다'는 어간인 'ㄷ'이 변한다. 이 둘은 모두 ㉠의 예시이다.
② '파랗다'는 어간인 'ㅎ'이 변하고 어미가 '-아서' 대신 '-이'가 붙어 어간과 어미가 모두 변하는 ㉡의 예시이며, '낫다'는 어간인 'ㅅ'이 변하는 ㉠의 예시이다.
③ '듣다'는 어간인 'ㄷ'이 변하는 ㉠의 예시이다. 하지만 '걷다'는 어간과 어미가 모두 변하지 않으므로 ㉠과 ㉡의 경우에 해당하지 않는다.

04 ① [응용 추론 – 빈칸 추론]
지문은 역사 서술에서 드러나는 민족주의에 대해 설명하며, 유럽, 중동, 미국에서는 역사적, 문화적, 사회적 배경으로 인해 민족주의적 성향이 나타나지 않음을, 그리고 동아시아에서는 이와 반대로 민족에 대한 사고가 분명하게 드러나고 있음을 언급하고 있다. 이를 고려했을 때 이러한 민족주의적 사고가 역사 서술에 있어서도 드러나고 유지되고 있음을 이야기하는 '역사 서술에 있어서 역시 민족주의적 성향이 뚜렷하게 나타났고 현재까지도 그 서술이 지속되고 있다'가 들어가는 것이 적절하다.

오답해설
② 유럽, 중동, 미국과 달리 동아시아에서는 민족주의적 성향이 뚜렷하게 드러났다는 지문의 내용과 '따라서'라는 인과의 상황에서 뒤의 내용이 결론일 때 사용하는 접속어가 이용되었다는 점을 고려했을 때, '역사 서술에 있어서는 민족주의적 성향이 그다지 뚜렷하지 않았다는 것이 특징적이다'는 적절하지 않다.
③ 유럽, 중동, 미국과 달리 동아시아에서는 민족주의적 성향이 뚜렷하게 드러났다는 지문의 내용과 '따라서'라는 순접의 상황에서 사용하는 접속어가 이용되었다는 점을 고려했을 때, '역사학계 내부에서는 반민족주의적인 연구가 보다 주류적인 위치를 차지하며 발전하게 되었다'는 적절하지 않다.
④ 지문은 역사학의 발전과 국가의 지원에 대해서는 언급하지 않았다.

05 ③ [논리 비판 – 논리 추론 – 명제논리]
제시된 명제를 기호화하여 정리하면 다음과 같다.

| 전제1: 매일 지각 → 불성실 |
| 전제2: 불성실n∧~계획적n |
| 결론: ~계획적n∧매일 지각n |

결론인 '~계획적n∧매일 지각n'을 이끌어 내기 위해서는 둘째 전제의 '불성실n'과 결론의 '매일 지각n'을 연결해 줄 수 있는 전제가 필요하다. 특칭의 참이 보장되기 위해서는 전칭의 참이 전제되어야 하므로, 추가되어야 할 전제는 '불성실 → 매일 지각'이다. 답은 ③이다.

06 ② [확인 추론 – 부정발문 – 문학]
둘째 문단에 따르면, 시간의 교차와 시점의 교체를 활용하면 '독자는 현재를 과거와 대비하여 더 선명하게 인식'할 수 있다고 하였다. 즉 '현재'의 상황을 더 선명하게 인식할 수 있게 된 것이지, '과거'의 상황을 선명하게 인식하게 되는 것이 아니다.

오답해설
① 첫째 문단에 따르면 '연작 소설은 독립되어 있는 작품들을 하나의 서사체로 엮어 낸 소설'이며, 마지막 문단에 따르면 '분절되어 있는 각 작품들을 연결할 수 있는 공간을 설정하면 공간의 통일성을 이룰 수 있다'고 하였다. 이를 통해 연작 소설 안에 독립되어 있는 작품들이 '분절성'을 지니고 있고, 이들을 하나로 엮어 냈다는 점에서 '통합성'을 지니고 있다는 것을 알 수 있다.
③ 둘째 문단에 따르면 소설의 사건 진행 중간 등장시킨 새로운 인물로 시점을 바꿀 경우, 다양한 인물에 관한 관점을 확보해 현실 인식의 폭을 넓힐 수 있다고 하였다.
④ 마지막 문단에 따르면, 분절되어 있는 각 작품들을 연결할 수 있는 공간을 설정하면 '인물의 기억 속 과거의 공간을 현재에 재현하고, 그 공간에 대한 애착을 전보다 강화하게 한다'고 하였다. 이를 통해 독립된 작품들을 연결할 공간을 설정했을 때 설정하지 않았을 때보다 인물은 기억 속 과거의 공간에 대한 애착이 강해진다는 것을 알 수 있다.

07 ③ [국어학의 이해와 활용 – 언어학 – 단어]
마지막 문단에 따르면, 일본에서는 한자어가 아닌데 한국에서 한자어가 된 것도 있다고 한다. 이는 일본어에서는 훈독을 하지만, 한국에 수입되어 음독을 하게 된 경우이다.

오답해설
① 첫째 문단에 따르면, 고유어의 범위를 확정하는 것이 어려운 이유는 낱말의 기원이 모호한 경우가 많기 때문이다. 하지만 지문에 이로 인해 한국어의 연구가 진전되지 않았다는 내용은 제시되지 않았다.
② 지문에 따르면 '한자어들도 본질적으로는 외래어지만, 차용의 역사가 오래되어 우리말에 동화된 정도가 유럽어계 외래어보다 크다.'라고 하였다. 따라서 한자어가 유럽어계 외래어보다 우리말에 더 동화되었음을 알 수 있다.
④ 중국, 한국, 일본 중 한자어의 비중이 가장 높은 나라가 어느 나라인지는 지문에 제시되지 않았다.

08 ④ [의사소통 – 작문 내용]
〈설문 조사 결과〉를 보면 중소 도시 주민들의 경제적 행복 지수가 40.4로 제일 높다. 그 이유는 경제적 행복 지수 구성 요소 중, 경제적 안정과 경제적 발전에 관한 부분의 지수가 높기 때문일 것이라고 추리할 수 있다. 그런데 경제적 불안 지수는 26.2로 대도시보다 낮고 읍면 지역보다 높다. 따라서 물가에 대한 불안과 경제적 행복 지수의 인과 관계는 알 수 없다.

오답해설
① 대도시, 중소도시, 읍면의 경제적 평등 지수는 24.7, 29.1, 28.3으로, 대도시 주민들이 가장 낮다. 따라서 대도시 주민들은 중소도시나 읍면 지역에 비해 경제적 평등에 대해 비관적임을 알 수 있다.
② 대도시, 중소도시, 읍면 모두 경제적 행복 예측(70, 80.3, 74.3)이 경제적 행복 지수(38.8, 40.4, 33.8)보다 월등히 높다. 이를 통해 국민들이 현재보다 미래의 경제적 행복에 대해 낙관적이고 긍정적인 태도를 보이고 있다고 판단할 수 있다.
③ 전체적으로 다른 지수에 비해 경제적으로 평등해질 것이라고 느끼는 경제적 평등 지수가 현저하게 낮다. 따라서 정부는 경제적 불평등을 해소할 수 있는 정책을 마련해야 함을 추리해 낼 수 있다.

09 ② [구조 독해 – 배열 – 문장 배열]

지문의 고정부를 통해 '이슬람'이 중심 화제라는 것을 알 수 있다. 또한 고정부에서는 이슬람은 현세와 내세에서 신이 알려준 생활양식을 따른다고 설명한다.
(가) '따라서'라는 앞의 내용이 뒤의 내용의 원인이나 근거, 조건 따위가 될 때 사용하는 접속어 뒤에 이슬람은 신앙과 실천의 체계를 포함해 상징한다고 설명한다.
(나) '즉'이라는 앞의 내용을 재진술할 때 사용하는 접속어 뒤에 이슬람은 신앙체계에 더해 생활양식 전체를 포함한다고 설명한다. (나)는 고정부의 내용을 재진술한 내용이므로 (가)보다 (나)가 고정부 바로 뒤에 오는 것이 더 적절하다.
(다) '이처럼'이라는 앞의 내용을 재진술할 때 사용하는 표지 뒤에 이슬람이 기독교와 구분되는 점으로 정교일치를 꼽고 있다. 이러한 구분은 도입부나 (가) 또는 (나)에 제시된 적이 없으므로, (다)는 이들 바로 뒤에 올 수 없다. → 선지 ①, ③, ④ 탈락
(라) 기독교나 불교와 달리 이슬람은 내세와 현세를 동일시하며 이를 정치에 반영한다고 설명한다. 이는 (다)에서 제시한 '정교일치'에 대한 내용이므로, (라)는 (다)의 바로 앞에 배열되기에 가장 자연스럽다. → 선지 ①, ③, ④ 탈락
따라서 '(나)-(가)-(라)-(다)'의 순서가 가장 자연스럽다.

10 ② [확인 추론 – 긍정발문 – 과학기술경제]

첫째 문단에 따르면, 마흐는 사고 실험으로 뉴턴의 주장에 대해 반론했다. 둘째 문단에 따르면, 마흐의 사고 실험 내용은 완전히 빈 곳과 별이 흩어져 있는 우주에서 각각 몸이 회전한다고 했을 때 몸이 느끼는 힘이 다르다는 것이었다. 따라서 마흐는 위의 두 상황에서의 차이점을 토대로 뉴턴에게 반론했다는 것을 확인할 수 있다.

오답해설

① 첫째 문단에 따르면, 1600년대 후반 뉴턴이 주장한 '절대 공간'은 오랫동안 물리학자에게 인정되었고, 1800년대 중반이 되어서야 마흐의 등장으로 전환점을 맞이했다. 따라서 1800년대 중반이 되어서야 도전받았으며, 1600년대 후반부터 1800년대 중반까지 뉴턴의 '절대 공간' 이론이 계속해서 도전받은 것은 아니었음을 알 수 있다.
③ 둘째 문단에 따르면, '가속 운동 중 느껴지는 힘은 우주의 모든 천체가 작용'한다. 이는 지구에서 가까운 별뿐만이 아닌 우주의 모든 천체가 작용함을 의미한다. 또한 가속 운동 중 지구 주변의 가까운 별들의 양에 비례하는 것은 인간이 회전할 때의 '힘의 크기'이지, '인간이 느끼는 힘'이 아니다.
④ 셋째 문단에 따르면, 마흐의 이론은 150년간 물리학자들의 마음을 뺏었다. 이를 통해 마흐의 이론이 과학계에 받아들여졌음을 추론할 수 있다.

11 ④ [응용 추론 – 어휘 추론]

지문의 '㉠떨치다'가 포함된 문장은 마흐의 이론에 마음을 빼앗긴 물리학자들도 그 이론이 눈에 보이지 않고 만질 수 없는 대상에 의지해 운동을 표현했다는 점에서 상당히 위험하고 비과학적이라고 생각하였고, 따라서 뉴턴의 물통 실험을 설명할 수 있는 다른 논리가 존재할 가능성에 대한 의문을 온전히 버릴 수 없었다는 것을 설명하고 있다. 즉 ㉠은 '불길한 생각이나 명예, 욕심 따위를 완강하게 버리다.'라는 의미로 쓰인 것이다. 선지 ④의 '그녀는 붙잡는 손을 떨치고 집을 나갔다.'라는 문장의 '떨치고'는 '세게 흔들어서 떨어지게 하다.'라는 의미를 지닌 것으로, ㉠과 문맥상의 의미가 다르다.
㉠ 떨치다² 【…을】 「2」 불길한 생각이나 명예, 욕심 따위를 완강하게 버리다.
④ 떨치다² 【…을】 「1」 세게 흔들어서 떨어지게 하다.

12 ① [논리 비판 – 논리 추론 – 명제논리]

제시된 명제를 기호화하여 정리하면 다음과 같다.

전제1: 과학자∧수학자 → 천재 ⇔ ~천재 → ~(과학자∧수학자)
≡ ~천재 → (~과학자∨~수학자)
전제2: 수학자 → ~천재
전제3: 수학자n

전제1의 대우와 전제2를 결합하면 '수학자 → (~과학자∨~수학자)'가 도출된다. 그런데 '수학자 → ~수학자'는 모순이므로, '수학자 → ~과학자'에 따라 어떤 수학자가 있다면 그 수학자는 과학자가 아니게 된다. 따라서, 수학자인 동시에 과학자인 사람은 아무도 없다.

오답해설

② '~과학자 → ~천재'의 대우는 '천재 → 과학자'이다. 주어진 전제로부터 이를 도출할 수는 없다.
③ 제시된 전제들로부터 '~천재n∧과학자n'을 도출할 수는 없다.
④ 제시된 전제들로부터 '과학자 → ~천재'를 도출할 수는 없다.

정언 명제

- 정언 명제: A라는 주어 개념과 B라는 술어 개념. A는 B이다.
 (1) 전칭 긍정: 모든 A는 B이다.
 (2) 전칭 부정: 어떤 A도 B가 아니다. = 어떤 B도 A가 아니다.
   = 모든 A는 B가 아니다. = 모든 B는 A가 아니다.
 (3) 특칭 긍정: 어떤 A는 B이다. = 어떤 B는 A이다.
 (4) 특칭 부정: 어떤 A는 B가 아니다.

13 ④ [의사소통 – 작문 내용]

둘째 문단에 따르면 당사국들에는 적절한 기구를 선택할 수 있는 권한이 있으나 ㉣과 같은 경우나 별도의 합의가 이루어지지 않은 경우, 사건은 중재재판소에 회부된다고 한다. 당사국들이 만장일치로 결정을 내릴 경우, 기구를 결정함에 있어서 별다른 문제가 발생하지 않을 것이므로 사건을 꼭 중재재판소에 회부할 필요가 없다. 따라서 '양국의 선택이 엇갈리거나'라는 기존 표현을 유지해야 한다.

오답해설

① 첫째 문단에 따르면, ㉠과 같은 의무가 부과되는 이유는 분쟁 해결 시 기본적으로 각국의 동의를 바탕으로 하는 것이 국제법의 특성이기 때문이라고 한다. 강제적 수단은 각국의 의사에 반할 가능성이 있으므로 국제법의 이러한 특성을 반영하지 못한다. 또한 첫째 문단의 마지막 부분에서 이러한 방법으로도 해결이 어려운 경우 '강제절차'에 들어가게 된다고 하였다. 따라서 '교섭, 조정 절차 등 평화적 수단'으로 고치는 것이 적절하다.
② 지문에 따르면, 강제절차는 각국의 동의만으로 분쟁 해결이 불가한 경우에 국제적인 기구를 통해 갈등을 해결하는 방식이다. 강제절차에서의 결정이 권고적 성격을 지닌다면, 이는 첫째 문단에서 제시된 자율적 수단과 큰 차이가 없게 되며 '강제절차'라는 명칭과도 어울리지 않게 된다. 따라서 '구속력 있는 결정'으로 고치는 것이 적절하다.
③ ㉢ 뒤에는 '반대로'라는 역접의 상황에서 사용하는 접속어와 함께 필요시마다 합의를 거쳐 구성된다는 중재재판소의 특성이 제시되었다. 국제해양법재판소의 특성은 이와 반대되어야 하므로 '재판관과 재판소 조직 등이 사전에 결정된 상설 기구'로 고치는 것이 적절하다.

14 ③ [응용 추론 – 사례 추론]

밑줄 친 주장은 주어진 세 조건이 충족되는 것이 어떤 것을 안다는 것과 동일한 의미라는 것이다. 따라서 어떤 것을 아는데도 세 조건이 충족되지 않는 경우, 혹은 세 조건이 충족됨에도 그것을 안다고 할 수는 없는 경우를 제시한다면 밑줄 친 주장을 반박할 수 있다. 이에 해당하는 사례는 ③이다. 경찰 복장의 남자를 보고 '골목에 경찰이 있다(명제 P)'라고 믿었다면 둘째 조건과 셋째 조건이 충족되며, 실제로 경찰이 와 있으므로 첫째 조건도 충족된다. 그런데 경이는 실제로 영화배우인 경찰 복장의 남자를 본 것일 뿐이므로, 실제로 '골목에 경찰이 있다'는 사실을 안다고 보기는 어렵다. 즉, 세 조건이 충족됨에도 그것을 안다고 할 수는 없는 사례라할 수 있다.

오답해설

① 첫째 조건이 충족되지 않는 경우이며, 실제로 선이가 안다고 볼 수도 없으므로 밑줄 친 주장의 반박 사례로 볼 수 없다.
② 꿈을 통해 정답을 믿는 것은 타당한 이유라 보기 어려우므로 셋째 조건이 충족되지 않는 경우이며, 실제로 석이가 안다고 볼 수도 없으므로 밑줄 친 주장의 반박 사례로 볼 수 없다.
④ 세 조건이 모두 충족되며, 실제로 민이가 안다고 볼 수 있으므로 밑줄 친 주장의 반박 사례로 볼 수 없다.

15 ② [확인 추론 – 부정발문 – 인문사회예술]

첫째 문단에 따르면, 초기 자본주의 단계에서 기업의 소유자는 곧 경영자였다. 그러나 기업의 규모가 커지면서 소유와 경영이 분리되기 시작하였다. 따라서 자본주의 등장이 기업의 소유와 경영을 분리하게 만든 것이 아니라 '기업의 규모가 커지면서' 분리된 것이다.

오답해설

① 첫째 문단에 따르면, 현대 자본주의 사회에서 단기 이익의 극대화가 장기 이익의 극대화와 상충할 때에는 단기 이익을 과감히 포기하기도 하나 자본주의 초기에는 기업이 단기 이익과 장기 이익을 구별하여 추구할 필요가 없었다. 이를 통해 자본주의 단계에 따라 기업의 이익 추구 방식은 변화하였음을 추론할 수 있다.
③ 첫째 문단에 따르면, 전문 경영인은 단기 이익에 치중하나 경영자는 기업의 장기 이익을 극대화하고자 한다. 이를 통해 주주와 전문 경영인의 이익 추구 방식은 상이하다는 것을 알 수 있다.

④ 마지막 문단에 따르면, 기업이 '장기적으로 생존하기 위해서는 주주의 이익을 극대화하는 것은 물론 다양한 이해 집단들의 요구도 모두 만족시켜야 한다'고 한다. 이를 통해 기업은 장기적 생존에 있어 여러 이해 관계인을 고려해야 함을 알 수 있다.

16 ① [응용 추론 – 어휘 추론]

㉠이 포함된 문장은 현대 자본주의 사회에서 기업이 존속하기 위해서는 단기적 이익보다는 장기적 이익을 추구하는 것이 더 중요하다는 것을 설명하고 있다. 이때 '중요하다'는 '귀중하고 요긴하다.'라는 의미이므로, '상대편보다 힘이나 세력이 강하다.'를 의미하는 '우세하다'와 바꿔쓸 수 없다.
㉠ 중요하다(重要하다): 귀중하고 요긴하다.
重 무거울 중, 要 요긴할 요
우세하다(優勢하다): 상대편보다 힘이나 세력이 강하다.
優 넉넉할 우, 勢 형세 세

오답해설

② ㉡ 나타나다: 어떤 새로운 현상이나 사물이 발생하거나 생겨나다.
발생하다(發生하다): 어떤 일이나 사물이 생겨나다.
發 필 발, 生 날 생
③ ㉢ 뽐내다: 자신의 어떠한 능력을 보라는 듯이 자랑하다.
과시하다(誇示하다): 자랑하여 보이다.
誇 자랑할 과, 示 보일 시
④ ㉣ 좇다: 목표, 이상, 행복 따위를 추구하다.
추구하다(追求하다): 목적을 이룰 때까지 뒤좇아 구하다.
追 쫓을 추, 求 구할 구

17 ④ [국어학의 이해와 활용 – 언어학 – 기타]

'이 쌀의 무게는 20kg이다.'는 쌀에 대한 화자의 사실적 판단에 속한다. 따라서 발화의 1차적 기능의 예시이다.

오답해설

① '내 손을 꼭 잡아라'는 명령형의 형태이므로 발화의 2차적 기능인 지령적 기능의 예시로 적절하다.
② '우리 같이 밥 먹자.'는 청유형의 형태이므로 발화의 2차적 기능인 지령적 기능의 예시로 적절하다.
③ '어서 가서 공부해야 하지 않아?'는 의문의 형식이지만 청자에게 공부하라는 명령을 하고 있으므로 발화의 2차적 기능인 지령적 기능의 예시로 적절하다.

18 ③ [확인 추론 – 긍정발문 – 과학기술경제]

셋째 문단에 따르면, 수력발전의 발전량은 유량(물의 양)과 낙차의 높이에 비례한다. 이를 통해 비슷한 유량을 가지고 있다면, 낙차가 큰 폭포가 하천보다 전기 생산에 유리하다는 것을 추론할 수 있다.

오답해설

① 첫째 문단에 따르면, 수력 에너지를 활용한 시설은 1882년 이전부터 물레방아와 수차와 같은 형태로 가동되고 있었다. 1882년에는 세계 최초로 '상업용' 수력발전소가 가동되었다.
② 둘째 문단에 '후버 댐과 같은 거대 발전소들이 등장하여 국가적 전력망의 큰 역할'을 하였다고 나와 있지만, 이로부터 후버 댐 건설 이후 수력발전이 다른 모든 발전 수단을 대체하였는지는 알 수 없다.
④ 마지막 문단에 따르면 수력발전은 화석 연료를 사용하지 않아 탄소 배출이 거의 없을 뿐, 전혀 하지 않는다고는 볼 수 없다.

19 ③ [응용 추론 – 문맥 추론]

(가)가 포함된 문장에 따르면, '이 발전 기술의 발달'은 환경과 경제에 중요한 역할을 한다고 하였다. 그다음에 '수력발전'이 환경과 경제에 기여하는 바가 소개되었다. 따라서 (가)의 발전은 수력발전을 의미한다.
㉠이 포함된 문장 전에는 '수력발전'의 정의에 대해 설명하고 있고 ㉠이 포함된 문장에서는 수력발전이 활용된 예시를 설명하고 있다. 따라서 ㉠의 발전은 수력발전을 의미한다.
㉡이 포함된 문장에서는 수력발전이 언제 본격적으로 시작되었는지 설명하고 있으므로 ㉡의 발전 역시 수력발전을 의미한다.
㉢이 포함된 문단에서는 수력발전이 언제 본격적으로 시작되었는지 설명하고 있지만 ㉢은 '전반적인' 발전 기술의 발달이라고 하였으므로, 수력발전을 의미하는 것이 아니라 전기를 발생시키는 행위 자체를 의미하는 것이다.

㉣이 포함된 문단에서는 수력발전의 주요 요소에 대해 설명하고 있다. 따라서 ㉣도 수력발전을 의미한다.
따라서 문맥상 (가)에 해당하는 의미로 사용되지 않은 것은 ㉢이다.

20 ① [논리 비판 – 논리 추론 – 강화약화]

제시된 논증은 윤리와 관련하여 무엇이 올바른 것인지에 대한 판단이 문화권 및 시대마다 달라져 왔으므로, 윤리적 기준이 지역과 시대에 따라 달라질 수 있다는 윤리적 상대주의가 참(㉠)이라고 주장한다.
그런데 문화권 및 시대에 따라 '윤리적 판단'이 다르다고 해서 그에 대한 '윤리적 기준'도 반드시 다른 것이 아니라면, 윤리적 판단이 문화권과 시대에 따라 달라진다는 근거로부터 윤리적 기준이 지역과 시대에 따라 달라질 수 있다는 주장을 이끌어내기 어려워진다. 따라서 ㉠은 약화된다.

오답해설

② 제시된 논증은 '사람들의 윤리적 판단이 문화권과 시대에 따라 아주 달라진다'는 근거에 기초하고 있다. 만일 사람들의 윤리적 판단이 지역에 따라 크게 달라지지 않는다면, 이러한 근거가 설득력을 잃기 때문에 ㉠은 약화된다.
③ 윤리적 상대주의란 지역과 시대에 따라 '윤리적 기준이 달라질 수 있다'는 것을 의미할 뿐, '윤리적 판단이 항상 다를' 것을 요구하지는 않는다. 따라서 윤리적 상대주의가 옳다고 해서 사람들의 윤리적 판단이 항상 다른 것은 아니라 할지라도, ㉠은 약화되지 않는다.
④ 제시된 논증은 윤리적 기준이 지역과 시대에 따라 달라질 수 있다고 주장한다. 그런데 만일 문화에 따른 윤리적 판단의 차이에도 불구하고 보편적으로 받아들여지는 '윤리적 기준'이 있다면, 제시된 논증의 주장은 설득력을 잃기 때문에 ㉠은 약화된다.

제51회 이유진 국어 백일기도 모의고사 해설

01 ③ [의사소통 – 작문 내용]

〈지침〉에 '본론은 제목에서 밝힌 내용을 2개의 장으로 구성하되 각 장의 하위 항목끼리 대응되도록 작성하라'고 하였다. 하지만 '사이버불링을 실시간으로 대응할 수 있는 시스템 강화'는 Ⅱ-1(인터넷의 익명성으로 인해 가해자에게 책임감을 덜어줌)과 대응되는 Ⅲ-1(ⓒ)의 내용이 아니다. ⓒ에는 '온라인 플랫폼에서의 실명제 강화'와 같이 익명성 문제를 해결하는 방안이 제시되어야 한다.

오답해설

① 제목을 보았을 때, 글의 중심 소재는 '사이버불링'이다. 〈지침〉에 '서론은 중심 소재의 개념 정의와 문제 제기를 1개의 장으로 작성하라'고 하였다. Ⅰ-1에서 개념 정의를 하였으므로, ㉠에는 '사이버불링'과 관련된 문제 제기가 들어가야 한다. 따라서 '사이버불링 피해자의 정신적 피해'는 이러한 문제 제기로 적절하다.
② 〈지침〉에 '본론은 제목에서 밝힌 내용을 2개의 장으로 구성하되 각 장의 하위 항목끼리 대응되도록 작성하라'고 하였다. 따라서 '온라인에서의 공격적 행동을 장난이나 재미로 간주하는 문화'는 Ⅲ-2(사이버불링의 위험성을 인식시키는 사회적 캠페인 도입)와 대응되는 Ⅱ-2(ⓒ)의 내용으로 적절하다.
④ 〈지침〉에 '결론은 기대 효과와 향후 과제를 1개의 장으로 작성할 것'이라는 내용이 제시되어 있다. Ⅳ-1에 '건강하고 긍정적인 온라인 사회 구축'이라는 기대 효과가 제시되어 있으므로, ㉣에는 '사이버불링을 예방하고 해결할 수 있는 전담 기관 설립'이라는 향후 과제가 제시되는 것이 적절하다.

02 ② [국어학의 이해와 활용 – 언어학 – 문장]

피동(被動)은 주어가 다른 주체에 의해 동작을 당하게 되는 것이다. '엄마가 아이에게 숟가락을 잡히다.'라는 문장의 주어는 '엄마'이며 이는 엄마가 다른 주체에 의해 동작을 당하게 되는 피동(被動)이 아니라, 주어인 '엄마'가 '아이'에게 숟가락을 잡는 동작을 하도록 시키는 것이다. 따라서 이는 파생적 피동(단형 피동)의 방식을 활용하여 만든 피동문의 예시가 아니다.

오답해설

① '영수는 그녀를 도서관에서 만났다.'라는 문장을 피동문으로 표현하기 위해서는 통사적 피동(장형 피동)의 방식을 활용한 '영수는 그녀를 도서관에서 만나게 되었다.'라는 문장만이 가능하다.
③ '태풍으로 보금자리를 잃게 되었다.'라는 문장의 서술어인 '잃게 되었다'는 동사 '잃다'의 어간인 '잃-'에 '-게 되다'를 결합한 것이다. 따라서 해당 문장은 통사적 피동(장형 피동)의 방식으로 만들어진 피동문이다.
④ '영수와는 작년부터 연락이 끊겼다.'라는 문장의 용언인 '끊기다'는 동사인 '끊다'의 어간인 '끊-'에 피동 접사 '-기-'를 붙인 피동사이다. 해당 문장은 '영수와는 작년부터 연락이 끊어졌다.'라고도 표현할 수 있다. '끊어지다'는 동사 '끊다'의 어간인 '끊-'에 '-어지다'를 붙인 것이므로 통사적 피동(장형 피동)의 방식으로 만들어진 피동문이다.

03 ① [응용 추론 – 빈칸 추론]

「별」의 '아이'는 외모가 예쁘지 않았던 마음씨 고운 누이를 별이라고 생각했다가, 그 생각을 버린다. 이는 새로운 가치에 대한 확신에는 이르지 못한 경우이다. 따라서 '미완적 성장 소설'에 해당한다.
「엄마의 말뚝 1」의 '나'는 정체성의 혼란을 겪다가, '신여성'에 대한 가치를 자기 나름대로 새로 인식하고, 이를 다시 복구하지 않겠다고 다짐한다. 이는 새로운 가치를 찾아 나름대로 신념화한 것이므로, 성숙과 이해에 도달한 것이라 볼 수 있다. 따라서 '결정적 성장 소설'에 해당한다.

04 ③ [응용 추론 – 빈칸 추론]

㉠ 이전에는 다른 포유류도 사람에게 언어 장애를 유발하는 FOXP2가 있음을 설명하고 ㉠ 이후에는 왜 사람의 FOXP2가 언어 능력에 영향을 미치는지에 대해 설명하고 있다. 따라서 ㉠에는 FOXP2와 사람의 언어 능력의 연관성에 대해 묻는 '그런데 FOXP2는 왜 사람에게만 언어 능력과 관련되는 현상을 나타낼까?'가 오는 것이 적절하다.

오답해설

① 둘째 문단에 따르면 FOXP2는 다른 포유류인 침팬지, 쥐 등에도 존재했다. 따라서 'FOXP2는 왜 인간에게만 나타나는 유전자 서열일까?'는 적절한 질문이 될 수 없다.

② 지문에서는 사람에게만 언어 장애가 생긴다고 설명하지 않았다. ㉠ 이후의 내용은 FOXP2가 어떻게 인간의 언어 장애만을 유발하게 되었는지에 대해 설명하고 있는 내용이다.
④ 뇌 구조에 대한 설명이 제시되지 않았으며, 둘째 문단에 따라 유전자 서열에서 두 군데만 달라도 많이 변화한 것으로 인식함을 알 수 있다. 뇌 구조가 판이할 정도로 타 영장류와 인간이 차이점을 가지지는 않는다.

05 ④ [국어학의 이해와 활용 – 언어학 – 단어]

'그가 내 숙제를 대신 제출해 주었다.'에서 중심 의미는 '제출하다'에 있다. 이때 '제출하다'를 생략하면 전혀 다른 의미의 문장이 되므로 '주었다'가 보조 동사임을 알 수 있다.

오답해설

① '거두어 길렀다'의 두 동사 '거두다'와 '기르다'는 의미상 병렬 관계에 있다. 또한 앞의 동사를 생략해도 비문법적인 문장이 되지는 않는다.
② '먹여 살린다'의 두 동사 '먹이다'와 '살리다'는 의미상 병렬 관계에 있다. 따라서 앞의 동사를 생략해도 비문법적인 문장이 되지는 않는다.
③ '길러 먹는다'의 두 동사 '기르다'와 '먹다'는 의미상 병렬 관계에 있다. 앞의 동사를 생략해도 비문법적인 문장이 되지는 않는다.

06 ③ [의사소통 – 작문 내용]

둘째 문단에 따르면, 정부가 산업 단지 구축을 촉진하기 위해 다양한 지원 방안을 고려한다. ⓒ은 산업 단지 구축을 위한 지원 방안의 일환으로 제시되어야 한다. 산업 단지를 위해 인프라를 구축한 지역에 진입하는 기업들에 상대적으로 높은 세율을 부과한다면 이는 기업들에게 있어 지원 방안이라고 하기 적절하지 않다. 따라서 ⓒ을 '상대적으로 낮은 세율을 부과'로 고치는 것이 적절하다.

오답해설

① 첫째 문단에 따르면, '산업의 외부 효과 중 외부 경제란 한 기업의 생산 활동이 동일한 산업 내의 다른 기업, 나아가 그 기업이 속한 산업 전체에 긍정적인 영향을 미치는 현상'이다. ㉠은 이를 나타내야 하는 부분인데, 생산 비용이 증가하고 효율성이 하락함은 해당 산업에 부정적인 영향을 미치는 현상으로 글의 맥락에 적절하지 않다. 따라서 ㉠의 '생산 비용이 감소하고 효율성이 향상'이라는 기존 표현을 유지하는 것이 적절하다.
② 둘째 문단에 따르면, '산업 단지가 구축된 환경에서 기업 간의 경쟁과 협력이 동시에 이루어져 전체 산업의 경쟁력이 향상'된다. 이에 산업 단지를 구축하는 것은 산업의 외부 효과의 발생에 긍정적인 영향을 미칠 것이다. 따라서 ⓒ의 '긍정적인 영향을 미친다'라는 기존 표현을 유지하는 것이 적절하다.
④ 마지막 문단에 따르면 '산업의 외부 효과가 긍정적인 효과만 가져오는 것은 아니'며, ㉣ 바로 뒤에는 여러 부정적인 외부 효과의 사례가 등장한다. 전후의 내용을 고려했을 때 ㉣에는 부정적인 어조가 포함된 문구가 들어가야 한다. 따라서 ㉣의 '산업 단지 내 기업들의 과도한 밀집'이라는 기존 표현을 유지하는 것이 적절하다.

07 ① [논리 비판 – 논리 추론 – 명제논리]

제시된 명제를 기호화하여 정리하면 다음과 같다.

| 전제1: 과학자 → 신믿음 |
| 전제2: 신믿음 → ~유물론자 |
| (   ) |
| 결론: 진화론자n ∧ ~과학자n |

전제1과 전제2를 결합하면 '과학자 → ~유물론자'가 도출되며, 그 대우는 '유물론자 → ~과학자'이다. 논증의 결론은 '진화론자n ∧ ~과학자n'이다. 전칭 명제만으로 특칭 명제를, 특칭 명제만으로 전칭 명제를 도출할 수 없다. '유물론자n ∧ 진화론자n'이라는 전제가 추가로 존재한다면 '유물론자n ∧ ~과학자n ∧ 진화론자n'이 도출되어, 결론이 참이 된다.

오답해설

②, ④ 전칭 명제(모든 A는 B이다)인 전제들로부터 특칭 명제인 결론(진화론자n ∧ ~과학자n)을 이끌어 내려면, 특칭 명제가 전제에 추가로 주어져야 한다. 따라서 전칭 명제가 추가로 주어져서는 결론을 이끌어 낼 수 없다.
③ 우리는 '유물론자 → ~과학자'라는 전제로부터 '진화론자n ∧ ~과학자n'이라는 전제를 도출해야 한다. 따라서 '유물론자'와 '진화론자'를 이어주는 전제가 추가로 필요한데, '진화론자n ∧ 신믿음n'에는 '유물론자'에 대한 정보가 없다.

08 ② [의사소통 – 화법]

〈보기〉에서는 갈등 해결을 위한 표현 방식으로, 상대방에 대한 비방을 최소화하고, 자신에 대한 비방을 극대화하는 것에 대해 언급하고 있다. 이러한 원리가 가장 적절하게 반영된 내용은 선지 ②이다. 우선, "네가 내 말을 듣고 화를 내는 것은 당연한 일이야."라고 말하면서 상대방의 행동이 이치에 어긋나지 않음을 밝혀 상대방에 대한 비방을 최소화하고 있다. 그런 다음 "내가 표현을 제대로 하지 못해서 네가 오해를 하게 만들었으니~"라고 말하면서 상대방이 화를 낸 이유가 자신의 잘못 때문임을 밝혀 자신에 대한 비방을 극대화하고 있다.

오답해설
① "내가 너를 도와주려고 한 말을 네 멋대로 해석해서 나에게 화를 내는 것은 옳지 않아."라는 표현은 상대방에 대한 비방에 해당한다.
③ "너도 지나치게 자기 방어적인 태도로 내 말을 받아들인 것은 문제야."라는 표현은 상대방에 대한 비방에 해당한다.
④ "나는 단지 너의 다이어트를 돕기 위해서 그 말을 한 거야."는 자신에 대한 비방을 극대화한 표현이라기보다는 최소화한 표현에 해당한다.

09 ② [구조 독해 – 배열 – 단문 배열]

ㄱ. 좋은 법제는 오랜 기간 살아남은 것이 '때문'이라고 설명한다. '때문'이라는 표지에 의해 ㄱ 앞에 ㄱ에서 제시된 원인에 대한 결과가 제시되어야 함을 알 수 있다.
ㄴ. 법률 분야는 외국 것에 대한 배타적 정서가 강하지 않다는 특성을 설명하고 있다. 그러나 이는 ㄱ에서 제시된 원인에 대한 결과가 아니기에 ㄴ은 ㄱ 바로 앞에 올 수 없다. → 선지 ④ 탈락
ㄷ. 심지어 외국의 오래된 법을 국내법으로 벤치마킹하는 경우가 있다고 설명한다. '심지어'이기에, 이는 ㄴ의 내용에 대한 심화내용이므로 ㄴ-ㄷ으로 이어짐을 알 수 있다. 또한 이는 ㄱ에서 제시된 원인에 대한 결과로 볼 수 있다. → 선지 ①, ④ 탈락
ㄹ. '따라서'라는 앞에 원인이 있을 때 결과를 나타내는 접속어 뒤에 후발 주자는 선진 법제를 벤치마킹 하는 것이 이득이라고 설명한다. ㄹ 앞에 ㄱ이 올 수 있다.
ㅁ. 사실 법은 자주 만들어지고 폐기되지만 오래 유지되었다면 유용하다고 말한다. 이는 ㄱ에 대한 재진술이므로 ㄱ-ㅁ으로 이어져야 함을 알 수 있다. 또한 ㄹ은 ㄱ-ㅁ의 원인에 따른 결과이기에 ㄱ-ㅁ-ㄹ로 이어지는 것이 자연스럽다 → 선지 ①, ③ 탈락

따라서 'ㄴ-ㄷ-ㄱ-ㅁ-ㄹ'의 순서가 가장 자연스럽다.

10 ① [국어학의 이해와 활용 – 언어학 – 기타]

이 글에서 글쓴이는 남북한 언어의 이질화가 심각하다는 점을 지적하고, 그 원인을 제시하고 있다. 이 같은 이질화는 체제와 이념에 따른 언어관과 언어 정책 등의 차이로 인하여 남북한의 언어가 다르게 변화했기 때문이다. 북한에서는 유물론적 언어관에 근거하여 언어 정책을 수립하여 강력하게 시행하였으며, 남한에서도 사회의 변화와 더불어 언어가 변화했기 때문에 남북한의 언어가 이질화된 것이다. 이를 통해, 언어는 그 언어가 사용되고 있는 사회, 체제, 이념 등에 따라 영향을 받는다는 것을 알 수 있다.

오답해설
② 같은 민족의 언어가 이질화의 길을 걷는 것을 보면, 언어가 민족을 형성하는 절대적인 기준이라고 할 수는 없다.
③ 인위적인 간섭이 이질화를 심화시켰지만, 고유어를 중심으로 한국어를 가꾸겠다는 것도 일종의 인위적인 간섭인데, 이를 비난할 수는 없다.
④ 북한의 언어 변화는 정치적인 목적과 관련이 있다.

11 ④ [응용 추론 – 어휘 추론]

ⓔ이 포함된 문장은 수립된 정책을 한결같이 시행해야 한다는 내용이므로, ⓔ은 '여러 방면이나 부문에 걸친 것'을 의미하는 '다각적'과 바꿔쓸 수 없다. ⓔ과 바꿔 쓸 수 있는 유사한 표현으로는 '일률적' 등이 있다.
ⓔ 획일적(劃一的): 모두가 한결같아서 다름이 없는 것.
　劃 그을 획, 一 한 일, 的 과녁 적
다각적(多角的): 여러 방면이나 부문에 걸친 것.
　多 많을 다, 角 뿔 각, 的 과녁 적
일률적(一律的): 태도나 방식 따위가 한결같은 것.
　一 한 일, 律 법칙 률, 的 과녁 적

오답해설
① ㉠ 갈라지다: 둘 이상으로 나누어지다.
분리되다(分離되다): 서로 나뉘어 떨어지다.
　分 나눌 분, 離 떠날 리
② ㉡ 이질화(異質化): 바탕이 달라짐. 또는 바탕이 달라지게 함.

異 다를 이, 質 바탕 질, 化 될 화
분화(分化): 단순하거나 등질인 것에서 복잡하거나 이질인 것으로 변함.
　分 나눌 분, 化 될 화
③ ㉢ 근거하다(根據하다): 어떤 일이나 판단, 주장 따위가 어떤 현상이나 사실에 바탕을 두다.
　根 뿌리 근, 據 근거 거
의하다(依하다): 무엇에 의거하거나 기초하다. 또는 무엇으로 말미암다.
　依 의지할 의

12 ③ [의사소통 – 작문 내용]

〈보기〉를 고려하여 ⓐ를 수정한다면, '채식하는 날'이 학생들의 육류 위주로 먹지 못하게 하는 것이 아니라 채소류의 섭취 기회를 늘려 보다 균형 있게 영양소를 섭취하게 하는 데 의의가 있다는 내용으로 수정해야 한다.

오답해설
① 육류보다 채소류가 건강에 더 도움이 된다는 사실을 알려야 한다는 내용은 〈보기〉의 내용과 관련이 없다.
② 채소류만으로 필요한 영양소를 모두 충족할 수 있음을 알려야 한다는 내용은 〈보기〉의 내용과 관련이 없다.
④ 채소류 위주의 식습관 형성이 건강 증진과 기후 위기 방지에 기여한다는 점은 〈보기〉의 내용과는 관련이 없다.

13 ③ [국어학의 이해와 활용 – 작문 형식]

'청년'은 지급지원금을 지급하는 대상이 아니라 받는 대상이다. 따라서 '서술어가 필요로 하는 문장 성분에 적절한 조사를 사용할 것'을 고려하여 '청년에게'를 그대로 써야 한다.

오답해설
① ○○시에서 지급하는 지원금은 청년들이 사용하는 돈이지, 사용을 당하는 돈이 아니다. 따라서 '능동과 피동 등 흔히 헷갈리기 쉬운 것에 유의할 것'을 고려하여 '사용할'으로 수정하는 것이 적절하다.
② '유지하다'는 '어떤 상태나 상황을 그대로 보존하거나 변함없이 계속하여 지탱하다'를 의미하는데, 이미 '계속'이라는 의미가 포함되어 있다. 따라서 '중복되는 표현을 삼갈 것'을 고려하여 '유지한'으로 수정하는 것이 적절하다.
④ '대등한 것끼리 접속할 때는 구조가 같은 표현을 사용할 것'에 따라 앞의 내용이 구라면 뒤에도 구를, 앞의 내용이 절이라면 뒤에도 절을 사용해야 한다. '지역 내 경제 활성화와 청년 자립에 이바지하고자'는 구와 절로 구성되어 있지만, '지역 내 경제를 활성화하고 청년 자립에 이바지하고자'로 수정하면 절과 절로 구성되므로 적절한 수정이 된다.
• 구와 구: 지역 내 경제 활성화와 청년 자립에 이바지를 하고자
• 절과 절: 지역 내 경제를 활성화하고 청년 자립에 이바지하고자

14 ④ [확인 추론 – 긍정발문 – 과학기술경제]

첫째 문단에 따르면, 기술은 인간과 세계의 관계를 규정함으로써 세계의 구성에 직접 참여한다. 그런데, 둘째 문단에서 과거 기술과 현대 기술은 탈은폐의 방식이 다를 뿐, 그 본질은 동일하다는 것을 알 수 있다. 따라서 과거 기술과 현대 기술은 자연이자 현실인 세계의 구성에 참여하고 있다는 진술은 적절하다.

오답해설
① 둘째 문단의 농부의 예시를 보면, 농부는 씨앗을 뿌려 싹이 돋아나는 것을 그 생장력에 맡기고 그것이 잘 자라도록 보호했다. 또한, '과거 기술의 탈은폐는 현실을 현실로 있도록 하면서 그것을 자연스럽게 드러냈다'고 서술되어 있다. 즉 과거 기술은 자연의 이용을 최대한 자제했다기보다는, 자연스럽게 강요 없이 이용했다는 진술이 적절하다.
② 셋째 문단에 따르면, 현대 기술의 도발적 요청은 세계에 있는 존재에 폭력을 가해서 강제적으로 자신의 모습을 잃어버리게 만든다. 즉, 현대 기술은 자연의 고유한 본래적인 존재를 드러내지 않고, 그 본질을 왜곡한다.
③ 셋째 문단의 '온전하게 파악되는 것이 아니라, 하나의 부품이 되기 때문에, 한 부분만 드러나게 되거나 본질이 왜곡되기도 한다'를 통해, 현대 기술은 과거 기술과 달리 자연을 하나의 부품으로 탈은폐시킴을 알 수 있다. 즉, 더 온전하게 밖으로 끌어낸다는 서술은 적절하지 않다.

15 ③ [확인 추론 – 부정발문 – 인문사회예술]

둘째 문단에 따르면, '기초적 믿음'은 '믿음 간의 의존 관계를 거슬러 올라가면 궁극적으로 다른 믿음에 의존하지 않고 정당성을 지닌다고 하였다. 따라서 기초적 믿음은 다른 믿음에 의존하여 정당화되는 믿음이 아니다.

오답해설
① 둘째 문단에 따르면, 많은 토대론자들은 우리가 감각 경험에 의해 즉각적으로 갖는 지각적 믿음을 대표적인 기초적 믿음으로 본다.
② 토대론은 믿음 간의 의존 관계를 거슬러 올라가면 궁극적으로 다른 믿음에 의존하지 않고 정당성을 지니는 기초적 믿음이 나타날 것이라고 보는 입장이다.
④ 토대론의 입장에 따르면, 우리의 믿음 체계는 기초적 믿음들로부터 정당화되면서 점차 확장된다.

16 ① [응용 추론 – 어휘 추론]

제시된 문장에서 '㉠따지는'을 대체할 수 있는 유의어로 '가리는, 판별하는' 등이 있다. ㉠이 포함된 문장의 구조는 'b를 따지다'이다. 선지 ①의 '따지다'는 '가리다, 판별하다'라는 유의어를 제시된 문장과 공유하며, 'b를 따지다'의 구조도 일치한다. 따라서 ㉠의 문맥적 의미와 가장 가까운 것은 선지 ①이다.

2 【…을】【-ㄴ지를】「1」 옳고 그른 것을 밝혀 가리다.
예 김 형사는 사건의 원인을 꼼꼼히 <u>따지는</u> 것으로 유명하다.

오답해설
② **1**【…에/에게 …을】【…에/에게 -ㄴ지를】【…에/에게 -고】【(…과) …을】【(…과) -ㄴ지를】 ('…과'가 나타나지 않을 때는 여럿임을 뜻하는 말이 주어로 온다) 문제가 되는 일을 상대에게 캐묻고 분명한 답을 요구하다.
예 그는 내게 어제 도대체 어디 갔었느냐고 <u>따졌다</u>.
③ **3**【…을 …으로】 어떤 것을 기준으로 순위, 수량 따위를 헤아리다.
예 만일 우리 회사의 순위를 매출액으로 <u>따지면</u> 세계 20위 정도는 될 것이다.
④ **2**【…을】【-ㄴ지를】「3」 계획을 세우거나 일을 하는 데에 어떤 것을 특히 중요하게 여겨 검토하다.
예 우리 회사는 학력 같은 것은 안 <u>따진다</u>.

| 문맥적 의미 파악 과정
1. 밑줄 친 단어와 대체해서 쓸 수 있는 유의어나 상위어를 떠올려 본다.
2. 밑줄 친 단어가 서술어일 경우, 서술어 자릿수(필수 구조)를 파악하고 필수 성분의 의미를 파악한다.
   밑줄 친 단어가 명사일 경우, 수식어를 확인한다.

17 ④ [논리 비판 – 비판 추론 – 강화약화]

생명체가 되기 위함과 형상, 질료, 생기의 세 요소가 서로 필요충분관계라는 것은 이 세 요소가 갖추어졌다면 항상 생명을 지닌 개체가 된다는 것을 의미한다. 따라서 세 요소를 모두 갖추었다고 해서 반드시 생명을 지닌 개체가 되는 것은 아니라는 ㉡은 약화된다.

오답해설
① ㉠은 형상, 질료 그리고 생기가 생명체가 탄생하기 위해 필수적이라 여긴다. 따라서 심해 생명체에서 생기가 발견되지 않았다면, 생명체가 탄생하기 위한 필수 요소가 누락된 것이므로 ㉠은 약화된다.
② 인간이 형상, 질료, 생기로 구성되어 있다면 이는 생명체가 탄생하기 위해 형상, 질료, 생기가 필요하다는 ㉠을 뒷받침하는 근거가 된다. 따라서 ㉠은 강화된다.
③ 세 요소 이외에 생명체가 되기 위해 필요한 새로운 요소가 발견되었다면, 세 요소를 모두 갖추었다고 해서 반드시 생명을 지닌 개체가 되는 것은 아니라고 여기는 ㉡의 주장을 뒷받침하는 근거가 된다. 따라서 ㉡은 강화된다.

18 ② [확인 추론 – 부정발문 – 과학기술경제]

둘째 문단에 따르면, 흰독말풀의 '아트로핀'은 시냅스를 통한 정보 전달이 제대로 이루어지지 못하게 한다. 마지막 문단에 따르면 '복어'의 '테트로도톡신'은 신경 세포의 나트륨 이온 통로를 차단할 뿐, 시냅스에서의 정보 전달을 방해하는지는 알 수 없다.

오답해설
① 둘째 문단에 따르면 투구꽃의 '아코니틴'은 동물의 신경계에서 정보 전달을 방해하며, 그 결과 호흡 곤란을 유발할 수 있다.
③ 둘째 문단에 따르면 '아코니틴'은 '신경 세포의 나트륨 이온 통로를 열어두어 아세틸콜린의 분비를 막'는다. 또한 마지막 문단에 따르면, '테트로도톡신'은 '신경 세포의 나트륨 이온 통로를 차단하는 성질이 있다'고 한다.
④ 마지막 문단에 따르면 복어의 '테트로도톡신'은 알칼로이드 계열의 독소이며, 둘째 문단에 따르면 알칼로이드는 질소가 함유된 염기성 유기화합물을 말한다. 이를 통해 복어의 독에는 질소가 함유되어 있다는 것을 추론할 수 있다.

19 ② [응용 추론 – 문맥 추론]

(가)는 생물이 '외부의 위협으로부터 자신을 보호하고 종족을 보존할 목적'으로 이용하는 '독'이다. ㉡은 흰독말풀의 '아트로핀'이며, ㉢은 살무사의 독 성분에 해당한다. 이들은 모두 자신을 보호하고 종족을 보존할 목적으로 이용하는 '독'이다. ㉠은 아코니틴의 독성에 의해 영향을 받는 신경 세포 내 물질이며, ㉣, ㉤은 아세틸콜린으로서 아트로핀에 의해 수용체와의 결합 및 작용을 방해받는 신경 시냅스 내 물질에 해당한다.
따라서 문맥상 (가)에 해당하는 것은 ㉡과 ㉢이다.

20 ① [논리 비판 – 논리 추론 – 명제논리]

제시된 명제를 기호화하여 정리하면 다음과 같다.

ⓐ 날 수 있음 → 벌레 먹음 ⇔ ~벌레 먹음 → ~날 수 있음
ⓑ 벌레 먹음 → ~B서식 ⇔ B서식 → ~벌레 먹음
ⓒ ~벌레 먹음 → (A서식 ∨ B서식)

ⓑ의 대우 'B서식 → ~벌레 먹음'과 ⓐ의 대우 '~벌레 먹음 → ~날 수 있음'을 결합하면 'B서식 → ~날 수 있음'이 도출된다.

오답해설
② '~B서식 → 벌레 먹음'은 ⓑ의 역 명제인데, 이를 도출할 수 있는 방법은 없다.
③ ⓐ와 ⓑ를 결합하여 '날 수 있음 → ~B서식'은 도출할 수 있으나, '날 수 있음 → ~A서식'을 도출할 수는 없다.
④ 제시된 명제들로부터 '(~날 수 있음∧~벌레 먹음) → B서식'을 도출할 수 없다.

제52회 이유진 국어 백일기도 모의고사 해설

01 ② [국어학의 이해와 활용 – 작문 형식]
'화재 피해'는 ○○시청이 걱정하고 있는 상황이지, '화재 피해'가 직접 걱정하는 건 아니다. 따라서 '능동과 피동 등 흔히 헷갈리기 쉬운 것에 유의할 것'을 고려하여 '우려되고'를 그대로 써야 한다.

오답해설
① '대등한 것끼리 접속할 때는 구조가 같은 표현을 사용할 것'에 따라 앞의 내용이 구라면 뒤에도 구를, 앞의 내용이 절이라면 뒤에도 절을 사용해야 한다. 더불어 능동, 피동, 사동, 시제도 고려해야 한다. '지역사회를 발전하고'는 능동, '시민의 복리를 증대시키기'는 사동 표현이다. 이때 지역사회와 시민의 복리는 시설 관리자가 발전하게 하고 증대하게 하는 대상이므로, 사동과 사동으로 구성되게 수정해야 한다. 따라서 '대등한 것끼리 접속할 때는 구조가 같은 표현을 사용할 것'을 고려하여 '지역사회를 발전시키고 시민의 복리를 증대시키기 위해'으로 수정하는 것이 적절하다.
③ '필요하다'는 '반드시 요구되는 바가 있다'를 의미하는 서술어인데, 이미 '반드시'라는 의미가 포함되어 있다. 따라서 '중복되는 표현을 삼갈 것'을 고려하여 '필요함'으로 수정하는 것이 적절하다.
④ '예컨대'는 예시를 들 때 사용하는 접속어이다. 하지만 2의 내용을 바탕으로 3의 결론을 이끌어 내고 있으므로, 3의 앞에는 인과의 상황에서 뒤의 내용이 결론일 때 사용하는 접속어를 사용해야 한다. 따라서 '접속어를 사용할 때에는 앞뒤 문장의 의미 관계를 고려하여 정확한 표현을 사용할 것'을 고려하여 '그러므로'로 수정하는 것이 적절하다.

02 ③ [논리 비판 – 비판 추론 – 비판적 이해]
ㄱ. 갑은 유전자 편집 기술이 질병 치료 및 삶의 질 향상에 도움이 된다고 보며, 을 또한 유전자 편집을 통해 사회 문제를 해결할 수 있다고 보았다. 따라서 갑과 을은 유전자 편집 기술이 인간 생활에 도움을 줄 수 있다는 사실에 대해 같은 의견을 갖는다.
ㄴ. 을은 윤리적 문제로 인해 기술 활용에 신중해야 한다고 보며, 병도 윤리적 문제를 무시할 수 없어서 규제가 필요하다고 보았다. 따라서 을과 병은 유전자 편집 기술의 윤리적 문제가 있다는 사실에 대해 서로 같은 의견을 갖는다.

오답해설
ㄷ. 병은 인간 배아에 대한 편집은 엄격히 제한해야 한다고 보았다. 반면 갑은 유전자 편집 기술을 적극적으로 활용해야 한다고 했을 뿐, 인간 배아에 대한 유전자 편집에 대해 반대 의견을 보이지 않았다. 따라서 갑과 병이 인간 배아에 대한 유전자 편집에 대해 같은 의견을 갖는다고 볼 수 없다.

03 ④ [국어학의 이해와 활용 – 언어학 – 단어]
선지 ④에 쓰인 '좀'은 부탁이나 동의를 구할 때 말을 부드럽게 하기 위하여 삽입하는 말이다. 따라서 이때의 '좀'은 '정도나 분량이 적게 혹은 적은 정도나 분량'을 의미하는 '조금'이 대신할 수 없다.

오답해설
나머지 선지의 '좀'은 '정도나 분량이 적게 혹은 적은 정도나 분량'을 의미하므로 본말인 '조금'이 대신할 수 있다.

04 ③ [응용 추론 – 빈칸 추론]
㉠의 앞에는 제2차 세계 대전을 기점으로 기업은 소비 시장을 놓고 치열한 경쟁을 벌이게 되었다는 내용이, ㉠의 뒤에는 그로 인해 모든 기업은 생산된 제품을 판매하는 것에서 소비자의 잠재적 욕구를 파악하고 이를 충족시키는 전략으로 전환했다는 내용이 나와 있다. 따라서 ㉠에는 이러한 전략의 변화가 들어간 '시장은 생산자 중심에서 구매자 중심으로 성격이 바뀌었다.'가 적합하다.

오답해설
① ㉠의 뒤에는 '따라서'라는 앞에서 말한 일이 뒤에서 말할 일의 원인, 이유, 근거가 됨을 나타내는 접속어가 나오며, 모든 기업이 생산된 제품을 판매하는 태도에서 소비자의 잠재적 욕구를 파악하고 충족시키는 전략으로 태도를 바꾸었다고 하였다. 따라서 '기업은 경제적인 관점에서만 제품을 판매하는 전략을 세웠다'는 내용은 뒤의 내용에 부합하지 않으므로 ㉠에 적합하지 않다.
② ㉠의 뒤에는 기업이 생산한 상품을 소비자에게 판매하는 전략이 아니라, 소비자들이 자신의 필요에 따라 제품을 구입하도록 하는 전략을 강조하였다고 하였다. 따라서 기업이 생산된 제품을 소비자에게 판매하기 위한 전략을 모색했다는 내용은 적합하지 않다.
④ 지문에 따르면 가치의 극대화라는 기업의 이념은 변함없지만, 시대의 요구에 따라 기업 활동의 성격은 변화한다. 따라서 기업 활동의 성격 역시 제품과 서비스가 시장(소비자)으로 스며들도록 하는 전략으로 변화했음을 알 수 있다. 기업 활동의 성격이 가치의 극대화에 충실하게 되었다는 내용은 적절하지 않다.

05 ② [논리 비판 – 논리 추론 – 명제논리]
제시된 명제를 기호화하여 정리하면 다음과 같다.

(가) 케이팝 → 콘서트
(나) 직장인n ∧ 케이팝n

(가)의 전건인 '케이팝'은 (나)의 '케이팝n'을 포함한다. 따라서 (가)와 (나)를 함께 고려하면, '직장인n ∧ 콘서트n'이 되므로, 답은 선지 ②이다.

06 ④ [확인 추론 – 부정발문 – 문학]
마지막 문단에 따르면, 현대 서정시의 '가난'은 '물질적 차원에서는 작고 하찮게 보이는 것들의 가치나 산업화 과정에서 사라져가는 것들의 가치, 그 정신적 가치를 일깨'운다고 하였다. 이를 통해 현대 서정시는 '가난'을 부정적 가치로 노래하지 않았다는 것을 알 수 있다.

오답해설
① 첫째 문단에 따르면, 현대 서정시는 '그리움'이 주된 정서이다. 이때 "이 '그리움'은 ~같이 다양하다"를 통해 다양한 대상을 향한 그리움으로 나타난다는 것을 알 수 있다.
② 둘째 문단에 따르면 현대 서정시에서 '고향'은 '따뜻한 세계', '지속성의 세계', '부드러운 세계'라고 하였다. 이러한 세계의 중심을 이루는 것이 바로 '모성'이라고 하였으므로, '따뜻함, 지속성, 부드러움'을 상징하는 '고향'이 '모성'의 개념과 깊은 관련이 있다는 것을 알 수 있다.
③ 마지막 문단에 따르면, 현대 서정시의 '고향'이 가난한 모습으로 표현되는 이유는 현대 서정시가 궁극적으로 노래하고자 하는 가치가 '정신적 가치'라는 점과 연관된다고 하였다. 이를 통해 현대 서정시에서 '고향'의 가난한 모습은 정신적 가치를 강조하는 경향과 관련 있다는 것을 알 수 있다.

07 ② [구조 독해 – 배열 – 문단 배열]
(가) 전환/대립의 상황에서 사용하는 접속어인 '그러나'로 시작하며, '직관'으로 주인공을 인식할 경우에 대해 설명하고 있다.
(나) 베르그송이 사물을 인식하는 두 가지 방법으로 분석과 직관을 제시했다고 설명하고 분석과 직관의 차이에 대해서 제시한다.
(다) 작가가 묘사한 인물은 이미 알고 있는 인물이나 사물과 비교으로써만 파악할 수 있는데, 상징이나 관점은 분석하는 인물과 다른 인물이 공통적으로 지니는 것을 알게 할 뿐이므로, 인물의 고유한 것이 아니라는 내용이다.
(라) 소설을 읽는 상황을 예로 들어, 분석의 차원으로 주인공을 이해하는 것에 대해 설명하고 있다. 분석은 상징이나 관점과 관련이 있다고 설명한다. (라)에서 분석이 상징이나 관점과 관련이 있다고 설명되었으므로, (다) 또한 분석과 관련된 내용임을 알 수 있다. 따라서 '직관'에 대해 설명한 (가)는 '분석'으로 인물을 인식하는 방법을 설명한 (라)와 (다) 뒤에 위치해야 한다. → 선지 ①, ③, ④ 탈락
(마) 인물의 본질을 구성하는 것은 내적인 것이므로 외부에서 지각되거나, 상징을 통해서 표현되지 않는다는 내용이다. '베르그송이 말한 분석과 직관'이라는 표현을 통해 (마)보다 앞서 베르그송의 분석과 직관이 설명되었음을 알 수 있다. (나)는 베르그송이 사물을 인식하는 두 가지 방법으로 분석과 직관을 제시하고 있으므로, (마)보다 (나)가 먼저 제시되어야 한다. → 선지 ③, ④ 탈락
따라서 '(나)(라)(다)(가)(마)'의 순서가 가장 자연스럽다.

08 ③ [의사소통 – 작문 내용]
〈지침〉에 '본론은 제목에서 밝힌 내용을 2개의 장으로 구성하되 각 장의 하위 항목끼리 대응되도록 작성하라'고 하였다. '필요한 양만 구매하도록 소비자 캠페인 진행'은 Ⅱ-1(과도한 음식 준비와 식사 후 남은 음식 버리기 습관)과 대응되는 Ⅲ-1(ⓒ)의 내용이다. 하지만 '남은 음식 버리기 습관'에 관한 해결 방안이 제시되지 않았으므로 적절하지 않다. '음식 남기지 않기 캠페인을 통한 식습관 개선'과 같은 방안도 추가되어야 한다.

오답해설
① 제목을 보았을 때, 글의 중심 소재는 '음식물 쓰레기 과다 발생'이다. 〈지침〉에 '서론은 중심 소재의 실태와 문제 제기를 1개의 장으로 작성하라'고 하였으므로,

㉠에는 '음식물 쓰레기 과다 발생'과 관련된 문제 제기가 들어가야 한다. 따라서 '음식물 쓰레기 매립지에서 발생하는 가스로 인한 기후 변화'는 이러한 문제 제기로 적절하다.
② 〈지침〉에 '본론은 제목에서 밝힌 내용을 2개의 장으로 구성하되 각 장의 하위 항목끼리 대응되도록 작성하라'고 하였다. 따라서 '음식물 쓰레기 처리 인프라 부족'은 Ⅲ-2(음식물 쓰레기 처리 기술 개발 및 보급)와 대응되는 Ⅱ-2(㉡)의 내용으로 적절하다.
④ 〈지침〉에 '결론은 기대 효과와 향후 과제를 1개의 장으로 작성할 것'이라는 내용이 제시되어 있다. Ⅳ-2에 '음식물 쓰레기를 줄이기 위한 강력한 법적 규제와 지원 정책'이라는 향후 과제가 제시되어 있으므로, ㉣에는 '환경 보호 및 경제적 비용 절감'이라는 기대 효과가 제시되는 것이 적절하다.

09 ① [구조 독해 - 전개 방식]

처음에는 사회의 발전에 따라 신어와 학술어가 등장한 사실(현상), 두 번째는 국어로 된 학술어, 신어를 만들어 쓰지 않았다는 점(반성), 세 번째로는 국어 어휘의 소멸(예측), 네 번째로는 국어 어휘로 된 학술어 사용을 주장(제안)한 것으로 논지를 전개하고 있다.

10 ① [확인 추론 - 부정발문 - 인문사회예술]

둘째 문단에 따르면, '지식은 실제 생활에 필요한 정도만 배우게 하고, 심신의 발달 과정은 직접 관찰하거나 자유롭게 능동적인 경험을 하도록' 해야 한다고 한다. 따라서 지식은 실제 생활에 필요한 정도만 배우면 된다는 것을 알 수 있다.

오답해설
② 첫째 문단에 따르면, '인지가 깨어나면서부터 인간의 욕망은 필요로 하는 것 이상으로 확대되었다'고 한다. 따라서 인간 욕망의 확장은 인지의 각성으로부터 시작되었음을 알 수 있다.
③ 첫째 문단에 따라, 루소의 사상은 인간이 자연 상태에서는 자유로웠으나 사회와 문명이 들어서면서 자유를 상실하였다는 전제에서 출발하였음을 알 수 있다. 따라서 루소에 따르면, 인간은 자연 상태일 때보다 사회와 문명을 통해 구속되게 되었음을 알 수 있다.
④ 둘째 문단에 따라, 루소는 인간을 본래 무구한 존재라고 여겼음을 알 수 있다. 따라서 인간의 본성을 깨끗하고 순수하다고 보았음을 알 수 있다.

11 ② [응용 추론 - 어휘 추론]

지문의 '㉠삼는다'는 '여겼다'와 바꿔쓸 수 있으며, 문장 구조는 'a가 b를 c로 삼다'이다. 이는 '무엇을 무엇이 되게 하거나 여기다.'라는 의미로 쓰인 것으로, 해당 문장은 교육이 원리로 여긴 과정에 대해 설명하고 있다. '그는 위기를 전화위복의 계기로 삼았다.'의 '삼았다' 역시 '그'가 위기를 오히려 전화위복의 계기로 여겼음을 표현한 것이므로 선지 ②가 ㉠과 문맥상의 의미가 가장 유사하다.
삼다² 【을 …으로】「2」 무엇을 무엇이 되게 하거나 여기다.

오답해설
① '그는 친구의 딸을 며느리로 삼았다'의 '삼았다'는 그가 친구의 딸을 자기 며느리가 되게 했다는 것을 표현한 것이므로 ㉠과 문맥상의 의미가 유사하다고 보기 어렵다.
삼다² 【을 …으로】「1」 어떤 대상과 인연을 맺어 자기와 관계있는 사람으로 만들다.
③ 삼다² 【을 …으로】「3」 무엇을 무엇으로 가정하다.
④ 삼다 【을】「1」 짚신이나 미투리 따위를 걸어서 만들다.

12 ④ [논리 비판 - 논리 추론 - 명제논리]

제시된 명제를 기호화하여 정리하면 다음과 같다.

㉠ (배∨축) → 테 ⇔ ~테 → ~(배∨축)
　　≡ ~테 → (~배∧~축)
㉡ 스 → ~테
㉢ 농 → ~축∧~축 → 스
㉣ 야 → 농
㉤ ~야 → 배 ⇔ ~배 → 야
㉥ ~배

ⅰ) ㉥, 그리고 ㉤의 대우인 '~배 → 야'를 고려하여 '야구 동호회를 지원함'을 알 수 있다.
ⅱ) ⅰ)의 결론인 '야구 동호회를 지원'하므로, ㉣을 결합하면, '농구 동호회를 지원함'을 알 수 있다.
ⅲ) ㉢을 삼단논법으로 결합하면 '농 → 스'를 도출할 수 있다. ⅱ)의 결론과 ㉢을 결합하면 '스쿼시 동호회를 지원함'을 알 수 있다.

ⅳ) ⅲ)의 결론과 ㉡을 결합한 것을 통해 '테니스 동호회는 지원하지 않음'을 알 수 있다.
ⅴ) ⅳ)의 결론과 ㉠의 대우인 '~테 → ~(배∨축)'을 결합하면, '~테 → (~배∧~축)'이므로 배드민턴 동호회와 축구 동호회 모두 지원하지 않음을 알 수 있다.
정리하면, 야구, 농구, 스쿼시 동호회를 지원하고 테니스, 배드민턴, 축구 동호회는 지원하지 않는다.

13 ③ [의사소통 - 작문 내용]

셋째 문단에 따르면, '안전거리의 확보는 돌발 상황에서 운전자의 대응 시간을 늘림으로써 사고를 예방하기 위한 것이다. 즉 차량의 속도가 빠를수록 앞차와 가까워지는 시간도 빨라질 것이기에 '차량의 속도와 안전거리는 정의 관계를 가질 것'이라 추론할 수 있다. 따라서 ㉢을 '시속 100km에서는 최소 100m, 시속 60km에서는 최소 60m'로 고치는 것이 적절하다.

오답해설
① 첫째 문단에서는 '교통사고를 예방하기 위해 안전운전을 위한 핵심 원칙을 지켜야 함'을 강조하고 있다. 이를 위한 방안으로 둘째 문단에서는 '속도 제한 준수'를, 셋째 문단에서는 '안전거리 확보'를 제시하고 있다. 따라서 글의 맥락상 ㉠의 '속도 제한을 준수하고 안전거리를 확보'라는 기존 표현을 유지하는 것이 적절하다.
② 둘째 문단에 따르면, '과속은 운전자의 반응 시간을 줄이고 차량의 제동 거리를 늘려 돌발 상황에 대처하기 어렵게' 만듦을 알 수 있다. 이에 '차량의 속도와 제동 거리는 정의 관계를 가질 것'이라 추론할 수 있다. 즉 만약 시속 100km로 달리는 차량이 정지하기 위해 약 100m 이상의 거리가 필요하다면, 시속 60km로 달리는 차량이 정지하기 위해서는 100m보다 짧은 거리가 필요할 것이다. 따라서 ㉡의 '제동 거리가 절반 이하로 줄어든다'라는 기존 표현을 유지하는 것이 적절하다.
④ 지문에서는 교통사고의 예방을 위한 안전운전의 원칙으로 운전자들이 지켜야 할 '속도 제한 준수'와 '안전거리 확보'가 제시된다. 대중교통과 관련한 내용은 지문을 통해 확인할 수 없다. 따라서 ㉣의 '모두가 안심하고 도로를 이용할 수 있는 환경'이라는 기존 표현을 유지하는 것이 적절하다.

14 ③ [논리 비판 - 비판 추론 - 강화약화]

디지털 기기와 서책의 탄소 유발 정도가 비슷하다면, 디지털 기기가 서책보다 많은 이산화탄소를 배출한다는 반대 측의 근거는 설득력이 낮아진다. 따라서 '반대 측'의 주장은 약화된다.

오답해설
① 멀티미디어 자료의 활용으로 학생들의 학업 성취도가 향상되었다면, 인터넷 멀티미디어 자료를 활용하여 더 심화된 학습을 할 수 있다는 찬성 측의 근거는 설득력이 높아진다. 따라서 '찬성 측'의 주장은 강화된다.
② 디지털 여건을 구축하는 데 드는 비용이 서책에 드는 비용보다 훨씬 크다면, 디지털 기기 도입으로 인쇄 등 관련 비용을 절약할 수 있다는 찬성 측의 근거는 설득력이 낮아진다. 따라서 '찬성 측'의 주장은 약화된다.
④ 학부모들이 서책보다 디지털 교과서를 선호한다는 사실은 찬성 측 입장을 강화하는 추가 근거이다. 따라서 '반대 측'의 주장을 강화하지 않는다.

15 ① [확인 추론 - 긍정발문 - 과학기술경제]

둘째 문단에 따르면, 전압이 높아지면 전기 손실이 감소하며 송전용량이 증가한다. 따라서 송전 단계에서 전압을 높게 유지해도 전기 손실은 발생한다.

오답해설
② 둘째 문단에 따르면, 전압을 올리면 전기 손실이 줄어든다. 하지만 지문에서 손실이 감소하는 명확한 수준을 언급하지는 않았다. 따라서 220V로 배전하는 경우 110V로 배전할 때보다 전기 손실이 절반으로 줄어드는지는 지문을 통해 알 수 없다.
③ 마지막 문단에 따르면, 수도권의 발전 용량이 수도권 전기 수요의 50% 정도에 불과하다. 하지만 지방의 발전 용량과는 직접적인 비교가 없으므로 수도권 발전 용량이 지방보다 적은지는 지문을 통해 추론할 수 없다.
④ 마지막 문단에 따르면, 전압 조정은 손실 감소와 효율성 증가를 목적으로 한다. 또한 마지막 문단에 송배전 시설 건설과 관련된 갈등이 소개되었으나 지역 간 갈등과 직접적으로 관련된 내용은 제시되지 않았으므로, 송전 과정에서 전압이 낮으면 지방과 수도권 간 갈등이 완화되는지는 지문을 통해 추론할 수 없다.

16 ③ [응용 추론 - 문맥 추론]

(가)의 앞 문장에서는 변전이 송배전 과정에서 필수라고 하였으므로, (가)의 과정은 송배전 과정임을 알 수 있다.
첫째 문단 따르면 우리가 발전소에서 생산된 전기를 사용하기 위해서는 소비처까지 전달되는 과정이 필요하며, 이를 송배전이라고 하였다. 따라서 ㉠의 과정은 송전과 배전을 모두 포함하는 송배전 과정임을 알 수 있다.
둘째 문단에 따르면, '이 과정'에서 전압을 올리거나 내리는 과정인 변전이 필수적이라고 하였다. 첫째 문단에서 언급된 과정은 송배전 과정뿐이므로, ㉡의 과정은 송배전 과정임을 알 수 있다.
둘째 문단에 따르면, 낮은 전압으로 송전하는 경우 전기량의 손실이 생겨 ㉢의 과정에서는 전압을 높이는 것이 일반적이라고 하였다. 이를 통해 ㉢의 과정은 '송전 과정'을 의미한다는 것을 알 수 있다.
마지막 문단에서는 '이러한 과정'에 필요한 설비의 설치가 지역 간 갈등을 유발할 수 있으며, 고효율 송전전망이 대부분 수도권에 집중되어 있다는 논란에 대해 설명하고 있다. 이를 통해 ㉣의 과정은 송배전 과정임을 알 수 있다.
따라서 문맥상 (가)에 해당하는 의미로 사용되지 않은 것은 ㉢이다.

17 ④ [국어학의 이해와 활용 – 언어학 – 기타]
㉠은 '화자 자신 또는 자기 쪽에 속하는 사람을 낮춤 → 청자를 높임', ㉡은 '행위의 주체를 낮춤 → 청자를 높임'의 특성을 지니고 있다. 두 가지 모두 듣는 상대(청자)를 우선 고려하여 높낮이를 조절한다는 점에서 공통점이 있다.

오답해설
① ㉠은 '손윗사람에게 자신이나 자기 쪽에 속하는 사람을 낮춤으로써 상대를 간접적으로 높이는' 말씨법이고, ㉡은 '원래 높이는 대상이지만 그보다 더 높은 대상을 위해 높임을 억제하는' 말씨법이라고 하였다. 따라서 ㉠과 ㉡은 모두 청자를 높인다.
② ㉠은 화자 자신이나 자기 쪽에 속하는 사람을 낮추어 청자를 높이지만 ㉡은 문장 속의 행위 주체를 낮추어 청자를 높인다. 따라서 ㉠과 ㉡은 모두 문장 속의 행위 주체를 청자보다 무조건 높이지 않는다.
③ 겸양법은 '화자 자신 또는 자기 쪽에 속하는 사람을 낮춤 → 청자를 높임', 압존법은 '행위의 주체를 낮춤 → 청자를 높임'의 특성을 지니고 있다. ㉠과 ㉡은 모두 청자가 누구든 간에 화자 자신을 낮추려 한다는 설명은 적절하지 않다.

18 ① [확인 추론 – 부정발문 – 인문사회예술]
둘째 문단에 따르면, 기족은 본인의 아들 및 그 소생을 가리킨다. 그런데 셋째 문단에 따르면 모반과 대역죄를 저질렀을 경우 16세 이상의 아들과 16세 미만의 아들에 적용되는 형벌이 각각 다르므로, 기족에게 적용된 형벌의 종류가 모두 동일하다고 할 수 없다.

오답해설
② 셋째 문단에 따르면, 모반죄를 저지른 경우 어머니와 처첩을 노비로 삼았다고 한다. 그런데 어머니와 본인의 처첩, 그리고 아들의 처첩은 3족(조족, 부족, 기족) 중 어디에도 포함되지 않으므로, 처벌이 본인과 그 3족에만 국한되지 않았음을 알 수 있다.
③ 둘째 문단에 따르면, 부족에는 본인의 형제와 그 소생이 포함된다. 따라서 친형수가 출산한 아들은 나에게 부족에 해당한다.
④ 셋째 문단에 따르면, 대역죄의 경우에도 장인의 일로 사위를 벌주지는 않았다고 하였으므로 대역 죄인의 사위는 연좌의 적용 대상이 아니었음을 알 수 있다. 하지만 마지막 문단에 따르면, 현실에서는 법 규정을 넘어 연좌의 대상이 확대되기도 했다고 한다.

19 ① [문맥추론 – 어휘 추론]
㉠이 포함된 문장인 '새로운 왕조를 세우려는 모반'은 새로운 왕조를 세우기 위해 모반을 방법으로 사용한다는 것이 아니라, 모반이 새로운 왕조를 만드는 것을 의미한다는 내용이다. 따라서 ㉠은 '도모하다'와 바꿔쓸 수 없으며, ㉠과 바꿔쓸 수 있는 유사한 표현으로는 '수립하다' 등이 있다.
㉠ 세우다: 나라나 기관 따위를 처음으로 생기게 하다.
도모하다(圖謀하다): 어떤 일을 이루기 위하여 대책과 방법을 세우다.
圖 그림 도, 謀 꾀 모
수립하다(樹立하다): 국가나 정부, 제도, 계획 따위를 이룩하여 세우다.
樹 나무 수, 立 설 립

오답해설
② ㉡ 들어맞다: 정확히 맞다.
해당하다(該當하다): 어떤 범위나 조건 따위에 바로 들어맞다.
該 갖출 해, 當 마땅 당
③ ㉢ 국한되다(局限되다): 범위가 일정한 부분에 한정되다.
局 판 국, 限 한할 한
한정되다(限定되다): 수량이나 범위 따위가 제한되어 정해지다.
限 한할 한, 定 정할 정

④ ㉣ 커지다: 크게 되다.
확대되다(擴大되다): 모양이나 규모 따위가 더 크게 되다.
擴 넓힐 확, 大 클 대

20 ② [논리 비판 – 논리 추론 – 명제논리]
제시된 명제를 기호화하여 정리하면 다음과 같다.

> ㉠ (형우∨건욱∨윤환) → 지영
> ㉡ (형우∧건욱) → 지은
> ㉢ (형우∧건욱∧윤환) → 1명만 사랑

㉡과 ㉢을 함께 고려하면, 형우와 건욱은 지은이를 사랑하며, 지은이만을 사랑함을 알 수 있다. 따라서 이를 반영하여 ㉡를 다시 기호화한다면, ㉡는 '(형우∧건욱) → ~지영'으로 변환할 수도 있을 것이다. 이를 ㉠과 결합하면, 결국 '윤환 → 지영'이 성립함을 알 수 있다. 답은 선지 ②이다.

오답해설
① ㉡을 통해 '건욱 → 지은'은 확인할 수 있으나, 지은이가 건욱이를 사랑하는지는 알 수 없다.
③ 위에서 도출한 바에 따르면 형우는 지은이를, 윤환이는 지영이를 사랑한다.
④ 위에서 도출한 바에 따르면 건욱이는 지은이를, 윤환이는 지영이를 사랑한다.

제53회 이유진 국어 백일기도 모의고사 해설

01 ④ [국어학의 이해와 활용 – 작문 형식]
'제한될'는 피동의 의미를 나타내는 '되다'만 사용되었다. 하지만 이를 '제한되어질'로 수정할 경우 피동의 의미를 나타내는 '-어지다'도 포함되므로, '이중피동 표현은 삼갈 것'에 어긋나게 된다. 따라서 이를 수정하지 않는 것이 적절하다.

오답해설
① '산발적'은 '때때로 여기저기 흩어져 발생하는 것'을 의미하는데, 이미 '발생하다'의 의미가 포함되어 있다. 따라서 '중복되는 표현을 삼갈 것'을 고려하여 '발생한'으로 수정하는 것이 적절하다.
② 산림피해 복구 작업은 ○○시에서 하는 작업이지, 작업을 당하는 대상이 아니다. 따라서 '능동과 피동 등 흔히 헷갈리기 쉬운 것에 유의할 것'을 고려하여 '진행할'로 수정하는 것이 적절하다.
③ '산림'은 제거하는 대상이 아니므로 이와 호응하는 서술어를 추가해야 한다. 따라서 '목적어와 서술어를 호응시킬 것'을 고려하여 '유실된 산림 복구 및 토사 제거'로 수정하는 것이 적절하다.

02 ④ [국어학의 이해와 활용 – 언어학 – 기타]
둘째 문단에 따르면, L2 학습자는 필연적으로 오류를 생성하며 학습한다. 따라서 학습자가 이미 여러 외국어를 습득한 경우라고 할지라도, 학습자가 언어를 배우면서 오류는 필연적으로 발생한다.

오답해설
① 둘째 문단에 따르면, 학습자의 오류를 통해 특정 시점에서의 학습자의 중간 언어 체계와 L2 습득 정도를 파악할 수 있다고 하였다. 이를 통해 학습자의 오류는 L2 학습자가 생성한 중간 언어의 발달 정도를 확인하게 해 준다는 것을 알 수 있다.
② 둘째 문단에 따르면, L2 습득 과정에서 나타나는 오류의 원인을 분석하여 그 결과를 L2의 교수·학습에 활용할 수 있다.
③ 둘째 문단에 따르면, 대부분의 오류는 L1의 부정적 간섭으로 인해 발생하고 오류의 원인을 분석해 학습자가 일으키는 오류를 줄일 수 있다고 하였다. 따라서 학습자가 일으키는 오류를 L1과 비교하면 부정적 간섭의 원인을 파악할 수 있으며 이를 L2의 교수법이나 학습법에 활용하면 학습자가 일으키는 오류를 줄일 수 있다는 것을 알 수 있다.

03 ③ [국어학의 이해와 활용 – 언어학 – 단어]
접두사 '해-/햇-'은 다음에 오는 말이 모음으로 시작하거나 첫 자음이 된소리거나 거센소리이면 '해-'를 쓰고, 그렇지 않으면 '햇-'을 쓴다고 되어 있다. '과일'이나 '누룩'의 경우 단어의 첫 자음이 된소리거나 거센소리가 아니므로 '햇과일', '햇누룩'이라고 쓰는 것이 옳고, '콩'의 경우 단어의 첫 자음이 거센소리(ㅋ)이므로 '해콩'이라 적는 것이 옳다.

오답해설
① '곡식'은 단어의 첫 자음이 된소리거나 거센소리가 아니므로 '햇곡식'이라 적는 것이 옳다.
'병아리'와 '새' 역시 단어의 첫 자음이 된소리거나 거센소리가 아니므로 '햇병아리', '햇새'와 같이 적는 것이 옳다.
② '보리', '실과', '벼'는 모두 단어의 첫 자음이 된소리거나 거센소리가 아니므로 '햇보리', '햇실과', '햇벼'라 적는 것이 옳다.
④ '쑥'은 단어의 첫 자음이 된소리(ㅆ)이므로 '해쑥'이라 적는 것이 옳다. '감자'와 '비둘기'의 경우 단어의 첫 자음이 된소리거나 거센소리가 아니므로 '햇감자', '햇비둘기'라고 적는 것이 옳다.

04 ③ [확인 추론 – 긍정발문 – 문학]
둘째 문단에 따르면, 20세기 초반의 심리학과 정신 분석학의 발전으로 인해 '인간에게 내재한 심리적 현실, 또는 인간의 무의식에 숨어 있는 내적 욕망과 억압도 중요한 리얼리티를 지닌다는 인식'이 생겨났다. 이를 통해 20세기 이후 소설은 리얼리티가 외적 현실에 의해서만 구성되는 것은 아니라고 보았다는 것을 알 수 있다.

오답해설
① 첫째 문단에서 '시민 중심의 국가 체제로의 변화'로 인해 근대 소설이 발전하게 되었다는 것은 알 수 있다. 그러나 이러한 변화 때문에 인간과 사회에 대한 시각도 변화였다는 것은 지문을 통해 알 수 없다.
② 첫째 문단에 따르면, 19세기 서양 소설의 개성적 자아는 '현실에서 어떤 삶을 살고, 그 삶을 개선하기 위해 어떤 행위를 하는가'를 통해 리얼리티를 드러냈다. '인간의 무의식에 숨어 있는 내적 욕망과 억압도 중요한 리얼리티를 지닌다는 인식'을 드러낸 것은 19세기 서양 소설이 아니라 20세기 이후 현대 심리주의 소설의 특징이다.
④ 둘째 문단에 따르면, 20세기 초반에 본격화된 정신 분석학의 발전은 인간 이해와 예술에 많은 영향을 끼쳤다. 이를 통해 '인간의 무의식에 숨어 있는 내적 욕망'도 중요한 리얼리티를 지닌다는 인식을 가져다주었다는 것을 알 수 있다. 즉 인간의 무의식에 숨어 있는 내적 욕망의 중요성으로 인해 정신 분석학이 발전하게 된 것이 아니다.

05 ① [논리 비판 – 논리 추론 – 명제논리]
제시된 명제를 기호화하여 정리하면 다음과 같다.

```
㉠ ~(진수 퇴직∧민경 퇴직) ≡ ~진수 퇴직∨~민경 퇴직
㉡ ~진수 퇴직 → 민경 퇴직 ⇔ ~민경 퇴직 → 진수 퇴직
㉢ ~(~종범 퇴직 → ~진수 퇴직) ≡ ~(~종범 퇴직∨~진수 퇴직)
                              ≡ ~종범 퇴직∧진수 퇴직
```

㉢을 기호화한 '~(~종범 퇴직 → ~진수 퇴직)'은 함축 규칙에 의하여 '~종범 퇴직∧진수 퇴직'과 논리적으로 동치이다. 따라서 ㉠과 ㉢을 함께 고려하면, ㉢의 '진수 퇴직'이 ㉠의 선언지를 제거해 '~민경 퇴직'이 도출됨을 알 수 있다. 종범이와 진수의 퇴직 여부에 대한 정보는 이미 ㉢에서 주어졌으므로('진수 퇴직'은 ㉢, 그리고 ㉡의 대우인 '~민경 퇴직 → 진수 퇴직'을 통해 도출할 수도 있다.), 정보를 정리해보면, '~종범 퇴직', '진수 퇴직', 그리고 '~민경 퇴직'이다. 따라서 답은 선지 ①이다.

오답해설
② 퇴직하는 사람은 진수 한 명뿐이다.
③ 퇴직하지 않는 사람은 종범이와 민경 두 명이다.
④ 진수는 퇴직하고, 민경이는 퇴직하지 않으므로 적절하지 않은 선지이다.

| 함축: A → B ≡ ~A∨B ≡ ~(A∧~B)

'A이면 B이다'라는 명제는, 'A가 아니거나 B이다'와 동치이다. 여기서 앞서 배운 함축 관계의 특징이 도출된다. 'A → B'라는 명제가 성립하기 위해서는, A가 참이 아니거나, B가 참이면 되므로 'A → B ≡ ~A∨B'이 도출된다. 여기서 한 단계 더 나아가, '~A∨B'에 드모르간 법칙을 적용할 경우 '~(A∧~B)'라는 명제 역시 참임을 도출할 수 있다. 이는 'A∧~B'가 'A → B'라는 조건명제의 모순임을 의미한다. 즉, 'A이면 B가 아니다'는 'A이면 B이다'라는 명제와 모순 관계인 것이다.

06 ② [확인 추론 – 부정발문 – 문학]
둘째 문단에 따르면, 「대낮」의 '칸나'는 화자가 그리워하는 대상인 동생을 떠올리게 하는 매개체이다. 한편 첫째 문단에 따르면 「눈물에 실려 가면」의 '산길'은 화자의 아내가 있는 곳으로 가는 길일 뿐, 화자가 그리워하는 대상을 떠올리게 하는 매개체로 보기 어렵다.

오답해설
①「눈물에 실려 가면」의 눈물은 화자가 '아내'를 잃은 슬픔으로 인한 것이며, 「대낮」의 눈물은 화자가 '누이동생'을 잃은 슬픔으로 인한 것이다. 이들의 눈물은 모두 화자가 가족을 잃은 슬픔으로 인한 것이다.
③ 둘째 문단에 따르면, 화자는 '동생이 살아 있던 때로 돌아가고 싶어' 한다. '아무도 없는 고요한 대낮'과 '비인 마당'은 아무것도 없는 텅 빈 곳이므로, 이를 화자의 소망과 반대되는 분위기를 드러내는 소재로 볼 수 있다.
④ 첫째 문단에 따르면, 「눈물에 실려 가면」의 화자는 '"서울이 천 리로다 멀기도 하련만"'이라고 하면서 자신의 슬픔을 끌어안고 앞으로 나아가려'고 한다. 반면 둘째 문단에 따르면 「대낮」의 화자는 '과거 회상을 마치며 동생이 살아 있던 때로 돌아가고 싶어 하는' 모습을 보일 뿐, 자신의 슬픔을 극복하고 앞으로 나아가려는 모습을 보이지 않았다.

07 ① [구조 독해 – 배열 – 문장 배열]
ㄱ. '반면'이라는 역접의 상황에서 사용하는 접속어를 통해, 경상수지 적자와 상반된 내용이 ㄱ의 앞에 제시되었음을 알 수 있다.
ㄴ. 상품수지 및 서비스수지가 경제에 미치는 영향이 비교적 큰 이유를 설명하고 있다.
ㄷ. '그렇다고 해서'라는 표지를 통해 경상수지 흑자의 긍정적인 측면이 ㄷ의 앞에 제시되었음을 알 수 있다.
ㄹ. 경상수지 흑자의 긍정적인 측면에 대해 설명하고 있다. 이는 경상수지 흑자의 부정적 측면을 설명하고 있는 ㄷ의 내용과 상반되므로, ㄷ은 ㄹ보다 뒤에 오는 것이 적절하다. 또한 ㄹ이 고정부 바로 뒤에 올 경우, 상품수지 및 서비스수지에 관한 ㄴ이 경상수지 적자, 흑자에 관한 내용들 사이에 위치하게 되어 부자연스럽다.

따라서 ㄹ이 고정부 뒤에 오는 것은 적절하지 않다. → 선지 ②, ③, ④ 탈락
따라서 'ㄴ-ㄹ-ㄱ-ㄷ'의 순서가 가장 자연스럽다.

08 ③ [의사소통 - 작문 내용]

〈지침〉에 '본론은 제목에서 밝힌 내용을 2개의 장으로 구성하되 각 장의 하위 항목끼리 대응되도록 작성하라'고 하였다. 하지만 '체험형 마케팅을 중심으로 한 공정무역 제품 홍보'는 Ⅱ-2(공정무역 제품의 낮은 접근성과 대형 유통망과의 협력 부족)와 대응되는 Ⅲ-2(ⓒ)의 내용이 아니다. ⓒ에는 '대형 마트 및 온라인 플랫폼에서 공정무역 제품의 유통 확대'와 같은 방안이 제시되어야 한다.

오답해설

① 제목을 보았을 때, 글의 중심 소재는 '공정무역'이다. 〈지침〉에 '서론은 중심 소재의 개념 정의와 문제 제기를 1개의 장으로 작성하라'고 하였으므로, ㉠에는 '공정무역'과 관련된 문제 제기가 들어가야 한다. 따라서 '공정무역 제품의 낮은 시장 점유율'은 이러한 문제 제기로 적절하다.
② 〈지침〉에 '본론은 제목에서 밝힌 내용을 2개의 장으로 구성하되 각 장의 하위 항목끼리 대응되도록 작성하라'고 하였다. 따라서 '공정무역 제품에 대한 소비자의 이해 부족'은 Ⅲ-1(공정무역의 가치를 알리기 위한 캠페인 및 교육 프로그램 운영)과 대응되는 Ⅱ-1(ⓒ)의 내용으로 적절하다.
④ 〈지침〉에 '결론은 기대 효과와 향후 과제를 1개의 장으로 작성할 것'이라는 내용이 제시되어 있다. Ⅳ-1에 '기업의 사회적 책임 이행과 소비자의 윤리적 소비 촉진'이라는 기대 효과가 제시되어 있으므로, ㉣에는 '지속적인 소비자 교육과 정책 지원'이라는 향후 과제가 제시되는 것이 적절하다.

09 ② [논리 비판 - 비판 추론 - 강화약화]

ㄱ. '신사(gentleman)'의 의미가 시간에 따라 달라졌다는 사실은, 일종의 게임과 같은 언어의 규칙이 절대 불변의 것이 아니라 참가자들의 게임 수행을 돕는 형식에 불과하다는 ㉠의 주장을 강화한다.
ㄷ. '어이쿠'와 같은 감탄사를 들었을 때, 사람들이 그 개념에 대해 고민하기보다 주변의 상황을 살피는 등의 행위를 한다는 사실은, 언어 학습이 추상적 개념을 배우는 것이 아니라 다른 사람의 언어에 어떻게 반응해야 하는지를 알아가는 것이라고 보는 ㉠을 강화한다.

오답해설

ㄴ. 언어 지능의 발달 과정에서 추상적 개념의 이해가 실생활에서의 언어 사용에 선행한다는 내용은, 언어 학습이 추상적 개념의 이해보다 언어의 실제적 사용과 관련이 깊다는 비트겐슈타인의 주장을 반박하므로 ㉠을 약화한다.

10 ④ [확인 추론 - 부정발문 - 인문사회예술]

마지막 문단에서 '(한국 탈의)요철이 심한 것은 ~ 불빛이 안각(眼角)으로 거슬러 비치게 되므로 탈을 살아 움직이게 하는데 안성맞춤이라'하였다. 하지만 이를 바탕으로 해서 '한국의 탈은 각 부분이 자유롭게 움직인다'라고 추론할 수는 없다.

오답해설

① 둘째 문단 첫째 문장의 '서민의 눈으로 세계와 사회를 바라보면서 만들어진 것이다.'라는 내용을 통해 '서민의 세계관과 가치관이 투영되어 있다'를 알 수 있다.
② 첫째 문단 마지막 문장의 '우리나라 탈은 수염이나 헝겊 외에는 별 수식을 하지 않는 것이 특징이다.'라는 내용을 통해 '화려한 치장이 없다.'를 알 수 있다.
③ 셋째 문단의 '탈도 주변 환경, 즉 자연과 조화가 잘되도록 만들어졌다'는 내용과 마지막 문단의 '자연의 일부처럼 보이게 된다'라는 내용을 통해, '한국 탈은 자연의 일부로서 자연과의 조화를 근본으로 삼고 있다'를 알 수 있다.

11 ① [응용 추론 - 어휘 추론]

㉠이 포함된 문장은 '초동'이라는 인물이 지게를 등에 얹었다는 내용이지, 초동과 지게를 잇게 했다는 내용이 아니다. 따라서 ㉠은 '연결하다'와 바꿔쓸 수 없다.
지다: 물건을 짊어서 등에 얹다.
연결하다(連結하다): 사물과 사물을 서로 잇거나 현상과 현상이 관계를 맺게 하다.
連 잇닿을 연, 結 맺을 결

오답해설

② ㉡ 같다: 서로 다르지 않고 하나이다.
동일하다(同一하다): 어떤 것과 비교하여 똑같다.
同 한가지 동, 一 한 일
③ ㉢ 인식하다(認識하다): 사물을 분별하고 판단하여 알다.
認 알 인, 識 알 식
파악하다(把握하다): 어떤 대상의 내용이나 본질을 확실하게 이해하여 알다.
把 잡을 파, 握 쥘 악

④ ㉣ 드러나다: 가려 있거나 보이지 않던 것이 보이게 되다.
노출되다(露出되다): 겉으로 드러나다.
露 이슬 노, 出 날 출

12 ④ [논리 비판 - 논리 추론 - 명제논리]

Ⅰ) A의 발언: A는 〈심리학개론〉과 〈인간과 우주〉를 포함한 총 3개의 과목을 듣는다. 아직 밝혀지지 않은 나머지 하나의 과목은 편의상 〈X〉라 칭한다.
A = {〈심리학개론〉, 〈인간과 우주〉, 〈X〉}
Ⅱ) B의 발언: B는 A와 두 과목을 같이 듣게 되었다고 하였는데, 이 중 하나는 〈인간과 우주〉이므로 〈심리학개론〉과 〈X〉 중 하나를 같이 들었음을 알 수 있다. 이번 학기 수강생은 A, B, C 세 명뿐이며, 〈공연 예술의 이해〉의 총 수강 인원이 두 명이므로 B는 〈공연 예술의 이해〉를 듣거나 듣지 않는다.
B = {〈인간과 우주〉, ~〈우리 몸의 이해〉, (〈심리학개론〉ⓥ〈X〉), 〈공연 예술의 이해〉ⓥ~〈공연 예술의 이해〉}
Ⅲ) C의 발언: C는 3개 과목을 들으며, C의 발언에 따라 〈인간의 우주〉와 〈미학과 예술론〉을 들어야 함을 알 수 있다. 이때, C가 A와 B와 함께 〈미학과 예술론〉 조별 과제를 함께 하게 되었다고 하였으므로, 위에서 언급되고 있던 미지의 〈X〉 과목이 바로 〈미학과 예술론〉임을 알 수 있다. 또한 B도 〈심리학개론〉이 아닌 〈X〉 과목, 즉 〈미학과 예술론〉을 들어야 함을 확인할 수 있다.
B의 발언에 따라, 〈공연 예술의 이해〉의 수강 인원은 총 두 명이며 이번 학기 수강생은 A, B, C 세 명뿐이다. 이미 A는 3개의 과목(〈심리학개론〉, 〈인간과 우주〉, 〈미학과 예술론〉)을 수강하므로, B와 C가 〈공연 예술의 이해〉를 수강해야 한다.
C = {〈인간의 우주〉, 〈미학과 예술론〉, 〈공연 예술의 이해〉}
위의 정보를 모두 정리하여 A~C가 각기 듣는 과목을 정리해 보면 다음과 같다.
A: 〈심리학개론〉, 〈인간과 우주〉, 〈미학과 예술론〉
B: 〈인간과 우주〉, 〈미학과 예술론〉, 〈공연 예술의 이해〉
C: 〈인간의 우주〉, 〈미학과 예술론〉, 〈공연 예술의 이해〉
따라서 ㉠, ㉡, ㉢은 모두 반드시 참이며, 답은 ④이다.

13 ④ [논리 비판 - 비판 추론 - 비판적 이해]

ㄴ. 을은 스마트폰 사용이 청소년들의 학업 성취도에 부정적인 영향을 미친다고 보며, 병은 스마트폰의 사용 방법에 따라 해가 될 수도 있다고 보았다. 따라서 을과 병 모두 스마트폰 사용이 학업에 부정적인 영향을 줄 수 있다고 본다.
ㄷ. 갑은 스마트폰이 학업 성취도를 높인다고 보며, 병은 스마트폰의 사용 방법에 따라 도움이 될 수 있다고 보았다. 따라서 갑과 병 모두 스마트폰 사용이 학업에 도움이 될 수 있다고 본다.

오답해설

ㄱ. 갑은 스마트폰이 학업 성취도를 높인다고 보며, 을은 스마트폰 사용이 청소년들의 학업 성취도에 부정적인 영향을 미친다고 보았다. 따라서 갑과 을은 스마트폰 사용이 학업 성취도에 긍정적인 영향을 미치는지에 대해 서로 의견이 대립한다.

14 ② [의사소통 - 작문 내용]

둘째 문단의 ㉡ 바로 앞에서는 블랙아웃 현상을 예방할 수 있도록 주의를 기울여야 한다고 말하며, 이후 마지막 문단에는 블랙아웃 현상의 예방을 위한 방안으로 운동 과정에서 적절한 무게를 설정하고 운동 중간중간 수분을 충분히 섭취할 것이 제시된다. 이때 제시된 방안들은 운동을 하고 난 이후가 아닌, 운동 도중에 취할 수 있는 것들이다. 따라서 ㉡을 '근력 운동을 하는 도중'으로 고치는 것이 적절하다.

오답해설

① 첫째 문단에 따르면, 과도한 근력 운동이 미치는 영향과 관련한 사례로 블랙아웃 현상이 제시된다. 또한 둘째 문단에 따르면 블랙아웃 현상은 근육의 성장 속도와 관련하여 부정적인 영향을 주는 현상이라기보다는, 건강 전반에 악영향을 미치는 현상임을 알 수 있다. 따라서 ㉠의 '오히려 건강을 해치는데'라는 기존 표현을 유지하는 것이 적절하다.
③ 둘째 문단에 따르면 블랙아웃 현상은 고강도 근력 운동 도중 혈압이 일시적으로 급감함과 동시에 뇌의 혈류가 부족해져 나타나는 현상이다. 또한 마지막 문단에 따르면, ㉢ 바로 앞에 제시된 무리한 무게 설정 및 충분한 휴식 시간의 미확보가 블랙아웃 현상을 발생시킬 수 있음을 알 수 있다. 따라서 ㉢의 '혈압이 급격히 변동'이라는 기존 표현을 유지하는 것이 적절하다.
④ 둘째 문단에 따르면, 블랙아웃 현상에 따른 순간적인 어지럼증 및 실신은 운동 기구에의 충돌 등을 유발하는 등 2차 사고로도 이어질 수 있음을 알 수 있다. 마지막 문단의 ㉣ 바로 앞에 제시된 상황은 예방을 위한 조치를 충분히 취했더라도 운동 중 어지럼증 등의 이상이 나타난 상황인데, 그럼에도 불구하고 운동을 속행하는 것은 적절하지 않다. 따라서 ㉣의 '즉시 운동을 중단'이라는 기존 표현을 유지하는 것이 적절하다.

15 ④ [확인 추론 – 부정발문 – 인문사회예술]

둘째 문단에 따르면, '반면 사람들은 친숙한 대상과 오래 관계를 유지하면서 권태를 느끼기도 한다'고 하였다. 따라서 낯선 대상과 친숙해질수록 그 대상을 좋아하게 되는 것은 아니다. 일정 기간 이상 관계를 유지하게 될 경우 권태를 느껴 오히려 그 대상에 싫증을 낼 수도 있기 때문이다.

오답해설

① 둘째 문단에 따르면, 단순 접촉 효과란 특정 대상과 친숙해지면서 그 대상을 더 좋아하게 되는 효과이다. 따라서 단순 접촉 효과에 따르면 처음 만난 사람보다 10번 만난 사람에게 더 호감을 느끼게 될 것이다.
② 첫째 문단에 따르면, 아이들이 기계를 망가뜨리는 것은 새로운 사물이 어떤 모습인가를 파악하려는 동기에서 비롯된 것이라고 한다. 이는 인간이 지닌 탐색과 호기심이라는 근본적인 동기에서 기인하는 것이라 할 수 있다.
③ 특정 대상의 호감도는 문화적으로 차이가 있으며, 특정 대상과 관계를 유지한 기간에 따라서도 달라진다. 따라서 특정 대상의 호감도는 사람들이 속한 문화, 상호작용 기간 등에 따라 달라진다고 할 수 있다.

16 ① [응용 추론 – 어휘 추론]

제시된 문장에서 '㉠미치는'을 대체할 수 있는 유의어로 '끼치는, 주는' 등이 있다. ㉠이 포함된 문장은 '친숙성이 호감의 증가에 효과를 미치다'로, 이 문장의 구조는 'a가 b에 c를 미치다'이다. 선지 ①의 '미쳤다'는 '끼쳤다, 주었다'라는 유의어를 제시된 문장과 공유하며, 'a가 b에 c를 미치다'의 구조도 일치한다. 따라서 ㉠의 문맥적 의미와 가장 가까운 것은 선지 ①이다.
미치다² 「2」 【…에/에게 (…을)】 영향이나 작용 따위가 대상에 가하여지다. 또는 그것을 가하다.
예 사퇴를 하라는 압력이 그에게 <u>미쳤다</u>.

오답해설

② 미치다¹ 「2」 【…에/에게】 (주로 '-에'의 뒤에 쓰여) 어떤 일에 지나칠 정도로 열중하다.
예 동생은 가수에게 <u>미쳐</u> 하루 종일 그 가수의 노래만 듣는다.
③ 미치다¹ 「1」 「3」 정신이 나갈 정도로 매우 괴로워하다.
예 기가 막혀 <u>미칠</u> 지경이다.
④ 미치다² 「1」 【…에/에게】【…으로】 공간적 거리나 수준 따위가 일정한 선에 닿다.
예 우리 편 선수는 결승점에 못 <u>미쳐서</u> 넘어지고 말았다.

17 ③ [응용 추론 – 사례 추론]

'종숙'의 '숙'은 아버지의 남자형제를 의미하고 이를 수식한 '종'은 한 세대 위에서 방계로 나뉜 친족원임을 의미한다. 따라서 이를 모두 반영하는 '종숙'은 아버지의 사촌 형제가 된다.
'증대고모'의 '증대'는 3세대 높거나 낮은 친족원을 의미하고 '고모'는 아버지의 여자형제를 의미한다. 따라서 '증대고모'는 나보다 3세대 높은 증조부의 여자형제를 의미한다.

18 ④ [확인 추론 – 긍정발문 – 인문사회예술]

지문에 따르면, 계몽주의를 통해 주목받은 합리적 이성은 인류에게 자유와 풍요를 가져다줄 것으로 기대되었다. 하지만 아도르노에 따르면, 이는 도구적 이성으로 변질되어 인간의 내적 자연마저 위협하는 무기로 변모하게 되었다.

오답해설

① 첫째 문단에 따르면, 아도르노가 계몽주의가 꿈꾸는 낙관적 미래에 대해 회의적이었던 것은 맞다. 하지만 아도르노가 계몽주의가 구시대적 권위로부터 벗어나지 못했다고 보았는지는 지문을 통해 알 수 없다.
② 둘째 문단에 따르면 도구적 이성이 인간의 비판적 사유 능력을 위협한 것은 맞으나, 이것이 인류의 목적 상실로 이어졌는지는 지문에 제시되지 않았다. 오히려 도구적 이성은 특정 목적을 달성하기 위해 인간과 자연을 수단으로 전락시킨다는 특징이 있다.
③ 마지막 문단에 따르면, 인간은 통제 가능한 합리적 존재가 되기 위해 자신의 내적 자연을 스스로 억압해야 했다. 따라서 인간의 내적 자연이 외부적 힘에 의해서만 억압된다고 볼 수 없다.

19 ③ [응용 추론 – 문맥 추론]

(가)는 도구적 이성에 의해 내적 자연을 억압당한 결과, 존재에 대한 허무감을 느끼는 대상으로서의 '인간'이다.
㉠, ㉡은 도구적 이성에 의해 목적 달성을 위한 수단으로 전락한 인간을 의미한다.
㉢은 자연과 인간 사회에 대한 지배를 손에 넣은 주체로, 특정 목적을 달성하기 위해 이것들을 수단으로 활용하는 도구적 이성으로서의 '인간'이다.
㉣은 도구적 이성이 요구하는 합리성 기준에 맞추기 위해, 스스로의 내적 자연을 통제해야 하는 피지배자로서의 인간을 의미한다.
따라서 문맥상 (가)에 해당하지 않는 것은 ㉢이다.

20 ② [논리 비판 – 논리 추론 – 명제논리]

제시된 명제를 기호화하여 정리하면 다음과 같다.

전제1: 현대 서구 국가 → 인구적으로나 지역적으로 큰 규모
전제2: ~직접 민주주의 → 대의제 민주주의
결론: 현대 서구 국가 → 대의제 민주주의

전제1과 전제2로부터 결론이 도출되기 위해서는, 이를 이어주는 '인구적으로나 지역적으로 큰 규모 → ~직접 민주주의'라는 전제가 추가로 필요하다. 이에 해당하는 것은 선지 ②이다.

오답해설

① 인구와 지역 규모가 정치 제도와 관련이 있다는 사실만으로는 제시된 논증이 성립하기 어렵다.
③ 논증 성립을 위해 필요한 전제는 '인구적으로나 지역적으로 큰 규모 → ~직접 민주주의'이나, 제시된 선지는 '~큰 규모 → 직접 민주주의'이다.
④ 기호화하면 '대의제 민주주의 → 인구적으로나 지역적으로 큰 규모'가 된다. 하지만, 제시된 논증이 성립하려면 '인구적으로나 지역적으로 큰 규모 → 대의제 민주주의'가 필요하다.

제54회 이유진 국어 백일기도 모의고사 해설

01 ③ [국어학의 이해와 활용 – 작문 형식]
수정된 문장인 '경은이의 사진~'의 경우, '경은이가 소유하고 있는 사진', '경은이가 찍은 사진', '경은이를 찍은 사진'으로 해석된다. 이는 여러 뜻으로 해석되므로 적절하지 않은 수정이다.

오답해설
① 주어인 '우리가 실패한 이유는'과 호응하는 서술어가 없다. 따라서 주어와 서술어의 호응을 고려하여 '우리가 실패한 이유는 ~때문이다'로 수정하는 것이 적절하다.
② 타이어의 마모가 심해진다면 안전성은 낮아질 것이다. 따라서 목적어와 서술어의 호응을 고려하여 '타이어의 마모를 줄이고~'와 같이 수정하는 것이 적절하다.
④ '~에 의해 ~되다'와 같이 어색한 피동 표현은 사용하지 말라고 하였으므로, 제시된 문장을 능동 표현으로 수정하는 것이 자연스럽다. 이를 고려하여 '백제는 서기전 18년에 온조 집단이 건국했다'로 수정해야 한다.

02 ③ [확인 추론 – 부정발문 – 과학기술경제]
고객이 해변에 고루 분포한다고 가정하면 ㉠과 ㉡에서 모두 두 가게의 아이스크림 판매량에 차이가 발생하지 않는다.

오답해설
① ㉠이 지리적 시장 분할이 이루어진 모습이라고 할 때, ㉡은 경쟁으로 인해 시장 분할이 파괴된 모습이라 할 수 있다.
② 고객이 너무 멀리 떨어진 거리를 이동하느니 차라리 아이스크림 자체를 사지 않겠다고 결정한다면 ㉡에서는 아이스크림 총수요가 줄어들 수 있다.
④ ㉠의 상황에서는 어떤 가게라도 상대방 가게 쪽으로 이동하게 되면 상대로부터 손님을 흡수하여 더 많은 고객을 받을 수 있다.

03 ① [국어학의 이해와 활용 – 언어학 – 단어]
㉠: 해당 문장은 동아리에 가입할 인원이 '대략' 20명 정도 될 것이라 예측하고 있는 것으로, [D]의 예시에 해당한다.
㉡: 해당 문장은 어떤 사건에 대해 '어떤' 고위 공직자가 밝힌 입장에 대해 말하는 것으로, [B]의 예시에 해당한다.
㉢: 해당 문장은 책의 수량 단위를 나타내는 의존 명사와 결합한 것으로, [A]의 예시에 해당한다.
㉣: 해당 문장은 전교생이 '같은' 교실에 모여서 특강을 들었다는 것을 말하는 것으로, [C]의 예시에 해당한다.

04 ③ [논리 비판 – 비판 추론 – 강화약화]
㉡은 소비자 보호와 직접적인 연관성이 있는 정책이 소비자 권익 증대에 효과적이라고 판단한다. 이때 기업이 생산하는 상품 규격에 대한 정보 공개 의무화는 소비자 보호와 직접적 연관성이 있는 정책에 해당하며, 이러한 정책의 실시로 인해 소비자 권익이 증대되었다는 사실은 ㉡을 강화한다.

오답해설
① ㉠은 반경쟁적 행위에 대한 규제가 시장에서의 경쟁을 촉진시킨다고 여긴다. 하지만 기업에 대한 규제가 기업의 경쟁적 활동을 위축시킨다는 사실은 ㉠의 내용과 상반된다. 따라서 ㉠을 강화하지 않는다.
② ㉠은 반경쟁적 행위에 대한 규제를 통해 시장 경쟁을 촉진시킬 수 있다고 한다. 한편 반경쟁적 행위가 항상 시장 경쟁 활성화의 저해를 야기한다는 사실은 경쟁 정책의 효과성을 입증해줄 수 있는 근거가 된다. 이는 반경쟁적 행위에 대해 부정적 입장인 ㉠의 주장과 부합하게 되므로 ㉠을 약화하지 않는다.
④ ㉡은 소비자 정책이 소비자 보호와 직접적 관련이 있는지 간접적 관련이 있는지를 차별적으로 진술한 적이 없다. 따라서 소비자 보호와 직접적 연관성이 있는 정책뿐만 아니라 간접적인 연관성이 있는 정책도 소비자 권익 증진에 효과적이라는 사실은, ㉡을 약화하지 않는다.

05 ① [논리 비판 – 논리 추론 – 명제논리]
제시된 명제를 기호화하여 정리하면 다음과 같다.

ⓐ 부산 → ~서울 ⇔ 서울 → ~부산
ⓑ ~부산 → (~건우∨~지은)
ⓒ 건우 → ~서울 ⇔ 서울 → ~건우
ⓓ 서울

단일 명제인 ⓓ로부터 추론을 시작한다. ⓓ, 그리고 ⓐ의 대우, ⓒ의 대우를 결합하면 '서울∧~부산∧~건우'가 도출된다. 그리고 이로부터, ⓑ에 따라 '~건우∨~지은' 역시 도출할 수 있다.
정리하면, 나연은 서울 시상식에 참석하며, 부산 영화제에는 불참하고, 건우를 만나지 않는다. 그리고 나연이 지은을 만나는지 여부는 알 수 없다.
이에 부합하는 명제는 '나연은 건우를 만나지 않는다' 뿐이다.

06 ② [응용 추론 – 빈칸 추론]
「삼포 가는 길」에서 정 씨의 여행 목적은 고향인 삼포로 돌아가는 것이었다. 하지만 삼포가 공사판으로 변한 현실로 인해 정 씨는 갈 곳을 잃었으므로, 「삼포 가는 길」은 '미로형 구조'에 해당한다고 볼 수 있다.
「만세전」의 주인공은 일본에서 출발하여 목적지인 서울에 도착한 뒤 다시 동경으로, 즉 일본으로 돌아간다고 하였다. 이는 주인공이 다시 출발지로 돌아오는 구조이므로, 「만세전」은 '귀환형 구조'에 해당한다고 볼 수 있다.

07 ④ [의사소통 – 작문 내용]
첫째 문단에 따르면 '일반의지'는 모두를 위한 공공선을 지향하는, 즉 공동체 구성의 기반이 되는 특별한 의지를 의미한다. 둘째 문단에 따르면 이는 법과 제도를 통해 구체화되며, 모든 사람에게 공평한 기회를 제공하여 자기 발전의 기반을 마련해 주는 것이다. 그러므로 각자에게 공동체 속의 의미 있는 역할을 부여하는 일반의지가 구성원 간 '상호 존중이 아닌 이익 다툼에 기초한 삶'을 가능하게 한다는 추론은 적절하지 않다. 따라서 ㉣을 '이익 다툼이 아닌 상호 존중'으로 고치는 것이 적절하다.

오답해설
① 첫째 문단에 따르면 '일반의지'는 모두를 위한 공공선을 지향하는, 공동체 구성의 기반이 되는 특별한 의지를 의미한다. 이러한 일반의지의 목적이 공동체 전체의 행복과 조화를 넘어선 개개인의 일시적 이익이라고 추론하는 것은 적절하지 않다. 따라서 ㉠의 '개개인의 일시적 이익을 넘어선 공동체 전체의 행복과 조화'라는 기존 표현을 유지하는 것이 적절하다.
② 첫째 문단의 ㉡ 바로 앞에서, 일반의지는 억압적 명령이 아님을 알 수 있다. 따라서 개인이 이를 강제로 수용하고 복종한다고 보는 것은 적절하지 않다. 따라서 ㉡의 '스스로 수용하고 실천'이라는 기존 표현을 유지하는 것이 적절하다.
③ 둘째 문단에 따르면, 법은 '모든 구성원이 동등한 조건 속에서 자유와 권리를 누릴 수 있도록 하는 규범'이다. 또한, ㉢ 바로 뒤에서, 법은 겉보기에 제약으로 보일 수 있으나 사실상 '모든 사람에게 공평한 기회를 제공하여 이를 토대로 자기 발전의 기반을 마련해 주는 것'이라고 설명한다. 따라서 ㉢의 '오히려 더 깊은 자유를 얻는다'라는 기존 표현을 유지하는 것이 적절하다.

08 ③ [국어학의 이해와 활용 – 언어학 – 기타]
a는 영어가 프랑스어에 간섭한 예로 음성과 관련된 것이므로 음성·음운의 간섭(㉡)의 예이다.
b는 문장의 구조에 미친 영어의 영향으로 영어가 우리말에 간섭한 예이다. 문장의 구조적 측면을 다루고 있으므로 통사적 간섭(㉢)의 예이다.
c는 프랑스어나 라틴어–그리스어가 영어에 간섭을 한 예로, 이는 어휘적으로 간섭을 한 것이다. 그러므로 어휘 간섭(㉠)의 예이다.
d는 '방송'이라는 낱말의 의미가 일본어의 간섭을 받아 변하게 된 것을 설명하고 있으므로 의미적 간섭(㉣)의 예이다.
따라서 a~d를 ㉠~㉣에 적절하게 적용한 것은 ③이다.

09 ① [응용 추론 – 사례 추론]
첫째 문단에서 설명한 변환 방법을 이해하면 십진수를 십육진수로 변환하는 것도 할 수 있다. 십진수 167을 16으로 나누면 몫으로 10을 얻고 나머지로 7을 얻는다. 다시 몫 10을 16으로 나누면 몫으로 0을 얻고 나머지로 10을 얻는다. 이를 차례로 각 자릿수에 배정하되, 10을 A로 나타낸다면 변환된 십육진수 표기는 A7이 된다.

10 ④ [확인 추론 – 부정발문 – 과학기술경제]
마지막 문단에 따르면, 일부 환경 운동 단체에서는 알레르기를 일으킬 가능성도 유전자 변형 생물의 잠재적 위험성으로 여기고 있음을 알 수 있다. 하지만 유전자 변형 생물이 알레르기를 일으킨다는 현실적 근거를 든 것은 아니다.

오답해설
① 첫째 문단에 따르면, 유전 공학 기술에서 제한 효소라는 단백질은 DNA의 각기 다른 위치에서 작용한다. 이를 통해 유전 공학 기술에서 제한 효소는 각각 DNA의 상이한 곳에서 역할을 한다는 것을 알 수 있다.

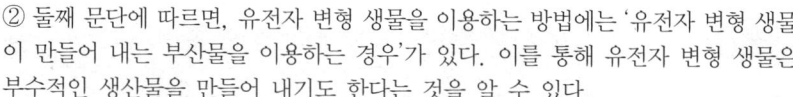

② 둘째 문단에 따르면, 유전자 변형 생물을 이용하는 방법에는 '유전자 변형 생물이 만들어 내는 부산물을 이용하는 경우'가 있다. 이를 통해 유전자 변형 생물은 부수적인 생산물을 만들어 내기도 한다는 것을 알 수 있다.
③ 둘째 문단에 따르면, 유전자 변형 생물의 부산물을 통해 '당뇨병 치료에 쓰이는 인슐린이나 인간 생장 호르몬을 추출'하기도 한다고 하였다. 이를 통해 유전자 변형 생물은 의학 분야에 활용되기도 함을 추론할 수 있다.

11 ① [응용 추론 – 어휘 추론]

지문의 'ⓒ 본다'는 '평가한다, 여긴다' 등의 유의어와 바꿔쓸 수 있으며, ⓒ이 포함된 문장은 'a가 b를 c로 보다.'라는 구조로 구성되어 있다. 이때 ⓒ이 포함된 문장은 일부 환경 운동 단체가 알레르기가 일어날 가능성을 유전자 변형 생물의 잠재적 위험성으로 평가하고 있음을 설명하고 있다. '어쩐지 그의 행동을 실수로 볼 수가 없었다.'라는 문장의 '볼' 역시 그의 행동을 실수로 평가할 수가 없다는 것을 표현한 것이므로, 선지 ①이 ⓒ과 문맥상의 의미가 가장 유사하다.
보다¹ ⑧ 【…을 …으로】【…을 -게】【…을 -고】【…으로】【-고】 대상을 평가하다.

오답해설
② 보다¹ ② 【(…과)】【…을】 사람을 만나다.
③ 보다¹ ① 【…을】「7」 상대편의 형편 따위를 헤아리다.
④ 보다¹ ① 【…을】「21」 남의 결점이나 약점 따위를 발견하다.

12 ① [구조 독해 – 배치]

제시된 문장에서는 '그렇다면'이라는 어떠한 사실을 가정하여 조건으로 삼는 접속어와 함께 "각 분야의 작동 방식과 문제 해결에 대한 접근 방법 '역시' 비슷할 것"이라고 하였다. 따라서 이 앞에는 '각 분야'가 무엇을 지칭하는지와 각 분야 사이에 공통되는 부분이 있다는 내용이 제시되어야 한다.
①의 앞부분에는 예술과 경제라는 두 분야가 등장하며, 이 둘을 움직이는 공통된 힘이 존재한다고 하였다. 뒷부분에는 '예를 들어'라는 접속어를 통해 예술에서의 작동 방식과 문제 해결 접근 방법, 경제(금융)에서의 작동 방식과 문제 해결 접근 방법이 보다 구체적으로 제시되었으며 이 내용을 종합하는 방향으로 글이 전개되고 있다. 이런 점을 종합하여 고려했을 때, ①이 제시된 문장이 배치될 수 있는 가장 적절한 위치라고 할 수 있다.

오답해설
② 예술과 금융 분야에 대한 구체적인 사례가 제시되는 중간이라는 점에서 제시된 문장이 들어가기에 적절하지 않다.
③ '이처럼'이라는 지시어를 통해 앞에 창조적인 방식으로 문제를 해결한 예시가 제시되어야 함을 알 수 있다. 따라서 제시된 문장이 들어가기에 적절하지 않다.
④ 앞부분에는 예술과 경제가 문제를 해결하는 공통적인 접근법이, 뒷부분에는 이 공통적인 접근법이 경제계와 예술계에 미친 영향이 서술되고 있다. 개괄적 성격을 가진 해당 문장의 내용을 고려했을 때, 이 흐름 가운데에 제시된 문장이 들어가는 것은 적절하지 않다.

13 ③ [논리 비판 – 비판 추론 – 비판적 이해]

ㄱ. 갑은 무료화로 대중교통 이용이 증가해 자가용 이용이 줄어든다고 보았고, 을은 무료화로 대중교통 이용이 증가해 운영 비용이 증가한다고 보았다. 따라서 두 사람 모두 대중교통을 무료화하면 대중교통 이용이 증가한다는 사실에 대해 동의한다.
ㄴ. 을은 무료화로 대중교통 이용이 증가해 운영 비용이 증가해 세금 부담이 늘어난다고 보았고, 병도 재정적 부담의 문제를 지적하였다. 따라서 두 사람 모두 대중교통을 무료화하면 재정적인 부담이 악화된다고 보았다.

오답해설
ㄷ. 병은 대중교통 무료화로 국민의 경제적 이익에 동의하였으나 환경 보호 측면은 언급하지 않았다. 반면 갑은 대중교통 무료화가 환경 보호에 도움이 된다고 보았다. 따라서 두 사람이 대중교통 무료화를 통한 환경 보호 효과에 대해 같은 의견을 갖는다고 볼 수 없다.

14 ② [의사소통 – 작문 내용]

'스포일러로~의견'은 앞 문장의 반론에 해당하고, '~대부분 피해를 입는다.'는 재반론에 해당하며, '빙산의 일각'은 비유적 표현에 해당하므로 적절하다.

오답해설
① '제작자가~느끼기 때문이다.'는 반론에 해당하나, 재반론이 없고 비유적 표현도 찾을 수 없으므로 적절하지 않다.

③ '달콤한 미끼'라는 비유적 표현을 사용하였으나, '반론–재반론'의 형식으로 작성하지 않았으므로 적절하지 않다.
④ '잘못된~마땅하다.'는 '반론–재반론'의 형식으로 작성하였지만, 비유적 표현을 찾을 수 없으므로 적절하지 않다.

15 ③ [확인 추론 – 부정발문 – 인문사회예술]

둘째 문단에 따르면, 비현실적인 사물 인식의 산물은 상징적 사물이 아니라 기호적 사물이다.

오답해설
① 첫째 문단에 따르면 기호가 된 사물은 단일한 의미만을 경험주체들에게 전달하지만, 상징으로 기능하는 사물이 가지는 의미는 한 가지만이 아니라고 한다.
② 첫째 문단에 따르면 우리는 의미가 중첩된 사물들에 대한 경험을 가지고 있으며, 그러한 다양한 의미들을 통해 사물의 현존을 받아들인다고 한다. 따라서 사물의 현존에 대한 승인은 경험적인 사물 인식의 산물이라 말할 수 있다.
④ 둘째 문단에 따르면, 사물은 그것을 경험하는 삶의 주체가 자기 나름의 실존적 맥락에서 그것을 의미 있는 것으로 받아들일 때 비로소 그에게 현존하는 사물이 된다.

16 ③ [응용 추론 – 어휘 추론]

ⓒ이 포함된 문장은 사물이 기호일 때 드러내는 의미에 따른다는 내용으로, 그 의미에 반대한다는 내용이 아니다. 따라서 ⓒ은 '반항하다'와 바꿔쓸 수 없으며, ⓒ과 바꿔쓸 수 있는 유사한 표현으로는 '순응하다' 등이 있다.
ⓒ 따르다: 관례, 유행이나 명령, 의견 따위를 그대로 실행하다.
반항하다(反抗하다): 다른 사람이나 대상에 맞서 대들거나 반대하다.
反 돌이킬 반, 抗 겨룰 항
순응하다(順應하다): 환경이나 변화에 적응하여 익숙하여지거나 체계, 명령 따위에 적응하여 따르다.
順 순할 순, 應 응할 응

오답해설
① ㉠ 겹쳐지다: 여럿이 서로 덧놓이거나 포개어지다.
중첩되다(重疊되다): 거듭 겹쳐지거나 포개어지다.
重 무거울 중, 疊 겹쳐질 첩
② ㉡ 받아들이다: 다른 사람의 요구, 성의, 말 따위를 들어주다.
승인하다(承認하다): 어떤 사실을 마땅하다고 받아들이다.
承 이을 승, 認 알 인
④ ㉣ 풀이하다: 모르거나 어려운 것을 알기 쉽게 밝히어 말하다.
해석하다(解釋하다): 문장이나 사물 따위로 표현된 내용을 이해하고 설명하다.
解 풀 해, 釋 풀 석

17 ④ [구조 독해 – 주제]

'뷔리당의 당나귀' 이야기는 인간이 동일한 가치 사이에서 고민할 때 자유의지가 없다면 아무것도 결정하지 못한다는 역설적 명제를 제시한다고 하였다. 그리고 뷔리당은 인간이 동일한 가치 사이에서 고민할 때 이성으로 결정할 수 없다면, 그 상황이 바뀔 때까지 판단을 보류해야 한다고 하였다. 이는 이성만으로는 동일한 가치 중 무엇이 더 우월한지 결정할 수 없다는 것을 의미한다.

오답해설
① 신중한 결정의 중요성은 지문과 관련된 이야기가 아니다.
② 일의 결과를 알기 전에 좋고 나쁨을 평가할 수 없다는 것은 지문과 관련된 이야기가 아니다.
③ 남에게 해를 입히면 화가 반드시 돌아온다는 것은 지문과 관련된 이야기가 아니다.

18 ④ [구조 독해 – 주제]

첫째 문단과 둘째 문단에서는 영화가 공장과 비슷한 특성을 공유하고 있다는 것과, 공장은 근대성을 상징한다는 내용을 담고 있다. 따라서 이를 통해 공장과 영화는 근대성을 상징한다는 것을 알 수 있다. 셋째 문단에 따르면, 영화를 보는 노동자들이 영화와 공장의 공통점을 인식하게 되면 영화가 시공간의 노동 시간을 연장시킨다고 느낀다는 내용이 나온다. 따라서 영화는 노동자들이 압박감 없이 다시 일터로 돌아갈 힘을 얻을 수 있도록 공장을 등장시키지 않았을 것이다. 따라서 (가)는 '영화에서 공장이 등장하지 않는 이유는 무엇인가?'가 가장 적절하다.

19 ② [응용 추론 - 문맥 추론]

영화 평론가 A에 따르면, '근대성을 대표하는 한 가지 상징(㉠)'은 '19~20세기의 공장'을 의미한다. 공장은 전통 사회와 차별화된 '근대적 산업사회의 근원(㉡)'이라고도 하였다. '대량 생산 공장(㉢)' 역시 같은 의미이다.
둘째 문단에 따르면, 영화(㉤)는 일정 이상의 자본이 투입되며 철저한 분업과 수직 구조를 가진 대형 공장과 크게 다르지 않기 때문에 '탈물질화된 공장(㉣)'이라 하였다.
따라서 지시하는 대상의 의미가 같은 것끼리 묶인 것은 ㉠, ㉡, ㉢이다.

20 ② [논리 비판 - 논리 추론 - 명제 논리]

제시된 글의 내용을 기호로 정리하면 다음과 같다.

- A국 지원∨B국 지원
- ~B국 지원 → C국 지원
- ~B국 지원

결론: A국 지원∧C국 지원∧D국 지원

둘째 명제와 셋째 명제를 통해 'C국 지원'을 도출할 수 있고, 첫째 명제와 셋째 명제를 통해 'A국 지원'을 도출할 수 있다. 이를 통해 추가해야 할 전제는 D국 지원과 관련된 것임을 알 수 있다. 이를 고려했을 때, 'A국이 지원을 받으면 D국도 지원을 받는다'가 추가해야 할 전제임을 알 수 있다.

오답해설

① 'C국이 지원을 받지 않는다면 B국이 지원을 받는다'를 통해서 'D국 지원'을 도출할 수 없다.
③ 'D국이 지원을 받으면 C국도 지원을 받는다'를 통해서 'D국 지원'을 도출할 수 없다.
④ 'A국이 지원을 받지 않게 된다면 B국이 지원을 받는다'를 통해서 'D국 지원'을 도출할 수 없다.

제55회 이유진 국어 백일기도 모의고사 해설

01 ④ [의사소통 - 화법]

[B]에서는 '반대 측'의 입론 내용 중 일부를 언급하면서, 통계에 대한 해석을 '논리적 비약'이라고 평가하고 있다.

오답해설

① [A]에서는 지하철의 경제적 손실의 원인을 노인 무임승차 제도에만 돌릴 수는 없다고 하면서 상대측의 주장에 반대하는 입장을 드러내고 있다. 하지만 그 근거로 반대 증거를 제시하고 있지는 않다.
② [A]에서 '이들로 인한 운영 비용이 크게 부담이 되는 것은 아니지 않나요?'라고 한 질문은 '이들로 인한 운영 비용 부담은 크지 않다'는 반대 주장의 우회적 표현일 뿐 구체적인 근거를 요구하는 질문은 아니다.
③ [B]에서는 상대측 주장에 일부 동의한 적은 없다. 상대의 주장이 논리적 비약이라며 왜 타당한 논증이 아닌지 이야기하였다.

02 ③ [확인 추론 - 긍정발문 - 인문사회예술]

㉠은 시민의 생명, 자유 등에 관한 자연적 권리를 국가가 침해하지 않도록 하는 자유이며, ㉡은 국가의 개입을 통해 개인의 자유를 회복하고자 하는 자유이다.

오답해설

① 자유와 평등을 위한 사회 복지를 추구하는 것은 ㉡이며, 자유 보장을 위한 법질서의 안정을 추구하는 것은 ㉠이다.
② ㉠은 시민 사회에 대한 국가의 규제 강화에 반대할 것이다.
④ ㉡은 그 성질상 국가의 간섭을 필요로 한다. 따라서 국가의 최소한의 간섭과 개인의 최대한의 자율성을 목표로 한다고 보기 어렵다.

03 ④ [구조 독해 - 배열 - 문장 배열]

ㄱ. 인과의 상황에서 뒤의 내용이 결론일 때 사용하는 '그래서'라는 접속어를 사용하여 '추론'이라는 작용에 '언어 형식'이 중요하다고 설명하므로, ㄱ의 앞에는 추론할 때 언어가 중요하게 된 이유를 설명하는 문장이 올 것이다.
ㄴ. 논리학에서 말하는 언어적 표현의 기본 단위를 소개하고 있다.
ㄷ. 논리학에서의 '추론' 개념을 설명한다.
ㄹ. 추론과 언어의 필수적인 상관관계를 설명한다. 이는 '추론'의 정의가 처음 제시된 ㄷ 뒤에 오는 것이 적절하다. 또한 추론에 언어가 중요하게 된 이유를 설명하는 문장에 해당하므로 ㄹ 뒤에 ㄱ이 오는 것이 자연스럽다. → 선지 ②, ③ 탈락
ㅁ. 논리학에 있어 '언어 표현의 기본 단위' 역시 중요하다고 설명한다. '뿐만 아니라'라는 연결어로 문장이 시작하므로, ㅁ 앞에는 논리학에 있어서 중요한 다른 사항이 언급되어야 한다. ㄱ에서 논리학이 관심을 갖는 추론에 있어 '언어 형식'이 중요하다고 하므로 ㄱ 뒤에 ㅁ이 오는 것이 자연스럽다. 또한, ㅁ 뒤에는 언어적 표현의 기본 단위를 소개하는 ㄴ이 오는 것이 자연스럽다. → 선지 ①, ②, ③ 탈락
따라서 'ㄷ-ㄹ-ㄱ-ㅁ-ㄴ'의 순서가 가장 자연스럽다.

04 ③ [구조 독해 - 주제]

지문은 실증주의적 역사학파의 입장을 설명한 뒤, 자연적 사건과 역사적 사건은 동일한 성질의 것이라 할 수 없다는 점을 들며 실증주의적 역사학파의 입장을 비판하고 있다. 따라서 글의 핵심 주장은 '역사를 자연과학의 방법으로 접근해서는 안 된다.'는 것이 된다.

오답해설

① 역사는 자연과 동일한 법칙으로 흘러가지 않는다는 것이 글의 주장이다. 역사의 법칙을 자연과학과 같은 방법으로 파악하려는 것은 지문이 비판하는 실증주의적 역사학파의 입장이다.
② 각각의 역사적 사건은 나름의 독특한 성격을 갖는다는 내용이 제시되어 있으나, 지문의 핵심은 실증주의적 역사학파에 대한 비판에 있으므로 이를 지문의 핵심 주장이라 보기는 어렵다.
④ 역사적 사건과 자연적 사건이 서로 동일한 성질의 것이 아니라고 하였다. 하지만 이들이 서로 영향을 주고받지 않는다고 단언할 수는 없다.

05 ① [논리 비판 – 논리 추론 – 명제논리]

제시된 명제를 기호화하여 정리하면 다음과 같다.

○ 물 많이 마심 → 피부 좋음
○ (　　　　　　　　　　　)
○ 결론: 음료수 즐겨 마심 → ~물 많이 마심
　　　　⇔ 물 많이 마심 → ~음료수 즐겨 마심

결론인 '음료수 즐겨 마심 → ~물 많이 마심'의 대우는 '물 많이 마심 → ~음료수 즐겨 마심'이다. 이를 이끌어 내기 위해서는 첫 번째 명제의 후건인 '피부 좋음'과 결론의 대우의 후건인 '~음료수 즐겨 마심'을 연결해 줄 수 있는 전제가 필요하다. 따라서 추가되어야 할 전제는 '피부 좋음 → ~음료수 즐겨 마심'이다. 답은 선지 ①이다.

06 ② [의사소통 – 작문 내용]

지문에 따르면, '운동 피질은 의지에 따른 운동을 조절'하나 소뇌는 '생각하지 않아도 숙달되어 일어나는 운동들을 조절한다'고 한다. 따라서 반복된 훈련을 통해 생각 없이 자동으로 이루어지는 것은 소뇌의 관여로 일어난다고 수정하는 것이 적절하다.

오답해설

① ㉠ 다음 문장에 따르면, '뇌의 여러 부분이 복잡하고도 동시적으로 신체 운동에 관여하고 있기 때문이'라고 한다. 따라서 정확한 이해가 가능하다는 서술은 적절하지 않으며 기존의 서술을 유지하는 것이 타당하다.
③ 지문에 따르면, '선조체는 신체 운동을 억제하나 흑색질은 신체 운동을 유발'한다고 한다. 이는 상호 대립적으로 상반된 신체 운동에 작용하는 것이므로 기존의 서술을 유지하는 것이 타당하다.
④ 지문에 따르면, '흑색질에 손상이 생기면 파킨슨병에 걸리게 된다'고 한다. 따라서 흑색질의 기능을 강화하는 약을 사용하면 파킨슨병의 증세가 완화될 것이므로 기존의 서술을 유지하는 것이 타당하다. 흑색질의 기능 강화 시 헌팅턴 무도병의 증세가 악화될 것이라는 근거는 지문에 제시되지 않았다.

07 ③ [국어학의 이해와 활용 – 언어학 – 기타]

마지막 문단에 따르면, 'ᄒᆞ야쎠체는 ᄒᆞ라체와는 달리 대화 상황에서만 쓰였다'고 하였다. 따라서 ᄒᆞ라체는 대화 상황 외의 경우에도 쓸 수 있었다는 것을 알 수 있다.

오답해설

① 첫째 문단에 따르면, '중세에도 현대와 같은 체계로 높임 표현이 존재했다'고 한다. 이를 통해 중세 국어의 높임 표현 역시 현대 국어처럼 주체 높임, 객체 높임, 상대 높임의 3가지로 나뉘었음을 알 수 있다.
② 둘째 문단에 따르면, "중세에는 부사격 조사 '끠(ㅅ긔), ㅅ그에'나 선어말 어미 '-ᅀᆞᆸ/ᅀᆞᇦ/ᅀᆞᆸ-'을 사용하"여 객체 높임을 실현했다고 하였다.
④ 마지막 문단에 따르면, 'ᄒᆞ쇼셔체는 현대 국어의 하십시오체라고 볼 수 있는데, 청자를 아주 높일 때 쓰였다'고 하였다.

08 ① [국어학의 이해와 활용 – 작문 형식]

'대등한 것끼리 접속할 때는 구조가 같은 표현을 사용할 것'에 따라 앞의 내용이 구라면 뒤에도 구를, 앞의 내용이 절이라면 뒤에도 절을 사용해야 한다. '건강 보호와 독감으로 인한 피해를 예방하기 위해'로 수정할 경우 구와 절로 구성되므로 적절하지 않은 수정이 된다. 오히려 수정 전의 문장이 절과 절로 구성되어 있어서 그대로 사용하는 것이 적절하다.

• 구와 구: 건강 보호와 독감으로 인한 피해 예방을 위해
• 절과 절: 건강을 보호하고 독감으로 인한 피해를 예방하기 위해

오답해설

② 〈공공언어 바로 쓰기 원칙〉에서 "조사, 어미 '-하다' 등을 지나치게 생략하지 말 것"이라고 하였으므로, 이를 고려하여 '지참하여'라고 수정하는 것이 적절하다.
③ '지정(指定)'은 '가리키어 확실하게 정함'을 의미하는데, 이미 '정하다'라는 의미가 포함되어 있다. 따라서 '중복되는 표현을 삼갈 것'을 고려하여 '지정'으로 수정하는 것이 적절하다.
④ '접종'은 의료진에 의해 이루어지는 행위이다. '진행되다'라는 서술어를 사용할 경우, '접종을'을 '접종이'라고 수정하는 것이 적절하다. 만약 '진행하며'라는 서술어를 사용한다면, '의료진이 접종을 진행하며'와 같이 수정하는 것이 적절하다.

09 ② [논리 비판 – 비판 추론 – 강화약화]

ㄴ. 둘째 문단에 따르면, 한 언어 공동체에 소속된 이들은 그들이 사용하는 공통의 언어인 모국어에 힘입어 그 사유 행위에 있어 동일성을 띠게 된다고 한다. 따라서 만일 이러한 사유 행위의 동종성이 순전히 그들이 함께 겪어 온 민족의 역사로 인한 것이었음이 밝혀졌다면, 글쓴이의 주장은 약화된다.

오답해설

ㄱ, ㄷ. 둘째 문단에 따르면, 한 언어 공동체 안에 소속된 이들은 그들이 사용하는 공통의 언어인 모국어에 힘입어 그 사유 행위에 있어 동일성을 띠게 된다고 한다. 한 공동체에 소속된 이들의 사유 행위와 또 다른 언어 공동체에 소속된 이들의 사유 행위 간의 관계에 대해서는 지문에서 언급된 바 없으므로, 이들의 사유 행위가 동종성을 띠거나 상반된다고 해도 글쓴이의 주장이 강화되거나 약화되지 않는다.

10 ① [확인 추론 – 부정발문 – 인문사회예술]

지문에 따르면, 부족사회에서 지도자의 지위는 상황에 따라 유동적이고 어떤 경우에도 최소한의 권력을 행사하는 데 국한된다고 한다.

오답해설

② 부족사회에서 정치적 지도자는 자신의 권력을 다른 사람에게 물려줄 수 없다고 한다. 따라서 지도자의 지위는 타인에게 양도할 수 없는 성격이라 할 수 있다.
③ 중앙집권화되지 않은 사회와 중앙집권화된 사회의 차이점은, 정치적 지도자가 자신의 권력을 물려줄 수 있는지 여부에 있다고 한다. 따라서 부족사회의 정치구조는 중앙집권화되지 않은 체계를 지닌다고 보아야 한다.
④ 원시 농경이나 목축을 하는 부족의 경우에는 권력 추구가 좀 더 적극적일 뿐이라고 한다. 이는 부족사회의 특성에 따라 권력 추구의 정도가 달라질 수 있다는 것이다.

11 ② [응용 추론 – 어휘 추론]

㉡이 포함된 문장은 '누군가가 지도자라는 지위에 오르려면'이라는 의미로, 이는 누군가에게 지도자라는 지위를 맡긴다는 의미가 아니다. 따라서 ㉡은 '임명하다'와 바꿔쓸 수 없다.

㉡ 되다: 새로운 신분이나 지위에 이르다.
임명하다(任命하다): 일정한 지위나 임무를 남에게 맡기다.
任 맡길 임, 命 목숨 명

오답해설

① ㉠ 전하다: 어떤 것을 상대에게 옮기어 주다.
전수되다(傳授되다): 기술이나 지식 따위가 전하여지다.
傳 전할 전, 授 줄 수
③ ㉢ 물려주다: 재물이나 지위 또는 기예나 학술 따위를 전하여 주다.
세습하다(世襲하다): 한집안의 재산이나 신분, 직업 따위를 대대로 물려주고 물려받다.
世 인간 세, 襲 엄습할 습
④ ㉣ 세우다: 질서나 체계, 규율 따위를 올바르게 하거나 짜다.
구축하다(構築하다): 체제, 체계 따위의 기초를 닦아 세우다.
構 얽을 구, 築 쌓을 축

12 ② [국어학의 이해와 활용 – 언어학 – 소리]

'옷매무새'가 [온매무새]로 소리나는 현상 중 자음 동화 현상과 관련이 있는 것은, '옷'이 [옫 → 온]으로 변한 부분이다. 이것은 ㄷ이 뒤에 오는 비음 ㅁ의 영향을 받아서 비음인 ㄴ으로 변한 것으로 조음 위치가 아니라, 조음 방법이 바뀐 것이다.

오답해설

① '신라'를 [실라]로 소리 내는 것은 ㄴ이 ㄹ의 영향으로 같은 소리인 ㄹ로 변한 것이다. 이러한 현상을 유음화라고 하는데 지문에 따르면 유음화는 조음의 위치 변화가 없다고 하였다.
③ '국물'을 [궁물]로 소리 내는 것은 ㅁ의 조음 방법인 비음을 닮아 ㄱ이 비음인 ㅇ으로 변한 것이다.
④ '강릉'을 [강능]으로 소리 내는 것은 뒤 자음의 ㄹ이 ㄴ으로 변한 것이다. 이러한 현상을 비음화라고 하는데 지문에 따르면 비음화의 결과 조음 위치의 변화는 없고 조음 방법만 바뀌어서 발음된다고 하였다.

13 ③ [확인 추론 – 긍정발문 – 인문사회예술]

마지막 문단에 따르면, '심리 상태와 두뇌 상태는 같은 물질적 범주 내에서의 동일성이 아니'라고 한다. 고통은 심리 상태에, 뇌 안의 C섬유 활성화는 두뇌 상태에 대응되므로 둘은 동일 범주 내의 동일성에 해당하지 않음을 알 수 있다.

오답해설

① 첫째 문단에 따르면, '행동주의와 마찬가지로 물리주의 역시 유물론적 입장에서 심리적인 상태에 대응하는 신체적 상태를 상정하지만'이라고 하였다. 즉 행동주의와 물리주의는 근본적으로 유물론이라는 하나의 흐름을 공유하고 있으므로 근본적으로 다른 입장에서 파생되었다고 볼 수 없다.
② 첫째 문단에 따르면, '물리주의는 외적으로 확인 불가능한 두뇌 신경 상태를 심리 상태와 동일한 것으로 가정한다.'고 한다. 이후 이러한 가정을 따르는 사람들인 물리주의자들은 '정신적인 것을 상정하는 것은 유령적 존재를 믿는 것과 다름없어서 미신을 채택하는 것'이라고 생각한다는 점이 제시되어 있다. 즉 물리주의자들은 외적으로도, 신경학적으로도 확인 불가능한 정신적인 것의 존재를 상정하는 것이 불필요하다고 보는 입장으로, 그 존재를 긍정한다고 볼 수 없다.
④ 마지막 문단에 따르면, '통증을 정의하기 위해 꼭 사람의 두뇌 상태만을 기준으로 할 근거는 없는 것이다.'라고 한다. 이에 따르면 통증을 정의하기 위한 기준이 사람의 두뇌 상태 A여야만 한다는 선지의 내용은 적절하다고 볼 수 없다.

14 ② [응용 추론 – 어휘 추론]

제시된 문장에서 '㉠ 받았다'를 대체할 수 있는 유의어로 '당했다' 등이 있으며, ㉠이 포함된 문장의 구조는 'a를 받다'이다. ㉠이 포함된 문장은 물리주의가 많은 반박, 즉 다른 사람에게 도전을 받았다는 내용이다. 선지 ②의 '받았다'는 '당했다'라는 유의어를 제시된 문장과 공유하며, 'a를 받다'의 구조도 일치한다. 또한 선지 ②도 다른 사람들로부터 도전을 당했다는 의미이다. 따라서 ㉠의 문맥적 의미와 가장 가까운 것은 선지 ②이다.

2【…을】「4」 요구, 신청, 질문, 공격, 도전, 신호 따위의 작용을 당하거나 거기에 응하다.

오답해설

① **1**【…에서/에게서 …을】('…에서/에게서' 대신에 '…으로부터'가 쓰이기도 한다)
「1」 다른 사람이 주거나 보내오는 물건 따위를 가지다.
예) 팬들로부터 편지를 받다.
③ **1**【…에서/에게서 …을】('…에서/에게서' 대신에 '…으로부터'가 쓰이기도 한다)
「4」 점수나 학위 따위를 따다.
예) 수학 시험에서 100점을 받다.
④ **2**【…을】「1」 공중에서 밑으로 떨어지거나 자기 쪽으로 향해 오는 것을 잡다.
예) 날아오는 공을 한 손으로 받다.

15 ④ [논리 비판 – 비판 추론 – 강화약화]

ⓒ은 우리의 신체가 온도보다 습도에 더 민감하게 반응한다고 한다. 따라서 온도를 감지하는 시상하부가 신체에서 반응이 가장 민감한 부분이라는 사실이 밝혀졌다면 습도에 더 민감하다고 주장하는 ⓒ의 주장과 상반되게 된다. 따라서 ⓒ은 약화된다.

오답해설

① ㉠은 체감하는 더위에 있어 우리는 온도와 습도 모두에 영향을 받는다고 한다. 따라서 습도는 상이하나 기온이 동일한 두 지역에서 우리가 체감하는 더위는 같다는 것이 밝혀졌다면, 우리는 더위를 체감할 때 습도에 영향을 받지 않는다는 것을 의미하므로 ㉠은 약화된다.
② 같은 기온일지라도 습도에 따라 체감하는 온도가 다르다는 사실은 체감 기온에 있어 온도뿐 아니라 습도의 영향력도 중요하다는 사실을 뒷받침한다. ㉠ 역시 우리가 체감하는 더위는 습도에도 영향을 받는다고 주장하고 있으므로 ㉠은 강화된다.
③ 풍량 역시 체감온도에 영향을 미친다는 사실은 ⓒ을 강화하지도 약화하지도 않는다. ⓒ은 체감온도에 미치는 풍량의 영향력에 대해서는 언급하지 않았기 때문이다.

16 ① [구조 독해 – 전개방식]

마지막 문단에서 '풍류도'의 핵심 요소인 신명과 원융, 상생은 서양의 로하스와 유사하다는 내용은 있으나, 대조의 방식은 나타나지 않는다.

오답해설

② 둘째 문단에서 현대인이 고민하는 생활 방식의 문제를 '어떻게 놀 것인가, 얼마나 일할 것인가, 타인과 어떻게 지낼 것인가, 자연을 어떻게 누릴 것인가'로 구체화하여 독자의 이해를 돕고 있다.
③ '풍류도'의 핵심 요소를 바탕으로 '신풍류도'를 확립해 세계인의 생활 방식으로 제안하자는 목표를 제시하고 있다.
④ 첫째 문단에서 '풍류도'의 원칙을 세 가지로 나누어 제시하며 각각의 의미를 밝히고 있다.

17 ① [응용 추론 – 문맥 추론]

첫째 문단에 따르면, '상마도의, 상열가악, 유오산수(㉠)'는 풍류도의 세 가지 원칙이다. 둘째 문단에서 '풍류도를 보면 현대인의 바람직한 생활 방식에 대한 열쇠를 찾을 수 있다.'라고 한 것으로 보아, ㉠은 현대인이 가지고 있는 고민인 '생활 방식의 문제들(ⓒ)'을 해결할 수 있는 방안임을 알 수 있다.

첫째 문단과 둘째 문단의 내용을 보았을 때, 풍류도가 가지고 있는 '하나가 되는 소통의 나눔(ⓒ)'과 '섞임의 조화를 이루는 통합 정신(ⓔ)'은 ㉠과 같은 의미이다. 또한, 셋째 문단에서 '신명과 원융(圓融), 상생(ⓜ)'이 풍류도의 핵심 요소라 하였으므로 역시 ㉠과 같은 의미라는 것을 알 수 있다. 따라서 같은 의미끼리 묶인 것은 ㉠, ⓒ, ⓔ, ⓜ이다. 이를 충족하는 선지는 ①뿐이다.

오답해설

'서양의 로하스(ⓗ)'는 정신 건강과 행복, 여유 및 공동체적 삶을 추구한다는 점에서 풍류도와 유사한 대상으로 제시된 것이지 같은 의미의 대상은 아니다.
마지막 문단에서 글쓴이는 풍류도의 핵심 요소를 바탕으로 현대인에 맞는 '신풍류도(ⓢ)'를 확립해 한류와 접목시킨다면 세계 속에서 진정한 문화 상품(ⓞ)으로 자리매김할 수 있을 것이라 하였다. 따라서 ㉠을 현대에 맞게 개량하면 ⓢ이 되는 것이고, 이를 한류와 접목시킨다면 ⓞ이 될 수 있는 것이다.

18 ③ [논리 비판 – 논리 추론 – 명제논리]

제시된 명제를 기호화하여 정리하면 다음과 같다.

```
(가) ~〈논리학〉∨~〈윤리학〉∨~〈존재론〉∨~〈정치철학〉∨~〈문화철학〉∨~〈언어철학〉
(나) 〈논리학〉
(다) (~〈정치철학〉∨〈언어철학〉) → ~〈윤리학〉
    ⇔ 〈윤리학〉 → ~(~〈정치철학〉∨〈언어철학〉)
    ≡ 〈윤리학〉 → (〈정치철학〉∧〈언어철학〉)

결론: ~〈윤리학〉
```

(다)의 대우인 '〈윤리학〉 → (〈정치철학〉∧〈언어철학〉)'과 선지 ③인 '〈언어철학〉 → ~〈존재론〉'을 결합하면 '〈윤리학〉 → (〈정치철학〉∧〈언어철학〉) → ~〈존재론〉'이 된다. 따라서 〈윤리학〉을 듣는다면 '~〈존재론〉'이 되며, 이는 선지 ③이 전제로 추가된다고 하더라도 위에 제시된 6개의 과목 중 5개 이하의 과목을 수강하게 되어 '~〈윤리학〉'을 결론으로 도출하지 않는다는 것을 의미한다.

오답해설

① 이 선지를 기호화하면 '〈논리학〉 → ~〈언어철학〉'이다. (나)는 이 선지의 전건을 긍정하므로 이 선지가 전제로 추가된다면 '~〈언어철학〉'이 됨을 알 수 있다. 이때 (다)에 따라 '~〈언어철학〉'이면 '~〈윤리학〉'이므로, 선지 ①은 결론인 '~〈윤리학〉'을 도출하기 위해 추가해야 할 전제로 적절하다.
② 이 선지의 대우를 기호화하면 '〈논리학〉 → ~〈정치철학〉'이며, (나)가 이 선지의 전건을 긍정하므로 이 선지가 전제로 추가된다면 '~〈정치철학〉'이 됨을 알 수 있다. 이때 (다)에 따라 '~〈정치철학〉'이면 '~〈윤리학〉'이므로, 선지 ②는 결론인 '~〈윤리학〉'을 도출하기 위해 추가해야 할 전제로 적절하다.
④ 이 선지를 기호화하면 '〈정치철학〉 → (〈존재론〉∧〈문화철학〉)'이다. (다)의 대우와 이 선지를 결합하면, '〈윤리학〉 → (〈정치철학〉∧〈언어철학〉) → (〈존재론〉∧〈문화철학〉)'이다. 이때 (나)에 따라 〈논리학〉도 수강하므로, 〈윤리학〉을 수강하게 되면 6과목을 다 수강하게 된다. (가)에 따라 6과목 중 적어도 하나의 과목은 수강하지 않아야 하므로, 결국 〈윤리학〉을 수강하지 않아야 한다는 결론을 도출할 수 있다. 따라서 선지 ④는 '~〈윤리학〉'이라는 결론을 도출하기 위해 추가해야 할 전제로 적절하다.

19 ④ [논리 비판 – 비판 추론 – 비판적 이해]

ㄴ. 을은 가석방 없는 종신형 제도가 범죄율을 낮출 수 있고 재범 방지에도 기여할 수 있다며 찬성한다. 하지만 병은 가석방 없는 종신형 제도가 개인의 교화 가능성을 원천 차단하며 국가에 경제적 부담을 주게 될 것이므로 반대한다. 따라서 가석방 없는 종신형 제도에 대해 을과 병의 주장은 대립한다.
ㄷ. 갑은 가석방 없는 종신형 제도는 흉악범들에게 적합한 강력한 처벌이며 이 제도로 사회가 더 안전해 질 것이기 때문에 이를 찬성한다. 반면 하지만 병은 가석방 없는 종신형 제도가 개인의 교화 가능성을 원천 차단하며 국가에 경제적 부담을 주게 될 것이므로 반대한다. 따라서 가석방 없는 종신형 제도에 대해 병과 갑의 주장은 대립한다.

오답해설

ㄱ. 갑은 가석방 없는 종신형 제도는 흉악범들에게 적합한 강력한 처벌이며 이 제도로 사회가 더 안전해 질 것이기 때문에 이를 찬성한다. 을은 가석방 없는 종신형 제도가 범죄율을 낮출 수 있고 재범 방지에도 기여할 수 있다며 찬성한다. 따라서 가석방 없는 종신형 제도에 대해 갑과 을의 주장은 대립하지 않는다.

20 ③ [확인 추론 – 긍정발문 – 문학]

첫째 문단에 따르면, 「구운몽」은 '꿈속 시간을 통해 인생의 참된 가치를 성찰한다'고 하였다. 또한 둘째 문단에 따르면, 꿈에서 양소유로 환생한 성진이 '세상의 영욕이 모두 하룻밤의 꿈과 같이 허무하고 덧없다는 점을 깨닫'는다. 이를 통해 성진이 환생한 공간에서 인생의 참된 가치를 성찰하였다는 것을 알 수 있다.

오답해설

① 첫째 문단에 따르면, '작품 전개 과정에서 문제 해결의 계기로 삽입된 것' 중에는 태몽과 현시몽이 있다고 하였다. 따라서 태몽도 작품 전개 과정에서 문제 해결에 도움을 줄 수 있다.
② 둘째 문단에 따르면, 「구운몽」에서 조선 시대 사대부의 욕망과 이상이 실현되는 공간은 꿈속 세계이다. 「구운몽」의 현실 세계인 극락세계는 꿈속 세계가 아니므로 적절하지 않다.
④ 둘째 문단에 따르면, 「구운몽」은 '성진의 세계-성진의 꿈(양소유의 세계)-성진의 세계'로 구성되어 있다. 즉 '현실-꿈-현실'로 이루어져 있다.

제56회 이유진 국어 백일기도 모의고사 해설

01 ③ [의사소통 – 작문 내용]

〈지침〉에 '본론은 제목에서 밝힌 내용을 2개의 장으로 구성하되 각 장의 하위 항목끼리 대응되도록 작성하라'고 하였다. 하지만 '분야별 전문가에게 진로 상담을 받을 수 있는 프로그램 마련'은 Ⅱ-1(신입 채용 시에도 경력직을 요구하는 기업에 의한 취업 기회 부족)과 대응되는 Ⅲ-1(ⓒ)의 내용이 아니다. ⓒ에는 인턴십 및 현장 경험 확대와 같이 청년들이 경력을 쌓을 수 있는 방안을 제시해야 한다.

오답해설

① 제목을 보았을 때, 글의 중심 소재는 '청년실업'이다. 〈지침〉에 '서론은 중심 소재의 실태와 문제 제기를 1개의 장으로 작성하라'고 하였으므로, ㉠에는 '청년실업'과 관련된 문제 제기가 들어가야 한다. 따라서 '개인의 삶의 질 저하 및 정부의 재정 부담 증가'는 이러한 문제 제기로 적절하다.
② 〈지침〉에 '본론은 제목에서 밝힌 내용을 2개의 장으로 구성하되 각 장의 하위 항목끼리 대응되도록 작성하라'고 하였다. 따라서 '경제 성장률 둔화로 인한 기업들의 고용 축소'는 Ⅲ-2(청년을 채용하는 기업에 세제 혜택이나 보조금 지원)와 대응되는 Ⅱ-2(ⓒ)의 내용으로 적절하다.
④ 〈지침〉에 '결론은 기대 효과와 향후 과제를 1개의 장으로 작성할 것'이라는 내용이 제시되어 있다. Ⅳ-2에 '청년들의 의견을 반영한 현실적이고 효과적인 정책 마련'이라는 향후 과제가 제시되어 있으므로, ㉣에는 '실업으로 인한 복지 지출의 감소로 정부의 재정 부담 완화'라는 기대 효과가 제시되는 것이 적절하다.

02 ① [국어학의 이해와 활용 – 언어학 – 문장]

'민수는 어제 청소하시는 어머니를 도와드렸다.'에서 밑줄 친 부분(㉠)의 절대 시제는 과거이다. 말을 하는 발화시보다 사건(어머니께서 청소를 하시는 것)이 일어나는 사건시가 선행하기 때문이다. 그리고 주절의 사건시인 '도와드렸다'를 기준으로 하면 어머니는 청소를 하시는 중이기 때문에 상대 시제는 현재이다.
'저렇게 똑똑한 사람은 처음 본다.'에서 밑줄 친 부분(ⓒ)의 절대 시제는 현재이다. 말을 하는 발화시와 사건(처음 본 사람이 똑똑한 것)이 일어나는 사건시가 일치하기 때문이다. 그리고 주절의 사건시인 '본다'를 기준으로 하면 처음 본 똑똑한 사람도 현재 진행 중이므로 상대 시제도 현재이다.
따라서 ㉠과 ⓒ의 상대 시제는 모두 현재이다.

오답해설

② ㉠의 절대 시제는 과거, ⓒ의 절대 시제는 현재이다.
③ ㉠의 절대 시제는 과거, 상대 시제는 현재이다.
④ ⓒ의 절대 시제와 상대 시제는 모두 현재이다.

03 ④ [국어학의 이해와 활용 – 언어학 – 문장]

해당 문장에도 지문의 예시인 '아름다운 그녀의 목소리'와 같이 두 가지 구조가 있다고 할 수 있다. 첫째는 '유정이는 남자 친구보다', '축구를', '더 좋아한다'를 구성 성분으로 둔 구조이다. 이는 유정이가 남자 친구가 축구를 좋아하는 것보다 축구를 더 좋아한다는 의미로 해석된다. 둘째는 '유정이는' '남자 친구보다 축구를', '더 좋아한다'를 구성 성분으로 둔 구조이다. 이는 유정이가 축구를 남자 친구보다 더 좋아한다는 의미로 해석된다. 따라서 지문에 제시된 '계층적 구조'를 활용해 중의성에 대한 설명이 가능한 문장은 선지 ④이다.

오답해설

① 양말을 신은 상태가 유지되고 있는 것을 말하는 것인지, 양말을 신고 있는 동작을 말하는 것인지 제시된 문장만으로는 판단할 수 없다. 보조 용언으로 인한 상황의 중의성으로, 해당 문장의 중의성은 지문의 '계층적 구조'를 활용해 설명하기 어렵다.
② 어머니가 그린 초상화를 말하는 것인지, 어머니를 그린 초상화를 말하는 것인지, 어머니가 소유한 초상화를 말하는 것인지 제시된 문장만으로는 판단할 수 없다. 관형격 조사 '의'로 인한 중의성으로, 해당 문장의 중의성은 지문의 '계층적 구조'를 활용해 설명하기 어렵다.
③ 우리 동네 사람에게 많은 '말'이 언어(言)인지, 동물 말(馬)인지 제시된 문장만으로는 판단할 수 없다. 이는 동음이의어로 인한 어휘적 중의성으로, 해당 문장의 중의성은 지문의 '계층적 구조'를 활용해 설명하기 어렵다.

04 ④ [확인 추론 – 부정발문 – 인문사회예술]

마지막 문단에 따르면, 한글로 상소를 올리거나 방을 붙임으로써 지배층과 피지배층 사이에 의사소통이 원활하게 이루어졌다고 한다. 그러나 의사소통이 원활하게 이루어진 것만으로 계층 간의 관계가 더 가까워졌는지 멀어졌는지는 알 수 없다. 지배층의 이야기를 피지배층이 잘 수용하였다면 관계가 더 가까워졌겠지만, 만약 그 반대였다면 오히려 계층 간의 거리가 멀어질 수도 있는 것이기 때문이다.

오답해설

① 둘째 문단에 한글 창제의 배경이 제시되어 있다.
② 첫째 문단에서 세종이 직접 문자 창제 사업을 추진하여 새로운 문화의 지평을 열었다고 하였다.
③ 마지막 문단에서 한글은 한문 및 외국어 교육에 '가장 적극적으로' 사용되었다고 하였다. 따라서 한글은 주로 한문 및 외국어 교육에 사용되었다는 것을 알 수 있다.

05 ③ [확인 추론 – 긍정발문 – 문학]

첫째 문단에 따르면 「숙영낭자전」에서 숙영낭자는 집에 있으나, 숙영낭자의 남편은 가문을 위해 집을 떠난다. 둘째 문단에 따르면, 「날개」에서 '나'는 집에 있으나, 아내는 돈을 벌기 위해 집을 떠난다. 이를 통해 「숙영낭자전」 속 남녀 주인공의 관계가 「날개」에는 역전되어 있다는 것을 알 수 있다.

오답해설

① 첫째 문단에 따르면, '숙영낭자'의 방은 '당대의 사회적 관습과 봉건적 가치관에 의해 피해를 입게 되는 공간'이며 '시부모에 의해 남편과 이별'하게 된다. 이를 통해 시부모로 인해 자신의 공간을 보장받지 못했다는 것을 알 수 있다. 한편 둘째 문단에 따르면, 「날개」의 '나'는 '사회로 돌아가고 싶지만 할 일이 없어 하루 종일 방 안에서 생활'하였는데, 이때 '나'의 공간은 타인에 의해 피해를 입지 않았다.
② 첫째 문단에 따르면, '숙영낭자'는 '법의 도움을 받지 못'하였다. 둘째와 셋째 문단에 따르면 「날개」의 '나'는 자신의 외출로 인해 억압된 공간(방)을 벗어났는데, 이때 '나'는 법의 도움을 받지 않았다.
④ 마지막 문단에 따르면 밖으로 나가는 것, 즉 '외출'을 통해 분열된 자아를 회복하고자 한 것은 '숙영낭자'가 아니라 '나'(「날개」의 주인공)이다.

06 ② [의사소통 – 화법]

A는 공간을 확보하기 위해 상대방의 약점(비용)을 찾아 공격하여 상대방을 굴복시키려는 '힘의 전략'을 사용하였다. B는 A의 요구를 수용하려면 '예산 5%를 더 양보하라'며 조건을 추가 제시하는 '타협 전략'을 사용하였다.

오답해설

타협 전략은 상호 1순위를 충족시켜 주기 위해 2순위 이하를 포기하는 협력적 전략이다. 따라서 A는 '타협 전략'이라고 볼 수 없다.

┃협상 전략의 종류

1. 협력 전략 = 타협 전략(Win-Win)
   - 합의에 이르기 위해 협상 당사자들이 서로 협력하는 것
   - 협상 당사자들은 자신들의 목적이나 우선순위에 대한 정보를 서로 교환하여 이를 통합하여 문제를 해결하고자 노력
   - 자신이 가지고 있는 것 가운데서 우선순위가 낮은 것은 양보
   - 신뢰에 기반을 둔 협력
2. 유화 전략(Lose-Win)
   - 양보 전략, 순응 전략, 화해 전략, 수용 전략, 굴복 전략
   - 상대방이 제시하는 것을 일방적으로 수용하여 협상의 가능성을 높임.
   - 협상으로 돌아올 결과보다는 상대방과 관계 유지 선호, 상대방과 충돌을 피하고자 함.
   - 단기적으로 이익은 없지만 오히려 장기적 관점에서 상호 의존성과 인간관계의 우호적인 면을 강화하여 이익이 될 수 있음.
3. 회피 전략(Lose-Lose)
   - 무행동 전략, 협상으로부터 철수하는 전략
   - 얻게 되는 결과, 인간관계 모두에 관심이 없을 때 협상 거절
   - 협상의 가치가 낮거나 협상을 중단하고자 하여 상대방에게 심리적 압박감을 주어 필요한 정보를 얻어내고자 할 때 또는 쟁점 해결을 위한 대안이 존재할 때 사용
   - 협상 상황이 자신에게 불리하게 전개되고 있을 때 협상 국면을 전환하기 위해 사용
   - 회피, 무시, 무반응, 협상 안건을 타인에게 넘겨주기, 협상으로부터 철수 등
4. 강압 전략 = 힘의 전략(Win-Lose)
   - 자신이 상대방보다 힘에서 우위를 점유하고 있을 때 자신의 이익을 극대화하기 위한 전략
   - 강압적 설득, 처벌 등 무력시위 등을 이용하여 상대방을 굴복시키거나 순응시킴.
   - 일방적인 의사소통, 일방적인 양보
   - 합의 도출이 어려움.

07 ② [의사소통 – 작문 내용]

둘째 문단에 따르면, 존재 이해는 결코 고정된 진리를 단순히 찾아내는 과정이 아니다. 또한 이는 '끊임없이 변화하는 세계에 맞추어 의미를 재구성하고 가능성을 열어 가는 활동'에 해당한다. 따라서 ⓒ을 '동적인 활동'으로 고치는 것이 적절하다.

오답해설

① 첫째 문단에 따르면, 하이데거의 존재론 이전에 서양 전통 사유가 오래도록 존재에 대한 물음을 외면해 왔음을 알 수 있다. 기존 형이상학은 하이데거의 존재론 이전의 서양 전통 사유에 포함된다고 할 수 있는데, 이에 기존 형이상학 역시 존재 자체를 따져 묻는 근원적 탐구를 외면했을 것임을 추론할 수 있다. 따라서 ㉠의 '뒷전으로 밀려나 있었다'라는 기존 표현을 유지하는 것이 적절하다.
③ 마지막 문단에 따르면, '하이데거의 존재론은 존재 망각을 반성하며 자신과 세계의 관계를 새롭게 묻고 사유하도록 이끈다'고 한다. 또한 첫째 문단에 따르면 '하이데거의 존재론 이전에 서양 전통 사유가 오래도록 존재에 대한 물음을 외면해 왔으며, 기존 형이상학은 개별 사물에 깃든 속성이나 개념을 밝혀내는 데 치중하였'다. 이를 통해 하이데거의 존재론이 인간이 과거에 정립된 개념적 틀을 기반으로 하지 않음을 추론할 수 있다. 따라서 ⓒ의 '개념적 틀에서 벗어나'라는 기존 표현을 유지하는 것이 적절하다.
④ 둘째 문단에 따르면, '존재 이해란 고정된 진리를 단순히 찾아내는 과정이 아님'을 알 수 있다. 또한, 마지막 문단의 ㉢ 바로 뒤에서, 하이데거의 존재론에 기반한 사유 과정은 존재가 '우리가 부단히 해석하고 실천하며 삶 속에서 규정해야 할 근본 문제임을 일깨운다'는 것을 알 수 있다. 이를 통해 존재는 그 자체로 고정된 진리라고 보기 어려움을 추론할 수 있다. 따라서 ㉢의 '그 자체로 규정될 대상이 아니라'라는 기존 표현을 유지하는 것이 적절하다.

08 ① [논리 비판 – 비판 추론 – 비판적 이해]

지문에 따르면, 무어는 'x를 y로 정의한다는 것을, x를 y와 동일시하는 것으로 이해'하는데, '선'을 '쾌락'으로 정의하는 이론은 도덕적 속성과 자연적 속성을 동일시한다. 무어에 의하면 '이것은 전혀 다른 범주의 대상들을 동일하다고 여기는 것이므로 오류'이다. 따라서 무어는 자연주의적 윤리 이론이 자연적 속성으로 도덕적 속성을 정의하였기에, 자연적 속성과 도덕적 속성을 동일시하였고 이는 다른 범주의 대상을 동일하다고 여긴 것이기에 오류라고 지적하는 것이다. 즉, 무어는 다른 범주의 대상을 동일하게 여겨도 괜찮다고 생각하지 않는다.

오답해설

② 지문에 따르면, '자연주의적 윤리 이론'은 자연적 속성을 통해 도덕적 속성을 정의할 수 있다는 이론이다. 그러나 무어는 도덕적 속성을 그것과는 다른 종류의 속성(자연적 속성)으로 정의하는 것과 사실-가치 구분을 위반한 것을 논리적 오류라고 보았는데, 이를 '자연주의적 오류'라고 명명했다.
③ 지문에서 자연주의적 윤리 이론은 '붉음', '쾌락' 같은 자연적 속성을 통해 '선', '올바름' 같은 도덕적 속성을 정의할 수 있다는 이론이라고 설명한다.
④ 지문에서 무어가 '사실-가치 구분을 위반하는 논증은 전제들이 모두 참이어도 결론이 거짓일 수 있다는 점에서 부당한 형식을 지닌다'고 말한 부분을 통해 확인할 수 있다.

09 ① [구조 독해 – 주제]

'그곳에서는 지난 여러 해 동안 아첨과 과장을 하는 글 외에는 다른 아무것도 쓰이지 않았습니다.'라는 문장은, 출판의 자유를 억압하여 학문이 노예 상태에 있게 되고 지혜의 영광이 시든 타국의 사례를 들어 출판의 자유를 역설한 것이다. 즉, 연설자는 자유로운 출판을 금지하고 출판 이전에 정부의 허가를 받아야 하는 일종의 '허가명령'에 대해 반대하는 연설을 하고 있는 것이다. 종교, 양심, 예술의 자유는 연설의 내용과 거리가 멀다.

10 ② [응용 추론 – 어휘 추론]

제시된 문장에서 '㉠쓰이지'를 대체할 수 있는 유의어로 '작성되지, 기록되지' 등이 있다. ㉠이 포함된 문장의 구조는 'a가 b에 쓰이다'이다. 선지 ②의 '쓰이다'는 '작성되다, 기록되다'라는 유의어를 제시된 문장과 공유하며, 'a가 b에 쓰이다'의 구조와 일치한다. 따라서 ㉠의 문맥적 의미와 가장 가까운 것은 선지 ②이다.
쓰이다¹ **1** 【…에】「2」 머릿속의 생각이 종이 혹은 이와 유사한 대상 따위에 글로 나타내지다.
¶ 새로 발견된 비석에는 제작 경위를 알려 주는 글이 쓰여 있었다.

오답해설

① 쓰이다³ **1** 【…에】「1」 어떤 일을 하는 데에 재료나 도구, 수단이 이용되다.
¶ 요즘엔 농사에 기계가 많이 쓰인다.
③ 쓰이다² **1** 【…에】「1」 모자 따위가 머리에 얹어져 덮이다.

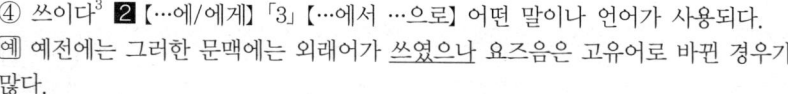

④ 쓰이다³ **2**【…에/에게】「3」【…에서 …으로】어떤 말이나 언어가 사용되다.
예 예전에는 그러한 문맥에는 외래어가 <u>쓰였으나</u> 요즈음은 고유어로 바꾼 경우가 많다.

11 ③ [응용 추론 – 빈칸 추론]

그린의 실험에서, 직접적 딜레마 상황과 간접적 딜레마 상황은 사실상 유사한 것임에도 응답자들의 답변에 크게 차이가 있었다. 특히 직접적 딜레마 상황에서는 정서 반응과 관련된 뇌 영역이 많이 활성화된 반면, 간접적 딜레마 상황에서는 정서 반응과 관련된 뇌 영역의 활성화 정도가 현저히 낮았다. 이를 통해, 유사한 딜레마 상황에서도 감정의 개입 정도에 따라 도덕적 판단이 달라질 수 있음을 알 수 있다.

오답해설

① 제시된 사례를 통해 도덕적 명제에 대한 참·거짓을 판정할 수 없는지는 알 수 없다.
② 도덕적 진리가 존재하지 않아도 특정한 딜레마 상황에 대한 도덕적 판단을 할 수 있다는 것은 주어진 사례와 직접적인 관련이 없다.
④ 제시된 사례에서, 정서 반응과 관련한 뇌 영역의 활성화 정도를 통해 도덕적 딜레마 상황의 해결책을 찾을 수 있다는 언급은 없다.

12 ① [확인 추론 – 부정 발문 – 과학기술경제]

첫째 문단에 따르면, X선 검사는 특정 방향에서 인체의 전면을 촬영하는 방식으로 진행된다. 오히려 여러 방향에서 촬영한 영상을 통해 삼차원 입체 영상을 구현하는 것은 CT에 가깝다.

오답해설

② X선 검사와 CT는 모두 인체를 X선으로 촬영하여 내부 구조를 보는 검사이다.
③ 첫째 문단에서 현재 X선 영상이 디지털 정보로 처리되어 컴퓨터 그래픽으로 구현되고 있다고 했으며, 둘째 문단에서 CT 역시 투과된 X선에서 얻은 수치를 디지털로 정보화하여 컴퓨터 그래픽으로 구현하는 검사라 하였다.
④ X선 검사와 CT는 모두 인체 부위별로 밀도가 달라 X선이 투과되는 정도가 다른 특성을 활용한 것이다.

13 ② [국어학의 이해와 활용 – 작문 형식]

'발송되다'는 발송을 받는 대상을 필요로 하는 서술어이다. 따라서 ⓒ에 따라 "선거 공보는 투표 안내문과 함께 우편으로 <u>여러분에게</u> 발송될 예정입니다." 정도로 수정해야 한다.

오답해설

① 주어인 '사람들이 자주 저지르는 실수는'과 호응하는 서술어가 없다. 따라서 ㉠에 따라서 주어와 호응하는 서술어인 '~것(점)이다'를 추가하는 것이 적절하다.
③ '언어학을 연구하는'이 '김 씨'를 수식하는지 '김 씨의 아들'을 수식하는지 분명하지 않다. ㉢에 따라 "언어학을 연구하는, 김 씨의 아들은 표창장을 받았다."로 수정할 경우, 수식하는 대상이 '김 씨의 아들'로 명확해지므로 적절한 수정이다.
④ '늘'은 '계속하여 언제나'를 의미하는 부사로, 이미 '언제나'라는 의미가 포함되어 있다. 따라서 ㉣에 따라 "나는 퇴근길에 늘 그 술집에 들르곤 했다."로 수정하는 것이 적절하다.

14 ④ [확인 추론 – 긍정발문 – 과학기술경제]

둘째 문단의 마지막 문장에서 지연 감염은 특별한 증상이 나타나지 않다가 바이러스의 수가 증가해 반드시 특정 질병을 유발한다고 하였으므로 적절한 설명이다.

오답해설

① 첫째 문단에서 지속 감염이 '바이러스가 장기간 숙주 세포를 무너뜨리지 않으면서 체내의 방어 체계를 회피하며 생존한다.'라고 하였으므로 적절하지 않다.
② 첫째 문단에서 급성 감염이 '바이러스가 증식 과정에서 감염된 숙주 세포를 죽이고 또 다른 숙주 세포에서 증식하며 질병을 일으킨다.'고 하였으므로 적절하지 않다.
③ 둘째 문단에서 '잠복 감염은 질병이 재발하기까지 바이러스가 감염성을 띠지 않고 잠복하는데, 이를 프로바이러스라 한다.'고 하였다. 따라서 프로바이러스는 감염성이 높은 상태가 아니므로 적절하지 않다.

15 ④ [응용 추론 – 어휘 추론]

ⓔ이 포함된 문장은 감염성 바이러스가 숙주에게서 계속 내보내진다는 내용이다. 이는 감염성 바이러스가 숙주에게 따돌려지거나 내쳐진다는 의미가 아니므로 '배척되다'와 바꿔쓸 수 없다. ⓔ과 바꿔쓸 수 있는 유사한 표현으로는 '배출되다'가 있다.

ⓔ 내보내다: 밖으로 나가게 하다.
배척되다(排斥하다): 따돌려지거나 거부당하여 밀려 내쳐지다.
排 밀칠 배, 斥 물리칠 척
배출되다(排出되다): 안에서 밖으로 밀려 <u>내보내지다</u>.
排 밀칠 배, 出 날 출

오답해설

① ㉠ 없애다: 어떤 일이나 현상, 증상 따위를 사라지게 하다.
제거하다(除去하다): <u>없애</u> 버리다.
除 덜 제, 去 갈 거
② ㉡ 무너뜨리다: 질서, 제도, 체제 따위를 파괴하다.
파괴하다(破壞하다): 조직, 질서, 관계 따위를 와해하거나 <u>무너뜨리다</u>.
破 깨뜨릴 파, 壞 무너질 괴
③ ㉢ 숨다: 겉으로 드러나지 아니하다. 또는 잠재되어 있다.
잠복하다(潛伏하다): 병의 증상을 <u>겉으로 드러내지 않으면서</u> 병원체가 생물의 몸에 들어가 있다.
潛 무자맥질할 잠, 伏 엎드릴 복

16 ① [논리 비판 – 논리 추론 – 강화약화]

세 입장을 정리하면 다음과 같다.

| A: 타인 권리 침해 → 규제 대상 |
| B: ~타인 권리 침해 → ~규제 대상 ⇔ 규제 대상 → 타인 권리 침해 |
| C: (타인 권리 침해 → 규제 대상)∧(~타인 권리 침해 → 규제 대상) ≡ 규제 대상 |

정리하면, A는 '타인 권리 침해'가 '규제 대상'의 충분조건이라고 보며, B는 '타인 권리 침해'가 '규제 대상'의 필요조건이라고 본다. 그리고 C는 '타인 권리 침해' 여부와 관계 없이 모든 행동이 규제 대상이라고 보는 입장이므로, 단일 명제로서 '규제 대상'으로 기호화할 수 있다.
선지 ①은 '타인 권리 침해∧~규제 대상'으로 기호화할 수 있는데, 이는 A의 입장의 모순명제, 즉 반례에 해당한다. 따라서 이는 A의 입장을 약화한다.

오답해설

② B의 입장은 '규제 대상 → 타인 권리 침해'이며, 이 명제의 모순명제는 '규제 대상∧~타인 권리 침해'이다. 즉, '규제의 대상이 되어야만 하는데 타인의 권리를 침해하지 않는 행위'는 B의 입장을 약화하는 반례이다.
③ C는 타인의 권리를 침해하는지 여부에 관계 없이 모든 행동이 규제의 대상이라고 본다. 따라서 타인의 권리를 침해해서 규제의 대상이 되는 행위가 있다 하더라도, C의 입장에는 영향을 미치지 않는다. (만일 C의 입장을 강화한다고 본다 하더라도, C의 입장을 약화하지 않는 것은 확실하다.)
④ B는 '타인 권리 침해'가 '규제 대상'의 필요조건이라고 보기 때문에, '규제 대상'의 범위가 '타인 권리 침해'의 범위보다 좁다. 반면, A는 '타인 권리 침해'가 '규제 대상'의 충분조건이라고 보기 때문에, '규제 대상'의 범위가 '타인 권리 침해'의 범위보다 넓다. 따라서, A의 '규제 대상'의 범위가 B의 '규제 대상'의 범위보다 넓다.

17 ③ [구조 독해 – 배열 – 문단 배열]

ㄱ. '~ 억제하는 것도 가능하다'라는 표지를 통해, 집값 안정을 위한 다른 대안이 ㄱ의 앞에 제시되었음을 알 수 있다. 고정부에는 집값 안정을 위한 다른 대안에 대한 내용이 제시되지 않았으므로, ㄱ이 고정부 뒤에 오는 것은 적절하지 않다. → 선지 ① 탈락
ㄴ. '따라서'라는 인과의 상황에서 뒤의 내용이 결과일 때 사용하는 접속어를 통해, 투기 수요의 억제를 위한 누진적 재산세의 도입이 필요한 이유가 ㄴ의 앞에 제시되었음을 알 수 있다. 투기 수요를 억제하는 데 있어서 현행 보유세와 양도소득세의 한계가 ㄱ에 제시되어 있고, 이는 누진적 재산세 도입이 필요한 이유에 해당하므로, ㄴ은 ㄱ보다 뒤에 오는 것이 적절하다. → 선지 ② 탈락
ㄷ. 부동산 가격 안정을 위한 공급 측면에서의 대안을 설명하고 있다.
ㄹ. 양도소득세가 실수요자 거래의 장애물이 되고 있는 상황을 설명하고 있다. 이는 ㄱ에서 제시된 양도소득세의 문제점에 대한 추가적인 서술이고, ㄴ에서 언급된 누진적 재산세의 도입이 필요한 이유에 해당한다. 따라서 ㄹ은 ㄱ과 ㄴ의 사이에 오는 것이 적절하다. → 선지 ①, ②, ④ 탈락
따라서 'ㄷ-ㄱ-ㄹ-ㄴ'의 순서가 가장 자연스럽다.

18 ① [논리 비판 – 논리 추론 – 명제 논리]

제시된 명제를 기호화하여 정리하면 다음과 같다.

㉠ A 이론 → ~B 이론
㉡ C 이론 → B 이론 ⇔ ~B 이론 → ~C 이론
㉢ ~(~A 이론∧~C 이론) ≡ A 이론∨C 이론
㉣ ~C 이론

㉢과 ㉣을 함께 고려하면 선언지 제거를 통해 'A 이론'을 도출할 수 있다. 'A 이론'은 ㉠의 전건을 긍정하며, 이를 통해 우리는 '~B 이론'이 됨을 확인할 수 있다. ㉣을 통해 이미 '~C 이론'임은 알 수 있으므로(또는 ㉠과 ㉡을 함께 고려하여 '~C 이론'을 도출해 낼 수도 있다.) 정보를 정리해 보면, 'A 이론', '~B 이론', '~C 이론'이다. 따라서 답은 선지 ①이다.

19 ③ [확인 추론 – 부정발문 – 인문사회예술]

둘째 문단에 따르면, 하명은 국가 기관이 국민들에게 의무를 부과하는 행정 행위를 말한다. 그러나 면제가 국가 기관이 의무를 지는 행위를 의미하지는 않는다.

오답해설

① 첫째 문단에 따르면, 행정 행위는 국가 및 공공 단체가 행정 대상인 국민들에게 특정의 행위를 명령하고 강제하는 것을 말한다.
② 첫째 문단에 따르면 행정 행위는 특정한 의사 표시를 구성 요소로 하고 그 의사 표시대로 효과가 발생하는 법률 행위적 행정 행위와, 특정한 의사 표시가 아닌 행정 기관의 판단, 인식 등의 정신적 작용을 구성 요소로 하는 준법률 행위적 행정 행위로 나뉜다.
④ 둘째 문단에 따르면, 허가는 금지되었던 행위에 대해 금지를 해제하여 적법하게 해주는 행정 행위를 말한다.

20 ② [논리 비판 – 비판 추론 – 비판적 이해]

ㄷ. 병은 소셜 미디어는 장단점이 모두 있어 사용을 제한하기보다 적절한 사용을 위한 가이드라인을 제시하여야 한다고 보았다. 또한 갑은 소셜 미디어 사용 제한에 찬성하는 측에서 제시하고 있는 프라이버시나 정신 건강에 대한 부정적인 영향은 과장된 측면이 있다고 보아 사용 제한에 동의하지 않았다. 따라서 소셜 미디어 사용 제한에 대한 두 사람의 의견이 같다.

오답해설

ㄱ. 갑은 소셜 미디어의 부정적인 면은 과장된 측면이 있다고 보아 사용 제한에 동의하지 않으나, 을은 소셜 미디어의 사용은 제한할 필요가 있다고 보았다. 따라서 소셜 미디어 사용 제한에 대한 두 사람의 의견이 대립된다.
ㄴ. 을은 소셜 미디어의 사용은 제한할 필요가 있다고 보았으나, 병은 소셜 미디어는 장단점이 모두 있어 단순히 사용을 제한하기보다 적절한 사용을 위한 가이드라인을 제시하여야 한다고 보았다. 따라서 소셜 미디어 사용 제한에 대한 두 사람의 의견이 대립된다.

제57회 이유진 국어 백일기도 모의고사 해설

01 ② [국어학의 이해와 활용 – 작문 형식]

'대등한 것끼리 접속할 때는 구조가 같은 표현을 사용할 것'에 따라 앞의 내용이 구라면 뒤에도 구를, 앞의 내용이 절이라면 뒤에도 절을 사용해야 한다. '지역 내 어린이들의 재능을 발굴하고, 문화적 교류를 활성화하기'의 경우 절과 절로 구성되어 있으므로 적절한 문장이다. 이를 '지역 내 어린이들의 재능 발굴과 문화적 교류를 활성화하기'로 수정할 경우, 구와 절로 구성되므로 적절하지 않다.
• 구와 구: 지역 내 어린이들의 재능 발굴과 문화적 교류 활성화를 하기

오답해설

① '체결되어졌음을'은 피동의 의미를 나타내는 '되다'와 '-어지다'가 동시에 사용된 것으로, 이는 이중 피동 표현이다. 따라서 '이중피동 표현은 삼갈 것'을 고려하여 '체결되었음을'으로 수정하는 것이 적절하다.
③ '본 대회는 ~ 위한 행사,'는 어미가 지나치게 생략된 문장이다. 따라서 "조사, 어미 '-하다' 등을 지나치게 생략하지 말 것"을 고려하여 '행사로서'로 수정하는 것이 적절하다.
④ '추가하다'는 '나중에 더 보태다'를 의미하는데, 이미 '더'라는 의미가 포함되어 있다. 따라서 '중복되는 표현을 삼갈 것'을 고려하여 '추가'로 수정하는 것이 적절하다.

02 ② [구조 독해 – 주제]

지문은 동양적 효를 서구적으로 이해하려는 시도에 대해 설명하고 있다. 경제적 합리성에 의해 효행의 동기가 일부 설명될 수는 있으나, 그 일부는 예외적일 뿐 아니라 효행의 본질을 설명하지 못한다고 한다. 따라서 지문의 중심 내용은 '효의 개념을 서구적 합리성으로 설명하기는 어렵다.'는 것이 된다.

오답해설

① 유산 상속이나 노후 등이 효행과 관련이 없다고 단언하기는 어렵다. 타산적 합리성이 일부 효행의 동기를 설명해 줄 수 있다고 했기 때문이다.
③ 지문의 내용은 서양의 경제적·타산적 합리성이 동양에서 중시되는 효의 실체를 제대로 규명하지 못한다는 것이다.
④ 지문은 동양의 효 개념에 대한 서양의 시각을 다루고 있을 뿐이다. 서양에서 동양의 효에 해당되는 개념이 있다는 언급은 없다.

03 ③ [국어학의 이해와 활용 – 언어학 – 기타]

㉮에는 대중의 자발적 선택, 유쾌한 동의를 얻어 내는 포용의 언어가 들어가야 한다. 선지 ③은 상대의 실수를 포용하는 언어로 이에 해당한다고 볼 수 있다.

오답해설

① 직설적이며 위압적인 느낌을 주므로 ㉮의 예시로 적절하지 않다.
② 차단기 소리의 의미를 상기하게 하여 상대의 실수를 질책하는 느낌을 주므로 ㉮의 예시로 적절하지 않다.
④ 양심 없는 행동을 하고 있다는 질책으로 느껴지므로 ㉮의 예시로 적절하지 않다.

04 ② [구조 독해 – 배열 – 문장 배열]

ㄱ. 조선 시대 목재를 운송하던 배가 시기별로 차이가 있었다고 한다. 따라서 ㄱ의 뒤에는 시기별로 다른 배의 종류에 대해 설명할 것이다.
ㄴ. '초반에는' 조세선이 주로 쓰였다고 한다.
ㄷ. '이후' 조세선보다는 군선과 사선의 비중이 커졌다고 한다. 조세선이 주로 쓰였다는 ㄴ의 뒤에 위치해야 한다. → 선지 ①, ④ 탈락
ㄹ. '이에'라는 인과의 상황에서 뒤의 내용이 결과일 때 사용하는 접속어 뒤에, 원거리 운송은 조세선이 담당하였다는 내용이 있다. 이 앞에는 조세선이 원거리 운송을 담당하게 된 이유가 나와야 한다.
ㅁ. '그럼에도'라는 역접의 상황에서 사용하는 접속어 뒤에, 조세선에 의한 건축 재료 운송이 완전히 사라지지 않았으며, 이는 원거리 운항 기술이 축적되었기 때문이라는 내용이 있다. 이는 ㄹ의 이유가 되므로, ㅁ은 ㄹ 앞에 위치해야 한다. 한편, '그럼에도'라는 역접의 상황에서 사용하는 접속어에서 알 수 있듯 이 앞에는 조세선의 문제점이 제시되어야 하므로, ㅁ의 앞에는 ㄷ이 위치해야 한다. → 선지 ①, ③, ④ 탈락
따라서 ㄱ-ㄴ-ㄷ-ㅁ-ㄹ의 순서가 가장 자연스럽다.

05 ④ [논리 비판 – 논리 추론 – 명제논리]

제시된 명제를 기호화하여 정리하면 다음과 같다.

```
㉠ 미세 먼지 농도 높음 → ~창문
㉡ 창문∨영화
㉢ ~창문
㉣ 창문 → 청소
```

㉡과 ㉢을 함께 고려하면, 선언지 제거를 통해 '영화'를 도출할 수 있다. 따라서 '오늘은 영화를 본다.'는 선지 ④가 답이다.

오답해설
① ㉢의 '~창문'을 통해 알 수 있는 것은 ㉡의 선언지를 제거해 '영화'라는 것뿐이며, 이를 통해 미세 먼지 농도가 높은지 낮은지에 대한 정보를 확인할 수는 없다.
② ㉠과 ㉢을 함께 고려하여 '미세 먼지 농도 높음'을 도출하는 것은 '후건 긍정의 오류'에 해당한다.
③ ㉢과 ㉣을 함께 고려하여 '~청소'를 도출하는 것은 '전건 부정의 오류'에 해당한다.

06 ③ [확인 추론 – 부정발문 – 문학]

둘째 문단에 따르면, 「불굴가」를 통해 작가와 사설시조의 유래가 얼마나 오래되었는지 추정할 수 있다. 「불굴가」의 작자가 무인이라는 것은 알 수 있으나, 이를 통해 사설시조의 향유 계층이 무인이라는 것까지 알 수는 없다.

오답해설
① 둘째 문단을 통해 「하여가」는 이방원이, 「단심가」는 정몽주가, 「불굴가」는 변안렬이 지은이라는 것을 알 수 있다. 이와 달리 김천택의 『청구영언』에 수록된 '만횡청류'는 모두 작자, 즉 지은이를 밝히지 않았다.
② 둘째 문단에 따르면, 변안렬은 '이방원의 회유책을 가벼운 농담조로 희화화하여 조롱'하였다. 반면 정몽주는 평시조를 통해 자신의 '충과 의리의 도를 엄숙하게 설파'하였다. 즉 정몽주는 이방원의 회유책을 우스꽝스럽게 묘사하지도, 조롱하지도 않았다.
④ 마지막 문단에 따르면, '만횡청류의 정체성을 갖추는 형식 요건' 중 하나가 '마지막 장(종장)의 첫째 음보는 반드시 3음절'로 한다는 것이다. 이 조건은 '만횡청류가 평시조와 기본적인 장르 형식을 공유하고 있음'을 의미한다고 하였다. 따라서 평시조와 사설시조 모두 종장의 첫째 음보는 반드시 3음절로 해야 한다.

07 ③ [논리 비판 – 비판 추론 – 강화약화]

전산 생물학은 인체의 상부 구조와 하부 구조가 상호 작용한다고 여긴다. 따라서 인체의 상부 구조와 하부 구조가 서로 영향을 주고받음이 밝혀졌다면, ㉡은 강화된다.

오답해설
① 환원주의는 인체에서 가장 작은 단위를 유전자로 여기고 있다. 따라서 인체를 구성하는 가장 작은 단위가 유전자가 아니라는 사실이 밝혀졌다면, ㉠은 약화된다.
② 환원주의는 하부 구조에 따라 상부 구조의 작동이 결정된다고 여기며 단백질을 기관의 하부 구조로 여기고 있다. 따라서 인체를 구성하고 있는 단백질이 인체의 기관에 상당한 영향을 미친다는 사실이 밝혀졌다면, ㉠은 강화된다.
④ 전산 생물학은 인체의 생리적 기능을 파악하기 위해서는 신체 기관에 대한 통합적인 고려가 필요하다는 입장이다. 따라서 폐의 생리적 기능을 파악하기 위해서는 호흡 기관뿐 아니라 전반적인 신체 기관에 대한 연구가 필요하다는 사실이 밝혀졌다면, ㉡은 강화된다.

08 ① [논리 비판 – 비판 추론 – 비판적 이해]

ㄱ. 갑은 온라인 쇼핑의 확산이 오프라인 소매업에 부정적인 영향을 미친다고 보았다. 반면 을은 온라인과 오프라인이 상호 보완할 수 있다고 보았다. 따라서 온라인 쇼핑의 확산이 오프라인 소매업에 미치는 영향에 대한 두 사람의 의견은 같지 않다.

오답해설
ㄴ. 을은 오프라인 매장이 온라인과 차별된 경험을 제공할 수 있다고 보며 기존의 특징을 제시하였다. 그러나 병은 오프라인 매장이 물류 허브나 브랜드 체험 공간으로 전환함으로써 새로운 역할을 수행하는 것을 제시하였으므로 기존의 특징을 강화하는 것이라고 볼 수 없다.
ㄷ. 병은 오프라인 매장이 물류 허브나 브랜드 체험 공간으로 전환함으로써 새로운 역할을 수행하는 것을 제시하여 새로운 전략이 필요하다고 보았다. 반면 갑은 온라인 쇼핑의 확산이 미치는 부정적인 영향만 언급할 뿐, 새로운 전략에 대해서는 언급하지 않았다.

09 ③ [확인 추론 – 긍정발문 – 인문사회예술]

세상에 남겨진 마지막 사람이 숨이 끊어지기 직전에 사과나무를 심은 경우, 이에 대해 판단할 어떤 사람도 없지만 이는 도덕적으로 가치 있는 행위라고 한다.

오답해설
① 지문은 도덕적으로 가치 있는 행위에 대해 다루고 있으나, 도덕적으로 가치 있는 행위가 잘못 판단될 수 없다는 언급은 없으므로 알 수 없다.
② 도덕적으로 가치 있는 행위가 선한 사람의 존재를 전제한다는 언급은 없다. 또한 지문은 사람의 선함과 악함에 대해 다루지 않았다.
④ 세상에 남겨진 마지막 사람이 숨이 끊어지기 직전에 사과나무를 심은 경우, 이는 어떤 사람도 도울 수 없지만 그 자체만으로 도덕적으로 가치 있는 행위라고 한다.

10 ① [확인 추론 – 부정발문 – 과학기술경제]

일반적으로 카메라는 렌즈로 들어온 빛이 이미지 센서에 닿아 피사체의 상이 맺히는 원리라고 한다. 따라서 광학 영상 안정화(OIS) 기술을 사용하지 않는 디지털카메라에도 이미지 센서는 필요하다.

오답해설
② OIS 기술은 자이로 센서가 카메라의 움직임을 감지해 방향과 속도를 제어 장치에 전달하는 원리이므로, 자이로 센서가 제대로 동작하지 않는다면 손 떨림으로 인한 영상 번짐이 제대로 보정되기 어렵다.
③ 카메라가 흔들릴 경우 이미지 센서 각각의 화소에 닿는 빛의 세기가 변화하며, 별도의 보정 기능이 없다면 이에 따라 영상이 흐려질 수 있다.
④ 일반적으로 카메라는 렌즈로 들어온 빛이 이미지 센서에 닿아 피사체의 상이 맺히고, 피사체의 화소마다 빛의 세기에 비례해 발생한 전기 신호가 영상으로 저장 매체에 저장된다고 한다.

11 ① [응용 추론 – 어휘 추론]

제시된 문장에서 '㉠ 닿아'를 대체할 수 있는 유의어로 '맞붙어, 맞닿아, 접촉해' 등이 있다. ㉠이 포함된 문장의 구조는 'a가 b에/에게 닿다'이다. 선지 ①의 '닿았다'는 '맞붙었다, 맞닿았다, 접촉했다'라는 유의어를 제시된 문장과 공유하며, 'a가 b에/에게 닿다'의 구조도 일치한다. 따라서 ㉠의 문맥적 의미와 가장 가까운 것은 선지 ①이다.
1 【…에/에게】「1」 어떤 물체가 다른 물체에 맞붙어 사이에 빈틈이 없게 되다.
¶ 그는 강한 전류에 닿기라도 한 듯한 충격을 느꼈다.

오답해설
② **1** 【…에/에게】「3」 소식 따위가 전달되다.
¶ 그 정보가 벌써 경쟁 회사에까지 닿았다.
③ **5** 【…에/에게 …이】【(…과) …이】('과'가 나타나지 않을 때는 여럿임을 뜻하는 말이 주어로 온다) 서로 관련이 맺어지다.
¶ 그 사람은 경제인 단체에 줄이 닿아 있다.
④ **4** 【…이】 글의 의미가 자연스럽게 통하다.
¶ 그 글은 뜻이 잘 닿지 않는다.

12 ④ [국어학의 이해와 활용 – 언어학 – 문장]

제시된 문장은 '그의 논문이 다른 사람의 글에서 중요한 점만 골라 간략하게 정리한 것에 불과하다'라는 의미이다. 이때의 '간추리다'는 '글 따위에서 중요한 점만 골라 간략하게 정리하다.'를 의미하는 단어로, 피동 표현이나 사동 표현이 실현된 것이 아니다.

오답해설
① 제시된 문장은 '학생들이 선생님에 의해 붙들림을 당하다'라는 의미이다. 이때의 '잡히다'는 '잡다'라는 능동사 어간에 '-히-'가 결합된 것이므로 피동 표현이다.
② 제시된 문장은 '건물이 누군가에 의해서 만듦을 당하다'라는 의미이다. 이때의 '지어지다'는 '짓다'라는 용언의 어간에 '-어지다'가 결합된 것이므로 피동 표현이다.
③ 제시된 문장은 '어머니가 아이에게 새 옷을 입게 시켰다'는 의미이다. 이때의 '입히다'는 '입다'라는 주동사 어간에 '-히-'가 결합된 것이므로 사동 표현이다.

13 ② [확인 추론 – 긍정발문 – 과학기술경제]

현대 먹거리는 자연의 속도가 아니라 인위적인 속도로 빠르게 생산되고 있다고 한다. 이는 성장호르몬이나 사육법과 양식 기술의 발달에 의한 것이다. 따라서 현대 먹거리의 생산과정에서는 생물의 성장 속도까지 인위적인 통제의 대상이 된다고 할 수 있다.

오답해설
① 지문은 유전자 변형 농산물이 자연의 흐름을 거스른 것이라는 내용을 담고 있을 뿐, 이러한 유전자 조작 식품의 생산이 안전하지 않다고 주장하지는 않았다.
③ 지문은 현대 먹거리가 지닌 자연의 흐름을 거스르면서 생산된다는 특징을 객관적으로 설명하고 있다. 이를 넘어 현대 먹거리가 부정적 측면을 지니고 있다거나, 전통 사회의 먹거리 생산 방식으로 회귀해야 한다고 주장하지는 않았다.
④ 사계절 재배할 수 있는 온실 채소는 '시간'의 맥락을 잃었다는 점에서 현대 먹거리의 특징을 지닌다.

14 ④ [응용 추론 – 어휘 추론]

㉣이 포함된 문장은 생산성을 높인다는 내용이다. 이는 무언가를 준다는 의미가 아니므로 '제공한다'와 바꿔쓸 수 없다. ㉣과 바꿔쓸 수 있는 유사한 표현으로는 '제고하다'가 있다.
㉣ 끌어올리다: 높은 지위로 올려 주다.
제공하다(提供하다): 무엇을 내주거나 갖다 바치다.
提 끌 제, 供 이바지할 공
제고하다(提高하다): 수준이나 정도 따위를 끌어올리다.
提 끌 제, 高 높을 고

오답해설
① ㉠ 이르다: 어떤 대상을 무엇이라고 이름 붙이거나 가리켜 말하다.
지칭하다(指稱하다): 어떤 대상을 가리켜 이르다.
指 가리킬 지, 稱 일컬을 칭
② ㉡ 잃다: 어떤 대상이 본디 지녔던 모습이나 상태를 유지하지 못하게 되다.
상실하다(喪失하다): 어떤 것을 아주 잃거나 사라지게 하다.
喪 잃을 상, 失 잃을 실
③ ㉢ 막다: 어떤 현상이 일어나지 못하게 하다.
방지하다(防止하다): 어떤 일이나 현상이 일어나지 못하게 막다.
防 막을 방, 止 그칠 지

15 ① [응용 추론 – 빈칸 추론]

지문에서는 '즉'이라는 재진술의 상황에서 사용하는 접속어 뒤에 칸트는 ㉠이라고 한다. 따라서 빈칸에는 칸트의 중심 주장이 제시되어야 함을 알 수 있다.
지문에서는 '칸트는 윤리를 변덕에 노출된 수동적 감정이 아니라, 항상 보편성을 유지할 수 있는 도덕법칙으로 정당화하려고 노력'했다고 설명한다. 또한 ㉠ 이전에 단순히 동정심이라는 감정이 느껴지지 않는 것으로 인해 구하지 않는 것은 보편적이지 않기에 잘못된 행동이라 지적한다. 따라서 ㉠에는 단순히 '동정심에 근거한 윤리적 행동이 보편적일 수 없다는 결론을 내린다'라는 내용이 제시되어야 한다.

오답해설
② 첫째 문장에서 칸트는 감정이 변할지라도 보편성을 유지하는 도덕법칙의 차원에서 윤리를 정당화하고 노력하였다고 했으므로, 칸트가 윤리를 감정과 분리하려 했다는 것을 알 수 있다. 따라서 칸트는 감정에 잠식된 윤리를 가정하여 그것을 '수동적 윤리'라 말한 적이 없다.
③ 칸트는 자율성에 근거해 자신의 행동을 결정해야 한다고 생각하였다. 하지만 ㉠ 이전의 상황은 자율성에 의해 행동했으나 위험에 빠진 사람을 구하지 않은 것은 보편화가 될 수 없다고 지적한 것을 보면 개인의 생각이 윤리적 행동의 전부라고 생각하지 않을 것이다.
④ 칸트는 동정심은 보편적일 수 없다고 말하며 감정적인 요소까지 고려해야 한다고 주장하지 않았다.

16 ④ [논리 비판 – 논리 추론 – 독해 논리]

㉠에서는 X가 Y의 원인이므로 X가 나타나면 Y라는 결과가 나올 것이라는 추론의 과정을 보여 주고 있다. 이러한 추론 과정과 일치하는 것은 ④이다. 즉, 'X가 Y의 원인이 됨: 우리나라에서 지나친 음주가 앞으로 큰 사회 문제를 일으키게 될 것이다.'라는 것을 'X = 한국인의 음주량이 통계상 세계 1위이다.(음주는 사고를 일으킨다.) Y = 음주가 큰 사회 문제를 야기할 것이다.'와 같은 과정을 거침으로써 X로 인해서 Y의 결과를 예측하는 과정을 보여 주고 있다.

오답해설
① '까마귀가 날면 배 떨어진다'라고 하는 것은 보편 법칙이나 확률적 일반화가 아닌 민간 속설에 의한 추론이다.
② '비누'를 만드는 과정을 설명한 것일 뿐, 지문에 제시된 예측의 과정이라 볼 수 없다. '비누'를 만드는 현상적 원리는 이미 밝혀져 있고 이를 단계적으로 설명한 것일 뿐이다.
③ '관다발'을 물관부와 체관부로 분석하여 설명하고 있다. 이들의 관계는 지문에 제시된 예측의 과정이라 볼 수 없다. 이미 밝혀진 식물의 구조에 대한 설명이다.

17 ③ [확인 추론 – 긍정발문 – 인문사회예술]

첫째 문단에서는 '최종 시안 결정을 다음 주 내로 부탁드립니다'라고 하였고 둘째 문단에서는 '앞서 보내드린 ○○○ 영화 시사회 초대 메일을 아직 확인하지 않으신 것 같은데, 인원 파악을 해야 하니 금일 내로 회신 부탁드립니다'라고 하였다. 이를 통해 영화 시사회 참석 메일을 확인하고 참석 여부를 알리는 일을 가장 먼저 해야 한다는 것을 알 수 있다.

오답해설
① 수정 사항이 잘 반영됐는지 확인하는 것은 필요하나 최종 시안은 다음 주 내로 결정하면 된다. 또한 영화 시사회 참석 여부를 금일(오늘) 내로 알려 달라고 하였으므로 요청 사항이 반영됐는지 확인하는 것보다 영화 시사회 참석 여부를 알리는 것을 먼저 해야 한다.
② 스티커 시안을 결정하기 위한 회의와 투표가 필요한 것은 맞으나 최종 시안 결정은 다음 주 내로 진행하면 된다. 영화 시사회 참석 여부를 금일(오늘) 내로 알려 달라고 하였으므로 회의와 투표를 먼저 해야 하는 것은 아니다.
④ 영화 시사회 참석 인원을 파악하는 것은 메일 수신자가 아닌 발신자가 해야 할 일이다.

18 ① [논리 비판 – 논리 추론 – 명제논리]

제시된 명제를 기호화하여 정리하면 다음과 같다.

(가) 초콜릿 → 케이크
(나) 초콜릿n∧사탕n

(가)의 전건인 '초콜릿'은 (나)의 '초콜릿n'을 포함한다. 따라서 사탕을 좋아하는 어떤 사람은 케이크를 좋아함을 알 수 있다(사탕n∧케이크n). 답은 선지 ①이다.

19 ④ [의사소통 – 작문 내용]

〈지침〉에 '결론은 기대 효과와 향후 과제를 1개의 장으로 작성할 것'이라는 내용이 제시되어 있다. Ⅳ-2로 '가정폭력 예방 및 인식 개선을 위한 대중적 캠페인 추진'이라는 향후 과제가 제시되어 있으므로, ㉣에는 기대 효과가 제시되어야 한다. 그러나 '가정폭력 관련 법률의 지속적 개정과 사회적 변화에 따른 유연한 적용'도 향후 과제이므로, ㉣에 들어갈 내용으로 적절하지 않다. ㉣에는 '예방 교육과 법적 개입을 통한 폭력 순환의 차단, 가정 내 평화로운 환경 조성'과 같은 기대 효과가 제시되어야 한다.

오답해설
① 제목을 보았을 때, 글의 중심 소재는 '가정폭력'이다. 〈지침〉에 '서론은 중심 소재의 개념 정의와 문제 제기를 1개의 장으로 작성하라'고 하였으므로, ㉠에는 '가정폭력'와 관련된 문제 제기가 들어가야 한다. 따라서 '가정폭력이 더 큰 사회적 범죄로 이어질 가능성이 있음'은 이러한 문제 제기로 적절하다.
② 〈지침〉에 '본론은 제목에서 밝힌 내용을 2개의 장으로 구성하되 각 장의 하위 항목끼리 대응되도록 작성하라'고 하였다. 따라서 '신고 및 지원 체계 부족'은 Ⅲ-1(피해자 지원을 위한 지역별 쉼터와 전문 상담기관 확대)과 대응되는 Ⅱ-1(㉡)의 내용으로 적절하다.
③ 〈지침〉에 '본론은 제목에서 밝힌 내용을 2개의 장으로 구성하되 각 장의 하위 항목끼리 대응되도록 작성하라'고 하였다. 따라서 '폭력 예방 교육 및 가정 내 평화적 의사소통 교육 강화'는 Ⅱ-2(학습된 폭력적 행동 및 순환)와 대응되는 Ⅲ-2(㉢)의 내용으로 적절하다.

20 ④ [의사소통 – 작문 내용]

B 학파는 법과 제도의 규제가 임금차별 문제를 해결할 수 있다고 한다. 한편, 소비자들의 적극적인 감시가 필요하다는 내용은 제시되지 않았다. 따라서 강제적인 규제의 도입이 문제 해결에 있어 필요하다고 수정하는 것이 타당하다.

오답해설
① 첫째 문단에 따르면, 정규직과 비정규직 간의 임금수준 격차가 매해 증가하고 있다고 한다. 따라서 임금 체불이 아닌 임금 차별이라는 기존의 서술을 유지하는 것이 타당하다.
② 둘째 문단에 따르면, 노동자의 능력 이외에 다른 잣대를 바탕으로 임금을 지불하는 것은 유능한 노동자를 회사에서 떠나게 만든다고 한다. 이는 노동자들이 차별적 임금 지불에 대해 납득하지 못했기 때문이다. 따라서 임금 지불의 비합리성에 항의한다는 기존의 서술을 유지하는 것이 타당하다.
③ 둘째 문단에 따르면, 현실에서는 기업이 비정규직을 차별한다고 하여 경쟁에서 불리해지지 않는다고 한다. 이는 A 학파가 주장하는 바와 달리 노동자들이 차별적인 관행에 대해서는 무관심하기 때문일 것이다. 따라서 기존의 서술을 유지하는 것이 타당하다.

제58회 이유진 국어 백일기도 모의고사 해설

01 ② [국어학의 이해와 활용 – 작문 형식]
"지난주 유진이와 아영이는 공원에서 산책했다."는 유진이와 아영이가 같이 공원에 갔다는 의미와 두 사람이 각각 다른 사람과 공원에 갔다는 의미로 해석할 수 있다. 이는 주체와 대상이 분명하지 않아 중의성이 생긴다. 오히려 '지난주 유진이는 아영이와 함께 공원에서 산책했다'가 주체와 대상이 분명하게 표현되어 중의성이 해소되므로 적절한 문장이다.

오답해설
① '신제품'은 ○○ 기업에 의해 출시가 되는 대상이므로, ㉠에 따라 '○○기업에서 신제품이 출시되었다.'로 수정하는 것이 적절하다.
③ "친절한 선생님의 학생들이 성적 우수상을 받았다."는 '친절한'이 수식하는 말이 '선생님'인지 '학생들'인지 분명하지 않다. 따라서 "친절한 선생님이 가르치는 학생들이 성적 우수상을 받았다."로 수정하면 선생님을 수식하는 것이 명확해지므로 적절한 수정이다.
④ ㉣에서 연월일 뒤에 마침표를 쓸 때는 각각 마침표를 찍어야 한다고 하였으므로, 일 뒤에도 마침표를 추가해야 한다. 따라서 '제출 기한: 2025. 11. 9.'로 수정하는 것이 적절하다.

02 ① [응용 추론 – 사례 추론]
'대리인 무'의 계약 체결행위는 자기 계약 또는 쌍방 대리에 해당하지 않으며, 자기 자신 혹은 제3자의 이익을 위하는 대리권의 남용에도 해당하지 않는다. 지문에 제시된 두 가지 조건을 충족하므로 이는 유효한 대리 행위이다.

오답해설
② 병이 D를 대신하여 대리 행위를 하면서 자기 자신의 이익을 도모하고 있으므로 대리권의 남용에 해당한다.
③ 정이 한쪽에서는 E의 대리인이 되고, 다른 한쪽에서는 F의 대리인이 되고 있으므로 쌍방 대리에 해당한다.
④ 을이 C의 대리인이 되는 동시에, 다른 한편으로는 스스로 계약의 상대방이 되고 있으므로 자기 계약에 해당한다.

03 ① [국어학의 이해와 활용 – 언어학 – 기타]
둘째 문단에 따르면, '두 언어가 간섭한다고 해서 두 언어권이 지리적으로 가깝다고 볼 수는 없다.'고 하였다. 또한 북극의 항로가 개척된 20세기 이후에는 교통과 통신의 발달로 인해 사회적·심리적 인접성이 더 중요해졌다고 한다. 이를 통해 지리적 인접성의 정도는 교통 통신 수단이 발달한 20세기 이후에는 상대적으로 간섭에 영향을 덜 주게 되었다는 것을 알 수 있다.

오답해설
② 둘째 문단에 따르면, 두 언어가 간섭한다고 해서 두 언어권이 지리적으로 가깝다고 볼 수는 없으며 교통과 통신의 발달로 인해 사회적·심리적 인접성이 더 중요해졌다고 하였다. 이를 통해 교통과 통신의 발달은 상대적으로 볼 때, 20세기 들어 간섭에 영향을 주기 시작한 것이므로 영향력이 줄어들었다고 보기 어렵다.
③ 둘째 문단에 따르면, 교통과 통신의 발달로 인해 사회적·심리적 인접성이 더 중요해졌다고 하였다. 따라서 심리적 친밀감의 정도는 20세기 이후 상대적으로 영향력이 커진 요인이다.
④ 첫째 문단에 따르면, 위세가 큰 언어의 간섭 정도는 위세가 작은 언어의 간섭 정도보다 훨씬 크다고 하였다. 또한 둘째 문단에 따르면, 한국과 영어권 나라는 지리적으로 멀리 떨어져 있음에도 불구하고 영어는 한국어를 계속 간섭해 왔다고 하였다. 이를 통해 해당 언어의 위세는 20세기에도 여전히 영향력이 크다는 것을 알 수 있다.

04 ② [확인추론 – 긍정발문 – 문학]
둘째 문단에 따르면「장화홍련전」의 악인(허씨)은 선인(장화와 홍련)을 죽이는 데 성공했다. 하지만「사씨남정기」의 악인(교채란)은 '사씨' 대신 본처가 되기 위해 그녀를 가정에서 쫓아냈을 뿐, '사씨'와 달리 긍정적 인물을 죽음으로 몰아가지 않았다. 또한「옥단춘전」의 악인(김진희)은 선인(이혈룡)을 죽이려 하였지만 실패하고 오히려 응징되었다. 즉「장화홍련전」은 악인이 선인을 죽였지만,「사씨남정기」와「옥단춘전」의 악인은 선인을 죽이지 못했다.

오답해설
① 첫째 문단에 따르면 여성의 악은 주로 가정에만 영향을 미치지만, 남성의 악은 가정이라는 울타리 밖으로 확산된다. 또한 둘째 문단에서 '교채란'과 '허씨'는 '가 내 유교적 질서를 무너뜨려 가족과 가정을 파괴'한다고 하였다. 따라서 두 여인의 악은 모두 가정 외부의 영향을 미치지 않을 것이다.
③ 마지막 문단에 따르면,「옥단춘전」의 '긍정적 인물은 고난의 과정을 겪은 뒤 새로운 지위를 획득하며 사회 안으로 복귀'한다. 반면 둘째 문단에 따르면「장화홍련전」의 긍정적 인물인 '장화'와 '홍련'은 악인에 의해 죽임을 당할 뿐, 새로운 지위를 얻지는 못했다.
④ 마지막 문단에 따르면,「옥단춘전」에서는 '이혈룡'이 온갖 수난을 겪지만, 악인 '김진희'를 응징하면서 이야기가 마무리된다.

05 ③ [논리 비판 – 비판 추론 – 비판적 이해]
ㄱ. 갑은 게임 중독의 원인을 개인의 자기 통제력 부족이라고 하여 개인의 문제로 보고 있다.
ㄷ. 병은 게임 중독의 해결 방안으로 개인의 정신 건강 지원과 사회적 지지 강화를 제안하여 사회적 지원을 강조하고 있다.

오답해설
ㄴ. 을은 게임 산업에 대한 규제의 필요성을 강조하였다. 반면 병은 개인적 요인과 사회적 요인을 게임 중독의 원인이라고 보아 정신 건강 지원과 사회적 지지 강화를 제시하였을 뿐 게임 산업의 규제에 대해서는 언급하지 않았다. 따라서 두 사람의 의견이 같다고 볼 수 없다.

06 ④ [구조 독해 – 배치]
제시된 문장은 역접/전환의 상황에서 사용하는 접속어인 '그런데' 뒤에 소송을 통한 분쟁 해결은 많은 시간과 비용이 든다는 내용을 설명한다.
④ 앞에는 소송을 통한 소비자 분쟁 해결에 대해 설명하며 강력한 효력을 갖는다는 내용을, ④ 뒤에는 비교적 간단한 절차를 거치며 비용도 거의 들지 않는 소송 대체적 분쟁 해결 제도들을 설명한다. 따라서 제시된 문장은 ④에 들어가는 것이 가장 자연스럽다.

07 ② [응용 추론 – 문맥 추론]
카르납은 두 번째 유형의 무의미한 언명, 즉 참과 거짓을 가늠할 수 있는 관찰 사실을 찾을 수 없는 언명과 관련하여, 이를 언어를 통해 형이상학적인 존재를 드러내려고 한 것이 오류라고 보았다. 따라서 니체의 언명인 '신은 죽었다.'라는 문장은 '신'이라는 형이상학적인 가치의 죽음에 대해 관찰할 수 없다는 점에서 무의미한 언명이 된다.

오답해설
① '신은 죽었다.'는 문장이 관찰 가능한 사실이라 볼 수 없다. 카르납의 입장에서 '신'이라는 형이상학적인 존재는 관찰할 수 있는 대상이 아니기 때문이다.
③ 카르납의 입장에 따르면, 참과 거짓을 가늠할 수 있는 관찰 사실을 찾을 수 없을 경우 무의미한 언명이 된다. 따라서 종교를 중시하는 사람들에게 거짓으로 판단될 것이어서 무의미한 언명이 된다는 설명은 옳지 않다.
④ 어법에 맞지 않는 문장이 무의미한 언명이 되는 것은 사실이지만, '신은 죽었다.'는 문장은 어법에 맞는 문장이므로 이에 해당하지 않는다.

08 ③ [의사소통 – 작문 내용]
〈지침〉에 '본론은 제목에서 밝힌 내용을 2개의 장으로 구성하되 각 장의 하위 항목끼리 대응되도록 작성하라'고 하였다. 하지만 '컨트롤러와 가상세계의 상호작용을 자연스럽게 설계'는 Ⅱ-1(낮은 해상도와 느린 프레임 속도)과 대응되는 Ⅲ-1(㉢)의 내용이 아니다. ㉢에는 해상도를 높이고, 프레임 속도를 개선하는 방안이 제시되어야 한다.

오답해설
① 제목을 보았을 때, 글의 중심 소재는 '사이버 멀미'이다. 〈지침〉에 '서론은 중심 소재의 실태와 문제 제기를 1개의 장으로 작성하라'고 하였으므로, ㉠에는 '사이버 멀미'와 관련된 문제 제기가 들어가야 한다. 따라서 '가상현실이나 증강현실 기술에 대한 부정적 인식이 형성될 가능성이 높음'은 이러한 문제 제기로 적절하다.
② 〈지침〉에 '본론은 제목에서 밝힌 내용을 2개의 장으로 구성하되 각 장의 하위 항목끼리 대응되도록 작성하라'고 하였다. 따라서 '장시간 사용으로 인한 피로'는 Ⅲ-2(적정 사용 시간과 올바른 사용 자세 안내)와 대응되는 Ⅱ-2(㉡)의 내용으로 적절하다.
④ 〈지침〉에 '결론은 기대 효과와 향후 과제를 1개의 장으로 작성할 것'이라는 내용이 제시되어 있다. Ⅳ-1에 '가상현실 기술과 증강현실 기술의 상용화 촉진'이라는 기대 효과가 제시되어 있으므로, ㉣에는 '하드웨어 제조업체, 콘텐츠 개발사, 연구 기관 간의 협력을 통한 문제 해결 가속화'라는 향후 과제가 제시되는 것이 적절하다.

09 ④ [응용 추론 – 빈칸 추론]
괄호 뒤에서, 당국은 생명이 위험에 처할 수 있는 경우 더 엄격한 기준을 시행해야 한다며 회사가 그 안전성을 입증해야 한다고 주장했다. 이를 통해 법원이 당국에 입증의 책임을 전가했음을 알 수 있다. 당국은 벤젠의 노출 농도 한계를 1ppm으로 설정했으므로, 법원이 '벤젠의 노출 수준이 1ppm을 초과할 경우 노동자의 건강이 위험하다는 것을 당국이 입증해야 한다'고 보았음을 추론할 수 있다.

오답해설
① 벤젠 노출 농도가 10ppm 이상인 작업장에서 인명 피해가 보고된 적이 있으며, 벤젠이 발암물질이라는 사실이 부정되지 않았으므로 벤젠이 유발하는 위험이 과학적으로 입증되지 않았다고 볼 수 없다.
② 보건당국이 위험이 전혀 없는 작업장을 만들기 위한 무제한의 재량권을 갖고 있는 것은 아니라고 하였을 뿐, 당국이 벤젠 노출 농도의 한계를 정해서는 안 된다고 하지 않았다.
③ 당국이 발표한 기준은 10ppm이 아니라 1ppm이므로, 10ppm 수준의 벤젠 농도가 노동자의 건강에 미치는 손상을 입증해야 한다고 보기는 어렵다.

10 ② [확인 추론 – 부정발문 – 인문사회예술]
둘째 문단에 따르면 '출원서의 심사 과정에서 요건을 충족하지 못한다고 판단되면 심사관은 출원인에게 거절이유통지서를 발송'하는데, 출원인은 '정해진 기간 내에 의견서나 보정서를 제출'하여 거절 사유를 해소할 수 있다. 심판 청구는 의견이나 보정서를 제출했더라도 거절 사유가 해소되지 않아 특허나 상표 등록이 불허되면 재검토를 위해 요청할 수 있는 것이기에, 거절이유통지서를 받은 출원인이 곧바로 심판을 청구한다는 설명은 적절하지 않다.

오답해설
① 첫째 문단에 따르면, '특허권이나 상표권과 같은 지식재산권을 확보하고 유지하기 위해서는 특허청에서 정한 절차와 기준을 정확히 이해할 필요가 있다'고 하였다. 또한, 셋째 문단에 따르면, '최종적으로 확정된 특허나 상표권은 일정 기간 보호받게 되며, 권리자는 이를 토대로 독점적 사용권을 행사할 수 있'음을 알 수 있다. 이를 통해 특허청에서 정한 절차와 기준을 따름으로써 특허권이나 상표권을 얻을 수 있고, 누군가가 기술을 개발했다고 해서 그것만으로 지식재산권이 인정되는 것은 아님을 알 수 있다.
③ 셋째 문단에 따르면, '최종적으로 확정된 특허나 상표권은 일정 기간 보호받게 되며, 권리자는 이를 토대로 독점적 사용권을 행사할 수 있'다. 즉, 특허 및 상표권이 최종적으로 확정되더라도 그 독점적 사용권이 권리자에게 영원히 보장되는 것은 아니다.
④ 셋째 문단에 따르면, 이의신청 제도는 '이미 등록된 권리에 대해 제3자가 유효성을 다투고자 할 경우 활용할 수 있다'고 한다. 또한 '이의신청이 접수되면 특허청은 해당 권리에 문제가 없는지 다시 검토하고, 필요한 경우 해당 권리를 취소하거나 정정할 수 있다'고 하였다. 즉 이의신청 제도를 통해 이미 등록된 권리의 변동이 발생할 수 있음을 알 수 있다.

11 ③ [응용 추론 – 어휘 추론]
제시된 문장에서 '㉠ 거쳐'를 대체할 수 있는 유의어로 '통해' 등이 있다. ㉠이 포함된 문장의 구조는 'a를 치치다'이다. 선지 ③의 '거쳐'는 '통해'라는 유의어를 제시된 문장과 공유하며, 'a를 거치다'의 구조와 일치한다. 따라서 ㉠의 문맥적 의미와 가장 가까운 것은 선지 ③이다.
2【…을】「2」 어떤 과정이나 단계를 겪거나 밟다.
㉠ 학생들은 초등학교부터 중학교, 고등학교를 거쳐 대학에 입학하게 된다.

오답해설
① **2**【…을】「1」 오가는 도중에 어디를 지나거나 들르다.
㉠ 대구를 거쳐 부산으로 가다.
② **1**「2」 마음에 거리끼거나 꺼리다.
④ **1**「2」 마음에 거리끼거나 꺼리다.
㉠ 가장 어려운 문제를 해결했으니 이제 특별히 거칠 문제는 없다.

12 ③ [논리 비판 – 논리 추론 – 명제논리]
제시된 명제를 기호화하여 정리하면 다음과 같다.

> ㉠ 겨울n
> ㉡ 여름n
> ㉢ 여름 → 겨울 ⇔ ~겨울 → ~여름
> ㉣ ~여름 → ~겨울 ⇔ 겨울 → 여름

(나): ㉢의 전칭인 '여름'은 특칭인 '여름n'을 포함하므로, ㉡의 여름을 좋아하는 어떤 사람인 '여름n'은 겨울을 좋아한다. 따라서 ㉡과 ㉢이 참이라면, 어떤 사람은 겨울을 좋아한다는 ㉠인 '겨울n'은 반드시 참이다.
(다): ㉣의 대우는 '겨울 → 여름'이다. 이때 전칭인 '겨울'는 특칭인 '겨울n'을 포함하므로, ㉠의 겨울을 좋아하는 어떤 사람인 '겨울n'은 여름을 좋아한다. 따라서 ㉠과 ㉣이 참이라면, 어떤 사람은 여름을 좋아한다는 ㉡인 '여름n'은 반드시 참이다.

오답해설
(가): 어떤 사람이 여름을 좋아하고, 어떤 사람이 겨울을 좋아하는 것이 참이라고 해도 이 특칭 명제들을 통해 여름을 좋아하는 모든 사람이 겨울도 좋아한다는 전칭 명제가 참임을 도출할 수는 없다.

13 ③ [논리 비판 – 비판 추론 – 강화약화]
㉡은 비평의 세 단계의 순차성에 대해 의문을 제기하고 있다. 따라서 미술에 대한 각각의 평가 단계가 독자적으로 이루어지고 있음이 밝혀졌다면 비평이 순차적으로 이루어지는 것만은 아니라는 ㉡의 주장을 뒷받침하게 된다. 따라서 ㉡은 강화된다.

오답해설
① 작품의 가치에 대해 판단하기 위해서는 반드시 작품의 주제와 의미 파악이 선행되어야 한다는 주장은 평가 단계 이전에 해석 단계가 반드시 선행되어야 한다는 것을 의미한다. 이는 비평의 세 단계의 순차성을 강조하는 ㉠과 부합한다. 따라서 ㉠을 강화한다.
② 작품 속 객관적 소재들에 대한 정리 작업은 작품의 주제와 의미 파악에 도움이 되지 않는다는 주장은 기술과 분석 단계와 해석 단계가 무관하다는 것을 의미한다. 이는 비평의 세 단계의 순차성을 강조하는 ㉠과 상반된다. 따라서 ㉠을 약화한다.
④ ㉡은 미술 비평에 있어 새로운 단계의 필요성 여부에 대해서는 이야기하고 있지 않다. 따라서 미술 비평에 있어 계획 수립 단계도 필요함이 밝혀졌다는 것은 ㉡을 약화하지 않는다.

14 ③ [의사소통 – 작문 내용]
둘째 문단에 따르면, '노출 요법은 공포를 유발하는 대상에 대한 과거의 기억 대신 직접 맞서는 최근의 기억을 심어 주는 것'이다. 따라서 ㉢을 '공포의 대상과 직접 맞서는'으로 수정하는 것이 적절하다.

오답해설
① 첫째 문단에 따르면, 신경학자들이 수행한 실험에서 '쥐들은 소리만 듣고도 무서움을 느끼며 얼어붙었다.'라고 하였다. 따라서 해당 실험에서는 무서움을 느끼게 하기 위한 매개체로 소리를 활용하였으므로 ㉠을 '쥐에게 특정한 향을 맡게 하면서'로 수정하는 것은 부적절하다.
② 첫째 문단에 따르면, 신경학자들은 쥐에게 특정한 소리를 들려주며 전기 충격을 가해 공포를 느끼도록 하는 실험을 수행하였다. 또한 이후 문장에서 "뇌의 편도체가 '공포의 기억'을 저장하고 있다는 것을 알게 되었다"라고 하였다. 뇌의 감정 중추인 편도체는 통각의 인지 여부와 관련이 없으므로 ㉡을 '쥐들은 통각을 느끼지 않았다'고 수정하는 것은 부적절하다.
④ 둘째 문단에 따르면, ㉣이 포함된 문장 이후 고소 공포증 환자를 강제로 비행기에 태웠을 때 더 큰 공포를 기억하는 사례가 ㉣이 포함된 문장에 대한 일례로서 제시되고 있다. 이는 과거의 기억이 강력한 경우 공포의 대상과 직접 맞서는 것이 더 큰 공포를 느끼도록 함으로써 문제를 야기하는 사례에 해당하므로, ㉣을 '더욱 효과적인 치료법이다'로 수정하는 것은 부적절하다.

15 ① [확인 추론 – 부정발문 – 인문사회예술]
첫째 문단에 따르면, 동서양을 막론하고 종교적 집중이 필요할 때 프레임을 가장 많이 사용한다. 따라서 동양에서만 나타난다고 할 수 없다.

오답해설
② 첫째 문단에 따르면, 종교적 집중이 필요할 때 프레임을 가장 많이 사용한다. 차경 기법은 일정한 프레임 안에 경치를 담는 방법이다. 둘째 문단에 따르면 관촉사 미륵전은 차경 기법을 활용하여 종교적 집중을 이끌어 낸 사례임을 알 수 있다.
③ 첫째 문단에 따르면, 차경은 프레임 안에 경치를 담는 방법이다. 둘째 문단에 따르면, 미륵전 후벽에 난 창을 통해서 건물 밖 뒤쪽에 있는 은진미륵의 모습을 실내에서 볼 수 있다. 따라서 미륵전의 창이 프레임이라고 할 수 있다.
④ 첫째 문단에 따르면, 건축가가 어떠한 예술적 의도를 갖고 작품을 만들면 감상자는 자신의 주관적 해석을 곁들여 그 작품을 감상하게 된다. 이때 건축가는 자신의 의도를 강조하기 위해 프레임을 사용하고 감상자는 이를 통해 건축가가 강조하는 것을 쉽게 받아들일 수 있다.

16 ④ [응용 추론 – 어휘 추론]
㉣이 포함된 문장은 관촉사의 미륵전에 불상을 자리 잡게 하지 않았다는 내용으로, 불상을 벌여 놓지 않았다는 내용이 아니다. 따라서 '진열되다'와 바꿔쓸 수 없으며, ㉣과 바꿔쓸 수 있는 유사한 표현으로는 '안치되다' 등이 있다.

㉣ 모시다: 웃어른이나 신주 따위를 어떤 곳에 자리 잡게 하다.
진열되다(陳列되다): 여러 사람에게 보일 목적으로 물건이 죽 벌여져 놓이다.
陳 베풀 진, 列 벌일 열
안치되다(安置되다): 상(像), 위패, 시신 따위가 잘 모셔지다.
安 편안 안, 置 둘 치

오답해설

① ㉠ 만들다: 노력이나 기술 따위를 들여 목적하는 사물을 이루다.
제작하다(製作하다): 재료를 가지고 기능과 내용을 가진 새로운 물건이나 예술 작품을 만들다.
製 지을 제, 作 지을 작
② ㉡ 곁들이다: 주로 하는 일 외에 다른 일을 겸하여 하다.
겸하다(兼하다): 두 가지 이상의 기능을 함께 지니다.
兼 겸할 겸
③ ㉢ 받아들이다: 어떤 사실 따위를 인정하고 용납하거나 이해하고 수용하다.
수용하다(受容하다): 어떠한 것을 받아들이다.
受 받을 수, 容 얼굴 용

17 ① [국어학의 이해와 활용 – 언어학 – 문장]

'나는 딸기와 귤을 샀다.'의 '와'는 접속 조사이다. 따라서 '딸기와'는 '귤을'과 같은 자격임을 알 수 있다. 따라서 '딸기와'는 '귤을'과 마찬가지로 목적어이다.

오답해설

② '나는 가끔 동생과 싸운다.'는 두 문장으로 나눌 수 없는 것을 통해 부사격 조사임을 알 수 있다. 따라서 '과'를 생략할 수 없다.
③ '나는 딸기와 귤을 샀다.'는 '나는 딸기를 샀다'와 '나는 귤을 샀다'로 문장을 분리할 수 있으며 대등한 것을 열거한 것이므로 '와'를 생략할 수도 있다.
④ 부사격 조사 '와/과'가 결합된 부사어는 서술어가 반드시 필요로 하는 필수 부사어가 된다고 하였다. 따라서 '나는 가끔 동생과 싸운다.'에서의 '동생과'는 부사어임을 알 수 있다.

18 ② [확인 추론 – 긍정발문 – 인문사회예술]

이 글의 각 문단은 '문화'의 속성을 설명하고 있다. 먼저 첫째 문단에서 강조한 것은 '문화가 인간 활동과 그 산물 전체'를 가리킨다는 것이다. 즉 사람의 손길을 탄 것이 문화라는 뜻인데, 이것은 '인위성'이라는 말로 표현할 수 있다.
둘째 문단에서는 문화가 '본능적이 아니라 의식적으로 행하거나 만든 것'이어야 한다는 것인데, 이것은 논지로 보아 '의도성'이라는 말로 표현할 수 있다.
셋째 문단에서 문화의 뜻을 이해하기 위해서는 평가적인 뜻까지 있어야 한다고 하는데 이것을 보아 문화의 속성에는 '가치성'이 포함되어야 한다는 것을 알 수 있다.

오답해설

③ '자연성'은 '인간이 만든 것'이라는 문화의 속성과 완전히 배치되는 개념이다. 또 이 글에는 도시성이라는 공간적 요인이 제시된 바가 없다. '의식적으로 행하거나 만든 것'은 '필연성'보다는 '의도성'으로 설명하는 것이 적절하다.
④ 문화는 사람이 만든 것이므로 '창의성'의 요소를 가지고 있다고도 볼 수 있겠지만 예술적인 것이어야 한다거나 교훈성을 띠어야 하는 것은 아니다.

19 ④ [응용 추론 – 문맥 추론]

첫째 문단에 따르면 사람의 손길을 타지 않은 채 있는 것을 '자연'이라고 부르며, 사람이 만든 것을 통틀어서 '문화'라고 부른다. 따라서 '들에 핀 장미(㉠)', '종달새(㉡)', '만장굴의 석순(㉢)'은 아무리 아름다워도 자연이기 때문에 문화가 아니지만, 장미를 잘 가꾸어 아름다운 '장미 정원(㉣)'을 만들면 문화 활동에 속한다고 하였다. 따라서 가장 이질적인 것은 ㉣이다.

20 ④ [논리 비판 – 논리 추론 – 명제논리]

제시된 명제를 기호화하여 정리하면 다음과 같다.

○ ~A 졸업 논문 통과 → B 졸업 논문 통과
  ⇔ ~B 졸업 논문 통과 → A 졸업 논문 통과
○ 결론: ~B 졸업 논문 통과 → C 졸업 논문 통과

결론인 '~B 졸업 논문 통과 → C 졸업 논문 통과'를 이끌어 내기 위해서는 첫째 명제의 대우인 '~B 졸업 논문 통과 → A 졸업 논문 통과'의 후건인 'A 졸업 논문 통과'와 결론의 후건인 'C 졸업 논문 통과'를 연결해 줄 수 있는 전제가 필요하다. 따라서 추가되어야 할 전제는 'A 졸업 논문 통과 → C 졸업 논문 통과', 즉 대우인 '~C 졸업 논문 통과 → ~A 졸업 논문 통과'이다. 답은 선지 ④이다.

제59회 이유진 국어 백일기도 모의고사 해설

01 ① [국어학의 이해와 활용 – 작문 형식]

해외 한식당 종사자 교육 프로그램은 ○○○부가 개최하는 대상이지, 개최되어지는 대상이 아니다. 따라서 '능동과 피동 등 흔히 헷갈리기 쉬운 것에 유의할 것'을 고려하여 '개최한다'를 그대로 써야 한다.

오답해설

② '각'은 '낱낱의'를 의미하고, '마다'는 '낱낱이 모두'를 의미한다. 이는 동일한 의미이므로, '중복되는 표현을 삼갈 것'을 고려하여 '식당마다'로 수정하는 것이 적절하다.
③ 주어 '그동안의 문제점은'과 호응하는 서술어가 없다. 따라서 '주어와 서술어를 호응시킬 것'을 고려하여 '그동안의 문제점은 ~ 어렵다는 점이다'로 수정하는 것이 적절하다.
④ '한편'은 전환의 상황에서 사용하는 접속어이고, '그러므로'는 인과의 상황에서 뒤의 내용이 결과일 때 사용하는 접속어이다. 앞의 내용을 바탕으로 뒤의 내용이라는 결론이 도출되고 있으므로, '그러므로'를 사용하는 것이 적절하다.

02 ② [국어학의 이해와 활용 – 언어학 – 기타]

㉠: 민수가 성적표를 구석에 마구, 아무렇게나 놓았다는 의미로 쓰인 문장이므로, 이 문장의 [처]는 소리 나는 대로 '처'로 표기해야 한다. 따라서 해당 문장은 '민수는 성적표를 구석에 처박아 놓았다.'가 되어야 하며, ㉠에는 '처'가 들어가는 것이 적절하다.
㉡: 고립된 사람을 구하기 위해 도끼로 문을 쳐서 부수었다는 의미로 쓰인 문장이다. 해당 문장의 [처]에는 '치다(때리다)'의 의미가 포함되어 있어 원형을 밝힐 수 있으므로, 이때의 [처]는 동사 '치다'의 어간 '치-'에 어미 '-어'가 결합한 '쳐'로 표기해야 한다. 따라서 해당 문장은 '고립된 사람을 구하기 위해 도끼로 문을 쳐부수었다.'가 되어야 하며, ㉡에는 '쳐'가 들어가는 것이 적절하다.

03 ① [응용 추론 – 빈칸 추론]

지문은 운영 체제는 사용자가 실행 버튼을 누른 프로그램을 대기열에 등록하고 이후 하나를 골라 CPU에 할당한다고 설명한다. 즉 프로그램이 실행 중이라는 것은 CPU를 해당 프로그램에게 할당하였다는 것을 의미한다.

오답해설

② 지문은 '사용자는 대기열의 프로그램을 편집하거나 없앨 수도 있다'라고 설명한다. 따라서 대기열에 프로그램이 사라진 것은 프로그램이 실행되었기 때문일 수도 혹은 사용자가 없앤 걸 수도 있다. 따라서 대기열에서 프로그램이 사라졌다고 하더라도 프로그램 실행 중이라고 단정 지을 수 없다.
③ 지문은 CPU 개수와 프로그램 실행 가능 개수에 대해 설명하지 않았다.
④ 지문은 '운영 체제는 대기 목록인 대기열에 실행시킨 순서대로 프로그램을 등록하고 등록된 프로그램 중 하나를 중앙 처리 장치인 CPU에 할당'한다고 설명한다. 따라서 등록은 순서대로 하더라도 CPU에 할당하는 것은 골라서 하는 것이라 순서대로 할당되는 것은 알 수 없다.

04 ④ [구조 독해 – 주제]

지문은 '양극화를 해소하기 위해서는 기본적으로 중산층을 성장시킬 수 있는 방법이 마련되어야 한다'라고 언급하며, 양질의 일자리 정책의 필요성을 설명하고 있다. 이때 양질의 일자리 정책을 서술하며 비정규직 문제의 시급한 해결이 필요함을 강조하고 있다. 이를 고려했을 때 지문의 중심 내용은 '일자리 관련 정책을 통한 중산층의 성장으로 양극화 해소를 시도해 볼 수 있다'이다.

오답해설

① 지문에서 '우리나라 비정규직의 형태는 유럽 혹은 미국의 파트타임 근무제가 아닌, 정규직과 똑같이 일하면서 비정규직 대우를 받는 특수한 형태이다'라고 언급하고 있다. 이는 중산층을 성장시킬 수 있는 양질의 일자리 정책의 필요성을 언급하며 등장한 이야기일 뿐, 이를 지문의 중심 내용이라고는 할 수 없다.
② 지문은 양극화 해소라는 것이 중요하고 해결해야 하는 문제임을 이야기하고 있으나, 이를 국가의 장기적 성장과 결부시켜 언급하지는 않았다.
③ 지문은 IMF 이후 '노동자들은 다른 선택지가 없는 상황에서 퇴직을 당하거나 비정규직으로 전락할 수밖에 없었다'라고 언급하고 있다. 이는 현재 양질의 일자리가 마련되어 있지 않기에 적절한 일자리 정책이 필요함을 설명하는 과정에서 나온 것일 뿐, 이를 중심 내용으로 볼 수는 없다.

05 ② [논리 비판 – 논리 추론 – 명제논리]

줄글로 된 논증이다. 문장 단위를 하나의 명제로 생각하고 정리하면 다음과 같다.

> 전제1: 대규모의 의견 처리 가능
> 전제2: 대규모의 의견 처리 가능 → 직접민주제 실현 가능
> 전제3: 직접민주제 실현 가능 → 직접민주제는 가장 민주적인 제도
>
> 결론: 직접민주제 도래

전제1은 단일명제이므로, 이로부터 논증을 시작할 수 있다. 전제1, 전제2, 전제3을 결합하면 '직접민주제는 가장 민주적인 제도'라는 소결론이 도출된다. 하지만 이로부터 '직접민주제 도래'라는 결론을 도출하기 위해서는, '직접민주제는 가장 민주적인 제도 → 직접민주제 도래'라는 전제가 추가로 필요하다. 즉, '직접민주제가 가장 민주적인 제도라면, 직접민주제가 채택될 것이다'라는 의미의 전제가 추가로 필요하다.

이에 부합하는 전제는 ②가 된다. '인류가 언제나 가장 민주적인 제도를 선택'한다면, 가장 민주적인 제도인 직접민주제를 선택할 것이므로 미래에 직접민주제가 도래할 것이라는 결론을 도출할 수 있다.

오답해설
① 직접민주제가 실현 가능하다는 것은 전제1과 전제2의 결합을 통해 이미 도출한 내용이다.
③ 어떤 정치제도도 직접민주제보다 민주적이지 않다는 것은, 전제1~전제3의 결합을 통해 이미 도출한 '직접민주제는 가장 민주적인 제도'와 같은 의미이다.
④ 이 조건 명제의 결론은 '직접민주제 실현 가능'인데, 이는 이미 전제1과 전제2의 결합을 통해 도출한 내용이므로 추가로 필요한 전제라 보기 어렵다.

06 ② [확인 추론 – 부정발문 – 문학]

둘째 문단에 따르면, 백석의 「국수」는 그의 다른 작품에서 발견되지 않는 어조를 활용했다고 하였다. 따라서 「국수」가 다른 작품들과 동일한 어조로 서술되었다는 내용은 적절하지 않다.

오답해설
① 마지막 문단에 따르면, 백석의 「국수」는 평양냉면을 소재로 한 시이다. 첫째 문단에 따르면, 이 시는 평양냉면을 활용하여 '음식 문화 속에 담겨 있는 우리의 정서를 담아냈'다.
③ 마지막 문단에 따르면, 「국수」와 「적막한 식욕」에 나오는 음식은 모두 '메밀'을 활용한 음식이다. 두 작품은 모두 이 '음식을 먹는 모습을 통해 우리의 토속적인 삶의 정취를 드러내'었다. 이를 통해 두 작품이 메밀 음식을 통해 우리 삶의 토속적 분위기를 묘사하였다는 것을 알 수 있다.
④ 마지막 문단에 따르면, 「국수」와 달리 「적막한 식욕」에서는 음식에 대한 욕망을 단도직입적으로 표현'하였다고 한다. 이를 통해 「적막한 식욕」은 「국수」와 달리 간접적인 음식 욕망 표현을 활용하지 않았다는 것을 알 수 있다.

07 ③ [논리 비판 – 비판 추론 – 강화약화]

ⓒ은 건습구 온도계가 영하의 낮은 온도에서는 정확한 측정이 불가능하다고 하였다. 따라서 건습구 온도계는 영하 10도에서 정확한 상대 습도를 측정할 수 없다는 사실은, ⓒ을 강화한다.

오답해설
① 건습구 온도계는 상대 습도뿐 아니라 절대 습도의 측정도 가능하다는 사실은 ㉠을 강화하지도 약화하지도 않는다. ㉠은 건습구 온도계가 상대 습도를 측정하는 원리에 대해 설명하고 있을 뿐 절대 습도에 대해서는 언급하지 않기 때문이다.
② ㉠은 건습구 온도계가 기화 정도를 통해 상대 습도를 측정한다고 여긴다. 따라서 건습구 온도계가 물의 증발 정도를 정확하게 파악한다는 사실은 기화 정도를 통해 상대 습도를 측정한다고 여기는 ㉠의 입장과 부합한다. 따라서 ㉠을 강화한다.
④ 기상청에서 날씨 보도를 위해 건습구 온도계를 활용한다는 사실은, ⓒ을 강화하지도 약화하지도 않는다. ⓒ은 건습구 온도계의 한계에 대해서만 언급하고 있기 때문이다.

08 ② [논리 비판 – 비판 추론 – 비판적 이해]

ㄷ. 갑은 배터리 기술 개선과 재생 에너지의 결합으로 온실가스 배출을 크게 줄일 수 있다고 보며, 병은 전기차가 친환경적 교통수단이 되기 위해 배터리 기술 개선이 필요하다고 보았다. 따라서 배터리 기술 개선이 환경 보호에 도움이 된다는 주장에 대해 모두 동의한다.

오답해설
ㄱ. 갑과 을 모두 화석 연료에서 배출되는 온실가스가 환경에 악영향을 미친다고 본다.
ㄴ. 을의 경우 전기 생산에 있어 화석 연료를 사용하면 환경 보호에 도움이 되지 않으므로 전기차 보급에 앞서 전력 생산 방식 개선이 이루어져야 한다고 보았다. 이는 전기차 보급 자체보다 전략 생산 방식 개선이 우선이라는 입장이다. 그러나 병의 경우 전기차 보급이 환경 보호를 위해 가장 시급한 문제이며 이를 위해 전력 생산 방식을 전환해야 한다고 이야기하고 있다. 따라서 전기차 보급 자체가 우선적 가치임을 알 수 있다.

09 ④ [의사소통 – 작문 내용]

마지막 문단에 따르면, 아우슈비츠에서 행해진 유대인 대량 학살 사건은 다수결의 잘못된 사용을 통해 '폭력이라는 비이성적 특성을 옹호하고 정당화'함으로써 일어났다. 이는 이성 중심주의에 대한 비판에 대한 예시에 해당하므로 ㉣은 '이성 중심주의에 대한 재고와 비판을 촉발하는 계기'로 수정하는 것이 적절하다.

오답해설
① 첫째 문단에 따르면, 이성 중심주의는 '정서, 감정, 상상력, 욕구나 욕망 등을 비이성적인 것으로 치부하여 이들을 인간 본성에서 배제했'라고 한다. 이성 중심주의는 이성만을 중요한 것으로 여겼을 것이므로 ㉠은 '이성 이외의 인간 능력'이라고 표현하는 것이 적절하다.
② 첫째 문단에 따르면, 이성 중심주의는 이성 이외의 인간 능력, 즉 인간의 비이성적인 측면은 '인간이 어쩔 수 없이 갖게 되는 동물성'으로 간주하였다고 한다. 즉 이는 인간이 육체를 가지기 때문에 선천적으로 갖게 되는 능력을 의미하므로, ㉡을 '학습을 통해 후천적으로 얻을 수 있는 특성에 해당한다'라고 수정하는 것은 적절하지 않다.
③ 마지막 문단에 따르면, ㉢이 포함된 문장 이후 다수결은 '다른 생각 중 하나를 전체의 생각으로 간주함으로써 옳은 것이 되고, 다른 소수의 사고들은 모순적인 것, 잘못된 것으로 간주할 수 있다'는 내용이 제시되었다. 이는 각 개인의 판단이 서로 다르기 때문에 가능한 것이다. 따라서 ㉢에는 '현실에서 각 개인의 판단이 서로 다르다'는 기존의 내용이 제시되는 것이 적절하다.

10 ① [확인 추론 – 부정발문 – 과학기술경제]

연결 리스트를 이루는 모든 노드들이 연속된 메모리 위치에 인접해 저장되어야 하는 것은 아니다. 연결 리스트에서는 주메모리의 비어 있는 곳에 메모리 셀을 확보하고, 전 노드의 주소셀에 새롭게 추가되는 노드의 자료셀 주소가 저장되므로, 연속된 위치에 인접하지 않아도 자료를 저장할 수 있음을 알 수 있다.

오답해설
② 연결 리스트에서는 자료의 추가가 필요할 때만 메모리 공간을 할당받는다.
③ 배열에서는 프로그램이 처음 실행될 때 저장할 수 있는 자료들의 최대 개수를 정하게 되므로, 전체 자료의 개수를 미리 알 수 없을 때는 자료의 추가가 필요할 때만 메모리 공간을 할당받는 연결 리스트가 유리하다.
④ 연결 리스트에서는 새로운 노드의 자료셀 주소가 전 노드의 자료셀 주소에 저장되며, 따라서 처음 노드에서 시작하여 각 노드의 주소셀에 저장된 다음 노드의 주소값을 찾아 차례로 이동하는 방식으로 저장된 모든 자료에 접근해야 한다. 따라서 자료를 읽는 데 걸리는 시간은 자료의 위치에 따라 달라질 수밖에 없다.

11 ③ [응용 추론 – 어휘 추론]

제시된 문장에서 '㉠이루어져'를 대체할 수 있는 유의어로 '구성되어' 등이 있다. ㉠이 포함된 문장의 구조는 'a는 b로 이루어지다'이다. 선지 ③의 '이루어졌다'는 '구성되었다'라는 유의어를 제시된 문장과 공유하며, 'a는 b로 이루어지다'의 구조도 일치한다. 따라서 ㉠의 문맥적 의미와 가장 가까운 것은 선지 ③이다.
2【…으로】몇 가지 부분이나 요소가 모여 일정한 성질이나 모양을 가진 존재가 되다.
예 최정상급의 연주자들로 이루어진 교향악단.

오답해설
①, ④ **1**「1」어떤 대상에 의하여 일정한 상태나 결과가 생기거나 만들어지다.
예 원장님께선 물론 이제 이 섬엔 뛰어넘어야 할 철조망조차 없는, 진짜 낙토가 이루어져 가고 있기 때문이라고 생각해 오셨겠지요.
② **1**「2」뜻한 대로 되다.
예 소원이 이루어지다.

12 ④ [국어학의 이해와 활용 – 언어학 – 소리]

'눈+요기'는 뒷말의 첫소리가 '요'이므로 [ㄴ] 소리가 덧나서 [눈뇨기]로 소리 난다. 따라서, [ㄴㄴ] 소리가 덧난다고 볼 수 없다.

오답해설

① '뒤+날'에서 앞말인 '뒤'가 모음인 'ㅟ'로 끝나고, 뒷말의 첫소리가 'ㄴ'일 때 [ㄴ] 소리가 덧나서 [뒨ː날]로 소리 나기 때문에 '앞말이 모음으로 끝나고 뒷말의 첫소리가 'ㄴ'일 때, [ㄴ] 소리가 덧나는 경우'에 해당된다고 볼 수 있다.
② '비+물'에서 앞말인 '비'가 모음인 'ㅣ'로 끝나고, 뒷말의 첫소리가 'ㅁ'일 때 [ㄴ] 소리가 덧나서 [빈물]로 소리 나기 때문에 '앞말이 모음으로 끝나고 뒷말의 첫소리가 'ㅁ'일 때, [ㄴ] 소리가 덧나는 경우'에 해당된다.
③ '밤+길'에서 '밤'의 끝소리가 울림소리인 'ㅁ'이고, 뒷말의 첫소리 'ㄱ'이 된소리 'ㄲ'으로 변하여 [밤낄]로 소리 나기 때문에 '앞말의 끝소리가 울림소리이고 뒷말의 첫소리가 안울림 예사소리이면 뒤의 예사소리가 된소리로 변하는 일'에 해당된다.

13 ③ [의사소통 - 작문 내용]

〈지침〉에 '본론은 제목에서 밝힌 내용을 2개의 장으로 구성하되 각 장의 하위 항목끼리 대응되도록 작성하라'고 하였다. 하지만 '정기 건강 검진과 전문적인 낙상 예방 교육'은 Ⅱ-2(우울증이나 불안감으로 인한 주의력 결핍)와 대응되는 Ⅲ-2(ⓒ)의 내용이 아니다. 노인이 우울증이나 불안감을 느낄 경우, '전문가의 상담'과 같은 방안을 활용하여 이를 극복할 수 있도록 해야 한다.

오답해설

① 제목을 보았을 때, 글의 중심 소재는 '노인 낙상'이다. 〈지침〉에 '서론은 중심 소재의 개념 정의와 문제 제기를 1개의 장으로 작성하라'고 하였으므로, ㉠에는 '노인 낙상'과 관련된 문제 제기가 들어가야 한다. 따라서 '노인 낙상으로 인한 장기적인 신체 기능 저하'는 이러한 문제 제기로 적절하다.
② 〈지침〉에 '본론은 제목에서 밝힌 내용을 2개의 장으로 구성하되 각 장의 하위 항목끼리 대응되도록 작성하라'고 하였다. 따라서 '고령으로 인한 신체 기능 저하'는 Ⅲ-1(규칙적인 운동을 통한 근육 강화 및 균형 감각 상승)과 대응되는 Ⅱ-1(ⓒ)의 내용으로 적절하다.
④ 〈지침〉에 '결론은 기대 효과와 향후 과제를 1개의 장으로 작성할 것'이라는 내용이 제시되어 있다. Ⅳ-1에 '노인 부상과 골절 위험성 감소'라는 기대 효과가 제시되어 있으므로, ㉢에는 '노인을 위한 공공 시설이나 주거지 환경 개선'이라는 향후 과제가 제시되는 것이 적절하다.

14 ② [구조 독해 - 배열 - 문단 배열]

(가)는 15세기 신항로 개척 이전에 인도양과 지중해의 영향력이 컸다는 사실을 제시하고 있다.
(나)는 '서로 다른 문명의 만남'이 야기한 파괴적 양상을 다루었다. 전환의 기능을 가진 접속어 '그런데'를 통해 (나) 앞에 '서로 다른 문명'에 대한 정보가 제시된 뒤 그에 대한 부정적 결과를 제시한 것이라는 것을 알 수 있다.
(다)는 '그런 어두운 모습' 속에서도 문명 간의 상호 영향이 확대되었다고 하므로 '(나) - (다)' 순으로 이어지는 것이 자연스럽다.
(라)는 15세기 이후 해양 권역의 중심이 대서양으로 이동했다는 사실을 제시하므로 '(가) - (라)'의 순으로 이어지는 것이 자연스럽다. 또한 (라)에서는 대서양 권역 국가들의 해양 진출이 제시되어 있으므로, 뒤에 '이는 대서양 중심의 세계를 여는 중요한 사건이었다'는 평가가 등장하는 (마)가 오는 것이 적절하다.
따라서 '(가) - (라) - (마) - (나) - (다)'의 순서가 가장 자연스럽다.

15 ③ [확인 추론 - 부정발문 - 인문사회예술]

둘째 문단에 따르면, '카간'은 그들의 제국인 '일'을 지키기 위해 백성을 다스리는 권위자를 뜻한다. 그런데 돌궐 유목민들은 돌궐 제국의 군주뿐만 아니라 주변의 나라를 지배하는 군주 모두를 황제에 비견하여 '카간'이라는 칭호를 붙였다고 서술되어 있다. 따라서 절대적 일인자로 보았다는 서술은 옳지 않다.

오답해설

① 첫째 문단에 따르면, 야드린체프가 발견한 '고궐특근지비' 비석의 비문을 통해 돌궐 유목민의 세계관을 재조명할 수 있는 근거 자료가 마련됐다.
② 첫째 문단에 따르면, 중국의 입장에서 기술된 자료에서 돌궐 유목민은 예의와 염치를 모르고 약탈을 자행하는 민족으로 그려졌다고 서술되어 있다.
④ 둘째 문단에 따르면 다른 민족들의 독자적 정치적 질서를 인정하는 그들의 정치적, 문화적 유연성은 다른 나라와 교역할 때 개방적 태도로 임할 수 있게 해줬다고 서술되어 있다.

16 ③ [응용 추론 - 어휘 추론]

ⓒ이 포함된 문장은 '뵈클리 카간'을 한자로 옮겨 '고구려 황제'에 대어 본 것이다. 이는 앞으로 일어날 일을 짐작하는 것이 아니므로 '예견되다'와 바꿔쓸 수 없으며, ⓒ과 바꿔쓸 수 있는 유사한 표현으로 '비견되다' 등이 있다.

ⓒ 견주다: 둘 이상의 사물을 질(質)이나 양(量) 따위에서 어떠한 차이가 있는지 알기 위하여 서로 대어 보다.
예견되다(豫見되다): 앞으로 일어날 일이 미리 짐작되다.
豫 미리 예, 見 볼 견
비견되다(比肩되다): 서로 비슷한 위치에서 견주어지다.
比 견줄 비, 肩 어깨 견

오답해설

① ㉠ 찾아내다: 찾기 어려운 사람이나 사물을 찾아서 드러내다.
발견하다(發見하다): 미처 찾아내지 못하였거나 아직 알려지지 아니한 사물이나 현상, 사실 따위를 찾아내다.
發 필 발, 見 볼 견
② ㉡ 마련되다: 헤아려져 갖춰지다.
준비되다(準備되다): 미리 마련되어 갖추어지다.
準 준할 준, 備 갖출 비
④ ㉣ 내세우다: 주장이나 의견 따위를 내놓고 주장하거나 지지하다.
표방하다(標榜하다): 어떤 명목을 붙여 주의나 주장 또는 처지를 앞에 내세우다.
標 우듬지 표, 榜 노 저을 방

17 ① [의사소통 - 작문 내용]

'도로 교통안전을 위한 홍보 영상 공모전'이라는 공모전 명을 통해 공모의 대상이 영상임을 알 수 있다.

오답해설

② 최우수상, 우수상, 장려상이 각각 몇 명에게 수여되는지 불분명하다.
③ 도로 교통안전을 위한 홍보 영상을 누가 공모할 수 있는 것인지 공모 자격이 누락되었다. 일반인을 대상으로 하는 것인지, 영상 전문자 혹은 도로 교통과 관련된 기업을 대상으로 하는 것인지 공모 자격이 누락되어 알 수 없다.
④ 우편 접수를 위한 주소나 이메일 주소 등이 누락되어 있어 응모자들이 궁금해할 소지가 있다.

18 ④ [확인 추론 - 긍정발문 - 인문사회예술]

둘째 문단의 '근원적 실재인 본체에 접근하는 낙학', '낙학의 방법은 생생한 주관적 체험' 등에서 낙학은 본체를 주관적 체험의 대상으로 보고 있음을 알 수 있다. 한편 셋째 문단의 '호학은 현실 세계를 규율하는 원리와 규범에 집중하였다', '본체인 본성은 현실 세계를 객관적, 합법적으로 강제하는 규범의 근거로서 주관적 체험의 밖에 존재' 등에서 호학이 본체를 규범의 근저로 간주하고 있음을 알 수 있다.

오답해설

① 둘째 문단의 '낙학은 이론의 구성에서는 주희의 마음 이론을 표준으로 삼았지만'에서 알 수 있듯 낙학은 주희 이론에 대한 비판이 아니라, 주희 이론에 근거하여 형성된 것이다.
② 셋째 문단에 따르면, 호학은 본체의 인식이 객관적 인식, 이성주의에 따른 것으로 보았다. '본체의 실현이 마음의 체험을 통해'라는 선지의 대목은 둘째 문단에서 서술되는 낙학의 관점에 해당한다.
③ 둘째 문단에 따르면, 낙학은 주체적 자아로 자신을 정립하려 하였는데, 이때의 자아는 사대부의 자아를 의미한다. 따라서 낙학은 사대부의 자아 정립과 관련이 깊다. 호학을 설명하는 셋째 문단의 '왕권까지 규범의 제약 아래 두려한다는 점에서 사대부의 자아 정립과 관련이 깊다'에서 알 수 있듯 호학은 사대부 자아 정립과 관련되어 있다. 또한, 왕권마저 규범 아래 제약하려 한다는 점에서 왕권 강화가 아닌 왕권의 약화와 관련이 있다고 생각해야 한다.

19 ① [응용 추론 - 문맥 추론]

둘째 문단에 따르면 '낙학(가)'은 사대부가 '주체적 자아로 자신을 정립(㉠)'하는 과정이었다. 또한, 낙학의 관심은 '마음에 대한 탐구(ⓒ)'라 하였으므로, ㉠과 ⓒ은 '낙학'에 대한 정보이다. 하지만 '규범의 현실성(ⓒ)'은 낙학과 논쟁하였던 '호학'에게 절실했던 가치이다. 또한 '본체의 인식은 세계에 대한 객관적 인식의 축적에 의해 달성되는 것'이라 보았다는 점에서 호학의 정신이 '이성주의(ⓔ)'라 하였으므로, ⓒ과 ⓔ은 호학에 대한 정보이다.

20 ① [논리 비판 - 논리 추론 - 명제논리]

제시된 명제를 기호화하여 정리하면 다음과 같다.

○ 갑아 → 을위 ⇔ ~을위 → ~갑아
　　　　　　 ≡ 을아 → 갑위
○ 정위 → 병위
○ 병아 → 을아
○ 위Ⓥ아

첫째 명제의 대우는 '~을위 → ~갑아'이다. 넷째 조건에 따르면 갑, 을, 병, 정 4명은 모두 윗마을이나 아랫마을 중 한 곳에 산다고 하였으므로 아랫마을에 살지 않는다는 것은 곧 윗마을에 사는 것을 의미한다. 따라서 '~을위 → ~갑아'는 '을아 → 갑위'와 동치임을 알 수 있다. 이를 셋째 명제와 결합하면 '병아 → 을아 → 갑위'가 된다. 따라서 답은 ①이다.

오답해설

② 둘째 명제를 정이 윗마을에 산다면, 병은 윗마을에 산다는 것을 알 수 있다. 이를 통해 을이 어디에 사는지는 알 수는 없다.
③ 위에서 도출한 바에 따르면, 을이 아랫마을에 산다면, 갑은 윗마을에 산다는 것을 알 수 있다. 이를 통해 정이 어디에 사는지는 알 수 없다.
④ 위에서 도출한 바에 따르면, 병이 윗마을에 살지 않는다면(= 병이 아랫마을에 산다면), 갑은 윗마을에 산다.

| 배타적 선언

선언은 'A'인 경우, 'B'인 경우, 'A 그리고 B'인 경우를 포함하는데, 만일 A와 B 중 단 하나만 해당하는 경우라면, 이는 일반적인 선언과는 구분해야 한다. 즉 '짬뽕이나 짜장면 중 단 하나만 먹어야 해.'라는 말을 기호화할 때는 일반적인 선언과는 다르게 해야 한다는 것이다. 이를 '배타적 선언'이라고 하며, 'AⓋB'로 기호화한다. '(A∨B)∧~(A∧B)'와 같이 'A와 B 둘 중 하나 이상은 참이다. 그리고 A와 B가 동시에 참은 아니다.'라고 표기할 수도 있다.

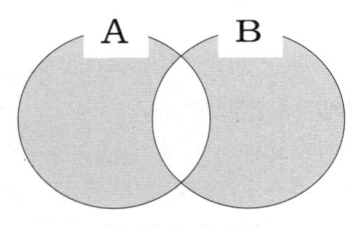

(A∨B)∧~(A∧B)

제60회 이유진 국어 백일기도 모의고사 해설

01 ② [국어학의 이해와 활용 - 작문 형식]

'대등한 것끼리 접속할 때는 구조가 같은 표현을 사용할 것'에 따라 앞의 내용이 구라면 뒤에도 구를, 앞의 내용이 절이라면 뒤에도 절을 사용해야 한다. '경은이는 건강을 유지하고 활력 증진을 위해서 매일 헬스장에 갔다.'의 경우 절과 구로, '경은이는 건강 유지와 활력을 증진하기 위해 매일 헬스장에 갔다.'의 경우 구와 절로 구성되어 있다. 두 문장 모두 적절하지 않은 구조이므로 구와 구 또는 절과 절로 수정해야 한다.
• 구와 구: 건강 유지와 활력 증진을 위해서
• 절과 절: 건강을 유지하고 활력을 증진하기 위해서

오답해설

① '이번 노래 경연에서는'은 '참가자 100여 명을' 모집하는 것이므로, '참가자 100여 명을 모집하였다'로 수정하는 것이 적절하다. '모집되었다'를 사용할 경우, '참가자 100여 명이 모집되었다'로 수정해야 한다.
③ '2킬로그램 상당의 쌀 포대'에서 '2킬로그램 상당'이 '쌀'을 수식하는지, '포대'를 수식하는지 모호하다. 이를 '쌀 2킬로그램을 담은 포대'로 수정할 경우 수식어와 피수식어의 관계가 분명해지므로 적절한 수정이 된다.
④ ㉣에서 스스로 움직이지 않는 사물을 능동적 행위의 주어로 사용하지 말라고 하였다. 이를 고려하여 '이 보고서에서 미래의 경제 성장 가능성을 확인할 수 있다.'로 수정할 경우, 우리가 '이 보고서'를 통해 미래의 경제 성장 가능성을 확인할 수 있다는 내용이 되므로 적절한 수정이 된다.

02 ③ [국어학의 이해와 활용 - 언어학 - 단어]

'오르내리다'는 '오르고 내리다'라는 뜻으로, 동사 '오르다'의 어간 '오르-'에 바로 다른 용언인 동사 '내리다'가 결합된 방식이므로 비통사적 합성어이다.

오답해설

① '본받다'는 '본을 받다'라는 뜻으로, 명사 '본'과 동사 '받다'가 결합된 합성동사이다. 따라서 명사 '본'이 '받다'의 목적어 역할을 하고 있다.
② '거울삼다'는 '거울로 삼다'라는 뜻으로, 명사 '거울'과 동사 '삼다'가 결합된 합성동사이다. 따라서 '거울'은 부사어의 역할을 하고 있다.
④ '높푸르다'는 '높고 푸르다'라는 뜻으로, 형용사 '높다'의 어간 '높-'에 바로 다른 용언인 형용사 '푸르다'가 결합된 방식이므로 비통사적 합성어이다.

03 ③ [국어학의 이해와 활용 - 언어학 - 기타]

㉠에서는 생활 언어를 표준화하여 혼란을 바로 잡을 뿐만 아니라 국민이 겪는 언어생활의 어려움을 덜기 위해 만들어졌다고 하였다. 이때 '언어의 표준화'는 같은 언어를 사용하는 사람들 사이에서 같은 언어를 같은 의미와 형식으로 사용하겠다고 약속하는 것을 말한다.
㉢에서는 '언어는 그 언어를 쓰는 사람들 사이의 약속이므로 개인이 의미와 형식의 연결을 왜곡하면 언어가 의사소통 도구의 자격을 잃는다.'라며 언어의 사회성에 대해 설명하고 있다. 따라서 ㉠과 관계있는 언어의 특성으로 가장 적절하다.

오답해설

① '언어의 개념은 동일한 부류의 사물들에서 공통적 속성을 뽑아내는 추상화의 과정을 통해 형성된다.'라는 것은 언어의 추상성에 관한 설명이다.
② '언어의 형식인 음성과 내용인 의미는 필연적인 관계가 아니라 자의적이고 임의적인 관계에 있다.'라는 것은 언어의 자의성에 관한 설명이다.
④ '인간은 언어를 통해 상상의 산물이나 관념적이고 추상적인 개념까지도 무한하게 창조적으로 표현할 수 있다.'라는 것은 언어의 개방성에 관한 설명이다. 또한 지문의 '기존에 사용하던 말이 새로운 말로 바뀌기도 하고 필요 없던 말이 새로 생기기도 했다.'라는 부분을 언어의 개방성과 연결할 수 있지만 이는 ㉠과 관련된 부분이 아니다.

04 ④ [논리 비판 - 비판 추론 - 강화약화]

㉡은 과도한 규제가 부동산 시장 왜곡과 경제의 부정적 영향을 야기할 수 있다는 것이다. 따라서 부동산 규제로 경제 성장률이 하락하였다면, 이는 경제의 부정적 영향을 야기한 것을 의미하므로 ㉡을 강화한다.

오답해설

① ㉠은 부동산 규제로 주택 공급이 감소해 주택 부족 현상이 나타날 수 있다는 것이다. 따라서 규제 이후에도 주택 공급이 늘어났다면, 이는 ㉠과 반대되는 사실이므로 ㉠은 약화된다.

② ⓒ은 과도한 규제가 부동산 시장 왜곡과 경제의 부정적 영향을 야기할 수 있다는 것이다. 따라서 이와 반대로 규제 이후 경제 성장률이 상승했다면 ⓒ은 약화된다.
③ ㉠은 부동산 규제로 주택 공급이 감소해 주택 부족 현상이 나타날 수 있다는 것으로 주택 가격에 대한 의견은 아니다. 따라서 주택 가격이 안정되었더라도 주택 공급이 감소한 경우에는 ㉠이 약화되지 않는다.

05 ④ [논리 비판 – 논리 추론 – 명제논리]

제시된 명제를 기호화하여 정리하면 다음과 같다.

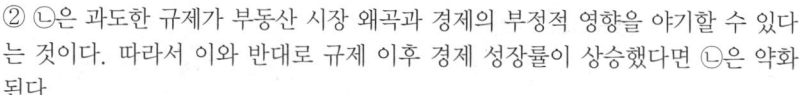

'~자신을 비방한 사람 → 호의적'이라는 명제는 ⓑ의 '이 명제'로서, 주어진 명제들로부터 도출할 수 없다.

오답해설
① ⓒ, 그리고 ⓑ의 대우 '호의적 → ~자신을 비방한 사람'을 결합하면, '자신 → ~자신을 비방한 사람'이 도출된다. 즉, 자신은 자신을 비방한 사람이 될 수 없다.
② ⓐ, 그리고 ⓑ의 대우 '호의적 → ~자신을 비방한 사람'을 결합하면, '자신에게 호의적인 사람 → ~자신을 비방한 사람'이 도출된다. 즉, 두 사람이 서로에게 호의적이라면, 그 두 사람은 서로를 비방한 적이 없다.
③ ⓒ에 의해 모든 사람은 '자신'에게 늘 '호의적'이다. 따라서, 모든 사람에게는 호의적으로 대하는 존재(자신)가 적어도 하나는 있다.

06 ② [확인 추론 – 부정발문 – 문학]

첫째 문단에 따르면, 가장의 무능함과 위선적 태도를 폭로하고 비판하는 소설은 '서술자가 그들을 직접 비판'하는 경우와 '주변 인물들의 기지로 인해 그들의 권위가 떨어져 그들에 대한 풍자'가 나타나는 경우가 있다고 하였다. 둘째 문단을 통해 「이춘풍전」과 「배비장전」이 주변 인물들의 기지로 인해 가장의 권위가 떨어져 그들에 대한 풍자가 드러난다는 것을 알 수 있을 뿐, 서술자가 그들을 직접 비판했다는 것은 알 수 없다.

오답해설
① 첫째 문단에 따르면, 조선 후기에는 남성 주인공인 가장의 무능함을 폭로하고 비판하는 소설들이 등장하였다. 이때 남성 주인공을 희화화하거나 해학적 상황을 묘사하여 인물의 무능함을 풍자하였다. 즉 조선 후기에 남성 주인공의 무능함을 풍자한 소설이 등장한 것이다.
③ 「이춘풍전」에 따르면, 춘풍의 아내가 가정의 위기를 직접 해결한다. 반면 「배비장전」에 따르면, 배 비장의 아내는 배 비장과 '여자를 가까이하지 않겠다'고 약속만 할 뿐 가정의 위기를 직접 해결하지는 않았다.
④ 둘째 문단에 따르면, 「이춘풍전」의 여자 주인공(아내)는 가정의 위기를 직접 해결할 뿐 남자 주인공(가장)의 위선을 폭로하지는 않았다. 반면 「배비장전」의 여자 주인공(애랑)은 '배 비장을 농락하며 위선적 양반 계층을 폭로하고 풍자'한다.

07 ④ [의사소통 – 작문 내용]

첫째 문단에 따르면, 제1형 당뇨병의 경우 인슐린의 생산 및 분비과정에 이상이 생겨 발생함을 알 수 있다. 또한, 둘째 문단에 따르면 제2형 당뇨병의 경우 인슐린 분비과정이 정상적이더라도 그 작용 과정에 이상이 생겨 발생함을 알 수 있다. 이를 통해 당뇨병은 인슐린의 생산·분비·작용 과정 중 어느 한 지점이라도 이상이 생길 때 발생한다는 것을 알 수 있다. 따라서 ㉣의 '어느 한 지점이라도'라는 기존 표현을 유지하는 것이 적절하다.

오답해설
① 첫째 문단에 따르면, 인슐린은 '혈액 속 포도당이 세포 내로 들어가 에너지원으로 활용되도록 돕는다'고 한다. 또한, 제1형 당뇨병의 경우 '인슐린을 생산하는 췌장 베타세포의 손상으로 인슐린 분비량이 부족해진다'고 하였다. 혈당이 세포 내부로 충분히 흡수돼 에너지원으로 활용되는 것은 인슐린이 정상적으로 작용하는 경우이기에, ㉠을 '세포 내부로 충분히 흡수되지 못하고 혈중에 축적'으로 고치는 것이 적절하다.
② 둘째 문단의 ㉡ 바로 뒤에서는 '세포가 인슐린 신호를 무시하듯 작용하는 탓에 혈당이 충분히 세포로 흡수되지 못하고 고혈당 상태가 이어진'다고 설명한다. 따라서 ㉡을 '제대로 반응하지 못하는'으로 고치는 것이 적절하다.
③ 둘째 문단에는 고혈당 상태의 악화 원인으로 '비만, 운동 부족, 불균형한 식습관'이 제시된다. 이에 ㉢ 바로 앞에 제시된 '생활습관 개선, 식단 조절, 규칙적인 운동'이 고혈당 상태의 개선 및 당뇨병 증상의 완화를 가져올 수 있을 것이라 추론할 수 있다. 따라서 ㉢을 '증상을 완화할 수 있다'로 고치는 것이 적절하다.

08 ④ [논리 비판 – 비판 추론 – 비판적 이해]

ㄴ. 을은 원격 근무로 인한 소통 부족, 팀워크 저하, 업무 효율 감소를 우려하고 있으며, 병 또한 원격 근무의 단점으로 팀워크 약화를 언급하여 같은 의견을 갖고 있다.
ㄷ. 갑은 원격 근무의 장점을 강조하며 현대적 업무 방식으로 도입되어야 한다고 보았으며, 병 또한 적절한 관리와 지원 체계를 통한 원격 근무의 도입을 주장하고 있으므로 서로 의견이 대립하지 않는다.

오답해설
ㄱ. 갑은 원격 근무가 업무 효율성을 높인다고 보았으나 을은 원격 근무로 인해 업무 효율이 감소할 위험성이 있다고 보아 같은 의견을 갖는다고 보기 어렵다.

09 ③ [구조 독해 – 주제]

지문은 아프리카 국가들의 경제적 어려움이 서구식 자유 시장 체제의 완고함 때문이라고 지적하고 있다. 즉, 글의 논지는 '완고한 자유 시장 주의 체제가 아프리카 국가들의 경제적 어려움을 유발한다'는 것이다.

오답해설
① 지문에서 '사회주의'는 '서구적 민주주의 모델'의 대립 개념으로 제시되어 있다. 서구식 경제체제가 아프리카의 쇠퇴를 유발하고 있음을 비판하고 있으므로 아프리카의 쇠퇴가 사회주의 사상 때문이라 볼 수 없다.
② 아프리카 국가들에서 서구식 민주주의 모델을 폐기하려는 움직임이 일어나 사상적 대립이 존재할 수 있으나, 이것이 아프리카의 분열을 촉발한다는 언급은 없다.
④ '국가가 경제를 통제해야 한다는 경직된 사고가 과거 공산주의 붕괴를 이끌었듯'에서 국가적 차원의 경제 통제를 부정적으로 보고 있다는 것을 알 수 있다. 따라서 아프리카를 위해 국가적 차원의 경제 통제가 필요하다는 내용이 논지가 될 수는 없다.

10 ② [확인 추론 – 긍정발문 – 인문사회예술]

첫째 문단에 따르면, '데카르트는 자연 세계에 대해서는 신비한 성질을 모두 추방하지만, 인간 정신 고유의 자리는 남겨 두었다.'라고 하였다. 이후 이와 달리 유물론자들은 정신과 같이 볼 수 없고 관찰 불가능한 것을 설정하는 것은 유령의 존재를 믿는 것과 같다고 보았다는 서술이 이어지고 있다. 이를 통해 데카르트는 유물론자들과 달리 인간 정신 고유의 속성을 논의 대상에 포함시키고자 하였음을 알 수 있다.

오답해설
① 첫째 문단에 따르면, '정신적 속성 중에서 관찰 가능한 행동이나 과학적으로 해명될 수 있는 것만을 논의 대상에 포함시키자는 입장'을 유물론이라 부른다 하였다. 즉 유물론자들은 모든 정신적 속성을 논의 대상에 포함시키자는 입장이라고 볼 수 없다.
③ 둘째 문단에 따르면, 행동주의자들은 '"고통"이나 "생각"과 같은 정신 상태는 관찰 불가능하므로 고려하지 않거나 아예 없다고 보'았다고 하였다. 즉 모든 정신 상태를 외적으로 관찰 가능한 행위로 환원할 수 있다고 보지 않았다.
④ 둘째 문단에 따르면, 행동주의자들은 '"고통"이나 "생각"과 같은 정신 상태는 관찰 불가능하므로 고려하지 않거나 아예 없다고 보'았다고 하였다. 또한 '행동주의에도 정신 현상의 본질에 대한 형이상학적 질문에는 개입하지 않'는 입장도 있으며, '내적 심리 상태 같은 것이 아예 없다고 보는 더 근본적인 입장도 있다'고 하였으므로 행동주의자들은 정신 상태의 본질을 탐구하고자 하는 입장이라고 볼 수 없다.

11 ④ [응용 추론 – 어휘 추론]

제시된 문장에서 '㉠두었다'를 대체할 수 있는 유의어로 '남기다' 등이 있으며, ㉠이 포함된 문장의 구조는 'a를 (b에) 두다'이다. ㉠이 포함된 문장은 데카르트가 인간 정신 고유의 자리를 남겨주었다는 내용이다. 선지 ④의 '두다'는 '남기다'라는 유의어를 제시된 문장과 공유하며, 'a를 (b에) 두다'의 구조도 일치한다. 또한 선지 ④도 주석을 달 만한 공백을 남겨 놓고 글을 썼다는 의미이다. 따라서 ㉠의 문맥적 의미와 가장 가까운 것은 선지 ④이다.

오답해설
① **1**【…을 …에】「1」일정한 곳에 놓다.
  예 연필을 책상 위에 두다.
② **1**【…을 …에】「4」기본 음식에 딴 재료를 섞어 넣다.
  예 쌀밥에 팥을 두다.
③ **2**【…을 …에】【…을 …으로】「1」행위의 준거점, 목표, 근거 따위를 설정하다.
  예 창가의 형식은 종래의 가사나 민요에 바탕을 두고 변형을 시도한 것이다.

12 ④ [논리 비판 – 논리 추론 – 명제논리]
제시된 명제를 기호화하여 정리하면 다음과 같다.

> ○ ~감기 → 겨울에 옷 따뜻하게 입음
> ○ ~손 깨끗이 씻음 → 감기 ⇔ ~감기 → 손 깨끗이 씻음

결론인 '~손 깨끗이 씻음 → 감기'의 대우는 '~감기 → 손 깨끗이 씻음'이다. 이를 이끌어 내기 위해서는 첫째 명제의 후건인 '겨울에 옷 따뜻하게 입음'과 결론의 대우의 후건인 '손 깨끗이 씻음'을 연결해 줄 수 있는 전제가 필요하다. 따라서 추가되어야 할 전제는 '겨울에 옷 따뜻하게 입음 → 손 깨끗이 씻음'이다. 답은 ④이다.

13 ③ [의사소통 – 작문 내용]
〈지침〉에 '본론은 제목에서 밝힌 내용을 2개의 장으로 구성하되 각 장의 하위 항목끼리 대응되도록 작성하라'고 하였다. 하지만 '종교적 관용과 다원주의 교육을 통해 편견 완화'는 Ⅱ-1(혐오 발언이나 차별 행위에 대한 법적 규제 부족)과 대응되는 Ⅲ-1(ⓒ)의 내용이 아니다. ⓒ에는 반유대주의적 발언과 행동을 금지하는 법률을 마련하는 방안이 들어가야 한다.

오답해설
① 제목을 보았을 때, 글의 중심 소재는 '반유대주의'이다. 〈지침〉에 '서론은 중심 소재의 실태와 문제 제기를 1개의 장으로 작성하라'고 하였으므로, ㉠에는 '반유대주의'와 관련된 문제 제기가 들어가야 한다. 따라서 '유대인에 대한 증오를 조장하여 사회적 분열과 갈등 유발'은 이러한 문제 제기로 적절하다.
② 〈지침〉에 '본론은 제목에서 밝힌 내용을 2개의 장으로 구성하되 각 장의 하위 항목끼리 대응되도록 작성하라'고 하였다. 따라서 '유대인을 타자로 인식하는 배타적인 민족주의'는 Ⅲ-2(유대인을 포함한 다양한 문화와 집단의 공존 장려)와 대응되는 Ⅱ-2(ⓒ)의 내용으로 적절하다.
④ 〈지침〉에 '결론은 기대 효과와 향후 과제를 1개의 장으로 작성할 것'이라는 내용이 제시되어 있다. Ⅳ-2에 '국제 사회와 협력하여 인종주의와 혐오에 대한 공동 대응 체계 구축'이라는 향후 과제가 제시되어 있으므로, ②에는 '유대인과 비유대인 간의 이해와 공존 강화'라는 기대 효과가 제시되는 것이 적절하다.

14 ① [구조 독해 – 배열 – 문단 배열]
ㄱ. 18세기 유럽에서 거의 모든 교육기관이 쇠퇴와 타락을 경험했으며, 대부분의 일반 시민이 교육을 받지 못하거나 최악의 조건하에서 교육을 받았다고 한다.
ㄴ. '이들'을 가르친 교사들이 대체로 무식하였다고 하였으므로, '이들'은 ㄱ의 '일반 시민'이 된다. 따라서 ㄱ의 뒤에 이어져야 한다. → 선지 ③, ④ 탈락
ㄷ. 18세기 대학 교육의 문제점을 지적하고 있다.
ㄹ. 유럽 전역에 걸친 대학의 쇠퇴를 제시하고 있다. '이 모든 참상의 대미를 장식하는 것'이라는 표현에서 알 수 있듯, 지문의 후반부에 위치해야 한다. 또한 ㄹ의 뒤에는 구체적인 대학의 문제점을 지적하는 ㄷ이 위치해야 한다. → 선지 ②, ③ 탈락
ㅁ. '이러한 부실한 교육'이라는 표현으로 보아, 이 앞에는 18세기 유럽의 부실한 교육을 설명한 'ㄱ-ㄴ'이 위치하는 것이 자연스럽다. → 선지 ②, ③, ④ 탈락
따라서 'ㄱ-ㄴ-ㅁ-ㄹ-ㄷ'의 순서가 가장 자연스럽다.

15 ① [확인 추론 – 부정발문 – 문학]
첫째 문단에 따르면, 악장은 '조선 건국 초기에 다수 창작'되었다. 그러나 악장은 '나라가 세워질 때마다 제작'된다고 하였으므로, 모든 악장이 조선 시대에 창작되지는 않았을 것이다.

오답해설
② 둘째 문단에 따르면, '법전, 오례의, 악보는 상호 횡적인 관계를 맺고 있'다고 하였다. 이를 통해 이들의 지위가 유사하다는 것을 알 수 있다.
③ 마지막 문단에서 제례는 '국가의 기강을 확립하고, 안정적 생산력에 대한 염원을 표출하기 위함'으로, 연향은 '군신이 화합하여 원활하게 국정을 운영하고 민생의 안정을 도모하기 위함'이라고 설명한다. 둘 다 궁극적으로 국가의 안정을 목표로 한다는 것을 알 수 있다.
④ 마지막 문단에 따르면 제례(제사)는 '죽은 자들을 위해 마련된 엄숙한 공간에서' 진행되지만, 연향(축제)은 '살아 있는 자들이 어울리는 공간에서' 열린다고 설명한다. 즉 연향은 엄숙함 분위기가 아닌 화합과 어울림이 강조되는 분위기 속에서 진행된다.

16 ① [응용 추론 – 어휘 추론]
㉠이 포함된 문장은 국가 경영자들이 예악 문물, 즉 문화의 산물을 갖추었다는 내용이다. 이때의 문물은 능력이나 품성이 아니므로 '함양하다'와 바꿔쓸 수 없으며, ㉠과 바꿔쓸 수 있는 유사한 표현으로는 '정비하다' 등이 있다.
㉠ 갖추다: 있어야 할 것을 가지거나 차리다.
함양하다(涵養하다): 능력이나 품성 따위를 길러 쌓거나 갖추다.
涵 젖을 함, 養 기를 양
정비하다(整備하다): 흐트러진 체계를 정리하여 제대로 갖추다.
整 가지런할 정, 備 갖출 비

오답해설
② ⓒ 나뉘다: 하나가 둘 이상으로 갈리다.
구분되다(區分되다): 일정한 기준에 따라 전체가 몇 개로 갈리어 나뉘다.
區 구분할 구, 分 나눌 분
③ ⓒ 어울리다: 함께 사귀어 잘 지내거나 일정한 분위기에 끼어 들어 같이 휩싸이다.
화합하다(和合하다): 화목하게 어울리다.
和 화할 화, 合 합할 합
④ ② 꾀하다: 어떤 일을 이루려고 뜻을 두거나 힘을 쓰다.
도모하다(圖謀하다): 어떤 일을 이루기 위하여 대책과 방법을 세우다.
圖 그림 도, 謀 꾀 모

17 ② [응용 추론 – 빈칸 추론]
지문은 포퓰리즘에 대한 비판적인 시각을 다루고 있다. 특히 괄호 안에는 포퓰리즘의 '가장 큰 문제점'이 들어가야 한다. 괄호 뒤의 내용에 따르면, 포퓰리즘은 인민을 정치의 주역으로 세우겠다고 공언하지만 보통 사람들은 여전히 종속변수로 살아가며 일부 정치인들만이 정치 무대의 주인공에 서게 된다. 즉 포퓰리즘은 그 본래 의도와 달리 일부 정치인들만 정치에 참여하도록 하는 결과를 낳는다. 따라서 괄호 안에는 '포퓰리즘이 민주주의와 공존하기 어렵다는 데 있다'는 내용이 들어가야 한다.

오답해설
① 포퓰리즘이 부패와 타락을 유발하는지 여부는 지문을 통해 알 수 없다.
③ 포퓰리즘이 정치인들의 카리스마를 약화한다는 것은 지문의 내용과 거리가 멀다. 오히려 포퓰리즘하에서 일부 정치인들만이 정치 무대의 주인공에 서게 되므로, 정치인들의 카리스마가 강화된다고 볼 여지가 있다.
④ 포퓰리즘이 인민들의 정치 참여를 보장하지 못한다는 것은 글에 제시되어 있으나, 이를 넘어 포퓰리즘이 인민들의 '눈과 귀를 막는지' 여부는 알 수 없다.

18 ③ [확인 추론 – 부정발문 – 문학]
둘째 문단에 따르면, 병일은 사진관 주인과의 대화를 통해 갈등을 경험하지만 사진관 주인의 갑작스러운 죽음을 계기로 '독서에 몰두하겠다는 자신의 관념적 태도를 더욱 굳히게' 된다고 하였다. 즉, 사진관 주인의 갑작스러운 죽음은 병일에게 내적 갈등이나 방황을 경험케 한 바 없다.

오답해설
① 첫째 문단에 따르면, 최명익의 '소설 속 주인공들은 사회적 가치와 동떨어진 자의식으로 인해 내적 갈등과 방황에 빠'진다고 하였다. 이를 통해 그의 소설 속 주인공들이 사회가 일반적으로 추구하는 가치와 괴리된 삶을 살아가며 내적 갈등을 겪었다는 것을 알 수 있다.
② 둘째 문단에 따르면, '병일은 변두리 하숙집에서 불안정한 생활을 이어가며, 책과 독서에 몰두하는 것이 유일한 낙'이라고 하였다. 즉 병일에게 책과 독서는 그에게 즐거움을 주는 대상인 것이다.
④ 둘째 문단에 따르면, 「비 오는 길」의 지식인인 '병일'은 사진관 주인의 갑작스러운 죽음으로 자신의 관념적 태도를 더욱 굳히게 된다. 이러한 태도는 '현실과 괴리된 상태에서 지식인이 자신만의 고립된 세계로 유폐되어 버리는 결과를 가져올 수도 있'다고 하였다. 이를 통해 「비 오는 길」은 지식인의 관념적 태도와 현실 세계의 괴리를 비판적으로 그려낸 작품이라는 것을 알 수 있다.

19 ③ [응용 추론 – 문맥 추론]
㉠과 ㉡은 최명익 작가가 그의 작품 속에서 다룬 지식인을 의미한다. 그의 작품 속에서 지식인인 주인공들은 사회적 가치와 동떨어진 자의식으로 인해 내적 갈등과 방황을 반복하며, 무기력에 빠진 채 실질적인 해결책을 찾지 못한다고 하였다. 둘째 문단에 제시된 「비 오는 길」 속 주인공인 병일(②) 역시 현실과 괴리된 상태에서 자신만의 고립된 세계로 유폐된 지식인을 의미한다. 이들은 모두 사회가 일반적으로 추구하는 실천적 지식인(ⓒ)의 삶이나 구체적인 생활인의 삶과 괴리된 채 고립된 상태에 머물러 있는 존재이므로 가장 이질적인 의미를 가진 것은 ⓒ이다.

20 ① [국어학의 이해와 활용 - 언어학 - 기타]

직시는 어떤 언어 표현의 의미가 발화 장면에 따라 지시 대상이 달라지는 것인데 '매일'은 지시 대상이 달라지는 표현이 아니므로 ㉠에 해당하지 않는다.

오답해설

② '네'와 '이쪽'이 직시 표현에 해당하므로 '네가 이쪽으로 오면'은 발화 장면에 따라 지시 대상이 달라지는 표현이다.
③ '지금'이 직시 표현에 해당하므로 '지금부터 세 시간 동안'은 발화 장면에 따라 지시 대상이 달라지는 표현이다.
④ '여기'가 직시 표현에 해당하므로 '여기서 미국에 가려면'은 발화 장면에 따라 지시 대상이 달라지는 표현이다.

제61회 이유진 국어 백일기도 모의고사 해설

01 ① [의사소통 - 화법]

로봇 공학 연구소장은 우리나라에서 앞으로 지능형 로봇보다는 산업용 로봇의 개발에 주력해야 한다고 보고 있으며, 제어계측공학과 교수는 이와 반대로 지능형 로봇이 가까운 미래에 현대인의 생활 속에 동화될 것이라는 점을 들어 지능형 로봇 산업 개발에 박차를 가해야 한다고 보고 있다. 이러한 차이는 로봇 산업 개발 방향이 지능형 로봇 분야와 산업용 로봇 분야로 다양화될 수 있기 때문에 나타난다.

오답해설

② 두 학자 간에 로봇 산업의 성장 가능성에 대한 신뢰도 차이가 드러난 것은 아니다.
③ 로봇 산업의 발전 속도가 국가 간에 다르므로 두 학자 사이의 견해 차이가 드러난 것은 아니다.
④ 로봇 산업과 다른 산업 간의 관계에 대한 언급은 로봇 공학 연구소장의 말에서만 드러난다.

02 ③ [구조 독해 - 배열 - 문장 배열]

ㄱ. '하지만'이라는 역접의 상황에서 사용하는 접속어 뒤에 게티즈버그로 출발하기 전날까지 연설문의 절반 정도밖에 작성하지 못했다는 언급이 있다. 따라서 이 앞에는 게티즈버그 연설을 준비할 수 있는 기간이 오래 주어졌음이 나와야 한다.
ㄴ. 그가 이렇게 시간을 끈 '이유'가 가장 설득력 있는 주제를 생각해내고 싶었기 때문이라고 한다. 이 앞에는 링컨이 시간을 끌었다는 사실이 나와야 한다.
ㄷ. '이 연설'의 특징이 제시되어 있다. '이 연설'은 맥락상 게티즈버그 연설이므로, 게티즈버그 연설이 제시된 첫 문장 바로 뒤에 위치하는 것이 자연스럽다. → 선지 ①, ② 탈락
ㄹ. 링컨은 '결국' 연설문의 마무리 단락을 연설하기 전날 밤에야 썼고, 연설 당일 아침에서야 완성했다고 한다. 이는 게티즈버그 출발 전날까지 연설문의 절반 정도밖에 작성하지 못했다는 ㄱ의 뒤에 이어지면 자연스럽다. 또한 이렇게 시간을 끌었다는 'ㄱ-ㄹ'의 내용 뒤에 시간을 끈 이유가 제시된 ㄴ이 위치해야 한다. → 선지 ①, ②, ④ 탈락
ㅁ. 링컨이 연설을 해달라는 요청을 받은 후 2주 정도 준비할 시간이 있었다고 한다. 이 뒤에 그럼에도 링컨이 시간을 끌었다는 ㄱ의 내용이 위치하면 자연스럽다. → 선지 ①, ②, ④ 탈락
따라서 'ㄷ-ㅁ-ㄱ-ㄹ-ㄴ'의 순서가 가장 자연스럽다.

03 ④ [확인 추론 - 긍정발문 - 인문사회예술]

둘째 문단에 따르면, ㉡(키케로)은 도덕과 관습에 기초한 법이 지배하는 경우에만 인간이 국가를 형성하고 정치적 삶을 영위할 수 있다고 보았다. 즉, 도덕과 관습에 기초한 법의 지배가 인간이 정치적 삶을 영위하기 위한 조건이라고 본 것이다.

오답해설

① 첫째 문단에 따르면, ㉠(아리스토텔레스)은 법이 단순한 강제가 아니라 경험이 축적되어 성장한 지식의 표현이라고 보았다.
② 둘째 문단에 따르면, ㉡(키케로)은 ㉠(아리스토텔레스)와 마찬가지로 법 개념에 있어서 공동체의 관습적 기초를 제외시키지 않았다고 한다.
③ 첫째 문단에 따르면, ㉠(아리스토텔레스)은 법에 의한 지배가 이성에 의한 지배와 다르지 않다고 보았다.

04 ② [구조 독해 - 주제]

지문은 레나 수보트닉의 연구를 다루고 있다. 과학 영재 선발 대회의 수상자들에 대한 인터뷰에 따르면, 창의적인 업무에서 일을 미루는 경향이 있는 것으로 나타났다. 과학적인 작업을 할 때 아이디어가 숙성될 시간이 필요한데, 시간 끌기를 통해 설익은 해결책을 억제하고 생각이 무르익도록 해 줄 수 있다는 것이다. 따라서 지문에서 이끌어 낼 수 있는 결론은 '일을 미루는 것이 문제 해결에 도움이 될 수 있다.'는 것이다.

오답해설

① 지문에 따르면, 주어진 일을 미룸으로써 생각이 무르익도록 할 수 있다. 하지만 단순히 남은 시간이 줄어들수록 업무 효율이 높아진다고 결론지을 수 없다.
③ 지문은 일을 미루는 것이 해결책을 천천히 선택함으로써 생각이 무르익도록 해 주는 장점을 지닌다고 설명하고 있다. 따라서 오랜 시간 고민한 결과보다 직관에 의존하여 내린 판단이 더 효과적이라는 것은 지문의 내용과 배치되는 것이다.
④ 과학 영재를 육성하는 데 있어 가장 중요한 것이 창의적인 문제 해결을 장려하는 것이라는 점은 지문의 내용과 거리가 멀다.

05 ② [국어학의 이해와 활용 – 작문 형식]

'주민 안전'은 최소화해야 하는 게 아니라, 최대화해야 한다. 또한 주민의 불편은 최대화해야 하는 게 아니라, 최소화해야 한다. 따라서 '목적어와 서술어를 호응시킬 것'을 고려하여 '불편을 최소화하고 주민 안전을 최대화하기'로 수정해야 한다.

오답해설

① '예정되다'는 '앞으로 일어날 일이나 해야 할 일이 미리 정해지다'를 의미하는데, 이미 '미리'라는 의미가 포함되어 있다. 따라서 '중복되는 표현을 삼갈 것'을 고려하여 '예정되어'로 수정하는 것이 적절하다.
③ '확보하다'는 목적어(확보할 대상)를 필요로 하는 서술어이다. 따라서 '필요한 문장 성분이 생략되지 않도록 할 것'을 고려하여 '생활용수를 확보해'로 수정하는 것이 적절하다.
④ '정상화되어질'은 피동의 의미를 나타내는 '되다'와 '-어지다'가 동시에 사용된 것으로, 이는 이중 피동 표현이다. 따라서 '이중피동 표현은 삼갈 것'을 고려하여 '정상화될'로 수정하는 것이 적절하다.

06 ④ [국어학의 이해와 활용 – 언어학 – 문장]

'나는 우리가 그를 함께 만났던 기억이 전혀 없다.'라는 문장은 '우리가 그를 함께 만났던'이라는 관형절을 안고 있다. 이 절은 '우리가 그를 함께 만났다.'라는 한 문장의 필수 성분을 완전하게 갖추고 있는 문장이므로 ㉠의 사례에 해당한다.

오답해설

① '나는 영수가 매우 아팠다는 사실을 몰랐다.'는 '영수가 매우 아팠다는'이라는 관형절을 안고 있다. 이 관형절은 '영수가 매우 아팠다'가 되어, 한 문장의 필수 성분을 완전하게 갖추고 있는 경우이므로 ㉠의 사례에 해당한다.
② '낙엽이 쌓인 풍경이 어딘지 슬프구나.'는 '낙엽이 쌓인'이라는 관형절을 안고 있다. 이 관형절은 '낙엽이 쌓이다'가 되어, 한 문장의 필수 성분을 완전하게 갖추고 있는 경우이므로 ㉠의 사례에 해당한다.
③ '엄마가 내가 가장 좋아하는 만화책을 가져가셨다.'는 '내가 가장 좋아하는'이라는 관형절을 안고 있다. 이 절에는 목적어(만화책을)가 빠져 있다. 따라서 ㉡의 사례에 해당한다.

07 ③ [논리 비판 – 논리 추론 – 명제논리]

제시된 명제를 기호화하여 정리하면 다음과 같다.

| 전제1: 예의 바름 → 대인 관계 원만 |
| 전제2: 대인 관계 원만n∧리더십 강함n |
| 결론: 리더십 강함n∧예의 바름n |

결론인 '리더십 강함n∧예의 바름n'을 이끌어 내기 위해서는 둘째 전제의 '대인 관계 원만n'과 결론의 '예의 바름n'을 연결해 줄 수 있는 전제가 필요하다. 특칭의 참이 보장되기 위해서는 전칭의 참이 전제되어야 하므로, 추가되어야 할 전제는 '대인 관계 원만 → 예의 바름'이다. 답은 선지 ③이다.

08 ② [의사소통 – 작문 내용]

첫째 문단에 따르면, '인색하게 핥아주는 친어미에게서 떼어내어 많이 핥아주는 양어미에게 핥게 하니 새끼의 스트레스 반응 수준은 양어미의 새끼 수준과 같아졌다'고 한다. 이는 친어미의 유전자와 무관하게 많이 핥인 새끼 쥐일수록 안정적인 정서를 유지한다는 것이다. 따라서 친어미가 누구든 상관없이 많이 핥인 새끼 쥐가 안정적인 정서를 유지한다고 수정하는 것이 타당하다.

오답해설

① ㉠ 다음 문장에 따르면, 어미 쥐마다 새끼 쥐를 핥아주는 빈도가 다르다고 한다. 따라서 어미 쥐가 새끼 쥐를 핥아주는 성향에는 편차가 있다는 기존의 서술을 유지하는 것이 타당하다.
③ 둘째 문단에 따르면, 'GR의 수는 성체가 되어도 크게 바뀌지 않'는다고 한다. 따라서 GR의 수는 생장기에만 변화한다는 기존의 서술을 유지하는 것이 타당하다.
④ 둘째 문단에 따르면, 스트레스 민감성은 GR이 많을수록 낮아지게 되며 NGF 단백질은 GR의 발현을 촉진시킨다고 한다. 따라서 많이 핥인 새끼가 적게 핥인 새끼에 비해 스트레스 민감성이 낮기 위해서는 NGF 수치가 더 높아야 할 것이다. 기존의 서술을 유지하는 것이 타당하다.

09 ① [논리 비판 – 비판 추론 – 강화약화]

ㄱ. 둘째 문단에 따르면 유학의 관점에서 '전인성을 갖춘 인간'은 전체적으로 균형을 이룬, 중용을 실천하는 사람이다. 군주가 흉년이 발생했을 때 세금을 감하였다면, 국고에는 손해가 되겠지만 애민이라는 순수한 가치를 추구하여 지나치지도 모자라지도 않은 중용의 상태를 꾸준히 유지하는 사람이라고 할 수 있다. '전인성을 갖춘 인간'이라 여겨지는 군주가 이러한 사람이라면 이는 유학의 (가)에 대한 관점을 강화한다.

오답해설

ㄴ. 첫째 문단은 바람직한 인간상이 특정 사회가 지닌 가치 관념이나 시대적 상황에 따라 달라 일률적으로 말하기 어려우며, 이러한 차이가 발생하는 이유는 전인성(全人性)에 대한 해석이 다르기 때문이라고 하였다. 그리고 둘째 문단에 따르면 유학에서 규정하는 '전인성을 갖춘 인간'은 전체적으로 균형을 이루는, 단순해 보일지라도 이익 추구라는 현실적 가치와 순수한 정신적 가치의 대립 사이에서 중용을 실천하는 사람이다. 따라서 자국민의 이익 추구를 가장 중요하게 여기는 합리적인 지도자가 언제나 어느 사회에서나 이상적인 인간상으로 받아들여졌다면, 이는 (가)에 대한 유학의 관점을 약화한다.
ㄷ. (가)의 전인성은 이익 추구라는 현실적 가치와 순수한 정신적 가치 사이에서도 중용을 실천하는 것을 말한다. 따라서 정신적 가치를 중시하는 종교를 가졌음에도 현실적 가치인 이익 추구를 하는 것은 (가)에 대한 유학의 관점을 강화하는 것이다.

10 ② [확인 추론 – 긍정발문 – 문학]

첫째 문단에 따르면, 조선 후기부터 '기존의 작가층인 사대부와 기녀들과 더불어, 중인층과 서민들'도 시조 창작을 하였다고 한다. 이를 통해 조선 전기, 즉 기존의 주요 작가층은 사대부와 기녀들이었다는 것을 알 수 있다.

오답해설

① 첫째 문단에 따르면, 조선 후기부터 시조가 길어지는 경향을 보였다. 이를 통해 조선 전기부터 시조가 장형화되는 경향을 보인 것이 아니라는 것을 알 수 있다.
③ 둘째 문단에 따르면, 사설시조는 '가운데 장의 길이가 많이 길어져서 서사성을 보탤 수 있었다'고 하였다. 이를 통해 서사성을 추가하기 위해 가운데 장(중장)의 길이를 의도적으로 늘린 것은 아니라는 점을 알 수 있다.
④ 마지막 문단에 따르면, 사설시조의 특징 중 하나이자 '판소리나 민요에도 쓰이던 서민 문학의 기법'은 '희화화'이다.

11 ④ [응용 추론 – 어휘 추론]

㉣이 포함된 문장은 희화화가 판소리나 민요에 사용되었다는 내용이다. 이는 희화화가 판소리나 민요에 적혔다는 내용이 아니므로, '기록되다'와 바꿔쓸 수 없다. ㉣과 바꿔쓸 수 있는 유사한 표현으로 '활용되다' 등이 있다.
㉣ 쓰이다: 어떤 일을 하는 데에 재료나 도구, 수단이 이용되다.
기록되다(記錄되다): 주로 후일에 남을 목적으로 어떤 사실이 적히다.
記 기록할 기, 錄 기록할 록
활용되다(活用되다): 도구나 물건 따위가 충분히 잘 이용되다.
活 살 활, 用 쓸 용

오답해설

① ㉠ 생기다: 없던 것이 새로 있게 되다.
탄생하다(誕生하다): 조직, 제도, 사업체 따위가 새로 생기다.
誕 낳을 탄, 生 날 생
② ㉡ 보태다: 이미 있던 것에 더하여 많아지게 하다.
추가하다(追加하다): 나중에 더 보태다.
追 쫓을 추, 加 더할 가
③ ㉢ 지어내다: 없는 사실을 만들거나 꾸며서 내다.
창작하다(創作하다): 예술 작품을 독창적으로 지어내다.
創 비롯할 창, 作 지을 작

12 ④ [논리 비판 – 비판 추론 – 강화약화]

㉡은 규제로 인해 기업의 혁신이 저해되고 경제 발전에 부정적 영향이 발생한다고 보는데, 규제 강화 이후 경제 성장률이 하락하였다면 ㉡은 강화된다.

오답해설

① ㉠은 규제 강화로 데이터 관리가 안전해졌다는 것으로, 경제 성장과는 관련이 없는 주장이다. 따라서 ㉠은 강화되지 않는다.
② ㉡은 규제로 인해 기업의 혁신이 저해되고 경제 발전에 부정적 영향이 발생한다는 것이다. 하지만 규제를 통한 개인정보 침해 예방의 효과에 대해서는 언급하지 않았으므로, ㉡은 약화되지 않는다.
③ ㉠은 규제 강화로 데이터 관리가 안전해졌다는 것이다. 보안 비용이 증가하였다고 해서 데이터 보안의 안전성이 떨어지는 것은 아니므로 이로부터 ㉠이 약화되는 않는다.

13 ④ [확인 추론 – 부정발문 – 과학기술경제]

둘째 문단에 따르면, 기술의 발전으로 사용한 물은 재사용하여 다시 보일러에 주입할 수 있게 되어 증기 자동차로 장거리 운행이 가능해졌다. 따라서 사용한 물은 증발되도록 했다는 선지의 내용은 옳지 않다.

오답해설

① 첫째 문단에서는 '증기 자동차 비율이 가장 높았던 것은 당시에 관련 기술이 더 발달하였고, 그만큼 증기력이 믿을 만한 동력 기술로 인식되었기 때문이다.'고 서술하고 있다.
② 첫째 문단에서는 '시동을 걸기 위해 충분한 증기압이 형성되고 예열될 때까지 가열 시간이 길었다.'고 서술하고 있다.
③ 첫째 문단에서는 '증기력은 물을 이용하기 때문에 자동차에 실어야 할 물의 무게가 상당하였다.'고 서술하고 있다.

14 ① [응용 추론 – 어휘 추론]

제시된 문장에서 '㉠ 들어온'을 대체할 수 있는 유의어로 '유입된' 등이 있다. ㉠이 포함된 문장의 구조는 'a가 b로 들어오다'이다. 선지 ①의 '들어왔다'는 '유입되었다'라는 유의어를 제시된 문장과 공유하며, 'a가 b로 들어오다'의 구조도 일치한다. 따라서 ㉠의 문맥적 의미와 가장 가까운 것은 선지 ①이다.

1【…에】【…으로】「1」 일정한 지역이나 공간의 범위와 관련하여 그 밖에서 안으로 이동하다.
예 배에 물이 <u>들어오다</u>.

오답해설

② **2**【…에】「2」 일정한 범위나 기준 안에 소속되거나 포함되다.
예 정상에 올라서니 서울 시내가 한눈에 <u>들어왔다</u>.
③ **2**【…에】「3」 말이나 글의 내용이 이해되어 기억에 남다.
예 걱정이 되어 책을 읽어도 머리에 <u>들어오지</u> 않는다.
④ **2**【…에】「1」【…을】 어떤 단체의 구성원이 되다.
예 올해로 경찰에 <u>들어와</u> 일한 지 10년이 된다.

15 ① [국어학의 이해와 활용 – 언어학 – 기타]

첫째 문단에 따르면, 초기의 인터넷 언어는 소리 나는 대로 적거나 단어나 구의 일부분을 줄여 쓰는 형태였다고 한다. 또한 둘째 문단에 따르면 최근의 인터넷 언어는 어법이나 맞춤법에도 어긋난 형태이며, 한글이 아닌 다른 문자로 바꾸어서 한글과 섞어 쓰는 경우와 한글 자체를 해체하여 우리말을 적는 사례도 나타나기 시작했다고 하였다. 이를 통해, 인터넷 언어는 '줄인 말 → 어법에 어긋난 말 → 한글을 해체한 말' 순으로 변화하였음을 알 수 있다.

16 ② [확인 추론 – 부정발문 – 인문사회예술]

둘째 문단에 따르면 비이클은 광고 매체 종류가 결정된 뒤 광고를 매체의 어떤 부분에 배치할 것인지를 결정하는 단계로, 매체 종류를 정한 뒤 비이클을 선정한다.

오답해설

① 첫째 문단의 '광고들은 최소의 광고비로 ~ 매체 기획에 의해 결정된다'를 통해 확인할 수 있다.
③ 셋째 문단에 따르면, 동일 매체에 반복 광고하는 집중화 전략은 광고비 할인을 받기 용이하여 비용 측면에서 유리하기도 하다.
④ 마지막 문단에 따르면, 다매체 전략은 '집중화 전략보다 상대적으로 더 높은 도달률을 달성할 수 있다'고 하였다.

17 ④ [응용 추론 – 문맥 추론]

'매체 기획(가)'은 '최소의 광고비로 최대한 많은 소비자에게 도달하는 것을 목표로 하는 의사 결정 과정'이다. 이를 위해 '매체들의 장단점을 고려(㉠)'하여 매체를 선정하고, '매체 비이클 선정 과정(㉡)'을 통해 광고를 매체의 어떤 부분에 배치할 것인지를 정한다고 하였다. 또한 매체 기획자는 예산 안에서 최대의 광고 효과를 내기 위해 '집중화 전략(㉢)'과 다매체 전략 중 하나를 택해야 한다. 따라서 ㉠~㉢은 모두 최소의 광고비로 최대한 많은 소비자에게 도달하는 것을 목표로 하는 의사 결정 과정에 포함된다.
하지만 해당 상품에 기대하는 광고 효과만큼 충분한 예산을 확보(㉣)하는 것은 '최소의 광고비'를 목표로 한 (가)와 무관하다.

18 ① [논리 비판 – 논리 추론 – 명제논리]

제시된 명제를 기호화하여 정리하면 다음과 같다.

○ 갑A ∨ 정A
○ (병C ∧ 병D) → 을B
○ ~을B
○ 정A → (병C ∧ 병D)

둘째 명제와 넷째 명제를 결합하면 '정A → (병C ∧ 병D) → 을B'가 된다. 을이 B와 소개팅하지 않았다고 하였으므로, 후건 부정을 통해 '~정A'를 확정할 수 있다. 그리고 '갑A ∨ 정A'가 주어졌으므로, 선언지 제거를 통해 '갑A'를 도출할 수 있다. 답은 선지 ①이다.

19 ③ [논리 비판 – 비판 추론 – 비판적 이해]

ㄱ. 갑은 인터넷상의 유해 콘텐츠를 차단하기 위해 정부의 적극적인 검열이 필요하다고 주장한다. 반면 을은 인터넷 검열이 표현의 자유를 침해하므로 검열에 반대해야 한다고 주장한다. 따라서 두 주장은 대립한다.
ㄷ. 병은 검열을 정부가 활용하는 것은 바람직한 것이 아니며, 기술적 해결책과 교육을 통해 문제를 해결해야 한다고 주장한다. 반면 갑은 정부의 적극적인 검열이 필요하다고 주장한다. 따라서 두 주장은 대립한다.

오답해설

ㄴ. 을은 인터넷 검열에 반대하며 표현의 자유를 강조하고, 병도 검열을 정부가 활용하는 것은 바람직한 것이 아니라고 주장한다. 따라서 두 주장은 대립하지 않는다.

20 ③ [응용 추론 – 빈칸 추론]

「조신의 꿈」은 조신이 현실에서 꿈속으로 가서 그곳에서 김 씨의 딸과 결혼하여 생활한 후 꿈에서 깨어난다. 이때 조신은 다른 인물로 태어나지 않았고, 그가 꿈에서 깬 후 '세속적 욕망이 덧없다'는 교훈을 깨닫는다. 이를 통해 「조신의 꿈」은 '몽유 구조'에 해당한다는 것을 알 수 있다.
「구운몽」은 성진이 현실에서 꿈속으로 가서 '양소유'라는 인물로 태어난다. 그는 꿈속 세계에서 '세상의 영욕이 허무하다는 점'을 깨닫고, 현실 세계에서 '대사의 가르침을 받아 큰 도를 얻었다'고 한다. 이는 각각의 세계에서 교훈을 얻었다는 의미이다. 이를 통해 「구운몽」은 '환몽 구조'에 해당한다는 것을 알 수 있다.

제62회 이유진 국어 백일기도 모의고사 해설

01 ④ [의사소통 – 작문 내용]
〈지침〉에 '결론은 기대 효과와 향후 과제를 1개의 장으로 작성할 것'이라는 내용이 제시되어 있다. Ⅳ-2로 '청년층의 요구를 반영할 수 있는 다양한 정책 창구 마련'이라는 향후 과제가 제시되어 있으므로, ㉣에는 기대 효과가 제시되어야 한다. 그러나 '세대 간 문화적 차이를 좁히기 위한 다양한 교류 활동 마련'도 향후 과제이므로, ㉣에 들어갈 내용으로 적절하지 않다. ㉣에는 '세대 간 상호 불만이 해소됨에 따른 평화로운 분위기 조성'과 같은 기대 효과가 제시되어야 한다.

오답해설
① 제목을 보았을 때, 글의 중심 소재는 '한국사회 세대갈등'이다. 〈지침〉에 '서론은 중심 소재의 개념 정의와 문제 제기를 1개의 장으로 작성하라'고 하였으므로, ㉠에는 '한국사회 세대갈등'와 관련된 문제 제기가 들어가야 한다. 따라서 '기성세대와 청년세대의 상호 불신과 갈등 심화'는 이러한 문제 제기로 적절하다.
② 〈지침〉에 '본론은 제목에서 밝힌 내용을 2개의 장으로 구성하되 각 장의 하위 항목끼리 대응되도록 작성하라'고 하였다. 따라서 '전통적 가치와 규범을 중시하는 기성세대와 개인주의와 다양성을 강조하는 청년세대의 가치관 차이'는 Ⅲ-1(세대 간의 차이를 이해하고 존중하는 교육 프로그램 도입)과 대응되는 Ⅱ-1(㉡)의 내용으로 적절하다.
③ 〈지침〉에 '본론은 제목에서 밝힌 내용을 2개의 장으로 구성하되 각 장의 하위 항목끼리 대응되도록 작성하라'고 하였다. 따라서 '세대 간 이익이 충돌하지 않고 융합될 수 있는 세대 통합형 정책 개발'은 Ⅱ-2(노후 복지를 요구하는 기성세대와 일자리 창출을 요구하는 청년세대의 정치적 이해관계 충돌)와 대응되는 Ⅲ-2(㉢)의 내용으로 적절하다.

02 ② [구조 독해 – 주제]
첫째 문단에서 우리의 영어 조기 교육은 세계화와 거리가 먼 비효율적인 것이라며, 둘째 문단에서 세계의 국가들이 영어를 조기 교육을 통해 다문화 교육과 다언어주의를 실천하는 것을 강조하고 있다. 따라서 글쓴이는 최근 세계화 속에서, 현재의 교육이 아닌 실질적인 영어 조기 교육을 실시해야 한다고 주장하는 것이다.

오답해설
① 지문에서 영어를 조기에 교육해야 한다는 주장을 펼치고 있기는 하지만, 이를 제2 공용어로 지정해야 한다는 내용은 제시되지 않았다.
③ 지문에서는 세계화에 대비해 조기 영어 교육을 실시해야 한다는 주장이 제시되어 있을 뿐, 화합할 수 있는 장을 만들어야 한다는 내용을 찾아볼 수 없다.
④ 첫째 문단에 따르면, 글쓴이는 영어 조기 교육을 해 왔지만 이는 세계화와는 거리가 먼 비효율적인 것이라고 주장한다. 글쓴이가 말하는 조기 교육이 현재 중·고교와 대학에서 이루어지는 교육인지는 지문을 통해 알 수 없다. 따라서 이러한 교육의 시기를 단지 앞당기기만 하는 것은 글쓴이가 주장하는 것과는 거리가 멀다.

03 ① [논리 비판 – 비판 추론 – 비판적 이해]
사피어와 워프의 견해를 인용하고 초록, 청색, 남색을 '푸르다'고 하는 우리말의 경우를 예시하면서 (가)에서는 언어가 우리의 행동과 사고의 양식을 결정한다는 점을 말하였다. 여기에 대해 (나)에서는 인간의 사고가 언어에 의해 많은 제약을 받고 있지만 그 점이 얼마나 중요한지는 확실히 알 수 없다는 논지를 전개하였다. 이렇게 볼 때, (나)는 (가)의 논지를 부분적으로 인정하고 있음을 알 수 있다.

04 ① [구조 독해 – 주제]
지문에서는 '인공지능이 만들어 낸 창작물은 저작권법이 말하는 저작물에 해당할까?'라는 질문에 인공지능은 인간의 사상이나 감정을 표현하지 못하며, 인간을 감동시키더라도 인간이 참여하지 않았더라면 그것이 인간의 사상과 감정을 대변한 것이 아니라고 대답하는 형식으로 글을 전개하였다. 따라서 이 글의 중심 내용은 인간의 사상이나 감정을 대변하지 못하는 인공지능의 창작물은 저작물로 인정받을 수 없다는 것이다.

오답해설
② 지문에서 '물론 반대 견해도 존재한다'라며 '인공지능이 만든 작품이 인간의 마음과 머리를 감동시키는 경우가 있기에 인간이 만든 저작물과 다른 부분을 찾기 어렵다'라고 설명한다. 그러나 이는 중심 화제와 반대되는 이야기로 중심 화제를 더욱 확고히 하기 위한 부분 정보이다.

③ 지문은 '인공지능이 만들어 낸 창작물은 저작권법이 말하는 저작물에 해당하는지'에 대해 설명하고 있다. 따라서 '저작물은 인간의 사상 혹은 감정을 표현한 창작물로서 반드시 인간이 제작해야 인정받을 수 있다.'는 글의 중심 내용이 아니다. 이는 중심 내용을 설명하기 위한 부분 정보이다.
④ 지문에 인공지능의 창작물 중 인간이 관여한 비율에 비례해 저작물로 인정할 수 있다는 내용은 제시되지 않았다.

05 ④ [확인 추론 – 긍정발문 – 문학]
둘째 문단에 따르면, 가객들은 기존 관습에 자극을 주어 대중을 자극하였다고 한다. 「유산가」의 '율격과 어휘의 형식적 분방함은 내용 측면에서도 그대로 이어'졌다고 하였으므로, 「유산가」는 이러한 분방함을 통해 대중들을 자극하였을 것이다.

오답해설
① 첫째 문단에 따르면, '잡가는 조선 후기 상업자본과 서로 더불어 도시의 유흥 공간이 확대되면서 인기를 끌었다'고 하였다. 지문을 통해 '조선 후기 상업자본'과 '도시의 유흥 공간이' 함께 확대되었다는 내용만 알 수 있을 뿐, 두 요소의 선후관계는 알 수 없다.
② 첫째 문단에 따르면, 잡가는 '새로 만들기보다는 청중의 취향과 욕구에 맞는 선행 시가를 재구성'하였다. 이를 통해 잡가는 새로 창작한 경우는 적었다는 것을 알 수 있다.
③ 둘째 문단에 따르면, '가객들은 기존 관습에 계속 자극을 주어 작품화하는 방식'을 사용하였다고 한다. 「유산가」의 율격은 4음보를 바탕으로 하였으므로, 기존의 관습 또한 4음보 율격이었을 것이다.

06 ① [구조 독해 – 배열 – 문장 배열]
이 문제를 해결하기 위해서는 사회자의 발언 부분을 서론과 결론 부분으로 삼은 다음, 본문의 내용을 추론하여야 한다. 즉 '전문화 경향은 장점과 단점을 모두 지니고 있으므로, 드러나는 단점을 보완하기 위해서는 전문가들이 일의 전체적인 윤곽을 살필 수 있는 협의체가 필요하다'는 것이다. 한편 ㉣과 ㉤은 각각의 예시로 기능할 수 있는 내용이다. 이때 서론 부분에 '장점이 있으나 결점도 있다'는 것을 말하고 있으니, 가장 먼저 올 수 있는 내용은 '전문화 경향의 장점'인 ㉠이며, 다음은 ㉠의 결과인 ㉤이 올 것이고, 그다음에는 '전문화 경향의 단점'을 말하고 있는 ㉡이 이어지고, '단점에 대한 예시인' ㉣이 오게 되며, 마지막으로는 '결론을 유도할 수 있는 문제점'인 ㉢이 오는 게 자연스럽다.

07 ④ [의사소통 – 화법]
[C]는 대화에서 상대를 부르는 호칭에 관한 사례를 설명한 내용이다. 여기서 외교관은 상대를 정중하게 부른다며 'Mr.'를 붙여 "Mr. Johnson", "Mr. Thomas" 등으로 호칭하는 것이 항상 최선은 아니므로 상대가 친근함을 느낄 수 있는 호칭으로 불러 주는 것이 좋다고 말하고 있다. 이에 대해, "겸손의 미덕을 중시하는 우리의 전통이 국제 사회에서도 긍정적으로 작용하겠군요."라고 발언하는 것은 적절하지 않다.

08 ③ [국어학의 이해와 활용 – 언어학 – 의미]
'고목 나무'나 '역전 앞'은 같은 뜻이 이중으로 표현된 것이다. 이러한 잘못은 한자어와 우리말이 겹치면서 일어난다. 이는 결국 한자어의 뜻을 정확히 파악하지 못하기 때문에 일어나는 것이다.
③은 '질주(疾走)'라는 단어를 잘못 사용한 것이다. '질주'는 '빨리 달린다'라는 뜻이기 때문에 '단독 1위에 질주했다.'라는 표현은 어색하다. ③과 같은 경우에는 '단독 1위에 올라섰다.'와 같이 쓰는 것이 자연스럽다.
疾 병 질, 走 달릴 주

오답해설
① 유산(遺産): 죽은 사람이 남겨 놓은 재산.
遺 남길 유, 産 낳을 산
② 백주(白晝): 환히 밝은 낮. = 대낮
白 흰 백, 晝 낮 주
④ 미인(美人): 아름다운 사람.
美 아름다울 미, 人 사람 인

09 ③ [확인 추론 – 긍정발문 – 인문사회예술]
첫째 문단에 따르면, 개인정보자기결정권은 개인 정보의 공개 대상, 시점, 범위를 스스로 결정할 수 있는 권리와 개인정보의 열람, 삭제, 정정 등을 요구할 권리를 포함한다. 이를 통해 개인은 자신이 정한 범위를 넘어서는 정보 공개에 대해 삭제를 요구할 권리가 있음을 추론할 수 있다.

오답해설

① 둘째 문단에 따르면, 사망자에 대한 정보는 개인정보보호법에서 규정하는 개인정보에 해당하지 않는다. 하지만 사망자 가족들 중 생존해 있는 사람들의 주민등록번호는 살아 있는 개인에 관한 것이므로 개인정보의 요건을 충족한다.
② 개인정보보호법에 의해 단체 또는 법인이 개인정보 처리자가 될 수 없다는 내용은 지문에 제시되지 않았다.
④ 마지막 문단에 따르면, 사전 동의 제도에서 정보 처리자는 '정보 수집을 거부할 권리가 있다는 것과, 거부에 따른 불이익이 있을 시 그 내용 역시 알려야 한다'고 한다. 이를 통해 개인정보보호법이 정보 수집을 거부함에 따른 정보 주체에 대한 불이익을 금지하고 있는지는 추론할 수 없다.

10 ④ [응용 추론 – 문맥 추론]

(가)는 개인을 식별하는데 사용되는 '정보'이다.
㉠, ㉡, ㉢ 모두 개인을 식별하는데 사용되는 개인정보로서의 '정보'이다. 그러나 ㉣은 사전 동의 제도하에서 정보 처리자가 정보 주체에게 고지해야 하는 처리 계획으로서의 '정보'이므로, (가)와는 다른 의미로 사용되었다.

11 ③ [논리 비판 – 논리 추론 – 명제 논리]

제시된 글의 내용을 기호로 정리하면 다음과 같다.

- A 정책 시행 → (부동산 수요 안정∨부동산 공급 안정)
- ~A 정책 시행 → 부동산 거래량 증가
  ⇔ ~부동산 거래량 증가 → A 정책 시행
- 금리 상승 → (~부동산 수요 안정∧~부동산 거래량 증가)
- 금리 상승

넷째 조건과 셋째 조건에 따라 부동산 수요는 안정되지 않을 것이고 부동산 거래량은 증가하지 않을 것이다. 둘째 조건의 대우에 따라 A 정책은 시행될 것이다. 부동산 수요는 안정되지 않을 것이므로 첫째 조건에 따라 부동산 공급이 안정될 것이다.
ㄱ: 부동산 수요는 안정되지 않을 것이다.
ㄷ: 부동산 공급이 안정될 것이다.

오답해설

ㄴ: A 정책은 시행될 것이다.

12 ③ [의사소통 – 작문 내용]

폐전자제품에 함유된 희소금속의 경제적 가치를 (나)를 통해 제시하여 활용 대책을 촉구한다.

오답해설

① 자원이 부족해지는 상황에 폐전자제품이 대안이 될 수 있다는 내용은 (가)와 (나)를 통해 제시할 수 있으나, 이를 근거로 전자제품에 희소금속 함유량을 늘려야 한다는 것을 강조하는 것은 적절하지 않다.
② 몰리브덴과 니켈의 고갈 시기를 (가)를 통해 제시할 수 있으나, 광산에서 추출하는 희소금속의 종류를 늘려야 한다는 내용을 끌어낼 수는 없다.
④ 휴대전화의 희소금속 함유량이 가장 적다는 것을 (나)에서 확인할 수 있으나 폐휴대전화의 발생량을 줄이자는 주장은 이와 무관하다.

13 ② [확인 추론 – 긍정발문 – 인문사회예술]

첫째 문단에 따르면 우구클리앙은 자아를 '진정한 심리학적 사실은 한 개인이 아니라 두 사람 간의 관계에 있으며, 사람들과의 만남과 교환이 이루어지는 가운데 지속적인 창조 행위의 결과'로 표현하였다. 또한 둘째 문단에 따르면, 우구클리앙은 '인간을 타인과의 만남에 반드시 영향을 받는 존재라고 생각'하였다. 즉 우구클리앙은 자아 형성을 위해서는 타인과의 관계, 즉 사회생활이 필수라고 생각한다.

오답해설

① 둘째 문단에 따르면 모방이 자아를 고정불변의 것으로 만드는 것이 아니라, 오히려 모방을 통해 자아가 계속해서 변화한다고 주장하고 있다.
③ 첫째 문단과 둘째 문단에 따르면, 우구클리앙은 타인과의 만남과 관계에 의해 자아가 형성되고 모방을 통해 자아가 변화한다고 주장하였다. 그의 견해에 따르면 혼자만의 학습으로는 자아를 변화시키기 어렵다.
④ 마지막 문단에 따르면, 우구클리앙은 자아를 가변적인 것으로 볼 때 한 사람에게 여러 개의 자아가 있다고 보기도 하였다.

14 ① [확인 추론 – 부정발문 – 과학기술경제]

둘째 문단에 따르면, 인간의 뇌파는 상황에 따라 느릴 수도 있고, 빠를 수도 있다. 또한 주의력 결핍증 환자나 지능이 낮은 환자는 뇌파가 정상인에 비해 느리다고 하였다. 따라서 뇌파의 진동 속도가 느릴수록 정상에 가깝다고 판단할 수 없다.

오답해설

② 첫째 문단에 따르면, 델타파는 깊은 수면 상태에서 발생하는 뇌파이므로, 깊은 잠을 자지 못한 사람은 델타파의 상태를 유지시키는 치료를 받는 것이 바람직하다.
③ 첫째 문단에 따르면, 베타파는 학습처럼 뇌가 어떤 정신 작업을 하고 있을 때 나오고, 감마파는 뇌의 여러 부분에 흩어져 있는 정보들이 조합돼 인지 작용이 발생했을 때 나타나는 뇌파이다. 따라서 집중력이 약한 학생들은 뉴로피드백에 의해 베타파와 감마파를 강화하면 집중력을 높일 수 있을 것이다.
④ 셋째 문단에서 매튜와 아드리안이 특정 뇌파에 의한 회로가 학습을 통해 발달될 수 있음을 발견하였고, 이를 카미야가 실험을 통해 확인하였다.

15 ③ [응용 추론 – 사례 추론]

뉴로피드백은 반복적 학습을 통해 뇌파를 강화하는 것이다. ③은 일정한 시간에 웃도록 하는 학습 과정을 통해 평소에도 계속 웃게 만들도록 심리 상태를 강화한 사례로, 뉴로피드백과 가장 유사하다고 볼 수 있다.

오답해설

① 학습에 의한 강화 때문이 아니라 나이 때문에 자연스럽게 감정이 생긴 것이다.
② 특정 과목에 대한 공부로 응용력이 생겨 다른 과목까지 잘하게 된 경우이다.
④ 코치의 조언을 받아 자세를 바꾸어 기록을 개선한 경우이다.

16 ④ [확인 추론 – 부정발문 – 인문사회예술]

㉠과 ㉡은 서로 다른 의견을 가지고 있으나, 둘째 문단에서 ㉡이 주장한 '개개인의 행위에 대한 설명'에 대해 ㉠도 행위의 설명이 '비판적인 측면을 가지기는' 한다고 말했다. 상대방의 의견을 받아들이지 못하고 정면으로 반박한 것은 ㉡이다.

오답해설

① 둘째 문단에 따르면, ㉡은 '행위자의 동기나 목적, 신념과 같은 이유를 명시적으로 이해하는 데 초점을 맞춰야 한다고 생각'하였다.
② 첫째 문단에 따르면, '자연 과학 설명 모형이 역사학에도 적용될 수 있는지'에 대해 ㉠은 적용이 가능하다고 본 반면, ㉡은 역사적 이해는 특수하고 독특하며 과학적 설명과는 다르다고 했다. 이를 통해 ㉠과 ㉡이 같은 이론에 대해 다른 의견을 가지고 있었음을 알 수 있다.
③ 둘째 문단에 따르면, ㉠은 '인간의 행위를 이해하는 것을 보편적 법칙과 규칙으로 논증하는 객관적이고 과학적인 것'으로 보았다.

17 ③ [확인 추론 – 긍정발문 – 과학기술경제]

첫째 문단에 따르면, 12개의 정오각형에는 까만색, 20개의 정육각형에는 하얀색을 칠했다. 이를 통해 기본 구조를 분명히 확인할 수 있다.

오답해설

① 셋째 문단에 따르면, 꼭짓점의 개수는 60개, 모서리의 개수는 90개로 모서리의 개수가 더 많다.
② 둘째 문단에 따르면, 텔스타는 '아름다운 수학적 구조'를 가지고 있으며, 이것은 정다각형들을 오려 붙여 완전한 구형에 가장 가깝도록 만든 구조이다. 수학적으로 해명하기 어려운 신비한 구조라고 보기는 어렵다.
④ 모서리의 개수는 90개, 꼭짓점의 개수는 60개, 정다각형(정오각형과 정육각형)의 개수는 32개이다. 꼭짓점의 개수와 정다각형의 개수를 합친 것은 92개로 모서리의 개수와 같지 않다.

18 ② [확인 추론 – 부정발문 – 과학기술경제]

첫째 문단에 따르면 수면실험실에서는 하룻밤에 최대 4~5개의 꿈을 모을 수 있으며, 둘째 문단에 따르면 꿈 저널 작성은 2주 정도의 기간 혹은 규정된 개수의 꿈을 작성할 때까지 이루어진다고 한다. 또한 마지막 문단에서 '몇 가지 꿈을 얻기 위해 여러 달이 걸릴 수도 있'다고 하였다. 각 방법의 소요 시간을 정확하게 비교하는 것은 어렵다.

오답해설

① 첫째 문단에 따르면, 수면실험실을 통한 수집방법은 비용이 많이 들어 1970년대 이후로 사용하기 어려워졌다고 한다.
③ 둘째 문단에 따르면, 현재 다양한 사람들을 대상으로 꿈 저널이 수집되어 있으며 대부분은 웹사이트에서 살펴볼 수 있다고 한다.

④ 둘째 문단에 따르면, 꿈 저널을 통한 수집방법은 겨우 몇 가지 꿈을 얻기 위해 여러 달이 걸릴 수도 있으며, 참여자 중 대부분이 꿈 보고를 멈추거나 겨우 한두 가지 꿈을 보고하는 등 꿈 수집에 제대로 참여하지 않을 가능성이 있다고 한다.

19 ② [응용 추론 – 어휘 추론]

ⓒ이 포함된 문장은 꿈에 대한 기록을 모은다는 내용이지, 이를 모아서 기록한다는 내용이 아니다. 따라서 ⓒ은 '수록하다'와 바꿔쓸 수 없으며, ⓒ과 바꿔쓸 수 있는 유사한 표현으로 '수집하다' 등이 있다.
ⓒ 모으다: 특별한 물건을 구하여 갖추어 가지다.
수록하다(收錄하다): 모아서 기록하다.
收 거둘 수, 錄 기록할 록
수집하다(蒐集하다): 취미나 연구를 위하여 여러 가지 물건이나 재료를 찾아 모으다.
蒐 모을 수, 集 모을 집

오답해설

① ㉠ 통제되다(統制되다): 일정한 방침이나 목적에 따라 행위가 제한되거나 제약되다.
統 거느릴 통, 制 절제할 제
제한되다(制限되다): 일정한 한도가 정하여지거나 그 한도가 초과되지 못하게 막히다.
制 절제할 제, 限 한할 한
③ ㉢ 줄다: 수나 분량이 본디보다 적어지거나 무게가 덜 나가게 되다.
축소되다(縮小되다): 모양이나 규모 따위가 줄어서 작게 되다.
縮 줄일 축, 小 작을 소
④ ㉣ 멈추다: 사물의 움직임이나 동작을 그치게 하다.
중단하다(中斷하다): 중도에서 끊다.
中 가운데 중, 斷 끊을 단

20 ① [응용 추론 – 사례 추론]

첫째 문단에 따르면, '선거 사무장이 공고된 선거 비용 제한액의 200분의 1 이상을 초과 지출하거나, 정치 자금법을 위반하여 징역형 또는 300만 원 이상의 벌금형을 선고받으면, 공직선거법 제263조에 의해 그 후보자의 당선은 무효로 한다'고 하였다. 따라서 500억이었던 당해 선거 비용의 200분의 1은 2.5억으로, 만일 502.5억을 사용했다면 선거 비용 제한액의 200분의 1 이상을 지출하였기에 D씨의 당선은 무효화된다.

오답해설

② 첫째 문단에 따르면, '선거 관계자 또는 후보자의 직계 존비속 및 배우자가 공직선거법에 규정된 죄 또는 정치자금법 위반으로 징역형 또는 300만 원 이상의 벌금형을 선고받으면, 공직선거법 제265조에 의해 그 당선은 무효로 한다'고 하였다. 제263조로 당선이 무효화되는 것은 선거 비용 관련이다.
③ 둘째 문단에 따르면, '후보자의 형제자매도 선거 범죄의 주체에 포함된다는 점에서 우리나라 공직선거법 제265조와는 다소 차이를 보인다'라고 설명한다. 또한 우리나라 제265조에는 '선거 관계자 또는 후보자의 직계 존비속 및 배우자'를 범위로 두고 있다. 따라서 동생이 당해 선거에서 공직선거법을 위반해 징역을 산다고 하더라도 우리나라에서는 당선이 무효화되지 않고 일본에서는 당선이 무효화될 것이기에, 다른 처벌을 받을 것이다.
④ 첫째 문단에 따르면, '후보자가 당해 선거에 있어 공직선거법에 규정된 죄 또는 정치자금법 위반으로 징역형 또는 100만 원 이상의 벌금의 선고를 받으면, 공직선거법 제264조에 의해 그 당선은 무효로 한'다. 따라서 19대 국회의원인 A씨는 당해 선거인 19대가 아닌 17대 때에 대한 선고를 받은 것이기에 국회의원직을 상실하지 않는다.

제63회 이유진 국어 백일기도 모의고사 해설

01 ① [의사소통 – 화법]

ⓐ에서는 주말에 한해 마을 회관의 시설을 이용할 수 있도록 허락해 달라는 자신의 제안을 수용하면 임대료 증액과 임대 면적 추가라는 상대방의 제안을 수용하겠다는 조건을 언급하고 있다. 따라서 상대방이 자신의 제안을 수용하면 상대방의 제안도 수용하겠다고 언급하면서 자신의 제안이 상대방에게 수용되도록 유도하고 있는 발화이다.

오답해설

② 상대방에게 자신의 제안이 지닌 강점을 강조하기 위해, 자신의 제안에 대하여 상대방이 제기할 수 있는 의견을 가정하는 부분은 없다.
③ 상대방에게 여러 제안을 제시하지 않았고, 상대방이 기대한 결과가 실현되지 않을 가능성을 언급하지도 않았다.
④ 상대방이 제시한 대안에 대해 자신이 파악하지 못한 내용을 추가적으로 설명해 달라고 요구하는 부분은 없다.

02 ③ [확인 추론 – 긍정발문 – 인문사회예술]

㉠은 전투 신경증을 보이는 군인이 체질적으로 열등한 존재라고 주장하는 반면, ㉡은 의지력 높은 군인에게도 전투 신경증이 나타날 수 있다고 본다. 따라서 ㉡은 전투 신경증을 보이는 군인을 열등한 존재로 파악하는 ㉠의 입장에 반대할 것이다.

오답해설

① 제1차 세계대전 이후, 전투 신경증이 실재한다는 사실을 부정할 수 없게 되었다고 하였다. ㉠과 ㉡은 모두 전투 신경증의 실재를 인정하고 있다.
② ㉠과 ㉡은 서로 다른 방법으로 전투 신경증을 치료하려고 한다. 따라서 두 견해 모두 전투 신경증을 치료할 수 있다고 본다.
④ ㉠은 모욕과 위협, 처벌을 중심으로 하는 치료를 옹호하였고 ㉡은 정신분석 원칙에 입각하여 대화를 통한 인도적 치료를 옹호하였다. 따라서 ㉠과 ㉡은 전투 신경증의 치료 방식에 대한 관점이 다르다.

03 ④ [구조 독해 – 배열 – 문단 배열]

ㄱ. '물론'이라는 표지를 통해, ㄱ의 앞에 가설의 반증과 관련된 내용이 제시되었음을 알 수 있다. 그리고 반증이 과학적 연구의 목표이며 과학 이론을 평가하는 기준이라는 점을 설명하고 있다.
ㄴ. 과학적 수행에서 등장한 가설들은 반박 시도를 통과해야 하며, 반박 시도를 이겨내면 잠정적으로 참이라고 인정된다는 내용이다.
ㄷ. 과학은 오류를 통하여 성장하고 발전한다는 내용이다. '과학이 오류를 점진적으로 제거해 나가는 방식'은 ㄴ의 '가설이 반박 시도를 통과하는 과정'이다. 따라서 이 뒤에 ㄴ이 이어져야 한다. → 선지 ①, ②, ③ 탈락
ㄹ. 진정한 과학은 '이처럼' 반증을 이겨낸 가설들로 구성된다고 한다. 따라서 ㄹ은 가설과 반증에 대해 설명한 'ㄷ-ㄴ' 뒤에 이어져야 한다. 그리고 이 뒤에는 반증이 과학적 연구의 목표라는 ㄱ이 이어져야 한다. → 선지 ①, ②, ③ 탈락
ㅁ. '그러나'라는 역접의 상황에서 사용하는 접속어 뒤에 사이비 과학의 경우 사정이 다르다는 내용이 있다. 앞서 과학에서는 가설에 의해 반증된다는 내용이 있었으므로, 이러한 내용과 구분되는 ㅁ의 내용은 ㄱ 뒤에 이어져야 한다. → 선지 ①, ②, ③ 탈락
따라서 'ㄷ-ㄴ-ㄹ-ㄱ-ㅁ'의 순서가 가장 자연스럽다.

04 ② [구조 독해 – 주제]

지문의 중심 화제는 '자유'와 '평등'이다. 자본주의 체제에서 자유는 시장 체제를 통해 실현되는데, 개인의 자질이 발휘되며 성공한 자와 실패한 자가 나타남에 따라 재화의 불균등 분배, 즉 불평등이 나타나고, 이는 자유를 억제하는 형태로 작용한다. 이를 종합하면, 지문의 논지는 '자본주의 체제에서 자유는 불평등한 지배구조를 만든다.'가 된다.

오답해설

① 자본주의가 경쟁으로 인한 불평등을 유발하는 것은 맞으나, 이는 지문의 핵심 소재인 '자유'가 누락되었기에 지문의 논지라 보기 어렵다.
③ 자본주의 체제에서 자유가 불평등을 유발할 수 있다는 것이 지문의 주장이다. 자유가 평등을 통해 실현된다는 것은 지문의 논지와 거리가 멀다.
④ 자본주의에서 개인의 자질이 발휘됨에 따라 성공한 자와 실패한 자가 나타나게 되는 것은 맞으나, 지문의 핵심은 자유와 평등 간의 관계이므로 이것이 지문의 논지라 보기는 어렵다.

05 ② [논리 비판 – 논리 추론 – 명제논리]

제시된 명제를 기호화하여 정리하면 다음과 같다.

> (가) 여행n ∧ ~기념품n
> (나) 조카 → 기념품 ⇔ ~기념품 → ~조카

(나)의 대우는 '~기념품 → ~조카'이다. (나)의 대우의 전건인 '~기념품'은 (가)의 '~기념품n'을 포함하므로, (나)의 대우와 (가)를 함께 고려하면, '~조카n ∧ 여행n'이 된다. 답은 선지 ②이다.

06 ④ [국어학의 이해와 활용 – 언어학 – 문장]

'정의의 수호자들이여 나를 따르라'는 명령형 어미 '-(으)라'가 사용된 것을 통해 간접 명령문임을 알 수 있다.

오답해설

① '내 손을 꼭 잡아라'는 명령형 어미 '-아라'와 결합된 것을 통해 화자와 청자가 얼굴을 직접 맞대고 있는 상황에서 쓰는 직접 명령문이라는 것을 알 수 있다.
② '조심해라'의 경우는 '조심하다'에 명령형 어미 '-아라'와 결합한 직접 명령문이며, '다칠라'는 '다치다'에 명령형 어미 '-(으)라'가 결합한 경계 명령문이다.
③ '더 놀다 가려무나'는 명령형 어미 '-(으)려무나'가 쓰인 것을 통해 허락 명령문임을 알 수 있다.

07 ② [국어학의 이해와 활용 – 작문 형식]

'청년 월세 지원 사업'은 ○○시청 주거복지과가 시행하는 사업이므로, '시행합니다'라고 써야 한다. '시행됩니다'라는 서술어를 사용할 경우, '청년 월세 지원 사업이 시행됩니다'와 같이 수정해야 한다.

오답해설

① '대등한 것끼리 접속할 때는 구조가 같은 표현을 사용할 것'에 따라 앞의 내용이 구라면 뒤에도 구를, 앞의 내용이 절이라면 뒤에도 절을 사용해야 한다. '청년층의 주거를 안정시키고 경제적 부담 완화를 위해'는 절과 구로 구성되어 있는데, '청년층의 주거 안정과 경제적 부담 완화를 위해'로 수정할 경우 구와 구로 구성되므로 적절한 수정이 된다.
• 구와 구: 청년층의 주거 안정과 경제적 부담 완화를 위해
• 절과 절: 청년층의 주거를 안정시키고 경제적 부담을 완화시키기 위해
③ 신청 대상인 청년이 신청할 대상, 즉 목적어가 누락되어 있다. 따라서 '목적어와 서술어를 호응시킬 것'을 고려하여 '지원금을 신청할'로 수정하는 것이 적절하다.
④ 〈공공언어 바로 쓰기 원칙〉에서 "조사, 어미 '-하다' 등을 지나치게 생략하지 말 것"이라고 하였으므로, 이를 고려하여 연결 어미를 덧붙여 '예정이므로'라고 수정하는 것이 적절하다.

08 ③ [의사소통 – 작문 내용]

첫째 문단에 따르면, 페터스의 지도는 '반제국주의자와 반인종차별주의자들이 널리 사용하고 있는 투영법'으로, 페터스의 지지자들이 반제국주의자와 반인종차별주의자들에 해당한다. 따라서 ⓒ은 '제국주의자들의 입장에 치우쳐서'로 수정하는 것이 적절하다.

오답해설

① 첫째 문단에 따르면, 페터스 투영법은 정적 도법이라고 하였다. 이는 지구 위의 각 부분의 면적이 지도 위의 어디에서나 같은 비율로 되어 있는 도법을 의미하므로 ㉠을 특정 국가의 면적이 상대적으로 크게 나타난다고 수정하는 것은 부적절하다.
② 첫째 문단에 따르면, '서유럽, 미국, 그 밖의 선진 세계에 비해 상대적으로 축소된 대부분 열대 지역에 위치한 제삼세계 국가들에 치명적인' 메르카토르 지도와 달리 페터스의 사상이 반영된 페터스 투영법은 지구상의 어떤 지역도 면적의 왜곡이 나타나지 않는 투영법이다. 즉 페터스가 선진국은 제삼세계 국가에 비해 우월하다는 사상을 가졌다고 볼 수 없으므로 ㉡을 선지와 같이 수정하는 것은 부적절하다.
④ 둘째 문단에 따르면, ㉢ 이후 부분에 '미국의 지리학자인 아서 로빈슨이 고안한 투영법을 선택하였다.'라고 하였다. 즉 이는 기존의 개발된 도법을 선택한 것으로, 새로운 투영법을 개발하기로 결정하였다고 볼 수 없으므로 ㉢을 선지와 같이 수정하는 것은 부적절하다.

09 ③ [논리 비판 – 비판 추론 – 강화약화]

ㄴ. 질의 서열 입력을 통한 검색 방법은 많은 검색 시간이 소요되므로 유전학자들은 색인을 검색하는 방식을 사용한다. 색인을 활용한 검색이 검색 시간을 단축시킨다는 사실은 유전학자들의 입장에 부합하므로 ㉠을 강화한다.

ㄷ. 유전학자들은 데이터베이스에 저장된 서열 중 돌연변이가 포함되어 있을 수도 있다는 가능성을 고려하여 유사한 서열을 검색하는 방식을 사용한다. 따라서 상당한 수의 돌연변이 서열이 유전자 데이터베이스에서 발견되었다는 것은 ㉠을 강화한다.

오답해설

ㄱ. 유전학자들은 데이터베이스에 검색 시 동일한 서열이 아닌 유사한 서열을 찾는 방식을 사용한다. 이때 AT-AT의 생물학적 특성을 파악하기 위해서 AT-AT만을 질의 서열로 입력해야 한다는 사실은 유사한 서열이 아닌 동일한 서열을 찾는 방식을 사용한 것이다. 따라서 ㉠을 약화한다.

10 ④ [확인 추론 – 부정발문 – 인문사회예술]

마지막 문단에서 '개념은 부분이 아닌 요소에 해당하므로 개념들의 어떠한 결합도 대상을 온전하게 복원하지 못한다'고 하였으므로 적절하지 않은 설명이다.

오답해설

① 첫째 문단에서 '사물을 인식하는 두 가지 방법으로 분석과 직관'이 있다고 하였다.
② 첫째 문단에서 '분석'은 이미 알려진 다른 대상의 측면에서 보편적 개념만 사용하여 대상의 본성을 표현하는 방법이라고 하였고 둘째 문단에서 '직관'은 특정 관점이나 어떠한 상징에도 의존하지 않는 지적 공감이라고 하였다. 따라서 분석은 직관과는 달리 다른 사물을 통해 대상을 인식하는 상대적인 방법이라는 것을 확인할 수 있다. 둘째 문단의 '따라서' 뒤에 분석으로 얻은 지식은 상대적인 것에 멈춘다고 명시되어 있기도 하다.
③ 둘째 문단에서 '특정한 관점이나 어떠한 상징에도 의존하지 않는 지적 공감'이라는 부분을 통해 직관이 부호적인 표현이나 재현에 의존하지 않는 지적 공감임을 알 수 있으며, 마지막 문단의 '인식은 직관에서 분석으로 이행할 수는 있지만 그 역은 불가능하다.'를 통해 인식의 과정에서 직관은 분석으로 이행할 수 있다는 것을 알 수 있다.

11 ④ [응용 추론 – 어휘 추론]

㉣이 포함된 문장은 개념은 대상을 온전하게 원래의 상태로 돌아가게 하지 못한다는 내용이다. 이는 빌렸던 것을 돌려준다는 내용이 아니므로, '반환하다'와 바꿔쓸 수 없다. ㉣과 바꿔쓸 수 있는 유사한 표현으로 '회복하다', '복원하다' 등이 있다.
㉣ 되돌리다: 어떤 대상이나 현상을 본디의 상태가 되게 하다.
반환하다(返還하다): 빌리거나 차지했던 것을 되돌려주다.
返 돌이킬 반, 還 돌아올 환
회복하다(回復하다/恢復하다): 원래의 상태로 돌이키거나 원래의 상태를 되찾다.
回 돌아올 회, 復 회복할 복 / 恢 넓을 회, 復 회복할 복
복원하다(復元하다/復原하다): 원래대로 회복하다.
復 회복할 복, 元 으뜸 원 / 復 회복할 복, 原 언덕 원

오답해설

① ㉠ 투사하다(投射하다): 어떤 상황이나 자극에 대한 해석, 판단, 표현 따위에 심리 상태나 성격을 반영하다. = 투영하다(投影하다)
投 던질 투, 射 쏠 사 / 投 던질 투, 影 그림자 영
② ㉡ 다다르다: 목적한 곳에 이르다.
도달하다(到達하다): 목적한 곳이나 수준에 다다르다.
到 이를 도, 達 통달할 달
③ ㉢ 뽑아내다: 여럿 가운데서 어떤 것을 가려서 뽑다.
추출하다(抽出하다): 전체 속에서 어떤 물건, 생각, 요소 따위를 뽑아내다.
抽 뽑을 추, 出 날 출

12 ③ [국어학의 이해와 활용 – 언어학 – 의미]

지문에 따르면, 자동 번역을 하는 데에 큰 난관은 문장의 중의성을 전자계산기가 해결하지 못한다는 것이다.
'이 그림은 아버지의 그림이다.'라는 문장에서는 '아버지의 그림'이 '아버지를 그린 그림', '아버지가 그린 그림', '아버지가 소유하고 있는 그림'이라는 중의적인 의미가 있지만, '아버지가 그린 그림'이라면 중의성이 없는 문장이다.

오답해설

① '영희가 모자를 쓰고 있다.'라는 문장에서는 '영희가 모자를 쓰는 동작을 진행한다.'라는 의미와 '영희가 모자를 벗지 않은 상태가 지속된다.'라는 중의적인 의미가 있다.
② '유진이는 사과와 배 두 개를 샀다.'라는 문장은 '사과와 배 두 개'가 '사과 1개, 배 1개', '사과 1개, 배 2개', '사과 2개, 배 2개'로 해석할 수 있으므로 중의성이 포함된 문장이다.

④ '우리 엄마는 호랑이 같다.'라는 문장은 '엄마의 외모가 호랑이 같다' 또는 '엄마의 성격이 호랑이 같다'로 해석할 수 있으므로 중의성이 포함된 문장이다.

13 ② [확인 추론 – 부정발문 – 문학]
둘째 문단에 따르면 전기 소설은 '비현실적이고 환상적인 성격'을 가지고 있는데, '이러한 분위기를 통해 현실에서 이루지 못한 사랑과, 사랑의 비극적 말말을 드러낸다'고 하였다. 즉 비현실적이고 환상적인 성격으로 인해 나타나는 분위기를 통해 비극적인 결말을 드러낸다는 것이지, 그 반대가 아니다.

오답해설
① 첫째 문단에 따르면 최초의 고전 소설이 무엇이냐는 논쟁이 있는데, '어느 쪽이든 대표작은 모두 전기(傳奇) 소설에 해당한다'고 하였다. 따라서 최초의 고전 소설은 전기 소설에 해당한다.
③ 둘째 문단에 따르면, 임진왜란 이전의 전기 소설의 주인공은 '이승을 떠난 존재나 인간이 아닌 존재'이다. 마지막 문단에 따르면, 「최척전」과 「주생전」 속 주인공은 '이전과 달리 모두 현실을 살아가는 인간'이라고 하였다. 이를 통해 이 작품들 속 주인공이 모두 이승을 떠난 존재나 인간이 아닌 존재가 아니라는 것을 알 수 있다.
④ 둘째 문단에 따르면, 임진왜란 이전의 전기 소설은 '사랑의 비극적 결말을 드러낸다'고 하였다. 마지막 문단에 따르면, 「주생전」의 사랑도 '이별이라는 비극적 결말로 끝난다. 이러한 점에서 임진왜란 이전의 전기 소설과 같이 비극적 결말을 드러낸다는 것을 알 수 있다. 반면 「최척전」의 주인공은 '다시 만나 사랑을 회복한다'는 점에서 임진왜란 이전의 전기 소설과 다른 결말을 드러낸다는 것을 알 수 있다.

14 ② [응용 추론 – 어휘 추론]
제시된 문장에서 '㉠떨어져'를 대체할 수 있는 유의어로 '헤어져' 등이 있다. ㉠이 포함된 문장의 구조는 '(a가) b와 떨어지다'이다. 선지 ②의 '떨어져'는 '헤어져'라는 유의어를 제시된 문장과 공유하며, '(a가) b와 떨어지다'의 구조도 일치한다. 따라서 ㉠의 문맥적 의미와 가장 가까운 것은 선지 ②이다.
⑤ 【…과】('…과'가 나타나지 않을 때는 여럿임을 뜻하는 말이 주어로 온다)
「1」 관계가 끊어지거나 헤어지다.
㉑ 어떤 일이 있어도 우리 둘은 떨어져서 살 수 없습니다.

오답해설
① ③ 【…에】【…에서】 시험, 선거, 선발 따위에 응하여 뽑히지 못하다.
㉑ 이번 월요일에 있는 시험에서 떨어지지만 않는다면 더 바랄 것이 없겠다.
③ ② 【…에/에게】「1」 정이 없어지거나 멀어지다.
㉑ 이미 그 일에 정이 떨어진 지 꽤 되었다.
④ ① 【…에】【…으로】「1」 위에서 아래로 내려지다.
㉑ 그는 발을 헛디뎌서 구덩이로 떨어졌다.

15 ④ [논리 비판 – 논리 추론 – 명제논리]
제시된 명제를 기호화하여 정리하면 다음과 같다.

㉠ 을 → ~정
㉡ 갑 → 을
㉢ 갑∨병
㉣ 갑 → ~무

우선 발문을 통해 병이 과제 제출을 늦게 했음을 알 수 있으므로 이를 ㉢인 '갑∨병'과 함께 고려하면, 선언지 제거를 통해 '갑'을 도출할 수 있다. 이는 ㉡인 '갑 → 을'의 전건을 긍정하므로 '을'을 도출할 수 있다. 이는 ㉠인 '을 → ~정'의 전건을 긍정하므로 '~정'도 도출할 수 있다. 또한, 위에서 도출한 '갑'은 ㉣인 '갑 → ~무'의 전건을 긍정하므로 '~무'도 도출할 수 있다.
정리해 보면, 병과 함께 과제 제출을 늦게 한 이들은 정, 무임을 알 수 있다. 답은 ④번이다.

16 ① [확인 추론 – 부정발문 – 인문사회예술]
첫째 문단에 따르면 '성'은 본능적인 부분이고, '위'는 실제 행동적인 부분이다. 둘째 문단의 예시에 따르면, 먹고 싶다는 본능에 비해 실제 행동은 불쌍한 이에게 음식을 나눠주는, 즉 본능을 참는 행동이 나타난다. 그러나 이것은 주변에 불쌍한 이가 있다는 단적인 예시를 들었을 뿐, 일반적으로 사람이 '성'과 '위'가 반대되는 행동을 한다고 하는 것은 성급한 일반화에 해당한다.

오답해설
② 첫째 문단에 따르면 '정'은 두 번째로 등장하는 단계이며, 외부 사물들과 상호 작용하여 발생하는 다양한 감정을 느끼는 단계이다. 이를 둘째 문단의 구체적 상황에 적용하였을 때, 노여움이나 슬픔, 기쁨과 만족감을 느끼는 것이 이에 해당한다는 것을 알 수 있다.
③ 첫째 문단에 따르면 '성'은 개인의 기본적인 본능이고, 네 부류 중 가장 먼저 나타난다.
④ 첫째 문단에서 '려'는 감정이 생긴 후 어떻게 대처할지 선택하는 단계이며, 이를 둘째 문단의 상황에 적용하였을 때 내가 먹을지, 나눠줄 생각을 할 것인지에 대해 생각하는 것이다.

17 ③ [응용 추론 – 문맥 추론]
첫째 문단에 제시된 '인간의 정신 작용'에 맞춰 둘째 문단의 예시를 분석하면 다음과 같다. 어떤 사람이 몇 날 동안 아무것도 섭취하지 않아서 본능적으로는 먹고 마시고 싶다는 욕구가 나타나는 것은 개인의 기본적 본능이므로 '성(㉠)'이다. 먹을 자격이 있는데도 불공평하게 금지당하면, 노여움이나 슬픔 같은 감정이 일어나고 먹을 기회가 돌아오면 기쁨과 만족감을 느끼는 것은 외부 사물들과 상호 작용하여 발생하는 다양한 감정이므로 '정(㉡)'이다.
주변에 불쌍한 이가 있다면 (가) 자기 이기적인 본성과는 달리 음식을 나누거나 나눠줄 생각을 할 것이라 하였는데, 이는 구체적인 감정(불쌍함)이 생긴 후 어떻게 대처할지 선택하는 단계이므로 '려(㉢)'이다. 선택한 후 억누르고 참는 행동은 순자가 언급한 '위(㉣)'라 제시되어 있다. 따라서 정답은 ③이다.

18 ② [의사소통 – 작문 내용]
전개에 언급된 '시간이 걸려도 스스로 문제를 탐색하고 그것을 해결할 수 있는 잠재력'을 인정하지 않는 행위이므로 전환의 기능을 하고 있으며, 이에 대한 문제 제기가 바로 결말의 내용이다. 이러한 결말을 도출하기 위해 '부모들은 아이들의 탐색 과정을 기다리지 못한다'가 전환의 내용으로 들어가는 것이 적절하다.

오답해설
① '부모'를 '요즘 어른'으로 모호하게 표현하였으며, 참을성이 없다는 면과 자식에 대한 참견의 관련성이 드러나지 않았다.
③ 결말의 근거로는 적절하지만 전개의 내용에 대한 전환의 기능이 없다.
④ 결말에서 제기한 문제인 '부모의 참견'을 도출할 수 없다.

19 ① [논리 비판 – 비판 추론 – 비판적 이해]
ㄱ. 갑은 노인의 연령 기준을 상향하는 것은 취약계층을 보호할 국가의 의무를 저버리는 행위라고 볼 수 있다며 노인 연령 기준 상향을 반대하고 있다. 을은 노인 연령 기준 상향이 일부 노인들의 생존권과 행복권을 박탈할 수 있다며 반대하고 있다. 따라서 갑과 을은 노인 연령 기준 상향에 대해 같은 주장을 하고 있다.

오답해설
ㄴ. 을은 노인 연령 기준 상향이 일부 노인들의 생존권과 행복권을 박탈할 수 있다며 반대하고 있다. 반면, 병은 노인 연령 기준 상향이 합리적인 정책 조정으로 볼 수 있다며 찬성하고 있다. 따라서 노인 연령 기준 상향에 대해 을과 병의 주장은 대립한다는 것을 알 수 있다.
ㄷ. 병은 노인 연령 기준 상향이 합리적인 정책 조정으로 볼 수 있다며 찬성하고 있다. 반면, 갑은 노인의 연령 기준을 상향하는 것은 취약계층을 보호할 국가의 의무를 저버리는 행위라고 볼 수 있다며 노인 연령 기준 상향을 반대하고 있다. 이를 통해 노인 연령 기준 상향에 대해 병과 갑의 주장은 대립한다는 것을 알 수 있다.

20 ④ [확인 추론 – 긍정발문 – 인문사회예술]
(가)는 프랑스 혁명 이후 혁명력의 제정에 대해, (나)는 프랑스 혁명 이후 미터법의 제정에 대해 서술하고 있다. 즉, 두 글의 공통점은 프랑스 혁명 이후 발생한 사회적인 변화에 대해 다루고 있다는 점이다. 따라서 두 글을 모두 읽은 독자의 반응으로 적절한 것은 '프랑스 혁명은 당시 사람들의 삶에 큰 영향을 미쳤군.'이 된다.

오답해설
① (나)의 미터법은 과학적인 정확성을 고려하여 만들어졌으나, (가)의 혁명력이 과학적 정확성을 고려하였다는 언급은 없다.
② (가)의 혁명력이 12년 만에 폐기되었다는 것은 알 수 있으나 어떤 문제점이 있어서인지는 언급된 적이 없다. (나)의 미터법이 왜 도입되었는지는 알 수 있으나 그에 따른 문제점이나 사용 기간은 제시되지 않았다.
③ (가)와 (나)에 언급된 미터법 및 혁명력이 각 계층의 요구 사항을 잘 반영하였는지에 대해서는 알 수 없다.

제64회 이유진 국어 백일기도 모의고사 해설

01 ③ [국어학의 이해와 활용 – 작문 형식]

'결코'는 '아니다', '없다', '못하다' 따위의 부정어와 함께 쓰이지만, '모름지기'는 '~해야 한다'와 같이 당위적 표현과 호응하는 부사이다. 제시된 문장은 부정어 '아니다'가 쓰였으므로, ⓒ에 따라 '결코'를 써야 한다.

오답해설
① '근절(根絕)하다'는 '다시 살아날 수 없도록 아주 뿌리째 없애 버리다.'라는 의미인데, 이 단어에는 '뿌리 뽑다'라는 의미가 이미 들어있다. 따라서 ㉠에 따라 '부동산 투기를 뿌리 뽑을 수 있는~'으로 수정하는 것이 적절하다.
② '과학적인 문자이다'와 호응하는 주어가 부당하게 생략되었다. 따라서 ㉡에 따라 주어인 '한글은'을 추가하는 것이 적절하다.
④ '~분위기를 고조하고 절정감 형성이 가능하다.'는 절과 구로 구성되어 있다. ㉣에 따라 앞의 내용이 구라면 뒤에도 구를, 앞의 내용이 절이라면 뒤에도 절을 사용해야 한다. 따라서 '~ 분위기 고조와 절정감 형성이 가능하다.'와 같이 구와 구로 수정하는 것이 적절하다.
• 구와 구: ~ 분위기 고조와 절정감 형성이 가능하다.
• 절과 절: ~ 분위기를 고조하고 절정감을 형성할 수 있다.

02 ④ [확인 추론 – 긍정발문 – 문학]

마지막 문단에 따르면, 서정주는 실존의 문제를 다루는 데 있어 '시간 의식이 자리 잡고 있었다'고 한다. 그는 「풀리는 한강가에서」에서 '얼었던 강물이 녹는 현상', 즉 시간 의식을 통해 '생명의 영원성과 순환성'을 드러내었다.

오답해설
① 첫째 문단에 따르면, '생명파는 인간 존재의 본질과 실존의 문제를 다루었다'고 하였다. 이를 통해 현실 문제 탐구보다 인간의 실존을 묘사하는 데 주력했다는 것을 알 수 있다.
② 둘째 문단에 따르면, 유치환은 「생명의 서」에서 '아라비아 사막, 즉 극한적 공간'을 통해 생명의 본질을 탐구했다. 마지막 문단에 따르면, 서정주는 시간 의식과 생명의 순환성을 통해 실존의 가치를 다뤘다. 극한적 공간은 유치환의 작품 특징에 해당한다.
③ 둘째 문단에 따르면, 유치환에게 현실은 '인간 존재의 본질과 생명력을 위협하는 공간'으로 인식되었는데 그는 이곳(현실)을 벗어나려고 하였다. 이를 통해 유치환의 시 세계에서 현실은 인간의 생명력을 보호하는 공간이 아니라는 것을 알 수 있다.

03 ④ [국어학의 이해와 활용 – 언어학 – 의미]

"돌다리도 두드려 보고 건너라"라는 속담은 매사에 조심하라는 함축적 의미를 전달하는 교화적 기능을 수행하는 속담으로, ㉠의 사례에 해당한다.

오답해설
① "아니 땐 굴뚝에 연기 날까"는 원인 없는 결과는 없다는, 어떤 일에는 반드시 그럴 만한 이유가 있다는 풍자적 의미를 담은 속담이다.
② "누워서 침 뱉기"는 남을 해치려고 하다가 도리어 그 해를 자기가 입는다는 풍자적 의미를 담은 속담이다.
③ "달면 삼키고 쓰면 뱉는다"는 자신의 이익만을 도모한다는 현실의 부정적 현상을 빗대어 표현한 풍자적 의미를 담은 속담이다.

04 ② [논리 비판 – 비판 추론 – 강화약화]

ㄱ. 신재생 에너지로의 전환이 재정난을 극복하게 만들었다는 것은 기업의 친환경 정책이 오히려 이윤을 증진시켜줄 것이라는 ESG 경영 철학 방식의 주장과 부합한다. 따라서 ㉠을 강화한다.
ㄷ. 총체적인 사회 구성원을 고려한 경영 방식이 기업의 순이익을 증대시켰다는 것은 사회 전체의 효용을 고려한 경영 방식이 기업의 이윤을 증진시킨다는 ㉠의 주장에 부합한다. 따라서 ㉠을 강화한다.

오답해설
ㄴ. ESG 경영 철학은 단기적인 이윤 추구의 실효성에 대해서는 이야기하지 않았다. 따라서 기업의 단기적 이윤 추구도 장기적 이윤 극대화에 있어 중요한 요소에 해당한다는 사실은 ㉠을 강화하지 않는다.

05 ④ [논리 비판 – 논리 추론 – 명제논리]

제시된 명제를 기호화하여 정리하면 다음과 같다.

| 전제1: 책 → 어휘력 풍부 |
| 전제2: 어휘력 풍부n ∧ 감수성 풍부n |
| 결론: 감수성 풍부n ∧ 책n |

결론인 '감수성 풍부n ∧ 책n'을 이끌어 내기 위해서는 둘째 전제의 '어휘력 풍부n'과 결론의 '책n'을 연결해 줄 수 있는 전제가 필요하다. 특칭의 참이 보장되기 위해서는 전칭의 참이 전제되어야 하므로, 추가되어야 할 전제는 '어휘력 풍부 → 책'이다. 답은 ④이다.

06 ④ [확인 추론 – 긍정발문 – 인문사회예술]

마지막 문단에 따르면 미시사는 일기, 편지와 같은 비공식 자료를 사료로 선택하여 엘리트 계층이 아닌 일반 대중을 연구한다.

오답해설
① 첫째 문단에 따르면 거시사가 정치적 사건과 엘리트 계층을 연구하는 것은 맞으나, 셋째 문단에 따르면 현미경적 관찰 방법을 이용하는 것은 미시사의 특징에 해당한다.
② 둘째 문단에 따르면 미시사 역시 거시사와 마찬가지로 역사적 사실을 규명하고자 했으며, 그 방법에 차이가 있을 뿐이었다. 따라서 미시사가 역사적 사실에 대한 규명을 중시하지 않았다는 설명은 옳지 않다.
③ 둘째 문단에 따르면 미시사가 역사가의 주관적 시각을 중시한 것은 맞으나 이것이 역사가의 상상을 의미하는 것은 아니며, 셋째 문단에 따르면 미시사는 사료에 근거하여 이에 내포된 과거를 추론한다.

07 ③ [응용 추론 – 어휘 추론]

ⓒ이 포함된 문장은 2차 세계 대전 이후, 거시사와 다르게, 일반 대중에 대한 연구를 통해 역사를 파악해야 한다고 보는 역사 연구 방법인 미시사를 설명하고 있다. 따라서 ⓒ은 '연단이나 교단 같은 곳에 오르다'를 의미하는 '등단하다'와 바꿔 쓸 수 없다.
ⓒ 등장(登場)하다: 어떤 사건이나 분야에서 새로운 제품이나 현상, 인물 등이 세상에 처음으로 나오다.
登 오를 등, 場 마당 장
등단(登壇)하다: 연단(演壇)이나 교단(敎壇) 같은 곳에 오르다.
登 오를 등, 壇 단 단

오답해설
① ㉠ 중점(重點): 가장 중요하게 여겨야 할 점.
重 중요할 중, 點 점찍을 점
초점(焦點): 사람들의 관심이나 주의가 집중되는 사물의 중심 부분.
焦 그을릴 초, 點 점찍을 점
② ㉡ 제외(除外)하다: 따로 떼어 내어 한데 헤아리지 아니하다.
除 덜 제, 外 바깥 외
배제(排除)하다: 받아들이지 아니하고 물리쳐 제외하다.
排 물리칠 배, 除 덜 제
④ ㉣ 품다: 기운 따위를 지니다.
내포(內包)하다: 어떤 성질이나 뜻 따위를 속에 품다.
內 안 내, 包 쌀 포

08 ① [국어학의 이해와 활용 – 언어학 – 단어]

'사람'은 '이 물건을 그 사람에게 전달해 줘.'와 같이 자립 명사로 쓰인다. 그리고 ①에서처럼 단위를 나타내는 경우에도 쓰일 수 있다.

오답해설
② '그릇'이 자립 명사로 쓰인 경우이다. 그릇이 단위를 나타내는 경우는 '그는 밥을 두 그릇이나 먹었다.'와 같은 문장에서이다.
③ '데'는 자립 명사로 쓰이지 않는다.
④ '뿐'은 자립 명사로 쓰이지 않는다.

09 ③ [의사소통 – 작문 내용]

〈지침〉에 '본론은 제목에서 밝힌 내용을 2개의 장으로 구성하되 각 장의 하위 항목끼리 대응되도록 작성하라'고 하였다. 하지만 '대중적 운동 프로그램 지원 및 환경 조성'은 Ⅱ-2(과도한 스트레스와 불규칙한 생활 패턴)와 대응되는 Ⅲ-2(ⓒ)의 내용이 아니다. ⓒ에는 스트레스 관리와 생활 패턴을 개선할 수 있는 프로그램을 지원하는 등의 방안이 제시되어야 한다.

오답해설

① 제목을 보았을 때, 글의 중심 소재는 '비만 문제'이다. 〈지침〉에 '서론은 중심 소재의 개념 정의와 문제 제기를 1개의 장으로 작성하라'고 하였으므로, ㉠에는 '비만 문제'와 관련된 문제 제기가 들어가야 한다. 따라서 '비만율 증가로 인한 건강 이상 현상과 경제적 부담 증가'는 이러한 문제 제기로 적절하다.
② 〈지침〉에 '본론은 제목에서 밝힌 내용을 2개의 장으로 구성하되 각 장의 하위 항목끼리 대응되도록 작성하라'고 하였다. 따라서 '고열량, 저영양 식품 소비 증가'는 Ⅲ-1(건강한 음식 섭취 교육 프로그램 개설)과 대응되는 Ⅱ-1(ⓒ)의 내용으로 적절하다.
④ 〈지침〉에 '결론은 기대 효과와 향후 과제를 1개의 장으로 작성할 것'이라는 내용이 제시되어 있다. Ⅳ-1에 '개인 건강 증진 및 의료비 지출 감소'라는 기대 효과가 제시되어 있으므로, ⓔ에는 'AI를 활용한 비만 원인 분석 및 비만 예방·치료 방안 개발'이라는 향후 과제가 제시되는 것이 적절하다.

10 ④ [구조 독해 – 전개방식]

지문에서는 '송나라 사신 서긍이 개경에 왔던 보고서', 향림정에 대한 기록을 인용하여 자연 속에 자기를 맡기는 한국인의 '감정 이입'의 자세를 세부적으로 나타내고 있다.

오답해설

① '12세기 초' 고려인들의 자연 친화적 미학을 알 수 있을 뿐, 시간의 흐름에 따라 대상의 변화를 서술한 적은 없다.
② 지문에서 스스로 묻고 답하는 자문자답의 형식은 사용되지 않았다.
③ 지문의 내용은 모두 자연에 자기를 맡기는 한국인의 모습을 제시할 뿐, 비교와 대조를 사용해 공통점과 차이점을 부각하지 않았다.

11 ① [확인 추론 – 부정발문 – 과학기술경제]

지문에 따르면 1960년대 이전까지 중형 저서생물의 존재조차 아는 사람이 없었고, 오늘날에도 소수의 학자들만이 이를 명명하고 있다고 한다. 따라서 지금까지 밝혀진 중형 저서생물의 수가 적을 것임을 추론할 수는 있으나, 아직 명명되지 않은 중형 저서생물의 수가 아직 명명되지 않은 다른 생물 종들의 수보다 많은지에 대해서는 알 수 없다.

오답해설

② 명명된 종은 150만 개 정도이지만, 이 중 같은 종을 다른 이름으로 부르는 이명이 20% 정도라고 한다. 따라서 실제로 존재하는 종들의 수는 명명된 150만 개 종의 수보다 적을 것임을 알 수 있다.
③ 명명된 종은 150만 개 정도이며, 명명된 곤충 종은 120만 개를 넘는다고 한다. 따라서 곤충이 아닌 나머지 생물 종은 약 30만 개 정도이므로 그 수가 곤충 종의 수보다 많지 않다.
④ 중형 저서생물은 1960년대 이전까지 그 존재조차 알려지지 않았으므로, 1960년대 이후 기록되기 시작했음을 추론할 수 있다.

12 ② [응용 추론 – 어휘 추론]

제시된 문장에서 '㉠ 이르러서도'와 바꾸어 쓸 수 있는 유의어로 '닿아서도, 들어서도' 등이 있다. ㉠이 포함된 문장의 구조는 'a에 이르다'이다. 선지 ②의 '이르러서야'는 '닿다, 들다'라는 유의어를 제시된 문장과 공유하며, 'a에 이르다'의 구조도 일치한다. 또한 'a에'가 시간을 의미하는 것은 선지 ②뿐이다. 따라서 ㉠의 문맥적 의미와 가장 가까운 것은 선지 ②이다.
이르다¹【…에】「1」어떤 장소나 시간에 닿다.
¶ 전쟁이 끝난 뒤 이들은 서로 소식도 모른 채 오늘에 이르게 되었다.

오답해설

① 이르다²❷【…을 -고】어떤 대상을 무엇이라고 이름 붙이거나 가리켜 말하다.
③ 이르다³【…보다】【-기에】대중이나 기준을 잡은 때보다 앞서거나 빠르다.
¶ 그는 여느 때보다 이르게 학교에 도착했다.
④ 이르다²❸ (주로 '이르기를'이나 '이르되' 꼴로 쓰여) 책이나 속담 따위에 예부터 말하여지다.

13 ① [구조 독해 – 배열 – 문장 배열]

ㄱ. ㄱ의 앞에 '이 목표'가 무엇인지 먼저 제시되어야 한다.
ㄴ. '소중한 동생의 죽음'이 먼저 제시된 뒤 나와야 하는 내용이다.
ㄷ. 남동생 오레스테스가 고향으로 돌아와 아버지의 원수를 갚을 것이라고 한다.

따라서 먼저 아버지의 원수와 관련한 내용이 앞에 설명되어야 한다.
ㄹ. 엘렉트라의 삶의 목표는 아가멤논의 원수를 갚는 일이라고 한다. 엘렉트라의 삶의 목표가 제시되었으므로 ㄹ 뒤에는 '이 목표'를 이루기 위한 엘렉트라의 노력을 설명하는 ㄱ이 등장해야 한다. → 선지 ② 탈락
ㅁ. 그녀의 앞에 서 있는 '이' 여행객이 남동생 오레스테스라고 한다. 따라서 '여행객'과 관련된 내용이 먼저 앞에 제시되어야 한다.
ㅂ. 엘렉트라에게 오레스테스가 죽었다는 비보가 날아들고, 낯선 여행객이 그녀의 집에 도착해 유골을 전했다는 내용이다. 따라서 이 뒤에 엘렉트라가 동생의 죽음에 오열했다는 ㄴ의 내용이 이어지는 것이 자연스럽다. → 선지 ②, ③, ④ 탈락
따라서 'ㄹ-ㄱ-ㄷ-ㅂ-ㄴ-ㅁ'의 순서가 가장 자연스럽다.

14 ④ [논리 비판 – 비판 추론 – 비판적 이해]

ㄴ. 을은 '국민소환제는 민의와 대표자 간의 괴리를 조정하며 국민이 중간 평가를 내릴 수 있는 기회를 제공한다'라고 하며 국민소환제의 도입에 대해 찬성하고 있다. 반면, 병은 국민소환제가 대의제의 본질적 원칙에 어긋난다고 하며 국민소환제의 도입에 대해 반대하고 있다. 이를 통해 국민소환제의 도입에 대해 을과 병의 주장은 대립한다는 것을 알 수 있다.
ㄷ. 병은 국민소환제가 대의제의 본질적 원칙에 어긋난다고 하며 국민소환제의 도입에 대해 반대하고 있다. 반면, 갑은 '국민소환제는 대의제의 한계를 보완하며, 국민이 공직자의 책임을 직접 묻는 장치를 통해 국민 주권을 강화할 수 있다'라고 하며 국민소환제의 도입에 대해 찬성하고 있다. 따라서 국민소환제의 도입에 대해 병과 갑의 주장은 대립한다는 것을 알 수 있다.

오답해설

ㄱ. 갑은 '국민소환제는 대의제의 한계를 보완하며, 국민이 공직자의 책임을 직접 묻는 장치를 통해 국민 주권을 강화할 수 있다'라고 하며 국민소환제의 도입에 대해 찬성하고 있다. 을은 '국민소환제는 민의와 대표자 간의 괴리를 조정하며 국민이 중간 평가를 내릴 수 있는 기회를 제공한다'라고 하며 국민소환제의 도입에 대해 찬성하고 있다. 따라서 국민소환제의 도입에 대해 갑과 을의 주장은 대립하지 않는다.

15 ③ [의사소통 – 작문 내용]

ⓒ 다음 문장에 따르면, 부채가 500만 원일 때 부채가 2000만 원일 때보다 손실에 대해 더 민감하게 반응함을 알 수 있다. 따라서 사람들은 자산과 부채가 많을수록 동일한 수익과 손실에 대해 둔감하게 반응한다고 수정하는 것이 타당하다.

오답해설

① 지문은 수치적으로 동일한 손익하에서 만족감과 상실감과 같은 효용이 상이한 이유를 세 가지 특징을 들어 설명하고 있다. 따라서 동일한 손익이더라도 그 손익에 대한 효용은 상이할 수 있다는 기존의 서술을 유지하는 것이 타당하다.
② ⓛ 다음 문장에 따르면, 영희는 실제 수익이 400만 원으로 같더라도 이에 대한 기대수익이 어떠했느냐에 따라 상이한 만족감과 상실감을 느낌을 알 수 있다. 따라서 기대수익이 다르다면 실제 손익이 같더라도 그에 따른 만족감이나 상실감은 달라진다는 기존의 서술을 유지하는 것이 타당하다.
④ ⓔ 다음 문장에 따르면, 300만 원의 수익을 통해 느끼는 만족감보다 300만 원의 손실에 따라 느끼는 상실감이 더 큼을 알 수 있다. 따라서 수익보다 손실에 더 큰 심리적인 가중치를 둔다는 기존의 서술을 유지하는 것이 타당하다.

16 ② [국어학의 이해와 활용 – 언어학 – 기타]

마지막 문단에 따르면 결정 이양 원리가 적용된 표현은 청자가 결정이나 판단의 최종 권한을 가지도록 근거를 제시하며, 이는 청자가 그 결론을 스스로 도출해 내린 것이기에 더 큰 설득 효과를 가진다.

오답해설

① 둘째 문단에 따르면, '결정 이양 원리'는 경제성의 원리와 공손성의 원리, 둘 다와 관련이 있다. 다만, 지문은 '결정 이양 원리'가 위의 두 원리 중 하나와 더 깊은 관련을 맺고 있다고 언급한 바 없으며, 더 깊은 관련성을 가진 원리가 공손성의 원리인지도 확인할 수 없다.
③ 둘째 문단에 따르면 같은 효과를 가지는 두 가지 표현이 있을 때, '남겨 두기', 즉 '결정 이양'이 적용된 표현이 더 경제적이라고 하였다. 물을 절약해야 한다는 메시지를 전달하기 위해 "물을 아껴 쓰자!"라고 직접적으로 말하는 것은 청자가 메시지를 스스로 도출하는 '결정 이양의 원리'가 적용된 표현이라고 볼 수 없으므로 가장 경제적인 표현이라고 볼 수도 없다.
④ 첫째 문단에 따르면, 결정 이양의 원리는 '화자'가 결정이나 판단의 최종 권한을 '청자'에게 넘겨주는 원리를 말한다.

17 ② [국어학의 이해와 활용 – 언어학 – 기타]

마지막 문단에 따르면 '결정 이양의 원리'는 특정 메시지를 전달하고자 할 때, 그 메시지를 직접적으로 말하는 것이 아니라, 청자가 그 메시지를 스스로 도출해 낼 수 있도록 근거들을 제시하는 것이다. (나)와 (라)는 '불조심'이라는 말이 명시적으로 사용되었다. 따라서 '결정 이양의 원리'가 적용된 표현이라고 보기 어렵다.

오답해설

(가), (다), (마)는 '불조심'이라는 표현을 명시적으로 드러내 사용하지 않으면서 표어를 접한 이로 하여금 스스로 불조심을 해야겠다는 생각이 들게 한다. 따라서 이는 '결정 이양의 원리'가 적용된 표현으로 볼 수 있다.

18 ① [구조 독해 – 주제]

첫째 문단에서 '기존 교육 패러다임으로는 직업 생태계의 빠른 변화에 대응하기 어렵다.'라고 하였고, 둘째 문단에서는 '가장 먼저 고려해야 할 것은 변화하는 직업 환경에 성공적으로 대응하는 것'이라고 하였다. 그리고 마지막 문단에서 세계 여러 나라가 이런 관점에서 교육을 개혁하고 있으며 우리나라도 같은 관점에서의 교육 개혁이 필요하다고 하였다. 따라서 교육은 사회의 변화에 대응하는 역량을 키워 줘야 한다는 것이 주제임을 알 수 있다.

오답해설

② 마지막 문단에서 핀란드, 말레이시아, 아르헨티나가 직업 환경에 성공적으로 대응하게 하는 방향으로 교육을 개편하고 있다고 했으나, 이는 '우리의 교육을 개혁하자'는 주제에 대한 근거이다. 이 글은 세계의 교육 현황을 설명하는 글이 아니라 주장을 담은 논설문이다.
③ 둘째 문단에서 교육이 가장 먼저 고려해야 할 것이 '변화하는 직업 환경에 성공적으로 대응하는 능력'이라고 하였지만, 이는 대처 능력을 기르자는 것이지 유망 직업을 예측해서 그 능력을 미리 갖추자는 것은 아니다.
④ 지문은 다음 세대가 앞으로의 직업 구조의 변화에 적응할 수 있도록 교육을 개혁하자고 주장하는 글이다. 한 국가의 교육이 당대 직업 구조의 영향을 받는다는 선지의 내용을 충족시키려면, 직업 구조로 인해 같은 시기의 교육이 개혁되어야 한다.

19 ③ [논리 비판 – 비판 추론 – 비판적 이해]

물리적 마모가 모두 일어나지 않았음에도 기업이 인위적으로 사회적 마모를 유도해 소비를 계속 유발시키고 있다는 것이 지문에 제시된 문제의식이다.

오답해설

① 지문에서 유행으로 인해 과소비 문제가 발생하고 있다는 내용은 제시되지 않았다.
② 물리적 마모와 사회적 마모가 같지 않은 경우가 많다는 것이 제시되어 있으나, 이는 지문을 대표할 수 없는 부분적인 정보이다.
④ 둘째 문단에서 생산력이 발전하여 섬유의 질은 점점 좋아짐에도 그 옷을 입는 기간은 거기에 반비례하여 상품의 수명은 점점 짧아진다는 것이 제시되어 있으나, 이는 지문을 대표할 수 없는 부분적인 정보이다.

20 ② [논리 비판 – 논리 추론 – 명제논리]

제시된 명제를 기호화하여 정리하면 다음과 같다.

> ○ 눈 내림 → 지하철 출근 ⇔ ~지하철 출근 → ~눈 내림
> ○ 야근 → 지하철 출근 ⇔ ~지하철 출근 → ~야근
> ○ ~아침 운동 → 야근 ⇔ ~야근 → 아침 운동

'야근'을 매개항으로 하여 셋째 명제와 둘째 명제를 결합하면 '~아침 운동 → 야근 → 지하철 출근'이다. 따라서 답은 ②이다.
'지하철을 타고 출근한 날에만 아침 운동을 하지 않는다.'라는 명제는 '아침 운동을 하지 않았다면 지하철을 타고 출근한 날이다.'와 같은 의미이다. 따라서 '~아침 운동 → 지하철 출근'으로 기호화한다.

오답해설

① 이 선지를 기호화하면 '지하철 출근 → 야근'이다. 이는 둘째 명제의 '역'일 뿐이다.
③ 이 선지를 기호화하면 '눈 내림 → ~아침 운동'이다. 첫째 명제에 따라 눈이 내린 날엔 지하철을 타고 출근한다. 이를 통해 아침 운동을 하지 않는지는 알 수 없다.
④ 위에서 도출한 '~아침 운동 → 야근 → 지하철 출근'의 대우는 '~지하철 출근 → ~야근 → 아침 운동'이다. 따라서 지하철을 타고 출근하지 않는 날에는 아침 운동을 한다.

제65회 이유진 국어 백일기도 모의고사 해설

01 ④ [국어학의 이해와 활용 – 작문 형식]

'결코'는 '어떤 경우에도 절대로'를 의미하며, 이는 부정어와 함께 쓰인다. ○○청장은 업무 효율성을 향상만 하는 것이 아니라 적극 행정 방안도 마련하겠다고 밝히고 있으므로, '결코'는 적절한 쓰임이다. 참고로, '모름지기'는 '~해야 한다'와 호응하는 부사어이다.

오답해설

① 심층 토론회는 ○○청이 개최하는 회의이지, 개최를 당하는 회의가 아니다. 따라서 '능동과 피동 등 흔히 헷갈리기 쉬운 것에 유의할 것'을 고려하여 '~개최한다'로 수정하는 것이 적절하다.
② 행사에 참석하는 대상들이 참여하는 곳이 생략되어 있다. 따라서 '필요한 문장 성분이 생략되지 않도록 할 것'을 고려하여 '회의에 참석하여'로 수정하는 것이 적절하다.
③ 목적어 '구체적인 실천 계획'은 서술어 '내다'와 호응하지 않는다. 따라서 '목적어와 서술어를 호응시킬 것'을 고려하여 '구체적인 실천 계획을 세우고~'와 같이 수정하는 것이 적절하다.

02 ① [국어학의 이해와 활용 – 언어학 – 기타]

글쓴이는 이 글에서 인터넷 언어가 우리말을 파괴하는 성격으로 나타나고 있으며, 신세대뿐만 아니라 일반 국민의 언어생활에도 악영향을 미친다고 주장하고 있다. 그러면서 인터넷 언어는 우리 모두가 관심을 가지고 돌아봐야 하는 대상이 되었다는 말로 글을 마무리 짓고 있다. 따라서 글쓴이가 궁극적으로 주장하는 것은 '인터넷 언어가 우리말을 파괴하는 경향을 보이고 있으므로 이를 바로잡을 필요가 있다.'이다.

오답해설

② 우리말 표기 규정의 까다로움 때문에 인터넷 언어가 생겼다는 말은 없을뿐더러 우리말 표기 규정을 새로 정비할 필요가 있다는 것은 글쓴이와 반대의 주장이다.
③ 글쓴이는 인터넷 언어에 대해 모두가 함께 돌아봐야 할 대상이라고 생각한다. 그런데, 선지에서는 인터넷 언어의 규제를 막으려고 하고 있으니 옳지 않다.
④ 언어가 기성 세대에까지 영향을 미치고 있으므로 돌아봐야 한다고 마지막 문단에서 언급하고 있다. 하지만 선지는 인터넷 언어가 우리말을 파괴하는 경향을 보이고 있다는 첫째 문단의 내용을 포괄하지 못한다.

03 ④ [의사소통 – 화법]

외모 때문에 고민하는 친구가 상담을 신청했을 경우에 상담자로서 어떻게 상담을 진행할지를 묻는 내용으로 지원자가 자유롭게 생각하고 대답할 수 있도록 하는 개방형 질문이고, 상담자로서 적절한 상담 능력을 지녔는지 확인하기 위한 질문으로 볼 수 있다.

오답해설

① 상담 인원을 확인하는 질문은 답의 내용이 제한되어 있는 질문이므로 폐쇄형 질문으로 보는 것이 적절하다.
② 지원자의 생각이 어떠한지를 물어보고 있는 질문이므로 개방형 질문이라고 할 수 있다. 그러나 질문 의도가 어휘의 의미를 알고 있는지 검증하고자 한 것이라고 이해하는 것은 적절하지 않다.
③ 상담자로 선정되면 주 3시간 이상 상담을 진행해야 한다는 사실을 알고 있는지 확인하는 질문이므로 폐쇄형 질문이라고 할 수 있지만, 지원자의 성품을 확인하기 위한 질문으로 보는 것은 적절하지 않다.

04 ③ [확인 추론 – 부정발문 – 인문사회예술]

둘째 문단에 따르면, 유교 경전은 '옛 성현들의 말씀'으로 '불변의 진리'와 같다고 여겨져 '모든 내용을 꼼꼼히 받아들여야 한다고 생각'되었다. 따라서 객관적인 오류가 있더라도 이를 비판하거나 의심하는 것은 금기에 해당하였음을 알 수 있다.

오답해설

① 첫째 문단에 따르면, 비판적 읽기에서는 '글을 구성하고 있는 정보가 객관적이고 신뢰할 만한지 파악하고, 그 정보가 글쓴이의 생각을 드러내기에 적합한지 확인'하여야 한다.
② 첫째 문단에 따르면, 비판적 읽기를 통해 '많은 글 속에서 균형 잡힌 시각과 다양한 관점을 갖출 수 있다'고 하였다.
④ 첫째 문단에 따르면, 비판적 읽기에서는 '글의 내용이 적절한지 판단하려면 가장 먼저 글쓴이의 생각에 논리적 오점이 없는지 파악'해야 한다고 하였다.

05 ① [논리 비판 – 논리 추론 – 명제논리]

제시된 명제를 기호화하여 정리하면 다음과 같다.

| 전제1: 아이 → 동물 |
| 전제2: 동물n∧유기견 보호소 봉사n |
| 결론: 유기견 보호소 봉사n∧아이n |

결론인 '유기견 보호소 봉사n∧아이n'을 이끌어 내기 위해서는 둘째 전제의 '동물n'과 결론의 '아이n'을 연결해 줄 수 있는 전제가 필요하다. 특칭의 참이 보장되기 위해서는 전칭의 참이 전제되어야 하므로, 추가되어야 할 전제는 '동물 → 아이'이다. 답은 ①이다.

06 ④ [국어학의 이해와 활용 – 언어학 – 문장]

'토끼가 앞발이 짧다.'라는 문장은 대소 관계 유형의 이중 주어 구문의 예시에 해당한다. 둘째 문단에 따르면 '코끼리가 코가 길다.'와 같은 대소 관계 유형의 이중 주어 구문은 '코끼리의 코가 길다.'가 변형된 문장으로, 다른 짐승의 코가 아닌, '코끼리의 코'가 길다는 것을 강조하기 위해 '의'를 '이/가'로 바꾼 것으로 설명될 수 있다고 한다. 이때 '의' 대신 쓰인 '이/가'는 주격 조사가 아니라 주제나 초점을 드러내기 위한 보조사로 보아야 한다고 하였다. '토끼가 앞발이 짧다.'라는 문장은 '토끼의 앞발이 짧다.'라는 문장이 변형된 것으로, 명사 뒤에 주제나 초점을 드러내는 보조사가 결합한 것은 '앞발이'가 아니라 '토끼가'이다.

오답해설

① '바지가 얼룩이 묻었다.'라는 문장은 부사어 대치 유형의 이중 주어 구문의 예시에 해당한다. 마지막 문단의 설명에 따르면 '바지가 얼룩이 묻었다.'라는 문장의 기저 구조는 주어가 '얼룩이'인 '바지에 얼룩이 묻었다.'라는 문장일 것이고, 이때 부사어인 '바지에'를 부각하기 위해 '에' 대신 '이/가'가 붙게 되었다고 보아야 할 것이다. 따라서 '바지가 얼룩이 묻었다.'라는 문장의 주어는 '얼룩이'며, '바지가'가 아니다.
② 둘째 문단에 따르면 대소 관계 유형의 이중 주어 구문은 '이/가'가 나타나는 두 명사구 간에 '전체-부분' 또는 '소유자-소유물'의 관계가 형성되는 경우를 일컫는다. '그 학교가 교실이 넓다.'라는 문장의 경우 '학교'와 '교실' 간에 '전체-부분'의 관계가 형성되므로, 이 문장은 대소 관계 유형의 예시에 해당함을 알 수 있다.
③ 셋째 문단에 따르면 수량어 유형의 이중 주어 구문은 수량어를 포함한 두 개의 명사구 뒤에 '이/가'가 붙은 경우를 말한다. 이때 수량어에 '이/가'가 결합한 부분은 독립적인 주어로 볼 수 없다고 하였으므로 '사과가 두 개가 남았다.'라는 문장 중 수량어에 '가'가 결합한 '두 개가' 부분은 독립적인 주어로 볼 수 없음을 알 수 있다.

07 ③ [응용 추론 – 어휘 추론]

ⓒ이 포함된 문장은 '와인이 두 병이 부족하다.'와 같은 수량어 유형의 이중 주어 구문의 '두 병이'는 '와인이'를 보충하기 위한 부가어에 불과하며 독립적인 주어로 볼 수 없다고 설명하고 있다. 따라서 ⓒ은 '어떤 일을 실천하는 데 자유롭고 자주적인 성질이 있는 것'을 의미하는 '주체적이다'와 바꿔쓸 수 없다.
ⓒ 독립적(獨立的): 남에게 의존하거나 예속되지 아니한 것.
獨 홀로 독, 立 설 립, 的 과녁 적
주체적(主體的): 어떤 일을 실천하는 데 자유롭고 자주적인 성질이 있는 것.
主 임금 주, 體 몸 체, 的 과녁 적

오답해설

① ㉠ 독특(獨特)하다: 특별하게 다르다.
獨 홀로 독, 特 특별할 특
특이(特異)하다: 보통 것이나 보통 상태에 비하여 두드러지게 다르다.
特 특별할 특, 異 다를 이
② ㉡ 드러내다: 가려 있거나 보이지 않던 것을 보이게 하다.
나타내다: 보이지 아니하던 어떤 대상이 모습을 드러내다.
④ ㉣ 부각(浮刻)하다: 어떤 사물을 특징지어 두드러지게 하다.
浮 뜰 부, 刻 새길 각
강조(強調)하다: 어떤 부분을 특별히 강하게 주장하거나 두드러지게 하다.
強 강할 강, 調 고를 조

08 ③ [논리 비판 – 논리 추론 – 명제논리]

제시된 명제를 기호화하여 정리하면 다음과 같다.

| ○ 갑남자 → 정여자 ⇔ ~정여자 → ~갑남자 ≡ 정남자 → 갑여자 |
| ○ 을여자 → 병여자 |
| ○ 병남자 → 정남자 |
| ○ 여자 ∨ 남자 |

첫째 명제의 대우는 '~정여자 → ~갑남자'이다. 넷째 조건에 따르면 갑, 을, 병, 정 4명은 모두 여자가 아니면 남자라 하였으므로 여자가 아니라는 것은 곧 남자라는 것을 의미한다. 따라서 '~정여자 → ~갑남자'는 '정남자 → 갑여자'와 동치임을 알 수 있다. 이를 셋째 명제와 결합하면 '병남자 → 정남자 → 갑여자'가 된다. 이의 대우는 '~갑여자 → ~정남자 → ~병남자'인데, 갑, 정, 병 이들은 여자가 아니라면 남자이므로 이는 '갑남자 → 정여자 → 병여자', 즉 '~병여자 → ~정여자 → ~갑자'와 동치이다. 따라서 답은 ③이다.

오답해설

① 해당 선지를 기호화하면 '병여자 → ~갑여자'이다. 여자가 아니라면 남자라 하였으므로 이는 '병여자 → 갑남자'와 동치이다. 위에서 도출한 바에 따르면, '~갑여자 → ~정남자 → ~병남자', 즉 '병남자 → 정남자 → 갑여자'이므로, 해당 선지는 위에서 도출한 명제의 '이'에 해당한다.
② 해당 선지를 기호화하면 '~병남자 → ~정남자'이다. 이는 셋째 명제의 '이'에 해당한다.
④ 해당 선지를 기호화하면 '~병남자 → 갑여자', 즉 '~갑여자 → 병남자'이다. 위에서 도출한 바에 따르면 '~갑여자 → ~정남자 → ~병남자'이므로, 갑이 여자가 아니라면, 병은 남자가 아니다.

09 ③ [논리 비판 – 비판 추론 – 강화약화]

ㄱ. 둘째 문단에 따르면 '도박사의 오류'란 서로 독립적으로 일어나는 별개의 확률적 사건이 서로의 확률에 영향을 미친다는 착각으로 인해 나타나는 논리적 오류이다. 성공한 뒤에는 실패할 것을, 실패한 뒤에는 성공할 것을 예측하는 것이 이 오류의 예시에 해당한다. 태풍은 인간의 힘으로는 어찌해 볼 도리가 없을 때나 부정적인 사건에 해당하며, ㉠은 이에 해당한다면 '도박사의 오류'가 나타날 가능성이 높다고 주장했다. 따라서 태풍이 한 번 발생한 지역에는 연달아 태풍이 발생하지 않을 것으로 예측한다면, ㉠의 주장은 강화되며, 약화되지 않는다.
ㄴ. 둘째 문단에 따르면, '도박사의 오류'란 서로 독립적으로 일어나는 별개의 확률적 사건이 서로의 확률에 영향을 미친다는 착각으로 인해 나타나는 논리적 오류이다. 성공한 뒤에는 실패할 것을, 실패한 뒤에는 성공할 것을 예측하는 것이 이 오류의 예시에 해당한다. 로또 당첨은 인간의 힘으로는 어찌해 볼 도리가 없을 때에 해당하며, ㉠은 이에 해당한다면 '도박사의 오류'가 나타날 가능성이 높다고 주장했다. 따라서 이번 회차 로또 1등에 당첨된 사람이 다음 회차 로또 1등에도 당첨되기는 힘들 것으로 예측한다면, ㉠의 주장은 강화된다.

오답해설

ㄷ. 둘째 문단에 따르면 '도박사의 오류'란 서로 독립적으로 일어나는 별개의 확률적 사건이 서로의 확률에 영향을 미친다는 착각으로 인해 나타나는 논리적 오류이며, '뜨거운 손의 오류'란 실제로는 독립적 확률을 가진 사건들임에도 이전의 성공을 근거로 앞으로도 성공할 것임을 예측하는 것이다. 운동선수가 훈련을 통해 좋은 성적을 얻는 것은 인간이 자기 의지로 결과에 영향을 발휘한 예시이며, ㉠은 이러한 경우에 '뜨거운 손의 오류'가 발생할 가능성이 높다고 주장했다. 따라서 이런 운동선수의 노력을 통한 성과에도 불구하고 많은 이들이 그가 다음 시즌에 부진한 성적을 얻을 것이라고 예측하는 것은 ㉠의 주장을 약화한다.

10 ③ [의사소통 – 작문 내용]

첫째 문단에 따르면 주희에게 있어 명덕은 '인간이 본래 지니고 있는' 능력이며, '기질에 가려 명덕이 발휘되지 못하게 되면 잘못된 행동을 하게 된다'고 보았다. 따라서 명덕은 함양하는 것이 아니므로 ㉢을 '타고난 명덕이 발휘되도록 기질을 교정하는'으로 수정하는 것이 적절하다.

오답해설

① ㉠ 이후 "주희와 정약용은 '명명덕'에 대해 서로 다르게 해석한다"라는 내용이 제시되고 있으므로, ㉠은 기존의 서술을 유지하는 것이 타당하다.
② 첫째 문단에 따르면 주희는 명덕을 '인간이 본래 지니고 있는 마음의 밝은 능력'으로 보며, '기질에 가려 명덕이 발휘되지 못하게 되면 잘못된 행동을 하게 된다'고 보았음을 알 수 있다. 따라서 명덕을 지닌다는 것은 인간이 악한 일을 행하도록 하는 것이 아니므로 ㉡은 기존의 서술을 유지하는 것이 타당하다.
④ 둘째 문단에 따르면, 정약용에게 있어 '명명덕'은 '구체적으로 효, 제, 자를 실천하도록 한다는 뜻'이라고 하였다. 따라서 명명덕은 지식을 통해 습득해야 하는 것이 아닌, 행위를 통해 실천해야 하는 덕목이므로 ㉣은 기존의 서술을 유지하는 것이 타당하다.

11 ④ [확인 추론 – 긍정발문 – 과학기술경제]

셋째 문단에 따르면, '대기가 안정적이고 바람이 약한 경우에만 눈이 고르게 내릴 수 있'음을 알 수 있다. 즉, 대기가 안정적이고 바람이 약하다는 조건은 눈이 고르게 내리는 필요조건으로 작용하는 것이다. 따라서 대기가 불안정하다면 눈이 고르게 내릴 수 없음을 추론할 수 있다.

> 오답해설

① 첫째 문단에 따르면, '얼음 결정이 주변의 수증기를 흡수하여 점점 크기가 커지고, 육각형의 독특한 구조를 가진 눈송이로 성장한다'고 한다. 즉, 눈송이가 주변의 수증기를 흡수하며 얼음 결정이 되는 것은 아님을 알 수 있다.
② 둘째 문단에 따르면, '눈송이는 충분한 크기와 무게를 갖추면 중력의 영향으로 지상으로 떨어지기 시작한다'고 한다. 즉 모든 눈송이가 중력의 영향으로 지상으로 떨어지는 것이 아니라, 눈송이가 충분한 크기와 무게를 갖추었을 때 비로소 중력의 영향으로 지상으로 떨어지게 되는 것이다.
③ 둘째 문단에 따르면 '눈송이는 하강하는 동안 기온과 습도에 따라 모양이 변하거나 녹을 수 있다'고 한다. 다만, 눈송이가 지상으로 떨어지며 주변 기온과 습도를 어떻게 변화시키는지와 관련한 내용은 지문을 통해 확인할 수 없는 부분이다.

12 ② [응용 추론 - 어휘 추론]

제시된 문장에서 'ⓐ 떨어지는'을 대체할 수 있는 유의어로 '내리는' 등이 있다. ⓐ이 포함된 문장의 구조는 'a가 b로 떨어지다'이다. 선지 ②의 '떨어지는'은 '내리는'이라는 유의어를 제시된 문장과 공유하며, 'a가 b로 떨어지다'의 구조와 일치한다. 따라서 ⓐ의 문맥적 의미와 가장 가까운 것은 선지 ②이다.
「1」【…에】【…으로】 위에서 아래로 내려지다.
예 그는 발을 헛디뎌서 구덩이로 떨어졌다.

> 오답해설

① 「2」【…에】【…으로】 어떤 상태나 처지에 빠지다.
예 타락의 길로 떨어지다.
③ 「4」【…보다】 ('…보다' 대신에 '…에 비하여'가 쓰이기도 한다) 다른 것보다 수준이 처지거나 못하다.
예 품질에서 다른 회사에 떨어지면 경쟁에서 진다.
④ 「2」【…에서/에게서】 달렸거나 붙었던 것이 갈라지거나 떼어지다.
예 소매에서 단추가 떨어졌다.

13 ② [논리 비판 - 논리 추론 - 명제논리]

제시된 명제를 기호화하여 정리하면 다음과 같다.

○ 화흐림∨수흐림
○ (월비∧금맑음) → ~목눈
○ 목눈
○ 화흐림 → (월비∧금맑음)

넷째 명제와 둘째 명제를 결합하면 '화흐림 → (월비∧금맑음) → ~목눈'이 된다. 목요일에는 눈이 왔다고 하였으므로, 후건 부정을 통해 '~화흐림'을 확정할 수 있다. 그리고 '화흐림∨수흐림'이 주어졌으므로, 선언지 제거를 통해 '수흐림'을 도출할 수 있다. 답은 선지 ②이다.

14 ④ [확인 추론 - 긍정발문 - 문학]

둘째 문단에 따르면, 서술 자아가 경험 자아인 것처럼 극화되는 소설에서 '전체를 인용하는 서술 자아의 말은 이를 객관화할 수 있는 다른 인용자를 전제로 한다'고 하였다.

> 오답해설

① 첫째 문단에 따르면 "이야기 안에서 체험하는 '나'(경험 자아)와 이야기 외부에서 서술하는 '나'(서술 자아)는 다른 공간에 있"으며, "'서술 자아'는 '경험 자아'가 과거에 겪은 사건들을 이야기"한다고 하였다. 따라서 서술 자아와 경험 자아는 동일하지 않은 위치에서 다른 역할을 수행한다.
② 둘째 문단에 따르면 서술 자아가 경험 자아와 같은 말투를 구사할 때, 서술 자아와 내포 작가가 분리될 가능성이 매우 커진다고 하였다. 따라서 서술 자아가 경험 자아와 다른 어법을 쓰면 내포 작가가 분리될 가능성이 낮아질 것이다.
③ 둘째 문단에 따르면, '서술 자아의 말은 객관적이지 않으므로 소설적 객관화를 위해 서술 자아를 객관화할 수 있는 다른 존재자, 즉 내포 작가가 필요하다'고 하였다. 따라서 서술 자아의 언어는 객관적이지 않다.

15 ② [의사소통 - 작문 내용]

'주 4일제 수업의 확대 실시에 따른 문제 해결 방안'이란 주제의 보고서에 담을 내용은 지문에서 제시된 문제점에 대한 해결 방안이어야 한다. ②는 문제점과 연결된 해결 방안을 찾겠다는 의식이 부족하다.

> 오답해설

①은 평일 수업 부담의 증가 문제와, ③은 사회의 교육 기반 시설 부족 문제와, ④는 학부모의 인식 부족 문제와 연관되며 각각 해당 문제에 대한 해결 방안이 되고 있다.

16 ② [확인 추론 - 부정발문 - 문학]

둘째 문단에 따르면, 알라존은 '강자로서 자신을 과신하고 자만하지만 우둔하다'고 하였다. 고대 희극에서의 약자는 '에이론'이다.

> 오답해설

① 첫째 문단에 따르면, 아리스토텔레스의 윤리적 가치의 기준은 '진실성'에 있어서 진실한 인간과 달리 앞의 인물들을 기만적인 인물로 처리된다고 하였다. 이를 통해 아리스토텔레스는 진실성 기준으로 기만적인 인간을 분류하였다는 것을 알 수 있다.
③ 마지막 문단에 따르면, 차범석의 「새야 새야 새야 파랑새야」에서 '천석은 전봉준의 뜻을 이어받아 독립군이 되고 세정은 친일파로 변모'하였다고 하였다. 이러한 두 사람의 다른 선택을 통해 두 사람의 현실 인식을 대비시켰다는 것을 알 수 있다.
④ 마지막 문단에 따르면, 세정이 자신의 친일 행위가 애국심에서 비롯된 것이라 주장하자 문 여사는 '아무것도 모르는 시정 무식배들이나 이러쿵저러쿵 아는 사람은 다 압니다. 영감이 얼마나 애국 충정에 불타오르는 어른인가는 알고도 남지요.'라고 말했다. 이 부분은 문 여사가 세정의 친일 행위를 나라를 위한 애국심에서 비롯된 것이라 주장하며 그의 행동을 옹호한 것이다.

17 ④ [응용 추론 - 문맥 추론]

친일파로 변모한 세정(ⓒ)은 '자신이 한 친일 행위는 자신의 욕심 때문이 아니라 모두 나라를 위해 한 일이라고 주장'하였다.
「새야 새야 새야 파랑새야」에서 작가는 '세정'을 통해 그의 현실 인식이나 역사의식이 틀렸다는 것을 폭로하고 있다고 하였다. 그러므로 '세정'은 현실을 잘 아는 것처럼 과장하고 있지만 사실은 현실을 올바르게 인식하고 있지 못한 인물이라고 할 수 있다. 이를 통해 '세정'이 자기를 실제 이상의 존재인 것처럼 가장하고(ⓐ) 자신을 과신하고 자만하는 인간(ⓑ)이라는 것을 알 수 있다.
반면 '시정 무식배들(ⓓ)'은 '세정'의 입장에서 보면 현실을 모르는 무식한 사람들이지만, 작가의 입장에서 보면 친일 행위에 대해 이러쿵저러쿵 말을 얹는 이들은 현실을 올바르게 직시하는 현명한 사람들이다.
따라서 ⓐ~ⓓ 중 의미하는 바가 이질적인 것은 ⓓ(시정 무식배들)이다.

18 ① [확인 추론 - 긍정발문 - 인문사회예술]

둘째 문단에 따르면, 정보 비대칭은 시장이 원활하게 작동하는 데 장애가 된다. 역선택은 정보 비대칭으로 인한 문제 중 하나이다. 따라서 역선택이 반복되면 시장이 원활하게 작동하기 어려워질 것임을 추론할 수 있다.

> 오답해설

② 둘째 문단에 따르면, 정보를 가진 쪽이 정보가 없는 쪽에 직접 자신의 정보를 알리는 행위를 신호 보내기라고 한다. 그러나 신호 보내기가 반복된다고 하여 신호에 대한 신뢰도가 떨어질 것이라고 판단하기는 어렵다.
③ 둘째 문단에 따르면, 골라내기는 정보가 없는 쪽이 상대방 스스로 정보를 드러내도록 유도한 후 상품을 선택하는 것을 말한다. 따라서 상대방의 반응에 앞서 상품을 선택하는 것이 중요하다고 볼 수 없다.
④ 첫째 문단에 따르면, 역선택은 구매자가 판매자보다 정보가 적기 때문에 발생한다. 따라서 역선택은 상품의 정보량 자체가 중요한 것이 아니라, 구매자와 판매자 사이의 상대적인 정보 보유량이 중요하다.

19 ② [논리 비판 - 비판 추론 - 비판적 이해]

ㄱ. 갑은 주 4일 근로제는 근무 시간 축소로 인해 업무 집중도가 증가하여 생산성을 높일 수 있다고 하며 주 4일 근로제에 대해 찬성한다. 반면 을은 주 4일 근로제로 인해 기업은 추가 고용 비용을 감당해야 하므로 일부 산업에서는 주 4일 근로제가 실질적으로 적용되기 어려울뿐더러 산업별 도입 불균형이 다른 문제를 제기할 것이라며 반대하고 있다. 이를 통해 주 4일 근로제에 대한 갑과 을의 주장은 대립한다는 것을 알 수 있다.
ㄴ. 을은 주 4일 근로제로 인해 기업은 추가 고용 비용을 감당해야 하므로 일부 산업에서는 주 4일 근로제가 실질적으로 적용되기 어려울뿐더러 산업별 도입 불균형이 다른 문제를 제기할 것이라며 반대하고 있다. 반면, 병은 주 4일제가 직원들의 삶의 질을 개선할 것이고 이는 장기적으로 기업과 사회에 이익을 줄 것이기 때문에 주 4일제를 도입하여야 한다고 주장한다. 이를 통해 을과 병의 주장은 대립한다는 것을 알 수 있다.

오답해설

ㄷ. 병은 주 4일제가 직원들의 삶의 질을 개선할 것이고 이는 장기적으로 기업과 사회에 이익을 줄 것이기 때문에 주 4일제를 도입하여야 한다고 주장한다. 갑은 주 4일 근로제는 근무 시간 축소로 인해 업무 집중도가 증가하여 생산성을 높일 수 있다고 하며 주 4일 근로제에 대해 찬성한다. 이를 통해 주 4일 근로제에 대한 병과 갑의 주장은 대립하지 않는다는 것을 알 수 있다.

20 ① [확인 추론 – 부정발문 – 과학기술경제]

첫째 문단에 따르면, 정부 관계자는 앞으로 전자 장비 폐기물을 제조업자들에게 처리하도록 강요할 것이라 하였다. 이를 통해 아르헨티나 정부가 직접 기술 제조 업체에 제재를 가할 수 있다는 것을 알 수 있다.

오답해설

② 첫째 문단에 따르면, '아르헨티나인들은 매년 1인당 약 6kg의 전자 장비를 폐기한다'고 한다.
③ 둘째 문단에 따르면 '아르헨티나의 한 단체에서는 전자 기기를 기부받아 고친 뒤 공립학교에 기부'하는데, 이때 '실업자들을 훈련시켜 고용한다'고 하였다. 이는 실업자들에게 재취업의 기회를 주는 것이므로, 아르헨티나의 한 단체에서는 실업자들에게 재취업 교육을 제공한다는 것을 알 수 있다.
④ 마지막 문단에 따르면, '올해 아르헨티나에서만 휴대폰이 천만 대가 버려졌다는 것을 고려하면, 경제적 손실이 적어도 1,500만 달러 이상으로 추정된다'고 하였다. 이를 통해 아르헨티나의 전자 폐기물은 경제적 손실을 초래한다는 것을 알 수 있다.

제66회 이유진 국어 백일기도 모의고사 해설

01 ① [국어학의 이해와 활용 – 작문 형식]

'그는 철수가 절대로 범인이 아니라고 주장하였다'에서 '주장하였다'의 주어는 '그는'이며, '아니다'의 주어는 '철수가'이다. ㉠에 따라 '그는 철수에게 절대로 범인이 아니라고 주장하였다.'라고 수정할 경우, '아니다'의 주어가 생략되므로 원 문장을 수정하지 않는 것이 적절하다.

오답해설

② '필수품'은 '일상생활에 없어서는 안 되는 반드시 필요한 물건.'을 의미하는데, 이미 '반드시'와 '필요하다'라는 의미가 포함되어 있다. 따라서 ㉡에 따라 '반드시 필요한'을 삭제하는 것이 적절하다.
③ '자율적'이 '개인'을 꾸미는 것인지, '의지'를 꾸미는 것인지 명확하지 않다. 따라서 ㉢에 따라 '개인의 자율적 의지'로 수정하는 것이 적절하다.
④ '대등한 것끼리 접속할 때는 구조가 같은 표현을 사용할 것'에 따라 앞의 내용이 구라면 뒤에도 구를, 앞의 내용이 절이라면 뒤에도 절을 사용해야 한다. '모든 구성원이 따를 수 있는 법 제정과 신하들을 적재적소에 배치하기 위해 노력하였다.'는 구와 절로 이루어져 있으므로, '모든 구성원이 따를 수 있는 법을 제정하고 신하들을 적재적소에 배치하기 위해 노력하였다'와 같이 절과 절로 수정하는 것이 적절하다.
• 구와 구: 모든 구성원이 따를 수 있는 법 제정과 신하들을 적재적소에 배치를 하기 위해~
• 절과 절: 모든 구성원이 따를 수 있는 법을 제정하고 신하들을 적재적소에 배치하기 위해~

02 ④ [논리 비판 – 비판 추론 – 비판적 이해]

ㄴ. 을은 이 법률로 인해 게임 접근이 차단된다면, 이는 표현의 자유 및 자유로운 문화적 참여를 부당하게 제한하는 것이라고 하였다. 하지만 병은 본인인증과 부모 동의가 다른 기본권을 침해하지 않으며 게임 가입 제한이 기본권 제한의 비례성 원칙에도 부합한다고 하였다. 따라서 을은 이 법률을 반대하지만 병은 이 법률을 찬성하므로 둘의 주장은 대립한다.
ㄷ. 병은 본인인증과 부모 동의가 다른 기본권을 침해하지 않으며 게임 가입 제한이 기본권 제한의 비례성 원칙에도 부합한다고 하였다. 반면 갑은 게임산업진흥에 관한 법률 제12조의3이 보장된 개인정보자기결정권을 심각하게 제한한다고 하였다. 이를 통해 병은 이 법률을 찬성하지만 갑은 반대한다는 것을 알 수 있다.

오답해설

ㄱ. 갑은 게임산업진흥에 관한 법률 제12조의3이 보장된 개인정보자기결정권을 심각하게 제한한다고 하였다. 을은 이 법률로 인해 게임 접근이 차단된다면, 이는 표현의 자유 및 자유로운 문화적 참여를 부당하게 제한하는 것이라고 하였다. 따라서 갑과 을은 모두 이 법률을 반대한다고 할 수 있다.

03 ③ [국어학의 이해와 활용 – 언어학 – 기타]

지문은 언어와 정신 간의 관계를 다루고 있다. 우리는 말로써 우리의 생각을 나타내며, 말의 구조에 맞도록 생각을 가다듬는 과정이 되풀이되며 그 말의 구조에 이끌려 생각의 틀이 만들어진다고 한다. 즉 인간의 정신은 언어의 구조에 이끌려서 형성된다는 것이다. 따라서 글쓴이의 주장은 '언어의 구조에 따라 우리의 정신이 형성된다'는 것이 된다.

오답해설

① 말의 구조에 맞도록 생각을 가다듬는 조절 작업이 평생 되풀이되는 사이에 그 말의 구조에 이끌려 생각의 틀이 만들어진다고 한다. 즉 말의 구조에 맞게 생각을 가다듬는 과정이 되풀이되며 생각이 만들어지는 것이지, 말과 생각이 되풀이되며 형성되는 것이 아니다.
② 인간의 정신이 언어의 구조에 이끌려 나가는 것이지, 언어가 사람과 사람을 이어주는 매개체라는 내용은 제시되지 않았다.
④ 지문은 언어와 정신 간의 관계를 다루고 있다. 언어의 형식과 내용 간의 관계는 글의 핵심적인 주제와 거리가 멀다.

04 ④ [의사소통 – 작문 내용]

지문에서는 '고혈압 증상 및 치료 가이드와 관련한 내용'이 소개된다. 둘째 문단의 ㉣ 바로 앞의 종합적 관리 전략이 위장이나 신장 질환의 발생 위험을 낮춘다는 것은 문맥상 적절하지 않다. 따라서 ㉣의 '심혈관계나 뇌혈관계 질환'이라는 기존 표현을 유지하는 것이 적절하다.

오답해설
① 첫째 문단에 따르면 '고혈압은 단순히 스트레스나 긴장 때문에 일시적으로 혈압이 올라가는 상태와 다르'다. 이에 고혈압은 단기간에 걸친 혈압 수치의 변동이라기보다는, 장기간에 걸친 혈압 수치의 변동이라고 추론하는 것이 적절하다. 따라서 ㉠을 '장기간에 걸쳐'로 고치는 것이 적절하다.
② 첫째 문단에서 고혈압은 '대부분 별다른 자각 증상이 없어 침묵의 살인자라 불린다'는 것을 알 수 있고, ㉡ 바로 앞에서 '드물게 두통이나 어지러움과 같은 증상이 나타나더라도'라 제시되었다. 또한 ㉡ 바로 뒤에서는 정확한 진단을 위해 의료 기관에서 여러 차례 혈압을 측정하고 다양한 요인을 종합적으로 고려해야 한다고 설명한다. 이에, 드물게 두통이나 어지러움과 같은 증상이 나타나도 이를 고혈압 특유의 신호로 단정할 수 있다는 설명은 적절하지 않음을 알 수 있다. 따라서 ㉡을 '단정하기 어렵다'로 고치는 것이 적절하다.
③ 둘째 문단의 ㉢ 뒤에 제시된 내용을 통해, 혈압 수치의 안정화를 위해 '전반적인 생활습관 변화가 필수적'임을 알 수 있다. 즉 고혈압의 치료 가이드로서 염분 섭취를 줄이는 것으로 충분하다는 설명은 적절하지 않음을 알 수 있다. 따라서 ㉢을 '단순히 염분 섭취를 줄이는 데 그치지 않는다'로 고치는 것이 적절하다.

05 ③ [논리 비판 – 논리 추론 – 명제논리]
제시된 명제를 기호화하여 정리하면 다음과 같다.

| 전제1: 성적 좋음 → 필기 잘함 |
전제2: 필기 잘함n∧글씨체 예쁨n
결론: 글씨체 예쁨n∧성적 좋음n

결론인 '글씨체 예쁨n∧성적 좋음n'을 이끌어 내기 위해서는 둘째 전제의 '필기 잘함n'과 결론의 '성적 좋음n'을 연결해 줄 수 있는 전제가 필요하다. 특칭의 참이 보장되기 위해서는 전칭의 참이 전제되어야 하므로, 추가되어야 할 전제는 '필기 잘함 → 성적 좋음'이다. 답은 ③이다.

06 ④ [확인 추론 – 긍정발문 – 인문사회예술]
지문에 따르면 동양의 지붕은 하늘과 땅을 상호 보완의 개념으로 보려고 하는 동양의 철학을, 서양의 지붕은 하늘을 우러르기보다는 땅을 굽어보겠다는 의지가 보이는 인본주의를 바탕으로 한다. 따라서 동·서양의 지붕에는 각 문화권의 세계관이 반영되어 있다.
오답해설
① 동·서양 모두 시대에 따라 지붕의 양식이 변해 왔다는 언급은 제시된 바 없다.
② 동양의 지붕은 신과 인간의 합일을 추구하고 있다고 언급한 적이 없으며, 서양의 지붕도 인본주의가 건물에서 묻어나올 뿐, 신과 인간의 합일을 추구한다는 언급은 없다.
③ 동양의 지붕은 '용마루 선을 따라 수평선이 형성됨과 동시에 처마 끝이 들어 올려지면서'를 통해 곡선과 직선을 모두 사용하였다는 것을 알 수 있다. 즉 동양의 지붕이 서양의 지붕과 달리 곡선을 위주로 사용하였다고 단정할 수 없다.

07 ① [응용 추론 – 어휘 추론]
㉠이 포함된 문장은 인본주의를 바탕으로 만들어진 그리스 신전의 지붕이 수평선을 통해 하늘을 우러르기보다 땅을 굽어보겠다는 의지를 확실히 보여 주고 있다는 것을 설명하고 있다. 따라서 ㉠은 '어떤 방안, 물건 따위가 처음으로 생각되다.'를 의미하는 '창안되다'와 바꿔 쓸 수 없다.
㉠ 창조(創造)되다: 전에 없던 것이 처음으로 만들어지다.
創 비롯할 창, 造 지을 조
창안(創案)되다: 어떤 방안, 물건 따위가 처음으로 생각되다.
創 비롯할 창, 案 책상 안
오답해설
② ㉡ 명확(明確)히: 명백하고 확실하게.
明 밝을 명, 確 굳을 확
분명(分明)히: 태도나 목표 따위가 흐릿하지 않고 확실하게.
分 나눌 분, 明 밝을 명
③ ㉢ 더불다: 무엇과 같이하다.
함께: 한꺼번에 같이. 또는 서로 더불어.
④ ㉣ 어우러지다: 여럿이 조화를 이루거나 섞이다.
조화(調和)되다: 서로 잘 어울리다.
調 고를 조, 和 화목할 화

08 ④ [논리 비판 – 비판 추론 – 강화약화]
ㄱ. 지문에 따르면 조선 중기까지 주자학의 정치가 이어져 왔음에도 국가는 위태하고 민생은 파탄에서 벗어나지 못했으며, 정약용은 이를 보고 이론에 국한돼 현실적 문제를 해결하지 못하는 당대 정치를 극복하고 난국을 타개하기 위해 정치적 실천을 강조한 적극적인 정치를 제시하였다. 따라서 이는 주자학과 실천적 정치를 대립적으로 파악한 견해이므로, 실천적인 정치가 주자학의 정신을 기반으로 하여 실현된다는 사실이 밝혀지면 ㉠은 약화된다.
ㄴ. 정약용은 적극적인 정치만이 백성의 삶을 윤택하게 만들 것이라 주장하였다. 도를 구현할 수 있는 정치에 대한 이론적 논의가 백성의 삶을 윤택하게 만든다는 사실은 정약용의 주장에 대한 반례에 해당한다. 따라서 ㉠을 약화한다.
ㄷ. 정약용은 법제를 공정하게 정비하는 것을 적극적인 정치로 보았다. 따라서 법을 공평하게 정비하는 것이 이론에 국한된 정치라는 비판은 정약용이 제시한 정치를 약화한다. ㉠을 강화하지 않는다.

09 ② [확인 추론 – 부정발문 – 문학]
둘째 문단에 따르면, 생태시는 1990년대 이후 '생태계의 조화로움과 생명의 고귀함을 드러내고, 이를 통해 시인이 느끼는 깨달음을 노래하였다'고 한다. 이 시기에는 자연을 '충만한 생명력을 갖춘 순환적 존재'로 보았으며, 복구해야 할 공간으로 보지 않았다.
오답해설
① 첫째 문단에 따르면 '인간은 산업화를 통해 물질적 풍요를 이루었지만, 산업화는 자연환경을 파괴시켰을 뿐만 아니라 생태계 질서에 혼란을 발생시켰'는데, 생태시는 이러한 산업화의 병폐를 반성하였다고 한다. 이를 통해 생태시는 산업화가 초래한 폐단을 반성한 문학적 형식이라는 점을 알 수 있다.
③ 마지막 문단에 따르면 1990년대 이전 생태시, 즉 초기 생태시는 '인간을 무지와 탐욕의 존재로 여겼다. 이때의 인간은 '생태의 질서에 무지'하며, '물질에 대한 욕망으로 인해 자연의 질서를 무분별하게 파괴'한 대상이다.
④ 마지막 문단에 따르면, '서정적인 생태시는 인간이 직접 자연과 소통하면서 마음의 위로를 얻거나, 스스로 각성하여 생태의 질서 안에서 새로운 삶을 살아야 한다는 깨달음을 얻는 존재로 표현하기도' 하였다. 이때의 인간은 '자연과의 상생 관계를 회복'한다고 하였다. 이를 통해 서정적인 생태시가 인간이 자연과 소통하면서 생태의 질서를 회복할 수 있다고 보았음을 알 수 있다.

10 ④ [국어학의 이해와 활용 – 언어학 – 단어]
'날이 밝아 왔다.'의 '왔다'는 앞말에 진행의 의미를 더해 주는 보조 용언이지만, '아기가 기어 왔다.'의 '왔다'는 '어떤 사람이 말하는 사람 혹은 기준이 되는 사람이 있는 쪽으로 움직여 위치를 옮기다.'의 의미로 쓰인 본용언이다.
오답해설
① '기차가 이미 떠나 버렸다.'의 '버렸다'는 보조 용언으로 본용언 '떠나'에 완료의 의미를 더해 주는 기능을 한다.
② '방 안의 전등을 켜 두었다.'의 '두었다'는 본래의 어휘적 의미는 잃고 유지의 문법적 의미만을 지닌 보조 용언이다.
③ '나는 강아지에게 관심을 주었다.'의 '주었다'는 '시선이나 관심 따위를 어떤 곳으로 향하다.'라는 어휘적 의미를 지닌 본용언이므로 단독으로 쓰여도 서술어의 기능을 할 수 있다. 하지만 '그가 설거지를 해 주었다.'의 '주었다'는 본용언 '해' 뒤에서 동작의 완료의 문법적 의미를 더해 주는 보조 용언이므로 단독으로 서술어의 기능을 가질 수 없다.

11 ② [확인 추론 – 부정발문 – 과학기술경제]
둘째 문단에 따르면 물 분자는 전체적으로 중성이나 산소 원자 쪽이냐, 수소 원자 쪽이냐에 따라 전하가 결정되고, 이로 인해 물 분자는 상온에서 두세 개가 붙어 다닌다.
오답해설
① 첫째 문단에 따르면, 파장이 약 400나노미터에서 700나노미터인 가시광선보다 파장이 길다면 라디오파이다. 마이크로파의 경우 파장이 수 cm에서 1m에 이른다고 하였으므로 마이크로파는 가시광선보다 파장이 긴 라디오파에 속함을 알 수 있다.
③ 둘째 문단에 따르면, 상온에서 음전하를 띤 부분이 다른 물 분자의 양전하를 띤 부분을 잡아당겨 물 분자는 두세 개가 붙어 다닌다. 양전하를 띠는 부분은 수소 원자 쪽이고 음전하를 띠는 부분은 산소 원자 쪽이다. 따라서 음전하를 띤 산소 원자 쪽이 양전하를 띤 수소 원자 쪽을 잡아당길 것이다.
④ 둘째 문단에 따르면 물 분자 두 개가 결합한 경우, 마이크로파로 인해 그 결합이 깨지지는 않는다. 따라서 깨진 물 분자가 움직이며 온도가 상승하는 효과도 나타나지 않을 것이므로 음식이 따뜻해지지 않을 것이다.

12 ③ [응용 추론 – 어휘 추론]

지문의 '㉠ 이른다'는 '어떤 정도나 범위에 미치다'라는 의미로 쓰인 것이다. 선지 ③의 '이르렀다' 또한 그의 키가 육 척이라는 '어떤 정도나 범위'에 미치고 있음을 표현한 것이므로 선지 ③이 ㉠과 문맥상의 의미가 가장 유사하다.

이르다¹ 「…에」 ② 어떤 정도나 범위에 미치다.

오답해설

① 이르다² ① 【…에게 …을】【…에게 -고】 「1」 무엇이라고 말하다.
② 이르다¹ 「…에」 「1」 어떤 장소나 시간에 닿다.
④ 이르다² ① 【…에게 …을】【…에게 -고】 「4」 어떤 사람의 잘못을 윗사람에게 말하여 알게 하다.

13 ① [응용 추론 – 빈칸 추론]

판소리가 지니는 여러 가지 문화적 측면을 설명하고 있는 것으로, 빈칸 앞에 제시된 설명을 통해 빈칸의 내용을 유추할 수 있다. 노래로 향유된다는 설명은 곧 판소리의 '음악'적 측면을 설명한 것이며, 내용이 사설이라는 것은 판소리가 곧 '언어'로 이루어졌음을 의미하고, 민족의 공감을 담고 있다는 것은 판소리의 '민족'적 특수성을 보여 주는 것이다. 또한 삶에 대한 인식과 태도를 담고 있다는 것은 판소리가 우리의 '생활'에 근거하고 있음을 설명하는 것이다.

14 ③ [의사소통 – 작문 내용]

〈지침〉에 '본론은 제목에서 밝힌 내용을 2개의 장으로 구성하되 각 장의 하위 항목끼리 대응되도록 작성하라'고 하였다. 하지만 '사용자의 보안 의식 제고 교육'은 Ⅱ-1(기업 및 기관의 보안 관리 소홀)과 대응되는 Ⅲ-1(ⓒ)의 내용이 아니다. ⓒ에는 '사용자'에 대한 방안이 아니라 '기업 및 기관'에 대한 해결 방안이 제시되어야 한다.

오답해설

① 제목을 보았을 때, 글의 중심 소재는 '개인정보 유출 문제'이다. 〈지침〉에 '서론은 중심 소재의 실태와 문제 제기를 1개의 장으로 작성하라'고 하였으므로, ㉠에는 '개인정보 유출 문제'와 관련된 문제 제기가 들어가야 한다. 따라서 '디지털화가 급속히 진행되면서 나타나는 개인정보 유출 사건으로 인한 사회적 피해 증가'는 이러한 문제 제기로 적절하다.
② 〈지침〉에 '본론은 제목에서 밝힌 내용을 2개의 장으로 구성하되 각 장의 하위 항목끼리 대응되도록 작성하라'고 하였다. 따라서 '해킹, 악성코드 등 사이버 공격의 증가'는 Ⅲ-2(기술적 방어 체계 확립과 같은 사이버 범죄 대응 체계 구축)와 대응되는 Ⅱ-2(ⓒ)의 내용으로 적절하다.
④ 〈지침〉에 '결론은 기대 효과와 향후 과제를 1개의 장으로 작성할 것'이라는 내용이 제시되어 있다. Ⅳ-2에 '국가 간 협력을 통해 개인정보 유출에 대한 대응 체계 구축'이라는 향후 과제가 제시되어 있으므로, ㉣에는 '개인정보 보호 강화 및 개인정보 유출 피해 감소'라는 기대 효과가 제시되는 것이 적절하다.

15 ② [응용 추론 – 사례 추론]

제시된 부러움의 전제를 제시된 사례에 적용하면, 정희에게 있어서 선호 순서는 다음과 같다.

> a. 정희만 새 옷을 소유한 경우 > 정희와 지희 모두 새 옷을 소유하지 않은 경우 > 정희와 지희 모두 새 옷을 소유한 경우
> b. 정희만 새 옷을 소유한 경우 > 정희와 지희 모두 새 옷을 소유하지 않은 경우 > 지희만 새 옷을 소유한 경우

다만, a, b에서 가장 덜 선호하는 경우인 '정희와 지희 모두 새 옷을 소유한 경우'와 '지희만 새 옷을 소유한 경우' 간의 선호 차이는 비교가 불가능하다.
ㄱ. 현재 상황은 a에서 '정희와 지희 모두 새 옷을 소유한 경우'이다. 정희에게 있어 최고의 선호는 '정희만 새 옷을 소유한 경우'이므로, 정희는 지희의 새 옷만이 없어지기를 가장 바랄 것이다. 정희가 자신과 지희의 새 옷이 모두 없어지기를 가장 바랄 것이라고 보기는 어렵다. (거짓)
ㄴ. 앞서 도출한 바와 같이, '정희와 지희 모두 새 옷을 소유한 경우'와 '지희만 새 옷을 소유한 경우' 간의 선호 차이는 비교가 불가능하다. (거짓)
ㄷ. 정희에게 있어 최고의 선호는 '정희만 새 옷을 소유한 경우'이므로, 정희는 지희의 새 옷만이 없어지기를 가장 바랄 것이다. (참)
따라서 〈보기〉 중 적절한 것을 모두 고르면 'ㄷ'이다.

16 ② [응용 추론 – 문맥 추론]

둘째 문단에 제시된 미국 연방 대법원의 네 가지 판결 내용을 정리하면 다음과 같다.

㉠ 어빈 사건 판결	언론 보도가 예단을 형성시켜 실제로 재판에 영향을 주었다는 사실이 입증되면 그 유죄 판결을 파기하여야 함.
㉡ 리도 사건 판결	보도의 내용이나 행태 등에서 예단을 유발할 수 있다고 인정되면, 개개의 배심원이 실제로 예단을 가졌는지의 입증 여부를 따지지 않고, 적법 절차의 위반을 들어 유죄 판결을 파기할 수 있음.
㉢ 셰퍼드 사건 판결	'침해 예방'이라는 관점을 제시하여, 배심원 선정 절차에서 예단을 가진 후보자의 배제, 배심원이나 증인과의 격리, 재판 연기, 관할 변경 등의 사전적 예방 수단을 언급함.
㉣ 네브래스카 기자 협회 사건 판결	'공판 전 보도 금지 명령'에 대하여 침해의 위험이 명백하지 않은데도 사전 예방 수단을 쓴 것이므로 위헌임.

리도 사건 판결(㉡)은 보도의 내용이나 행태 등에서 예단을 유발할 수 있다고 인정되면 실제로 예단을 가졌는지의 입증 여부를 따지지 않고 유죄 판결을 파기하여야 한다고 했다. 반면에 셰퍼드 사건 판결(㉢)은 '침해 예방'이라는 관점을 제시하여 예단의 사전적 예방 수단을 언급한다. 즉 ㉡은 예단이 재판에 영향을 미친 이후의 처리를 논하고 있으며, ㉢은 예단이 재판에 영향을 미치기 전의 예방을 논하고 있다. 첫째 문단에 의하면 예단은 공정한 형사 재판을 받을 피고인의 권리를 침해할 위험이 있다고 하였으므로, 예단을 심어줄 우려가 낮을수록 더 공정한 재판이라 할 수 있다. ㉡에서 ㉢으로의 이행은 형사 재판의 공정성을 높이기 위해 예단을 심어줄 우려를 더 낮춘 것에 해당한다. 따라서 공정한 형사 재판의 측면에서 볼 때 '후퇴'한 것이라고 하기에 적절하지 않다.

오답해설

① 둘째 문단을 보면, 어빈 사건 판결(㉠)은 '언론 보도가 예단을 형성시켜 실제로 재판에 영향을 주었다는 사실이 입증되면' 유죄 판결을 파기하여야 한다고 말한다. 하지만 리도 사건 판결(㉡)은 '예단을 유발할 수 있다고 인정되면', '개개의 배심원이 실제로 예단을 가졌는지의 입증 여부를 따지지 않고' 유죄 판결을 파기할 수 있다고 한다. 즉 언론 보도가 예단을 형성시켜 실제로 재판에 영향을 주었다는 사실을 입증해야 하는 어빈 사건 판결(㉠)과 달리 리도 사건 판결(㉡)은 배심원들이 실제로 예단을 가졌는지의 입증 여부를 따지지 않는다. 따라서 ㉡이 ㉠보다 예단에 대한 피고인의 입증 책임을 완화하였다고 한 선지의 진술은 적절하다.
③ 셰퍼드 사건 판결(㉢)은 '침해 예방'이라는 관점을 제시하여, 형사 절차 과정에서 배심원 선정 시 예단을 가진 후보자를 미리 배제하고 배심원이나 증인을 격리하며, 재판을 연기하거나 관할을 변경하는 등의 수단을 언급한다. 예단은 헌법상 적법 절차 보장에 근거한 공정한 형사 재판을 받을 피고인의 권리를 침해하므로, ㉢은 형성된 예단이 재판에 영향을 미치는 것을 예방하겠다는 것이다. 따라서 ㉢이 적법 절차를 보장하기 위하여 형사 절차 내에서 예단의 사전 방지 수단을 제시하였다고 한 선지의 진술은 적절하다.
④ 네브래스카 기자 협회 사건 판결(㉣)은 법원이 보도 기관에 내린 '공판 전 보도 금지 명령'이 침해의 위험이 명백하지 않은데도 사전 예방 수단을 쓴 것으로 보아 위헌이라고 판단했다. 이는 보도 제한이 헌법에 보장된 표현의 자유에 대한 침해가 된다는 입장이 반영된 판결이다. 즉 ㉣은 '공판 전 보도 금지 명령'이 기자나 언론이 지닌 표현의 자유에 대한 과도한 제한이라고 보고 이를 경계한 것이므로 선지의 진술은 적절하다.

17 ② [구조 독해 – 배열 – 문장 배열]

ㄱ. '그러나'라는 역접의 상황에서 사용하는 접속어 뒤에 어린이들이 왜 빨간 불일 때 건너면 안 되는지는 배우지 않는다는 내용이 제시되어 있다. 따라서 ㄱ의 앞에는 다른 어떤 것을 배운다는 내용이 제시되어야 한다.
ㄴ. '그것은' 신호등을 만들 때 정한 약속이라는 내용이 제시되어 있다. 따라서 ㄴ의 앞에는 신호등과 관련된 약속이 제시되어야 한다.
ㄷ. '왜 해는 동쪽에서 떠서 서쪽으로 지는가, 달은 왜 밤에 뜨는가 등을 배우는 것이다.'라는 내용이 제시되어 있다. '배우는 것이다.'라는 표현을 통해 앞에 오는 문장을 재진술한 것임을 알 수 있으므로 ㄷ은 글의 서두에 올 수 없다. ㄷ의 앞에는 해와 달이 뜨고 지는 것을 배운다는 내용이 제시되어야 한다. → 선지 ①, ③ 탈락
ㄹ. '왜 하필 파란 불'이라는 내용은 ㄴ에서 제시한 신호등과 관련한 내용일 것이라 추론할 수 있다. 따라서 ㄹ은 ㄴ보다 앞에 제시되어야 함을 알 수 있다. 또한 '빨간 불일 때 건너면 안 되고 파란 불일 때 건너야 한다'는 내용이 ㄹ의 앞에 제시되어야 '왜 하필 파란 불이냐 따져 물으면 할 말이 없다.'로 자연스럽게 이어질 수 있다.
→ 선지 ①, ③ 탈락
ㅁ. 학생은 학교에서 우주와 관련한 것들을 배운다는 내용이 제시되어 있다. 이는 학생들이 배우는 것에 대한 화두를 던지는 것이며, 이에 이어 ㄷ이 제시됨으로써 학교에서 배우는 것에 대해 구체적으로 설명하고 있다. 따라서 ㅁ-ㄷ으로 이어져야 하며, 뒤에 ㄱ까지 위치하는 것이 자연스럽다. → 선지 ①, ③ 탈락

ㅂ. 다만 꼭 파란 불이 켜졌을 때만 건너라고 배운다는 내용이 제시되어 있다. 이는 ㄹ의 '왜 하필 파란 불이냐'는 질문을 이끌어 낼 수 있으므로 ㄹ의 앞에 ㅂ이 위치하여야 한다. 또한 '다만' 파란 불일 때에만 건너라고 하였으므로, ㅂ이 ㄱ의 뒤에 위치해야 '왜 빨간 불일 때 건너면 안 되는지는 배우지 않지만, 다만 파란 불이 켜졌을 때 건너라고 배운다'는 내용이 자연스럽게 이어진다. → 선지 ④ 탈락
따라서 ㅁ-ㄷ-ㄱ-ㅂ-ㄹ-ㄴ으로 이어지는 것이 가장 자연스럽다.

18 ① [논리 비판 – 논리 추론 – 명제논리]

제시된 명제를 기호화하여 정리하면 다음과 같다.

> ○ A거짓말쟁이 → C거짓말쟁이 ⇔ ~C거짓말쟁이 → ~A거짓말쟁이
> ○ B거짓말쟁이 → ~C거짓말쟁이 ⇔ C거짓말쟁이 → ~B거짓말쟁이
> ○ ~D거짓말쟁이 → ~A거짓말쟁이

첫째 명제의 대우는 '~C거짓말쟁이 → ~A거짓말쟁이'이다. 이를 둘째 명제와 결합하면 'B거짓말쟁이 → ~C거짓말쟁이 → ~A거짓말쟁이'가 된다. 따라서 답은 선지 ①이다.

오답해설

② 해당 선지를 기호화하면 'C거짓말쟁이 → ~A거짓말쟁이'이다. 둘째 명제를 통해 C가 거짓말쟁이라면, B가 거짓말쟁이가 아니라는 것은 알 수 있으나, 이를 통해 A가 거짓말쟁이인지 아닌지는 알 수 없다.
③ 해당 선지를 기호화하면 'B거짓말쟁이 → ~D거짓말쟁이'이다. 위에서 도출한 'B거짓말쟁이 → ~C거짓말쟁이 → ~A거짓말쟁이'에 따라 B가 거짓말쟁이라면 C는 거짓말쟁이가 아니고, A도 거짓말쟁이가 아니란 것을 알 수 있다. 하지만 이를 통해 D가 거짓말쟁이인지 아닌지는 알 수 없다.
④ 해당 선지를 기호화하면 '~D거짓말쟁이 → B거짓말쟁이'이다. 셋째 명제에 따라 D가 거짓말쟁이가 아니라면 A도 거짓말쟁이가 아님을 알 수 있다. 다만, 이를 통해 B가 거짓말쟁이인지 아닌지는 알 수 없다.

19 ③ [응용 추론 – 빈칸 추론]

㉠의 전후 문맥을 살펴보면, 신학이 지배력을 행사하던 중세 유럽에서 종교학이 등장하여 신학의 경직성과 독단론을 비판했다. 특히, 신학이 적용되어야 할 범위가 제한적일 수밖에 없다는 것을 인식하지 못했다는 점을 비판하고 있다. 그러므로 ㉠에는 신학의 권위가 적용되는 범위가 제한적이라는 내용이 들어가는 것이 적절하다.

오답해설

① 신학의 권위를 더욱 굳건히 해야 한다는 논지이므로 적절하지 않다.
② 신학의 중요성을 강조하고 있는 진술이므로 적절하지 않다.
④ 선지는 신학의 긍정적인 내용을 서술하고 있으므로 적절하지 않다. 또한 신학은 절대적 권위를 벗고 인간에 대한 새로운 시각을 제시하는 학문이 아닌 절대적 권위를 받아들이는 학문이다.

20 ③ [구조 독해 – 전개방식]

㉠의 앞부분은 두 소설인 「1984」와 「멋진 신세계」가 제시한 사회상의 공통점을, ㉠의 뒷부분은 두 소설이 담고 있는 사회상의 차이점에 대한 내용을 설명한다. 내용이 전환되고 있으므로, ㉠에는 전환의 상황에서 사용하는 접속어인 '그런데'가 들어가는 것이 적절하다. → 선지 ①, ② 탈락
㉡의 앞부분은 국가가 개인을 철저하게 감시하는 방식으로 개인의 인권을 탄압한 사회상을 담고 있는 「1984」에 대한 내용을, ㉡의 뒷부분은 거대한 세계 정부가 사람들에게 말초적 쾌락을 제공함으로써 행복하다고 느끼게 만든 사회상을 담고 있는 「멋진 신세계」에 대한 내용을 설명한다. 따라서 ㉡에는 대립의 상황에서 사용하는 접속어인 '반면', '한편'이 들어가는 것이 적절하다. → 선지 ①, ④ 탈락
㉢의 앞부분은 현대 사회의 모습이 올더스 헉슬리의 「멋진 신세계」에 나타난 사회의 모습과 더 가깝다고 생각했다는 내용을, ㉢의 뒷부분은 헉슬리가 오웰보다 더 정확하게 현대 사회를 내다 보았다고 생각했다는 내용을 설명한다. 앞의 내용이 뒤에 나오는 내용의 원인이 되므로, ㉢에는 인과의 상황에서 앞의 내용이 원인일 때 사용하는 접속어인 '그래서'가 들어가는 것이 적절하다. → 선지 ①, ②, ④ 탈락
따라서 빈칸에 들어갈 접속어의 조건을 모두 충족시키는 선지는 ③이다.

제67회 이유진 국어 백일기도 모의고사 해설

01 ② [국어학의 이해와 활용 – 작문 형식]

'대등한 것끼리 접속할 때는 구조가 같은 표현을 사용할 것'에 따라 앞의 내용이 구라면 뒤에도 구를, 앞의 내용이 절이라면 뒤에도 절을 사용해야 한다. '아파트 내 화재를 예방하고 안전 점검을 위해'는 절과 구로 구성되어 있다. 그러나 '아파트 내 화재 예방과 안전을 점검하기 위해'로 수정할 경우, 구와 절로 구성되므로 적절하지 않은 수정이다.
• 구와 구: 아파트 내 화재 예방과 안전 점검을 위해
• 절과 절: 아파트 내 화재를 예방하고 안전을 점검하기 위해

오답해설

① '항상'은 '언제나 변함없이'를 의미하는데, 이미 '변함없이'라는 의미가 포함되어 있다. 따라서 '중복되는 표현을 삼갈 것'을 고려하여 '항상'으로 수정하는 것이 적절하다.
③ 주어인 '경보음'은 서술어 '방문하다'와 호응하지 않으므로, 이와 호응하는 서술어를 추가해야 한다. 따라서 '주어와 서술어를 호응시킬 것'을 고려하여 '경보음이 발생하거나 작업자가 세대를 방문할'로 수정하는 것이 적절하다.
④ '소방시설의 이상'은 점검 대상자에 의해 발견되는 대상이다. 따라서 '능동과 피동 등 흔히 헷갈리기 쉬운 것에 유의할 것'을 고려하여 '발견될'로 수정하는 것이 적절하다.

02 ③ [국어학의 이해와 활용 – 언어학 – 소리]

'값을'은 겹받침이 모음으로 시작된 조사와 결합하는 경우인데, 이 경우 겹받침의 뒤엣것만을 뒤 음절 첫소리로 옮겨 발음하는데, 이 경우 'ㅅ'은 된소리로 발음하므로 [갑쓸]로 발음하는 것이 적절하다.

오답해설

① '앉아'는 겹받침이 모음으로 시작된 어미와 결합하는 경우인데, 이 경우 겹받침의 뒤엣것만을 뒤 음절 첫소리로 옮겨 발음하므로 [안자]로 발음한다.
② '읊'은 자음 앞에서 [ㅂ]으로 발음하므로 '읊고'는 [읍꼬]로 발음한다.
④ '닭을'은 겹받침이 모음으로 시작된 조사와 결합하는 경우인데, 이 경우 겹받침의 뒤엣것만을 뒤 음절 첫소리로 옮겨 발음하므로 [달글]로 발음한다.

03 ① [논리 비판 – 논리 추론 – 독해 논리]

'개성에서 생산된'은 '의류 제품'을 꾸미는 관형어이다. 그런데 이는 '모든 의류 제품은 개성에서 생산되었다'를 가정하지 않으며, '몇몇 의류 제품은 개성에서 생산되었고, 개성에서 생산된 의류 제품인 모든 것들은 한국산으로 인정된다'와 동치이다. 따라서 B류 관형어의 사례로 볼 수 있다.

오답해설

② '18살'이라는 관형어가 '옆집 철수'를 수식하고 있다. 그런데 옆집 철수는 단 한 명만을 지칭하는 것이므로 '몇몇 옆집 철수'라고 표현할 수 없기 때문에 B류 관형어가 적용된 사례라고 보기 어렵다.
③ '고위 공직자인'이라는 관형어가 '장관'을 수식하고 있다. '모든 장관은 고위 공직자이며, 모든 장관은 중요한 의사결정을 한다'와 동치이므로 A류 관형어의 사례이다.
④ '대한민국의 국어인'이라는 관형어가 '한국어'를 수식하고 있다. 대한민국의 국어는 한국어이므로 수식어와 피수식어는 같은 말이다. 따라서 A류나 B류 관형어의 사례로 볼 수 없다.

04 ③ [확인 추론 – 부정발문 – 인문사회예술]

둘째 문단에 따르면, 신체 이론은 '두 시점 간의 시공간이 연속적으로 이어져 있다는 아이디어를 기반으로 하여 동일성이 유지된다고 주장'하는 이론이다. 시간과 공간 중 하나만 연속적이면 동일성이 유지되는지는 알 수 없다.

오답해설

① 첫째 문단에 따르면 '우리 몸의 세포와 뼈 조직은 끊임없이 변'하므로, 지금 이 순간에도 몸 어딘가에서 변화가 일어나고 있을 것임을 알 수 있다.
② 마지막 문단에 따르면, 심리 이론은 기억을 근거로 동일성이 보장된다고 보는 이론이다. 이에 따르면, 기억의 소멸이 일어나는 치매 환자의 경우 동일성이 유지된다고 보기 어렵다.
④ 셋째 문단에 따르면, 영혼 이론은 둘째 문단의 신체 이론이 '두 사람의 영혼이 교환된 경우와 같은 특이 상황'에서 동일성이 보장되기 어려운 한계를 해결할 수 있다. 즉 A와 B의 영혼이 바뀐 경우, A의 신체에 B의 영혼이 들어갔으므로 A의 신체를 보고 B라고 할 수 있는 것이다.

05 ④ [논리 비판 - 논리 추론 - 명제논리]
두 사람의 발언을 기호화하여 정리하면 다음과 같다.

| A 첫째 발언: ~갑의사 → (을디자이너∧병가수) |
| B 첫째 발언: 을디자이너 → 무국어교사 |
| A 둘째 발언: 그리고 (㉠). |
| B 둘째 발언: ~정프로그래머 → 갑의사 ⇔ ~갑의사 → 정프로그래머 |

A의 첫째 발언과 B의 첫째 발언을 결합하면 '~갑의사 → (을디자이너∧병가수) → 무국어교사'가 된다. 이는 '~갑의사'라면 '을디자이너∧병가수'이며, '무국어교사'임을 의미한다. 결론인 B의 둘째 발언의 대우는 '~갑의사 → 정프로그래머'이므로 ㉠이라는 하나의 전제를 추가해 이 결론을 도출하기 위해서는 '~갑의사'일 때 참임이 바로 도출되는 '을디자이너∧병가수'나 '무국어교사'를 결론의 대우의 후건인 '정프로그래머'와 연결해 주는 것을 찾으면 된다. 따라서 ㉠에 들어갈 수 있는 것은 '을디자이너 → 정프로그래머', '병가수 → 정프로그래머', 또는 '무국어교사 → 정프로그래머'이다. 답은 위에서 도출한 '병가수 → 정프로그래머'의 대우인 '~정프로그래머 → ~병가수', 즉 선지 ④이다.

오답해설
① 이 선지를 기호화하면 '정프로그래머 → 을디자이너'이고, 위에서 도출한 '을디자이너 → 정프로그래머'의 '역'에 해당한다. 따라서 이는 ㉠에 들어갈 말로 적절하지 않다.
② 이 선지를 기호화하면 '정프로그래머 → ~갑의사'이다. 이는 결론인 B의 둘째 발언의 '이'에 해당할 뿐이며, ㉠에 들어갈 말로 적절하지 않다.
③ 이 선지를 기호화하면 '무국어교사 → ~정프로그래머'이므로 ㉠에 들어갈 말로 적절하지 않다.

06 ④ [확인 추론 - 긍정발문 - 문학]
마지막 문단에 따르면, 조선 후기의 세태 소설에는 '과거와 달리 능동적이고 주체적인 성격이 강한 인물들이 나온다'고 하였다. 따라서 조선 후기의 이전, 즉 조선 전기의 소설에는 여성 인물들이 수동적으로 묘사되었을 것이다.

오답해설
① 첫째 문단에 따르면, 세태 소설의 주인공들은 '특정 시기의 특정 사회적 양상 안에서 그 시대의 패러다임을 온몸으로 체험한다'고 하였다. 이때 '사건이 진행되면서 발생하는 갈등을 통해 당대 사람들의 인식과 태도를 구체적으로 그려 낸다'고 하였다. 따라서 이때 체험한 일들을 추상적으로 서술하지 않았을 것이다.
② 둘째 문단에 따르면, 조선 후기 세태 소설은 '현실'이라는 일원적 세계관 속에서 벌어진 사건을 다루어야 한다고 하였다. 따라서 조선 후기 세태 소설의 배경에는 환상적 요소가 포함되지 않아야 할 것이다.
③ 둘째 문단에서 조선 후기의 소설이 세태 소설에 포함되려면, "중세적 이념보다 '경험적 인식'을 중시해야 한다"고 하였다. 따라서 조선 후기 세태 소설은 중세적 이념을 강조하지 않았을 것이다.

07 ③ [구조 독해 - 주제]
첫째 문단은 후쿠야마가 주장한 '역사의 종말' 선언 및 경제 중심의 국제 질서 재편에 대한 후쿠야마의 예측을 제시하고 있다. 둘째 문단은 불평등의 확산, 전쟁의 발발, 무역 장벽과 같이 후쿠야마의 예상과는 다른 국제 정세의 흐름에 대해 다루고 있다. 따라서 두 문단의 내용을 포괄하는 '인류의 역사에 대한 후쿠야마의 예측은 현재의 국제 질서에 적용하기에 무리가 있다'가 지문의 주제에 해당한다.

오답해설
① 최근의 국제 질서가 냉전 직후에 이루어진 후쿠야마의 예측과는 다르다는 내용이 제시되었을 뿐, 냉전 시대와 비슷하게 흘러가고 있다는 내용은 제시되지 않았다.
② 크고 작은 전쟁이 벌어진다는 내용이 제시되었지만, 이것이 이데올로기 전쟁에 해당하는지는 지문을 통해 파악하기 어렵다. 또한 기술 발전에 따른 불평등 심화와 같이 '역사의 종말' 선언의 한계를 보여 주는 다른 요소 또한 존재한다는 점에서, 전쟁에 대한 내용은 부분적인 정보에 해당한다.
④ 과학 기술의 발전과 불평등의 심화가 후쿠야마의 주장 철회를 이끌어 냈다는 내용이 제시되었다. 하지만 전쟁 발발, 무역 장벽과 같이 '역사의 종말' 선언의 한계를 보여 주는 다른 사례 또한 제시되어 있다. 따라서 과학 기술의 발전으로 후쿠야마의 주장이 타당성을 잃어가고 있다는 내용은 부분적인 정보에 해당한다.

08 ③ [확인 추론 - 부정발문 - 과학기술경제]
둘째 문단에 따르면 연금술사들이 중요하게 생각하는 두 개의 기본적인 원소는 수은과 황이며, 비너스와 마르스는 각각 구리와 철을 상징하므로 서로 일치하지 않는다.

오답해설
① 첫째 문단에 따르면, 연금술사의 관점에서 '인체라는 소우주와 자연이라는 대우주 사이에 일종의 교감이 있었다'고 한다.
② 둘째 문단에 따르면, 연금술사는 '우주 안의 모든 물체들은 수은과 황으로 만들어졌다'고 한다. 따라서 연금술사의 입장에서 모든 물체는 두 가지 원소로 이루어진다고 보았을 것이다.
④ 둘째 문단에 따르면, 연금술사는 '모든 금속들이 수은과 황이 합성되어 자라난다고 믿었다'고 한다. 따라서 연금술사의 입장에서 구리는 황과 수은의 합성의 산물이다.

09 ② [문맥추론 - 어휘 추론]
㉠이 포함된 문장의 구조는 'a는 b가 높다'인데, 제시된 선지 중 'b'의 의미가 정도를 나타내는 것은 선지 ②뿐이다. 따라서 ㉠의 문맥적 의미와 가장 가까운 것은 선지 ②이다.
「3」수치로 나타낼 수 있는 온도, 습도, 압력 따위가 기준치보다 위에 있다.
㉠ 장마철에는 습도가 높다.

오답해설
① 「6」지위나 신분 따위가 보통보다 위에 있다.
㉠ 신분이 높다.
③ 「10」어떤 의견이 다른 의견보다 많고 우세하다.
㉠ 양심수를 석방하라는 목소리가 높다.
④ 「8」이름이나 명성 따위가 널리 알려진 상태에 있다.
㉠ 명성이 높은 학자.

10 ① [논리 비판 - 비판 추론 - 강화약화]
ㄷ. 둘째 문단에 따르면 글쓴이는 소비자의 '선택적 지각'에 그들의 이전 경험이 중요하게 작용하며, 과도한 양의 자극이 전달되었을 때 소비자는 자신이 이미 알던 것이나 경험한 것에 더 주의를 기울인다고 주장했다. 유명 배우나 스포츠 스타가 광고에 많이 활용되는 것도 이 때문이라고 주장하였는데, 만일 신제품 A의 광고 모델이 일반인에서 유명 배우로 교체된 후 판매량이 2배가 되었다면 이는 글쓴이의 주장을 강화한다.

오답해설
ㄱ. 첫째 문단에 따르면, 소비자에게 전해지는 자극이나 정보의 양이 과하면 이들은 자신이 유의미하다고 판단한 정보만 처리한다고 주장했다. 지문에서 밝힌 소비자들의 인지 능력 한계나 그들에게 전해진 자극이나 정보의 양과 관계없이, 그들이 그들에게 무의미한 정보는 절대 처리하지 않는다는 것이 밝혀졌다면, 글쓴이의 주장은 강화되지 않는다.
ㄴ. 둘째 문단에서 글쓴이는 소비자의 '선택적 지각'은 소비자의 지각적 경계심과 밀접한 관련이 있으며, 이는 소비자가 가지고 있는 현재 욕구와 관련된 자극을 상대적으로 더 잘 인식한다는 의미임을 주장했다. 청소년들은 자신이 욕구하던 것과 관련이 없더라도 새로운 광고에는 무조건 기존의 광고보다 더 큰 관심을 가진다는 것이 밝혀졌다면, 소비자가 자신의 현재 욕구와 관련된 자극을 더 잘 인식한다는 글쓴이의 주장은 약화된다.

11 ④ [확인 추론 - 부정발문 - 인문사회예술]
셋째 문단에서 원본에 해당하는 모델을 그린 것은 이데아를 모방한 사본이므로 유사에 해당한다고 설명한다. 실제 마릴린 먼로를 모델로 한 초상화라면 이데아에 해당하는 마릴린 먼로를 모방한 것이므로 '사본', 즉 유사에 해당한다. 따라서 상사에 해당한다는 설명은 부적절하다.

오답해설
① 첫째 문단에서 '유사성'은 원본과의 가까움을 의미한다고 설명하고, 셋째 문단에서 이데아를 모방한 이미지가 '유사'에 해당한다고 하였으므로 원본과 이데아는 일맥상통하는 개념이다.
② 첫째 문단에 따르면 상사성은 원본의 부재를 가정하므로 상사성 개념하에서는 서로 다른 복제물 사이의 같음과 다름이 있을 뿐이다.
③ 둘째 문단에 따르면 전통 회화에 해당하는 유사성의 예술은 원본, 즉 자연에 대한 모방을 추구해왔다. 따라서 유사성 개념에서 회화의 진리는 자연의 모방에 있을 것이다.

12 ④ [응용 추론 - 어휘 추론]
㉣이 포함된 문장은 앤디 워홀의 마릴린 먼로 시리즈가 시뮬라르크인 상사에 해당한다며 그 이유로 해당 마릴린 먼로 시리즈가 애초에 복제품이었던 먼로 사진을 그

대로 그린 것이기 때문이라고 말하고 있다. 따라서 ㉣은 '베끼어 쓰다'를 의미하는 '필사하다'와 바꿔 쓸 수 없다.
㉣ 모사(模寫)하다: 사물을 형체 그대로 그리다.
模 법 모, 寫 베낄 사
필사(筆寫)하다: 베끼어 쓰다.
筆 붓 필, 寫 베낄 사

오답해설

① ㉠ 내재(內在)하다: 어떤 사물이나 범위의 안에 들어 있다.
內 안 내, 在 있을 재
담기다: 어떤 내용이나 사상이 그림, 글, 말, 표정 따위 속에 포함되거나 반영되다.
② ㉡ 무이(無二)하다: 오직 하나뿐이고 둘 이상은 없다.
無 없을 무, 二 두 이
유일(唯一)하다: 오직 하나밖에 없다.
唯 오직 유, 一 하나 일
③ ㉢ 얽매이다: 마음대로 행동할 수 없도록 몹시 구속되다.
구애(拘礙)되다: 거리끼거나 얽매이게 되다.
拘 잡을 구, 礙 막을 애

13 ② [응용 추론 – 빈칸 추론]

둘째 문단에서 창조의 행위에 통제를 벗어나는 묘한 자유 영역이 존재한다는 내용을 상술하는 내용이 빈칸에 들어가야 하므로, 첫째 문단의 세 가지 원칙을 정하더라도 통제를 벗어날 수 있다는 내용이 들어가는 것이 가장 적절하다. 따라서 ㉠에는 '인간이 로봇을 완벽히 통제할 수 있다는 것이 헛된 희망일 수도 있다는 것'이 들어가야 한다.

오답해설

① ㉠에는 창조의 행위에 통제를 벗어나는 묘한 자유 영역이 존재한다는 내용을 상술하는 내용이 제시되어야 한다. ㉠의 앞에 제시된 내용을 통해 '절대' 착한 로봇이 존재할 수 없다는 것을 단정 지을 수는 없다. 단지 제1원칙에서 해석의 문제가 발생하여 '착한 로봇'의 기준에 대해 이견이 생길 수 있음만 알 수 있다.
③ 지문에서 인간과 로봇이 상생하며 이익이 된다는 내용은 지문에 제시되지 않았다.
④ 인간이 로봇에게 지배당하게 된다는 내용은 지문에 제시되지 않았다.

14 ① [논리 비판 – 비판 추론 – 비판적 이해]

ㄱ. 갑은 동물 실험이 의학 발전을 위해 불가피하므로 지속해야 한다고 본다. 병 또한 동물 실험을 완전히 중단하기보다는 의존도를 줄이고 엄격한 규제를 마련해야 한다고 보아 존치 여부에 찬성한다. 따라서 갑과 병은 동물 실험의 존치 여부에 대한 의견이 같다.

오답해설

ㄴ. 을은 동물 실험이 동물의 권리를 심각하게 침해하므로 도덕적으로 옳지 않다고 주장한다. 병 역시 수많은 동물에게 고통을 주었다는 점을 무시할 수 없다며 동물의 복지를 최대한 보장해야 한다고 하였다. 이는 동물 실험의 비윤리성을 줄이고자 하는 노력이므로 을과 병은 다른 의견을 갖는다고 볼 수 없다.
ㄷ. 갑은 동물 실험이 불가피하므로 지속해야 한다고 주장하는 반면, 을은 동물 실험을 더 이상 허용해서는 안 된다고 주장하여 서로 대립한다.

15 ① [의사소통 – 작문 내용]

첫째 문단에 따르면 1인칭 서술 방식은 '화자가 직접 이야기를 전개하는 형식'으로, '독자는 화자가 선택적으로 드러내는 단서와 정보에 의존'하게 된다. 이에 사건 자체의 객관적 실상에 따라 인물과 상황을 평가하게 되기보다는, 화자의 주관적 경험 및 화자가 선택적으로 드러내는 정보에 따라 인물과 상황을 평가하게 될 것이라 추론할 수 있다. 따라서 ㉠의 '화자의 감정적 편향'이라는 기존 표현을 유지하는 것이 적절하다.

오답해설

② 둘째 문단에 따르면, 전지적 시점이나 3인칭 서술 방식은 '인물들의 다양한 내면과 관계를 여러 시각에서 보여 주는' 방식이다. 또한 첫째 문단에 따르면 1인칭 서술 방식은 '독자는 화자가 선택적으로 드러내는 단서와 정보에 의존'하게 됨을 알 수 있다. 따라서 ㉡을 '넓은 관점에서 조망'으로 고치는 것이 적절하다.
③ 둘째 문단에 따르면 전지적 시점이나 3인칭 서술 방식은 '인물들의 다양한 내면과 관계를 여러 시각에서 보여 주는' 방식임을 알 수 있으며, 이를 통해 '독자는 다양한 갈등 관계와 의미망을 좀 더 객관적으로 파악하게 됨'을 알 수 있다. 이는 독자가 한 사건을 바라봄에 있어 여러 시각에서 평가할 수 있도록 도울 것이라 추론할 수 있다. 따라서 ㉢을 '커질 수 있다'로 고치는 것이 적절하다.

④ 첫째 문단에 따르면, 문학 작품의 이해 과정에서 '서술 방식의 차이는 독자의 해석 방향에 큰 영향을 미칠 수 있'음을 알 수 있다. 작품 수용의 주체는 화자가 아닌 독자이기 때문에, ㉣을 '독자가 어떻게 수용하느냐'로 고치는 것이 적절하다.

16 ② [응용 추론 – 빈칸 추론]

'우리나라가 독립국만 되면'이라는 가정 상황을 염두에 둔 것으로, '나'는 '독립한 제 나라의 빈천'이 남의 밑에 사는 부귀보다 기쁘고 영광스럽고 희망이 많기 때문에 ㉠이 되어도 좋다고 하였다. '부귀'보다 '빈천'이나 ㉠이 낫다고 하였으므로 ㉠에는 부귀와 반대되고 '빈천'과 비슷한 뜻의 단어가 들어가는 것이 적절하다. 따라서 ㉠에는 '신분이나 지위 따위가 하찮고 천함'을 뜻하는 '미천(微賤)'이 들어가는 것이 적절하다.
미천(微賤): 신분이나 지위 따위가 하찮고 천함.
微 작을 미, 賤 천할 천

오답해설

① 미개(未開): 「1」 아직 꽃이 피지 않음.
「2」 토지 또는 어떤 분야가 개척되지 않음.
「3」 사회가 발전되지 않고 문화 수준이 낮은 상태.
未 아닐 미, 開 열 개
③ 우매(愚昧): 어리석고 사리에 어두움. ≒ 우몽(愚蒙), 우미(愚迷)
愚 어리석을 우, 昧 어두울 매
④ 우둔(愚鈍): 어리석고 둔함.
愚 어리석을 우, 鈍 둔할 둔

17 ④ [응용 추론 – 문맥 추론]

ⓐ, ⓑ, ⓒ는 완전하게 독립된 나라에서 살 수만 있다면 내 나라의 가장 미천한 신분으로 살아도 좋겠다는 글쓴이의 염원이 담긴 대상들이다. '왜왕의 신하(ⓓ)'는 조국을 배반하여 적국의 신하가 된다는 의미이므로 이와는 대조적 의미로 쓰였다.

18 ① [구조 독해 – 배열 – 문단 배열]

(가) 정당이 '포괄 정당', '선거 전문가 정당' 체계의 모습을 띠게 되었다고 서술하고 있다. 문장 맨 앞에 '그 결과'라는 말이 제시되어 있으므로, 정당 체계가 특정 계층을 뛰어넘어 전체 유권자 집단에게 표를 구하는 포괄 정당 체계의 모습을 보일 수밖에 없었던 원인이 앞에 제시되어야 한다.
(나) 기성 정당이 기득권 유지를 위해 '카르텔 정당' 체계를 구성하였다고 서술하고 있다. 문장 맨 앞 '이는'을 통해, 기득권을 유지해 온 기성 정당을 위협하는 상황에 대한 서술이 (나) 앞에 배치되어야 함을 알 수 있다.
(다) 산업 구조의 다변화로, 정당들이 특정 계층의 지지만으로는 집권이 불가능하여 보다 광범위한 유권자 집단으로부터 지지를 획득하고자 하는 상황이 제시되고 있다. 이는 앞서 '그 결과' 포괄 정당의 모습이 나타났다는 (가)의 원인이 되므로, (다)-(가) 순서가 적합하다. → 선지 ④ 탈락
(라) 한편 탈물질주의가 등장함에 따라 새로운 정당의 출현에 대한 압박이 생겨난 상황이 제시되고 있다. 이러한 상황은 기성 정당들을 위협하는 요소라고 볼 수 있으며, (나)의 '이는'으로 이어지는 흐름이 적합하다. 새로운 정당의 출현으로 인해 정당들이 기득권을 유지하기 위하여 소수 정당의 정치 활동을 어렵게 하는 카르텔 정당으로 변화하였다는 연결이 자연스럽다. → 선지 ③ 탈락
또한, '한편'이 문장의 첫 단어이므로, (다)-(가)보다 (라)-(나)가 더 이후에 서술되어야 한다.
(마) '이 과정에서' 계층과 직능을 대표하던 기존의 조직 라인이 당 조직의 외곽으로 밀려난 상황이 제시되어 있다. 이때, 계층과 직능을 대표하던 기존의 조직 라인을 밀려나게 만든 '이 과정'은 외부 선거 전문가로 당료를 구성하였던 (가)의 상황으로 보는 것이 가장 적절하다. 외부 선거 전문가로 당료를 구성하게 되며 기존의 조직 라인이 외곽으로 밀려난 것이다. → 선지 ② 탈락
따라서 (다)-(가)-(마)-(라)-(나)의 순서가 가장 자연스럽다.

19 ④ [의사소통 – 작문 내용]

〈자료 1〉은 과학자들에게 연구 환경의 개선과 경제적 처우 개선이 필요함을 나타내고 있고, 〈자료 2〉는 과학 기술자들이 안전한 환경에서 연구할 수 있어야 한다는 것을 보여 주고 있다. 따라서 'Ⅱ-2. 과학 기술자의 권리'에 '다' 항목을 새로 만들어 '안전하고 개선된 환경에서 연구할 수 있는 권리'라는 내용을 추가해야 한다.

오답해설

①, ②, ③ 두 자료 모두 '과학 기술자의 사고 대처 능력', '안전한 과학 기술 개발', '사고에 대한 윤리적 책임'에 대해 제시하지 않았다.

20 ② [논리 비판 – 논리 추론 – 명제논리]

제시된 명제를 기호화하여 정리하면 다음과 같다.

○ 추위 잘 느낌 → 겨울 싫어함
○ (   )
○ 결론: 차가운 음료 → ~추위 잘 느낌
   ⇔ 추위 잘 느낌 → ~차가운 음료

결론인 '차가운 음료 → ~추위 잘 느낌'의 대우는 '추위 잘 느낌 → ~차가운 음료'이다. 이를 이끌어 내기 위해서는 첫 번째 명제의 후건인 '겨울 싫어함'과 결론의 대우의 후건인 '~차가운 음료'을 연결해 줄 수 있는 전제가 필요하다. 따라서 추가되어야 할 전제는 '겨울 싫어함 → ~차가운 음료', 즉 '차가운 음료 → 겨울 싫어함'이다. 답은 ②이다.

제68회 이유진 국어 백일기도 모의고사 해설

01 ① [국어학의 이해와 활용 – 작문 형식]

'안내'는 '어떤 내용을 소개하여 알려 줌. 또는 그런 일'을 의미하는데, 이미 '소개한다'와 '알려 준다'는 의미가 포함되어 있다. 따라서 '중복되는 표현을 삼갈 것'을 고려하여 '안내'로 수정해야 한다.

오답해설

② 생략된 주어인 '○○시 시설관리공단'은 시민에게 난방을 공급하는 대상이므로, '능동과 피동 등 흔히 헷갈리기 쉬운 것에 유의할 것'을 고려하여 '난방을 공급하기 위해로' 수정하는 것이 적절하다.
③ '대등한 것끼리 접속할 때는 구조가 같은 표현을 사용할 것'에 따라 앞의 내용이 구라면 뒤에도 구를, 앞의 내용이 절이라면 뒤에도 절을 사용해야 한다. '대체 난방 기구 준비와 보온 상태를 유지할 수 있도록'은 구와 절로 구성되어 있는데, 이를 '대체 난방 기구를 준비하고 보온 상태를 유지할 수 있도록'로 수정하면 절과 절로 구성되므로 적절한 수정이 된다.
• 구와 구: 대체 난방 기구 준비와 보온 상태 유지를 할 수 있도록
• 절과 절: 대체 난방 기구를 준비하고 보온 상태를 유지할 수 있도록
④ 서술어 '복구될'과 호응하는 주어가 생략되어 있다. 이를 고려하여 '난방 공급이'를 추가하여 '난방 공급이 복구될'로 수정하는 것이 적절하다.

02 ③ [구조 독해 – 배열 – 문장 배열]

ㄱ. '이에 대해' 재판부는 A와 B 모두 책임이 있다고 설명한다. 따라서 이전에 A와 B의 책임 소재에 대한 갈등이 제시되어야 함을 알 수 있다.
ㄴ. '그러는 동안' 냉장고에 문제가 생겼으며 재산 피해가 발생했다고 설명한다.
ㄷ. '그러나'라는 역접의 상황에서 사용하는 접속어 뒤에 B사의 주장이 제시된다. B사는 냉장고에는 문제가 없고 사용자의 잘못이라고 주장한다. 따라서 ㄷ 앞에는 B사와 입장이 다른 의견이 제시되어야 함을 알 수 있다. 그리고 ㄴ은 사고 발생의 이유를 다루는 것임을 유추할 수 있으므로, ㄷ은 ㄴ 뒤에 위치해야 함을 알 수 있다. → 선지 ② 탈락
ㄹ. 식당을 운영 중인 A씨가 일주일간 식당을 비웠다고 한다. 이후에 ㄴ의 '그러는 동안' 불이 났다는 이야기가 오는 것이 자연스럽다. 따라서 ㄹ-ㄴ의 순으로 이어져야 한다. 또한 이는 갈등 원인이 되므로, 갈등에 대해 재판부가 다루는 ㄱ은 ㄹ-ㄴ 뒤에 이어져야 한다. → 선지 ② 탈락
ㅁ. A는 보험사를 통해 B에게 책임을 물었다는 이야기이다. 이는 ㄷ에서 제시된 B사의 주장과 입장이 다르므로 ㅁ-ㄷ으로 이어져야 함을 알 수 있다. 또한 다른 주장이 오간 후 재판부의 판결이 나오는 것이 자연스럽기에 ㅁ-ㄷ-ㄱ으로 이어지는 것이 옳다. → 선지 ①, ④ 탈락
따라서 'ㄹ-ㄴ-ㅁ-ㄷ-ㄱ'의 순서가 가장 자연스럽다.

03 ② [국어학의 이해와 활용 – 언어학 – 단어]

'드러나다'의 뜻은 '가려 있거나 보이지 않던 것이 보이게 되다.'이다. 하지만 '들다'는 '밖에서 속이나 안으로 향해 가거나 오거나 하다.', '아래에 있는 것을 위로 올리다.' 등의 뜻이므로 이는 본뜻에서 멀어졌다고 볼 수 있다. 이에 따라 '드러나다'라고 형태소를 밝혀 적지 않았으므로 적절하지 않다.

오답해설

① '걸음'은 '걷다'의 본뜻이 남아 있으므로 형태소의 본 모양을 밝혀 적은 것이다.
③ '쓰러지다'는 '쓸다'의 본뜻에서 멀어진 경우이다. 따라서 쓰기 편하도록 '쓰러지다'라고 발음대로 적은 것이다.
④ '거름'은 '(땅이) 걸다'에서 파생된 말이다. 하지만 본뜻에서 멀어졌으므로 형태소의 본 모양을 밝혀 적지 않았다.

04 ② [논리 비판 – 비판 추론 – 강화약화]

첫째 문단에 따르면 ㉠의 공리주의자들은 행복을 삶의 목표로 본다. 이들은 사회 구성원 최대 다수의 최대 행복을 기준으로 정책이나 행위를 결정하며, 다수의 행복을 위해서라면 소수의 희생이 강요될 수도 있다고 여긴다. 하지만 이들은 '최대 다수의 최대 행복'을 위해 소수의 희생이 발생할 수도 있다는 것이지, 이 기준을 충족하기 위해서 소수의 희생이 필수라고 주장한 바 없다. 따라서 소수의 희생이 강요되지 않은 채 사회 구성원 최대 다수의 최대 행복을 위한 정책이 실현되었다고 해도 ㉠의 입장은 약화되지 않는다.

오답해설

① 첫째 문단에 따르면 ㉠의 공리주의자들은 행복을 삶의 목표로 보며, 이들은 사회 구성원 최대 다수의 최대 행복을 기준으로 정책이나 행위를 결정한다. 만일 소수인 일부 주민들이 강제로 이주당하는 희생을 강요받았다고 하더라도 홍수를 방지하고 안정적인 수자원을 얻는 다수의 행복을 위한 댐 건설이 정당한 행위로 평가받는다면, 이는 ㉠의 입장을 강화한다.
③ 둘째 문단에 따르면 ㉡은 '원초적 입장'하에서는 자신이 가장 불우한 계층에 속할 수도 있다는 것을 염두에 두므로 모두에게 공정한 규칙을 만들도록 유인하고, 공정한 사회 계약에 도달할 수 있다고 생각했다. 만일 '원초적 입장'하에서도 자신이 사회의 지배계층에 속할 수도 있다는 가정에 기반하여 자기에게 가장 유리하도록 규칙을 만든다는 것이 확인되었다면, ㉡의 입장은 약화된다.
④ 둘째 문단에 따르면 ㉡이 꿈꾼 이상적 사회는 창조적인 능력을 갖춘 이들은 최대한 자기 능력을 발휘할 수 있고, 가난하거나 부족한 이들에게는 혜택을 줄 수 있는 곳이었다. 만일 빈곤층의 소득을 보장하고 이들의 자립을 지원하는, 즉 가난하거나 부족한 이들에게 혜택을 주는, 기초생활보장제도가 갖추어진 곳이 이상적인 사회라면, 이는 ㉡의 입장을 약화하지 않는다.

05 ③ [논리 비판 - 비판 추론 - 비판적 이해]

ㄱ. 갑은 기존 은행의 업무 시간이 일반 근로자의 출퇴근 시간과 겹칠뿐더러 디지털 소외계층은 은행 창구를 이용해야 하는 경우가 많다고 하며 은행 업무 시간 연장에 대해 찬성하고 있다. 반면 을은 은행 업무 시간의 연장은 은행의 재정적 부담으로 이어져 고객에게 전가될 가능성이 있다고 하며 은행 업무 시간 연장에 대해 반대하고 있다. 이를 통해 은행 업무 시간 연장에 대해 갑과 을의 주장이 대립한다는 것을 알 수 있다.
ㄷ. 병은 대부분의 업무는 비대면으로 처리되고 있고 창구를 방문해야 하는 고객은 일부에 불과하므로 은행 업무 시간 연장은 현실적인 수요에 부합하지 않는다고 하였다. 반면 갑은 기존 은행의 업무 시간이 일반 근로자의 출퇴근 시간과 겹칠뿐더러 디지털 소외계층은 은행 창구를 이용해야 하는 경우가 많다고 하며 은행 업무 시간 연장에 대해 찬성하고 있다. 이를 통해 은행 업무 시간 연장에 대해 병과 갑의 주장은 대립한다.

오답해설

ㄴ. 을은 은행 업무 시간의 연장은 은행의 재정적 부담으로 이어져 고객에게 전가될 가능성이 있다고 하며 은행 업무 시간 연장에 대해 반대하고 있다. 병은 대부분의 업무는 비대면으로 처리되고 있고 창구를 방문해야 하는 고객은 일부에 불과하므로 은행 업무 시간 연장은 현실적인 수요에 부합하지 않는다고 하였다. 따라서 은행 업무 시간 연장에 대해 을과 병의 주장은 대립하지 않는다.

06 ① [논리 비판 - 비판 추론 - 강화약화]

지문의 주장은 음주운전 예방대책은 면허정지나 취소 같은 행정처분을 활용한 방향이 적절하다는 것이다. 글쓴이는 '최소한 면허를 갖고 있지 않은 기간에는 운전하는 것이 어려울 것이다'라고 하였다. 하지만 무면허 음주운전 사고가 전체 음주운전 사고의 20% 이상을 차지하였다는 통계가 발표되었다면, 이는 글쓴이의 주장을 반박하게 되는 것이므로 다음 글의 주장을 약화한다.

오답해설

② 특정 조사에서 운전자들이 가장 두려워하는 음주운전 처벌로 면허취소가 꼽혔다면, 면허정지나 취소 같은 행정처분이 음주운전을 억제하는 효과를 낼 것이다. 따라서 이는 다음 글의 주장을 강화한다.
③ 특정 지역에서 음주운전에 대한 처벌로 행정처분을 강화했을 때 음주 교통사고의 발생률이 현저하게 감소하였다면 이는 음주운전자가 줄어들었다는 것을 의미한다고 볼 수 있다. 따라서 이는 다음 글의 주장을 강화한다.
④ 음주운전 면허취소 처분을 받았던 대부분의 운전자들이 다시 음주운전을 시도하지 않았다는 것은 행정처분이 음주운전 억제 효과가 있다는 것을 의미한다. 따라서 이는 다음 글의 주장을 강화한다.

07 ④ [의사소통 - 작문 내용]

〈지침〉에 '결론은 기대 효과와 향후 과제를 1개의 장으로 작성할 것'이라는 내용이 제시되어 있다. Ⅳ-2로 '기후 변화로 인한 물 부족 예측 모델 개발'이라는 향후 과제가 제시되어 있으므로, ㉣에는 기대 효과가 제시되어야 한다. 그러나 '물 재활용 기술 및 담수화 시설의 연구·개발 지원 확대'도 향후 과제이므로, ㉣에 들어갈 내용으로 적절하지 않다. ㉣에는 '깨끗하고 안정적인 물 공급으로 생활 수준 향상', '물 효율성이 증가함으로써 농업, 산업 생산성 강화'와 같은 기대 효과가 제시되어야 한다.

오답해설

① 제목을 보았을 때, 글의 중심 소재는 '물 부족'이다. 〈지침〉에 '서론은 중심 소재의 개념 정의와 문제 제기를 1개의 장으로 작성하라'고 하였으므로, ㉠에는 '물 부족'과 관련된 문제 제기가 들어가야 한다. 따라서 '기후 변화와 무분별한 물 사용으로 전 세계적으로 물 부족 심화'는 이러한 문제 제기로 적절하다.
② 〈지침〉에 '본론은 제목에서 밝힌 내용을 2개의 장으로 구성하되 각 장의 하위 항목끼리 대응되도록 작성하라'고 하였다. 따라서 '인구 증가와 도시화로 인한 물 수요 급증과 공급 부족'은 Ⅲ-1(스마트 물 관리 기술 도입으로 실시간 수요 예측 및 공급 조정)과 대응되는 Ⅱ-1(㉡)의 내용으로 적절하다.
③ 〈지침〉에 '본론은 제목에서 밝힌 내용을 2개의 장으로 구성하되 각 장의 하위 항목끼리 대응되도록 작성하라'고 하였다. 따라서 '적은 물로도 작물을 재배할 수 있는 스마트 농업 기술 개발'은 Ⅱ-2(농업에서 비효율적인 관개 시스템으로 인한 과도한 물 낭비)와 대응되는 Ⅲ-2(㉢)의 내용으로 적절하다.

08 ④ [의사소통 - 작문 내용]

둘째 문단에 따르면 한국 범종과 중국 범종 모두 종신이 크고, 높지 않은 종각에 매단다는 점에서 공통된다고 한다. 따라서 한국 범종은 중국 범종과 유사한 점이 많다고 수정하는 것이 타당하다.

오답해설

① 첫째 문단은 한국 범종의 구조가 만들어 내는 한국 범종의 음향적 가치에 대해 설명하고 있다. 반면 지문에 성덕대왕 신종에 담긴 전설과 역사적 가치에 대해서는 언급되어 있지 않다. 따라서 기존의 서술을 유지하는 것이 타당하다.
② 첫째 문단에 따르면, 반구형 구덩이를 파두는 구조가 한국 범종 음향의 특별성을 부각시킨다고 한다. 따라서 이 구덩이는 보편적이고 일반적인 소리가 아닌 독특한 음향을 만들어 낸다는 기존의 서술을 유지하는 것이 타당하다.
③ 첫째 문단에 따르면, 땅에 닿을 듯이 매달려 있는 종신이 종소리의 여운을 길게 한다고 한다. 따라서 종과 땅의 거리가 매우 가까워야 한다는 기존의 서술을 유지하는 것이 타당하다.

09 ③ [확인 추론 - 긍정발문 - 과학기술경제]

둘째 문단에 따르면, '판들은 해령을 따라 새로운 해양 지각을 형성하는 식으로 이동'함을 알 수 있다. 또한 '이때 대륙판과 해양판의 충돌이 발생한다면 그 지대에서 판이 가라앉는 섭입대가 형성되며, 이 과정에서 산맥이 솟아오르고 깊은 해구가 만들어질 수 있'음을 알 수 있다. 따라서 '판들의 이동은 깊은 해구를 만드는 원인이 되기도 한다'는 설명은 적절하다.

오답해설

① 둘째 문단에 따르면, '판들은 해령을 따라 새로운 해양 지각을 형성하는 식'으로 이동함을 알 수 있다. 판들이 무작위로 이동하는지 여부는 지문을 통해 확인할 수 없는 부분이다.
② 둘째 문단에 따르면, '판들의 경계에서는 판들이 서로 밀치고 벌어지거나 혹은 엇갈려 지나가게 되는데, 이에 해당 지점에서 지진 및 화산 활동이 일어나는 빈도가 잦아지게 된다'고 한다. 따라서 지진 활동으로 인해 판들이 엇갈려 지나가게 되는 것이 아니라, 판들이 서로 밀치고 벌어지거나 혹은 엇갈려 지나감으로 인해 해당 지점에서 지진 및 화산 활동이 일어나는 빈도가 잦아지는 것이다.
④ 마지막 문단에 따르면 '판구조론은 지구 표면 변화의 패턴과 원리를 밝혀내는 핵심 이론으로, 우리가 살아가는 땅이 고정불변한 것이 아니라 끊임없는 변화를 겪는 역동적 무대라는 사실을 보인다'고 한다. 다만 대륙 이동설이 이와 동일한 역할을 하는 이론으로 기능하는지는 지문을 통해 알 수 없다.

10 ④ [응용 추론 - 어휘 추론]

제시된 문장에서 '㉠ 일어나는'을 대체할 수 있는 유의어로 '발생하는, 생기는' 등이 있다. ㉠이 포함된 문장의 구조는 'a가 일어나다'이다. 선지 ④의 '일어나는'은 '발생하는, 생기는'이라는 유의어를 제시된 문장과 공유하며, 'a가 일어나다'의 구조와 일치한다. 또한 'a'가 자연 현상을 의미하는 것은 선지 ④뿐이다. 따라서 ㉠의 문맥적 의미와 가장 가까운 것은 선지 ④이다.
「7」 자연이나 인간 따위에게 어떤 현상이 발생하다.
예 산사태가 일어나다.

오답해설

① 「1」 잠에서 깨어나다.
예 그만 자고 어서 일어나 학교에 가거라.
② 「2」 어떤 일이 생기다.
예 싸움이 일어나다.
③ 「4」 약하거나 희미하던 것이 성하여지다.
예 회사가 일어나다.

11 ③ [확인 추론 – 긍정발문 – 문학]
첫째 문단에 따르면 「초부가」는 산속에서 나무를 하며 느낀, 즉 노동의 과정에서 느낀 고독한 심정을 신세타령으로 풀어냈다.

오답해설
① 둘째 문단에 따르면, 노동을 소재로 한 서정 문학은 근대화와 산업화를 거쳐 사회 구조적 모순과 관련지어 전개되었다. 따라서 노동을 소재로 한 서정 문학은 사회 구조적 모순과 무관하다고 볼 수 없다.
② 첫째 문단에 따르면 「초부가」 후반부는 화자가 산속에서 혼자 나무를 하면서 느낀 외로움이 드러난다.
④ 둘째 문단에 따르면 「농무」에서 농민들은 춤사위로 즐거움을 표현했지만, 그 이면에는 농민들의 깊은 원통함이 배어 있는 역설적 신명이다. 즉 화자는 농민들의 원통함을 간접적으로 표현한 것이다.

12 ② [응용 추론 – 어휘 추론]
ⓒ이 포함된 문장은 나무꾼이 아침에 산에 올라간다는 내용이다. 따라서 ⓒ은 '산을 내려오거나 내려가다'를 의미하는 '하산하다'와 바꿔쓸 수 없으며, 이는 '등산하다'와 바꿔쓰는 것이 적절하다.
ⓒ 오르다: 사람이나 동물 따위가 아래에서 위쪽으로 움직여 가다.
하산하다(下山하다): 산에서 내려오거나 내려가다.
下 아래 하, 山 메 산
등산하다(登山하다): 운동, 놀이, 탐험 따위의 목적으로 산에 오르다.
登 오를 등, 山 메 산

오답해설
① ⓒ 이어지다: 끊어지지 않고 계속되다.
계속되다(繼續되다): 끊이지 않고 이어져 나가다.
繼 이을 계, 續 이을 속
③ ⓒ 염원하다(念願하다): 마음에 간절히 생각하고 기원하다.
念 생각 념, 願 원할 원
소망하다(所望하다): 어떤 일을 바라다.
所 바 소, 望 바랄 망
④ ⓒ 팔다: 값을 받고 물건이나 권리 따위를 남에게 넘기거나 노력 따위를 제공하다.
판매하다(販賣하다): 상품 따위를 팔다.
販 팔 판, 賣 팔 매

13 ③ [국어학의 이해와 활용 – 언어학 – 기타]
마지막 문단에 따르면 국어심의회는 국내에서 'Goguryeo'의 표기가 주로 사용되고 있는 반면, 국외에서는 'Koguryo'라는 표기가 압도적으로 많이 사용됨을 확인했다. 다만, 국어심의회는 이 상황을 로마자 표기법이 개정된 이후에 생산된 자료가 그 이전에 축적된 자료보다 그 양이 훨씬 부족해 일어난 현상으로 판단하였다. 또한 국어심의회는 오래된 역사적 지명의 경우 종전의 매큔–라이샤워 방식의 표기가 많이 나타났지만, 현재 지명은 현행 로마자 표기법에 따른 표기가 더 많음을 강조하고 있다. 따라서 시간이 지나면 현행 로마자 표기법에 따른 표기가 익숙해질 것이라 하였다. 이 모든 내용을 종합해 볼 때, ㉠에는 현행 로마자 표기법을 따라야 한다는 내용이 들어가는 것이 적절하다. 답은 ③이다.

오답해설
① 해당 지문은 '고구려'의 로마자 표기가 외국에서 기존의 매큔–라이샤워 방식인 'Koguryo'로 많이 이루어지고 있으므로 우리 로마자 표기법에 따른 표기인 'Goguryeo'의 예외를 인정해야 한다는 주장에 대해 국어심의회를 열어 논의해 본 결과에 대한 것이다. 국어심의회는 외신과의 통일을 위해 우리 로마자 표기법의 예외를 인정해야 하는지에 대해 그 필요성을 인정하지 않아 현행 표기인 'Goguryeo'를 변경하지 않고 유지한다고 판단했을 뿐, 매큔–라이샤워 방식의 표기 자체를 인정하지 않기로 한 바 없다.
②, ④ 국어심의회는 외신과의 통일을 위해 우리 로마자 표기법의 예외를 인정해야 하는지에 대해 그 필요성을 인정하지 않아 현행 표기인 'Goguryeo'를 변경하지 않고 유지한다고 판단하였다. 따라서 이는 국어심의회에서 합의한 내용에 반한다.

14 ① [논리 비판 – 논리 추론 – 명제논리]
지문의 내용을 정리하여 기호화하면 다음과 같다.

| ⓐ 과학 이론(보편 법칙)과 모순되는 사례 → 과학 이론 반증 |
| ⓑ ~반증 가능성 → ~과학 이론 ⇔ 과학 이론 → 반증 가능성 |
| ⓒ 상대성 이론 → 과학 이론 |

상대성 이론은 과학 이론이므로, ⓐ에 의해 이와 모순되는 사례가 발견되면 반증된다.

오답해설
② ⓑ에서 알 수 있듯, 어떤 이론이 반증된다고 해서 과학 이론이 되는 것이 아니라, 과학 이론이라면 반증될 가능성이 있는 것이다.
③ ⓑ에서 알 수 있듯, 반증 가능성은 과학 이론이 되기 위한 필요조건이다.
④ ⓐ에서 알 수 있듯, 실험 결과가 상대성 이론(과학 이론)에 부합하면 상대성 이론이 증명되는 것이 아니라, 상대성 이론과 모순되는 사례가 이를 반증할 뿐이다.

15 ② [구조 독해 – 주제]
첫째 문단에서는 연료 전지가 최근 일반 소비자 보급형의 차세대 대체 에너지원으로 주목받고 있음을 설명한다. 둘째 문단에서는 그러한 장점에도 불구하고 연료인 수소를 확보하고 관리함에 있어서 한계가 있음을 제시한다.

오답해설
① 연료 전지의 한계가 많은 것은 둘째 문단에 드러났으나 이에 대한 정부의 지원이 필요하다는 내용은 제시된 바 없다.
③ 둘째 문단에는 연료 전지의 수소 연료 문제가 제시된다. 그러나 제시문에서 이를 해결해야 한다고 주장하지는 않았다.
④ 첫째 문단에서 연료 전지의 장점을 서술했다. 하지만 둘째 문단에서 제시한 한계를 포괄하는 문장이 아니므로 주제로 적절하지 않다.

16 ② [국어학의 이해와 활용 – 언어학 – 기타]
'맛있다더라'는 '맛있다고 하더라'의 줄임 형태이다. 즉, 간접 인용의 형태로 '-더-'가 남에게 들어서 알게 된 사실을 현재의 말하는 장면에서 쓰인 경우라고 할 수 있다.

오답해설
① '다투더라'에 활용된 '-더-'는 길을 가다가 친구와 다투는 너의 모습을 보고 지각한 내용을 떠올린 경우이다.
③ '먹겠더라'에 활용된 '-더-'는 그가 밥을 먹는 모습을 보고 지각한 내용을 떠올린 경우에 해당한다.
④ '좋으시더라'에 활용된 '-더-는 선생님께서 기분 좋아하시는 모습을 보고 지각한 내용을 떠올린 경우에 해당한다.

17 ③ [확인 추론 – 부정발문 – 과학기술경제]
마지막 문단에 따르면, 애매함이 전혀 없고 경계가 확실한 명제는 크리스프성을 가진 명제이다. 이러한 명제는 대상이 특정 조건에 해당될 때 1의 값을 가지고, 해당되지 않을 때 0의 값을 가진다.

오답해설
① 첫째 문단에 따르면, 컴퓨터를 활용하여 복잡한 문제를 단순화하는 과정에서 관련된 정보가 손실될 수 있다.
② 첫째 문단에 따르면, 퍼지 이론은 단순화 과정에서 인간이 사용하는 애매한 표현을 반영하지 못하는 한계를 극복하고 이러한 애매함을 정량적으로 표현할 목적으로 탄생하였다.
④ 마지막 문단에 따르면, '나는 어른이다'라는 명제는 퍼지성을 가진 명제이다. 퍼지성을 가진 명제는 0과 1 사이의 실숫값을 가질 수 있다.

18 ① [응용 추론 – 사례 추론]
'바너드'는 M4의 스펙트럼형을 가진 별이며, '아크투르스'는 K2의 스펙트럼형을 가진 별이다. M형의 온도가 가장 낮으므로 '바너드'는 '아크투르스'보다 온도가 낮다.

오답해설
② '아크투르스'는 태양보다 밝으므로, 그 밝기는 태양의 밝기인 1보다 클 것이다.
③ '아크투르스'는 K2의 스펙트럼형을 가진 별이며, 지문에 따르면 숫자가 작을수록 더 높은 온도를 나타낸다. 따라서 '아크투르스'는 K5의 스펙트럼형을 가진 별보다 온도가 더 높을 것이다.
④ '바너드'는 1/1000 정도의 밝기를 가지고 있는데, 이는 태양의 밝기인 1보다 작으므로 태양이 '바너드'에 비해 더 밝음을 알 수 있다.

19 ② [확인 추론 – 긍정발문 – 인문사회예술]

인터넷 도메인 등록은 해당 권리를 소유한 사람을 보호하려는 목적이 있다. 반면 상표권은 해당 권리의 소유자의 신용을 보호할 뿐만 아니라 소비자가 해당 상표를 다른 상표와 혼동하지 않도록 한다는 점에서 소비자를 보호하려는 목적도 가지고 있다.

오답해설

① 특허권은 20년간 권리가 유지되므로 반영구적으로 권리를 가질 수 없다. 또 인터넷 도메인 등록은 가장 먼저 출원한 사람에게 우선적인 권리가 부여되는 것만 알 수 있을 뿐 권리가 얼마나 유지되는지 알 수 없다.
③ 특허권과 달리 도메인 등록과 상표권은 권리 등록 대상을 창작이 아닌 선택으로 본다.
④ 특허권, 상표권, 인터넷 도메인 등록 모두 해당 권리를 등록하기 전에는 법적인 보호를 받지 못한다.

20 ④ [논리 비판 – 논리 추론 – 명제논리]

제시된 명제를 기호화하여 정리하면 다음과 같다.

```
(가) 미적 감각 뛰어남n ∧ ~예술가n
(나) 비엔날레 초대 → 예술가
    ⇔ ~예술가 → ~비엔날레 초대
따라서 (                    )
```

(나)의 대우는 '~예술가→ ~비엔날레 초대'이다. (나)의 대우의 전건인 '~예술가'는 (가)의 '~예술가n'을 포함하므로, (나)의 대우와 (가)를 함께 고려하면, '~비엔날레 초대n ∧ 미적 감각 뛰어남n'이 된다. 답은 선지 ④이다.

제69회 이유진 국어 백일기도 모의고사 해설

01 ③ [국어학의 이해와 활용 – 작문 형식]

'동생의 책'은 관형격 조사 '의'로 인해 '동생이 쓴 책', '동생이 소유한 책'으로 해석될 수 있다. ⓒ에 따라 원 문장을 수정하지 않는 게 적절하다.

오답해설

① 주어 '그의 장점은'과 호응하는 서술어가 없으므로, ㉠에 따라 서술어 '~점이다'를 추가하는 것이 적절하다.
② '확실히'는 '~수도 있다'와 같이 추측의 표현과 호응하는 부사가 아니다. 따라서 ㉡에 따라 추측의 의미와 호응하는 부사인 '아마'로 수정하는 것이 적절하다.
④ '주다'는 부사어와 목적어를 필요로 하는 서술어이다. 따라서 ㉢에 따라 할머니가 세뱃돈을 주는 대상인 '우리'를 추가하는 것이 적절하다.

02 ③ [확인 추론 – 부정발문 – 과학기술경제]

둘째 문단에 따르면, 미시 세계에서는 거시 세계와 달리 측정 대상과 측정 장치 간의 상호 작용으로 인해 관측 자체에 크게 영향받는다. 따라서 미시 세계에서 특정 대상에 대한 관측 행위가 대상의 상태에 영향을 미치지 않는다는 것은 적절하지 않은 설명이다.

오답해설

① 마지막 문단에 따르면, 미시 세계에서 양자 얽힘 상태에 있는 입자는 거리에 관계없이 서로 연동되어 상호 작용을 한다. 이와 달리 거시 세계에서는 대상이 각기 다른 공간에 있으면 독립적인 속성을 갖는다.
② 둘째 문단에 따르면, 미시 세계에서는 거시 세계와 달리 관측값을 특정 짓는 규칙이 없고 단지 관측값이 나올 확률만 규정할 수 있다.
④ 첫째 문단에 따르면, 거시 세계에 있는 대상의 물리적 관측값은 끊어지지 않은 실선의 그래프로 나타낼 수 있지만, 미시 세계에서는 물질을 관측할 때 불연속적인 값만 검출되므로 그렇지 못하다.

03 ① [구조 독해 – 주제]

지문은 조선 후기 싹을 피운 진경 문화의 정신에 대해 설명하고 있다. 진경 문화는 우리의 있는 그대로의 모습과 인간들의 감정을 진솔하게 표현하는 문화인데, 이는 우리 것을 긍정하고 우리가 가진 모습 그대로를 인정하는 태도에 바탕을 둔다. 즉, '조선 후기의 문화와 예술은 우리 민족의 자존 의식에 기반하고 있다'는 것이다.

오답해설

② 조선 후기 예술은 관념의 포장에서 벗어나 사실을 그대로 보려는 태도에 바탕을 두었다. 조선 후기 예술이 관념과 사실의 대립으로 나타났다는 언급은 없다.
③ 지문에서 예술이 사람들의 사유를 반영한다는 점을 추론할 수 있다. 하지만 이는 지나치게 넓은 범위의 서술로, 지문이 조선 후기의 예술 사조에 집중하고 있다는 점에서 주제로는 적절하지 않다.
④ 조선 후기의 사실적인 예술 기법이 소개되어 있으나, 이것이 조선 후기의 정치 경제적 현실 관계가 반영된 것인지는 알 수 없다.

04 ② [국어학의 이해와 활용 – 언어학 – 소리]

첫째 문단에 따르면, '여성은 남성보다 경음을 더 많이 사용하는 것이 특징'이라고 하였다. 따라서 남성은 여성에 비해 경음을 많이 사용하지 않는다는 것을 알 수 있다.

오답해설

① 첫째 문단에 따르면, '여성과 남성의 발음에 차이가 있다는 것은 한국어뿐만이 아니라 다른 언어의 연구 결과에서도 드러난 사실'이라고 하였다. 따라서 여성과 남성의 발음에 차이가 있는 언어는 한국어뿐이 아니다.
③ 첫째 문단에 따르면, "여성의 발화에는 'ㄹ' 첨가 현상이 두드러지게 나타난다"고 한다. 하지만 이것이 남성의 발화에서는 'ㄹ' 첨가 현상을 발견할 수 없다는 것을 의미하는 것은 아니다.
④ 둘째 문단에 따르면, 여성 화자와 남성 화자의 억양의 차이는 '여성이 남성보다 스스로 자신의 의견에 대해 확신이 적기 때문'에 발생한다고 하였다.

05 ③ [의사소통 - 작문 내용]

둘째 문단에 따르면, '종전의 공간 모형에 의하면 암세포는 빈 곳에서만 분열할 수 있고 다른 세포를 통해서만 다른 곳으로 옮겨갈 수 있었다'고 한다. 이는 암세포의 분열 가능성의 한계를 보여준다. 따라서 암세포의 분열 가능성은 제한되어 있었다고 수정하는 것이 타당하다.

오답해설

① 첫째 문단에 따르면, '컴퓨터 설명 모형은 기존의 암 치료 모형이 갖는 각각의 한계를 보완한다'고 한다. 이때 종전 모형들은 종양의 3차원 구조와 유전 변이를 모두 잘 설명할 수 없다는 한계를 가지고 있었다. 따라서 컴퓨터 설명 모형은 종양의 3차원 구조뿐만 아니라 유전 변이도 잘 설명한다는 기존의 서술을 유지하는 것이 타당하다.
② 둘째 문단에 따르면, '연구진들은 암의 전이와 변이는 암세포가 이곳저곳으로 옮겨 다니기 때문이라고 밝혔다'고 한다. 따라서 암세포들의 유전 변이와 확산 과정은 암세포들의 이동 능력에 있다는 기존의 서술을 유지하는 것이 타당하다.
④ 컴퓨터 설명 모형에 따르면, 기존 모형의 설명과는 달리 암세포는 다른 세포의 도움 없이도 이동할 수 있으며 쉽게 증식하고 유전 변이를 만들어 낸다고 한다. 따라서 기존 모형의 예상보다 더 빨리 자라게 되며 많은 유전 변이들을 가지게 된다는 기존의 서술을 유지하는 것이 타당하다.

06 ③ [구조 독해 - 배치]

제시된 문장은 '따라서'라는 인과의 상황에서 앞의 내용이 뒤의 내용의 원인일 때 사용하는 접속어 뒤에 '예산 책정 시 실제 비용과 가장 비슷하게 비용을 책정하는 것이 바람직하다'는 내용이 위치하고 있다. 즉, 제시된 문장 앞에는 실제 비용과 가장 비슷하게 비용을 책정해야 하는 이유가 나와야 한다.
이에 부합하는 위치는 ③이다. ③ 앞에는 '실제 비용보다 책정 비용이 적을 경우 경쟁력을 잃게 되며, 클 경우 적자가 발생할 것이다'는 내용이 있는데, 이는 실제 비용과 비슷하게 비용을 책정해야 하는 이유가 된다.

07 ② [논리 비판 - 비판 추론 - 비판적 이해]

ㄴ. 을은 차별금지법은 평등한 사회를 구축하는 데에 필수적이라고 하며 차별금지법 제정을 찬성한다. 병은 차별금지법이 사회적 소수자들을 보호하면서, 다문화적 사회의 통합을 촉진한다고 하며 차별금지법 제정을 찬성하고 있다. 따라서 을과 병의 주장은 대립하지 않는다.

오답해설

ㄱ. 갑은 차별에 대한 명확한 기준이 없다면 법의 해석이 자의적이라는 문제가 있고 이미 헌법 11조나 다른 법으로도 충분히 차별에 대한 피해를 구제할 수 있다며 별도의 차별금지법 제정을 반대한다. 반면, 을은 차별금지법은 평등한 사회를 구축하는 데에 필수적이라고 하며 찬성한다. 이를 통해 갑과 을의 주장은 대립한다는 것을 알 수 있다.
ㄷ. 병은 차별금지법이 사회적 소수자들을 보호하면서, 다문화적 사회의 통합을 촉진한다고 하며 차별금지법 제정을 찬성하고 있다. 반면, 갑은 차별에 대한 명확한 기준이 없다면 법의 해석이 자의적이라는 문제가 있고 이미 헌법 11조나 다른 법으로도 충분히 차별에 대한 피해를 구제할 수 있다며 별도의 차별금지법 제정을 반대한다. 이를 통해 갑과 병의 주장은 대립한다는 것을 알 수 있다.

08 ④ [국어학의 이해와 활용 - 언어학 - 단어]

해당 선지의 예문에 쓰인 서술어 '되다'는 '다른 상태나 성질로 바뀌거나 변하다.'라는 의미를 지닌 동사이다. 이는 주어인 '민수는'과 보어인 '(다른) 사람이'를 요구하는 두 자리 서술어의 예시에 해당한다.

오답해설

① 해당 선지의 예문에 쓰인 서술어 '넣다'는 '한정된 공간 속으로 들게 하다.'라는 의미를 지닌 동사이다. 이는 목적어인 '손을'과 필수적 부사어인 '주머니에', 그리고 주어를 요구하는 세 자리 서술어의 예시에 해당한다. 주어는 서술어 자릿수에 항상 포함되므로 예문에 주어가 생략되었더라도 포함해서 세 주어야 한다.
② 해당 선지의 예문에 쓰인 서술어 '삼다'는 '어떤 대상과 인연을 맺어 자기와 관계 있는 사람으로 만들다.'라는 의미를 지닌 동사이다. 이는 주어인 '영희는', 목적어인 '(친구의) 딸을', 그리고 필수적 부사어인 '며느리로'를 요구하는 세 자리 서술어의 예시에 해당한다.
③ 해당 선지의 예문에 쓰인 서술어 '부르다'는 '무엇이라고 가리켜 말하거나 이름을 붙이다.'라는 의미를 지닌 동사이다. 이는 주어인 '사람들은', 목적어인 '아이를', 그리고 필수적 부사어인 '불운한 천재라고'를 요구하는 세 자리 서술어의 예시에 해당한다.

09 ① [확인 추론 - 긍정발문 - 인문사회예술]

콜만의 연구에 따르면, 학교의 수준이 학생의 학업 성취에 차이를 가져오는 효과는 매우 작은 대신 학생의 가정 배경의 영향력이 크게 나타난다고 한다. 따라서 명문 학교 진학을 위해 이사를 가는 것은 학업 성취도 향상에 큰 도움을 주지 못할 가능성이 높다고 추론할 수 있다.

오답해설

② 콜만의 연구에 따르면, 학교 시설과 교사 봉급 등 학교의 수준이 학업 성취에 차이를 유발하는 효과는 작다. 따라서 학교시설과 교사의 질이 높은 학교일수록 대학 입시에서 좋은 결과를 낳을 것이라고 보기는 어렵다.
③ 콜만의 연구에 따르면, 학업 성취에 차이를 가져오는 요인 중 더 지대한 영향력을 지닌 것은 학교의 수준이 아니라 가정 배경이라고 한다.
④ 콜만은 학교가 지닌 불평등한 조건이 교육 기회에 큰 영향을 미칠 것이라 생각하였으나, 실제 연구 결과에 따르면 학교의 수준이 학업 성취에 미치는 영향은 작았다. 따라서 콜만이 연구를 통해 그의 가설을 입증하였다고 보기는 어렵다.

10 ④ [응용 추론 - 어휘 추론]

㉣이 포함된 문장은 '학생의 가정 배경의 영향력'이 크게 나타났다는 내용으로, 이는 '마음'이 너그럽다는 내용이 아니다. 따라서 ㉣은 '관대하다'와 바꿔쓸 수 없으며, ㉣과 바꿔쓸 수 있는 유사한 표현으로는 '지대하다' 등이 있다.
㉣ 크다: 일의 규모, 범위, 정도, 힘 따위가 대단하거나 강하다.
관대하다(寬大하다): 마음이 너그럽고 크다.
寬 너그러울 관, 大 클 대
지대하다(至大하다): 더할 수 없이 크다.
至 이를 지, 大 클 대

오답해설

① ㉠ 입증하다(立證하다): 어떤 증거 따위를 내세워 증명하다.
立 설 입, 證 증거 증
증명하다(證明하다): 어떤 사항이나 판단 따위에 대하여 그것이 진실인지 아닌지 증거를 들어서 밝히다.
證 증거 증, 明 밝을 명
② ㉡ 가져오다: 어떤 결과나 상태를 생기게 하다.
유발하다(誘發하다): 어떤 것이 다른 일을 일어나게 하다.
誘 꾈 유, 發 필 발
③ ㉢ 작다: 일의 규모, 범위, 정도, 중요성 따위가 비교 대상이나 보통 수준에 미치지 못하다.
미미하다(微微하다): 보잘것없이 아주 작다.
微 작을 미

11 ④ [논리 비판 - 논리 추론 - 명제논리]

제시된 명제를 기호화하여 정리하면 다음과 같다.

```
신 믿음 → 정직하게 살려고 노력 ⇔ ~정직하게 살려고 노력 → ~신 믿음
(                                                                )

결론: 범죄자n ∧ ~신 믿음n
```

첫째 명제의 대우는 '~정직하게 살려고 노력 → ~신 믿음'이다. 전칭 명제만으로 특칭 명제를, 특칭 명제만으로 전칭 명제를 도출할 수는 없으므로 특칭 명제인 결론 '범죄자n ∧ ~신 믿음n'을 이끌어 내기 위해서는 '~정직하게 살려고 노력'과 '범죄자n'을 연결해 줄 수 있는 특칭 명제가 필요하다. 따라서 추가되어야 할 것은 '~정직하게 살려고 노력n ∧ 범죄자n'이다. 이 전제가 추가된다면, 첫째 명제의 대우의 전건인 '~정직하게 살려고 노력'이 이 전제의 '~정직하게 살려고 노력n'을 포함하므로 결론인 '범죄자n ∧ ~신 믿음n'을 도출할 수 있다.

12 ② [확인 추론 - 긍정발문 - 과학기술경제]

둘째 문단에 따르면 시계가 등장함으로써 정확한 시간 측정이 가능해지게 되었고, 이를 통해 생산 과정에서 '정해진 시간에 따라 일정을 계획하고 그를 실행할 수 있게' 되었음을 알 수 있다. 이는 '산업 전반의 생산성 증가'를 가져왔음을 알 수 있다. 따라서 제조업 역시 산업의 일부분이기 때문에, 시계의 발명이 제조업에서도 생산성 향상을 가져왔음을 추론할 수 있다.

오답해설

① 첫째 문단에 따르면, 시계 등장 '이전에는 해와 달의 움직임에 의존하여 시간을 파악했으나 시계의 등장은 사람들의 정확한 시간 측정을 가능하게 했'음을 알 수 있다. 다만, 해와 달의 움직임을 정확하게 파악하는 기술의 발전이 시계 발명의 직접적인 원인이 되었는지는 지문을 통해 확인할 수 없는 부분이다.

③ 둘째 문단에 따르면, '시계의 발명을 통한 정확한 시간 측정은 대량 생산을 가능하게 했고, 나아가 경제 발전을 이룩하는 데 일조했음'을 알 수 있다. 또한, 셋째 문단에 따르면 '정확한 시간 측정은 교통과 통신의 발전에 기여'하였으며 '상업 활동과 문화 교류를 촉진시켰다'고 하였다. 즉, 시계의 발명을 통한 정확한 시간 측정은 대량 생산을 기반으로 한 경제 발전과 상업 활동 및 문화 교류의 촉진의 공통 원인이 되는 것이며, 대량 생산을 기반으로 한 경제 발전이 문화 교류 촉진의 원인이 되는 것은 아님을 알 수 있다.
④ 셋째 문단에 따르면 정확한 시간 측정은 '사회 규범과 생활 방식에도 영향을 미쳤'으며, '시간 약속의 개념이 생겨나면서 사람들이 시간 엄수를 중요한 가치로 여기게' 되었음을 알 수 있다. 이를 통해 정확한 시간 측정 이전에는 시간 약속의 개념이 존재하지 않았을 것임을 추론할 수 있다.

13 ① [응용 추론 – 어휘 추론]

제시된 문장에서 '㉠ 통한'을 대체할 수 있는 유의어로 '이용한, 사용한' 등이 있다. ㉠이 포함된 문장의 구조는 'a를 통하다'이다. 선지 ①의 '통한'은 '이용한, 사용한'이라는 유의어를 제시된 문장과 공유하며, 'a를 통하다'의 구조와 일치한다. 따라서 ㉠의 문맥적 의미와 가장 가까운 것은 선지 ①이다.
「2」【…을】어떤 사람이나 물체를 매개로 하거나 중개하게 하다.
㉠ 그 시상식은 텔레비전을 통해 전국에 생방송으로 중계되었다.

오답해설

② 「1」【…을】어떤 길이나 공간 따위를 거쳐서 지나가다.
㉠ 비상구를 통해 빠져나가다.
③ 「3」【…을】일정한 공간이나 기간에 걸치다.
㉠ 청년기를 통해 고난을 배웠다.
④ 「2」【…에】어떤 방면에 능하고 잘 안다.
㉠ 실록에 따르면, 황제는 일찍이 정주의 성리학에 통하였을 뿐만 아니라…. ≪이문열, 황제를 위하여≫

14 ④ [논리 비판 – 비판 추론 – 강화약화]

파르메니온보다 더 큰 영향력을 행사하는 장군이 존재했고, 그가 알렉산드로스의 숙청 대상에 포함되지 않았다고 하더라도, 이는 (가), (나), (다)의 주장을 약화하지도 강화하지도 않는다. (가), (나), (다)는 모두 알렉산드로스가 파르메니온을 죽인 행위에 대해 평가하고 있으며, 이는 파르메니온 외 다른 장군의 존재나 그의 숙청 여부와 무관하기 때문이다. 또한 알렉산드로스가 파르메니온을 숙청한 것은 본질적으로 보복 가능성 때문이지, 군대에서 영향력이 컸기 때문이 아니다.

오답해설

① (가)는 알렉산드로스가 파르메니온의 아들 필로타스를 반역 사건에 연루된 죄목으로 처형하고, 그의 아버지인 파르메니온까지 숙청한 것은 모두가 그를 두려워하도록 만들었고 그것이 알렉산드로스의 의도였다고 주장했다. 필로타스가 누명을 썼다고 하더라도 다른 사람들이 알렉산드로스 자신을 두려워하게 만들고자 하였다는 (가)의 주장은 약화되지 않는다.
② (나)는 파르메니온을 죽인 것은 알렉산드로스의 아둔함을 보여 주는 대표적인 사례이며, 알렉산드로스는 파르메니온 없이는 페르시아를 장악하지 못했을 것이라고 주장했다. 만일 파르메니온의 숙청 이후에도 알렉산드로스가 국왕으로서 많은 업적을 남겼다면, (나)의 주장은 약화된다.
③ (다)는 알렉산드로스가 파르메니온을 죽인 것은 그의 아들을 처형한 알렉산드로스 입장에서는 어쩔 수 없는 일이었으며, 파르메니온을 살려 두기에는 그의 군대 내 신망을 염두에 두었을 때 너무나도 위험이 컸기 때문이었다고 주장했다. 그런데 그의 아들인 필로타스의 반역이 실패하면서 파르메니온도 군대 내에서 아무런 영향력을 발휘하지 못했다면, (다)의 주장은 약화된다.

15 ④ [논리 비판 – 논리 추론 – 명제논리]

제시된 명제를 기호화하여 정리하면 다음과 같다.

㉠ 병 → 을 ⇔ ~을 → ~병
㉡ 갑∧정 → 병 ⇔ ~병 → ~(갑∧정)
          ≡ ~병 → (~갑∨~정)
㉢ ~을
㉣ 갑∨을∨병∨정

㉢은 ㉠의 대우인 '~을 → ~병'의 전건을 긍정하므로, '~병'을 도출할 수 있다. 또한, '~병'은 ㉡의 대우인 '~병 → (~갑∨~정)'의 전건을 긍정하므로 '~갑∨~정'을 도출할 수 있다. 이때 ㉣에 따라 갑, 을, 병, 정 중 적어도 한 명은 졸업 선물을 받아야 하므로 '~갑'과 '~정'이 동시에 참이 될 수는 없으며, 이는 곧 '(~갑∨~정)∧~(~갑∧~정) ≡ ~갑Ⅴ~정', 즉 '배타적 선언'이 됨을 알 수 있다.

ⓐ: '~갑Ⅴ~정'은 배타적 선언이므로 '~갑'이라면 '정'이어야 하고, '~정'이라면 '갑'이어야 함을 알 수 있다. 을과 병에 대한 정보는 이미 '~을'과 '~병'임을 위에서 확인하였으므로, 갑, 을, 병, 정 4명 중 졸업 선물을 받은 사람은 '갑'이나 '정' 둘 중 한 명밖에 존재할 수 없음을 알 수 있다. ⓐ는 반드시 참이다.
ⓑ: 위에서 이미 '~갑Ⅴ~정'을 도출할 수 있음이 확인되었다. 이때 '갑'이라면 선언 제거를 통해 '~정'이 되어야 함을 알 수 있다. ⓑ는 반드시 참이다.
ⓒ: '~갑Ⅴ~정'은 배타적 선언이므로 '~갑'이라면 '정'이어야 하고, '~정'이라면 '갑'이어야 함을 알 수 있다. ⓒ는 반드시 참이다.

16 ③ [확인 추론 – 부정발문 – 문학]

둘째 문단에 따르면, 가전체는 '사물을 의인화하여 그 가계, 생애, 성품 등을 서술하는 짧은 형식의 이야기'이다. 이는 우의적 기법을 통해 '인간사 여러 문제'를 다룬다고 하였으므로, 인간 사회의 문제도 드러난다는 것을 알 수 있다.

오답해설

① 첫째 문단에 따르면, '우의적 기법을 사용한 작품은 표면적으로 인물, 사건, 배경을 모두 갖춘 이야기를 전개하면서, 이면적으로 정신적이거나 사회적인 의미를 내포한다'라고 하였다. 우의적 기법을 사용한 작품은 표면적인 주제와 이면적인 주제로 나누어 이야기를 전개하므로, 이중인 주제를 지니고 있음을 알 수 있다.
② 첫째 문단에 따르면, 우의적 기법을 사용한 작품은 '주제 의식이 직접 드러나지 않아 부정적 대상을 비판하는 데 효과적'이라고 하였다. 이를 통해 주제 의식을 간접적으로 표현하는 데 효과적이라는 것을 알 수 있다.
④ 마지막 문단에 따르면, 조선 후기의 우화형 송사 소설은 '당대 사회의 모순과 부조리를 풍자'한다고 하였다. 하지만 둘째 문단에 따르면, 가전체는 '의인화한 주인공의 행적을 통해 사람들에게 잘못을 되풀이하지 않도록 경계하고 권선하는 내용'이다. 이를 통해 가전체는 당대 사회의 모순을 풍자하지 않는다는 것을 알 수 있다.

17 ① [응용 추론 – 문맥 추론]

지문에서 '이제 제약 조건을 만족하는 모든 x와 y의 조합을 일일이 비교해서 최적의 조합만 찾으면 된다. 그러나 제약 조건을 만족시키는 x와 y의 조합은 무수히 많다. 하지만 심플렉스 방식을 활용하면~'라고 서술하고 있다. 이로 미루어 볼 때, 제약 조건을 만족시키는 x와 y의 조합이 무수히 많기 때문에 제약 조건을 만족하는 모든 x와 y의 조합을 일일이 비교해서 최적의 조합만 찾는 것이 거의 불가능해서 이를 해결하기 위해 등장한 것이 심플렉스 방식임을 알 수 있다.

오답해설

② 목적 함수를 최대로 충족시키는 의사 결정 변수의 조합이 다수인 것이 아니다. 문제는 제약 조건을 만족하는 의사 결정 변수의 조합이 무수히 많은데, 이 중에서 목적 함수를 최대로 충족시키는 최적의 조합을 일일이 비교해서 찾는 것이 매우 힘들다는 것이다.

18 ② [국어학의 이해와 활용 – 언어학 – 의미]

둘째 문단에 따르면 간접 화행은 수행 동사를 직접적으로 사용하지 않고, 간접적으로 그 수행의 의미를 표현하는 것을 말한다. '혹시 시간 있으세요?'라는 발화는 이처럼 발화 문장의 동사가 그 문장이 수행하는 행위와 반드시 일치하지 않는 '간접 화행'을 보여주는 예시로 둘째 문단에 제시되었다.

오답해설

① 둘째 문단에 따르면 발화 문장의 동사가 그 문장이 수행하는 행위와 반드시 일치하는 것은 아니며, 일반적으로 수행 동사를 활용하여 발화하는 경우는 많지 않다. 따라서 발화 문장의 동사는 그 문장이 수행하는 행위와 일반적으로 일치한다고 볼 수 없다.
③ 마지막 문단에 따르면 언표 내적 행위는 화자가 발화함으로써 청자에게 이루고자 목표하는 행위를 뜻하고, 언향적 행위는 그 발화를 통해 청자에게 어떤 결과인 반응을 얻어내는 것을 목표로 하는 행위이다. 이 둘은 어느 하나가 다른 하나를 전제하는 관계에 있지 않다. 따라서 청자가 화자의 발화 문장이 지닌 언표 내적 행위를 이해했다는 것이 그 발화에 내포된 언향적 행위의 이해를 당연히 전제한 것이라고 볼 수 없다.
④ 마지막 문단에서 언어학자 오스틴은 하나의 발화 문장이 일반적으로 포함하는 세 가지 행위로 언표적 행위, 언표 내적 행위, 그리고 언향적 행위를 제시했다. 하지만 그는 이 중 어느 하나가 다른 두 가지보다 더 중요하다고 언급한 바 없다.

19 ④ [국어학의 이해와 활용 – 언어학 – 의미]

〈보기〉의 상황에서 남편은 아내의 '날씨가 좀 춥다.'라는 발화에 '그러게. 날씨가 점점 추워지네.'라고 답하였으므로, 남편이 아내의 '날씨가 춥다.'라는 말은 이해하였음을 알 수 있다. 따라서 남편은 아내의 발화에서 '날씨가 추움'은 이해하였으나, 그 발화가 간접 화행으로서 지니는 '언향적 행위'를 이해하지 못해 화자(=아내)가 발화를 통해 청자(=남편)에게서 얻어내려고 목표한 '창문을 닫는' 행위가 수행되지 못한 것이다. 이는 남편이 아내의 발화가 지닌 언향적 행위는 이해하지 못하였으나, 언표 내적 행위는 이해한 것을 의미한다.

오답해설
① 〈보기〉의 상황에서 아내의 발화 문장의 언표적 행위는 '날씨가 춥다'는 표현이다.
② 〈보기〉의 상황에서 아내의 발화 문장의 언표 내적 행위는 자신이 열려 있는 창 때문에 춥다는 사실을 전달한 것이다.
③ 〈보기〉의 상황에서 아내의 발화 문장의 언향적 행위는 창문을 닫아 달라는 것이다.

20 ② [확인 추론 – 부정발문 – 인문사회예술]

첫째 문단에 따르면, 감정 미학은 '음악의 내적 특성이 아닌 외적으로 드러나는 목적, 기능으로 음악 양식을 분류, 정의'하였다.

오답해설
① 둘째 문단에 따르면, 바그너는 감정 미학을 대표하는 음악가이다. 또한 셋째 문단에 따르면 한슬리크는 형식 미학을 대표하며, 형식 미학은 음악의 형식적 특질에 음악의 미적 가치가 있다고 주장한다. 따라서 바그너에 비해 한슬리크는 음악의 형식적 특질에 집중하였다고 볼 수 있다.
③ 둘째 문단에 따르면, 라이트모티프란 표제 음악에서 인물이 처한 상황이나 인물의 감정을 암시하기 위해 특정 선율을 반복하여 제시하는 기법이다. 따라서 라이트모티프 기법은 등장인물의 상황과 음악 선율의 결합을 시도한다는 것을 알 수 있다.
④ 셋째 문단에는 청중은 음 요소를 감각적으로 지각하는 것일 뿐, 음악 속에 감정이 내재된 것은 아니라는 형식 미학의 견해가 제시되어 있다. 또한 마지막 문단에는 청중이 음악 속 음 요소의 움직임을 감각적으로 지각한다는 한슬리크의 견해가 제시되어 있다. 따라서 한슬리크에 따르면, 음 요소 간의 움직임은 감각적 지각의 대상이다.

제70회 이유진 국어 백일기도 모의고사 해설

01 ④ [의사소통 – 작문 내용]

〈지침〉에 '결론은 기대 효과와 향후 과제를 1개의 장으로 작성할 것'이라는 내용이 제시되어 있다. Ⅳ-1로 'AI 기술에 대한 대중의 불안감 해소 및 긍정적 이미지 확산'이라는 기대 효과가 제시되어 있으므로, ㉣에는 향후 과제가 제시되어야 한다. 그러나 'AI 오남용으로 발생하는 사생활 침해, 허위 정보 유출 등 감소'도 기대 효과이므로, ㉣에 들어갈 내용으로 적절하지 않다. ㉣에는 'AI 기술 오남용 탐지 및 실시간 대응이 가능한 시스템 개발'과 같은 향후 과제가 제시되어야 한다.

오답해설
① 제목을 보았을 때, 글의 중심 소재는 'AI 기술 오남용'이다. 〈지침〉에 '서론은 중심 소재의 개념 정의와 문제 제기를 1개의 장으로 작성하라'고 하였으므로, ㉠에는 'AI 기술 오남용'과 관련된 문제 제기가 들어가야 한다. 따라서 'AI 기술 오남용으로 인한 사생활 침해 등 다양한 문제 발생'은 이러한 문제 제기로 적절하다.
② 〈지침〉에 '본론은 제목에서 밝힌 내용을 2개의 장으로 구성하되 각 장의 하위 항목끼리 대응되도록 작성하라'고 하였다. 따라서 'AI 개발 및 활용 과정에서 명확한 윤리적 기준의 부재'는 Ⅲ-1(AI 개발 단계에서의 윤리적 기준 설정과 준수)과 대응되는 Ⅱ-1(㉡)의 내용으로 적절하다.
③ 〈지침〉에 '본론은 제목에서 밝힌 내용을 2개의 장으로 구성하되 각 장의 하위 항목끼리 대응되도록 작성하라'고 하였다. 따라서 'AI 기술과 관련된 규제 및 법적 제재 마련'은 Ⅱ-2(정부와 기관의 규제 및 법적 제재 부족)와 대응되는 Ⅲ-2(㉢)의 내용으로 적절하다.

02 ④ [논리 비판 – 비판 추론 – 강화약화]

지문에서는 단일 언어문화가 늘 좋은 영향만 미치는 것은 아니라고 하였다. 하지만 '한국이 다른 나라에 비해 상대적으로 외교에 어려움을 겪는' 이유가 단일 언어문화 때문인지는 선지에서 파악할 수 없는 정보이다. 따라서 이 연구 결과는 ㉠과 무관하다.

오답해설
① 한국에서 자란 한국인은 단일 언어문화에서 자란 사람을 말한다. 따라서 단일 언어를 사용한 한국인이 세계 평균보다 문해율이 높다는 것은 단일 언어문화의 장점이라고 할 수 있다. 하지만 ㉠이 좋은 영향을 부정한 것은 아니므로 이를 강화하지도 약화하지도 않는다.
② 한국에서 자란 사람은 단일 언어문화에서 자란 사람일 것이다. 따라서 한국어의 독특한 체계가 외국어 습득을 방해한다는 연구 결과는 단일 언어문화가 좋은 영향만 미친 것은 아니라는 것을 입증하므로 ㉠을 강화한다.
③ '다른 언어로 대화할 때보다 한국어로 대화할 때 오해나 갈등이 적다는 연구 결과'는 단일 언어문화의 좋은 점이다. 하지만 ㉠이 좋은 영향을 부정한 것은 아니므로 이를 강화하지도 약화하지도 않는다.

03 ① [확인 추론 – 부정발문 – 문학]

첫째 문단에 따르면, '중세의 지배층에는 민요를 적극적으로 수집하여 민심을 파악 후 정치 교훈으로 삼고자 한 자들도 있었다'고 하였다. 이는 중세의 지배층 중 일부가 그랬다는 의미이지, 모든 중세 지배층이 그랬다는 의미가 아니다.

오답해설
② 둘째 문단에서 민요는 '전문적 훈련을 받지 않아도 쉽게 만들어 부를 수 있었다'고 하였으므로, 정형화된 훈련 과정이 없더라도 누구나 만들 수 있었을 것이다.
③ 마지막 문단의 '조선 후기에 등장한 잡가(雜歌)는 고전 시가의 여러 갈래 중 가장 마지막에 등장한 갈래'를 통해 알 수 있다.
④ 첫째 문단에 따르면, '민요는 기능에 따라 노동요, 의식요, 유희요로 분류'된다. 이때 '유희요'는 유흥적인 성격을 지니고 있었을 것이다. 또한 마지막 문단에 따르면, 잡가는 '도시의 유흥 공간에서 가창된 노래로, 통속적이고 유흥적인 성격이 강하다'고 하였다. 이를 통해 민요와 잡가 모두 유흥적인 성격도 지니고 있었을 것임을 추론할 수 있다.

04 ③ [국어학의 이해와 활용 – 언어학 – 문장]

㉢에서 안긴문장 '소리도 없이'는 부사절로 부사어 '주룩주룩'을 수식하는 것이 아니라 서술어 '내린다'를 수식하고 있다.

오답해설
① ㉠의 안긴문장 '키가 크다.'는 안은문장의 서술어 기능을 하고 있다.

② ⓒ의 안긴문장 '영수가 아팠다'는 안은문장의 체언 '소식'을 수식하는 기능을 하고 있다.
④ ㉣의 안긴문장 '오늘 공부를 꼭 하겠다'는 안은문장의 주어인 '그'가 한 말을 인용하고 있다.

05 ③ [확인 추론 – 부정발문 – 인문사회예술]

첫째 문단에서 특허권은 특허를 출원으로부터 20년 동안 독점적 · 배타적 권리를 부여받는다고 하였으며, 넷째 문단에서 영업 비밀은 비밀을 유지하는 한 언제까지나 소유자만이 사용할 수 있다고 하였다. 따라서 영업 비밀이 특허권에 비해 독점적으로 경제적 이익을 추구할 수 있는 기간이 짧다고 볼 수 없다.

오답해설

① 첫째 문단에서 특허권은 출원 후 18개월이 경과하면 공개된다고 했지만, 넷째 문단에서 영업 비밀은 해당 정보에 대한 비밀을 유지하는 한 해당 정보가 공개되지 않는다고 하였다.
② 둘째 문단에서 특허권은 절차가 번거로우며 특허권을 획득, 유지하는 데 많은 비용이 소요된다는 단점이 있고, 그렇기 때문에 해당 정보를 특허권으로 등록하지 않고 영업 비밀로 유지하기도 한다고 하였다.
④ 특허권은 출원 후 18개월이 경과하면 해당 정보가 공개되기 때문에 그 이후로는 근로자에게 비밀 유지의 의무가 없을 거라는 것을 추론할 수 있다.

06 ① [논리 비판 – 논리 추론 – 명제논리]

제시된 명제를 기호화하여 정리하면 다음과 같다.

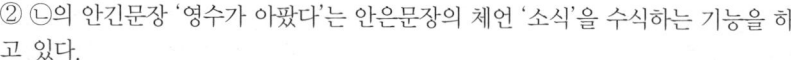

| A 첫째 발언: 갑역사학 → 을정치학∧정성악 |
| ⇔ ~(을정치학∧정성악) → ~갑역사학 |
| ≡ (~을정치학∨~정성악) → ~갑역사학 |
| B 첫째 발언: 을행정학(≡~을정치학) |
| A 둘째 발언: 병경제학 |
| B 둘째 발언: 너도 (㉠)라는 걸 아는구나? |

A의 첫째 발언의 대우는 '(~을정치학∨~정성악) → ~갑역사학'이다. B의 첫째 발언인 '을행정학'은 을의 전공이 정치학이 아님을 의미하므로 '~을정치학'과 동치이며, 이는 곧 A의 첫째 발언의 대우의 전건을 긍정하므로 '~갑역사학'이 됨을 알 수 있다. 이때 A의 둘째 발언인 '병경제학'을 도출하기 위해 추가로 필요한 ㉠에는 '~갑역사학 → 병경제학'이나 그 대우인 '~병경제학 → 갑역사학'과 같은 내용이 들어가는 것이 적절하다. 따라서 답은 선지 ①이다.

오답해설

② 해당 선지를 기호화하면 '병경제학 → ~갑역사학'이다. 이는 위에서 도출한 '~갑역사학 → 병경제학'의 '역'에 해당한다. 따라서 해당 선지는 A의 둘째 발언인 '병경제학'을 도출하기 위해 ㉠에 들어갈 수 있는 내용으로 적절하지 않다.
③ 해당 선지를 기호화하면 '~을행정학 → ~병경제학'이다. B의 첫째 발언에 따라 을이 행정학을 전공했으므로 '을행정학'이 참이며, 이는 해당 선지의 전건을 부정한다. 따라서 해당 선지는 A의 둘째 발언인 '병경제학'을 도출하기 위해 ㉠에 들어갈 수 있는 내용으로 적절하지 않다.
④ 해당 선지를 기호화하면 '정성악 → 병경제학'이며, A와 B의 첫째 발언들을 통해 정이 성악을 전공했다는 것을 도출할 수 없으므로, '정성악 → 병경제학'이 ㉠에 들어간다 해도 이를 통해 병이 경제학을 전공했다는 것을 알 수는 없다. 따라서 해당 선지는 A의 둘째 발언인 '병경제학'을 도출하기 위해 ㉠에 들어갈 수 있는 내용으로 적절하지 않다.

07 ④ [국어학의 이해와 활용 – 작문 형식]

'대등한 것끼리 접속할 때는 구조가 같은 표현을 사용할 것'에 따라 앞의 내용이 구라면 뒤에도 구를, 앞의 내용이 절이라면 뒤에도 절을 사용해야 한다. '정부는 범죄 예방과 안전한 사회를 조성하기 위해 노력하고 있다.'는 구와 절, '정부는 범죄를 예방하고 안전한 사회 조성을 위해 노력하고 있다.'는 절과 구로 구성되어 있다. 두 문장 다 대등한 구조를 보여 주는 표현이 아니므로 적절한 문장이 아니다.
• 구와 구: 정부는 범죄 예방과 안전한 사회 조성을 위해~
• 절과 절: 정부는 범죄를 예방하고 안전한 사회를 조성하기 위해~

오답해설

① '무엇보다 중요한 점은 문제의 원인을 정확하게 파악한 후 대응이다.'의 주어 '무엇보다 중요한 점은'과 호응하는 서술어가 없다. 이를 고려하여 서술어 '~것(점)이다'를 추가하는 것이 적절하다.
② '맛있는 김치를 만드는'이 '주부'를 수식하는지, '요리법'을 수식하는지 모호하다. '맛있는 김치를 만드는, 주부의 요리법이 인기가 많다.'로 수정할 경우 '요리법'만 수식하게 되므로 수식어와 피수식어의 관계가 분명해진다.

③ 'ㄴ' 받침 뒤에서는 '율'로 적는다고 하였으므로, '승인율'로 수정하는 것이 적절하다.

08 ② [응용 추론 – 문맥 추론]

둘째 문단에서 '인간은 모두 동일한 종의 구성원이기에 신체나 행동이 매우 비슷(㉠)하다. 따라서 내 손가락을 베였을 때 내(ⓒ)가 고통(ⓒ)을 느끼는 것을 근거로 다른 사람도 손가락을 베였을 때 나와 똑같이 고통(ⓒ)을 느끼리라 추론하는 것이다.'라고 서술되고 있다. 여기서 '나'(ⓒ '첫 번째 대상')가 '다른 사람'('두 번째 대상')과 '신체나 행동'(㉠ '몇 가지 점')에서 비슷하다는 것을 알고 있을 때, '나'가 '마음'이라는 '추가적인 특성'(ⓒ)을 가지고 있으므로 '다른 사람'도 '마음'을 가지고 있으리라 추론한다는 것을 알 수 있다.

09 ③ [확인 추론 – 부정발문 – 문학]

둘째 문단에 따르면 '해 질 무렵 붉게 물드는 하늘, 달빛 아래 은빛처럼 빛나는 메밀꽃밭은 단순한 자연경관이 아니라, 허 생원이 겪는 정서적 경험을 증폭시키며 그가 지닌 고독과 향수를 강조'하며, '이 자연 풍광이 우연히 마주친 동이와의 관계를 운명적 조우로 느끼게 만든다.'고 하였다. 즉, 허 생원이 그가 지닌 고독과 향수를 돌아보게 하는 것은 '동이'가 아닌 배경인 '메밀꽃밭'이다.

오답해설

① 첫째 문단에 따르면, 「메밀꽃 필 무렵」에서 배경은 단순한 무대 장치에 그치지 않고 작품의 정서적 흐름과 주제를 뒷받침하는 핵심 요소로 작동한다'라고 하였다. 따라서 '메밀꽃밭'은 「메밀꽃 필 무렵」의 주된 배경으로, 작품의 주제를 뒷받침하는 핵심 요소라고 할 수 있다.
② 둘째 문단에 따르면, 「메밀꽃 필 무렵」에서 배경은 인물들의 심리를 깊게 반영함과 동시에 서정적 분위기를 형성하여 독자가 인물의 내면세계에 더욱 가까워지도록 이끈다'고 하였다. 따라서 「메밀꽃 필 무렵」의 주된 배경인 '메밀꽃밭'은 독자와 허 생원의 내면을 연결하는 매개로서 기능할 것이다.
④ 첫째 문단에 따르면, 「메밀꽃 필 무렵」에서 메밀꽃이 흐드러지게 핀 풍경은 '주인공 허 생원의 내면적 변화와 결합하여 독자에게 깊은 인상을 남긴다'라고 하였다. 또한 둘째 문단에 따르면 '해 질 무렵 붉게 물드는 하늘, 달빛 아래 은빛처럼 빛나는 메밀꽃밭은 단순한 자연경관이 아니라 허 생원이 겪는 정서적 경험을 증폭시키며 그가 지닌 고독과 향수를 강조'하는 역할을 하며, '이 자연 풍광은 그에게 삶의 경로를 다시 돌아보게' 함을 알 수 있다. 이를 통해 작품이 진행되는 과정에서 허 생원이 내면의 변화를 겪는다는 것을 알 수 있다.

10 ① [응용 추론 – 어휘 추론]

제시된 문장에서 '㉠ 깊은'을 대체할 수 있는 유의어로 '강렬한, 큰' 등이 있다. ㉠이 포함된 문장의 구조는 '깊은 a'이다. 선지 ①의 '깊은'은 '강렬한, 큰'이라는 유의어를 제시된 문장과 공유하며, '깊은 a'의 구조와 일치한다. 따라서 ㉠의 문맥적 의미와 가장 가까운 것은 선지 ①이다.
「3」 수준이 높거나 정도가 심하다.
예 깊은 잠, 깊은 관계, 깊은 한.

오답해설

② 「4」 시간이 오래다.
예 밤이 깊다, 역사가 깊다, 전통이 깊다.
③ 「5」 어둠이나 안개 따위가 자욱하고 빽빽하다.
예 안개 깊은 새벽, 어둠이 깊다, 그늘이 깊게 드리워졌다.
④ 「1」 겉에서 속까지의 거리가 멀다.
예 깊은 골짜기, 깊은 산속, 뿌리 깊은 나무.

11 ② [확인 추론 – 긍정발문 – 인문사회예술]

지문에서 입법자가 고려해야 하는 둘째 사항에 따르면, 입법자는 범죄자가 더 큰 해악을 발생시키는 범죄보다 더 작은 해악을 발생시키는 범죄를 범하도록 유도해야 한다고 한다. 이는 다양한 범죄에 의해 야기되는 해악의 크기를 양적으로 비교할 수 있다고 전제하는 것이다.

오답해설

① 지문에서는 범죄가 발생시키는 해악을 주된 고려의 대상으로 삼고 있기 때문에, 범죄의 결과보다 범죄의 동기를 기준으로 한다고 보기 어렵다.
③ 지문에서는 범죄자의 교화와 관련된 내용이 제시되지 않았다. 오히려 교화보다는 범죄가 유발하는 객관적인 해악을 집중적으로 고려한다고 보아야 한다.
④ 지문에서 입법자가 고려해야 하는 넷째 사항에 따르면, 범죄의 발생에 의해 야기되는 해악보다 형벌에 의해 발생하는 해악이 더 클 경우 사회 전체의 관점에서 바람직하지 않다고 한다. 이는 비용 발생을 최소화하기 위하여 비교하는 것이지,

형벌에 의해 발생하는 해악이 더 크다고 해서 형벌을 없애야 한다고 주장한 것은 아니다.

12 ④ [응용 추론 – 문맥 추론]

지문은 입법자가 범죄로 인한 해악을 막기 위해서 고려해야 할 점을 나열하고 있다. 둘째 항목에 제시된 '범죄자가 ⊙ 더 큰 해악을 발생시키는 범죄보다 더 작은 해악을 발생시키는 범죄를 범하도록 유도해야 한다'는 부분에서 ⊙은 범죄자가 저지를 범죄로 인한 해 중 가장 큰 해를 의미한다. 입법자는 이를 피하고 ⓒ 가장 작은 해악을 발생시키는 범죄를 범하도록 해야 한다'라고 하였다. 여기서 ⓒ 역시 범죄자가 저지를 범죄로 인한 해에 해당한다.
셋째 항목에 범죄를 실행할 의사를 가진자로 하여금 'ⓒ 자신의 범죄 목적에 필요한 것 이상의 해악을 발생시키는 범죄를 범하지 않도록 해야 한다'는 부분에서 ⓒ은 범죄자가 의도하지 않았다 할지라도 범죄자가 저지른 행위로 인해 발생하는 해이다. 하지만 ⓔ은 '형벌에 의해 발생하는 해악'으로 이는 범죄자의 범죄로 인한 해가 아니라 그에게 벌을 주는 과정에 발생하는 해를 의미한다. 따라서 ⓔ이 행위 주체가 가장 이질적인 의미의 대상이다.

13 ④ [구조 독해 – 배열 – 문장 배열]

제시된 지문은 노후의 생계보장을 위해 국민연금제도처럼 강제적이며 공적인 해결 방식이 꼭 필요한지 그 당위성에 대한 의문이 제기된다는 내용이다.
(가) '소비자가 모든 경제 행위를 최종적으로 결정하는 권한을 신봉하는 사람에게는 이 주장이 별 설득력을 갖지 못한다'는 내용이다. 주장에 대한 비판이므로 특정 주장이 앞서 서술되어야 한다. → 선지 ①, ② 탈락
(나) '자발적이 아닌 강제적 해결방식이 왜 필요한지'에 대한 내용이다.
(다) '공적 해결방식이 왜 필요한지'에 대한 내용이다. (나)에서 '강제적 해결방식이 필요한지의 문제부터'라고 언급하고 있으므로, 강제적 해결방식에 대한 서술 후 공적인 해결방식에 대한 서술이 제시될 것임을 추론할 수 있다. 따라서, (나)는 (다)보다 먼저 나온다. → 선지 ① 탈락
(라) '강제적 프로그램이 필요한 근거를 명확히 제시하기 어렵다'는 내용이다. 이는 강제적 프로그램의 필요성에 대한 반론 이후 제시되어야 자연스럽다. 따라서, '강제적 해결방식이 필요하다는 주장' 뒤에 (가)의 비판과 (라)의 서술이 이어져야 자연스럽다. 따라서 (가)-(라)로 글이 시작될 수는 없다. → 선지 ② 탈락
(마) '개인들에게 맡겼을 때 부적절하게 준비하는 사람이 생기기 때문에' 정부 간섭의 필요성이 있다는 내용이다. 이는 강제적 해결방식이 필요한 근거이므로, 강제적 해결방식을 다루는 (나) 직후에 와야 한다. 따라서, (나)-(마)의 흐름이 자연스럽다. → 선지 ③ 탈락
따라서 (나)-(마)-(가)-(라)-(다)의 순서가 가장 자연스럽다.

14 ② [구조 독해 – 주제]

지문은 인간의 신경 구조를 전기회로와 비교하면서 신경세포가 작용하는 과정을 전기신호를 통해 설명하고 있다. 즉, 이 글이 주장하는 것은 동물들이 겪는 생물학적 과정을 물리 화학적으로 설명할 수 있다는 것이다.

오답해설
① 지문은 생물학적인 현상을 물리적으로도 설명할 수 있음을 보여 준다. 따라서 같은 현상에 대해 생물학과 물리학이 대립되는 설명을 내놓는 것이 아니다.
③ 세포 속에서 화합물이 변하고 있다는 내용은 지문에 제시되지 않았다.
④ 신경이 생명체의 생존에 있어서 중요할 수는 있겠지만, 이것이 지문에서 설명하는 주장이라 보기는 어렵다.

15 ④ [의사소통 – 작문 내용]

마지막 문단에 따르면, 상징적 상호작용론자들의 입장에서 개인은 결정되는 존재가 아닌 상호 작용 속에서 끊임없이 변화하는 가변적인 존재이며 사회 문제는 '상호작용 속에서만 정확하게 파악'되므로, 객관적인 것이 아니라 주관적인 것에 해당한다. 따라서 ⓔ을 '객관적이 아니라 주관적인 것으로' 수정하는 것이 적절하다.

오답해설
① 첫째 문단에 따르면 구조주의는 '수동적인 인간관을 강조한 대표적인 입장'에 해당한다. 또한 사람과 구조가 양방향적인 상호작용을 통해 영향을 받는다고 본 입장은 후술된 상징적 상호작용론자들의 입장에 해당한다.
⊙이 포함된 문장이 '⊙ 같은 존재인가 아니면 자유의지에 의해서 그것을 변화시켜 나갈 수 있는 능동적인 존재인가'의 구조로 제시되었기 때문에, 후자인 '자유의지에 의해서 그것을 변화시켜 나갈 수 있는 능동적인 존재'와 반대되는 내용이 ⊙에 들어가야 한다. 따라서 ⊙을 선지와 같이 '양방향적으로 영향을 미치는 상호작용적'으로 수정하는 것은 적절하지 않다.
② ⓒ 이후 문장에서는 ⓒ에 해당하는 입장 중 가장 대표적인 상징적 상호작용론이라는 입장에 대해 서술하고 있는데, 마지막 문단에 따르면, 상징적 상호작용론자들은 "개인을 '결정되는' 존재보다는 상호작용 속에서 끊임없이 변화하는 '가변적인' 존재로 인식한다"라고 하였다. 즉 이들은 '사람이 수동적으로 사회의 의해 구성된다고' 보는 입장이 아니므로, ⓒ을 선지와 같이 '사람은 수동적으로 사회에 의해 구성된다고'로 수정하는 것은 부적절하다.
③ ⓒ의 앞부분에서, 상징적 상호작용론자들은 '사회 구조란 추상적으로 머릿속에서 만들어 낸 개념에 불과하다고' 보며, '그 입장에서는 사람들이 언어나 몸짓과 같은 상징체계를 가지고 상호작용을 하고, 그러한 과정 내에서 생산해 내는 무수히 많은 규칙들에 주목한다'고 하였다. 따라서 상징적 상호작용론자들이 분석하는 관점에 대해 서술하고 있는 부분인 ⓒ에는 기존의 '사회 구조를 앞세우는 분석보다는 개인과 개인의 상호작용을' 앞세운다는 내용이 제시되는 것이 적절하다.

16 ② [의사소통 – 작문 내용]

제시된 내용은 개인이 사용하는 언어가 문화 자본과 관련된 개인의 경험을 반영하면서 개인이 어떠한 문화 자본을 보유하고 있는지 드러낸다는 것이다. '교양을 갖춘 사람들의 대부분은 정교하고 복잡한 방식으로 구성되는 문장을 사용'한다는 것은 언어가 교양과 관련 있음을 보여 주므로 언어와 문화 자본의 관련성을 뒷받침하는 데에 사용할 수 있는 자료로 적절하다.

오답해설
① 언어가 세상을 바라보는 틀의 역할을 하기 때문에 집단이 사회를 구성하고 유지하기 위해서 언어를 학습하는 것이 필요하다는 내용은 언어와 문화 자본의 관련성을 제시하는 것이 아니므로 제시된 글을 뒷받침하는 데에 사용할 수 있는 자료로 적절하지 않다.
③ 언어가 인간의 삶을 이해하는 데에 필요하다는 내용은 언어와 문화 자본의 관련성을 제시하는 것이 아니므로 제시된 글을 뒷받침하는 데에 사용할 수 있는 자료로 적절하지 않다.
④ 성인은 올바른 문장을 제시함으로써 아동에게 유능한 언어 사용 모델을 제공한다는 내용은 언어와 문화 자본의 관련성을 제시하는 것이 아니므로 제시된 글을 뒷받침하는 데에 사용할 수 있는 자료로 적절하지 않다.

17 ③ [확인 추론 – 부정발문 – 과학기술경제]

둘째 문단에 따르면, 여아 중에서도 Y-염색체를 가진 경우가 있으며 이런 여아들의 Y-염색체에는 SRY 유전자가 없거나 또는 그것의 정상적 작동을 막는 돌연변이가 있었다고 한다. 따라서 SRY 유전자를 보유한 태아일지라도 그것의 정상적 작동을 막는 돌연변이가 있는 경우 여자가 될 수 있다.

오답해설
① 첫째 문단에 따르면, SRY 유전자는 남성호르몬인 테스토스테론 생산을 촉진시키는 다른 염색체들을 활성화한다.
② 둘째 문단에 따르면, Y-염색체를 가진 여아는 사춘기에 난소와 자궁이 제대로 발달하지 않아 아기를 가질 수 없다.
④ 첫째 문단에 따르면, Y-염색체에 있는 SRY 유전자가 없다면 태아는 자연적으로 여자로 발달한다고 한다. 따라서 Y-염색체가 없다면 당연히 SRY 유전자도 없을 것이므로, 태아는 여자로 발달할 것이다.

18 ③ [응용 추론 – 어휘 추론]

ⓒ이 포함된 문장은 Y-염색체를 가진 여아들은 대부분 평균보다 키가 약간 큰 것 이외에는 지능과 발달의 정도는 정상 범주에 속함을 설명하고 있다. 따라서 ⓒ은 '어떤 무리에서 기피하여 따돌리거나 멀리하다.'를 의미하는 '소외하다'와 바꿔 쓸 수 없다.
ⓒ 제외(除外)하다: 따로 떼어 내어 한데 헤아리지 아니하다.
除 덜 제, 外 바깥 외
소외(疏外)하다: 어떤 무리에서 기피하여 따돌리거나 멀리하다.
疏 트일 소, 外 바깥 외

오답해설
① ⊙ 가지다: 손이나 몸 따위에 있게 하다.
지니다: 바탕으로 갖추고 있다.
② ⓒ 성숙(成熟)하다: 몸과 마음이 자라서 어른스럽게 되다.
成 이룰 성, 熟 익을 숙
발달(發達)하다: 신체, 정서, 지능 따위가 성장하거나 성숙하다.
發 필 발, 達 통할 달
④ ⓔ 보유(保有)하다: 가지고 있거나 간직하고 있다.
保 보전할 보, 有 있을 유
가지다: 손이나 몸 따위에 있게 하다.

19 ① [응용 추론 – 사례 추론]

특별 보유세가 부과되기 위해서는 다음과 같은 조건이 동시에 만족되어야 한다.

- 단기 거주 목적의 부동산을 소유하고 있거나 투기지역에 위치한 부동산을 소유
- 개인별 합산 부동산의 공시가격이 6억 원을 초과
- 연간 총 근로소득이 부동산 보유 자산의 10% 미만
- 다주택 소유자

박 대리의 사례는 다음과 같은 점에서 이러한 조건들을 모두 만족하므로, 특별 보유세의 부과 대상이 된다.

- 투기지역에 위치한 아파트를 소유
- 개인 합산 부동산의 공시가격이 20억 원으로 6억 원을 초과
- 연간 총 근로소득이 5천만 원으로 부동산 보유 자산의 10% 미만
- 아파트 두 채 보유(다주택 소유자)

오답해설

② 김 상무의 연간 총 근로소득은 3억 원이며, 부동산 자산은 총 20억 원이므로 연간 총 근로소득이 부동산 보유 자산의 10%를 초과한다.
③ 서 씨는 주택을 한 채 보유하고 있으므로 다주택 소유자가 아니다.
④ 이 부장은 합산 부동산의 공시가격이 6억 원이다. 개인별 합산 부동산의 공시가격이 6억 원을 초과하지 않으므로 특별 보유세 부과 대상이 아니다. 또한 연간 총 근로소득이 부동산 보유 자산의 10% 미만이어야 하는데 이 부장의 경우, 10%를 초과한다.

20 ③ [논리 비판 – 논리 추론 – 독해논리]

지문은 일반적으로 사실이라고 인정되는 명제(보편적 원리)에서 출발하여 일정한 결론을 이끌어 내고 있으므로 연역적 추론 방식이 사용된 논증이다. 이와 가장 유사한 것은 선지 ③이다.

오답해설

①, ②, ④는 모두 구체적인 사실이나 통계적 자료의 검토를 통해 보편적 원리를 추론해 내는 '귀납적 추론 방식'을 사용하고 있다.

| 연역과 귀납의 차이

연역 논증은 전제를 통해 결론이 참이라는 사실을 100% 보장하려는 논증인데, 이 가운데 결론의 참을 100% 보장하는 논증을 '타당한 논증'이라 한다. 반면 귀납 논증은 전제를 통해 결론을 개연적으로 뒷받침하려는 논증이다. 귀납 논증 중에는 뒷받침하는 정도가 강한 것도 있고 약한 것도 있다.

제71회 이유진 국어 백일기도 모의고사 해설

01 ③ [국어학의 이해와 활용 – 작문 형식]

'자격증 시험 응시료 및 관련 교육비'는 ○○시가 ○○시 거주 청소년에게 지급하는 대상이다. 따라서 '자격증 시험 응시료 및 관련 교육비를 지급할'로 수정해야 한다. '지급될'이라는 서술어를 쓸 경우, '자격증 시험 응시료 및 관련 교육비가 지급될'이라고 써야 한다.

오답해설

① '대등한 것끼리 접속할 때는 구조가 같은 표현을 사용할 것'에 따라 앞의 내용이 구라면 뒤에도 구를, 앞의 내용이 절이라면 뒤에도 절을 사용해야 한다. '취업 역량을 강화하고 자기 계발 지원을 위해'는 절과 구로 구성되어 있다. 이를 '취업 역량 강화와 자기 계발 지원을 위해'로 수정할 경우, 구와 구로 구성되게 되므로 적절한 수정이 된다.
- 구와 구: 취업 역량 강화와 자기 계발 지원을 위해
- 절과 절: 취업 역량을 강화하고 자기 계발을 지원하기 위해

② '실시하다'는 '실제로 시행하다'를 의미하는데, 이미 '실제로'라는 의미가 포함되어 있다. 따라서 '중복되는 표현을 삼갈 것'을 고려하여 '실시합니다'로 수정하는 것이 적절하다.
④ 서술어 '드리다'는 목적어와 부사어를 필요로 하는 서술어이다. 이미 목적어(안내를)는 제시되어 있으므로, '○○시'가 안내를 드릴 대상인 '지원 대상자로 선정된 청년에게는'과 같이 부사어를 추가하는 것이 적절하다.

02 ① [확인 추론 – 긍정발문 – 문학]

첫째 문단에 따르면 '시인은 자신의 신념을 현실보다 더 현실같은 환상으로 그려내'며, '현실에서 얻은 깨달음을 독자에게 전달'한다. 이를 통해 시인이 현실을 반영한 환상을 그려내어 독자에게 깨달음을 전달하고자 한다는 것을 알 수 있다.

오답해설

② 둘째 문단에 따르면 정호승은 현실보다 더 현실같은 환상이 시인들에게 타당성을 부여한다고 주장하지 않았으며, 감정적 복사에 그치는 한계를 비판받고 있다. 따라서 정호승의 주장이 인정받았다고 보기 어렵다.
③ 둘째 문단에 따르면, 김광균은 '시인으로 살아가야 할지에 대한 회의와 갈등'을 드러낸다. 이때 현실과 상상의 이중 구조를 통해 현실 극복 의지를 드러낸다고 하였다. 따라서 김광균이 가진 의문이 해결되지 않는다고 보기 어렵다.
④ 둘째 문단에 따르면 김광균은 환상에 빠지는 과정을 반복하는 것이 아니라, 시인은 현실과 환상 사이의 갈등을 풀어내며 현실로 돌아간다.

03 ④ [국어학의 이해와 활용 – 언어학 – 기타]

'있을 뿐이지'의 '뿐'은 용언의 관형형 뒤에 쓰인 경우이므로 의존 명사임을 알 수 있다. 한글 맞춤법에 따르면 의존 명사는 띄어 쓰는 것이 옳다.

오답해설

① '실력뿐이다'의 '뿐'은 체언 뒤에 쓰인 경우이므로 조사임을 알 수 있다. 한글 맞춤법에 따르면 조사는 그 앞말에 붙여 쓴다.
② '법대로'의 '대로'는 체언 뒤에 쓰인 경우이므로 조사임을 알 수 있다. 한글 맞춤법에 따르면 조사는 그 앞말에 붙여 쓴다.
③ '동이 트는 대로'의 '대로'는 용언의 관형형 뒤에 쓰인 경우이므로 의존 명사임을 알 수 있다. 한글 맞춤법에 따르면 의존 명사는 띄어 쓰는 것이 옳다.

04 ② [논리 비판 – 비판 추론 – 강화약화]

ⓒ은 정책 변화로 새로운 사회주택 관리 서비스 분야의 일자리를 창출효과를 기대하는 것으로, 자동화 기술의 도입으로 정책 시행에도 불구하고 주택 관리 서비스 분야 신규 채용이 감소하는 경우 ⓒ은 약화된다.

오답해설

① ⓒ은 주택 정책 변화가 건설 경기에 부정적 영향을 미칠 수 있다는 것으로, 신산업의 발전과는 무관한 주장으로 이러한 사실로부터 ⓒ이 약화되지 않는다.
③ ⓒ은 주택 정책 변화가 건설 경기에 부정적 영향을 미칠 수 있다는 것으로 건설업계에 대한 수요 증가는 이러한 주장과 반대되는 결과이므로 ⓒ을 약화한다.
④ ⓒ은 새로운 사회주택 관리 서비스 분야에서 일자리 창출 효과를 기대하는 것으로, 제조업 분야 투자가 증가한다고 해서 ⓒ이 강화되지 않는다.

05 ④ [응용 추론 – 빈칸 추론]

부존 효과로 인해 머그잔을 가진 사람은 그렇지 않은 사람보다 머그잔의 가치를 훨씬 더 높게 평가했을 것이다. 이러한 현상을 설명할 수 있는 이유로 적절한 것은 '머그잔을 소유한 학생들이 가격표에 제시된 권리를 포기하지 않으려 했기' 때문이라는 것이다. 공짜로 얻은 머그잔일지언정 머그잔을 소유하지 않은 학생들과는 달리 가격표에 매겨진 6달러의 가치가 있다고 생각하고 거래하려 한 것이다.

오답해설

① 머그잔의 경제적 가치가 실제로 높았는지는 알 수 없다.
② '머그잔에 대한 평가는 어땠을까'라는 언급이 있으나, 이것이 실험의 결과에 대한 이유가 될 수는 없다.
③ 머그잔을 대학교 학생들 중 '임의로' 선택된 일부에게 나눠 주었으므로, 머그잔을 좋아하는 학생들이 이를 소유했다고 볼 수 없다.

06 ① [확인 추론 – 부정발문 – 인문사회예술]

향촌 사회의 변동이 초래한 변화에 이족과 사족의 분화, 그리고 동성동본 관념이 포함되는 것이지, 이족과 사족의 분화로 인해 동성동본 관념이 발생한 것이 아니다.

오답해설

② 향촌 사회의 변동이 초래한 변화 중 이족과 사족의 분화가 있으며, 이후 사족이 지방관과 함께 향촌 사회 지배의 일부를 담당하게 되었다고 한다.
③ 12세기 이후 본관제를 통한 거주지 통제가 느슨해져 갔으며, 고려 정부는 민의 현 거주지를 인정하고 그 거주지의 민을 호적에 올리는 정책을 시도했다. 이에 따라 향·소·부곡과 같은 특수 행정 구역이 감소하였다고 한다.
④ 12세기부터 향촌민이 몰락하고 유망 현상이 극심하게 발생하면서, 본관제를 통한 거주지 통제는 느슨해져 갔다고 한다.

07 ③ [응용 추론 – 어휘 추론]

제시된 문장에서 'ⓘ 바뀌게'를 대체할 수 있는 유의어로 '변화하게'가 있다. ⓘ이 포함된 문장의 구조는 'a가 b로 바뀌다'이다. 선지 ③의 '바뀌어야'는 '변화하여야'라는 유의어를 제시된 문장과 공유하며, 'a가 b로 바뀌다'의 구조도 일치한다. 따라서 ⓘ의 문맥적 의미와 가장 가까운 것은 선지 ③이다.
❸【⋯을】「1」원래의 내용이나 상태가 다르게 고쳐지다.

오답해설

① ❶【⋯으로】「2」한 언어가 다른 언어로 번역되어 옮겨지다.
② ❷【(⋯과)】('과'가 나타나지 않을 때는 여럿임을 뜻하는 말이 주어나 목적어로 온다) 자기가 가진 물건이 다른 사람에게 주어지고 대신 그에 필적할 만한 다른 사람의 물건을 받게 되다.
④ ❶【⋯으로】「1」원래 있던 것이 없어지고 다른 것으로 채워지거나 대신하게 되다.

08 ① [응용 추론 – 빈칸 추론]

괄호 앞의 '즉'은 앞의 내용을 재진술할 때 사용하므로 괄호에는 괄호 앞의 내용을 표현하는 문장이 들어가야 함을 알 수 있다. 지문에서는 인간의 타락에 대한 원인으로서 신으로부터 멀어진 인간의 삶을 이야기하고 있으므로, '인간의 삶 속에서 신성(神性)이 사라지면서 인간은 존재로서 존엄함을 잃었다는 것이다'가 들어가야 한다.

오답해설

② 신화와 관련된 내용은 인간의 삶 속 신성(神性)에 대한 비유적인 의미로서 등장했을 뿐, 신화라는 것이 우리가 읽어야 하는 어떤 대상으로서 언급된 것은 아니다. 신화를 읽지 않게 된 경향으로 말미암아 인간 존엄성이 상실되었다는 내용은 괄호 안에 들어가기에 적절하지 않다.
③ 엘리아데의 주장은 인간의 신성(神性)의 상실이 인간 존엄성의 상실로 이어졌다는 것이다. 이러한 주장의 핵심 관계를 반대로 파악한 해당 선지는 괄호 안에 들어가기에 적절하지 않다.
④ 전체주의 정권의 야욕과 1, 2차 세계 대전의 발생은 엘리아데가 이야기하고자 한 바의 핵심이라기보다는 엘리아데가 그런 주장을 하게 된 배경이므로 괄호 안에 들어가기에 적절하지 않다.

09 ② [의사소통 – 작문 내용]

ⓛ의 바로 뒤에 '앞판은 세로로, 뒤판은 가로로 자른 널빤지를 잘 건조시켜 쓴다'는 서술이 이어지고 있다. 만약 기존에 제시된 대로 나뭇결 방향에 관계없이 공명도가 같다면 앞판과 뒤판을 다른 방향으로 잘라 사용할 필요가 없으므로, ⓛ을 '나뭇결에 따라서 공명도가 다르기'로 수정하는 것이 적절하다.

오답해설

① ⓘ의 바로 뒤에 '가운데가 불룩하게 나온 모습을 하고 있'다는 서술이 이어지고 있다. 따라서 '편편하게 일직선을 이루면서'라는 선지의 내용과 같이 서술하는 것은 적절하지 않다.
③ ⓒ 앞에서 '건조하는 방법과 시간도 좋은 공명을 만드는 데 결정적인 역할'을 한다고 하였으므로, 명인들은 좋은 공명을 만들기 위한 건조하는 방법과 시간을 중요시할 것임을 알 수 있다. 따라서 '명인들은 건조 방법과 시간을 신경 쓰지 않는다'는 선지와 같은 수정은 부적절하다.
④ ⓡ을 지칭하는 '앞판의 좌우에 있는 f자 형태의 구멍'은 '몸통의 공명에 의한 공기 진동을 밖으로 통하게 하는 역할을 한다'고 하였다. 즉 이는 단순한 장식이 아닌 특정한 역할을 수행하는 울림구멍에 해당하므로, '울림구멍이 아니라 단순한 장식으로'라는 선지와 같은 수정은 부적절하다.

10 ② [논리 비판 – 비판 추론 – 비판적 이해]

ㄴ. 을은 모든 학생에게 토론이 적합한 학습 방법이 아니라며 토론식 수업 의무화에 대해서 반대한다. 병은 토론식 수업은 교사의 준비와 역량이 필수라며 교사가 준비가 되지 않으면 오히려 교육적 효과가 감소한다고 주장하였다. 이를 통해 을과 병의 주장은 서로 대립하지 않음을 알 수 있다.

오답해설

ㄱ. 갑은 토론이 비판적 사고를 기르는 데 효과적이며 의사소통 능력을 향상시키므로 고등학교에서 토론식 수업을 의무화할 필요가 있다고 주장한다. 반면 을은 모든 학생에게 토론이 적합한 학습 방법이 아니라며 토론식 수업 의무화에 대해서 반대한다. 이를 통해 갑과 을의 주장은 서로 대립함을 알 수 있다.
ㄷ. 병은 토론식 수업은 교사의 준비와 역량이 필수라며 교사가 준비가 되지 않으면 오히려 교육적 효과가 감소한다고 주장하였다. 반면 갑은 토론이 비판적 사고를 기르는 데 효과적이며 의사소통 능력을 향상시키므로 고등학교에서 토론식 수업을 의무화할 필요가 있다고 주장한다. 이를 통해 병과 갑의 주장은 서로 대립함을 알 수 있다.

11 ④ [확인 추론 – 긍정발문 – 과학기술경제]

셋째 문단과 마지막 문단에 따르면, '청킹'은 정보의 항목들을 일정 단위인 '청크'로 부호화한다.

오답해설

① 둘째 문단에 따르면, 유지 시연은 단기 기억의 시간을 늘리는 방법이다. 따라서 정보의 양을 줄이는 것이 아니라 정보를 오래 기억하는 방법을 제시한 것이다.
② 청킹 방법은 단기 기억으로 저장되는 정보를 부호화하여 기억 능력을 향상시키는 것으로 장기 기억과는 무관하다.
③ 청킹은 정보를 '청크'로 부호화하여 단기 기억의 용량을 늘리는 방법이다. 단기 기억의 시간을 늘리는 것은 유지 시연에 해당하므로 틀린 선지이다.

12 ② [응용 추론 – 어휘 추론]

ⓒ이 포함된 문장은 학생들에게 7~8개의 항목을 들려주어 과거의 기억을 생각나게 할 경우, 그들은 거의 실수를 하지 않는다는 내용이다. 이는 학생들을 과거로 돌아가게 하는 내용이 아니므로, '회귀하다'와 바꿔쓸 수 없다. ⓒ과 바꿔쓸 수 있는 유사한 표현으로는 '회상하다' 등이 있다.
ⓒ 떠올리다: 기억을 되살려 내거나 잘 구상되지 않던 생각을 나게 하다.
회귀하다(回歸하다): 한 바퀴 돌아 제자리로 돌아오거나 돌아가다.
回 돌아올 회, 歸 돌아갈 귀
회상하다(回想하다): 지난 일을 돌이켜 생각하다.
回 돌아올 회, 想 생각 상

오답해설

① ㉠ 없어지다: 사람이나 사물 또는 어떤 사실이나 현상 따위가 어떤 곳에 자리나 공간을 차지하고 존재하지 않게 되다.
소멸되다(消滅되다): 사라져 없어지게 되다.
消 사라질 소, 滅 다할 멸
③ ⓒ 묶다: 여럿을 한군데로 모으거나 합하다.
조합하다(組合하다): 여럿을 한데 모아 한 덩어리로 짜다.
組 짤 조, 合 합할 합
④ ㉣ 붙이다: 이름이 생기게 하다.
부여하다(附與하다): 사람에게 권리·명예·임무 따위를 지니도록 해 주거나, 사물이나 일에 가치·의의 따위를 붙여 주다.
附 붙을 부, 與 더불 여

13 ③ [논리 비판 - 논리 추론 - 명제논리]

제시된 명제를 기호화하여 정리하면 다음과 같다.

> (가) A회사 신입사원n ∧ ~언어 자격증n
> (나) 어학연수 → 언어 자격증 ⇔ ~언어 자격증 → ~어학연수
> 따라서 (   )

(나)의 대우는 '~언어 자격증 → ~어학연수'이다. (나)의 대우의 전건인 '~언어 자격증'은 (가)의 '~언어 자격증n'을 포함하므로, (나)의 대우와 (가)를 함께 고려하면, '~어학연수n ∧ A회사 신입사원n'이 된다. 답은 선지 ③이다.

14 ③ [논리 비판 - 비판 추론 - 강화약화]

ㄴ. 선사 시대 아메리카에서 재배되던 작물이 아프리카에서 기원하였다면 이는 선사 시대의 아프리카인들이 항해를 통해 아메리카에 정착하였다는 ㉠의 주장에 부합하므로 ㉠을 강화한다.
ㄷ. 고대 아프리카와 아메리카의 유적에서 유사한 형태의 피라미드가 발견되었다는 사실은 고대 아프리카와 아메리카 사이의 문화적 연결성을 의미하므로 ㉠을 강화한다.

오답해설

ㄱ. 아프리카인들은 북방계 유목민에 해당하지 않으므로 이들과 유전적 유사성이 나타날 경우 ㉠은 강화되지 않는다.

15 ③ [확인 추론 - 부정발문 - 인문사회예술]

셋째 문단에 따르면 메타 반응 이론은 예술 작품을 감상할 때 나타나는 반응이 작품에 대한 '직접 반응'과, 직접 반응의 주체인 자기 자신에 대한 반응으로서의 '메타 반응'으로 구분된다고 보았다. '비극에 대해 느끼는 부정적 감정을 직접 반응이라고 보'았으므로, 사람들이 비극을 감상하면서 느끼는 불쾌감은 '직접 반응'에 해당한다.

오답해설

① 전환 이론은 감상자가 비극을 보고 불쾌감을 느끼지만 이 감정이 예술미를 향유하는 과정에서 쾌감으로 전환된다고 보았다. 그리고 메타 반응 이론은 비극에 대해 느끼는 부정적 감정이 불쾌감을 발생시킨다는 사실을 인정한다. 따라서 두 이론 모두 비극을 보는 사람들이 불쾌감을 느낀다는 점을 인정한다.
② 둘째 문단에 따르면, 전환 이론은 감상자가 비극을 보고 최종적으로는 쾌감을 느낀다고 본다. 따라서 전환 이론은 사람들이 자발적으로 비극을 찾아 감상함으로써 평소에 기피하는 불쾌감을 느끼는 비극의 역설에 대해 모순적이라고 생각하지 않는다.
④ 메타 반응 이론에 따르면, 감상자가 비극을 보며 느끼는 부정적 감정을 느끼는 자신을 의식하면, 자신이 타인의 고통에 괴로워하는 도덕적 인간임을 확인하여 쾌감을 느끼게 된다고 보았다.

16 ④ [확인 추론 - 긍정발문 - 문학]

둘째 문단에 따르면, 「흥부전」은 장남이었던 놀부가 부모의 재산을 모두 상속받는 대신 아우를 돌보는 불평등한 상속 제도를 반영하고 있다. 이러한 상속 제도는 한정된 재산을 흩어지지 않게 하기 위한 것으로, 예전에는 흔한 일이었다. 흥부가 살았던 조선 후기의 현실이 「흥부전」에도 묻어나 있다고 하였으므로, 조선 후기에는 장남(놀부)을 우선시하던 상속 제도가 흔했음을 알 수 있다.

오답해설

① 둘째 문단에 따르면, 흥부는 게으른 인물이 아니었다. 흥부 부부는 가족을 먹여 살리기 위해 험한 일도 마다하지 않았지만, 그러한 노력에도 불구하고 끼니조차 해결하기 힘들었을 뿐이다.
② 첫째 문단에 따르면, 「흥부전」은 고전 소설의 대표적인 특징인 권선징악이라는 결말을 보여 준다. 그리고 마지막 문단에 따르면, 「흥부전」은 형제의 우애도 권장한다. 다만 권선징악이라는 결말을 보여 주는 것과 형제의 우애를 권장하는 것 중 무엇 하나에 더 중점을 두었는지, 그리고 더 중점을 둔 것이 존재한다면 그것이 무엇인지는 지문의 내용을 통해 확인할 수 없다.
③ 셋째 문단에 따르면 놀부는 자기 삶의 가치를 재물 축적에만 둔 사람이었다. 그는 자신의 이익을 위해 뭐든지 해냈고, 남의 불행을 자기 행복으로 여겼다. 그러나 이를 통해 놀부가 남의 행복을 자기 불행으로 여기던 자였는지는 알 수 없다.

17 ① [응용 추론 - 문맥 추론]

지문에 제시된 (가)는 '고전 소설의 보편적 특징인 교훈적 주제와 판소리체 소설의 특징인 풍자적 의도'이다. ㉠(형에게 빌붙어 살았고, 가족을 굶주리게 했다는 점을 들어 그의 무능함을 꾸짖기도 한다)은 착한 동생인 흥부를 오히려 부정적으로 보는 요즘 사람들의 관점이므로 가장 거리가 멀다.

오답해설

㉡(불평등한 상속 제도)과 ㉢(공동체의 질서를 무시하고 재물만을 최고로 여기는 황금만능주의)은 흥부전에 반영된 풍자적 의도이며, ㉣(재물에 대한 끝없는 탐욕은 인간을 파멸로 이끌고 만다는 교훈)은 고전 소설의 보편적 특징인 교훈적 주제이다.

18 ② [구조 독해 - 배열 - 문장 배열]

ㄱ. 모두가 부족한 정보를 가지고 미래를 예상해 필요한 결정을 한다는 내용이 제시되어 있다.
ㄴ. 하이에크와 케인즈가 '이 가정'이 현실과는 거리가 멀다고 지적한다. ㄴ의 앞에는 '이 가정'에 대한 설명이 무엇인지 제시되어야 한다. 그러므로 ㄴ으로 시작할 수 없다. → 선지 ①, ③ 탈락
ㄷ. 고전학파 경제학자들은 모든 정보를 갖고 시장에 참여하는 개인을 가정한다는 내용이 제시되어 있다. 이는 ㄴ의 '이 가정'에 해당하기 때문에 ㄷ-ㄴ 순으로 이어져야 한다. → 선지 ①, ③ 탈락
ㄹ. '그러나'라는 역접의 상황에서 사용하는 접속어 뒤에 하이에크와 케인즈가 시장의 기능에 대해서는 정반대의 결론을 내린다는 내용이 제시되어 있다. 이를 통해 ㄹ의 앞에는 두 사람이 같은 의견을 가지고 있는 것에 대한 내용이 제시되어야 한다. ㄱ~ㄷ은 모두 하이에크와 케인즈가 가지고 있는 공통된 내용을 제시하고 있다. → 선지 ③, ④ 탈락
ㅁ. 현실에서는 소비자나 기업이 그렇지가 않다는 내용이 제시되어 있다. ㄴ에서 이 가정이 현실과는 멀다고 한 것을 재진술하는 것이며, ㄷ에서 모든 정보를 갖고 있는 개인을 가정한 것에 대해 '그렇지가 않은 것'이라고 설명하는 것이다. 따라서 ㄷ-ㄴ-ㅁ 순으로 이어져야 한다. 또한 ㄱ의 '모두를' ㅁ의 '소비자나 기업'으로 자연스럽게 연결 지을 수 있으므로, ㄷ-ㄴ-ㅁ-ㄱ 순으로 이어지며, 마지막으로 하이에크와 케인즈가 반대되는 주장을 했다는 내용이 담긴 ㄹ이 위치하는 것이 가장 자연스럽다. → 선지 ①, ③, ④ 탈락

따라서 ㄷ-ㄴ-ㅁ-ㄱ-ㄹ로 배열되는 것이 가장 자연스럽다.

19 ④ [국어학의 이해와 활용 - 언어학 - 기타]

마지막 문단의 '빠르다'에 대한 정보를 바탕으로 할 때, '가파르다' 역시 어간 '가파르-'의 '르'가 모음 어미 '-아'와 만나 'ㄹㄹ'이 되어 '가팔라', '가팔라서'처럼 활용되므로 어간이 변하는 불규칙 활용을 하는 경우에 해당한다.

오답해설

① '하다'는 '하여'와 같이 활용되므로 어미가 변하는 불규칙 활용을 한다.
② '묻다'는 '묻고, 물으면, 물으니' 등으로 어간이 변하는 불규칙 활용을 한다.
③ '붓다'는 '붓고, 부으면, 부으니' 등으로 어간이 변하는 불규칙 활용을 한다.

20 ② [논리 비판 - 논리 추론 - 명제논리]

제시된 명제를 기호화하여 정리하면 다음과 같다.

> ⓐ 리더십 → 국제정세 ⇔ ~국제정세 → ~리더십
> ⓑ 공직윤리 → (국가행정 ∧ 미래기술)
> ⓒ ~(국제정세 ∧ 미래기술) ⇔ (~국제정세 ∨ ~미래기술)

ㄱ. 제시된 명제에서 '~리더십'을 도출하려면 '~국제정세'가 도출되어야 하는데, 제시된 내용으로는 이를 도출할 수 없다.
ㄴ. ⓑ로부터 '공직윤리 → 미래기술'을 도출할 수 있으나, 이로부터 '~공직윤리 → ~미래기술'을 도출하는 것은 불가능하다. 이는 전건 부정의 오류에 해당한다.

| 전건 부정의 오류

전건을 부정하여, 후건의 부정을 도출하려는 오류
예) 만일 오대산 산골 마을에 비가 반나절 이상 오면, 그 마을로 가는 교통이 두절된다. 그 오대산 산골 마을에 비가 반나절 이상 오지 않았다. 그러므로 오대산 산골 마을로 가는 교통이 두절되지 않았다.
→ 오대산 산골 마을에 비는 반나절 이상 오지 않았지만, 다른 이유로 교통이 두절될 수도 있다.

ㄷ. '공직윤리'를 수강한다면, ⓑ에 따라 '(국가행정 ∧ 미래기술)'이 도출된다. 이를 통해 '미래기술'도 수강하게 됨을 알 수 있는데, ⓒ의 '(~국제정세 ∨ ~미래기술)'에 따라 '국제정세'는 수강할 수 없다. 따라서 반드시 '~국제정세'여야 한다. 이는 ⓐ의 대우에 의해 '~리더십'이 도출된다.

제72회 이유진 국어 백일기도 모의고사 해설

01 ① [국어학의 이해와 활용 – 작문 형식]
"받아쓰기 대회에서 우승자가 발표되었다."에서 '우승자'는 '받아쓰기 대회'에 의해 발표된 것이므로, 피동의 관계가 정확하게 사용되었다.
"받아쓰기 대회에서 우승자가 발표되었다."에서 '받아쓰기 대회'는 '우승자를' 발표하는 대상이므로, '받아쓰기 대회에서 <u>우승자를 발표하였다</u>.'로 수정해야 한다.

오답해설
② '대등한 것끼리 접속할 때는 구조가 같은 표현을 사용할 것'에 따라 앞의 내용이 구라면 뒤에도 구를, 앞의 내용이 절이라면 뒤에도 절을 사용해야 한다. '그 기업은 교육 강화와 인재를 양성하기 위해 많은 투자를 하고 있다'의 경우 구와 절로 구성되어 있다. '그 기업은 교육을 강화하고 인재를 양성하기 위해 많은 투자를 하고 있다.'로 수정할 경우, 절과 절로 구성되므로 적절한 수정이 된다.
• 구와 구: 그 기업은 교육 강화와 인재 양성을 위해~
• 절과 절: 그 기업은 교육을 강화하고 인재를 양성하기 위해~
③ '~에 있다'는 일본어 번역 투이다. 이를 '~이다'로 바꾸어서 사용하라고 하였으므로, '우리의 최종 목표는 조국 통일이다'로 수정하는 것이 적절하다.
④ '귀사가 직업 홍보관 운영에 협조'할 경우, '향토 기업'이라는 자격을 얻게 된다는 내용이다. 따라서 ㉢에 따라 '~ 향토 기업으로서'로 수정하는 것이 적절하다.

02 ② [논리 비판 – 비판 추론 – 강화약화]
ㄱ. 멸망 직전 메소아메리카 지역 인구가 폭발적으로 증가하였다는 사실은 과잉 인구로 문제를 겪었다는 ㉠의 주장에 부합하므로 ㉠을 강화한다.
ㄷ. 마야의 멸망 시기 유적에서 공격 시설과 방어 시설, 그리고 규모의 차이가 나는 무덤들이 발견되었다는 것은 해당 문명 내부의 갈등이 발생하였음을 의미하므로 ㉠을 강화한다.

오답해설
ㄴ. 15세기 메소아메리카 지역의 기후 변화에 대한 내용은 기후 변화로 극심한 가뭄이 발생하여 문명이 쇠퇴하였다는 기존의 가설에 부합하는 증거이므로 ㉠을 강화하지 않는다.

03 ④ [응용 추론 – 빈칸 추론]
㉠에는 민주주의 운영이 지속 가능하기 위한 조건이 들어가야 한다. 지문에 따르면, 어느 한 편이 압도적인 우위를 점한 상태에서 선거가 되풀이된다면 인민의 정치 참여가 줄어들고 결국 민주주의가 심대한 도전에 직면하게 된다고 하였다. 따라서 민주주의 운영이 지속 가능하려면 어느 한쪽이 압도적인 우위를 지니지 않도록, '경쟁의 자유와 선거 결과의 불확실성'이 담보되어야 한다.

오답해설
① 권력을 감시하고 견제하는 언론의 역할은 지문에서 우려하는 어느 한 편의 압도적 우위와 무관하다. 지문에서 이야기하는 어느 한 편의 압도적 우위는 한 정당이 다른 정당들에 비해 압도적 우위를 지니게 되는 경우를 의미한다.
② 상대방의 주장을 경청하고 편견을 교정하려는 습관과 관련된 내용은 지문에 나타나지 않았다.
③ 지문은 인민의 다양한 정체성을 다루지 않았다.

04 ① [확인 추론 – 부정발문 – 인문사회예술]
㉠은 외적 탐색을 할 때, 주위 사람들의 추천이나 대중 매체의 정보 등을 처리하는 과정이 수반된다. ㉡은 소비자가 자신을 둘러싼 환경에서 발생하는 자극과 반응을 반복 경험함으로써 학습하는 것이다. 따라서 모두 외부 환경에 의해 영향받는다.

오답해설
② ㉡은 소비자가 자신을 둘러싼 환경에서 발생하는 자극과 반응을 반복 경험함으로써 학습하는 것이므로, ㉠과 달리 자극이나 반응을 반복 경험함으로써 학습을 수행한다고 할 수 있다.
③ ㉠과 ㉡은 모두 소비자의 구매 행동 과정에서의 학습이므로, 소비자의 구매 행동을 설명하는 데 도움을 줄 수 있다.
④ 신념이나 태도를 형성하고 기존의 태도나 행동을 변화시키는 과정을 학습이라 한다. ㉠과 ㉡은 모두 소비자의 구매 행동 과정에서의 학습이므로, 이들의 태도나 행동을 변화시킬 수 있음을 전제로 한다고 볼 수 있다.

05 ① [논리 비판 – 논리 추론 – 명제논리]
제시된 명제를 기호화하여 정리하면 다음과 같다.

| 전제1: 부지런함 → 규칙적 생활 |
| 전제2: 규칙적 생활n∧여행n |
| 결론: 여행n∧부지런함n |

결론인 '여행n∧부지런함n'을 이끌어 내기 위해서는 둘째 전제의 '규칙적 생활n'과 결론의 '부지런함n'을 연결해 줄 수 있는 전제가 필요하다. 특칭의 참이 보장되기 위해서는 전칭의 참이 전제되어야 하므로, 추가되어야 할 전제는 '규칙적 생활 → 부지런함'이다. 답은 선지 ①이다.

06 ② [확인 추론 – 긍정발문 – 문학]
첫째 문단에 따르면, 감정이입적 내부성은 '개인이 장소에 긍정적 의미를 부여하는 마음 상태로 드러'난다. 이를 통해 개인과 장소가 별도의 상호 관계를 맺지 않아도 된다는 것을 알 수 있다. 한편 실존적 내부성은 그 장소에 '받아들여져서 상호 관계를 형성할 때 나타'난다고 하였다. 즉 실존적 내부성은 개인이 장소와 상호 관계를 맺어야 나타나는 것이다.

오답해설
① 첫째 문단에서 '감정이입적 내부성은 개인이 장소에 긍정적 의미를 부여하는 마음 상태로 드러'난다고 하였다. 따라서 장소에 대한 감정이입적 내부성은 개인이 장소를 배척하지 않아야 나타난다.
③ 둘째 문단에 따르면, 『만언사』의 화자는 '자기 지위를 회복하는 것을 바라고 있'지만 그는 '유배지에서의 생활을 비극으로 받아들였다'. 즉 그는 유배지에서의 삶을 긍정적으로 받아들이지 않았다.
④ 『고향길』의 화자는 산업화로 인해 고향인 농촌에서 현실적인 생활을 유지할 수 없어 도시로 떠났다. 따라서 화자는 산업화로 인해 고향에서의 삶이 어려워져 농촌으로 가지 않았다.

07 ① [국어학의 이해와 활용 – 언어학 – 단어]
'날아가다'는 '날다'라는 동사와 '가다'라는 동사가 결합한 말이다. 이 말의 경우 하나의 합성어이지만 '날아가다'를 구성하는 두 동사의 동작이 거꾸로 일어난 경우는 아니다. 이 단어의 경우는 원래의 의미와 다르게 '없어지거나 떨어지다.'라는 의미로 바뀌었기 때문에 합성어로 인정된다.

오답해설
② '건너뛰다'의 경우 '뛰다'가 '건너다'보다 먼저 이루어진다. '건너서 뛰는' 것이 아니라 '뛰어서 건너는' 것이기 때문이다.
③, ④ '알아보다'나 '알아듣다'는 '알다'보다는 '보다'나 '듣다'가 먼저 이루어진다.

08 ② [논리 비판 – 비판 추론 – 비판적 이해]
ㄴ. 을은 국적 이탈이 자유롭게 허용된다면 병역 기피 사례가 증가할 가능성이 커 일정한 제한은 불가피하다고 하였다. 이는 을이 복수국적자의 국적 선택 기간 제한이 기본권을 침해하지 않는다고 본 것이다. 병은 국적 선택 기한이 국가 안보와 공익을 위해 필요한 제한이라고 하며 이것이 과도한 기본권 침해가 아니라고 하였다. 이를 통해 을과 병의 주장은 서로 대립하지 않음을 알 수 있다.

오답해설
ㄱ. 갑은 3개월이라는 짧은 기간 내에 국적이라는 중요한 사안을 선택하라고 강요하는 것은 국적 이탈의 자유를 지나치게 제한하는 조치라고 하였다. 이는 갑이 복수국적자의 국적 선택 기간 제한이 기본권을 침해한다고 보는 것이다. 반면, 을은 국적 이탈이 자유롭게 허용된다면 병역 기피 사례가 증가할 가능성이 커 일정한 제한은 불가피하다고 하였다. 이는 을이 복수국적자의 국적 선택 기간 제한이 기본권을 침해하지 않는다고 본 것이다. 이를 통해 갑과 을의 주장은 서로 대립함을 알 수 있다.
ㄷ. 병은 국적 선택 기한이 국가 안보와 공익을 위해 필요한 제한이라고 하며 이것이 과도한 기본권 침해가 아니라고 하였다. 하지만 갑은 3개월이라는 짧은 기간 내에 국적이라는 중요한 사안을 선택하라고 강요하는 것은 국적 이탈의 자유를 지나치게 제한하는 조치이며 기본권을 침해하는 행위라고 보았다. 이를 통해 병과 갑의 주장은 대립한다는 것을 알 수 있다.

09 ③ [논리 비판 – 비판 추론 – 강화약화]

ⓒ은 세 요소 모두에서 목표를 달성했다고 해서 건축 프로젝트가 성공한 것은 아니라고 보아 세 요소의 달성이 성공의 충분조건은 아님을 의미한다. 따라서 모든 세 요소를 달성한 프로젝트 중 실패한 프로젝트가 있다면 ⓒ은 강화된다.

오답해설

① ㉠은 세 요소 모두를 달성하는 것이 성공의 필요조건이라는 주장으로, 법적 규제 사항을 만족하지 못한 것은 안전 기준을 충족하지 못한 것이다. 세 요소 중 하나를 만족하지 못했음에도 성공한 프로젝트가 있는 경우 ㉠은 약화된다.
② ㉠은 세 요소 모두를 달성하는 것이 성공의 필요조건이라는 주장으로, 재원을 효율적으로 운용하지 않은 경우는 예산 효율성이 만족되지 못한 것이다. 세 요소 중 하나가 충족되지 않은 사업이 실패하였다면, ㉠의 주장에 부합하는 것이므로 ㉠을 강화한다.
④ ⓒ은 세 요소 모두에서 목표를 달성하는 것이 성공의 충분조건이 아니라는 것이다. 이에 따르면 창의성 여부가 충족된 경우에도 실패하는 프로젝트가 존재할 수 있으므로, ⓒ이 약화되지는 않는다.

10 ③ [확인 추론 – 부정발문 – 과학기술경제]

둘째 문단에 따르면, 온라인 쇼핑 플랫폼은 소비자가 원하는 물건을 정확히 찾을 수 있게 함으로써 이성적인 확실성을 준다고 한다. 불확실성에 따른 도파민 분비를 유발한다는 것은 이러한 내용과 거리가 멀다.

오답해설

① 첫째 문단에 따르면 사람들이 도박에 쉽게 빠지는 것이 도파민 때문이며, 이는 쇼핑의 경우에도 마찬가지라고 한다.
② 둘째 문단에 따르면 온라인 쇼핑 플랫폼이 소비자의 도파민 분비량을 낮추기 때문에, 전통적인 오프라인 유통업체에게는 기회가 될 수 있다고 한다.
④ 둘째 문단에 따르면, 온라인 쇼핑 플랫폼에서는 원하는 물건을 정확히 찾을 수 있도록 하여 소비자의 도파민 분비량을 낮춘다고 한다.

11 ④ [응용 추론 – 어휘 추론]

제시된 문장에서 '㉠빠지는'을 대체할 수 있는 유의어로 '중독되는' 등이 있다. ㉠이 포함된 문장의 구조는 'a가 b에 빠지다'이다. 선지 ④의 '빠져'는 '중독되어'라는 유의어를 제시된 문장과 공유하며, 'a가 b에 빠지다'의 구조도 일치한다. 따라서 ㉠의 문맥적 의미와 가장 가까운 것은 선지 ④이다.
빠지다² ②【…에/에게】무엇에 정신이 아주 쏠리어 헤어나지 못하다.
예 형은 요즘 옆집 처녀에게 빠져서 식음을 전폐하고 있는 지경에 이르렀다.

오답해설

① 빠지다¹ ②【…에】【…에서】「1」속에 있는 액체나 기체 또는 냄새 따위가 밖으로 새어 나가거나 흘러 나가다.
예 방에 냄새가 빠지다.
② 빠지다² ①【…에】「1」【…으로】물이나 구덩이 따위 속으로 떨어져 잠기거나 잠겨 들어가다.
예 기우뚱하더니 차가 갑자기 웅덩이로 빠지고 말았다.
③ 빠지다¹ ①【…에서】「1」박힌 물건이 제자리에서 나오다.
예 목구멍에서 가시가 빠지다.

12 ③ [의사소통 – 작문 내용]

글의 흐름으로 보아 ⓒ의 '일상'은 날마다 반복되는 생활을 의미하므로 적절한 사용이다. '현상'은 인간이 지각할 수 있는, 사물의 모양과 상태를 의미하는 말로서 주어진 문맥에서 사용하기에는 어색하다.

오답해설

① 사람이 아닌 주어가 무엇인가를 원한다는 문맥은 자연스럽지 않다. 따라서 '원한다'는 서술어를 삭제하고, 판타지 문학에서 '비현실적 세계'를 다룬다는 문장으로 수정하는 게 적절하다.
② 문맥상 세계에서 벗어나는 신비로운 경험을 '거울'에 비유하는 것은 어색하다. 현실을 벗어나는 신비로움은 '거울'보다는 '마법'이 더 자연스럽다.
④ 이 글은 현실을 벗어나 마법같은 경험을 할 수 있는 판타지 문학을 설명하고 있으므로 '현실에 안착'할 수 있다는 서술은 글의 내용상 적절하지 않다.

13 ③ [국어학의 이해와 활용 – 언어학 – 소리]

둘째 문단에 따르면, '굶다'는 받침 ㅁ(ㄻ) 뒤에 ㄷ이 이어지므로 된소리로 [굼:따]와 같이 발음하는 것이 적절하다.
하지만 '굶기다'의 경우 사동의 접미사 '-기-'가 결합된 경우이므로 [굼기다]와 같이 발음하는 것이 적절하다.

오답해설

① 첫째 문단에 따르면, '옆집'은 받침 ㅍ 뒤에 ㅈ이 연결되었으므로 된소리로 [엽찝]이라고 발음한다.
② 둘째 문단에 따르면, '신발을 신고'의 '신고'는 받침 'ㄴ' 뒤에 'ㄱ'이 연결되므로 된소리로 [신:꼬]라고 발음한다.
④ 마지막 문단에 따르면 '갈 데가 있다'의 '갈 데가'는 관형사형 '-(으)ㄹ' 뒤에 'ㄷ'이 연결되어 있으므로 [갈떼가]라고 발음한다.

14 ③ [구조 독해 – 주제]

첫째 문단에서 같은 역사를 다르게 해석할 수 있는 경우를 예로 들며, 둘째 문단에서 '역사를 파악하는 데 있어서는 역사를 보는 주체가 누구냐 하는 것이 중요'하다고 하였다. 따라서 '역사는 역사를 보는 주체가 올바로 확립되었을 때에만 바르게 파악될 수가 있다.'고 하였다.

오답해설

① 첫째 문단에서 일제 강점기의 역사를 두고 다양한 해석이 존재한다는 내용이 제시되었으나, 이것은 역사를 보는 것에 대한 예시일 뿐 전체적인 내용을 담지는 않았다.
② 첫째 문단에 따르면, 일제 강점기를 한국의 경제와 교육이 크게 발전한 시기라고 보는 것은 일본의 국수주의적 사가들이며, 이것이 전체적인 글의 내용을 아우른다고 볼 수 없다.
④ 첫째 문단에 따르면 '같은 시대를 살면서도 그 시대의 의미를 모두 똑같이 파악하고 있지 않은 경우도 있'지만, 이에 대해 시대의 의미를 똑같이 파악하여야 한다는 주장을 하지는 않았다. 단지 주체가 올바로 확립되었을 때 역사를 바르게 파악할 수 있다는 내용을 담고 있다.

15 ② [확인 추론 – 부정발문 – 인문사회예술]

둘째 문단에서 한국의 근대화 과정에서 서구의 개인주의 문화가 정착되지 못한 것은 근대화가 급속히 이뤄졌기 때문이라고 말했다. 이를 통해 한국의 근대화 과정에서 서구의 개인주의 문화가 정착하지 못한 것은 가족주의 문화 때문이 아님을 알 수 있으며 가족주의 문화는 급속한 근대화 과정의 긴장과 불안을 해소하는 역할을 담당하였다.

오답해설

① 셋째 문단에서 전통적 공동체 문화는 학연과 지연을 매개로 한 유사 가족주의 형태로 나타났다고 하였다.
③ 둘째 문단에서 서구의 근대화 과정에서는 개인의 자율적 판단과 선택을 강조하는 개인주의 윤리나 문화가 사회적 긴장과 불안을 해소하는 역할을 담당했고, 한국의 근대화 과정에서는 가족주의 문화가 그 역할을 담당했음을 알 수 있다.
④ 셋째 문단에서 전통적 공동체 문화는 학연과 지연을 매개로 하여 유사 가족주의 형태로 나타났다는 것을 알 수 있다. 이를 통해 근대화 후에도 전통적 공동체 문화에 대한 욕구가 사라지지 않았다는 것을 알 수 있다.

16 ① [응용 추론 – 어휘 추론]

㉠이 포함된 문장은 사람들이 농촌에서 도시로 거처를 옮겼다는 내용이다. 사람들이 자신의 물건을 도시로 옮긴다는 내용이 아니므로, '운반하다'와 바꿔쓸 수 없다. ㉠과 바꿔 쓸 수 있는 유사한 표현으로는 '이주하다' 등이 있다.
㉠ 옮기다: 어떤 곳에서 다른 곳으로 자리를 바꾸게 하다.
운반하다(運搬하다): 물건 따위를 옮겨 나르다.
運 옮길 운, 搬 옮길 반
이주하다(移住하다): 본래 살던 집에서 다른 집으로 거처를 옮기다.
移 옮길 이, 住 살 주

오답해설

② ⓒ 늘다: 수나 분량 따위가 본디보다 많아지거나 무게가 더 나가게 되다.
증가하다(增加하다): 양이나 수치가 늘다.
增 더할 증, 加 더할 가
③ ⓒ 붕괴하다(崩壞하다): 무너지고 깨어지다.
崩 무너질 붕, 壞 무너질 괴
해체되다(解體되다): 체제나 조직 따위가 붕괴하다.
解 풀 해, 體 몸 체
④ ⓔ 담당하다(擔當하다): 어떤 일을 맡다.
擔 멜 담, 當 마땅 당
맡다: 어떤 일에 대한 책임을 지고 담당하다.

17 ② [구조 독해 – 배치]

제시된 문장의 '것이다'라는 표현을 통해 제시된 문장이 바로 앞의 내용을 상술/정리하는 내용임을 알 수 있다. 따라서 이 앞에는 제시된 문장과 유사하거나 동일한 내용이 위치해야 한다.

이에 부합하는 위치는 ②이다. ② 앞에 제시된 '취미를 자극하는 공통의 성질이 존재하지 않으며, 특정한 취미에 대해 보편적인 가치판단을 내릴 수 없다고 보았다'는 내용은 '대상에 대해 느낀 즐거움이나 아름다움에 대해 다른 사람들이 동의하지 않을 수 있다'는 제시된 문장과 사실상 같은 내용이다.

18 ④ [확인 추론 – 부정발문 – 문학]

둘째 문단에 따르면, 3인칭 시점으로 서술되는 경우 '어린 주인공의 내면에 초점을 맞추어 서술함으로써 1인칭 성장 소설과 유사한 효과'가 있다고 하였다. 따라서 3인칭 시점으로 서술된 성장 소설은 어린 주인공의 내면에 초점을 맞추기 어렵지 않다.

오답해설

① 첫째 문단에 따르면, 성장 소설에서 나오는 주인공의 변화 양상에는 '육체적 시련이나 정신적 고통을 동반하는 사건이 나온다'고 하였다. 따라서 성장 소설에서 주인공의 변화 과정에는 육체적 시련이나 정신적 고통이 반드시 동반될 것이다.
② 마지막 문단에 따르면 '한국 현대 성장 소설은 대부분 회상을 통해 경험적 자아를 바라보는 형태'를 사용하였는데, 이는 '새로운 자아의 정체성을 세우려는 의도 때문'이다. 이를 통해 성장 소설은 새로운 자아를 형성하기 위해 회상 기법을 활용하였다는 것을 알 수 있다.
③ 둘째 문단에 따르면, 「우리들의 일그러진 영웅」은 1인칭 어린 서술자를 통해 사건을 전달한다. 반면 「흰 종이 수염」은 3인칭 시점으로 어린 주인공의 내면에 초점을 맞추어서 서술하였다. 이를 통해 「흰 종이 수염」은 어린아이를 서술자로 삼지 않았다는 것을 알 수 있다.

19 ② [응용 추론 – 어휘 추론]

'성장 소설'에서 주인공의 변화를 기준으로 ㉠은 미숙한 상태이다. 둘째 문단에 따르면, 1인칭일 때는 어린 서술자의 순진한 시각을 통해, 3인칭일 때는 ㉢(어린 주인공의 내면)에 초점을 맞추어 미숙한 상태를 드러낸다고 볼 수 있다.

셋째 문단에 따르면 한국 현대 성장 소설은 ㉤(과거의 자아)과 현재의 자아를 상호 교섭의 방식으로 연결하여 ㉥(새로운 자아)의 정체성을 세우려는 의도를 가지고 있다고 하였다. 여기에서 과거의 자아(㉤)는 미숙한 상태를 의미한다고 볼 수 있고, 새로운 자아(㉥)는 성숙한 상태라 볼 수 있다.

따라서 ㉠, ㉢, ㉤이 같은 의미라 볼 수 있으며, ㉡, ㉥은 이와 상반된 성숙한 상태를, ㉣, ㉦은 미숙에서 성숙으로 가는 과정이라 볼 수 있다.

20 ④ [논리 비판 – 논리 추론 – 명제논리]

제시된 명제를 기호화하여 정리하면 다음과 같다.
◇ 경제학∨경영학
◇ 경제학 → 통계학
◇ 정치학∀통계학
◇ 경제학 → ~통계학
◇ ~정치학 → ~경영학 ⇔ 경영학 → 정치학

둘째 조건과 넷째 조건은 서로 상충한다. 따라서 전건이 거짓이어야 두 조건 모두 참일 수 있으므로 갑은 〈경제학〉을 수강하지 않는다. 갑이 〈경제학〉을 수강하지 않으므로 첫째 조건에 따라 갑은 〈경영학〉을 수강한다. 다섯째 조건의 대우는 '경영학 → 정치학'이고, 갑이 〈경영학〉을 수강하므로 갑은 〈정치학〉을 수강한다. 정리하면, 갑은 〈경영학〉, 〈정치학〉을 수강하고, 〈경제학〉을 수강하지 않으며, 〈통계학〉의 수강 여부는 확실히 알 수 없다.

딜레마(양도 논법)

A → B	철수는 비가 오면 학교를 안 갈 것이다.
A → ~B	철수는 비가 오더라도 학교를 갈 것이다.
~A	비는 오지 않는다.

두 번째 명제의 대우는 B → ~A이다. 이를 첫 번째 명제와 결합하면, A → ~A가 도출되는데, 해당 조건명제가 참이 되기 위해서는 ~A여야 한다.

오답해설

① 갑의 〈통계학〉 수강 여부는 확실히 알 수 없다.
② 갑은 〈경제학〉을 수강하지 않는다.
③ 갑의 〈통계학〉 수강 여부는 확실히 알 수 없다.

제73회 이유진 국어 백일기도 모의고사 해설

01 ② [국어학의 이해와 활용 – 작문 형식]

'반면'은 역접의 상황에서 사용하는 접속어이고, '따라서'는 인과의 상황에서 뒤의 내용이 결과일 때 사용하는 접속어이다. 2와 3의 내용은 김장 무료 봉사를 신청한 사람에게 안내하는 대등한 내용이다. 따라서 '또한'과 같은 순접의 상황에서 사용하는 접속어를 사용하는 것이 적절하다.

오답해설

① '진행하다'는 주어와 목적어를 필요로 하는 서술어이다. 따라서 '○○시'가 진행하고자 하는 대상인 '김장 무료 봉사 활동을'이라는 목적어를 추가하는 것이 적절하다.
③ '소정'은 '정해진 바'를 의미하는데, 이미 '정해진'이라는 의미가 포함되어 있다. 따라서 '중복되는 표현을 삼갈 것'을 고려하여 '소정의'로 수정하는 것이 적절하다.
④ '제공되어질'은 '-되다'와 '-(어)지다'의 이중 피동에 해당하므로, '제공될'로 고치는 것이 적절하다.

02 ④ [확인 추론 – 부정발문 – 인문사회예술]

첫째 문단에 따르면, '효과적으로 책을 읽기 위해서는 독서 단계에 맞는 정보 처리 전략이 필요하다'라고 한다. 즉 글의 장르가 아니라, 독자가 글을 읽는 목적에 따라 전략을 달리하여야 한다는 것이다.

오답해설

① 둘째 문단에 따르면, '각 단계가 올바르게 수행되었다면 독서 전략을 적절히 활용한 것'이다. 따라서 독서 전략을 적절히 활용하지 않으면 독서 단계가 올바르게 수행될 수 없다는 것을 추론할 수 있다. (대우 관계)
② 첫째 문단에 따르면, ㉠의 관점은 '독서를 통해 얻은 것은 정보 처리의 결과로' 본다. 즉 글을 읽는 것이 정보 처리와 같은 과정을 거친다고 여기는 것이다.
③ 둘째 문단에 따르면 능숙한 독자는 발달된 초인지를 동원하여 목표를 쉽게 달성하는 반면, 그렇지 못한 독자는 초인지의 동원이 쉽게 이루어지지 않아 글의 처리가 어렵다는 내용이 제시되어 있다.

03 ④ [국어학의 이해와 활용 – 언어학 – 문장]

(가): 둘째 문단에 따르면, ㉡인 '보문에 의한 내포'는 어떤 명제에 비어 있는 요소에 들어갈 내용을 보충하기 위해 또 다른 명제를 활용하는 것이다. (가)의 '아침에 일찍 일어나기가 참 힘들다.'라는 문장은 '무엇' 또는 '어떤 것'이 힘든지에 대한 내용을 보충하기 위해 '(아침에) 일찍 일어나기'라는 또 다른 명제를 활용하고 있으므로 이는 ㉡의 예시이다.
(나): 둘째 문단에 따르면, ㉠인 '접속에 의한 결합 방식'은 결합하는 명제들이 대등한 관계를 맺고 있다는 특징이 있다. (나)는 '수영이가 차를 마시는 것'과 '수영이가 책을 읽는 것' 간의 관계가 대등하므로 이는 ㉠의 예시이다.
(다): 둘째 문단에 따르면, ㉢인 '관계절에 의한 내포'는 어느 한 명제가 다른 명제의 한 요소를 한정하거나 수식하는 것을 말한다. (다)는 엄마가 '동생을 잘 돌본 나'를 칭찬했다고 함으로써 '나'라는 요소를 '동생을 잘 돌본'이라는 명제로 수식하고 있다. 따라서 이는 ㉢의 예시이다.

04 ① [의사소통 – 화법]

주요 답변 중 관객들의 인식 부족에 관련된 답변은 없다. 따라서 청소년 공연 예술에 대한 관객들의 인식이 부족하니, 이에 대한 홍보 방안이 필요하다는 논지를 이끌어 낼 수 없다.

오답해설

② 주요 답변 중 '대중 문화를 추종하는 경향이 있다'라는 내용에서 이는 청소년 공연의 가치를 떨어뜨리므로 단체 스스로 이를 경계해야 한다는 논지를 이끌어 낼 수 있다.
③ 주요 답변 중 '재정적으로 열악하다'라는 내용에서 청소년 공연 예술 단체의 힘만으로는 재정 문제를 해결할 수 없으니 기업의 적극적인 지원이 필요하다는 논지를 이끌어 낼 수 있다.
④ 주요 답변 중 '학부모들의 이해 부족으로 활동에 어려움이 있다'라는 내용에서 학부모들이 청소년의 소질과 적성을 살리는 것이 중요하다는 점을 인정하고 자녀들을 격려해야 한다는 논지를 이끌어 낼 수 있다.

05 ③ [논리 비판 – 논리 추론 – 명제논리]

제시된 명제를 기호화하여 정리하면 다음과 같다.

```
(가) 눈 → 썰매
(나) 눈n∧스키n
따라서 (                              )
```

(가)의 전건인 '눈'은 (나)의 '눈n'을 포함한다. 따라서 스키 타는 것을 좋아하는 어떤 사람은 썰매 타는 것도 좋아한다(스키n∧썰매n). 답은 선지 ③이다.

06 ③ [확인 추론 – 긍정발문 – 문학]

둘째 문단에 따르면 「산유화」는 3음보를 때로는 '저만치 혼자서 피어 있네'처럼 한 행으로, 때로는 '산에 / 피는 꽃은'처럼 2행으로, 때로는 '꽃이 좋아 / 산에서 / 사노라네'처럼 3행으로 다양하게 배열하여 의미를 풍부하게 만들고 있다.

오답해설
① 둘째 문단에서 전통 율격을 3·3·4조와 3음보로 규정하고 있다. 따라서 3음보는 김소월 개인에 의해 만들어진 창조적인 율격이 아니다.
② 둘째 문단에 따르면, 3음보와 3·3·4조의 음수율은 전통 율격으로서 이미 정해져 있는 기계적 형식이다. 따라서 낯선 리듬을 재창조하는 형식이라고 할 수 없다.
④ 첫째 문단에 따르면 자동화되는 것은 '율격'이고, 이를 파괴하여 신선한 충격을 야기하는 것이 '리듬'이다. 즉 김소월은 「산유화」에서 자동화된 전통 율격을 사용한 것이지, 자동화된 리듬을 파괴한 율격을 사용한 것이 아니다.

07 ② [확인 추론 – 긍정발문 – 과학기술경제]

첫째 문단에 따르면 소수의 기업이 시장 지배력을 행사하는 시장은 불완전 경쟁 관계가 형성되고, 독과점이 발생할 가능성이 크다. 따라서 시장 지배력을 다수의 기업이 나누어 가져야 완전 경쟁 시장(제대로 된 경쟁이 이루어지는 시장, 불완전 경쟁의 반대 개념)이 되고, 독과점화 현상도 발생하지 않게 된다는 것을 알 수 있다.

오답해설
① 첫째 문단에서 '시장 집중도 지표'로 독과점이 발생할 가능성을 판단할 수 있다고 하였다. 그리고 둘째 문단에서 HHI 지수를 예로 들어 기업 합병 가능 여부를 따지는 과정을 다루고 있다. 따라서 HHI 지수만으로 독과점이 발생할 가능성을 판단할 수 없다는 것은 옳지 않다.
③ 둘째 문단에 따르면, 우리나라에서는 합병 가능 여부는 경쟁 관계에 있는 기업들이 '합병한 후의 HHI 지수'에 따라 결정된다.
④ HHI 지수는 시장 내 기업들의 시장 점유율 수치를 각각 제곱하여 합한 값이다. 50%, 30%, 20%일 때 HHI 지수는 3800이다. 2500을 초과하면 고집중 시장이라 하므로 HHI 지수가 3800이라면 고집중 시장이다.

08 ① [논리 비판 – 비판 추론 – 비판적 이해]

ㄱ. 갑은 학교교과교습학원 및 교습소의 교습시간 제한 조례가 학부모가 자녀를 양육하고 교육할 자유로운 결정을 방해한다고 하며 이를 반대한다. 을은 이 조례가 학생들의 학습권을 제한한다며 이를 반대한다. 이를 통해 갑과 을의 주장은 대립하지 않는다는 것을 알 수 있다.

오답해설
ㄴ. 을은 학교교과교습학원 및 교습소의 교습시간 제한 조례가 학생들의 학습권을 제한한다며 이를 반대한다. 반면, 병은 '교습시간 제한은 학생들이 지나친 사교육에 의존하지 않고 공교육을 중심으로 학습할 수 있도록 유도하는 공공의 이익에 부합한다'라고 하며 이 조례에 대해 찬성한다. 이에 따라 을과 병의 주장은 대립한다는 것을 알 수 있다.
ㄷ. 병은 '교습시간 제한은 학생들이 지나친 사교육에 의존하지 않고 공교육을 중심으로 학습할 수 있도록 유도하는 공공의 이익에 부합한다'라고 하며 이 조례에 대해 찬성한다. 반면, 갑은 학교교과교습학원 및 교습소의 교습시간 제한 조례가 학부모가 자녀를 양육하고 교육할 자유로운 결정을 방해한다고 하며 이를 반대한다. 이에 따라 병과 갑의 주장은 대립한다는 것을 알 수 있다.

09 ① [국어학의 이해와 활용 – 언어학 – 단어]

지배적 접사는 문법적 성질과 관련해, 단어의 품사를 바꾸거나 문장의 구조를 바꾼다. '치솟다'는 '위로 향하게'라는 의미를 더하는 한정적 접사 '치-'와 결합한 파생어이다.

오답해설
② '입혔다'의 '-히-'는 '입다'에 사동의 의미를 더하므로 지배적 접사이다.
③ '자연스럽다'의 '-스럽-'은 명사 '자연'에 결합하여 형용사 '자연스럽다'를 만들었으므로 지배적 접사이다.
④ '날개'의 '-개'는 동사 '날다'에 결합하여 명사 '날개'를 만들었으므로 지배적 접사이다.

10 ④ [확인 추론 – 부정발문 – 인문사회예술]

이행 불능 시에 '계약을 해제하지 않고 자신의 의무를 모두 이행한 후 전보 배상을 청구할 수도 있다'라고 하였다. 따라서 전보 배상을 청구하기 위해서는 계약을 해제해야 한다는 것은 적절하지 않은 설명이다.

오답해설
① 이행 불능 시 '계약을 해제하고 이미 지급한 돈이나 물건의 반환과 함께 손해 배상을 청구'할 수 있다고 하였다.
② '이행 불능은 강제 집행이 가능한 이행 지체와 달리'라고 하였으므로 이행 지체는 강제 집행이 가능하며, 이행 불능은 불가능하다.
③ 채무 불이행의 양상은 채무의 이행 가능 여부에 따라 이행 지체와 이행 불능으로 나뉜다. 이행 지체는 '채무의 이행기가 도래하였고 이행이 가능한데도 채무자가 채무를 이행하지 않는 것'이며, 이행 불능은 '채권 성립 후에 채무자의 귀책으로 인해 채무 이행 자체가 불가능해진 상태'를 말한다.

11 ② [응용 추론 – 어휘 추론]

제시된 문장에서 'ⓐ말한다'를 대체할 수 있는 유의어로 '나타낸다, 드러낸다' 등이 있다. ⓐ이 포함된 문장의 구조는 'a는 b를 말하다'이다. 선지 ②의 '말하는'은 '나타내는, 드러내는'이라는 유의어를 제시된 문장과 공유하며, 'a는 b를 말하다'의 구조도 일치한다. 또한 제시된 선지들 중 'b'라는 특정 사실을 전달하고자 하는 내용인 것도 선지 ②뿐이다. 따라서 ⓐ의 문맥적 의미와 가장 가까운 것은 선지 ②이다.
③ 【…을】【-ㄴ지를】 어떤 사정이나 사실, 현상 따위를 나타내 보이다.
예 이번에 그 큰 기업이 부도가 난 것은 지금 경기가 얼마나 안 좋은지를 말해 주는 것이다.

오답해설
① ②【…을 -고】【…을 -게】('…을' 대신에 '…에 대하여'가 쓰이기도 한다) 평가하거나 논하다.
예 한 비평가가 내 글에 대하여 좋게 말하였다고 한다.
③ ⑤ (주로 '…으로 말하면' 구성으로 쓰여) 확인·강조의 뜻을 나타낸다.
예 힘센 걸로 말하면 우리 아버지 따라갈 사람이 없다.
④ ①【…에/에게 …을】【 …에/에게 -고】('…을' 대신에 '…에 대하여'가 쓰이기도 한다)「2」 어떠한 사실을 말로 알려 주다.
예 반장은 다른 학급에도 시험 날짜를 말해 주러 갔다.

12 ① [응용 추론 – 빈칸 추론]

지문은 '금기'의 기능에 대해 다루고 있으며, 괄호 앞에는 인간의 위반에 대한 욕구로 인해 금기에 대한 침범이 필연적임을, 괄호 뒤에는 위반을 발전적으로 수용해야 하는 필요성을 설명하고 있다. 괄호 뒤의 '~ 때문이다'라는 표지는 어떤 주장에 대한 이유를 나타낼 때 사용된다. 이를 통해 괄호에는 괄호 뒤의 내용이 뒷받침하는 내용이 들어가야 한다는 사실을 알 수 있다. 따라서 '그렇기에 우리 사회는 한편으로 금기를 만들어 지키게 하면서 다른 한편으로 위반을 조정하고 수용해야 한다'가 들어가야 한다.

오답해설
② 괄호 뒤에는 금기 위반에 대한 발전적 수용의 필요성에 대해 설명을 하고 있고, '~ 때문이다'라는 표지를 통해 괄호 안에는 금기 위반에 대한 발전적 수용과 관련된 집약적 내용이 들어가야 한다는 사실을 알 수 있다. 금기에 대한 침범으로 인류 사회가 흥망성쇠를 겪어왔다는 내용은 괄호 안에 들어가기에 적절하지 않다.
③ 금기를 지키도록 하는 억압적 통제 기구의 발전이라는 선지의 내용은 괄호 뒤에 이어지는 금기 위반에 대한 발전적 수용과 연결되지 않는다.
④ 괄호 뒤의 내용은 금기 위반에 대한 발전적 수용의 필요성을 설명하고 있다. 이는 사회의 모든 금기를 해제하는 것이 아닌, 일부를 수용하고 조정한다는 내용과 연결되므로 모든 금기를 해제하고도 사회를 유지하도록 노력하는 사회 운동의 전개와 관련된 내용은 괄호 안에 들어가기에 적절하지 않다.

13 ② [논리 비판 – 비판 추론 – 강화약화]

ⓒ은 세 요소 모두를 달성하는 것이 높은 팀 가치 평가의 충분조건은 아니라는 것으로, 전술적 대응 능력이 충족된 팀의 가치가 항상 높게 평가된 경우 이는 전략 수립이 높은 팀 가치 평가의 충분조건에 해당하는 결과이므로, ⓒ을 강화하지 않는다.

오답해설
① ㉠은 세 요소 모두를 달성하는 것이 높은 팀 가치 평가의 필요조건이라는 것으로, 이 중 하나인 시설 관리가 충족되지 않은 팀의 가치가 항상 낮게 평가되는 경우 ㉠은 강화된다.
③ 경기력 강화가 이뤄지지 않은 팀 중 가치를 높게 평가 받은 팀이 있다면 이는 선수 관리가 달성되지 않았음에도 팀 가치가 높게 평가 받은 것이므로 ㉠을 약화한다.
④ 세 요소를 모두 충족한 팀의 팀 가치가 항상 높게 평가받는다면 세 요소를 모두 충족하는 것이 높은 팀 가치 평가의 충분조건이 아니라는 것에 반대되는 결과로 ㉡을 약화한다.

14 ③ [구조 독해 – 배열 – 문장 배열]
제시된 서론과 결론을 통해 글의 주제가 '세대 간 갈등 극복'이라는 것을 알 수 있다. ㉠에는 '성장 환경'이 '각 세대의 가치관 차이'를 유발한다는 내용이 나와 있다. ㉡에는 '세대 갈등'이 '환경의 차이에서 유발된다'는 내용이 나와 있다.
따라서 ㉡에서 '세대 갈등'의 원인인 '환경의 차이'를 제시한 뒤에 ㉠에서 '환경'이 '가치관 차이'를 유발한다고 초점화하는 것이 옳다. 그 뒤에 ㉢에서 극복 방안을 제시하는 것이 자연스러운 연결이다. 그러므로 '㉡-㉠-㉢' 순으로 배열되어야 한다.

15 ③ [의사소통 – 작문 내용]
제시어에 대한 속성을 파악하기 위해서는 제시문을 통해 중심이 될 수 있는 문장을 찾는 것이 관건이다. 먼저 '다원화 사회에서는 상대적인 문화의 차이를 존중한다.'는 내용을 통해 '상대성'을 파악할 수 있다. 또한 '한 사회의 체제도 획일적으로 통제하기보다는 개방적인 체계를 선호한다.'는 내용을 통해 '개방성'을 파악할 수 있다. 그리고 '다원화 사회는 다양한 경험과 배경을 지닌 사람들의 합의 자체를 중시한다.'는 내용을 통해서 '다양성'을 파악할 수 있다.

오답해설
'공식적 이데올로기'는 전체주의 사회의 특징이므로 '공식성'은 다원주의 속성으로 볼 수 없으며, '사회성'은 사회를 이루고 살아가는 구성원들의 기본적인 특징이므로 이를 다원주의만의 속성으로 파악할 수는 없다. 그리고 '체계'라는 것은 '일정한 원리에 따라서 낱낱의 부분이 짜임새 있게 조직되어 통일된 전체'라는 의미로, 이는 모든 사회 조직에 두루 적용되는 특징이므로 이를 다원주의만의 속성으로 파악할 수는 없다. 한편 '다원화된 사회의 정부는 공익의 옹호 기관으로서가 아니라'는 진술로 보아 '공익성'을 다원주의 속성으로 파악할 수는 없다.
또한 '한 사회의 체계도 획일적으로 통제하기보다는'을 고려할 때 '통일성'은 '획일성'과 그 맥을 같이하는 것으로 판단할 수 있으므로 이것 역시 다원주의적 속성으로 파악할 수는 없다.

16 ① [확인 추론 – 부정발문 – 인문사회예술]
둘째 문단에 따르면, 초국적 금융 자본은 세계 무역 거래의 수십 배에 달하는 규모의 금융 거래를 주도하고 있다고 한다. 이를 통해 세계 무역 거래의 규모가 가장 큰 것은 아님을 추론할 수 있다.

오답해설
② 둘째 문단에 따르면, 문화 영역의 세계화는 선진국에 대한 문화적 종속을 심화시키기도 한다고 한다. 이를 통해 문화의 자주성 상실이 야기되기도 함을 추론할 수 있다.
③ 둘째 문단에 따르면 초국적 조직에 있어 국제연합, 국제통화기금, 세계무역기구와 같은 정부 간 조직 이외에 국제사면위원회, 그린피스 등과 같은 비정부 조직의 비중 또한 커지고 있다고 한다. 따라서 초국적 조직에 있어서 정부 간 조직뿐 아니라 비정부 조직의 역할 역시 중요함을 알 수 있다.
④ 마지막 문단에 따르면, 개방적 민족주의란 '정치, 경제, 문화 등 각 영역에서 일어나는 세계화 현상을 적극적으로 수용하는' 것이라고 한다. 따라서 개방적 민족주의 시각에서 우리는 세계화 현상을 적극적으로 받아들여야 함을 알 수 있다.

17 ④ [의사소통 – 작문 내용]
마지막 문단에 따르면, 개방적 민족주의는 정치, 경제 및 문화적 종속을 거부하고 기존의 국가 이기주의적인 발상에서 벗어나는 것을 뜻한다고 한다. 따라서 개별 국가 사이의 불평등을 거부하는 것을 의미함을 알 수 있다.

오답해설
① 첫째 문단에 따르면, 세계화는 교류의 양적 확대를 넘어 개별 국가들의 사회 구조와 국가 간의 관계가 새로운 차원으로 재편되는 과정을 의미한다고 한다. 이를 통해 세계화는 단순히 개별 국가 간의 교류가 늘어나는 현상을 의미하는 국제화보다 광범위한 의미를 지닌다고 고치는 것이 적절하다.

② 둘째 문단에 따르면, 경제 영역의 세계화는 국가 간 상호 의존 관계가 증대되고 다자간의 협력이 강화되는 현상을 의미한다고 한다. 따라서 교역과 투자에 참여하는 국가가 다양화되었다고 고치는 것이 적절하다.
③ 둘째 문단에 따라, 문화 영역의 세계화를 통해 '세계 곳곳에서 만들어진 뉴스, 영화, 음악, 컴퓨터 소프트웨어 등이 세계 시장에서 누구나 이용할 수 있도록 유통되고 있음'을 알 수 있다. 따라서 이는 개별 국가들의 문화 및 생활 양식을 전 세계로 신속하게 퍼지게 한다고 고치는 것이 적절하다.

18 ② [확인 추론 – 부정발문 – 인문사회예술]
첫째 문단에 따르면, 피렌체의 의사 수는 흑사병 발병 이후 증가하였다가 1400년경 다시 의사 수가 감소하는 경향을 보였다고 한다. 따라서 피렌체의 의사 수가 흑사병 발병 이후로 지속적인 증가 추세를 보였다고 할 수 없다.

오답해설
① 둘째 문단에 따르면 흑사병 이후 피렌체의 의사들 중 이주민의 비중이 높아졌는데, 이는 피렌체 내의 의사직을 외부 의사들이 대신했기 때문이라고 한다.
③ 첫째 문단에 따르면 피렌체시는 의학 대학의 설립을 결정하고 추진하였을 뿐 아니라, 의사들이 시내에 이주해 오도록 세금혜택을 제공하는 등 의사 수 증가를 위하여 여러 정책적인 유인을 제공하였다.
④ 둘째 문단에 따르면 흑사병 발병 이후 피렌체 내 부유한 가문 출신자들이 의사직을 멀리한 반면, 그 자리를 외부 의사들이 대신했다고 한다. 이를 반대 해석하면, 흑사병 발병 이전에는 흑사병 발병 이후보다 피렌체 내 부유한 가문 출신의 의사가 더 많았다는 뜻이 된다.

19 ③ [응용 추론 – 어휘 추론]
㉢이 포함된 문장은 의사들이 시내로 오면 세금혜택을 가질 수 있도록 해 준다는 내용이다. 이는 정부가 세금혜택을 주겠다는 내용이지, 세금혜택을 하도록 유도하는 내용이 아니므로 '장려하다'와 바꿔쓸 수 없다. ㉢과 바꿔 쓸 수 있는 유사한 표현으로는 '제공하다' 등이 있다.
㉢ 주다: 남에게 어떤 자격이나 권리, 점수 따위를 가지게 하다.
장려하다(奬勵하다): 좋은 일에 힘쓰도록 북돋아 주다.
제공하다(提供하다): 무엇을 내주거나 갖다 바치다.
奬 장려할 장, 勵 힘쓸 려 / 提 끌 제, 供 이바지할 공

오답해설
① ㉠ 바로잡히다: 그릇된 일이 바르게 되거나 잘못된 것이 올바르게 고쳐지다.
수습되다(收拾되다): 어수선한 사태가 거두어져 바로잡히다.
收 거둘 수, 拾 주울 습
② ㉡ 추진하다(推進하다): 목표를 향하여 밀고 나아가다.
推 밀 추, 進 나아갈 진
진행하다(進行하다): 일 따위를 처리하여 나가다.
進 나아갈 진, 行 다닐 행
④ ㉣ 멀리하다: 어떤 사물을 삼가거나 기피하다.
기피하다(忌避하다): 꺼리거나 싫어하여 피하다.
忌 꺼릴 기, 避 피할 피

20 ② [논리 비판 – 논리 추론 – 명제논리]
제시된 명제를 기호화하여 정리하면 다음과 같다.

```
㉠ A → D
㉡ (C∨F) → A ⇔ ~A → ~(C∨F) ≡ ~A → (~C∧~F)
㉢ D → (B∧~C) ⇔ ~(B∧~C) → ~D ≡ (~B∨C) → ~D
㉣ ~(~A∧~E) ≡ A∨E
㉤ 2명 이상
```

가장 다수의 명제와 관련이 있으며 제시된 조건 명제의 전건으로 활용된 적이 있는 A를 기준으로 상황을 판단하도록 한다.
1. A가 선발될 경우: ㉠과 ㉢을 결합하면 'A → D → (B∧~C)'이다. 따라서 A가 선발된다면, 'A', 'D', 'B', '~C'임을 알 수 있으며, E와 F의 선발 여부는 알 수 없다.
2. A가 선발되지 않을 경우: ㉣에 '~A'를 적용하면 선언지 제거를 통해 'E'가 도출된다. 또한, '~A'는 ㉡의 후건을 부정하므로 ㉡의 대우에 의해 '~C'와 '~F'를 도출할 수 있다. 이때 선발 여부가 결정되지 않은 신입사원 지원자는 B와 D뿐이며, 만일 B가 선발되지 않는다면 ㉢의 대우인 '(~B∨C) → ~D'를 통해 '~D'가 된다. 이렇게 될 경우, 최종 선발된 신입사원 지원자가 'E'뿐이라, ㉤ 조건을 충족하지 않는다. 따라서 B는 선발되어야 하며, D의 선발 여부는 알 수 없다.
따라서 반드시 선발되었음을 알 수 있는 신입사원 지원자는 'A가 선발될 경우'든 'A가 선발되지 않을 경우'든 선발되었음을 확인할 수 있는 'B'가 된다. 답은 선지 ②이다.

제74회 이유진 국어 백일기도 모의고사 해설

01 ② [국어학의 이해와 활용 – 작문 형식]
'내가 말하고 싶은 요점은 현재의 선택이 미래를 결정한다.'에서 '내가 말하고 싶은 요점은'이라는 주어는 서술어 '결정한다'와 호응하지 않는다. 이와 호응하는 서술어인 '~것(점)이다'가 필요하므로, 수정 전의 문장을 그대로 쓰는 것이 적절하다.

오답해설
① '매주'는 '각각의 주마다'를 의미하는데, 이미 '마다'라는 의미가 포함되어 있다. 따라서 ㉠에 따라 '매주 토요일 10시에~'로 수정하는 것이 적절하다.
③ '두다'는 목적어와 부사어를 필요로 하는 서술어이다. 수정 전의 문장에는 '사외 이사를'이라는 목적어가 있으므로, 이 목적어가 있어야 할 장소(부사어)를 추가해야 한다. 따라서 ㉢에 따라 '회사 설립자는 회장과는 별도로 이사회에 사외 이사를 두어야 한다.'로 수정하는 것이 적절하다.
④ '노래 연습'은 '전시하다'라는 서술어와 호응하지 않으므로, 이와 호응하는 서술어를 추가해야 한다. 따라서 ㉣에 따라 '그들은 노래 연습을 하고~'로 수정하는 것이 적절하다.

02 ④ [의사소통 – 작문 내용]
본론 2는 인터넷 실명제의 긍정적 측면을 이야기한 부분이다. 하지만 인터넷 실명제로 인해 인터넷 게시판의 사용자가 증가할지 알 수 없으며, 이것이 긍정적 측면일지도 알 수 없다. 따라서 '인터넷 실명제 순기능 강화'라는 논지를 보강하는 내용도 아니다.

오답해설
① '인터넷 실명제의 순기능 강화에 대한 관심을 촉구'한다는 결론이 글의 주제이다. 따라서 주제를 분명히 드러내기 위해 주제문을 '인터넷 실명제의 문제점을 최소화해야 한다.'로 수정하는 것이 바람직하다.
② 본론 1은 결론에 도달하기 위한 방안이므로 인터넷 실명제의 긍정적 측면과 부정적 측면을 제시한 뒤에 나오는 것이 자연스럽다. 따라서 본론 3 아래로 이동시키는 것이 바람직하다.
③ 본론 1은 인터넷 실명제 문제점 최소화 방안을 이야기한 부분이므로, 본론 3에 제시된 '개인 정보 유출 가능성 증대'를 반영하여 '(3) 개인 정보 보호 방안 마련'을 추가하는 것이 바람직하다.

03 ② [국어학의 이해와 활용 – 언어학 – 소리]
'눈멀다'의 '눈'은 '눈[目]'을 의미하므로 긴소리가 나는 단어가 아니다. 또한 '멀다'는 첫음절을 길게 발음하는 용언이지만 '눈멀다'라는 합성 용언을 구성하면서 긴소리가 나는 음절인 '멀'이 첫음절이 아니게 되었다. 따라서 '눈멀다'는 [눈멀다]라고 발음하는 것이 적절하다.

오답해설
① 지문에 따르면, '벌리다'의 경우 첫음절을 길게 발음한다고 하였다. 하지만 '떠벌리다'의 경우 '벌리다'가 합성 용언을 구성하면서 긴소리가 나는 음절인 '벌'이 첫음절이 아니게 되었다. 따라서 [떠벌리다]라고 발음하는 것이 적절하다.
③ '밤'은 첫음절을 길게 발음하는 단어이므로 '밤나무'는 [밤ː나무]라고 발음하는 것이 적절하다.
④ '말'은 첫음절을 길게 발음하는 단어이다. 하지만 '참말'의 '말'은 첫음절이 아니므로 [참말]이라고 발음하는 것이 적절하다.

04 ③ [확인 추론 – 부정발문 – 인문사회예술]
소관 상임위원회에서 인사청문회가 진행되는 공직은 대통령이 내정한 후 인사청문회를 통하여 국회의 의견을 들어보고 임명하는 공직뿐이다.

오답해설
① 마지막의 경우에는 대통령의 내정, 즉 대통령의 지명이 필요하다. 그런데 그 외의 경우에는 대통령의 지명 없이 국회 인사청문의 대상이 된다.
② 국회의 임명동의가 필수조건이 아닌 경우도 존재한다고 하였다.
④ 인사청문회는 행정부 구성에 의회가 참여함으로써 대통령의 독단을 견제한다고 하였다.

05 ② [논리 비판 – 논리 추론 – 명제논리]
제시된 명제를 기호화하여 정리하면 다음과 같다.

- ~대학원 진학 → ~논문 읽는 것 즐김 ⇔ 논문 읽는 것 즐김 → 대학원 진학
- (   )
- 결론: 대학생n∧대학원 진학n

첫째 명제의 대우는 '논문 읽는 것 즐김 → 대학원 진학'이고, 전칭 명제만으로 특칭 명제를, 특칭 명제만으로 전칭 명제를 도출할 수는 없다. 따라서 특칭 명제인 결론 '대학생n∧대학원 진학n'을 이끌어 내기 위해서는 '논문 읽는 것 즐김'과 '대학생n'을 연결해 줄 수 있는 특칭 명제가 필요하다. 추가되어야 할 것은 '논문 읽는 것 즐김n∧대학생n'이다. 이 전제가 추가된다면, 첫째 명제의 대우의 전건인 '논문 읽는 것 즐김'이 이 전제의 '논문 읽는 것 즐김n'을 포함하므로 '대학생n∧대학원 진학n'을 도출할 수 있다. 답은 ②이다.

06 ④ [확인 추론 – 부정발문 – 문학]
둘째 문단에 따르면, 전기소설의 '남주인공은 소심하고 나약한 존재'이며 '현실에서의 소외를 부당하다고 느'낀다. 그런데 주인공은 이러한 부당함에 대해 적극적으로 하지 않는다고 하였다.

오답해설
① 첫째 문단에 따르면, 우리나라의 전기소설은 '중국의 전기에 영향을 받'았으며 '기이한 사건을 유기적으로 배치'하였다. 그리고 중국의 전기는 '기이한 사건을 엮은 서사 양식'이다. 이를 통해 우리나라의 전기소설과 중국의 전기는 모두 기이한 사건을 중심으로 전개된다는 것을 알 수 있다.
② 첫째 문단에 따르면, '전기소설 남주인공은 기이한 사건을 겪고 능력을 인정받았다'고 하였다. 이를 통해 전기소설에서의 기이한 사건은 주인공에게 다른 사람들에게 능력을 인정받을 수 있게 해 주는 계기가 된다는 것을 알 수 있다.
③ 둘째 문단에 따르면, 전기소설의 '주인공은 사회에서 소외되었거나 짝을 얻지 못해 실의에 빠진 존재'이다. 이들은 자신의 풍부한 감성을 사람들과 나누고 싶어 한다. 이를 통해 전기소설의 주인공이 자기 감정을 타인과 공유하고 싶어 한다는 것을 알 수 있다.

07 ② [응용 추론 – 어휘 추론]
제시된 문장에서 '㉠나누고'를 대체할 수 있는 유의어로 '함께하고, 공유하고' 등이 있다. ㉠이 포함된 문장의 구조는 'a가 b와 c를 나누다'이다. 선지 ②의 '나누며'는 '함께하며, 공유하며'라는 유의어를 제시된 문장과 공유하며, 'a가 b와 c를 나누다'의 구조도 일치한다. 따라서 ㉠의 문맥적 의미와 가장 가까운 것은 선지 ②이다.
❸ 【(⋯과) ⋯을】('⋯과'가 나타나지 않을 때는 여럿임을 뜻하는 말이 주어로 온다)
「3」 즐거움이나 고통, 고생 따위를 함께하다.
㉮ 나는 언제나 아내와 모든 어려움을 나누고 살리라고 다짐하였다.

오답해설
① ❶【⋯을 ⋯으로】「1」 하나를 둘 이상으로 가르다.
㉮ 이 사과를 세 조각으로 나누자.
③ ❶【⋯을 ⋯으로】「2」 여러 가지가 섞인 것을 구분하여 분류하다.
㉮ 나는 이 물건들을 불량품과 정품으로 나누는 작업을 한다.
④ ❷【⋯을 ⋯에/에게】 몫을 분배하다.
㉮ 이익금을 모두에게 공정하게 나누어야 불만이 생기지 않는다.

08 ① [응용 추론 – 빈칸 추론]
지문에서 송은 사실 남성이지만 겉으로 여성을 연기하며, 갈리마르는 송의 겉모습만 보고 여자라고 생각하여 매료된다. '엠. 버터플라이'는 서양이 동양을 자의적으로 해석한 것을 비판하고 있다고 하였으므로, 서양을 의미하는 갈리마르가 동양을 의미하는 송을 자의적으로 해석하였음을 비판한 것이다. 따라서, 갈리마르가 감옥에 갇히게 된 것은 '고정관념을 가지고 상대를 파악'한 것에 대한 당연한 결과가 된다.

오답해설
② 갈리마르가 송이 여성이라는 것이 허구임을 알았다는 언급은 없다. 오히려 갈리마르는 이러한 허구를 알지 못했다고 볼 수 있다.
③ 갈리마르가 송의 의지에 반하여 자신의 입장을 강요했는지는 알 수 없다.
④ 갈리마르는 송에 대해 전형적인 통념대로 생각했기에 송의 겉모습만 보고 여자라고 생각했던 것이다. 전형적인 통념에서 벗어나 주체적으로 생각했다고 볼 수 없다.

09 ④ [논리 비판 – 비판 추론 – 강화약화]

㉠은 태양 흑점 증가나 복사 에너지의 주기적 변동, 지구 공전 궤도의 교란 등이 온난화에 큰 영향을 주었다는 가설이다. 이에 따르면 과거에도 지구의 기온은 변동이 있었으며, 근래에 발생한 온난화도 주기적인 현상이라고 하였다.
ㄱ. 과거에도 지구의 온도가 규칙적으로 변동하였다는 사실은 ㉠의 주장에 부합하는 것이므로 ㉠을 강화한다.
ㄴ. 지구 공전 궤도의 변화가 과거에도 반복적 온난화 현상을 불러왔다는 사실은 ㉠의 주장에 부합하는 것이므로 ㉠을 강화한다.
ㄷ. 태양 흑점 활동이 강해진 시기에 지구 기온이 상승한다는 연구 결과는 지구 온난화의 요소가 자연적 요소라는 ㉠의 주장에 부합하는 것이므로 ㉠을 강화한다.

10 ④ [국어학의 이해와 활용 – 언어학 – 문장]

마지막 문단에서, 종속적으로 이어진 문장은 '-서', '-면', '-어/아도' 등의 연결 어미를 사용한다는 것을 알 수 있다. 특히 양보의 의미일 때는 '-어/아도'의 형태가 쓰이고 있음을 확인할 수 있다. 반면 둘째 문단에 따르면, 대등적인 연결 어미 중에서도 대조의 의미로는 '-지만'이 쓰이고 있음을 알 수 있다. '그가 오기는 왔으나 회의에 참석하지는 않았다.'에서 '으나'는 대조의 의미를 나타내는 대등적 연결 어미로서, 종속적으로 이어졌다는 것도, 양보의 의미를 강조한다는 것도 적절하다고 볼 수 없다.

오답해설

① 마지막 문단에서 '양보'의 의미는 종속적 연결 어미를 사용한다는 것을 알 수 있다. '그가 떠났음에도 불구하고 마음의 평화를 찾지 못했다'는 앞 절의 상황이 뒤 절의 결과에 영향을 미치지 못함을 강조하여 나타내는 양보의 의미이며, '-음에도 불구하고'는 양보의 의미를 나타내는 종속적 연결 어미로 쓰였으므로 적절하다.
② 둘째 문단에서 대등하게 이어진 문장 중에 동시 진행의 의미 관계가 있다고 하였다. '그는 책을 읽으며 메모를 하되~'의 경우, 책을 읽는 행위와 메모를 하는 행위가 함께 진행되는 상황이므로 동시 진행의 의미 관계로 볼 수 있다. 또한 '~메모를 하되, 중요한 부분은 밑줄을 그었다'에서는 앞선 메모 행위들과 대조되는 추가적인 행위로서 '그었다'를 제시한 것이므로 '-되'는 대조의 의미를 나타내는 대등적 연결 어미이다. 따라서 두 연결 어미가 각각 다른 의미 관계를 나타내는 대등적 연결 어미라는 진술은 적절하다.
③ '날씨가 흐리다'는 앞 절의 내용에 덧붙여 '바람이 많이 분다'는 뒤 절의 내용을 추가로 제시하여, 두 가지 이유를 나열하고 있으므로, '-거니와'가 대등적 연결 어미라는 진술은 적절하다.

11 ① [확인 추론 – 부정발문 – 인문사회예술]

첫째 문단에 따르면, 르윗은 '작가가 세운 작품 계획'인 아이디어가 작품의 본질이라고 보았으며, 감상자가 작품의 본질에 대해 사고하는 것을 중시하였다. 따라서 르윗의 「월 드로잉」의 본질적 의미는 작가의 작품 계획에 의해 형성된다.

오답해설

② 마지막 문단에 따르면, 르윗은 '아이디어는 누구도 독점할 수 없으며 아이디어를 이해했다면 누구든 그것을 이용할 수 있다'고 주장했다. 이 때문에 「월 드로잉」은 위작이 존재할 수 없으며, '심지어 르윗의 증명서가 복제되어도, 그 가짜 증명서의 아이디어가 물리적으로 구체화되는 순간 그것은 진품이 되어 버린다.'고 하였다. 즉, 복제된 증명서 속의 아이디어는 원래의 증명서와 동일한데, 아이디어는 누군가 독점할 수 없으므로 아이디어를 위조하는 것은 불가능하다. 따라서 르윗의 「월 드로잉」과 관련하여, 르윗의 증명서를 복제한다고 해도 가짜 증명서 속의 아이디어는 위조된 것이 아니다.
③ 마지막 문단에 따르면, '「월 드로잉」은 태생적으로 위작이 존재할 수 없다.'고 하였다. 이 때문에 「월 드로잉」은 진품성을 전제로 작품이 고가에 거래되는 미술 시장의 원칙을 뒤흔들었'다. 따라서 르윗의 「월 드로잉」은 진품성이 의미가 없는 작품이기 때문에 기존의 미술 시장의 원칙대로 취급하기가 어렵다.
④ 첫째 문단에 따르면, 르윗은 '작가의 개성이 부각되는 작품은 물질적 측면에만 초점을 둬 수동적 감상을 조장'한다고 보았다. 또한 둘째 문단에 따르면, 르윗은 기존의 기하학적 도형 중 몇 가지로 「월 드로잉」의 증명서를 작성하였다. 따라서 르윗의 「월 드로잉」에서는 감상자가 물질화된 작품에만 주목하는 것(작가의 개성이 부각되는 작품에 대한 수동적 감상)을 방지하기 위해 기존에 존재하는 도형이 사용(증명서를 만들어 예술가를 사무원으로 폄하)되었다.

12 ③ [응용 추론 – 문맥 추론]

(가)는 작가의 개성을 중시하지 않는 관점이다. 이는 작가의 개성이 아니라 아이디어가 작품의 본질이라는 ㉠의 관점을 기반으로 한 것이다. 이런 생각을 바탕으로 르윗은 작가가 배제된 「월 드로잉」을 제작하며 예술가란 서류를 작성하는 사무원일 뿐이라는 ㉡의 견해를 펼쳤다. 이 역시 작가의 개성을 중시하지 않는 관점이다. 그런데 저작권법에서는 '예술가에 의해 표현된 것에만 원본의 권리를 부여(㉢)'한다. 이는 르윗의 견해와 달리 작가의 개성에 원본의 본질을 두는 것이다. 따라서 ㉢은 (가)의 관점과 상반된 관점이라 볼 수 있다.
마지막 문단에서 르윗은 '아이디어는 누구도 독점할 수 없으며 아이디어를 이해했다면 누구든 그것을 이용할 수 있다'고 주장했다. 즉 르윗의 관점에서는 작가가 아니더라도 아이디어를 이해하면 누구나 원본의 가치를 만들 수 있으므로 「월 드로잉」은 위작이 존재할 수 없다는 ㉣은 작가의 개성에 가치를 두지 않은 견해이다.

13 ④ [논리 비판 – 비판 추론 – 강화약화]

㉡은 인프라 개선 후 새로운 인력 수요가 존재할 수 있다는 주장으로, 인프라 개선 후 소규모 물류 시장이 확대되는 경우 새로운 연계 산업 창출로 인한 신규 일자리 발생 가능성을 의미하는 것으로 ㉡을 강화한다.

오답해설

① ㉠은 인프라 개선으로 택시·개인 운송 산업의 수요가 감소된다는 것으로, 유지·보수 전문 인력 감소에 대해서는 언급하고 있지 않으므로, 전문인력 수요가 증가한다고 해서 ㉠이 약화되지 않는다.
② ㉡은 인프라 개선 후 새로운 인력 수요가 존재할 수 있다는 주장으로 기존의 인력 수요가 감소하지 않는다는 것을 의미하는 것은 아니므로, 이로부터 ㉡이 약화되지 않는다.
③ ㉠은 인프라 개선으로 택시·개인 운송 산업의 수요가 감소된다는 것으로, 이는 기존 사업에 대한 수요에 관한 주장으로 신규 인력 수요의 존재 여부와는 독립적인 것이므로 이러한 사실로부터 ㉠이 강화되지 않는다.

14 ④ [논리 비판 – 비판 추론 – 비판적 이해]

ㄴ. 을은 특정 신념의 행위가 선거권 박탈로 이어지는 것은 차별이라며 공직선거법에 따른 수형자의 선거권 제한 규정이 헌법적으로 타당하지 않다고 주장한다. 반면 병은 선거권은 절대적 권리가 아니기 때문에 형 집행 중인 수형자의 경우 제한하는 게 정당하다고 주장한다. 이를 통해 을과 병의 주장은 대립한다는 것을 알 수 있다.
ㄷ. 병은 선거권은 절대적 권리가 아니기 때문에 형 집행 중인 수형자의 경우 제한하는 게 정당하다고 주장한다. 반면, 갑은 선거권은 보편적인 기본권일뿐더러 A가 저지른 병역법 위반은 종교적 신념에 따른 행위이므로 공직선거법이 이를 이유로 선거권을 제한하는 것은 부당하다고 주장한다. 이를 통해 병과 갑의 주장은 대립한다는 것을 알 수 있다.

오답해설

ㄱ. 갑은 선거권은 보편적인 기본권일뿐더러 A가 저지른 병역법 위반은 종교적 신념에 따른 행위이므로 공직선거법이 이를 이유로 선거권을 제한하는 것은 부당하다고 주장한다. 따라서 공직선거법에 따른 수형자의 선거권 제한 규정의 헌법적 타당성에 대해 갑은 타당하지 않다고 주장한다. 을은 특정 신념의 행위가 선거권 박탈로 이어지는 것은 차별이라며 공직선거법에 따른 수형자의 선거권 제한 규정이 헌법적으로 타당하지 않다고 주장한다. 이에 따라 갑과 을의 주장은 대립하지 않는다는 것을 알 수 있다.

15 ③ [확인 추론 – 부정발문 – 인문사회예술]

실질임금(㉡)은 명목임금(㉠)을 물가로 나눈 값이므로, 실질임금이 상승했다는 것은 명목임금(㉠)이 증가한 것일 수도 있지만 물가가 하락한 것일 수도 있다. 따라서 노동자들이 임금으로 받는 화폐의 액수인 명목임금(㉠)이 반드시 증가하였다고 볼 수는 없다.

오답해설

① 실질임금은 명목임금을 물가로 나눈 값이다. 따라서 물가가 상승하고 명목임금(㉠)이 하락하면 실질임금(㉡)은 하락한다.
② 지문에 따르면, 기업은 명목임금(㉠)이 하락한 만큼 노동의 수요량을 늘릴 수 있다.
④ 지문에 따르면, 노동의 초과 공급이 발생하여 노동자들이 노동 시장에서 경쟁하게 되면 경쟁으로 인해 명목임금(㉠)이 하락한다.

16 ① [확인 추론 – 긍정발문 – 문학]

시에 사용된 별, 하늘, 언덕 등의 이미지를 통해 화자의 내면과 당대의 역사적 현실을 드러낸다고 했다. 또한 어린 시절의 추억, 현재의 자아성찰, 그리고 미래에 대한 희망은 개인의 감정을 넘어 일제 강점기라는 시대적 배경 속에서 민족의 현실과 미래에 대한 시인의 인식을 반영하고 있다. 특히 마지막 부분에서 다양한 이름들을 불러보는 행위는 개인적 서정과 민족적 연대의식이 결합된 표현으로 볼 수 있다.

오답해설

② 과거 순수했던 시절의 마음과 추억을 회상한 것은 확인이 되지만, 그것이 나열되었는지는 지문에서 알 수 없다. 또한 이는 현재에 대한 성찰로 이어지므로 현실과의 괴리를 부각시키기 위함이라고 할 수 없다.
③ 둘째 문단에 따르면, '별, 하늘 언덕 등'의 자연물은 시인의 순수하고 이상적인 내면세계를 투영한 것이다. 따라서 자연물에 당시의 정치적 상황을 투영한 것이 아니다. 이 자연물의 이미지들이 당대의 암울한 역사적 현실과 대조를 이루어 우회적 비판의 효과가 생기는 것이다.
④ 어린 시절 회상으로 시작해 현재에 대한 성찰로 이어진다는 점에서, 시간의 흐름에 따른 화자의 심경 변화가 나타나지만, 이는 주관적인 내면의 표현이므로 객관적 관찰이라고 할 수 없다.

17 ① [구조 독해 – 배열 – 문장 배열]

ㄱ. '섣부른 대답'이 사회적으로 비난받을 수 있다고 한다. 따라서 이 앞에는 대답이 필요한 질문이 먼저 제시될 필요가 있다.
ㄴ. '그러나'라는 역접의 상황에서 사용하는 접속어 뒤에 양육과 문화 차이만으로 남녀의 차이를 다 설명하기 불충분한 면이 있다는 내용이 이어지고 있다. 따라서 이 앞에는 남녀의 차이를 양육과 문화 차이로 설명하려는 내용이 등장해야 한다.
ㄷ. 20세기 들어 남녀의 기억력 차이를 사회 문화적 양육 환경과 문화의 차이로 해석하는 경향이 짙어졌다고 한다. ㄴ보다 앞에 위치해야 한다. → 선지 ② 탈락
ㄹ. '학습과 기억에 남녀 차이가 있는가?'라는 질문이 쉽게 답하기 어려운 질문이라고 한다. 이 뒤에 그에 대한 섣부른 대답이 사회적으로 비난받을 수 있다는 ㄱ이 이어져야 한다. → 선지 ③ 탈락
ㅁ. '즉'이라는 재진술의 상황에서 사용하는 접속어 뒤에 양육을 거쳐 남성과 여성의 뇌가 선택적으로 발달한다는 내용이 있다. 이는 ㄷ의 내용을 부연하는 것이므로 ㄷ 뒤에 이어져야 한다. 한편, ㅁ 뒤에는 이러한 양육과 문화의 차이만으로 남녀의 차이를 설명하는 것의 한계를 지적하는 ㄴ이 이어져야 한다. → 선지 ②, ④ 탈락
따라서 'ㄹ-ㄱ-ㄷ-ㅁ-ㄴ'의 순서가 가장 자연스럽다.

18 ③ [확인 추론 – 부정발문 – 인문사회예술]

둘째 문단에 따르면, 미란다 판결은 자백의 증거 능력에 대해 종전의 임의성의 원칙을 버리고 절차의 적법성을 채택하였다. 임의성의 원칙과 함께 절차적 적법성이 고려되어야 함을 부각시킨 것이 아니다.

오답해설

① 첫째 문단에 따르면, 미란다 판결 이전에는 수사 기준이 사건마다 다르게 적용되어 수사 기관으로 하여금 강압적인 분위기를 조성하도록 유도했다고 한다. 이렇게 얻어낸 자백이 증거로 인정되었음을 알 수 있다.
② 첫째 문단에 따르면, 미란다 판결 이전에도 경찰관이 고문과 같은 가혹 행위로 받아낸 자백은 효력이 없었음을 알 수 있다.
④ 둘째 문단에 따르면, 수사 기관과 피의자 사이에 힘의 균형은 이루어지기 어렵다고 한다. 이런 상황에서 미란다 판결이 제시한 원칙은 수사 기관과 피의자가 대등한 위치에서 법적 다툼을 해야 한다는 원칙을 구현하는 출발점이었다고 한다.

19 ② [응용 추론 – 어휘 추론]

ⓒ이 포함된 문장은 미란다 판결 전에는 임의성의 원칙이 지켜졌다면 재판의 증거로 사용될 수 있었기 때문에 고문과 같은 가혹 행위로 받아낸 자백이 아니라, 회유나 압력을 행사했더라도 제때 음식을 주고 잠을 자게 해 주며 받아낸 자백이라면 그것은 증거로서 작용할 수 있음을 설명하고 있다. 따라서 ⓒ은 '보람 있게 쓰거나 쓰임, 또는 그런 보람이나 쓸모'를 의미하는 '효용'과 바꿔 쓸 수 없다.
ⓒ 효력(效力): 『법률』 법률이나 규칙 따위의 적용.
效 본받을 효, 力 힘 력
효용(效用): 보람 있게 쓰거나 쓰임. 또는 그런 보람이나 쓸모.
效 본받을 효, 用 쓸 용

오답해설

① ㉠ 고(告)하다: 어떤 사실을 알리거나 말하다.
告 아뢸 고
알리다: 사물이나 상황에 대한 정보나 지식을 알게 하다.
③ ㉢ 받아들이다: 어떤 사실 따위를 인정하고 용납하거나 이해하고 수용하다.
승인(承認)되다: 어떤 사실이 마땅하다고 받아들여지다.
承 받들 승, 認 알 인
④ ㉣ 이전(以前): 이제보다 전.
以 써 이, 前 앞 전
종전(從前): 지금보다 이전.
從 좇을 종, 前 앞 전

20 ① [논리 비판 – 논리 추론 – 명제논리]

제시된 명제를 기호화하여 정리하면 다음과 같다.

○ 정빨 → (갑초∧갑보)
○ 을빨∨정빨
○ 병노
○ (갑초∧갑보) → ~병노

첫째 명제와 넷째 명제를 결합하면 '정빨 → (갑초∧갑보) → ~병노'가 된다. 병이 노란색 카드를 받았다고 하였으므로, 후건 부정을 통해 '~정빨'을 확정할 수 있다. 그리고 '을빨∨정빨'이 주어졌으므로, 선언지 제거를 통해 '을빨'을 도출할 수 있다. 답은 선지 ①이다.

제75회 이유진 국어 백일기도 모의고사 해설

01 ① [국어학의 이해와 활용 – 작문 형식]

주어인 '키'는 무게가 아니므로 서술어 '가볍다'나 '무겁다'와 호응하지 않는다. ㉠에 따라 주어 '키'와 호응하는 서술어인 '크다'나 '작다'를 사용해야 한다.

오답해설

② '스케이트'는 사람이 이루는 행동이 아니라, 사람이 이용하는 물체이므로 서술어 '하다'와 호응하지 않는다. ㉡에 따라 스케이트와 호응하는 서술어 '타다'를 추가하는 것이 적절하다.
③ '제출하다'는 부사어와 목적어를 필요로 하는 서술어이다. 따라서 아영이가 서류를 내는 대상인 '부장에게'를 추가하는 것이 적절하다.
④ '경주의 박물관을 견학하고 유적지 답사~'는 절과 구로 구성되어 있다. ㉣에 따라 앞의 내용이 구라면 뒤에도 구를, 앞의 내용이 절이라면 뒤에도 절을 사용해야 한다. 따라서 '경주의 박물관 견학과 유적지 답사를 통해'와 같이 구와 구로 수정하는 것이 적절하다.
• 구와 구: 경주의 박물관 견학과 유적지 답사를 통해
• 절과 절: 경주의 박물관을 견학하고 유적지를 답사한 것을 통해

02 ② [구조 독해 – 배치]

지문은 패러디와 문학사의 관계에 대해 다루고 있다. '이 양자 사이의 관계'라는 표지를 통해, 제시된 문장의 앞부분에는 특정한 두 개념이 등장해야 한다는 것을 알 수 있다. 이에 부합하는 위치는 ②이다.
②의 앞부분에는 '패러디'와 '패러디된 과거의 작품'이라는 두 개념이 등장한다. 이 둘 사이의 관계를 통해 패러디를 여러 유형으로 범주화할 수 있으며, ② 뒤에 위치한 문장에는 '이런 관계의 다양성'이라는 표지가 등장하여 제시된 문장과 자연스럽게 이어진다.

03 ② [국어학의 이해와 활용 – 언어학 – 기타]

둘째 문단에 따르면, '-고 있다'는 동작의 진행이나 상태의 지속을 나타내는 보조 용언이다. "아이들이 운동장에서 뛰어다니고 있다."에서 '-고 있다'는 뛰어다니는 동작이 현재 진행 중임을 나타내는 것이지, 동작의 일시적 중단과 재개를 나타내는 것이 아니다.

오답해설

① 마지막 문단에 따르면, '-게 되다'는 어떤 상황이나 상태에 이르게 됨을 나타낸다. 여기서는 능력 향상이 자연스럽게 이루어진 과정을 표현하므로 적절하다.
③ 둘째 문단에서 '-어 버리다'는 동작의 완료를 나타내며, 이 문맥에서 화자의 아쉬움이라는 심리적 태도도 함께 표현한다고 했다. 주어진 예문에서도 '비밀을 말'한 동작이 완료되었고, 말한 것에 대해 아쉬움을 표현하는 것이므로 적절하다.
④ 둘째 문단에서 '-어 대다'는 동작의 반복이나 지속을 강조하는 기능을 하며, 문맥에 따라 화자의 부정적 평가를 내포할 수 있다고 하였다. 주어진 예문에서도 '그녀의 전화'가 밤새 지속되었으며, 이에 대해 화자가 부정적으로 본다는 의미를 전달하고 있으므로 적절하다.

04 ① [논리 비판 – 논리 추론 – 명제논리]

제시된 명제를 기호화하여 정리하면 다음과 같다.

㉠ A예고 졸업자 → 드라마 캐스팅 ⇔ ~드라마 캐스팅 → ~A예고 졸업자
㉡ 드라마 캐스팅 → ~(~20대∨데뷔 전)
  ≡ 드라마 캐스팅 → (20대∧~데뷔 전)
㉢ 외국 국적 소지자∨A예고 졸업자 → ~20대
  ⇔ 20대 → ~(외국 국적 소지자∨A예고 졸업자)
  ≡ 20대 → (~외국 국적 소지자∧~A예고 졸업자)
㉣ ~데뷔 전(=데뷔)∧외국 국적 소지자 → 20대

㉣에 따르면 준우가 데뷔를 했다고 하더라도(즉, 데뷔를 하기 전이 아니라고 하더라도) 외국 국적을 소지하지 않았다면, 준우는 20대인지는 알 수 없다. 따라서 준우가 데뷔를 했다고 해도 준우가 20대인지는 알 수 없다.

오답해설

② 올해 하반기에 방영될 드라마에 캐스팅되기 위해 지원한 준우는 캐스팅되거나 캐스팅되지 않는다. 준우가 올해 하반기에 방영될 드라마에 캐스팅된다면, ㉡에 따라 '~(~20대∨데뷔 전)', 즉 '20대∧~데뷔 전'이 된다. ㉢의 대우는 '20대 → (~외국 국적 소지자∧~A예고 졸업자)'이므로 준우가 올해 하반기에 방영될 드라마에 캐스팅된다면 '~외국 국적 소지자∧~A예고 졸업자'가 된다.
준우가 올해 하반기에 방영될 드라마에 캐스팅되지 않는다면 ㉠의 대우에 따라 '~A예고 졸업자'이 된다.
따라서 준우가 올해 하반기에 방영될 드라마에 캐스팅되든 되지 않든 준우는 A예고 졸업자가 아니다.
③ ㉢의 대우는 '20대 → (~외국 국적 소지자∧~A예고 졸업자)'이므로 준우가 20대라면, 준우는 외국 국적을 소지하지 않았다.
④ 준우가 올해 하반기에 방영될 드라마에 캐스팅되었다면, ㉡에 따라 '~(~20대∨데뷔 전)', 즉 '20대∧~데뷔 전'이 된다. ㉢의 대우는 '20대 → (~외국 국적 소지자∧~A예고 졸업자)'이므로 준우가 올해 하반기에 방영될 드라마에 캐스팅되었다면 '~외국 국적 소지자∧~A예고 졸업자'가 된다. 따라서 준우가 올해 하반기에 방영될 드라마에 캐스팅된다면, 준우는 외국 국적 소지자가 아니다.

05 ④ [확인 추론 – 부정발문 – 인문사회예술]

㉠은 외부 조건에 대한 적절한 불안 심리이며 이는 건강한 사람뿐만 아니라 모든 사람에게 생기는 것이다. ㉡은 성장하는 과정에서 부모나 주변 사람들의 반복된 교육에 의해서 훈련된 불안이다. 따라서 ㉡은 성장하는 과정에서의 교육이 이루어졌다면 누구에게나 발생할 수 있으므로, 병적인 사람에게 생기는 것이라고 단정할 근거가 없다.

오답해설

① ㉡은 성장하는 과정에서 부모나 주변 사람들의 반복된 교육에 의해 훈련된 것이며, ㉢은 불안해야 할 외부 조건이 없는데도 무의식적으로 형성되는 것이다.
② ㉡이 오래 지속된다면 착한 아이가 되어야 한다는 강박이 생기며, ㉢이 오래 지속되면 정신적인 붕괴를 초래하여 성격 장애나 정신 장애를 유발할 수 있다.
③ ㉠은 그때그때 해소된다면 사람들의 효율성을 증진시키며, ㉡은 그때그때 대화로 해소한다면 별문제가 없다고 하였으므로 ㉠과 ㉡ 모두 발생할 때마다 해소하는 것이 좋음을 알 수 있다.

06 ③ [국어학의 이해와 활용 – 언어학 – 기타]

둘째 문단에서 음절 구조 연구가 한국어의 음운 변동 현상을 이해하는 데 중요한 역할을 한다고 하였다. 특히 음절 말 평폐쇄음화나 비음화 같은 현상은 음절 구조의 제약과 밀접한 관련이 있다고 했으므로, 음절 구조 연구가 음운 변동 현상을 설명하는 데 도움이 된다는 진술은 적절하다.

오답해설

① 첫째 문단에 따르면 한국어의 기본 음절 구조는 CVC이지만, 'CV, V, VC 등의 형태로도 나타날 수 있다'라고 하였다. 따라서 모든 음절이 반드시 CVC 구조를 따른다는 진술은 적절하지 않다.
② 둘째 문단에서 '한국어의 고유어와 한자어, 외래어 간의 음절 구조 차이를 분석'한다고 하였다. 이는 외래어의 음절 구조가 한국어 고유어의 음절 구조와 항상 동일하지 않음을 의미한다.
④ 둘째 문단의 마지막 문장에서 음절 구조 연구는 실용적인 분야에도 적용될 수 있다고 하였다. 따라서 음절 구조 연구가 순수 이론적 분야에만 국한되어 실용적 가치가 없다는 진술은 적절하지 않다.

07 ③ [논리 비판 – 비판 추론 – 비판적 이해]

ㄱ. 갑은 종이책이 환경 파괴를 한다며 전자책이 지속 가능한 선택이 된다고 하였다. 반면 을은 건강과 경험적 측면에 따라 전자책이 지속 가능한 선택이 아니라고 주장한다. 이를 통해 갑과 을의 주장이 대립한다는 것을 알 수 있다.
ㄷ. 병은 전자책이 불평등을 초래할 수 있다며 전자책이 지속 가능한 대안이라고 생각하지 않는다. 반면, 갑은 종이책이 환경 파괴를 한다며 전자책이 지속 가능한 선택이 된다고 하였다. 이를 통해 병과 갑의 주장이 대립한다는 것을 알 수 있다.

오답해설

ㄴ. 을은 건강과 경험적 측면에 따라 전자책이 지속 가능한 선택이 아니라고 주장한다. 병은 전자책이 불평등을 초래할 수 있다며 전자책이 지속 가능한 대안이라고 생각하지 않는다. 따라서 을과 병의 주장은 대립하지 않는다.

08 ④ [논리 비판 – 비판 추론 – 강화약화]

㉡은 세 요소 모두를 달성하는 것이 흥행 성공의 충분조건은 아니라는 것이다. 효과적인 마케팅이 필수적이라는 사실은 흥행 성공의 추가적인 필요조건을 의미하므로, 이는 ㉡을 강화한다.

오답해설
① ㉠은 세 요소 모두를 달성하는 것이 흥행 성공의 필요조건이라는 것이다. 완성도가 떨어지지만 관객 소통을 달성해 흥행에 성공한 공연이 있다면, 이는 완성도가 성공의 필요조건이 아니라는 것을 의미하므로 ㉠을 약화한다.
② 무대 기술을 충족하지 못한 공연이 모두 흥행에 실패하였다는 것은 무대 기술이 흥행 성공의 필요조건이라는 ㉠의 주장을 뒷받침하는 사례이므로 ㉠은 강화된다.
③ 세 요소 모두를 충족했지만 흥행에 실패한 공연이 존재하는 경우는 세 요소를 모두 충족하는 것이 성공의 충분조건이 아니라는 것을 의미한다. 따라서 이는 ㉡을 강화한다.

09 ④ [확인 추론 – 긍정발문 – 인문사회예술]
첫째 문단에 따르면, 남북공동연락사무소 폭파 이후 남북 관계 경색 국면이 지속되고 있다고 한다. 이어 둘째 문단에서 남북 관계가 불안정할 때, 남북협력기금의 남북경협 기업들의 어려움을 완화할 완충장치 역할, 즉 남북 관계 방어 역할에 대한 제안의 목소리가 크기 때문에 남북협력기금의 역할 강화가 모색되고 있음을 알 수 있다.
오답해설
① 첫째 문단에 따르면 남북 관계에 따라 남북협력기금의 집행률이 영향을 받는 것이지, 반대로 남북협력기금의 집행 정도가 남북 관계에 영향을 미치는 것이 아니다.
② 둘째 문단에 따르면, 남북협력기금은 남북 관계가 불안정할 경우 남북 경협 기업들의 어려움을 완화할 수 있는 역할을 수행해야 한다.
③ 둘째 문단에 따르면 남북 경협에 참여한 기업들은 남북 관계의 불안정 때문에 애로 사항을 호소해 왔다. 따라서 이들의 수익이 남북의 정치적 관계와 무관하다고 볼 수 없다.

10 ① [응용 추론 – 어휘 추론]
㉠이 포함된 문장은 남북 간의 교류와 경제 협력이 지속되지 못하고 갑자기 멈추게 되면 남북협력기금의 집행률도 떨어진다는 것을 설명하고 있다. 따라서 ㉠은 '일이 끝나다'를 의미하는 '종결하다'와 바꿔 쓸 수 없다.
㉠ 중단(中斷)되다: 중도에서 끊어지다.
中 가운데 중, 斷 끊을 단
종결(終結)되다: 일이 끝나다.
終 마칠 종, 結 맺을 결
오답해설
② ㉡ 계속(繼續)되다: 끊이지 않고 이어져 나가다.
繼 이을 계, 續 이을 속
지속(持續)되다: 어떤 상태가 오래 계속되다.
持 가질 지, 續 이을 속
③ ㉢ 족(足)하다: 모자람이 없다고 여겨 더 바라는 바가 없다.
足 발 족
충분(充分)하다: 모자람이 없이 넉넉하다.
充 가득할 충, 分 나눌 분
④ ㉣ 하소연하다: 억울한 일이나 잘못된 일, 딱한 사정 따위를 말하다.
호소(呼訴)하다: 억울하거나 딱한 사정을 남에게 간곡히 알리다.
呼 부를 호, 訴 하소연할 소

11 ① [논리 비판 – 논리 추론 – 명제논리]
제시된 명제를 기호화하여 정리하면 다음과 같다.

(가) 분식 좋아함n∧디저트 좋아함n
(나) 분식 좋아함 → 떡볶이 좋아함
따라서 (   )

(나)의 전건인 '분식 좋아함'은 (가)의 '분식 좋아함n'을 포함한다. 따라서 디저트를 좋아하는 어떤 사람은 떡볶이를 좋아함을 알 수 있다(디저트n∧떡볶이n). 답은 선지 ①이다.

12 ② [확인 추론 – 부정발문 – 인문사회예술]
지문에 따르면, 근대의 대학은 '중세 대학의 골간 위에 세워지긴 하였지만' 실제로는 전혀 다른 특징을 가지고 있었다고 한다. 따라서 근대적 의미의 대학이 중세 대학과 단절되어 완전히 새로운 환경에서 탄생한 것은 아니다.
오답해설
① 근대의 대학은 봉급을 받는 전업 교수들을 두었고, 교수들은 대부분 성직자가 아니었다고 한다. 이는 근대의 대학이 중세 대학과 달리 지닌 특징이므로, 17세기 이전의 대학 교수들은 봉급을 받는 전업 교수가 아니라 성직자가 대부분이었음을 추론할 수 있다.
③ 19세기가 되면 철학 교수진이 과학과 인문학이라는 두 교수진으로 나뉘게 되었다고 하므로, 중세 대학에 비해 근대적 의미의 대학에서는 교수진의 부류가 더 다양해졌다고 할 수 있다.
④ 철학 교수진이 과학과 인문학으로 나뉘면서, 양쪽 다 자신만이 지식을 획득하는 유일한 길이라 주장하였다고 한다. 이는 두 학문 간의 경쟁이 이루어진 것으로 볼 수 있다.

13 ③ [응용 추론 – 어휘 추론]
제시된 문장에서 '㉠ 일어났는데'를 대체할 수 있는 유의어로 '발생했는데, 생겼는데' 등이 있다. ㉠이 포함된 문장의 구조는 'a가 일어나다'이다. 선지 ③의 '일어났다'는 '발생했다, 생겼다'라는 유의어를 제시된 문장과 공유하며, 'a가 일어나다'의 구조도 일치한다. 또한 'a'가 어떤 사건을 의미하는 것은 선지 ③뿐이다. 따라서 ㉠의 문맥적 의미와 가장 가까운 것은 선지 ③이다.
2「2」어떤 일이 생기다.
예 싸움이 일어나다.
오답해설
① **1**【…에서】누웠다가 앉거나 앉았다가 서다.
예 의자에서 일어나다.
② **2**「8」소리가 나다.
예 기쁨으로 환호성이 일어나다.
④ **2**「5」몸과 마음을 모아 나서다.
예 무지와 몽매를 떨쳐 버리고 조국의 독립을 위해 하나같이 일어납시다.

14 ② [응용 추론 – 사례 추론]
지문에 나타난 '기술'의 핵심은 관념이나 지성의 도움을 통해 실생활에 중요한 변화를 유발하는 '비물질 요소'에 있다. 지문에서는 그 사례로 0을 포함한 아라비아 숫자를 들고 있다. 즉, 눈에 보이는 물질적인 요소는 아니지만 관념이나 지성적 측면에서 우리 현실에 영향을 미치는 것을 기술로 보는 것이다.
이러한 맥락에서, 수메르인들이 개발한 수레바퀴는 인류의 생활에 영향을 미치기는 했지만 물질적인 요소라는 점에서 지문에 나타난 '기술'의 사례라고 볼 수 없다.
오답해설
① 테일러의 과학경영법은 노동자들의 작업 방식이라는 비물질적 요소를 변화시킴으로써 생산 효율성을 증대시켰으므로 지문의 '기술'에 해당한다.
③ 방진은 보병을 배치하는 방식에 관한 것으로서, 물질적 요소가 아닌 비물질적 요소를 변화시킴으로써 군사 기술에 혁신을 가져왔으므로 지문의 '기술'에 해당한다.
④ 삼포작법은 농지를 셋으로 분할하여 윤작하는 방법에 관한 것으로서, 물질적 요소가 아닌 비물질적 요소를 변화시킴으로써 농업기술을 발전시켰으므로 지문의 '기술'에 해당한다.

15 ① [확인 추론 – 부정발문 – 문학]
첫째 문단에 따르면, '여성의 목소리로 그들의 삶을 조명하고 그들을 우리 사회의 일원으로 간주하는 여성주의 시가 등장'하였다. 즉 여성의 사회적 지위가 올라가면서 '여성의 목소리'로 그들의 삶을 재조명한 것이다.
오답해설
② 첫째 문단에 따르면, '문학의 역사에서 여성은 남성과 달리 주변부에 밀려나 있었다'고 하였다. 즉 남성은 여성과 달리 중심부에 있었다는 것이다.
③ 둘째 문단에 따르면 '여성 차별을 고발하고 그들의 권익을 회복하는 데에 집중하는 경향'에서는 여성에게 강요된 성질, 즉 모성이 그들의 삶을 얼마나 피폐하게 만들었는가를 고발하였다.
④ 마지막 문단에 따르면 모성성의 원리를 강조하는 경향에서는 자연에 여성을 투영하여 인간과 자연, 남성과 여성, 즉 모든 생명체들이 조화를 이루는 삶을 모색하고자 하였다.

16 ② [논리 비판 – 비판 추론 – 강화약화]
ㄱ. 둘째 문단에 따르면 짐멜은 실내가 외부와 격리된 공간으로 내면을 보호하는 데 효과적인 공간이라고 주장하며, 그 근거로 도시의 개인이 과도한 외적 자극을 받음에 따라 신경과민에 빠지게 된다는 것을 들었다. 설령 도시에서의 경제 활동이 개인의 자아실현에 기여한다고 할지라도 그것으로 도시의 개인이 과도한 외적 자극을 받지 않게 되는 것은 아니다. 즉 이 사실만으로는 ㉠의 주장을 약화하지 않는다.

ㄴ. 둘째 문단에 따르면, 짐멜은 실내가 외부와 격리된 공간으로 내면을 보호하는 데 효과적인 공간이라고 주장한다. 실외에서 받은 심적인 스트레스를 귀가 후 집에서 효과적으로 해소하는 사람들이 많다는 사실은 짐멜의 주장에 부합하는 사례로 ㉠의 주장을 강화한다.

오답해설

ㄷ. 마지막 문단에 따르면, 짐멜은 실내에서 개인은 비로소 개성을 드러낼 수 있으며 실외인 도시가 무질서하고 통제할 수 없는 성격을 지닌다고 주장했다. 따라서 도시에서 일상을 보내는 개인에 의해 실외가 그 개인의 의도 및 계획에 조직될 수 있다는 사실이 옳다면, 이는 짐멜의 주장에 반하는 것으로 ㉠의 주장을 약화한다.

17 ② [확인 추론 – 긍정발문 – 인문사회예술]

둘째 문단에 따르면, '의도적인 범법 행위인 고의에 비해 과실은 불법성 및 책임의 정도가 약하다고 보는 것이 일반적'이라고 하였다. 과실은 타인의 이익을 침해하려는 의도 없이 주의 의무를 다하지 못한 경우이므로, 특정 행위가 의도적이었는지에 따라 책임의 정도가 달라지는 경우가 존재함을 추론할 수 있다.

오답해설

① 둘째 문단에 따르면, '우리나라는 고의범만 처벌하는 것을 원칙으로 하되, 형법 제14조에 근거하여 법률에 특별한 규정이 있는 경우에 한해 과실범을 처벌'한다고 하였다.
③ 첫째 문단에 따르면, '구성 요건은 형법상 금지 행위의 내용을 추상적·일반적으로 기술한 것을 말한다'고 하였다.
④ 둘째 문단에 따르면, 과실은 '자신의 행위를 통해 타인의 이익이 침해될 것임을 몰랐더라도 통상적으로 요구되는 주의 의무를 다하지 못한 경우'를 말한다. 마지막 문단의 내용에 따라 가파른 내리막에서의 과속은 주의 의무를 다하지 못한 것이나, 의도적으로 사고를 낸 것은 타인의 이익이 침해될 것을 알고 저지른 것이므로 과실에 해당한다고 볼 수 없다.

18 ③ [응용 추론 – 문맥 추론]

(가)는 '형법 제14조에 근거하여 법률에 특별한 규정이 있는 경우에 한해 과실범을 처벌하는 경우'이다. 이는 고의범만 처벌하는 원칙에 벗어난 경우이므로 고의범인 ㉠은 (가)의 적용을 받는 경우가 아니다. ㉡은 법률에 특별한 규정이 있는 경우와 없는 경우를 포괄하는 '과실'의 일반적 개념이므로 (가)의 적용을 받는 경우라 볼 수 없다.
과실에 대한 처벌을 판단함에 있어서 핵심적인 것은 '주의 의무의 위반 여부'라 하였고, 도로 교통법 제31조에는 운전자가 가파른 비탈길의 내리막에서 서행해야 한다는 주의 의무가 규정되어 있다고 하였으므로, ㉢은 과실이라 하더라도 처벌하는 경우에 해당한다. 따라서 (가)의 적용을 받는 것은 ㉢이다. 반면 ㉣은 법률의 규정을 지키고도 과실을 저지른 경우이므로 ㉢과 달리 처벌을 피할 수 있을 것임을 알 수 있다.

19 ③ [구조 독해 – 배열 – 문장 배열]

ㄱ. '이들'은 백인에게 모국의 문화를 소개하고 미국에서의 새로운 경험을 낙관적으로 묘사했기 때문에 백인 우월주의에 저항감을 드러내지 않았다고 한다. 이 앞에는 백인 우월주의에 저항감을 드러내지 않은 '이들'이 먼저 제시되어야 한다.
ㄴ. '이들'은 영어를 능숙하게 구사하는 이민 2세대 또는 3세대로서, 미국인으로서의 정체성을 주장하며 자신들의 선조가 누려야 할 사회적 당위성을 역설하였다고 한다. 여기서의 '이들'이 아시아계 미국인으로서의 정체성을 주장하고 사회적 당위성을 역설하였다는 언급을 볼 때 ㄱ에서의 '이들'과는 다른 대상을 지칭함을 추론할 수 있다.
ㄷ. '따라서'라는 인과의 상황에서 뒤의 내용이 결과일 때 사용하는 접속어 뒤에 '이들'이 백인 우월주의를 그대로 수용하며 미국 문화에 전적으로 흡수되기를 갈망하는 인물을 그렸다는 내용이 있다. 이는 ㄱ에서 '이들'이 백인 우월주의에 저항감을 드러내지 않았다는 내용과 이어지므로, ㄱ 뒤에 위치하는 것이 적절하다. → 선지 ②, ④ 탈락
ㄹ. 1970년대 이후의 아시아계 미국인 작가들이 아시아계 미국인의 인권을 주창하기 시작했다고 한다. 이는 아시아계 미국인으로서의 정체성을 주장하며 자신들의 선조가 누려야 할 사회적 당위성을 역설하였다는 ㄴ의 내용 앞에 위치하면 적절한 내용이다. → 선지 ①, ② 탈락
ㅁ. 1970년대 이전의 아시아계 미국 작가들이 제시되어 있다. 이들에 대한 설명이 'ㄱ-ㄷ'이므로 ㅁ 뒤에 ㄱ-ㄷ이 제시되어야 한다. 그리고 그 뒤에 1970년대 이후의 아시아계 미국인 작가들에 대한 설명인 'ㄹ-ㄴ'이 이어지는 것이 적절하다. → 선지 ①, ②, ④ 탈락
따라서 'ㅁ-ㄱ-ㄷ-ㄹ-ㄴ'의 순서가 가장 자연스럽다.

20 ④ [국어학의 이해와 활용 – 작문 형식]

㉣ 이전의 문장에서는 크리스퍼 유전자 가위의 등장을 언급하고 있고, ㉣ 다음의 문장에서는 크리스퍼 유전자 가위의 기술적 특징을 설명하고 있다. 따라서 전환의 상황에서 사용하는 '그런데'를 쓰기보다는 별도의 접속 표현을 쓰는 것이 적절하다. '그러므로'는 앞의 내용이 뒤의 내용에 대한 이유나 원인, 근거가 될 때 쓰는 접속어이므로, ㉣ 자리에 올 수 없다.

오답해설

① ㉠: '특정한 유전자를 편집하여'와 호응하기 위해서는 '곰팡이에 감염되지 않는 과일'을 '과일이 곰팡이에 감염되지 않게 하는 것'으로 고치는 것이 적절하다.
② ㉡: 농산물의 유전자 편집에 관하여 글이 서술되고 있는 상황에서 인간의 DNA 편집에 대한 윤리적 논란에 관한 문장이 나오는 것은 글의 통일성에 어긋나므로 삭제하는 것이 적절하다.
③ ㉢: '구현 과정이 복잡하고 ~ 활용도가 낮았으나'의 주어가 제시되지 않았으므로 문장의 의미를 분명히 드러내기 위해 '이 기술은'과 같은 주어를 '구현 과정이'의 앞에 추가하는 것이 적절하다.

제76회 이유진 국어 백일기도 모의고사 해설

01 ④ [의사소통 – 작문 내용]
'본론 2-가'에는 개인적 차원에서의 환경 개선 방향에 관련된 자료가 사용되어야 한다. 그러나 'ㄹ'은 개인적 차원에서 실천할 수 있는 구체적인 환경 개선 방안이 아니라, 환경을 오염시키고 있는 실태를 보여 주고 있으므로 '본론 1-가'에 들어가는 것이 적절하다.

오답해설
① '서론'에는 환경 보존의 중요성에 관련된 자료가 사용되어야 한다. 'ㄱ'은 환경 보존의 효과를 밝힌 자료이므로 '서론'을 보완하기에 적절하다.
② '본론 1-가'에는 수질 오염의 실태를 나타내는 자료가 사용되어야 한다. 'ㄴ'은 수질 오염으로 인해 등이 굽은 채 죽어 있는 물고기 사진이므로 수질 오염으로 인한 부작용을 지적하는 근거로 적절하다.
③ '본론 1-나'에는 대기 오염의 실태를 나타내는 자료가 사용되어야 한다. 'ㄷ'은 호흡기 질환자가 증가했음을 나타내는 통계이므로 대기 오염이 인간 생명을 위협하게 된다는 것을 경계하는 자료로 삼기에 적절하다.

02 ② [의사소통 – 작문 내용]
지문에 따르면, '소송은 쉽게 결과가 정해지며 강력한 효력을 갖는 분쟁 해결 수단'이라고 한다. 지속적인 항거가 가능하다면 소송 결과가 쉽게 결정될 수 없을 것이다. 따라서 당사자들은 결과에 승복해야 한다고 고쳐 쓰는 것이 적절하다.

오답해설
① 지문에 따르면, '소비자와 사업자의 갈등은 첨예'하다고 한다. 갈등이 첨예한 경우 갈등은 원만하게 해결되기보다는 대립되고 분쟁으로 이어지는 경우가 많을 것이다. 따라서 원만하게 해결되지 못하고 분쟁으로 이어지는 경우가 많다는 기존의 서술을 유지하는 것이 적절하다.
③ 지문에 따르면, 소송은 많은 시간과 비용이 소요되고 '소송을 시작하는 단계부터 진행되는 과정은 매우 까다로우며 전문가의 도움도 필요로' 한다고 한다. 이를 통해 재판은 복잡한 절차를 거치게 됨을 알 수 있다. 따라서 기존의 서술을 유지하는 것이 적절하다.
④ 지문에 따르면, 대체적 분쟁 해결 제도는 주체적인 해결이 가능하다고 한다. 이는 제3자를 통해 문제를 해결하는 것이 아닌 당사자 간의 교섭과 타협을 존중하는 것이다. 따라서 기존의 서술을 유지하는 것이 적절하다.

03 ③ [국어학의 이해와 활용 – 언어학 – 문장]
첫째 문단에서 현재 시제가 항상 현재 일어나는 일을 의미하지는 않을 수 있다고 했다. 해당 예문은 '곧'이라는 시간 부사를 사용하여 버스가 도착하는 것이 아직 실현되지 않은 미래의 상황임을 표현하고 있다. 따라서 이 예문은 문법적으로는 '-ㄴ다'를 사용한 현재 시제이지만, 의미상으로는 미래의 동작이므로 현재의 동작을 나타낸다는 진술은 적절하지 않다.

오답해설
① "지구는 태양을 돈다."에서 '돈다'는 현재 시제를 나타내는 '-ㄴ다' 어미를 사용하고 있다. 이때의 문장은 보편적인 사실을 설명한 경우이다.
② "날씨가 점점 추워지고 있다."에서 '추워지고 있다'는 '-고 있다' 구문을 사용하여 현재 추워지고 있는 상태를 나타내고 있다.
④ "그는 매일 운동한다."에서 '운동한다'는 현재 시제를 나타내는 '-ㄴ다' 어미를 사용하고 있다. 이는 그가 운동을 매일 반복하는 행동을 표현한 것이므로, 의미상으로 현재의 행동을 나타낸 것이 아니다.

04 ④ [구조 독해 – 배열 – 문장 배열]
ㄱ. '더구나'라는 첨가의 상황에서 사용하는 접속어에 따라, 이 앞에 유사한 내용이 먼저 나와야 한다.
ㄴ. 일제 시대 순 한글로 되어 있는 조선 문학의 위상에 대해 질문하고 있다. 이는 글의 도입부에 위치하여 지문의 주제를 드러내는 역할을 하는 것이 자연스럽다. → 선지 ③ 탈락
ㄷ. '이러한 모순적인 상황'이라는 표지로 미루어 볼 때, 이 앞에는 식민지 시기 조선 문학의 모순적 상황이 제시되어야 한다.
ㄹ. 식민지 시기 조선 문학의 특수성에 해당하는 내용이며, 이는 '문학가가 되려면 일본어책을 비롯한 외국어책을 필수적으로 읽어야만 했다'는 ㄱ의 내용과도 유사한 것이므로 ㄱ의 앞에 위치해야 한다. → 선지 ②, ③ 탈락

ㅁ. '그럼에도 불구하고'라는 역접의 상황에서 사용하는 접속어가 등장하였다. 따라서 식민지 시기 한자와 일본어 등을 읽어야 했다는 'ㄹ-ㄱ'의 내용 뒤에 등장하는 것이 자연스럽다. 또한 이는 식민지 시기 조선 문학의 모순적 상황을 보여 주는 것이므로, 이 뒤에는 ㄷ이 위치해야 한다. → 선지 ①, ②, ③ 탈락
따라서 'ㄴ-ㄹ-ㄱ-ㅁ-ㄷ'의 순서가 가장 자연스럽다.

05 ② [응용 추론 – 사례 추론]
②는 의사가 환자에게 빨리 병원에 오지 않아 꾸중을 하는 것이므로, 발표에서 지적한 '의사소통의 문제'의 사례로 볼 수 없다.

오답해설
①은 환자가 의사의 검사 지시를 거부하는 경우, ③은 의사가 전문적인 의학용어를 사용하는 경우, ④는 환자 자신이 진단을 내리고 마치 그것을 의사에게 확인하는 경우에 해당한다.

06 ④ [응용 추론 – 빈칸 추론]
제시된 사례에서, 엔진에 총알을 덜 맞은 전투기가 많이 돌아온 것은 엔진에 총알을 맞으면 귀환하기 어렵기 때문이다. 즉 기지로 복귀한 전투기는 출격한 전투기 중에서도 엔진에 총알을 맞지 않은 전투기 위주로 편향되어 있는 것이다. 그런데도 군 장성들은 '기지로 복귀한 구멍난 전투기가 출격한 전투기 전체에서 무작위로 추출된 표본이라는' 잘못된 가정을 했다.

오답해설
① 출격한 전투기가 모두 해당 기지로 복귀하였다는 것은 출격한 전투기가 하나도 격추되지 않았다는 것인데, 군 장성들이 이러한 가정을 했다는 언급은 없다.
② 전투기에 철갑을 두른 것이 전투기의 복귀율에 영향을 미치지 않았다고 가정했다고 보기는 어렵다. 전투기가 격추되는 것을 막기 위해 전투기에 철갑을 둘렀으므로, 전투기에 철갑을 두른 것이 전투기의 복귀율을 높일 것이라고 가정했을 것이다.
③ 군 장성들은 기지로 복귀한 전투기가 출격한 전투기 전체에서 무작위로 추출된 표본이라고 가정했다. 기지로 복귀한 구멍난 전투기가 출격한 전투기 일부에서 추출된 편향된 표본이라는 점은 군 장성들의 가정이 아니라, 수학자들의 주장에 해당한다.

07 ① [확인 추론 – 부정발문 – 문학]
첫째 문단에 따르면 유배는 '대개 정치적인 이유에서 이루어졌'으며, 유배형은 사대부들에게 '정치적 분쟁에서 벗어나 학문에 정진할 기회이기도 했'다. 하지만 유배형은 사대부들에게 내리는 벌일 뿐, 그들을 정치적 분쟁에서 벗어나게 해 주기 위함은 아니었다.

오답해설
② 둘째 문단에 따르면, 정철이나 윤선도는 유배지에서 문학 작품을 주로 남겼다. 한편 정약용은 백성들의 생활을 사실적으로 묘사한 작품을 주로 남겼다.
③ 둘째 문단에 따르면, 윤선도는 '속세를 떠나 자연에서 지내는 즐거움을 노래하는 작품'을 지었다. 이를 통해 그가 유배지에서 느낀 점을 작품으로 남겼다는 것을 알 수 있다. 한편 정약용은 '유배지에서 경험한 일을 바탕으로 백성들의 생활을 사실적으로 묘사한 작품'을 지었다. 이를 통해 그가 유배지에서의 경험을 작품으로 남겼다는 것을 알 수 있다.
④ 마지막 문단에 따르면, '나라에서는 유배된 자들을 위한 지원을 하지 않아서 유배당한 죄인은 알아서 생활해야 했다. 그래서 집안이 넉넉지 않은 사람은 동네 사람들에게 구걸하여 삶을 연명해야 했'다고 한다. 안조원의 「만언사」는 이러한 삶을 사실적으로 보여 준다고 하였으므로, 안조원이 나라의 지원을 받지 못해 동네 사람들에게 구걸하면서 의식주를 해결해야 했다는 것을 알 수 있다.

08 ② [논리 비판 – 비판 추론 – 강화약화]
㉠은 세 요소 모두를 달성하는 것이 성공의 필요조건이라는 것이다. 성공한 제품 중 세 요소 가운데 두 가지 요소만 충족한 경우는 없다는 사실은 ㉠을 강화한다.

오답해설
① ㉠은 세 요소 모두를 달성하는 것이 성공의 필요조건이라는 것이다. 이 중 기능성은 본래 의도된 기능을 잘 수행할 수 있는지 여부일 뿐, 의도된 기능대로 사용되는 것을 의미하는 것은 아니다. 따라서 성공한 제품 중 본래와 다른 용도로 사용되는 제품이 존재한다고 해서 ㉠이 약화되지는 않는다.
③ ㉡은 세 요소 모두에서 목표를 달성하는 것이 성공의 충분조건이 아니라는 것이다. 이 제시문은 미적 완성도가 성공의 필요조건이라는 사실을 의미하는 것으로 이로부터 ㉡이 약화되지는 않는다.

④ 성공한 제품 중 공격적인 마케팅을 사용한 제품이 많다는 사실만으로는 공격적인 마케팅이 성공의 필요조건이나 충분조건이 된다고 볼 수 없다. 공격적 마케팅 유무는 지문의 세 요소와 무관하므로 이로부터 ⓒ이 강화되지 않는다.

09 ① [확인 추론 – 긍정발문 – 인문사회예술]

둘째 문단에 따르면, 로크의 기준으로 대상의 크기는 제1성질에 해당한다. 또한 제1성질은 대상의 성질과 유사한 관념을 우리가 떠올리게 한다. 따라서 크기에 관한 우리의 관념이 대상의 성질과 유사하다는 선지의 내용은 옳다.

오답해설
② 셋째 문단에 따르면 리드는 감각과 지각을 구분해야 한다고 주장하며, 로크의 표상적 실재론을 비판하였다. 따라서 로크가 감각과 지각을 별개로 보았다는 선지의 내용은 옳지 않다.
③ 셋째 문단에 따르면, 리드는 감각 경험이 반복적으로 이루어질 때, 감각 표상을 바탕으로 대상의 성질을 파악하는 지각 작용이 가능하다고 보았다. 따라서 지각 경험이 반복될 때 감각 작용이 가능해진다는 선지의 내용은 옳지 않다.
④ 원추세포에 관한 과학적 사실은 색깔을 감지하는 측면을 강조하므로, 감각과 그에 따른 관념의 형성에 대해 설명하는 로크의 주장과 연관된다. 반대로 물체의 고유한 성질로서 원자의 구성은, 물체의 객관적 성질에 집중하는 리드의 주장과 연관된다.

10 ③ [응용 추론 – 어휘 추론]

'ⓐ 보이다'의 유의어로 '평가되다'를 들 수 있다. 이와 유사한 의미는 '③ 아무리 생각을 고치려 해도 그는 후배로만 보였다.'이다.
보이다【…으로】【–게】('…으로'나 '–게' 대신에 평가를 뜻하는 다른 부사어가 쓰이거나 '–아/어 보이다' 구성으로 쓰이기도 한다) 대상이 평가되다.

오답해설
① 이때 사용된 '보이다'는 '눈으로 대상의 존재나 형태적 특징을 알게 되다'를 의미하며, 이는 지문에 쓰인 '보이다'와는 다른 의미이다.
② 이때 사용된 '보이다'는 '어떤 결과나 관계가 맺어질 상황이 되다'를 의미하며, 이는 지문에 쓰인 '보이다'와는 다른 의미이다.
④ 이때 사용된 '보이다'는 '대상의 내용 혹은 상태를 알기 위해 살피게 하는 것'을 의미하며, 이는 지문에 쓰인 '보이다'와는 다른 의미이다.

11 ① [의사소통 – 작문 내용]

제시된 글에서 첫째 문단의 핵심은 가장 중요한 생산 요소였던 인간의 노동력을 최근 자동 기계나 컴퓨터가 대신하고 있다는 것이다. 그리고 둘째 문단은 기업들이 경쟁의 심화와 인건비의 상승이라는 상황에서 비용 절감을 위해 인간 노동자를 기계 노동으로 대체하려 하고 있다는 상황을 제시하였으므로 이를 적절하게 요약한 것은 ①이다.

오답해설
② 글은 기계의 출현으로 인한 인간 노동의 비중 축소를 다루었지만, 이를 '생산성의 향상'이라는 측면에서는 다루지는 않았다. 또한 노동 시간의 감소와 임금 인상에 대한 부분은 글에서 찾을 수 없으므로 적절한 요약이 아니다. 또한 '따라서 ~' 이하 부분은 본인의 생각이 드러난 부분이므로 이 역시 조건에 부합하지 않는다.
③ 인간은 누구나 일할 권리가 있고 실업에 대해 보호받을 권리를 가지고 있다는 것은 글과 관련된 타당한 진술이지만 글에 제시되지 않은 내용이다. 조건에서 자신의 생각이나 비판을 보태지 않는다고 하였으므로 적절한 요약이 아니다.
④ '인간 노동을 기계 노동으로 대체하는 것이 유리하기 때문이다.'는 '반복적인 내용은 압축한다'는 조건에 맞게 '그것이 유리하기 때문이다'로 고쳐야 한다. 또한, 미국의 예를 든 것은 예시나 사례는 쓰지 않아야 한다는 조건에 어긋난다.

12 ③ [논리 비판 – 논리 추론 – 명제논리]

제시된 명제를 기호화하여 정리하면 다음과 같다.

전제1: 행복 → 희망 ⇔ ~희망 → ~행복
전제2: (   )
결론: ~꿈n ∧ ~행복n

첫째 명제의 대우는 '~희망 → ~행복'이고, 전칭 명제만으로 특칭 명제를, 특칭 명제만으로 전칭 명제를 도출할 수는 없다. 따라서 특칭 명제인 결론 '~꿈n ∧ ~행복n'을 이끌어 내기 위해서는 '~희망'과 '~꿈n'을 연결해 줄 수 있는 특칭 명제가 필요하다. 추가되어야 할 것은 '~희망n ∧ ~꿈n'이다. 이 전제가 추가된다면, 첫째 명제의 대우의 전건인 '~행복'이 이 전제의 '~행복n'을 포함하므로, 결론인 '~꿈n ∧ ~행복n'을 도출할 수 있다. 따라서 답은 선지 ③이다.

오답해설
④ 선지를 기호화하면 '~희망 → ~꿈'이다. 그러나 특칭 명제인 결론 '~꿈n ∧ ~행복n'을 이끌어 내기 위해서는 '~희망'과 '~꿈n'을 연결해 줄 수 있는 특칭 명제가 필요하므로, 추가되어야 할 전제로 적절하지 않다.

13 ④ [확인 추론 – 긍정발문 – 문학]

「여우난곬족」에서 시인은 가족 공동체의 모습을 통해 민족 전체의 결속력과 정체성을 표현하고 있다. 시에서 묘사된 가족들의 모습, 음식, 놀이 등은 단순히 개별 가족의 모습을 넘어 공동체적 삶을 누리고 있는 민족 전체의 모습을 비유적으로 나타내고 있다. 이는 일제 강점기라는 시대적 배경 속에서 민족의 정체성과 공동체 의식을 지키고자 하는 시인의 의도로 해석될 수 있다.

오답해설
① 유년 화자의 시선을 통해 가족 공동체의 모습을 그리고 있지만, 이는 유년기 아이의 주관적 시선이므로 객관적 관찰이라고 할 수 없다.
② 친척들의 개별적 특성을 나열하고 있지만, 이는 가족 간의 갈등을 부각시키기 위함이 아니라 오히려 가족의 다양성과 유대관계를 강조하기 위한 것이다.
③ 명절 음식과 놀이 문화를 통해 오히려 풍요로움과 화목함을 표현하고 있으며, 경제적 궁핍함을 비판하는 내용은 나타나지 않는다.

14 ③ [논리 비판 – 논리 추론 – 독해논리]

ㄱ. '전국에서 독감이 유행하고 있는데 부산의 사상구에서는 독감 환자가 한 명도 나오지 않았다고 한다. 따라서 부산은 독감의 안전지대이다.'는 부산은 독감의 안전지대라는 것의 근거로 부산의 사상구에서 독감 환자가 나오지 않았다는 것을 들고 있다. 이는 논리를 세우기 위한 자료나 근거가 부적절한 경우이므로 비형식적 오류이다. ㄱ은 부적합하고 대표성이 결여된 근거, 제한된 정보를 이용해 특수한 사례들을 성급하게 일반화한 '성급한 일반화의 오류'이다.
ㄴ. '야, 너 한번 나가서 항의해 봐. 너는 우리 반에서 제일 똑똑한 아이잖아.'는 항의를 하기 위해 아첨하고 있는 경우이다. 이는 객관적인 논지에 따라 논리를 전개하는 것이 아니라 감정과 같은 주관적인 요소에 영향을 받아 논리를 전개하고 있으므로 비형식적 오류이다. ㄴ은 동정, 연민, 공포, 증오 등의 감정에 호소하거나 아첨하는 방법으로 논지를 받아들이게 하는 '감정에의 호소' 오류이다.
ㄷ. '모든 인간은 원죄가 있으므로 죄인이다. 죄인은 감옥에 가야 한다. 그러므로 모든 인간은 감옥에 가야 한다.'는 '죄인'을 '원죄를 지닌 인간', '범죄를 저지른 사람.'이라는 두 가지 의미를 동일한 의미의 말인 것처럼 애매하게 사용한 경우이다. 이는 부적합한 언어를 사용하여 논리를 세운 경우이므로 비형식적 오류이다. ㄷ은 두 가지 이상의 의미를 가진 말을 동일한 의미의 말인 것처럼 애매하게 사용하거나 이해함으로써 생기는 언어적 오류로, '애매어의 오류'이다.

오답해설
ㄹ. '여기 있는 사람은 모두 미쳤다. 왜냐하면 여기 있는 사람은 모두 미쳤기 때문이다'는 특정한 의견을 주장하기 위한 근거로 그 주장을 반복하고 있다. 이는 논증의 형식 그 자체에 오류가 있는 것이므로 형식적 오류이다. ㄹ은 증명되어야 할 것을 당연한 것으로 여기고 논거로 삼아서, 같은 내용을 말만 바꾸어서 되풀이하는 데서 생기는 부당한 오류인 '순환 논증의 오류'이다.

15 ② [논리 비판 – 비판 추론 – 비판적 이해]

ㄴ. 을은 설탕세 도입이 국민의 건강을 향상시킬 뿐만 아니라 장기적으로는 의료비 절감에도 기여할 수 있다며 설탕세 도입을 찬성한다. 병은 설탕세로 걷힌 세수가 다양하게 활용될 수 있으며 이러한 방식은 다른 공공 정책을 효과적으로 추진할 수 있는 기반을 제공한다며 설탕세 도입을 찬성한다. 이를 통해 설탕세 도입에 대해 을과 병의 주장은 대립하지 않는다는 것을 알 수 있다.

오답해설
ㄱ. 갑은 설탕세가 소비자의 자유로운 선택을 제한하며 관련 산업에 부정적인 영향을 미칠 수 있다며 설탕세 도입을 반대한다. 반면 을은 설탕세 도입이 국민의 건강을 향상시킬 뿐만 아니라 장기적으로는 의료비 절감에도 기여할 수 있다며 설탕세 도입을 찬성한다. 이를 통해 설탕세 도입에 대해 갑과 을의 주장은 대립한다는 것을 알 수 있다.
ㄷ. 병은 설탕세로 걷힌 세수가 다양하게 활용될 수 있으며 이러한 방식은 다른 공공 정책을 효과적으로 추진할 수 있는 기반을 제공한다며 설탕세 도입을 찬성한다. 반면, 갑은 설탕세가 소비자의 자유로운 선택을 제한하며 관련 산업에 부정적인 영향을 미칠 수 있다며 설탕세 도입을 반대한다. 이를 통해 설탕세 도입에 대해 병과 갑의 주장은 대립한다는 것을 알 수 있다.

16 ④ [국어학의 이해와 활용 – 언어학 – 기타]

둘째 문단에서 변형생성문법은 같은 의미를 가진 여러 문장이 다양한 방식으로 표현될 수 있다고 했으므로, 동일한 의미를 가진 문장이 다양한 구문으로 표현된다는 것은 적절하다.

오답해설

① 첫째 문단에서 변형생성문법은 문장의 구조가 전달하는 내용을 의미가 결정한다고 본다고 했으므로, 문장의 구조는 의미의 영향을 받는다. 따라서 무관하다는 이해는 적절하지 않다.
② 첫째 문단에서 형태소와 구문, 의미라는 세 가지 요소는 서로 밀접하게 연결되어 있다고 했다. 따라서 형태소와 구문이 독립적으로 작용한다는 것은 적절하지 않다.
③ 첫째 문단에 따르면 문장의 구조를 형성하는 것은 형태소와 의미가 아니라, 형태소와 구문이므로 적절하지 않다.

17 ② [확인 추론 – 부정발문 – 인문사회예술]

마지막 문단에 따르면, 협상이 제3자의 개입 정도가 가장 낮은 제도인 것은 맞으나 당사자 간의 평등한 의사 결정에 도움을 준다고 보기는 어렵다. 제3자의 관여가 없다 보니 분쟁 당사자 간의 사회적·경제적 우위가 반영될 수 있기 때문이다.

오답해설

① 알선은 제3자가 회합을 주재하는 역할을 하지만, 협상은 제3자의 관여가 전혀 없기 때문에 협상이 알선보다 자기 결정권의 정도가 크다고 볼 수 있다.
③ ADR 중에서 자기 결정권의 정도가 가장 큰 것은 협상이나, 마지막 문단에 따르면 협상은 사회 정의를 실현하는 측면에서 미흡한 점이 있다고 한다. 따라서 자기 결정권의 정도가 가장 큰 것이 사회 정의 실현에 충분히 기여하는 것은 아니다.
④ 둘째 문단에 따르면, 중재는 분쟁 해결안이 구속력을 지니기 때문에 중재안에 만족하지 못하는 당사자가 발생할 수 있다.

18 ③ [응용 추론 – 어휘 추론]

ⓒ이 포함된 문장은 조정이 당사자 간 대화를 통해 사건을 해결할 수 있는 방안을 찾는 제도라는 내용이다. 이는 특정 대상을 꼼꼼하게 찾는다는 내용이 아니므로, '수색하다'와 바꿔쓸 수 없다. ⓒ과 바꿔쓸 수 있는 유사한 표현으로 '모색하다' 등이 있다.
ⓒ 찾다: 모르는 것을 알아내고 밝혀내려고 애쓰다. 또는 그것을 알아내고 밝혀내다.
수색(搜索)하다:「1」 구석구석 뒤지어 찾다.
「2」『법률』형사 소송법에서, 압수할 물건이나 체포할 사람을 발견할 목적으로 주거, 물건, 사람의 신체 또는 기타 장소에 대하여 강제 처분을 하다.
搜 찾을 수, 索 찾을 색
모색(摸索)하다: 일이나 사건 따위를 해결할 수 있는 방법이나 실마리를 더듬어 찾다.
摸 본뜰 모, 索 찾을 색

오답해설

① ㉠ 시도(試圖)하다: 어떤 것을 이루어 보려고 계획하거나 행동하다.
試 시험할 시, 圖 그림 도
도모(圖謀)하다: 어떤 일을 이루기 위하여 대책과 방법을 세우다.
圖 그림 도, 謀 꾀할 모
② ㉡ 요구(要求):『법률』어떤 행위를 할 것을 청함.
要 중요할 요, 求 구할 구
의뢰(依賴): 남에게 부탁함.
依 의지할 의, 賴 힘 입을 뢰
④ ㉣ 기대다: 남의 힘에 의지하다.
의존(依存)하다: 다른 것에 의지하여 존재하다.
依 의지할 의, 存 있을 존

19 ② [논리 비판 – 비판 추론 – 강화약화]

ㄱ. 첫째 문단에 따르면, ㉠은 주기적인 지구의 변화와 태양 활동의 변화가 현재의 기후 변화에 일정 부분 영향을 미친다는 주장에 해당하며, 둘째 문단에서 주장의 근거 중 하나로 태양의 활동 주기에 따라 태양에서 방출되는 에너지의 양이 달라짐을 제시함을 확인할 수 있다. 이에 태양의 활동이 저조한 모든 시기에서 지구의 평균 기온이 떨어짐이 확인되었다면 이는 주장의 근거를 지지하는 사례로 ㉠을 강화하는 사례이다.
ㄷ. 첫째 문단에 따르면 지구의 궤도 및 자전축의 기울기가 주기적으로 변화하고, 이는 태양에서 받는 에너지의 양을 달라지게 하여 주기적인 기후 변화를 초래한다는 것이 주장의 근거로 제시된다. 이에 지구 자전축 기울기의 변화 정도와 지구 기후의 변화 양상이 일정한 규칙을 가지며 반복되었다는 사실이 밝혀졌다면, 이는 주기적인 지구 자전축의 변화가 주기적인 기후 변화를 초래한다는 주장의 근거를 지지하는 사례로 ㉠을 강화하는 사례이다.

오답해설

ㄴ. 첫째 문단에 따르면, ㉠은 주기적인 지구의 변화 및 태양 활동의 변화가 현재의 기후 변화에 '일정 부분' 영향을 미친다는 주장에 해당한다. 여기에서 지구의 변화는 '지구의 궤도 및 자전축의 기울기'의 변화를 의미한다. 따라서 이 지구의 변화에 인간 활동이 포함되는 것은 아니다. 하지만 인간의 활동에 비해 자연적인 요인이 현재 기후에 미치는 영향이 미미하다는 것이 밝혀진다 해도, 지구 궤도 및 자전축의 기울기 변화와 같은 자연적인 요인이 현재 기후 변화에 영향을 아예 미치지 않는다는 것은 아니므로 ㉠을 약화하지 않는다. 인간 활동의 영향이 더 큰지 자연적인 요인의 영향이 더 큰지는 ㉠과 무관하다.

20 ① [논리 비판 – 논리 추론 – 명제논리]

제시된 명제를 기호화하여 정리하면 다음과 같다.

| A 첫째 발언: 갑파 → 을노∧정빨 |
| ⇔ ~(을노∧정빨) → ~갑파 |
| ≡ (~을노∨~정빨) → ~갑파 |
| B 첫째 발언: 정초(≡~정빨) |
| A 둘째 발언: 병보 |
| B 둘째 발언: 너도 (㉠)라는 걸 아는구나? |

A의 첫째 발언의 대우는 '(~을노∨~정빨) → ~갑파'이다. B의 첫째 발언인 '정초'는 정운이가 가장 좋아하는 색이 빨간색이 아님을 의미하므로 '~정빨'과 동치이며, 이는 곧 A의 첫째 발언의 대우의 전건을 긍정하므로 '~갑파'가 됨을 알 수 있다. 이때 A의 둘째 발언인 '병보'를 도출하기 위해 추가로 필요한 ㉠에는 '~갑파 → 병보'나 그 대우인 '~병보 → 갑파'가 들어가야 한다. 따라서 답은 선지 ①이다.

오답해설

② 해당 선지를 기호화하면 '~정초 → ~병보'이다. B의 첫째 발언에 따라 정운이가 가장 좋아하는 색은 초록색이므로 '정초'가 참이며, 이는 해당 선지의 전건을 부정한다. 따라서 해당 선지는 A의 둘째 발언인 '병보'를 도출하기 위해 ㉠에 들어갈 수 있는 내용으로 적절하지 않다.
③ 해당 선지를 기호화하면 '병보 → ~갑파'이며, 이의 대우는 '갑파 → ~병보'이다. '갑파 → ~병보'는 위에서 도출한 '~갑파 → 병보'의 이에 해당한다. 따라서 해당 선지는 A의 둘째 발언인 '병보'를 도출하기 위해 ㉠에 들어갈 수 있는 내용으로 적절하지 않다.
④ 위에서 도출한 바에 따라 갑돌이가 가장 좋아하는 색이 파란색이 아니라면, 병진이가 가장 좋아하는 색은 보라색이다.

제77회 이유진 국어 백일기도 모의고사 해설

01 ① [국어학의 이해와 활용 - 작문 형식]
'우리 가족'이 미래(내일 저녁)에 산책하러 나간다고 하였으므로 서술어에서도 미래 시제 선어말 어미를 사용해야 한다. 하지만 '나갔다'는 과거를 나타내므로 적절하지 않은 쓰임이다. 오히려 수정 전의 서술을 유지하는 것이 적절하다.

오답해설

② 목적어 '운동'은 서술어 '공부했다'와 호응하지 않으므로, 이와 호응하는 서술어를 추가해야 한다. 따라서 ⓒ에 따라 '학생들은 적당한 운동을 하고~'와 같이 수정하는 것이 적절하다.
③ '비록'은 '-ㄹ지라도', '-지마는'과 같은 어미가 붙는 용언과 함께 쓰는 부사이다. 따라서 ⓒ에 따라 '누추하더라도'로 수정하는 것이 적절하다.
④ '등록하다'는 목적어와 부사어를 필요로 하는 서술어이다. '자동차를 아버지 명의로 등록했다.'는 목적어(자동차를)는 사용되었으나, 부사어(등록하는 곳)는 사용되지 않았다. 이를 고려하여 '자동차를 아버지 명의로 <u>해당 관청에</u> 등록했다'로 수정하는 것이 적절하다.

02 ④ [응용 추론 - 빈칸 추론]
첫째 문단에 따르면, 오늘날 밀집된 형태에서 대규모로 돼지를 사육하는 농장이 대거 출현하여 사육 가축들의 병원균 전염 가능성을 높였다. 또한 둘째 문단에 따르면, 오늘날에는 육류 가공 기업이 수많은 가축의 고기를 재료로 가공식품을 대량 생산하여 공급하므로 개별 소비자들이 엄청나게 많은 수의 가축과 접촉한 결과를 낳는다. 이를 정리하면, 오늘날의 축산업은 '가축 간 접촉이 늘고', '소비자도 많은 가축과 접촉한' 결과를 야기한다.

오답해설

① 첫째 문단에 따르면 돼지 농장의 수가 대폭 줄어든 것은 맞지만, 이것이 직접적으로 소비자들이 가축을 통해 전염병에 노출될 가능성을 높이는 것은 아니다.
② 가축 사육량이 증가한 것은 맞으나, 육류 가공 제품 소비량이 증가하였는지는 알 수 없다. 또한 둘째 문단의 '적은 양의 육류 가공 제품을 소비하더라도'라는 표현을 볼 때, 육류 가공 제품의 소비량이 적더라도 소비자들이 가축을 통해 전염병에 노출될 가능성은 높음을 알 수 있다.
③ 지문의 내용은 현대 축산업에서 병원균이 전염되기 쉬워졌다는 것이지, 새로운 가축 전염병이 탄생하기 쉬워졌다는 것이 아니다.

03 ③ [논리 비판 - 비판 추론 - 비판적 이해]
ㄱ. 갑은 현재 기후 위기가 선진국의 개발 과정에서 발생한 환경적 대가이므로 지구 온난화의 책임이 선진국에 있으며 개발도상국들에 그 책임을 물을 수 없다고 하였다. 반면 을은 현재 가장 많은 온실가스를 배출하는 국가가 개발도상국이라며 선진국만 책임이 있는 것이 아니라고 주장한다. 따라서 갑과 을의 주장은 대립한다고 볼 수 있다.
ㄷ. 병은 지구 온난화는 전 지구적 문제이므로 선진국과 개발도상국이 모두 협력해야 한다고 주장한다. 하지만 갑은 현재 기후 위기가 선진국의 개발 과정에서 발생한 환경적 대가이므로 지구 온난화의 책임이 선진국에 있으며 개발도상국들에 그 책임을 물을 수 없다고 하였다. 따라서 병과 갑의 주장은 대립한다.

오답해설

ㄴ. 을은 현재 가장 많은 온실가스를 배출하는 국가가 개발도상국이라며 선진국만 책임이 있는 것이 아니라고 주장한다. 병은 지구 온난화는 전 지구적 문제이므로 선진국과 개발도상국이 모두 협력해야 한다고 주장한다. 병 역시 선진국만 책임이 있는 것이 아니라고 생각하는 것이므로 을과 병의 주장은 대립하지 않는다는 것을 알 수 있다.

04 ② [국어학의 이해와 활용 - 언어학 - 기타]
중세 국어 '곶'에 쓰인 'ㅈ'과 근대 국어 '곳'에 쓰인 'ㅅ'은 모두 윗잇몸과 혀끝이 닿아서 나는 소리인 치음이다. 따라서 이 두 자음의 조음 위치는 같다.

오답해설

① 중세 국어의 'ᄆᆞᅀᆞᆷ'에는 현대 음운에 존재하지 않는 음운인 'ㅿ'이 사용되었다. 중세 국어에서는 'ㄷ'과 'ㅈ'이 모두 윗잇몸과 혀끝이 닿아서 나는 소리인 치음에 해당하므로, '됴쿄'와 '펴디'의 'ㄷ'은 모두 '졔'의 'ㅈ'과 조음 위치가 같았음을 알 수 있다.
③ '뜯'은 단어의 첫머리에 서로 다른 두 자음인 'ㅂ'과 'ㄷ'이 함께 나타나고 있는데, 이는 현대 국어에서 사용하지 않는 중세 국어의 특징에 해당한다.
④ 중세 국어의 'ㄷ'은 윗잇몸에 혀끝이 닿아서 나는 소리인 '치음'이다. 근대 국어에서의 'ㅈ'은 센입천장과 혓바닥 사이에서 공기의 흐름이 방해를 받아 나는 '경구개음'이다. 따라서 중세 국어의 'ㄷ'과 근대 국어의 'ㅈ'은 같은 위치에서 소리 나지 않는다.

05 ③ [확인 추론 - 긍정발문 - 문학]
둘째 문단의 화자가 느끼는 심리적 시간의 현재에 주목하게 한다는 서술에 따르면, 화자의 심적 시간을 제시했다고 할 수 있다. 또한 현재시제로 이를 제시했다는 내용은, 현재시제를 화자의 현재를 보여 주는 데 사용되고 있다는 진술에서 추론할 수 있다.

오답해설

① 둘째 문단에서 소설은 과거 또는 완료시제를, 시는 현재시제를 많이 사용한다고 제시했다. 따라서 두 갈래가 같은 시제를 주로 사용한다는 진술은 적절하지 않다.
② 첫째 문단에 따르면 소설이 사건과 인물을 소재로 삼는 것은 맞지만, 현재의 순간에 집중시켜 미적으로 형상화하는 것은 서정시의 특징이다.
④ 「빼앗긴 들에도 봄은 오는가」에서 국권 상실의 과정이 제시되었다거나 시간적 순서로 배열되었다는 정보는 지문에서 확인할 수 없다.

06 ④ [논리 비판 - 논리 추론 - 독해논리]
밑줄 친 결론은 영수가 수돗물 통에 들어 있는 생수를 마신 행동이 행위가 아니라는 것이다. 이러한 결론을 도출하기 위해서는, 어떤 행동을 하려는 의도가 그 행동을 야기한 것이 아니라면 그 행동은 행위가 아니라는 전제가 추가로 필요하다. 이러한 전제가 추가될 경우, 영수의 의도는 수돗물을 마시려는 것이었으므로 실제로 생수를 마신 영수의 행동은 행위가 아니게 된다.

오답해설

① 어떤 의도가 우연히 실현된 행동도 행위라면 영수의 행동도 행위라고 볼 수 있으므로, 적절한 전제라 볼 수 없다.
② 영수는 갈증으로 인해 생수 또는 수돗물을 마시고자 하는 명확한 욕구를 지니고 있었으므로, 주어진 사례에 적합한 전제는 아니다.
③ 영수는 특정 시점마다 각각 생수 또는 수돗물을 마시려 하는 하나의 의도만 지니고 있었으므로, 적절한 전제라 할 수 없다.

07 ② [구조 독해 - 배열 - 문단 배열]
ㄱ. '그중' 위산을 잘 견디는 시겔라균이 이질을 일으켰다고 한다. 따라서 이 앞에는 '그중'에 해당하는 병균이 제시되어야 한다. 또한, 이 이후에는 이질이 15세기 초반 급증하여 17세기 이후 크게 감소한 현상의 구체적인 설명이 제시되어야 한다.
ㄴ. 17세기 이후 농지 개간의 중심축이 산간 지역 개발로 이동하여 수인성 전염병 발생이 감소하였다고 한다. 이는 ㄱ보다는 뒤에 위치하여야 할 내용임을 알 수 있다. → 선지 ①, ③, ④ 탈락
ㄷ. 벼농사를 짓는 논이 생기며 수인성 병균이 번성하였다는 내용이다. 이러한 병균 중 시겔라균에 대한 설명이 이어지는 것이므로, 이 뒤에 ㄱ이 위치하는 것이 자연스럽다. → 선지 ①, ③ 탈락
ㄹ. '이러한 변화'의 원인을 분석하며, 15~16세기의 농지 개간이 수인성 세균의 번성을 가져온 배경을 설명하고 있다. 이는 이질이 15세기 초반 급증하기 시작했다는 ㄱ의 뒤에 이어지면 자연스럽다. 또한, 이 뒤에는 17세기 이후 수인성 전염병이 감소했음을 설명하는 ㄴ이 이어져야 한다. → 선지 ①, ③, ④ 탈락
따라서 'ㄷ-ㄱ-ㄹ-ㄴ'의 순서가 가장 자연스럽다.

08 ② [국어학의 이해와 활용 - 언어학 - 단어]
첫째 문단에 따르면, 관형사는 명사를 수식하는 역할만 하며 형태가 변하지 않는다고 하였다. '온갖'은 기본형이 없으며, 체언과 같이 관형격 조사와 결합할 수 없으므로 '관형사'라는 것을 알 수 있다.

오답해설

① 마지막 문단에 따르면, 체언(명사, 대명사, 수사)이 관형어로 쓰일 때는 관형격 조사 '의'를 사용하면 된다고 하였다. '네의 장'으로 사용할 수 없으므로 '네'는 수사가 아니라는 것을 알 수 있다.
③ 둘째 문단에 따르면, 용언의 관형형은 동사나 형용사의 기본형에 관형사형 전성 어미가 결합해서 만들어진다고 하였다. 예문에 쓰인 '새로운'은 '새롭다'에 '-ㄴ'이 결합한 형용사로서, 명사 '물건'을 수식하는 관형어로 쓰인 경우이다.

④ '그 사람의 아들'에서 '그'는 '특정 사람'을 지칭하여 그 의미를 한정하는 것이다. 첫째 문단에서 언급한 '이 책'에 따라, '그'도 명사를 수식하는 '관형사'라는 것을 알 수 있다.

09 ④ [논리 비판 - 논리 추론 - 독해논리]
둘째 문단에 따르면, 종차는 하위개념을 특징짓는 성질이므로 이를 덧붙여 범위를 좁힌다고 하였다.

오답해설
① 둘째 문단에 따르면, '피정의항'은 정의되는 말(기호)이고 '정의항'은 이 말(기호)을 설명해 주는 부분이다. 이를 통해 피정의항은 정의항의 의미가 아니라는 것을 알 수 있다.
② 유개념과 종차로 이루어진 것은 정의항이다.
③ 첫째 문단에 따르면, '무엇이냐' 하는 질문에 대해 '무엇이다' 하고 대답하는 것이 지정이다. 둘째 문단에 따르면, '정의'는 '무엇이냐' 하는 물음에 대한 대답이지만 단순히 가리키는 것이 아니라는 점에서 지정과 다르다라고 하였다. 이를 통해 지정과 정의 모두 무엇이냐에 대한 대답이라는 것을 알 수 있다.

10 ② [논리 비판 - 논리 추론 - 독해논리]
ㄱ. "서태지는 가수다."라는 말은 완결된 설명의 형태가 아닌 단순히 가리키는 것이므로 정의가 아니라 지정이다. 따라서 이는 무엇이냐에 대한 대답이다.
ㄷ. 정의는 좁은 범주에 속하는 종개념보다 넓은 범주의 유개념을 설정한 다음, 하위개념을 특징짓는 성질인 종차를 덧붙인다고 하였다. 따라서 종개념은 유개념에 포함된다. 따라서 충분조건이라 할 수 있다.

오답해설
ㄴ. 마지막 문단에서 정의는 부정적이면 안 된다고 하였지만, 이는 피정의항이 부정적이지 않은 경우에 한하여 정의할 수 없는 것이다. 가령, 불명예는 피정의항이 부정적인 경우에 해당하므로 이러한 경우 부정적인 정의를 하더라도 적절한 정의이다.

11 ② [확인 추론 - 부정발문 - 인문사회예술]
초기 인류부터 사용되었던 석기는 찍개이다. 주먹도끼를 만들기 위해서는 상당히 복잡한 과정을 거쳐야 함을 볼 때, 주먹도끼는 찍개에 비해 늦은 시기에 제작되었음을 추론할 수 있다. 따라서 주먹도끼가 초기 인류부터 사용됐을지는 알 수 없다.

오답해설
① 주먹도끼를 만들기 위해서는 만들 대상을 결정하고 모양을 설계한 뒤, 적합한 재료를 선택해 제작하는 복잡한 과정을 거쳐야 했다고 한다. 즉, 제작 과정뿐 아니라 어떤 재료를 선택하는지도 중요했다고 볼 수 있다.
③ 주먹도끼를 만들기 위해서는 12세 정도 아동이 도달하는 형식적 조작기 수준의 인지 능력을 갖추어야 한다고 한다.
④ 주먹도끼를 만들기 위해서는 형식적 조작 능력이 필요하며, 형식적 조작 능력이 갖추어졌을 때 비로소 언어적 지능이 발달하여 추상적 개념을 언어로 표현할 수 있게 된다고 한다. 따라서 주먹도끼를 제작할 수 있었던 구석기인은 추상적 개념을 언어로 표현할 수 있었을 것이다.

12 ① [응용 추론 - 어휘 추론]
제시된 문장에서 '㉠거쳐야'를 대체할 수 있는 유의어로 '밟아야' 등이 있다. ㉠이 포함된 문장의 구조는 'a가 b를 거치다'이다. 선지 ①의 '거쳐'는 '밟아'라는 유의어를 제시된 문장과 공유하며, 'a가 b를 거치다'의 구조도 일치한다. 또한 'b를'이 특정 과정을 의미하는 것은 선지 ①뿐이다. 따라서 ㉠의 문맥적 의미와 가장 가까운 것은 선지 ①이다.
② 「…을」 어떤 과정이나 단계를 겪거나 밟다.

오답해설
② ① 「2」 마음에 거리끼거나 꺼리다.
③ ② 「…을」 「1」 오가는 도중에 어디를 지나거나 들르다.
④ ① 「1」 무엇에 걸리거나 막히다.

13 ③ [논리 비판 - 논리 추론 - 명제논리]
제시된 명제를 기호화하여 정리하면 다음과 같다.

○ 갑다이어트 → (을다이어트∧정다이어트)
○ ~정다이어트 → ~병다이어트 ⇔ 병다이어트 → 정다이어트
○ 갑다이어트∨무다이어트

발문에 따라 '~무다이어트'임을 알 수 있으므로, 선언지 제거에 따라 '갑다이어트'를 도출할 수 있다. 이는 첫째 명제의 전건을 긍정하므로 '갑다이어트', '을다이어트', '정다이어트'를 확정할 수 있다. 다만, 이를 통해 병이 다이어트를 하는지에 대한 정보는 확인할 수 없으므로, 다이어트를 하는 것이 확실한 사람의 인원수는 갑, 을, 정 세 명이 된다. 답은 선지 ③이다.

14 ① [확인 추론 - 긍정발문 - 인문사회예술]
글쓴이는 민주주의 시대에도 정치 권력이 시민들을 위해 행사되려면 '정치인의 인격과 양심'이 중요하다고 하였다. 유교 정치의 핵심이 바로 '정치인 스스로의 인격과 양심'이므로 글쓴이는 유교 정치를 '정치인에 대한 신뢰가 약해진 이 시대'에 매우 이상적인 정치 형태라고 생각할 것이다.

오답해설
② 유교 정치에서 정치 권력을 행사하는 사람은 왕과 정치인이었으므로 정치 권력이 왕과 정치인들에게 신탁된다고 보아야 한다.
③ 유교 정치는 정치인을 감시하는 제도적 장치를 마련하기보다, 정치인에게 자율적인 정치적 인격과 양심이 있어야 함을 강조했다.
④ 둘째 문단에서 유교 정치는 비판 정신이 일종의 정치적 의무였고 지나치더라도 관용을 베풀었다고 하였다. 따라서 비판의 자유의 허용 범위에 따라 현대의 민주주의보다 열등하다고 판단할 만한 근거가 없다.

15 ③ [논리 비판 - 논리 추론 - 명제논리]
1. 논리적 사고를 통한 풀이
A의 행복 개념에 따르면, 행복을 위해서는 주관적 심리 상태를 뒷받침하는 '객관적 조건'이 갖추어져야 한다. 또한, 주관적 심리 상태만으로 행복이 이루어지는 것은 아니지만, 주관적 심리 상태는 행복의 필요조건이다. 이로부터, '객관적 조건'과 '주관적 심리 상태'는 모두 '행복'의 필요조건임을 알 수 있다.
ㄱ. '주관적 심리 상태'는 '행복'의 충분조건이 아니라 필요조건이므로, 주관적 심리 상태가 달성되었음에도 행복은 이루어지지 않을 수 있다. (참)
ㄴ. '주관적 심리 상태'는 '행복'의 필요조건이므로, 주관적 심리 상태가 달성되지 않았는데 행복한 경우는 있을 수 없다. (거짓)
ㄷ. 주관적 심리 상태를 뒷받침하는 '객관적 조건'은 행복의 필요조건이므로, 객관적 조건이 갖추어지지 않으면 행복을 얻을 수 없다고 말할 수 있다. (참)
따라서 〈보기〉에서 옳은 것만을 고르면 'ㄱ, ㄷ'이 된다.

2. 기호화를 통한 풀이
철학자 A의 행복 개념을 기호로 정리하면 다음과 같다.

ⓐ 행복 → 객관적 조건
ⓑ 행복 → 주관적 심리 상태

ㄱ. '주관적 심리 상태∧~행복'은 ⓑ와 모순되지 않으므로, 가능하다. (참)
ㄴ. '~주관적 심리 상태∧행복'은 ⓑ의 모순이므로, 불가능하다. (거짓)
ㄷ. '~객관적 조건 → ~행복'은 ⓐ의 대우이므로, 참인 명제이다. (참)
따라서 〈보기〉에서 옳은 것만을 고르면 'ㄱ, ㄷ'이 된다.

16 ④ [논리 비판 - 비판 추론 - 비판적 이해]
지문은 '뇌의 각 영역이 어떤 기능을 조절하는가'에 관련된 실험 결과이다.
둘째 문단과 셋째 문단을 통해 남성의 뇌는 좌뇌가 언어능력, 우뇌가 공간지각능력을 담당하도록 분화되어 있다는 사실을 알 수 있다. 좌뇌나 우뇌에 손상을 입은 경우, 뇌가 담당하는 능력을 잃는 남성과 달리 여성의 언어능력과 공간지각능력은 대부분 유지되었다고 하였다. 이때 마지막 문단에서 평균보다 많은 양의 여성호르몬에 노출된 남자아이들은 여성의 뇌 구조와 유사해진다고 하였다.
따라서 '자궁 속에서 여성호르몬에 많이 노출될수록 뇌의 기능이 여러 부분에 고르게 분포되어 있다'가 지문의 실험 결과를 모두 포괄하는 가설로 가장 적절하다.

오답해설
① 여성과 남성이 부상을 당한 경우, 누가 더 회복력이 강한지에 대한 내용은 지문에서 언급되지 않았다. 따라서 '여성은 남성에 비해 부상에 대한 회복력이 강하다'는 지문의 실험 결과를 모두 포괄하는 가설로 볼 수 없다.
② 지문에서 실험한 내용은 '뇌의 각 영역이 어떤 기능을 조절하는가'인데, 이는 여성의 뇌에 초점을 맞춘 실험이 아니다. 따라서 '여성의 좌뇌와 우뇌 어느 쪽도 공간지각능력과 언어능력에 관여하지 않는다'는 지문의 실험 결과를 모두 포괄하는 가설로 볼 수 없다.
③ 마지막 문단에서 뇌의 구조가 태아 시절에 형성된다는 것은 알 수 있으나, 유아기에 뇌가 모두 발달하는지에 대한 내용은 지문을 통해 알 수 없다. 따라서 '여성의 경우 유아기에 뇌가 모두 발달하나, 남성의 경우 그렇지 아니하다'는 지문의 실험 결과를 모두 포괄하는 가설로 볼 수 없다.

17 ③ [논리 비판 – 논리 추론 – 명제논리]

제시된 명제를 기호화하여 정리하면 다음과 같다.

○ 전제1: 아픔 → 병원 ⇔ ~병원 → ~아픔
○ 전제2: (   )
○ 결론: 비 맞음n∧~아픔n

첫째 명제의 대우는 '~병원 → ~아픔'이고, 전칭 명제만으로 특칭 명제를, 특칭 명제만으로 전칭 명제를 도출할 수는 없다. 따라서 특칭 명제인 결론 '비 맞음n∧~아픔n'을 이끌어 내기 위해서는 '~병원'과 '비 맞음n'을 연결해 줄 수 있는 특칭 명제가 필요하다. 추가되어야 할 것은 '~병원n∧비 맞음n'이다. 이 전제가 추가된다면, 첫째 명제의 대우의 전건인 '~병원'이 이 전제의 '~병원n'을 포함하므로 '비 맞음n∧~아픔n'을 도출할 수 있다. 답은 선지 ③이다.

18 ③ [확인 추론 – 부정발문 – 인문사회예술]

셋째 문단의 '세잔이 감각적인 묘사에 지성적인 요소를 가미하고자 했던 반면에 입체파는 감각적인 측면보다 지적이고 기하학적인 화면 구성을 중시했다.'를 통해 입체파는 감각적 묘사를 작품 구성의 기본 원리로 여긴 것은 아니라는 것을 알 수 있다. 세잔은 인상주의자들이 추구했던 감각 세계의 혼란에 지적인 질서를 부여하고자 했으며 입체파는 이를 이어받아 더 지적인 요소를 심화한 것이다.

오답해설

① 넷째 문단에 제시된 '입체파는 그림이란 외부 세계 대상들을 설득력 있게 묘사하는 것이라는 생각에서 그림은 그림일 뿐이라는 생각의 전환을 가져왔다.'를 통해 입체파가 미술에 대한 고정관념이 바뀌는 데에 기여했다는 것을 알 수 있다.
② 둘째 문단에서 세잔이 '대상의 표면은 변한다 해도 입체적인 구조는 변하지 않는다는 생각에서 감각적 경험과 지성적 원리가 결합된 미술 작품을 창작하고자 했'다는 것을 알 수 있다.
④ 첫째 문단에서 '그는 눈에만 의존하던 기존 미술과 달리, 사유를 통한 사물의 인식을 작품에 덧붙였다.'를 통해 사유를 통해 사물을 인식하고 이해할 수 있어야 한다고 생각했다는 것을 알 수 있다.

19 ② [응용 추론 – 어휘 추론]

ⓒ이 포함된 문장은 입체파가 다른 물체를 여러 군데에서 본다는 내용이다. 이는 여러 군데에서 생각해 본다는 내용이 아니므로, '고려하다'와 바꿔쓸 수 없다. ⓒ과 바꿔쓸 수 있는 유사한 표현으로는 '응시하다' 등이 있다.
ⓒ 바라보다: 어떤 대상을 바로 향하여 보다.
고려하다(考慮하다): 생각하고 헤아려 보다.
考 생각할 고, 慮 생각할 려
응시하다(凝視하다): 눈길을 모아 한곳을 똑바로 바라보다.
凝 엉길 응, 視 볼 시

오답해설

① ㉠ 나타내다: 생각이나 느낌 따위를 글, 그림, 음악 따위로 드러내다.
형상화하다(形象化하다): 형체로는 분명히 나타나 있지 않은 것을 어떤 방법이나 매체를 통하여 구체적이고 명확한 형상으로 나타내다. 특히 어떤 소재를 예술적으로 재창조하는 일을 이른다.
形 모양 형, 象 코끼리 상, 化 될 화
③ ㉢ 보태다: 이미 있던 것에 더하여 많아지게 하다.
가미하다(加味하다): 본래의 것에 다른 요소를 보태어 넣다.
加 더할 가, 味 맛 미
④ ㉣ 자명하다(自明하다): 설명하거나 증명하지 아니하여도 저절로 알 만큼 명백하다.
自 스스로 자, 明 밝을 명
명백하다(明白하다): 의심할 바 없이 아주 뚜렷하다.
明 밝을 명, 白 흰 백

20 ① [논리 비판 – 비판 추론 – 강화약화]

ㄱ. 헌강왕의 행실을 비판하는 다수의 향가가 발견되었다면, 「처용가」 또한 헌강왕의 행실을 비판하기 위해 지어진 것으로 볼 수 있으므로, ㉠을 강화한다.
ㄴ. 처용이 실존 인물이었다는 사실이 밝혀진다면, 처용이 실제로 존재했다는 주장을 뒷받침하는 것이므로 ㉠을 강화한다.

오답해설

ㄷ. 헌강왕 시기 문화적으로 융성했다는 사실은 처용가가 헌강왕의 행실을 비판하기 위해 지어졌다는 사실을 뒷받침하지 못하므로, ㉠을 강화하지 않는다.

2025
이유진
국어

백일기도
모의고사

시즌 2_ 轉

2025
이유진
국어

백일기도
모의고사

시즌 2_轉

2025년도 국무원 9·7급 공개경쟁채용 필기시험 답안지

컴퓨터용 흑색사인펜만 사용

책 형

[필적감정용 기재]
*아래 예시문을 옮겨 기재하시기 바랍니다.
예시 : 본인은 ○○○(응시자성명)임을 확인함

기 재 란

자필성명 본인성명기재
응시직렬
응시지역
시험장소

응시번호

생년월일

※ 시험감독관 서명
(성명을 정자로 기재하시기 바랍니다.)

적색 볼펜만 사용

문번				
1	①	②	③	④
2	①	②	③	④
3	①	②	③	④
4	①	②	③	④
5	①	②	③	④
6	①	②	③	④
7	①	②	③	④
8	①	②	③	④
9	①	②	③	④
10	①	②	③	④
11	①	②	③	④
12	①	②	③	④
13	①	②	③	④
14	①	②	③	④
15	①	②	③	④
16	①	②	③	④
17	①	②	③	④
18	①	②	③	④
19	①	②	③	④
20	①	②	③	④

문번				
1	①	②	③	④
2	①	②	③	④
3	①	②	③	④
4	①	②	③	④
5	①	②	③	④
6	①	②	③	④
7	①	②	③	④
8	①	②	③	④
9	①	②	③	④
10	①	②	③	④
11	①	②	③	④
12	①	②	③	④
13	①	②	③	④
14	①	②	③	④
15	①	②	③	④
16	①	②	③	④
17	①	②	③	④
18	①	②	③	④
19	①	②	③	④
20	①	②	③	④

문번				
1	①	②	③	④
2	①	②	③	④
3	①	②	③	④
4	①	②	③	④
5	①	②	③	④
6	①	②	③	④
7	①	②	③	④
8	①	②	③	④
9	①	②	③	④
10	①	②	③	④
11	①	②	③	④
12	①	②	③	④
13	①	②	③	④
14	①	②	③	④
15	①	②	③	④
16	①	②	③	④
17	①	②	③	④
18	①	②	③	④
19	①	②	③	④
20	①	②	③	④

문번				
1	①	②	③	④
2	①	②	③	④
3	①	②	③	④
4	①	②	③	④
5	①	②	③	④
6	①	②	③	④
7	①	②	③	④
8	①	②	③	④
9	①	②	③	④
10	①	②	③	④
11	①	②	③	④
12	①	②	③	④
13	①	②	③	④
14	①	②	③	④
15	①	②	③	④
16	①	②	③	④
17	①	②	③	④
18	①	②	③	④
19	①	②	③	④
20	①	②	③	④

문번				
1	①	②	③	④
2	①	②	③	④
3	①	②	③	④
4	①	②	③	④
5	①	②	③	④
6	①	②	③	④
7	①	②	③	④
8	①	②	③	④
9	①	②	③	④
10	①	②	③	④
11	①	②	③	④
12	①	②	③	④
13	①	②	③	④
14	①	②	③	④
15	①	②	③	④
16	①	②	③	④
17	①	②	③	④
18	①	②	③	④
19	①	②	③	④
20	①	②	③	④

2025년도 국무원 9·7급 공개경쟁채용 필기시험 답안지

2025년도 공무원 9·7급 공개경쟁채용 필기시험 답안지

컴퓨터용 흑색사인펜만 사용

[필적감정용 기재]
*아래 예시문을 옮겨 기재하시기 바랍니다.
예시: 본인은 ○○○(응시자성명)임을 확인함

기 재 란

성명
자필성명   본인성명기재
응시직렬
응시지역
시험장소

※ 시험감독관 서명
(성명을 정자로 기재하시기 바랍니다.)

적색 볼펜만 사용

2025년도 국가공무원 9·7급 공개경쟁채용 필기시험 답안지

2025년도 공무원 9·7급 공개경쟁채용 필기시험 답안지

2025년도 공무원 9·7급 공개경쟁임용 필기시험 답안지